십이지신상(十二支神像)

불경을 외우면서 공양하는 불자들을 지키는 신장들로서
12방위에 맞추어 12가지 동물 얼굴에
몸은 사람의 형상을 하고 있다.

❖ 자(子) - 쥐    ❖ 축(丑) - 소

❖ 인(寅) - 호랑이    ❖ 묘(卯) - 토끼

❖ 진(辰) - 용    ❖ 사(巳) - 뱀

❖ 오(午) - 말    ❖ 미(未) - 양

❖ 신(申) - 원숭이 　　　❖ 유(酉) - 닭

❖ 술(戌) - 개 　　　❖ 해(亥) - 돼지

사주 속의
신명이야기

김석택 지음

사주 속의 신명이야기

초판 인쇄 / 2010년 7월 15일
3쇄 발행 / 2021년 7월 30일

지은이 / 김석택
펴낸이 / 김경옥
편집 / 이진만 신진회
펴낸곳 / 도서출판 온북스
등록번호 / 제 312-2003-000042호
등록년월일 / 2003년 8월 14일
주소 / 서울시 은평구 은평로 194-6, 502
전화 / 02) 2263-0360
팩스 / 02) 2274-4602
전자우편 / bjs4602@hanmail.net

ISBN 978-89-92364-37-9 (93150)
＊잘못된 책은 바꾸어 드립니다.

이 책은 저작권법에 따라 보호받는 저작물이므로 무단전재와 무단복제를 금지하며, 이 책 내용의 전부 또는 일부를 이용하려면 반드시 저작권자와 도서출판 온북스의 서면 동의를 받아야 합니다.

사주 속의 신명이야기

김석택 지음

온북스
onbooks

머리글

평범한 일반인으로 살아가면서 많은 풍파를 당해보고 또한 기(氣)수련으로 타인들이 경험하기 어렵다는 쿤달리니를 30대 중반에 체험하고 정신세계가 궁금하여 종교인으로 삶을 전환하였지만 인간(人間)과 자연(自然)의 관계가 의심스러워 역학(易學)을 공부하였다.

다른 사람들은 그토록 어렵고 난해(難解)하다는 역학이 나는 짧은 세월 속에 많은 것을 알게 되었고 역학을 처음 입문 할 수 있도록 잡아주신 노스님에게 보름 정도 귀동냥을 하면서 잠시 머물다가 한 권의 역학 책을 들고 인적(人跡)이 전혀 없는 깊은 산속으로 찾아들어가서 독학(獨學)으로 42일 공부하고 하산하여 감정(鑑定)하였다.

처음에는 기초가 부족하여 주2회 4시간의 기초강의를 받으려 학원에 3개월 다닌 것이 전부이며 학원을 그만 둘 때 원장의 사주를 풀어주면서 같이 공부하던 원생들에게 알려지기 시작하면서 21일간 무료특강도 하여주면서 다양한 각도로 사주를 해석(解釋)하였다.

누구나 그러하듯이 사주를 배울 때 자신감을 가지고 배우지만 기초만 지나면 흥미를 잃어버린다. 자신이 직업화 하려고 한다면 끝까지 배우지만 그렇지 못하면 중도에 그만둔다.

　신강이 어쩌고 격(格) 국(局)이 어떻고 용신(用神)은 어떻게 잡아야 한다고 하면 머리에 김이 난다. 이는 가르치는 사람이 책의 내용을 읽은 수준이고 배우는 사람은 여러 종류의 책을 읽어보면 주필자의 성향에 따라서 해석이 다르고 또한 해석이 다르니 답도 일정하게 나오지 않는다는 것이다.

　하지만 나는 그런 학문적인 용어(用語)에서 벗어나 자연으로 전환하여 인간이전에 자연의 부산물이고 대 자연 속의 미약한 존재물(存在物)이다. 라고 생각하고 이 물건이 어떤 물건인가를 파악하면서 쉽게 풀어내는 방법을 알게 된 것이다.

　이후 수많은 사람들을 감정하면서 문점자(問占子)의 질문에 정확한 답을 하다 보니 상담자들이 하는 이야기가 완전히 벗고 서있는 기분이라고 하였다. 이렇게 입으로 소문이 나면서부터 무속(巫俗)인들이 찾아오는데 하나같이 자신을 감춘다. 상담을 하면서 나처럼 이런 직업으로 종사하면 좋을 것 같다고 하면 그때 무속인이라고 자신을 밝히는데 어떤 신(神)을 모시는지 알아봐 줄 것을 부탁한다.

　인간이 눈으로 바라볼 수 있는 각(角)보다 보이지 않는 각(角)이

크며 보이지 않는 공간은 신(神)의 영역이다. 지금의 역학은 보이는 부분을 설명하지만 나머지는 신(神)의 세계를 알아야 가능하다. 그래서 연구(硏究)하고 검증(檢證)하고 이렇게 반복적으로 수정하고 보완한 것을 나름대로 증명하여보려고 전국의 무속인들을 찾아가면서 확인 한 결과 적중률이 약85%이상이며 감정 받은 무속인들이 신기하다면서 어떻게 사주팔자 속에 그런 것이 다 있는가하고 의심하는 무속인이 아주 많았다. 이렇게 자기들의 입으로 전해지면서 수없이 검증을 하였고 그중 특이한 120여개의 사주를 예문으로 적어본 것이다.

  내 것이 정확하다고 주장하는 것은 아니지만 무속인이나 역학자들이 운(運)이 좋은 때를 알려주고 흉(凶)함이 언제이고 하는 것 보다는 보이지 않는 신(神)의 세계도 공부할 필요가 있다고 생각하여 부족하지만 이렇게 글로 남겨두려고 용기 내어 적었다.

  많이 부족하고 때로는 잘못된 곳도 여러 곳에서 있으리라 생각한다. 이는 신(神)도 실수가 있다고 한다. 인간(人間)은 실수(失手)와 실패(失敗)로 인(因)하여 발전한다고 하니 완전한 것은 없다. 혹시 부족한 것을 나름대로 찾아내어 개발(開發)하고 수정(修訂)하여 후학(後學)들을 위하여 자신있게 공개(公開)하여 주면 좋을 것 같다.

 기본적으로 학문에 뜻이 별로 없는 관계로 글이 매끄럽지 못한 곳이 많다. 읽으실 때 그 점을 이해하여 주시길 바란다. 혹 역학을 모르시는 이를 위하여 간단하게 알 수 있도록 역학의 기초를 먼저 적어둔다. 어느 정도 기초적인 역학을 이해하고 자연을 이해하면 자신이 어느 신명(神名)이며 어떤 신(神)과의 인연(因緣)이 있다는 것을 알 수가 있다. 또한 어떤 곳에서 기도(祈禱)가 가능하며 어떤 사람과 같이 일을 하면 잘되고 어떤 사람을 피해야 하는가도 알 수가 있다. 역시 신명도 마찬가지다. 나와 인연 있는 신명이 있는가 하면 절대로 들어오면 안 되는 신명도 있다.

 그리고 사주속의 신(神)을 찾는데 협조해주신 많은 무속인과 이 책을 쓰면서 처음부터 끝까지 많은 도움을 주신 이화당 역학원 원장 손지선님께 진심으로 고개 숙여 인사드립니다.

울주군 두서면 구량리에서

청암 김석택

/ 목 차 /

머리글 •8

제 1장 기본 역학(易學)

1. 무극(無極) •22
2. 음양(陰陽) •23
3. 오행(五行) •27
4. 오행(五行)속의 음양(陰陽) •29
5. 천간(天干) •33
6. 천간(天干) 합(合)의 의미(意味) •34
7. 오행(五行)과 수리(數理) •35
8. 지지(地支) •36
9. 지지(地支) 합(合)의 관계 •38
① 삼합(三合) ② 방위합(方位合) ③ 육합(六合)

10. 지장간(地藏干) •40

11. 형(刑) 충(沖) 파(破) 해(害) •43
① 삼형(三刑) ② 육형(六刑) ③ 자형(自刑)
④ 상충(相沖) ⑤ 파(破) ⑥ 해(害)

12. 원진(怨嗔)과 공망(空亡) 그리고 삼재(三災) 팔난(八難)   • 46

① 원진(怨嗔) ② 공망(空亡) ③ 삼재(三災)

13. 사주(四柱) 세우는 법   • 51

① 년주(年柱) ② 월주(月柱) ③ 일주(日柱)

④ 시주(時柱) ⑤ 대운(大運) ⑥ 세운(世運)

14. 야자시(夜子時)와 조자시(朝子時) 구별   • 54

15. 근(根)묘(苗)화(花)실(實)   • 55

① 근(根) ② 묘(苗) ③ 화(花) ④ 실(實)

16. 십신(十神)   • 57

① 십신(十神)과 육신(六神) ② 십신(十神) 조견표

③ 비견(比肩) ④ 겁재(劫財) ⑤ 식신(食神) ⑥ 상관(傷官)

⑦ 편재(偏財) ⑧ 정재(正財) ⑨ 편관(偏官)

⑩ 정관(正官) ⑪ 편인(偏印) ⑫ 정인(正印)

17. 통변(通辯)   • 88

제 2장 신(神)의 세계(世界)

1. 신(神)의 세계란?   • 96
2. 천간(天干)에 부여된 신(神)   • 97
3. 천간 합(合)으로 이루어진 신(神)   • 98

4. 지지(地支)에 부여된 신(神) • 98
5. 지지 합(合)으로 이루어진 신(神) • 99
① 육합(六合) ② 삼합(三合)

6. 장생(長生)지의 신(神) • 100
7. 제왕(帝王)지의 신(神) • 101
8. 묘지(墓地)의 신(神) • 101
9. 십신(十神)에 부여된 신(神) • 101
10. 오행(五行)에 부여된 신(神) • 102
11. 불교(佛敎)에서 바라본 신(神) • 102
12. 무속(巫俗)에서 바라보는 신(神) • 104
13. 많이 알고 부르는 신(神) • 105
14. 신(神)은 어떻게 정(定)하여 부르는가 • 105
15. 오방기(五方旗) • 106
16. 천신계(天神界)의 신령(神靈) • 108
17. 불교계의 신령 • 111
18. 도교계의 신령 • 114
19. 기독교에서 바라보는 신(神) • 114
20. 자연신 • 115
21. 화신(火神) • 120
22. 풍신(風神) • 120
23. 목신(木神) • 121
24. 석신(石神) • 121
25. 방위신 • 121
26. 신장(神將) • 121

27. 군웅신 •123
28. 사귀와 명부신 •125
29. 산신 •127
30. 지하신 •128
31. 인간신 •130
32. 기타신 •137
33. 신명의 모습이나 의상 •138
34. 세존(世尊) •140
35. 우리가 알고 있는 대신 •141
36. 신명제자의 다양한 직업 •145
37. 통변 •146
38. 신의 등급 •149
39. 60화 갑자속의 신명 •151

제 3장 예문

- 어릴 때 부모가 산소를 파묘(破墓)하여 이장(移葬)한 사주   •170
- 술만 마시면 본성(本性)이 아닌 타성(他性)   •174
- 미혼(未婚)으로 신(神) 내림하여 현재 활동 중인 무속인   •178
- 무당의 농간에 재물(財物)과 가정(家庭)이 파괴된 인생   •181
- 처제(妻弟)가 접신(接神)된 사주   •187
- 술만 마시면 아버지의 행동을 하는 아들   •192
- 글 문 도인이 몸 주인 사주   •195
- 약명대감이 몸 주인 사주   •199
- 사이비 승려에게 당한 젊은 여인   •205

- 허주가 아닐까하고 의심되는 사주 •211
- 산신(山神) 할아버지라고 주장하는 법사 •215
- 재물(財物)인연이 없는 무속인 •218
- 고집(固執)으로 신(神)과의 충돌 •221
- 편인(偏印)이 강한 무속인 •226
- 부적(符籍) 전문법사(法師) •230
- 신(神)이 거부하는 사주 •233
- 범음(梵音)범패(梵唄)하시는 승려 •237
- 신(神)이 내려도 부리지 못하는 노 보살 •238
- 무녀보다는 역학(易學)인으로 •243
- 신(神)과의 싸움에서 지지 않은 여인 •246
- 세존이시여 •248
- 천문(天文)이 열린 마음씨고운 무녀 •251
- 잘못된 신(神) 내림으로 몸 주가 뒤바뀐 사주 •257
- 이럴 때 세존은 명호로 모신다 •262
- 신(神)의 연결고리 •265
- 의식(儀式)을 전문으로 하는 암자주지 •269
- 신(神)의 가래 •272
- 신장(神將)이 강한 유발 비구니 •275
- 몸 주도 모르고 간판도 없다 •278
- 신(神)의 제자가 아닌데 내림받은 제자 •280
- 가래 잘못으로 시달리는 무속(巫俗)인 •282
- 조상 묘지(墓地)가 문제라서 안 풀리는 사주 •287
- 내 인생(人生) 어디서 보상(報償) 받나 •290
- 어느 날 굿 당에서 •294
- 재물은 몸 주가 재성(財星)일 때 •300
- 역학(易學)하는 노(老)스님 •303
- 신장(神將)의 설음 •307

- 명신선녀(明神仙女)가 아니다 • 310
- 다음은 재복(財福)이다 • 315
- 대무당(大巫堂)의 사연(事緣) • 320
- 원진살(怨嗔煞)이 강한 무녀 • 326
- 자매(姉妹)가 무속 인이다 • 329
- 누나 둘이 무녀(巫女) • 332
- 아버지의 법당(法堂)을 물려받겠다고 하는 아들 • 336
- 삼사관(三士官)에서 법사로 • 340
- 사사(巳巳)의 자존심이 강한 초보무녀 • 343
- 몸 주도 모르는 무당(巫堂) • 347
- 세존을 모시는 날 • 351
- 신(神)이 거부하는 자리에 허주가 • 355
- 장군동자(將軍童子)의 시 건방 • 359
- 몸 주가 선녀인 박수 • 362
- 돌팔이라고 한다 • 366
- 조상(祖上) 인연이 이렇게 • 368
- 죽은 4촌동생의 훼방과 산소 탈 • 373
- 성령(聖靈)이 외국 신(神)으로 들어온 여인 • 377
- 천신(天神)제자의 착각 • 381
- 천궁불사(天宮佛師) • 386
- 전사(戰死)한 오빠가 신장(神將)으로 • 387
- 장군동자(將軍童子)의 설음 • 390
- 오기(傲氣)로 기다린 무녀의 판단 • 393
- 포철에서 지리산으로 • 397
- 타고난 끼가 무녀로 • 402
- 내림을 기다리는 미혼(未婚)의 애기엄마 • 406
- 신(神)이 바뀌는 시기 • 409
- 카톨릭 신자에서 무녀로 • 412

- 전국구 법사 •416
- 양장기술이 우선이라고 하는 무녀 •420
- 신명(神命)법당에서 불(佛) 법당으로 •424
- 선녀 법사와 재물 운 •428
- 양인살(羊刃煞)의 무녀 •432
- 작두신장이라고 하는데… •435
- 가정도 없는 주점(酒店)주인 여자 •437
- 어머니가 천상대신보살(天上大神菩薩)이라고 주장하는 무녀 •441
- 무녀의 딸 •445
- 천신(天神)제자 만신(滿身)제자 •449
- 파묘(破墓)로 장자(長子)의 결혼이 막힌 사주 •452
- 이름 고치면 대성(大成)한다 •455
- 수석연구원에서 법사지망 •459
- 순간의 선택이 신(神)의 길인가? •464
- 신(神)의 길은 선택이다 •469
- 타고난 선 거리 제자 •472
- 형제(兄弟)와 자식(子息)이 신명(神命)제자다 •478
- 언니와 조카가 신명의 자식으로… •483
- 어머니와 이모님에 이어서 자신도 신(神)의 길을 선택한 무녀 •490
- 일본에서 들어온다는 신명(神命) •496
- 자형살(自刑煞)은 스스로 법당(法堂)을 엎는다 •501
- 체육관 관장이 법사(法師)지망생으로… •505
- 당대를 주름잡던 대 무당 •509
- 어머니의 대를 이어서 무녀로… •516
- 신(神)이 없는데 세존이라 •519
- 허주로 큰소리치는 선무당 •525
- 자신도 모르고 이상한 기운(氣運) 때문에… •532
- 신명(神命)의 제자에서 일반인으로… •536

- 퇴마(退魔)를 전문으로 하는 여(女) 법사 • 539
- 시집의 신(神)이라고 한다 • 543
- 과연 신(神)의 벌(罰)인가? • 547
- 역학자인가 신(神)의 제자인가? • 551
- 깨어진 세존 단지 • 555
- 건강하고 멋진 만신의 노(老)보살 • 559
- 타고난 운명(運命) • 562
- 신명(神命)의 재물은 사라지고 후회하는 일만… • 566
- 신명(神命)이 바라는 길 • 569
- 누가 신명(神命)이라고 하였나 • 572
- 서낭당(城隍堂)을 무시하였다는 법사 • 575
- 기(氣)수련과 신당(神堂) 그리고 일반인으로… • 578
- 처녀가 신(神) 내림을 기다리며… • 584
- 월수 3천 만 원이 적다 • 590
- 몸 주가 불사(佛師)이면 주색(酒色), 재물(財物), 비린 것은 싫어한다 • 594
- 용궁(龍宮)에서 빌어라 • 597
- 법사의 장래 • 601
- 술만 마시면 잡신(雜神)이 칼을… • 606
- 아버지 공사가… • 612
- 주님의 자식에서 나 홀로 천국(天國)으로 • 617
- 고집(固執)으로 신(神)의 길을 포기하니 재산이… • 623
- 한 때는 유명세로… • 626
- 큰아버지의 약손이 내게로 • 630
- 여군(女軍)에서 신명(神命)제자로 • 636
- 공양주(供養主)에서 작은 절 까지 • 641
- 무엇이 될까? • 646
- 어디서 약사(藥師)줄이… • 652

제 1 장
기본 역학(易學)

1. 무극(無極)

2. 음양(陰陽)

3. 오행(五行)

4. 오행(五行)속의 음양(陰陽)

5. 천간(天干)

6. 천간(天干) 합(合)의 의미(意味)

7. 오행(五行)과 수리(數理)

8. 지지(地支)

9. 지지(地支) 합(合)의 관계

10. 지장간(地藏干)

11. 형(刑) 충(沖) 파(破) 해(害)

12. 원진(怨嗔)과 공망(空亡) 그리고 삼재(三災) 팔난(八難)

13. 사주(四柱) 세우는 법

14. 야자시(夜子時)와 조자시(朝子時) 구별

15. 근(根)묘(苗)화(花)실(實)

16. 십신(十神)

17. 통변(通辯)

제 1 장
기본 역학(易學)

1. 무극(無極)

무극이란? 태극(太極)이전에 참으로 맑고 고요한 공간이 있었다. 그 속에서 묘(妙)한 것이 생겨 낳다. 흔히들 하는 말로는 불가(佛家)에서 진공묘유(眞空妙有)라고 하며 어디에서 어떻게 왔는지 알 수가 없으며 또한 언제 어디로 가는지도 모른다.

그 속에서 어느 방향에서부터 무언가 생겨 낳으며 이것의 반대쪽에서도 무엇인가 생겨나기 시작하였다. 이것을 우리는 태극이라고 하는데 자연 속에서는 음(陰)과 양(陽)이며 태양과 달 같으며 남녀의 관계이기도 하며 암수의 관계도 되며 명암(明暗)처럼 서로가 상반(相伴)되면서도 꼭 필요에 의하여 상생(相生)을 하면서도 성질이 다른 것이다.

역학적으로 설명하면 정(丁)임(壬) 합목(合木)에서 시작된다고 하는 것이다. 즉 따스한 기운(氣運)이 물에 전달되니 무엇인가 생겨나는 것이다. 이때 목(木)이란 살아 있는 것으로 이해하시면 공부하시는데 많은 도움이 되며 어떻게 사주(四柱)가 생겨났는지도 알 수 있고 간지(干支)에 부여된 수리(數理)의 뜻도 알 수가 있다.

2. 음양(陰陽)

　음과 양으로 이루어진 문양(紋樣)을 우리는 태극이라고 한다. 삼라만상은 음과 양의 조화에 의하여 생겨나고 소멸(消滅)된다.
　음양이 양분(兩分)되기 전에는 어둡고 답답한 기운만 가득 찬 분별할 수 없는 혼돈(混沌)의 상태였으나 무량(無量)의 긴 세월이 가볍고 더운 기운은 위로 올라가서 양(陽)이라고 하며 하늘(天)이 되었고 무겁고 차가운 기운은 밑으로 내려와서 음(陰)이라고 하며 땅(地)이 되었다.
　양(陽)의 고향은 하늘(天)이고 음(陰)의 고향은 땅(地)인데 음양(陰陽)은 실질적으로 기(氣)와 체(體)가 있으니 양은 기(氣)요, 음은 물질(物質)이며 기(氣)는 정신이요, 영(靈)은 육체인데 기영(氣靈)이 합하여야 우주를 움직일 수 있으므로 만물은 기(氣)에서 발생한 강약(强弱)의 작용에 따라 왕쇠(旺衰)가 형성되는 것이다.
　음과 양은 상대성에 의하여 이루어지며 상대가 없으면 음양의 구별이 불가능하다. 양(陽)에서 변화하는 과정은 음(陰)에서는 변화할 수 없고 하늘에서는 변화하는 것이 땅에서 변화할 수 없는 것과 같이 음양이 변하는 과정은 같을 수가 없는 것이다.
　그렇기 때문에 만물이 형성됨이 양(陽)과 음(陰)의 구분 속에서 상대성 원리가 구성되므로 인하여 변화과정을 알 수가 있다.

양(陽)은 동(動)하고 청(淸)하고 경(輕)함으로 보고
음(陰)은 정(靜)하고 탁(濁)하고 중(重)함으로 본다.

음양조화(陰陽調和)는 변화무쌍하지만 극도에 도달할 때는 대동소이하여 구별하기가 어려울 때가 있어서 이해하기가 곤란하다. 인간사회에 비유하면 남녀 관계로 음양이 합 하여서 불행할 때는 표현하기 어려운 재앙(災殃)이 있으니 이점을 설명할 것 같으면 즉 합(合)이 많은 사주는 부정(不貞)을 저지르고 맹아자(盲啞者)를 출산할 때도 있고 직업 변동이 자주 있으며 사람이 늦게 발전 한다고 볼 것이다.

　음양의 상극(相剋)을 볼 때 사상(死傷)과 살생, 이별과 파산, 질병과 형옥(刑獄)을 당하며 화액(禍厄)이 많이 발생한다고 본다. 사주는 음양조화로 구성된 오행의 꽃이므로, 그 자체의 능력과 상생상극의 변화와 음양오행의 질량(質量)과 구조(構造)의 허실(虛實)에 의해서 판단된다.

　음양과 오행이 고르게 있고 형(刑) 충(沖) 파(破) 해(害)와 공망(空亡)과 사절(死節)이 없고 극상(剋傷)을 당하지 않으면서 중화(中和)된 사주라면 인물이 반듯하고 사람이 총명하며 유능(有能) 유식(有識)한 인물로서 큰일을 할 수 있고 평생을 행복하게 살아갈 수 있게 되며 반대로 음양과 오행이 한쪽으로 많거나 없고 고르지 못하면 크고 작은 바퀴처럼 되는 과정이니 이렇게 되고 보면 인물이 못생기고 사람이 어리석고 상식(相識)이 없고 질병과 실패와 파란만장이 뼈에 사무치고 신체(身體) 구조(構造)를 비롯해서 모든 것이 정상적(正常的)이지 아니하고 건전하지 못하며 생각하고 행동하는 것조차 옳지 못하다. 어느 것

하나 성공하기가 어렵고 마치 한쪽으로 기울어지고 중심을 잡지 못하는 선박(船舶)처럼 풍파(風波)가 가실 날이 없다. 그러므로 사주는 음양(陰陽)과 오행(五行)의 원리로써 그 내용을 판단하게 되는 것이다.

　우주 속에는 만물이 있지만 이것을 크게 나누면 정신(精神)과 물질(物質)의 두 가지로 나눌 수 있다. 정신은 무엇을 생각하고 판단하며 진리를 밝히는 등불로써 하늘의 태양과 같이 천하(天下)를 밝게 비치는 불꽃이다. 그 불꽃은 물질에서 발생하는 우주의 불꽃은 태양이지만 인간의 불꽃은 정신(精神)이요. 영혼(靈魂)이다. 물질의 의식주(衣食住)로써 생명(生命)을 유지(維持)하는데 필요한 원동력이다. 그러므로 정신은 형체(形體)가 없다 해도 물질(物質)은 형태가 있다.

　정신은 물질이 있는 다음에 살아나는 것이고 물질의 작용은 정신을 키우는데 있다 할 것이다. 인간의 영혼과 정신이 불꽃이라면 불꽃은 기름을 먹고 산다. 기름을 물질로 본다면 불꽃의 연료로써 공급된다. 그래서 인간의 질병(疾病)에는 물질로 치유 되어야 되는 것이다. 물질은 우리가 하루 세끼를 먹어야 하는 밥이라 할 수 있다. 밥은 음(陰)에 속하는데 양기(陽氣)가 부족하면 음기(陰氣)인 물질을 공급해야 양기(陽氣)가 살 수 있는 것이니 상식적으로 판단할 수 있는 것이다.

　천지조화가 음양의 원리로 이루어지므로 음양학(陰陽學)에서는 정신 유심론(唯心論)이 있고 물질위주인 유물론(唯物論)이 있는 것과 같이 상대적인 것이 음양(陰陽) 이치이며 심지어는 부귀(富貴), 빈천(貧賤), 길흉(吉凶), 화복(禍福), 선악(善惡)에 이르기까지도 음양으로 구성되어 있는 까닭이다.

사람의 몸도 오른쪽은 양(陽)이요, 왼쪽은 음(陰)이다. 배꼽부터 머리끝까지는 양(陽)이요, 배꼽부터 발끝까지 음(陰)이라 하며 오른쪽은 양(陽)에 속하고 왼쪽은 음(陰)에 속한다. 음(陰)과 양(陽)을 구분한다면 모든 질병은 정신으로 발생하게 되고 이 병을 치료하자면 음(陰)인 물질을 대표해야 치유가 되는 것이다. 그러하므로 양(陽)이 극성하여 일어난 병은 음(陰)으로 다스리고 음(陰)이 극성하여 일어난 병은 양(陽)으로 다스려야 한다.

그렇다면 양(陽)의 병은 약으로써 치료해야 하고 음(陰)의 병은 정신적으로 치료를 해야 하는데 양(陽)의 약은 불과 같이 가벼우며 맑고, 움직이는 물체이고 음(陰)의 약은 초근목피(草根木皮)와 같이 스스로 움직이지 못하고 타에 의하여 움직이는 것들이 있다. 양(陽)의 약은 동물이라 할 수 있고 음(陰)의 약은 초근목피(草根木皮)라 할 수 있다. 양기(陽氣)를 도우려면 짐승이나 고기를 먹어야 되고 음기(陰氣)를 도우려면 초근목피(草根木皮)만 먹으면 된다.

동지(冬至)에서는 양(陽)이 시작되고 하지(夏至)에서는 음(陰)이 시작되는 것이다.

동지(冬至)는 계절로 말하면 11월, 12월, 1월, 2월, 3월, 4월까지 태양(太陽)이고 하지(夏至)는 5월, 6월, 7월, 8월, 9월, 10월까지 태음(太陰)이라 한다. 자(子) 축(丑) 인(寅) 묘(卯) 진(辰) 사(巳)는 양(陽)이고, 오(午) 미(未) 신(申) 유(酉) 술(戌) 해(亥)는 음(陰)이다. 자오(子午)의 절반씩 나누어서 남북(南北)으로 구별하여 이것이 자오 상충(子午相沖)이 된다.

동지(冬至)를 시간으로 보면 11월은 자월(子月)인데 자(子)

는 밤 11시 30분부터 새벽 1시 30분전을 말하며 이 시간에는 아직 날이 새자면 몇 시간을 더 있어야 밝고, 하지(夏至)를 말하면 5월은 오월(午月)인데 낮 11시 30분부터 낮 1시 30분까지를 말하는 것이다. 자(子)는 가장 추운 것을 말하며 오(午)는 가장 더운 것을 이야기한 것이라고 보면 된다.

양절(陽絶)은 1월 인(寅)부터시작해야 하며 음절(陰絶)은 7월부터 시작해야하는 것이 원칙이다. 그러나 동지이후 부터는 해가 길어지고 양기(陽氣)가 시작되고 천지만물이 움직이고 땅속에 있는 씨앗은 움트고 수생목(水生木)하여 나무뿌리에는 물이 돌고 나무에서는 재생 할 수 있는 기(氣)를 모으는 과정이다. 하지(夏至)부터는 해가 짧아지는 과정이요. 여기서부터 첫 떡잎을 남기고, 곡식이 결실(結實)을 이루어낸다.

3. 오행(五行)

목(木), 화(火), 토(土), 금(金), 수(水)다. 라고 하는데 왜 이렇게 다섯 가지로 이루어진 것인가요? 하면 잘 모른다. 학문으로 '목(木)은 나무' 라고 하며 '화(火)는 불이다' '토(土)는 땅' '금(金)은 쇠나 돌' '수(水)는 물이다' 라고 배운다.

이렇게 배우면 자연(自然)을 이해(理解) 할 수가 없다. 자연으로 역학 속의 오행을 이해하려면 어설프게 배워온 오행(五行)은 버리고 보다 정확하게 접근하여야 하며, 무엇 때문에 어마어마한 자연을 이렇게 간단하게 압축(壓縮)하여서 다섯 마디로 줄인 것일까?

목(木)이란?

살아서 생명(生命)을 가지고 있거나 움직이면 무엇이든 목(木)에 해당하며 종족 번식이 목적이다. 오행 중에 생명체(生命體)는 오직 목(木) 뿐이다. 그럼 왜 하필 목(木)으로 표현하였는가? 이는 살아 있는 것 중에 나무가 가장 오래 살 수 있으므로 나무 목(木)자로 정하여진 것이다. 즉, 음양이 스스로 결합하여 번식하면 목(木)이다.

화(火)란?

열기(熱氣)나 빛(光)이 있으면 무엇이든 화(火)에 속한다. 화(火)는 위로 올라가려는 성질이 있으며 오행 중에 형체(形體)가 없는 것은 오직 화(火) 뿐이다. 즉, 기체(氣體)로 된 것은 화(火)이다. 그럼 왜 불이라고 하며 태양이라고 하는가? 이는 열과 빛이 가장 많이 나타내는 것은 태양이므로 불 화(火)로 정하여진 것이다.

토(土)란?

무엇이든 받아들이는 것은 모두가 토(土)에 해당한다. 우리가 살아가면서 모든 것을 땅에 의지하고 죽으면 역시 땅으로 돌아간다고 하여 땅을 토(土)라고 하며 흙토(土)로 정해진 것이다.

오행 중에 무엇이든 받아드릴 수 있는 것은 오직 토(土) 뿐이다. 타(他)에 의하여 변화(變化)가 가장 잘되는 것은 토(土)이며 자기를 희생하여 타를 이롭게 하는 것은 토(土)이다.

금(金)이란?

무엇이든 단단하면 금(金)에 해당한다. 금(金)은 응축하려는 성질이 있으며 오행 중에 가장 강하고 단단하다.

금(金)을 왜 돌이나 쇠라고 하는가? 우리가 살아가면서 절단(切斷)하고 자르고 분리(分離)하는 것은 돌이나 쇠가 제일이므로 쇠금(金)으로 쓰는 것이다. 즉, 고체로 된 것은 금(金)이다.

수(水)란?

흐르는 것은 무엇이든 수(水)에 해당한다. 물은 낮은 곳으로 흐르려는 성질(性質)이 있으며 자평(自平)을 유지하려는 성질이 있다. 흐르는 것을 물이라고 하며 왜 수(水)라고 하는가? 물이라는 것은 형체(形體)가 있으면서 필요에 의하여 스스로 변화하며 움직이는 것은 물뿐이며 물 수(水)로 표현 한다. 오행 중 흐르는 것은 오직 수(水)뿐이다. 즉, 액체(液體)로 된 것은 수(水)이다.

4.오행(五行)속의 음양(陰陽)

오행을 어떻게 음과 양으로 구별하는지 자연 속에서 바라보며 고유(固有)의 가지고 있는 본성(本性)과 하고자하는 특징적 성질(性質)을 알아보자.

목(木)은 양(陽)의 기운이 음(陰)으로 흐르면서 생겨났다.

목(木)의 본성은 종족(種族) 번식(繁殖)이다.

목(木)의 성질은 꽃을 피우려고 한다.

양목(陽木)은 무실수(無實樹) 이므로 꽃은 피어도 열매가 없다. 음목(陰木)은 유실수(有實樹)라서 꽃 피고 열매를 맺는다.

화(火)는 양(陽)의 기운이 양(陽)으로 흐르면서 생겨났다.
화(火)의 본성은 밝고 화려하다.
화(火)의 성질은 위로 올라가려고 한다.
양화(陽火)는 열성(熱性)이다.
음화(陰火)는 빛 성(光性)이다.

토(土)는 양(陽)에서 양으로 흐르면서 생겨난 것이 천간(天干)이고 음(陰)에서 음으로 흐르면 생겨난 것이 지지(地支)이다.
토(土)의 본성은 무엇이든 받아드린다.
토(土)의 성질은 변화(變化)를 싫어한다.
양토(陽土)는 지표 위라고 한다.
음토(陰土)는 지표 아래 즉 땅 속이다.

금(金)은 음(陰)의 기운이 양(陽)으로 흐르면서 생겨났다.
금(金)의 본성은 강함이다.
금(金)의 성질은 응축(凝縮)하려고 한다.
양금(陽金)은 자연석으로 외적(外的)으로 강하다.
음금(陰金)은 제련(製鍊)된 것이며 내적(內的)으로 강하다.

수(水)는 음(陰)의 기운이 음(陰)으로 흐르면서 생겨났다.
수(水)의 본성은 차고 맑음이다.
수(水)의 성질은 흘려가려고 한다.
양수(陽水)는 깊고 탁(濁)하다.
음수(陰水)는 차고 맑다.

이렇게 간단하게 글로 표현 하지만 사실 자연(自然)을 글로 표현한다는 것은 무리다. 모든 것이 상대성(相對性)에서 음과 양이 구분되는 것이지요.

◆ 오행속성활용법(五行速成活用法)

구분＼오행	목(木)		화(火)		토(土)		금(金)		수(水)	
정오행	갑(甲)인(寅)	을(乙)묘(卯)	병(丙)사(巳)	정(丁)오(午)	무(戊)진(辰)술(戌)	기(己)축(丑)미(未)	경(庚)신(辛)	신(申)유(酉)	임(壬)해(亥)	계(癸)자(子)
수명	범	토끼	뱀	말	용·개	소·양	원숭이	닭	돼지	쥐
수리오행	3.8		7.2		5.10		9.4		1.6	
오색	청(靑)		황(黃)		적(赤)		백(白)		흑(黑)	
얼굴	왼편관골(여자는반대)		이마		코		오른편관골(여자는반대)		턱	
육부	담(膽)		소장(小腸)삼초(三招)		위(胃)		대장(大腸)		방광(膀胱)	
오성	신성		형성		세성		태백		진성	
오기	풍(風)		열(熱)		습(濕)		조(燥)		한(寒)	
오방	동(東)방		남(南)방		중앙(中央)		서(西)방		북(北)방	
시	새벽		오전				오후		저녁	
계절	봄		여름		사계		가을		겨울	
오상(의)	인(仁)인정		예(禮)명랑		신(信)관대		의(義)냉정		지(智)비밀	
오지	기쁨		성냄		생각		두려움		근심	
오장	간(肝)담(膽)		심(心)소장		비(鼻)위장		폐(肺)대장		신(腎)방광	
한글오행	ㄱ.ㅋ		ㄴ.ㄷ.ㄹ.ㅌ		ㅇ.ㅎ		ㅅ.ㅈ.ㅊ		ㅁ.ㅂ.ㅍ	
오음	각음		치음		궁음		상음		우음	
오미	신맛(눈)		쓴맛(시력)		단맛(입)		매운맛(코)		짠맛(귀)	
오체	긴것. 엄지		뾰족한것.인지		모난것.중지		둥근것.약지		굽은것.서지	
오성	곡직(曲直)		염상(炎上)		가색(稼穡)		종혁(從革)		윤하(潤下)	
일생	소년기		청년기		중년기		장년기		노년기	
지역	강원도		경상도		충청도		전라도		함경도	

5. 천간(天干)

천간이라고 하면 역학의 첫 입문(入門)에서 이걸 모르고 공부할 수가 없다. 물론 지지(地支)도 꼭 알아야 한다. 이상적(理想的)이며 무형(無形)으로써 10개로 이루어져 있다. 10이란 숫자는 가득 차있다는 뜻이다.

갑(甲) 을(乙) 병(丙) 정(丁) 무(戊) 기(己) 경(庚) 신(辛) 임(壬) 계(癸)라는 열자를 천간이라고 하는데 왜? 이러한 글자들이 갑자(甲字)라는 글에서 시작하여 계자(癸字)에서 끝나는가를 여러 자료들에서 알아보면 가지가지 다양 합니다.

甲이라는 것은 처음 올라오는 모양으로 어쩌고 한다. 어떻게 甲이 처음의 글자가 되었을까요? 자연(自然)으로 생각하여보자.

옛 선인(先人)들께서 그런 깊고 어려운 뜻으로 또한 시대적(時代的)으로 복희씨가 어쩌고 하는데 그당시에 글이란 것이 과연 甲 乙 丙 丁… 癸라는 글이 있을까 하고 생각하여 보자.

필자의 생각이다. 처음 점(点) 칠 때 무엇을 보고 점을 쳤다고 생각 할까? 당연히 거북이 등딱지이다. 그럼 갑자(甲字)는 갑옷 甲자이니 처음으로 설정하고 다음은 새의 발자국이며, 태양과 별점이 그 다음이고, 땅위의 문양으로 점칠 때도 있었고, 달을 보고 씨앗이나 엽전 등을 던져서 점을 치고, 마지막에는 꼭 물을 올리고 향으로 주변의 공기(空氣)를 정화(淨化)하고 기도(祈禱)하는 것으로 이어진다고 생각합니다.

그래서 처음으로 싹이 트고 바르다는 의미에서 갑옷 甲자이고 다음이 바르지 못하고 굽다는 의미에서 새 을(乙)자이다. 갑

(甲)과 을(乙)은 움직인다는 것을 나타낸다.

다음은 남녘 丙자이다. 다음은 고무래 丁자인데 이는 부엌의 아궁이속의 불씨를 모으는 기구이므로 작은 빛에 해당한다고 보며 병(丙)과 정(丁)은 열과 빛에 관련되어 있음을 말하는 것이다. 중앙(中央)에는 토(土)인데 무(戊)자는 창이란 것으로 무기다. 허공을 가르는 것이며, 기(己)는 몸기자이다. 무(戊)는 허공이며 기(己)는 토(土)와 깊은 연관이 있은 것 같다.

다음은 변한다는 글자이며 형상화된 것이 경(庚)자이고 매울 신(辛)자는 바늘로 찌른다고 하여 독한 것으로 표현된 글자이다. 변하여 오래 견딜 수 있다는 것이다.

다음은 북방 임(壬)자이며 자주 변한다는 뜻이며 북방 계(癸)자는 달이차면 기울듯이 여자의 생리적인 현상을 나타낸 것이며 물이 북(北)으로 돌아간다고 하여서 이렇게 배열한 것 같다.

이상은 필자(筆者)의 추측이며 옛 선인들의 깊은 뜻을 이해한다는 것은 참으로 어렵다. 그 외에도 많은 뜻이 함축(含蓄)되어 있을 것 같은데 알 수가 없으며 한자의 특성상 다양한 뜻이 있으며 이는 자연으로 설명이 가능 할 것 같다.

6. 천간(天干) 합(合)의 의미(意味)

甲 乙 丙 丁 戊
己 庚 辛 壬 癸

이렇게 절반(折半)을 접으면 합(合)의 관계로 성립(成立)된다.

갑기(甲己) 합 토(土) 땅
을경(乙庚) 합 금(金) 씨앗
병신(丙辛) 합 수(水) 물의 영양
무계(戊癸) 합 화(火) 싹과 꽃
정임(丁壬) 합 목(木) 하나의 생명체(生命體)로 성장(成長)한다.

7. 오행(五行)과 수리(數理)

목(木)에는 3과 8
화(火)에는 2와 7
토(土)에는 5와 10
금(金)에는 4와 9
수(水)에는 1과 6 이라는 수(數)가 부여 되어 있는데 어찌하여 붙어진 것일까? 이는 천간이 합(合)하는 관계에서 맺어진 순서대로 부여된 것을 알게 된다.

처음 임(壬)水 1에 미약한 정(丁)火 2의 따스한 기운이 전해지면 무엇인가 생(生)겨나는 것을 갑(甲)木 3이다. 갑(甲)木 3의 종자인 신(辛)金 4를 무(戊)土 5의 땅에 파종하여 깨끗하고 부드러운 계(癸)水 6비가 내리므로 인하여 병(丙)火 7의 싹이 트는 것이다. 병(丙)火 7이 싹 튼 것이 을(乙)木 8이며, 을(乙)木 8은 종족 번식을 위하여 바람에 의하여 빠르게 수정되고, 씨앗으로 영글어진 것이 경(庚)金 9이다. 이를 거두어 들여서 저장되는 것이 기(己)土 10이다. 다음 해에 다시 임(壬)水 1의 모판에서 정(丁)火의 적당한 온기(溫氣)로 싹을 트면서 연속으로 이어지는 것이 우리 인간사의 흐름과 같다.

8. 지지(地支)

지지는 땅을 이야기 하며 현실적(現實的)이고 유형(有形)이며 12개로 나누어져 있다. 이는 자연수(自然數)가 12이므로 이렇게 정해진 것으로 천간의 뿌리라고도 한다. 자(子) 축(丑) 인(寅) 묘(卯) 진(辰) 사(巳) 오(午) 미(未) 신(申) 유(酉) 술(戌) 해(亥)로 이루어진 것이다.

자(子)는 쥐띠. 음(陰)으로 차고 맑은 물이다.
자시(子時)라고 하여 밤 11시 30분부터 00시 30분 까지는 야자시(野姿時) 00시 31분부터 01시 30분까지는 조자시(調子時)다.

축(丑)은 소띠. 음(陰)으로 얼어있는 땅이다.
축시(丑時)라고 하여 새벽01시 31분부터 03시 30분 까지다.

인(寅)은 범띠. 양(陽)으로 무실수(無實樹)이다.
인시(寅時)라고 하여 새벽03시 31분부터 05시 30분 까지다.

묘(卯)는 토끼띠. 음(陰)으로 유실수(有實樹)이다.
묘시(卯時)라고 하여 새벽 05시 31분부터 07시 30분 까지다.

진(辰)은 용띠. 양(陽)이며 비옥한 땅이다.
진시(辰時)라고 하여 오전 07시 31분부터 09시 30분 까지다.

사(巳)는 뱀띠. 양(陽)이며 땅속의 열(熱)이다.
사시(巳時)라고 하여 오전 09시 31분부터 11시 30분 까지다.

오(午)는 말띠. 음(陰)이며 보이지 않는 빛(光)이다.
오시(午時)라고 하며 오전 11시 31분부터 오후13시 30분 까지다.

미(未)는 양띠. 음(陰)이며 메마른 땅이다.
미시(未時)라고 하며 오후13시 31분부터 15시 30분 까지다.

신(申)은 원숭이띠. 양(陽)으로 자연 석(石)이다.
신시(時)라고 하며 오후15시 31분부터 17시 30분 까지다.

유(酉)는 닭띠. 음(陰)으로 가공된 쇠이다.
유시(酉時)라고 하며 오후17시 31분부터 저녁19시 30분 까지다.

술(戌)은 개띠. 양(陽)이며 건조한 땅이다.
술시(戌時)라고 하며 저녁19시 31분부터 21시 30분 까지다.
해(亥)는 돼지띠. 양(陽)으로 탁한 물이다.
해시(亥時)라고 하며 저녁21시 31분부터 23시 30분 까지다.

9. 지지(地支) 합(合)의 관계(關係)

1) 삼합(三合)

삼합(三合)이란 것은 장생(長生)지와 제왕(帝王)지와 묘(墓)지가 만나서 이루어지는 것이다.

해(亥)묘(卯)미(未)가 합(合) 목(木)으로 변(變)한다.
산과 들의 나무가 동지(冬至)가 되기 전에 얼지 않고 살아나려면 해(亥)월이 가기 전에 수기(水氣)를 내려야하며 묘(卯)월에 생(生)을 이어 왕성하게 살아서 꽃피고 열매를 맺어서 미(未)월 지열과 빛으로 꽃은 떨어지고 열매가 익어가므로 한 생(生)을 이어간다.

인(寅)오(午)술(戌)이 합(合) 화(火)로 변한다.
초봄에 생(生)한 나무가 오(午)월에 꽃이 활짝 피우고 술(戌)월에 낙엽으로 붉게 물들인다.

사(巳)유(酉)축(丑)이 합(合) 금(金)으로 변한다.
사(巳)월 꽃이 바람에 수정이 되에 유(酉)월에 완전하게 열매로 이루어져서 축(丑)월까지 종자로 곳간에 감추어둔다.

신(申)자(子)진(辰)이 합(合) 수(水)로 변한다.
신(申)월 산위 바위 밑에서 자(子)의 샘물이 강줄기 따라서 흘러서 넓은 진(辰)의 호수(湖水)에서 흐름을 멈춘다.

2) 방위합(方位合)

방위(方位)합(合)이란 것은 하나의 오행(五行)으로 이루어진 것을 말한다.

인(寅)묘(卯)진(辰)이 합(合) 목(木)으로 동방(東方)이다.
寅卯辰방(方)에서 태양이 떠오르면서 밝음이 시작된다.

사(巳)오(午)미(未)가 합(合) 화(火)이므로 남방(南方)이다.
巳午未방(方)에서 태양이 가장 뜨겁고 밝다.

신(申)유(酉)술(戌)이 합(合) 금(金)이며 서방(西方)이다.
申酉戌방(方)에서 태양은 지고 어둠이 시작된다.

해(亥)자(子)축(丑)이 합(合) 수(水)이며 북방(北方)을 나타낸다.
亥子丑방(方)에서 태양은 사라지고 달이 떠오르며 어두움이 깊어간다.

3) 육합(六合)

육합(六合)이란 것은 12개의 지지(地支)가 서로 필요에 의하여 짝을 이루는 것이 여섯 개 이므로 육합(六合)이라고 한다.
자(子)축(丑)이 함께 있으면 토(土)로 변한다.
인(寅)해(亥)가 함께 있으면 목(木)으로 변한다.
묘(卯)술(戌)이 함께 있으면 화(火)로 변한다.
진(辰)유(酉)가 함께 있으면 금(金)으로 변한다.

사(巳)신(申)이 함께 있으면 수(水)로 변한다.
오(午)미(未)는 본래 화(火)이다.

10. 지장간(地藏干)

지장간(支藏干)이란? 지지(地支) 속에 숨겨둔 천간(天干)을 지장간이라고 하는데 무엇 때문인지 진실을 모르면서 그냥 외우고 용신(用神)과 격국(格局)을 정할 때 많이 활용한다. 하지만 장간이라는 것은 통변(通辯) 할 때 분석(分析)이나 설명할 때 사용하는 것이 좋다.

지장간에 대해서 제대로 살펴보자.

지장간은 지지(地支)가 성립되는 이유이며 통변 시에는 물음에 답 할 수 있는 암호(暗號)이다. 자연으로 이해하면서 보다 뜻이 깊고 폭넓게 활용 할 수가 있다.

지장간을 풀어보면 모든 것은 땅에서 시작하여 땅으로 돌아가 마무리 한다는 것을 알 수가 있으며 장간이 없으면 무슨 뜻인지 왜 이렇게 되었는지 아니면 어떻게 이야기 하여야 하는가를 알 수가 없다. 또한 지지는 장생(長生)과 제왕(帝王)과 묘지(墓地)로 나누어지며 지장간 속의 기운은 여기(餘氣) 중기(中氣) 정기(正氣)로 이루어져 있다. 힘의 균형을 이야기 하는 것이며 무엇이 언제부터 시작되는가를 알려주는 것이다.

장생(長生)은 모든 것이 처음 시작되는 때이다.
(인(寅) 신(申) 사(巳) 해(亥)) 장생지다.

장생(長生)	여기(餘氣)	중기(中氣)	정기(正氣)
인(寅)	무(戊) 7일	병(丙) 7일	갑(甲) 16일
신(申)	무(戊) 7일	임(壬) 7일	경(庚) 16일
사(巳)	무(戊) 7일	경(庚) 7일	병(丙) 16일
해(亥)	무(戊) 7일	갑(甲) 7일	임(壬) 16일

제왕(帝旺)은 본성이 왕성하므로 목적(目的)을 두지 않는다.
(자(子) 오(午) 묘(卯) 유(酉)) 제왕지다.

제왕(帝旺)	여기(餘氣)	중기(中氣)	정기(正氣)
자(子)	임(壬) 10일		계(癸) 20일
오(午)	병(丙) 10일	기(己) 11일	정(丁) 10일
묘(卯)	갑(甲) 10일		을(乙) 20일
유(酉)	경(庚) 10일		신(辛) 20일

묘(墓)지는 모든 것을 정리(定理)하고 끝날 때이다.
(진(辰) 술(戌) 축(丑) 미(未)) 마무리 하는 묘지다.

묘지(墓地)	여기(餘氣)	중기(中氣)	정기(正氣)
진(辰)	을(乙) 9일	계(癸) 3일	무(戊) 18일
술(戌)	신(辛) 9일	정(丁) 3일	무(戊) 18일
축(丑)	계(癸) 9일	신(辛) 3일	기(己) 18일
미(未)	정(丁) 9일	을(乙) 3일	기(己) 18일

여기(餘氣)는 전월의 계절적(季節的) 기운이며
중기(中氣)는 시작하려는 목적(目的)의 기운이고
정기(正氣)는 본성(本性)의 기운으로 이루어져 있다.

한 생(生)의 장간을 자연으로 해석하면 이렇게 된다.

◆ 장생지
寅 (戊丙甲) 산과 들에는 많은 생명들이 활동한다.
申 (戊壬庚) 물속에 많은 생명체들이 살아있다.
巳 (戊庚丙) 땅속의 열기로 광물이 생겨난다.
亥 (戊甲壬) 생명을 가진 것은 휴식기로 들어간다.

◆ 제왕지
子 (壬癸) 모든 물이 정화하려고 북쪽으로 돌아간다.
午 (丙己丁) 뜨거운 열과 빛이 대지로 스며든다.
卯 (甲乙) 강한 생명력으로 자라난다.
酉 (庚辛) 종족을 보전하려고 단단하게 변하여간다.

◆ 묘지
辰 (乙癸戊) 생명들이 살아가려면 물이 많이 필요하다.
戌 (辛丁戊) 종족을 번식하려고 열매를 숙성시킨다.
丑 (癸辛己) 물이 저온 장기 살균하여야 한다.
未 (丁乙己) 살아있는 것이 변화하려고 한다.

11. 형(刑) 충(沖) 파(破) 해(害)

삼형살(三刑殺)이라고 하는 것은 강력한 충격(衝擊)으로 인하여 복구(復舊)가 불가능한 상태이다. 모습이 바뀐다. 합의(合意) 불가한 상황이라고 보며 구속(拘束)당할 것이다. 우발적일 수 있으며 때로는 계획적(計劃的)으로 일으키며 실패(失敗)다.

1) 삼형(三刑)
인(寅)사(巳)신(申)은 지세(持勢)지형이라고 하여 자신의 힘을 믿고 저돌적으로 일으킨다.
축(丑)술(戌)미(未)는 무은(無恩)지형으로 냉정(冷情)하고 고마움을 모르며 주변사람에게 많이 일으킨다. 자(子) 묘(卯) 형은 무례(無禮)지형으로 난폭한 성격(性格)으로 예의(禮義)와 질서(秩序)가 없고 항상 불쾌감(不快感)을 준다.

2) 육형(六刑)
삼형(三刑)에서 하나가 빠진 두 글자로 이루어진 것으로 삼형(三刑)보다는 약하다. 인사(寅巳) 인신(寅申) 사신(巳申) 축미(丑未) 축술(丑戌) 술미(戌未)가 있다.

3) 자형(自刑)
스스로 자신을 학대(虐待)하고 행동이 불손(不遜)하고 거칠 수 있다.

• 진진(辰辰)자형은 부모 형제 불화(不和)하고 고독(孤獨)할

수 있다.
- 오오(午午)자형은 부부(夫婦)와 자식 인연(因緣)이 약하고 구설이 많이 있을 수 있다.
- 유유(酉酉)자형은 친구(親舊)와 인연(因緣)이 약(弱)하고 살기(殺氣)가 강하므로 외면(外面)당할 수 있다.
- 해해(亥亥)자형은 실수(失手)가 많아 고생하며 인덕(人德)이 없고 고독(孤獨)할 수 있다.

4) 상충(相沖)

강한 충격(衝擊)은 있지만 복구(復舊)가 가능한 상태이다. 합의가 가능하며 경우에 따라 구속(拘束)당하는 수도 있을 것이다. 우발적(偶發的)이며 충동적(衝動的), 계획적(計劃的)일 수 있으며 한편으로 충(沖)이 있어야 발전(發展)이 있다.

- 자오(子午)충은 일신이 불안하여 이동(移動)이 많다.
- 축미(丑未)충은 형제우애 없고 재물(財物)다툼이 있다.
- 인신(寅申)충은 시비 구설(口舌)이 많다.
- 묘유(卯酉)충은 가까운 사람과 친화(親和)가 잘 안 된다.
- 진술(辰戌)충은 붕충(朋沖)이라 하여 재물 운은 좋으나 고독(孤獨)하다.
- 사해(巳亥)충은 근심걱정이 많고 이익(利益)이 적다.

5) 파(破)

충격(衝擊)은 있지만 파괴적(破壞的)이지는 않다. 서로가 위로(慰勞)하면서 마무리 한다. 우연하게 일어날 수 있지만 시비

(是非)적이다.

- 자유(子酉)파는 부모형제와 처자식하고 정(情)이 별로 없다.
- 축진(丑辰)파는 인덕(人德)이 없고 질병(疾病)과 구설(口舌)이 많이 따른다.
- 인해(寅亥)파는 유정(有情)하다가 돌아서므로 미약(微弱)하다.
- 묘오(卯午)파는 실패가 많으며 유흥(遊興)과 색난(色難)으로 창피 당한다.
- 사신(巳辰)파는 합(合) 형(刑) 파(破) 이므로 시작은 좋으나 중도에 불화(不和)하여 손해(損害)를 본다.
- 술미(戌未)파는 시기(猜忌) 질투(嫉妬)와 배신(背信) 등으로 구설이 많다.

6) 해(害)
가벼운 부딪침이다. 자주 발생하므로 개인의 괴로움이다.
- 자미(子未)해는 장애(障碍)가 많이 일어난다.
- 축오(丑午)해는 경쟁심(競爭心)이 발동한다.
- 인사(寅巳)해는 형(刑)이면서 해(害)로 이어지며 중상모략으로 시비, 구설, 관재(官災) 가 발생한다.
- 묘진(卯辰)해는 발전이 늦어지므로 인하여 허무감(虛無感)이 자주 든다.
- 신해(辛亥)해는 길흉(吉凶)이 많이 있으며 항상 차량사고가 많이 있다.
- 유술(酉戌)해는 종교(宗敎)성이 강하므로 많이 베풀면 좋은 일이 많이 일어난다.

◆ 조견표

구분 \ 지지	子 자	丑 축	寅 인	卯 묘	辰 진	巳 사	午 오	未 미	申 신	酉 유	戌 술	亥 해
三合 삼합	申辰	巳酉	午戌	亥未	申子	酉丑	寅戌	亥卯	子辰	巳丑	寅午	卯未
六合 육합	丑	子	亥	戌	酉	申	未	午	巳	辰	卯	寅
六沖 육충	午	未	申	酉	戌	亥	子	丑	寅	卯	辰	巳
刑 형	卯	戌未	巳申	子	辰	寅申	午	丑戌	寅巳	酉	丑未	亥
六破 육파	酉	辰	亥	午	丑	申	卯	戌	巳	子	未	寅
六害 육해	未	午	巳	辰	卯	寅	丑	子	亥	戌	酉	申
怨嗔 원진	未	午	酉	申	亥	戌	丑	子	卯	寅	巳	辰

12. 원진(怨嗔)과 공망(空亡) 그리고 삼재(三災) 팔난(八難)

1) 원진(怨嗔)

인간사나 사물이나 자연에서 바라보면 노골적(露骨的)으로 의심(疑心)을 한다고 생각한다. 원진이라고 하면 역학공부에 관심이 없는 사람도 잘 알고 있다. 이는 집집마다 많이 걸려있는 달력 덕분이다. 다른 살(煞)들은 모르지만 상충(相沖)살이나 원진(怨嗔)살 또는 삼재(三災) 대장군 삼살방위 정도는 절(寺) 달력에 기록되어 있으므로 기본이다. 라고 한다.

긍정적으로 보면 의심이라서 연구 분석 개발 쪽으로 많이 발전

한다. 부정적으로 안보면 궁금하고 보면 짜증나며 시비 질투 이간(離間)심이 강하다. 원진은 상충처럼 순간적으로 충(沖)을 하고 끝내는 것이 아니라 두고두고 원망하며 상대가 잘못하였다고 하여도 의심하고 투쟁하여 원한 관계로 이루어진다. 원진 띠끼리 결혼을 하게 되면 시작은 좋으나 한번 의심하면 애정이 애증으로 변하고 자식의 덕도 없다. 원한과 이별 그리고 고독이 항상 따른다. 신명(神命)세계에서도 원진이 있는 인연(因緣)과는 묘(妙)한 관계를 유지한다고 본다. 즉 신명은 들어오려고 하지만 본인이 거부하고 때로는 반대의 현상도 일어난다.

- 인성(印星)이 원진이면 부모님과 정(情)이 없다.
- 비겁(比劫)이 원진이면 형제간 우애(友愛)가 없다.
- 재성(財星)이 원진이면 처를 의심하여 해로(偕老)가 어렵다.
- 관성(官星)이 원진이면 남자는 자식에게 무관심(無關心)하고 여자는 남편을 의심한다.
- 식신(食神)이 원진이면 여자는 자식 덕이 없고 남자는 처가(妻家)와 불편한 관계가 유지된다.
- 상관(傷官)이 원진이면 안과 밖이 다르며 이간질이나 흉을 잘 보며 독설(毒舌)을 잘한다.
- 자미(子未) 원진은 자식근심과 실패(失敗) 고독(孤獨) 원한(怨恨)으로 부부이별(離別)할 수 있다.
- 축오(丑午) 원진은 자식의 실패(失敗)와 정신적(精神的) 스트레스를 많이 받는다.
- 인유(寅酉) 원진은 부부 불화(不和)하고 불구(不具)나 단명(短命)할 수 있다.

- 묘신(卯申) 원진은 질병(疾病)과 수술(手術)이 있으며 부부 이별(離別)할 수 있다.
- 진해(辰亥) 원진은 원망(怨望)과 자식 애살(哀撒)이 많이 있으며 도난(盜難)을 많이 당할 수 있다.
- 사술(巳戌) 원진은 부부(夫婦) 자식(子息) 무정(無情)하고 고독(孤獨)하다.
- 일(日)과 시주가 원진이면 처와 자식이 불화(不和)하거나 원만하지 못하다.
- 일(日)과 월주가 원진이면 부모 형제하고 불화(不和) 또는 원만하지 못하다.
- 년(年)과 월이 원진이면 조부 간에 불화하고 어린 시절 애정 없이 자란다.

2) 공망(空亡)

천중살(天中煞)이라고 하는 것이 공망(空亡)이다. 땅은 있는데 하늘이 없다고 하여서 천중살 또는 공망(空亡)이라고 하는데 정말 공(空)치고 망(亡)할까 하고 걱정된다.

공망(空亡)은 어떻게 알 수가 있을까? 일주에서 순서대로 계산하여 천간(天干)에 계수(癸水) 다음의 지지(地支) 두자가 공망(空亡)이다. 병신(丙申) 일주이면 다음이 정유(丁酉) 무술(戊戌) 기해(己亥) 경자(庚子) 신축(辛丑) 임인(壬寅) 계묘(癸卯) 다음의 진사(辰巳)가 공망(空亡)이다.

- 비견(比肩)이 공망(空亡)이면 형제나 친구 동료가 많이 없거나 도움이 약하다.

- 겁재(劫財)가 공망(空亡)이면 친구나 형제동기들과의 관계나 의리가 부족하다.
- 식신(食神)이 공망(空亡)이면 남자는 활동력이나 실력 발휘가 약하고 여자는 자식인연이 약하다.
- 상관(傷官)이 공망(空亡)이면 종교 쪽으로 좋으며 여자는 인기가 없고 외롭다.
- 편재(偏財)가 공망(空亡)이면 재물 복이 없고 여자와 인연이 약하다.
- 정재(正財)가 공망(空亡)이면 처복이 없으며 인연이 없어 혼사도 늦으며 재물 욕이 약하다.
- 편관(偏官)이 공망(空亡)이면 관운이 약하고 자식 인연이 희박하며 여자는 남자 인연이 적다.
- 정관(正官)이 공망(空亡)이면 명예가 없고 자녀 덕이 없으며 여자는 남편 덕이 없고 혼사가 힘이 든다.
- 편인(偏印)이 공망(空亡)이면 교육과 인연이 없으며 전문성이 결여되어 사회로부터 인정받기가 어렵다.
- 정인(正印)이 공망(空亡)이면 부모와 인연이 약하고 학업 중단과 문서 운이 약하다.

이외에도 많은 종류의 공망(空亡)이 있다.

◆ 공망 조견표

간(干)지(支)	갑(甲)을(乙)자(子)축(丑)	갑(甲)을(乙)술(戌)해(亥)	갑(甲)을(乙)신(申)유(酉)	갑(甲)을(乙)오(午)미(未)	갑(甲)을(乙)진(辰)사(巳)	갑(甲)을(乙)인(寅)묘(卯)
납(納)음(音)	해(海)중(中)금(金)	산(山)두(頭)화(火)	천(泉)중(中)수(水)	사(沙)중(中)금(金)	복(復)등(登)화(火)	대(大)계(溪)수(水)
간(干)지(支)	병(丙)정(丁)인(寅)묘(卯)	병(丙)정(丁)자(子)축(丑)	병(丙)정(丁)술(戌)해(亥)	병(丙)정(丁)신(申)유(酉)	병(丙)정(丁)오(午)미(未)	병(丙)정(丁)진(辰)사(巳)
납(納)음(音)	노(爐)중(中)화(火)	간(澗)하(下)수(水)	옥(屋)상(上)토(土)	산(山)하(下)화(火)	천(天)하(河)수(水)	사(沙)중(中)토(土)
간(干)지(支)	무(戊)기(己)진(辰)사(巳)	무(戊)기(己)인(寅)묘(卯)	무(戊)기(己)자(子)축(丑)	무(戊)기(己)술(戌)해(亥)	무(戊)기(己)신(申)유(酉)	무(戊)기(己)오(午)미(未)
납(納)음(音)	대(大)림(林)목(木)	성(城)두(頭)토(土)	벽(霹)력(靂)화(火)	평(平)지(地)목(木)	대(大)역(驛)토(土)	천(天)상(上)화(火)
간(干)지(支)	경(庚)신(辛)오(午)미(未)	경(庚)신(辛)진(辰)사(巳)	경(庚)신(辛)인(寅)묘(卯)	경(庚)신(辛)자(子)축(丑)	경(庚)신(辛)술(戌)해(亥)	경(庚)신(辛)신(申)유(酉)
납(納)음(音)	노(路)방(傍)토(土)	백(白)랍(蠟)금(金)	송(松)백(栢)목(木)	벽(壁)상(上)토(土)	차(叉)천(釧)금(金)	석(石)류(榴)목(木)
간(干)지(支)	임(壬)계(癸)신(申)유(酉)	임(壬)계(癸)오(午)미(未)	임(壬)계(癸)진(辰)사(巳)	임(壬)계(癸)인(寅)묘(卯)	임(壬)계(癸)자(子)축(丑)	임(壬)계(癸)술(戌)해(亥)
납(納)음(音)	검(劍)봉(峰)금(金)	양(陽)류(柳)목(木)	장(長)류(流)수(水)	금(金)박(箔)금(金)	상(桑)자(柘)목(木)	대(大)해(海)수(水)
공(空)망(亡)	술(戌)해(亥)	신(申)유(酉)	오(午)미(未)	진(辰)사(巳)	인(寅)묘(卯)	자(子)축(丑)
공(空)	수(水)	무(無)	금(金)	수(水)	무(無)	금(金)

3) 삼재(三災)팔난(八難)

흔히 삼재(三災)팔난(八難)이라고 하는데 이는 사람이 살아가면서 하루 중 꼭 해자축시(亥子丑時) 또는 자축인시(子丑寅時)에는 충분한 휴식을 위하여 숙면(宿眠)에 들어가듯이 자연도 그렇고 사람도 12년에 3년 정도는 숨을 고르는 것이 당연한데 이때 욕심을 내게 되면 실패(失敗)나 고통(苦痛)을 당한다.

그래서 삼재는 12년에 한번 씩 돌아오는 흉(凶)년을 삼재(三災)라 하는데 태어난 띠로 알아보는 것이다. 첫해는 들 삼재라 하고 두 번째 해는 눌 삼재라 하고 마지막은 날 삼재라고 한다.

해묘미생(亥卯未生)은 사오미년(巳午未年)이 삼재다.
인오술생(寅午戌生)은 신유술년(申酉戌年)이 삼재다.
사유축생(巳酉丑生)은 해자축년(亥子丑年)이 삼재다.
신자진생(申子辰生)은 인묘진년(寅卯辰年)이 삼재다.

팔난(八難)이라고 하는 것은 손재(損財) 질병(疾病) 관재(官災) 부모(父母) 형제(兄弟) 부부(夫婦) 주색(酒色) 학업(學業) 등에 장애(障碍)가 일어나는 것이다. 대운(大運)이나 세운(世運)이 좋을 때를 복(福) 삼재(三災)라고 하여 더욱 길(吉)할 수도 있다.

13. 사주(四柱) 세우는 법

서점에 가면 만세력이라는 것이 있다. 이것을 보고 연월일시를 순서대로 적으면 된다. 지금은 컴퓨터에도 많이 있다. 역학 카페에 들어가서 만세력 보기의 빈칸에 자신의 생년월일시를 기록하고 확인을 누르면 알 수가 있다.

1) 년주(年柱)

년주는 내가 태어난 당해 연도를 이야기 하는 것으로 우선적으로 찾아서 적어야 한다.

예) 1960년에 태어났다고 하면 그해가 경자(庚子)년이므로 년주는 경자(庚子) 생이 되는 것이다.

※ 주의: 날자 변경선은 절기에 의하여 변화되므로 잘 살펴야 한다.

2) 월주(月柱)

월주는 어느 달에 태어났는가를 알아보고 년주 다음으로 적어야 한다.

예) 7월 달에 태어났다고 하면 신(申)월이 된다. 분명 신(申)월이라도 천간을 어떻게 알고 적을 것인가를 고민하게 된다. 월건 조견표를 보고 계산하면 간단하다.

※ 주의: 날자 변경선이 절기의 시간에 따라 변한다.

◆ 월건 조견표

월별	절기	甲己年	乙庚年	丙辛年	丁壬年	戊癸年
1월(寅)	입춘(立春)	丙寅	戊寅	庚寅	壬寅	甲寅
2월(卯)	경칩(驚蟄)	丁卯	己卯	辛卯	癸卯	乙卯
3월(辰)	청명(淸明)	戊辰	庚辰	壬辰	甲辰	丙辰
4월(巳)	입하(立夏)	己巳	辛巳	癸巳	乙巳	丁巳
5월(午)	망종(亡種)	庚午	壬午	甲午	丙午	戊午
6월(未)	소서(小暑)	辛未	癸未	乙未	丁未	己未
7월(申)	입추(立秋)	壬申	甲申	丙申	戊申	庚申
8월(酉)	백로(白露)	癸酉	乙酉	丁酉	己酉	辛酉
9월(戌)	한로(寒露)	甲戌	丙戌	戊戌	庚戌	壬戌
10월(亥)	입동(立冬)	乙亥	丁亥	己亥	辛亥	癸亥
11월(子)	대설(大雪)	丙子	戊子	庚子	壬子	甲子
12월(丑)	소한(小寒)	丁丑	己丑	辛丑	癸丑	乙丑

3) 일주(日柱)

일주는 내가 태어난 날이다. 즉 생일날을 이야기 하는 것이다. 이주(柱)는 만세력으로 찾아서 쓰는 것이 간단하고 편리하다.

4) 시주(時柱)

내가 태어난 시간을 이야기하는 것으로 역시 시간 조견표를 보고 일주 다음에 적으면 되는 것이다.

※ 주의: 시간을 정할 때 주의하여야 할 것은 야(野)자시 조

(調)자시입니다.

5) 대운(大運)

만세력을 이용하면 편리하다. 남자는 년주가 양간으로 시작되면 순행(順行)하고 음간으로 시작되면 역행(逆行)으로 사용한다. 여자는 년주가 음간으로 시작하면 순행(順行)하고 양간으로 시작하면 역행(逆行)한다.

6) 세운(世運)

당 해 년도를 이야기 하는 것이다.

14. 야자(野姿)시(時)와 조자(調子)시(時) 구별

이는 자시를 구별하는 것인데 23시 31분부터 12시 30분까지는 야자시라고 하여 정하고 12시 31분부터 01시 30분까지는 조자시라고 하여 다음날을 일주로 정하는데 시간조견은 같이 자시로 기록하지만 일주는 변경된다.
즉 병진일 야자시(野姿時) 일 때는 일주가 병진일 무자(戊子)시이지만 조자시(調子時) 일 때는 정사일 경자(庚子)시를가 된다.

◆ 시간 조견표

시간	일주(日柱)	甲己日	乙庚日	丙辛日	丁壬日	戊癸日
자(子)	23:31~01:30	甲子	丙子	戊子	庚子	壬子
축(丑)	01:31~03:30	乙丑	丁丑	己丑	辛丑	癸丑
인(寅)	03:31~05:30	丙寅	戊寅	庚寅	壬寅	甲寅
묘(卯)	05:30~07:30	丁卯	己卯	辛卯	癸卯	乙卯
진(辰)	07:31~09:30	戊辰	庚辰	壬辰	甲辰	丙辰
사(巳)	09:31~11:30	己巳	辛巳	癸巳	乙巳	丁巳
오(午)	11:31~13:30	庚午	壬午	甲午	丙午	戊午
미(未)	13:31~15:30	辛未	癸未	乙未	丁未	己未
신(申)	15:31~17:30	壬申	甲申	丙申	戊申	庚申
유(酉)	17:31~19:30	癸酉	乙酉	丁酉	己酉	辛酉
술(戌)	19:31~21:30	甲戌	丙戌	戊戌	庚戌	壬戌
해(亥)	21:31~23:30	乙亥	丁亥	己亥	辛亥	癸亥

15. 근(根) 묘(苗) 화(花) 실(實)

1) 근(根)

근이라고 하는 것은 년주이며 초년(初年)을 알아보며 자신의 뿌리를 이야기 하는 것으로 조상(祖上)이나 어린 시절을 알아보는 곳이다.

2) 묘(苗)

묘라고 하는 것은 월주이며, 자신의 줄기이므로 매우 중요하다. 부모 형제나 청년(靑年)시절을 알아보는 곳이며 직업(職業)이나 성격(性格) 등도 알 수가 있다.

3) 화(花)

화는 일주이며, 자신을 가르치는 것으로 장년(壯年)을 나타내며 강(强)한지 약(弱)한지 알아보는 곳이며, 중요한 것은 자신이 어떤 환경속의 무엇인가를 알아보는 곳이다. 또한 지지(地支)는 처(妻)의 자리이며 어떤 여자가 인연(因緣)이 되는지도 알 수도 있다.

4) 실(實)

실은 시주이며, 노년(老年)을 알아보며, 자식(子息)이 어떻게 성장할 것인지를 알아보는 곳이다. 또한 인생의 결과나 목적을 알아볼 수가 있다.

◆ 근묘화실 조견표

	근(根)	묘(苗)	화(花)	실(實)
사주(四柱)	년(年)주	월(月)주	일(日)주	시(時)주
육친(六親)	조상(祖上)	부모(父母) 형제(兄弟)	나와 처	자녀, 후손
시기	초년(初年)	청년(靑年)	장년(壯年)	노년(老年)
나이	3~25세	20~45세	35~60세	50~88세
위치	대문 밖	대문 안	현관 안	안방
활동성	사회(社會)	직장(職場)	가정(家庭)	대기(待機)
사생	전생(前生)	금생(今生)	현생(現生)	후생(後生)
계절	봄	여름	가을	겨울
하루	새벽	오전(午前)	오후(午後)	밤
격(格)	원(元)	형(亨)	이(利)	정(貞)
시간	과거(過去)	현재(現在)	지금(至今)	미래(未來)

16. 십신(十神)

1) 십신(十神)과 육신(六神)

세상사의 모든 것을 열 가지의 언어(言語)로 줄인 것을 십신이라 한다. 즉 오행의 형식처럼 다섯 가지로 구분되어 있다. 여기에 긍정적(肯定的) 표현과 부정적(否定的) 표현으로 구분하여서 열 가지로 나누어진 것이 바로 십신(十神)이다.

사주를 통변 할 때는 십신은 어떤 역할을 하는가에 대하여 생각하여보자. 인간사에 하고 많은 단어 즉 말들이 많은데 그토록 많은 언어를 단 열 가지로 표현한 것이 십신이다. 육신은 자기를 중심으로 이루어진 가족과 인간(人間)관계의 친 인척을 말하는 것이다.

비겁(比劫)에는 비견(比肩)과 겁재(劫財)가 있고, 식상(食傷)에는 식신(食神)과 상관(傷官)이 있다. 재성(財星)에는 편재(偏財)와 정재(正財)가 있으며, 관성(官星)에는 편관(偏官)과 정관(正官)이 있고, 인성(印星)에는 편인(偏印)과 정인(正印)이 있다.

이 십신을 가지고 인간사를 통변한다면 무척 노력하여야 가능할 것이다. 인간사는 언제, 어디서, 누가, 무엇을, 어떻게, 왜라는 약속(約束)으로 장단, 상하의 수직관계와 수평 관계를 십신으로 대변하여야 하며 또한 무게, 부피, 넓이, 시간과 공간, 허와 실, 낮과 밤, 강과 약, 대소, 남녀노소, 빈부의차, 등등 다양한 방면으로 통변이 이루어져야 하는데 이렇게 수많은 언어를 무슨 수로 다 익혀서 통변할 수는 없다.

하지만 의외로 간단한 방법으로 생각하여보자. 십신을 자연으로 변환(變換)시켜버리면 쉽게 풀어질 수가 있고 형상이나 글의 뜻으로 연상하면 된다. 예를 들면 비겁(比劫)은 남녀노소 장애비 장애를 불문하고 나처럼 생긴 사람이다. 라고 생각하며 식상(食傷)은 새롭게 생산되는 모든 것이다. 라고하며, 재성(財星)은 무엇이든 한번 생산되어 다른 것으로 변화 된 것으로 통변하고. 관성(官星)은 먹이사슬의 원칙에 따라 계급사회다. 또한 인성(印星)은 인간의 본성인 성악설(性惡說)과 성순설(猩屑說)이 적용되어 인격(人格)을 유지하기 위한 것으로 풀어보라.

자연 속으로 들어가서 보자.

비겁(比劫)은 같은 생명(生命)을 가진 것으로 먹이사슬의 원칙에 따른다.
- 목(木)은 산천(山川)에 자라는 모든 생물들이다.
- 화(火)는 열기(熱氣)를 가진 것은 물이라도 화(火)에 속한다.
- 토(土)는 허공이나 땅덩어리 자체이다.
- 금(金)은 단단하고 강한 것은 모두가 비겁에 속한다.
- 수(水)는 그냥 물이면 비겁에 속한다. 맑고, 더럽고, 고인 물, 오물이나 바닷물은 다 같이 비겁이다.

식상(食傷)이란 무엇인가 새롭게 생겨나는 것을 말한다.
- 목(木)은 싹트고 이제 자라는 것이라고 보자.
- 화(火)는 새벽에 떠오르는 태양이나 사막위의 아지랑이도 식상이다.
- 토(土)는 쓰레기 같은 것이다. 즉 소각후의 재 같은 것. 흔적이다.
- 금(金)은 땅속의 광물 개발이나 지열로 토(土)가 녹아서 생긴 광물이다.
- 수(水)는 하늘에서 내리는 비, 또는 땅속에서 솟아나는 물이다.

재성(財星)은 결과이며 변화된 것이다.
- 목(木)이 꽃피고 수정되어 열매로 익어가는 것이다.
- 화(火)는 화려하거나 가공 할 수 있는 열(熱) 에너지다.
- 토(土)는 땅위에서 이루어지는 모든 것이다.
- 금(金)은 광물에서 재련된 모든 것이다.
- 수(水)는 원수에서 가공된 음료나 화공도 물이다.

관성(官星)은 확실한 구별이 가능한 것이다.
- 목(木)이 생물의 성장하는 과정이며 크고 튼튼하여 혼자 자라는 것과 약하여 서로 엉키어 살아가는 것이다.
- 화(火)는 밝고 어둠의차이다.
- 토(土)는 습토(濕土) 건토(乾土) 동토(凍土) 온토(溫土)로 분리한 것이다.
- 금(金)은 크고 작은 것과 강하거나 약한 것의 차이이다.
- 수(水)는 바다와 호수, 비와 안개 등으로 비교가 되는 것이다.

인성(印星)이란 자신을 드려내지 않으며 변화되려고 노력하는 것이다.
- 목(木) 자기 발전을 위하여 노력하는 것이다.
- 화(火)는 자신의 개성을 알리는 것이다.
- 토(土)는 충분하게 마음 놓고 잘 살아 갈 수 있는 공간이다.
- 금(金)은 생존경쟁의 원칙에 의하여 자연적인 질서이다.
- 수(水)는 지혜로운 생각으로 성장촉진제 같은 것이다.

이렇게 다양한 각도로 여과 없이 있는 그대로 통변하면 작은 단어지만 그토록 많은 언어를 충분하게 대신 할 수 있다고 본다.
비견, 식신, 정재, 정관, 인수는 긍정적(肯定的)으로 풀이 되며, 겁재, 상관, 편재, 편관, 편인은 부정적(否定的)으로 해석한다.
- 비견(比肩) : 오행이 나와 같으며 음양도 같다.(갑인甲寅)
- 겁재(劫財) : 오행은 같으나 음양이 다른 것. (병오丙午)
- 식신(食神) : 내가 생(生)하여주면서 음양이 같은 것. (무신

戊申)
- 상관(傷官) : 내가 생(生)하여 주는데 음양이 다른 것. (경자庚子)
- 편재(偏財) : 내가 극(克)하면서 음양이 같은 것. (갑진甲辰)
- 정재(正財) : 내가 극(克)하면서 음양이 다른 것. (임오壬午)
- 편관(偏官) : 나를 극(克)하면서 음양이 같은 것. (무인戊寅)
- 정관(正官) : 나를 극(克)하면서 음양이 다른 것. (경오庚午)
- 편인(偏印) : 나를 생(生)하여 주면서 음양이 같은 것. (임신壬申)
- 정인(正印) : 나를 생(生)하여 주면서 음양이 다른 것. (갑자甲子)

2) 십신(十神) 조견표

육친	남/여	가족관계(신의세계)	기타(시장경제)
비견 比肩	남	형제자매(남자 형제), 며느리(신장)	친구 · 직장동료 · 라이벌 · 아내의 전남편(일반고객)
	여	형제자매(특히 자매), 시아버지, 남편의첩(선녀 또는 법사)	친구 · 직장동료 · 라이벌 · 남편의 전처
겁재 劫財	남	이복형제자매, 처형제의 남편, 조카며느리 혹 여형제(선녀. 법사)	직장의 경쟁자. 동료, 사업의 경쟁자, 나쁜 친구
	여	이복형제자매(남 형제), 남편의 첩 남편의 형 · 제수, 애인(장군. 여 신장)	친구 · 동료 · 경쟁자(호객)
식신 食神	남	손자손녀 · 장모(친가할머니. 대신보살, 재석)	자선사업, 배설구(생산자)
	여	남편의 첩이나 애인의 자식, 자녀(딸)(친가할머니 삼신할머니. 당산)	자선사업, 배설구
상관 傷官	남	조모 · 외조부(외가할머니)	하극상(중고. 고물상)
	여	친자녀(아들) · 조모 · 외조부 (외할머니)	남편을 괴롭히는 자
편재 偏財	남	부친 · 첩 · 애인 · 정부 아내의 동기간 (아버지. 업 대감. 한량대신. 고장 신. 창부대신)	여자 · 투기 · 횡재(즉석거래뜨내기) 비공식적인 재물
	여	부친 · 시어머니 (아버지 업 대감 화양, 창부. 시집 신)	여자 · 투기 · 횡재 비공식적인 재물
정재 正財	남	아내 · 백숙부 · 의부 · 양부 (아버지. 대신 할아버지)	유산 · 고정수입 · 봉급(정찰재 단골)
	여	백숙부 · 의부 · 양부 · 시서모 · 시이모 (대신 할아버지. 아버지. 시집 신)	유산 · 고정수입 · 봉급
편관 偏官	남	친자녀(정식 결혼한 아내의 자녀), 외조모, 아들(무관할아버지 영급)	횡액 · 도둑 · 재앙(대형상가) 괴롭히는 자
	여	외조모, 비공식 남편, 재혼한 남편, 간부 · 정부, 며느리(영급 할아버지)	횡액 · 도둑 · 재앙 괴롭히는자(손큰업자)
정관 正官	남	자녀(혼전의 자녀, 서자), 조카 · 의자녀(문관할아버지 대신할아버지)	국가 · 관직 자격증(소형상가) 우두머리 · 귀인(중소상인)
	여	정식 결혼한 남편, 딸, 친남편, 조카며느리 (남편신 대신할아버지)	국가 · 관직 자격증 우두머리 · 귀인
편인 偏印	남	계모 · 서모 · 이모 · 유모 · 조부 · 백모 · 숙모(글문도사)	환자 · 여행 · 거짓말(전문체인점) 공상 · 침대 · 역학 · 전문지식 · 외국어
	여	계모 · 서모 · 이모 · 유모 · 조부종손자녀(글문도사)	환자 · 여행 · 거짓말(외상) 공상 · 침대 · 역학 · 전문지식 · 외국어
정인 正印	남	생모 · 장인(글문 대감)	명예 · 군자 · 윗사람(잡화점)
	여	생모(어머니) · 손자녀(글문 대감)	명예 · 군자 · 윗사람(현금)

3) 비견(比肩)

비견은 편재(偏財)를 극상(剋傷)한다. 편재는 내 마음대로 하는 것이며 인간사에는 아버지 장사 재물을 말한다. 남자는 첩 여자는 시가나 시어머니를 말한다. 비견이 약하면 무사하나 왕성하면 편재는 극(克)을 당한다.

비견은 같다고 생각하여야 하며 형제나 친구 동료들과 나누어 가진다고 의미를 두고 말하는 것이 좋다. 따라서 나눌 것이 없으면 각자의 능력에 따라서 독립하려고 떠나야 한다. 긍정적(肯定的)이며 동업이나 협력 관계도 되지만 비견이 많아서 부정적(否定的)으로 보면 분리 이별이나 외로움 고독으로 본다.

사주에 비견(比肩)이 많으면 경쟁심이 강하여 시비와 투쟁이 많으며 고집이세고 의지가 강하여 부모형제와 헤어져 자수성가 할 수도 있다. 남자가 비견이 많으면 배우자나 자식과의 인연이 약(弱)하며 힘들게 살아간다. 여자도 남자와 비슷하며 한 가정을 지키는 것이 힘이 든다.

- 년주 비견은 선대 업이 끊어지며 부친과의 인연이 약하다.
- 월주 비견은 자수 성가타입이며 부모형제와의 인연이 희박하다.
- 일주 비견은 고집이 세고 배우자와 인연이 약하다.
- 시주 비견은 노후가 불안하고 자식인연이 박(薄)하다. 라고 보지만 꼭 그런 것은 아니다.
- 일주가 강(强)하면 심(甚)하다.

비견이란 오행이 같으며 음양도 같다. 때로는 긍정적(肯定的)이면서도 많으면 상당히 부정적(否定的)이다. 무(戊)일주가 진(辰)과 술(戌)을 만나면 비견이라고 한다. 상대적으로 편재(偏財)를 극(克)하므로 협동심이 부족하다.

오행으로 분석하여보자.
- 甲木은 독립적이고 자존심이 강(强)하지만 乙木은 협동적이다.
- 丙火는 일방적으로 나를 따르라는 식이며 丁火는 참모형식이다.
- 戊土는 말이 적으며 변화를 싫어하지만 己土는 실천적이다.
- 庚金은 의리를 중히 여기이며 辛金은 일반적이다.
- 壬水의 가슴은 넓고 포용적이며 癸水는 사색적이다.

인간사에서는 친구형제 동료 선후배 동업자 며느리 시아버지 등 주체성이강하다/ 고집과자존심/ 감정적/ 자기위주/ 추진력/ 애착심/ 자수성가/ 이별/ 고독/ 극 부/ 극처/ 극 재/ 독립적/ 분가/ 무모함/ 무계획/ 의심/ 즉흥적/ 인색/ 변화/ 변동의 결정/ 투쟁/ 불화(재화)/ 강한집념/ 스포츠/ 단체/ 동업/ 동격으로… 모든 것이 같다하여 비견이다.

자신과의 경쟁이 분명하고 공정하며 자기중심적으로 내가 하여야 되고 내가 관리해야한다. 의지가 강하고 활동적이며 경쟁심이 강하면서 자존심이 대단하다. 자기마음에 들면 모든 것을 다 줄 것 같으며 싫으면 인정사정이 없다. 추진력이 강하여 선봉에 잘 나서며 분명하고 공정하여 친구가 많다. 사리사욕 보다는 공개적 이익을 취하며. 비견이 많으면 완고하며 지나치게 강한 성격과 고집으로 비사교적이다.

충(沖) 극(克)이 있으면 대인관계가 원만하지 못하고 살성이 있으면 흉(凶)함이 많고 충(沖) 극(克)이 되는 행년에는 골육상쟁이나 재난이 따르며 합(合)이 있으면 서로 협조하여 우정이 두터우며 발전이 늦다.

비견은 의리이며 행동으로 보여 준다. 또한 운동을 즐기며 특히 단체 게임에 적합하고 꼭 이기려고 한다. 그래서 지지(地支)

에 있는 것이 좋으며 천간(天干)에 투출된 것은 고정관념이 강하고 경쟁과 갈등, 우정과 애정 등으로 그리움과 외롭고 고독하다.

　비견이 많은데 일주의 지지(地支)가 약(弱)하면 주위로부터 공격을 당하든가 따돌림을 당한다. 합(合)을 이루면 좋은데 충(沖)을 하면 불편한 관계로 친구나 동료로부터 외면을 당할 수가 있으며 항상 조심하여야한다.

4) 겁재(劫財)

　겁재는 정재(正財)를 극상(剋傷)한다. 정재는 정처 삼촌(三寸) 자산재물(資産財物) 여자는 재물 시가(媤家) 부귀(富貴)를 말한다. 겁재가 약(弱)하면 무사하나 겁재가 강(强)하면 정재는 몰락한다.

　이성이 다른 형제나 친구동료이며 비견과 비슷하지만 부정적(否定的)인 면이 강하게 작용한다. 즉 무례하고 교만하여 흉성(凶星)이 많으며 불화와 이별 그리고 많은 고통이 따른다. 그러므로 화합이 안 되며 동업이나 평등하게 나눈다는 생각은 안하는 것이 좋다.

　연월일시의 겁재는 비견과 비슷하지만 좀 더 강(强)하게 작용한다. 겁재라는 것은 오행(五行)은 같으나 음양(陰陽)이 다른 것으로 상당히 부정성이 강하며 양(陽)일생이 음(陰)을 만나면 겁재(劫財)라고 하며, 탈재(奪財)라고도 하여 적극적으로 피탈(被奪)을 당하고 강제성이 있으며 처와 재물이 쟁탈 당한다. 음(陰)일생이 양(陽)을 만나면 패재(敗財)라고 하는데 재물에 욕심을 내다가 손해(損害)를 보는 것이다.

겁재는 상대적으로 정재(正財)를 극(克)하며 오행 따라서 통변을 달리하여야한다.
오행으로 분석하여보자.
- 甲木은 자존심이 강하고 독성적이며 乙木은 어울리지 못한다.
- 丙火는 일방적이며 외면당하고 丁火는 자기 말이 통하지 않으면 이탈한다.
- 戊土는 말이 적으며 변화를 싫어하고 둔(鈍)하며, 己土는 개인적 이익이 우선이다.
- 庚金은 의리보다 실속적이며 辛金은 통하지 않으면 돌아선다.
- 壬水는 야심이 강하고 외면상 포용적이며 癸水는 가슴에 비수(秘邃)가 숨겨져 있다. 인간사에는 친구 자매 이복형제(異腹兄弟) 며느리 시아버지 등등

비견처럼 주체성이 강하고/ 고집과 자기주장/ 오만불순/ 교만하며/ 이중성과투기/ 사행심이 강하다./ 자기가 손해를 보면 즉시중단하며/ 생각이 깊다./ 시기질투/ 경쟁심/ 운동선수(개인기)/ 손해/ 자기위주/ 선동/ 강탈도독/ 사기/ 투쟁단체/ 보복성/ 피해의식/ 정보제공/ 밑바닥생활/ 청소/ 아랫것/ 신속과 감/ 투항/ 기부/ 욕심/ 비윤리적이며/ 강제성과부정적이다./ 명령적이며/ 구속 받기를 싫어한다./ 극부/ 극처/ 극재/ 다성 다패/ 사교성이 좋아서/ 색정문제가/ 발생하며 야심이 강하다./ 투기와 경쟁을 즐기며/ 실속파다./ 말을 더듬거리며/ 재물 욕이 강하여/ 한탕주의나/ 속성으로 진행/ 불량이나 실물/ 또는 도심이 발동한다./ 스카웃을 당한다.

모든 것을 자기위주로 진행 하고자하는 성격이 남몰래 작용하며 상당히 실속파라서 계산이 빠르고 손해 본다는 생각이 들면

즉각 중단한다. 강력한 경쟁이 있는 운동이나 오락에서 실력을 발휘하며 꼭 이기려고 하며 이익이 발생되면 실속을 챙긴다. 대인관계가 원만한 것 같으면서도 속으로 상대를 무시하고 윗사람을 존경 하지만 아랫사람에게는 명령적이며 양보가 없다.

겁재가 많으면 이중인격자이며 이기주의며 비난과 오해가 자주 발생한다. 심하여 양인(兩刃)과 같이 있으면 독(毒)한 성격을 숨기고 부드러운 것처럼 남에게 접근하며 극난 극복을 잘하며 추진력이 대단하다. 그러나 인격적으로 문제가 있다. 지지(地支)에 있으면 강제성이 동원(動員) 되는 것 같으며 천간(天干)에 있으면 항상 사기성이 많으며 생각하는 것을 현금으로 교환한다. 예를 들면 인성이 겁재면 선생이 학원에서 공부를 가르치고 월급을 받는 것이다.

겁재는 천간(天干)에 있는 것은 생각이고 말 뿐이지만 흉하면 공갈 협박이다. 지지(地支)에 있으면 공격성이라서 행동에 문제가 있다. 공간적으로 보면 산만(散漫)하고 숨기려고 한다.

겁재란 적게 주고 많이 받고자하는 것이다. 비견처럼 똑같이 나누는 것이 아니고 자신이 많이 가지려는 욕심이 강하고 그로 인하여 많은 손해를 당한다고 본다.

5) 식신(食神)

식신은 편관(偏官)을 극(剋)한다. 남자 편관은 자식 직장(職場) 권력(勸力) 인내력(忍耐力)이며 여자는 정부(情夫) 명예(名譽) 질병(疾病)을 말한다. 식신이 무력하면 무탈하나 식신이 강하면 편관이 극(克)을 당하여 절망(絶望)하게 된다.

식신이란 내가 낳은 것이라고 하여 자기의 분신(分身)으로서 나의 힘을 뺀다. 일주가 강할 때와 약 할 때의 차이가 심하다.

식신이란 생산이므로 의(衣)식(食)주(住)가 풍족하지만 사주에 많이 있으면 허약하고 천박하다. 또한 다른 표현으로 배설에 해당하므로 베풀거나 나눔으로 긍정적으로 해석하면 희생과 봉사인데 부정적으로 보면 여자사주에 식신이 많으면 육신의 봉사나 나눈다고 생각하여보자. 애교와 색정이므로 문제가 많아서 좋은 배필(配匹)은 아닌 것 같다.

식신이란 밥 식(食)자이므로 음식(飮食)이나 요리(料理)이며, 입으로도 보며 입으로 행하는 것은 식신이다. 년에 식신은 선대나 부모의 복(福)이 많다. 월에 있으면 건강하고 대단한 미식가이다. 또한 마음이 너그럽고 언행이 바르다. 일주에 식신이 자리하면 배우자의체격이 좋으며 마음이 넓다. 시주 식신은 자식덕이 있으며 노후가 편안하다.

식신이란 내가 생(生)하여 주는데 음양(陰陽)이 같은 것으로 수성(壽星)이라고 하며 상당히 긍정적이다. 많으면 부정적이다 병(丙)일주가 술(戌)을 보면 식신이라고 한다. 火生土의 관계다. 상대적으로 편관을 극(克)하므로 인내력이 부족 할 수가 있다. 예의가 바르고 직선적이다. 신체가 조금 비대하며 도량이 넓어 보인다. 또한 옷과 밥이며 총명하고 준수하여 인상이 부드럽고 제치와 유머가 있고 붙임성이 좋으며 호기심이 강하고 추진력도 있다.

상당한 미식가며 식신이 많으면 오히려 건강이 나쁘고 수명(壽命)이 짧으며 천박(淺薄)하고 이기적이며 동정심이 미약(微弱)하다. 공명정대하며 타협심이 약하고 개발정신이 강하다. 다양한 취미생활과 희생정신 서비스와 봉사정신이 강하고 꾸민 없이 솔직한 면이 있다.

　연구/ 창조/ 창작이나 개발/ 전문성탐구/ 궁리/ 감정적인 면이 강하며/ 예체능에도 관심이 많다./ 발명가나 교수/ 과학자/ 또는 자기가 연구/ 창조하여 직접 생산하는 예가 많다./ 신체적으로는 성기에 해당되며/ 성적 충동이나/ 섹스에도 관심이 많으며/ 즐기는 편이다./ 솔선수범/ 노력파이다.

오행으로 분석하여보자.
- 甲木은 교육적 이미지 乙木은 강한 모성애처럼 보인다.
- 丙火는 뛰어난 예술성, 丁火는 강력한 후원자 같다.
- 戊土는 창작이나 상담, 己土는 자신의 일처럼 나선다.
- 庚金은 대변인, 辛金은 지도 적이다.
- 壬水는 연구원, 癸水는 양로나 음성적인데서 희생 봉사 한다.

　인간사에서는 자식/ 장모/ 사위/ 손자/ 외조부/ 3대증조부 등으로 보며 사회적으로는 처녀 총각이나/ 어린 학생/ 아랫사람/ 총명/ 건강장수/ 덕망과 효심/ 식복/ 부양가족/ 새로운 식구/ 신혼/ 언어/ 생산성/ 건설/ 재물/ 풍요/ 향락/ 편의/ 발전/ 도량/ 관대/ 연구/ 창작/ 탐구/ 발명/ 탄생/ 개업/ 전문성/ 요리나 요리 연구/ 예능/ 서비스/ 신품/ 젊음/ 명랑/ 낙천적/ 활동성/ 협력관계/ 처가집/ 정(情)이 많다.

　학력으로는 전문기술학교. 초등학교(중2까지) 정도로 본다. 위로는 연구원이나 연구소이다. 편인을 싫어하며 만약 편인을 보면 빈곤(貧困)하고 건강과 자식에게 불리하고 한순간에 무너진다.

　식신이 천간(天干)에 있으면 언어와 예의가 바르며 긍정적인 사고력으로 많은 연구(硏究)와 인내력으로 많은 것을 개발하여

인류발전에 상당한 도움이 될 것이고 지지(地支)에 있으면 바른 실천력이나 육체적인 봉사이며 긍정적으로 행동하며 천진난만하고 건강해 보인다. 그리고 언어가 바르고 총명하고 봉사나 서비스에 철저하다. 솔선수범하면서 모든 면에 관심이 많다.

식신이 학문적으로 개발이나 연구 쪽으로 본다면 木은 교육연구, 火는 예술분야, 土는 투자연구, 金은 정체연구, 水는 정신분야, 쪽으로 이해하여 보자. 식신은 천간(天干)에 있어도 좋고 지지(地支)에 있어도 좋다.

6) 상관(傷官)

상관은 상대적으로 정관(正官)을 극(剋)한다. 남자 정관은 명예(名譽) 자식 직업 여자는 남편 직위(職位) 부귀(富貴)다. 상관이 미약(微弱)하면 무사하지만 상관이 강(强)하면 정관이 극(克)을 당하여 패(敗)하거나 몰락(沒落)한다.

상관이란 내가 생(生)하여 주는데 오행(五行)이 다르며 부정적(否定的)이다. 경금(庚金)일주가 지지(地支) 자수(子水)를 보면 상관이다. 오행의 성격이나 12운성과 신살(神殺)을 잘 살펴서 통변하여야 한다.

오행으로 분석하여보자.
- 甲木은 기능장이나 예체능 교육이며 乙木은 변화에 잘 적응한다.
- 丙火는 화려한 예술성으로 자신을 자랑하며 丁火는 색감이 남다르다.
- 戊土는 자유 기교 己土는 주문에 의한 집필이나 변화 위조 한다.
- 庚金은 범법행위 辛金은 묘사 꾼이다.
- 壬水는 모방 癸水는 다양한 변화로 자신을 감춘다.

총명하고 멋지게 보이며 얌전하고 도량이 넓은 것 같으나 상당히 이기적이며 자기주장과 과시욕, 허영심이 강하여 타인으로부터 지배자로 군림하려고 하며 재주가 많고 능력이 뛰어나서 임기응변과 사기성으로 상대방을 잘 기만하고 불리한 것 같으면 일시에 돌아서고 지배 받는 것을 싫어한다.

속이 좁아서 타인을 비평하며 계산과 눈치가 빨라서 희생하는 것 같으면서도 자기 몫과 이익 명예를 챙긴다. 언제나 이기기를 바라며 비밀을 지키지 못하고 시비가 잦으며 반항적 기질과 베풀고 나서 생색을 꼭 내며 예의나 법을 무시한다. 이별 뒤에는 오래된 것 까지 들추어서 험담을 한다. 눈빛이 강하고 복종심이 없고 상대를 비꼬며 행동이 바르지 못하여 직업변동이 심(甚)하다.

여자 상관 격(格)은 상당히 남자가 견디기 힘들며 화려하고 변덕이 심하여 다루기가 힘들다. 하지만 일주가 합(合)하여 타 오행으로 변화되거나 형(刑) 충(沖) 파(破)가 되면 상관작용이 미약(微弱)하거나 없다고 본다.

눈치와 센스가 빠르며/ 허세와 허풍/ 공격적/ 불법성이 강하므로/ 수단과/ 예술성/ 애교가 뛰어나서/ 자유분방한 사고방식에/ 소비성 직업에 종사 하거나 경영한다./ 활동성/ 예체능이나 전문직기술/ 강사나 꾸미는 직업/ 변사/ 얼굴마담/ 연예계/ 화류계에 적합하며/ 이성적 생각이 많고/ 이중성과/ 교만심/ 위기 때는 융통성을 발휘하여 타협도 잘한다. 또한 상황에 따라서 즉흥적이며/ 언어가 거칠고/ 때로는 음성(音聲)에 애교(愛嬌)가 흐른다. 종교 쪽으로 흐르면 득도(得道)의 가능성이 높다.

인간사에서는 자식/ 할머니/ 이모/ 외가/ 장모/ 조카/ 증조부 등…

사회성은 예체능계/ 유흥/ 유통/ 기술/ 개방적/ 반항/ 위법/ 중

고품/ 모방/ 대리점/ 체인점/ 호객성 장사/ 미적인 감각/ 사치/ 잔꾀/ 교육/ 수리/ 변호사/ 대변인/ 직속상관/ 과부/ 재수생/ 유행성 언어/ 코메디/ 임기능변/ 공격성 언어/ 상담사/ 고물상/ 빈곤/ 악세사리/ 이 미용/ 연예계/ 사기성/ 자기 자랑과/ 허영심이 강하고/ 적게 배우고 많이 아는 척 하며/ 상대방을 무시한다./ 성(性)적 기능이 뛰어나서 행위를 즐기려고 한다.

　상관이 행위로 보면 위법하는 일이 많으며 정신적으로는 득도나 감각 애교와 잡기(雜技) 예능 쪽으로 생각을 많이 할 것이다. 일반사람들의 상상을 초월한다. 천간(天干)에 상관이 있으면 구상력이 뛰어나서 애정소설이나 코믹성 작가 또는 흥미 위주의 문장에 능력이 있으며 뛰어난 문필가도 있다. 지지(地支)에 있으면 행위 예술 쪽이나 연예계 또는 끼를 발산할 수 있는 곳에 적합하고 다른 면으로 보면 행동보다는 말이 우선이며 파괴적이면서 무질서 하다.

　학력으로는 예체능이나 기술학교. 중3이상으로 본다. 위로는 기능이나 심리 언어 연구이며 재활용이나 변화 등을 연구하는 것이다. 기술이 뛰어나며 눈살미가 있어 한번 보면 바로 모방(模倣) 할 정도이다.

　정인을 싫어하며 만약 정인을 보면 얌전하고 때로는 도통(道通)하는 예도 있다. 정인은 바른 언어, 상관은 핑계 이며 눈속임인데 자식이 부모를 속이고 부모가 이를 바로 잡아주면 대성할 수 있다고 본다.

　상관이라고 부정하게 생각하는 것보다는 교화하여 적성을 찾아주면 사회에 공헌하는 한사람이 된다.

7) 편재(偏財)

편재는 편인(偏印)을 극(剋)한다. 편인은 조부(祖父) 계모(繼母) 학문(學文) 예능(藝能) 모친(母親) 성(性) 전문인(專門人) 등으로 편재가 약(弱)하면 무사하지만 편재가 왕성하면 편인이 몰락하고 병이 든다.

편재는 내가 극(克)하는 것이기 때문에 내 마음대로 하려는 성질(性質)이 강하고 일방적(一方的)이다. 일주가 강한 사람은 통솔력(統率力)이 뛰어나서 많은 사람들을 거느리며 절도(節度)가 있고 사교성(社交性)이 뛰어나 인기가 많다. 특히 여자들로부터 호평(好評)을 많이 받는다. 여성들은 외모가 여장부처럼 통이 크게 보이며 융통성과 통솔력이 좋아서 돈을 잘 벌고 잘 쓴다. 남성처럼 사업에 관심이 많으며 남편의 뒷바라지도 잘하지만 씀씀이가 많으므로 빚지고 사는 사람도 많으며 낭비벽(浪費癖)이 있고 허세를 많이 부린다. 또한 재성이 많으면 시집살이가 고달프다고 한다.

- 년의 편재는 조상이 부유하고 부유한 집에서 출생하였다
- 월에 있으면 부모 형제들이 사업 쪽으로 밝고 성공한다.
- 일에 있으면 통이 크고 호탕하다.
- 시에 있으면 노후가 편안하다.
- 편재는 내가 극(克)하는데 음양(陰陽)이 같은 것이며 무토(戊土)가 임수(壬水)를 보면 편재가 된다.

오행으로 분석하여보자.
- 甲木은 교육 체육 사업이며, 乙木은 출판관계나 생필품생산이다.
- 丙火는 신문 방송 사업이며, 丁火는 서비스업이다.
- 戊土는 부동산 개발이며, 己土는 농림업이다.

- 庚金은 유통업이며, 辛金은 금융 및 다단계이다.
- 壬水는 연구개발이나 수산업이며, 癸水는 변호나 무역중계 업이다.

호탕하고 다정다감하며 호걸처럼 생겼으며 모든 것이 시원하게 처리하는 것처럼 보이지만 신중성이 떨어진다. 풍류와 유흥을 즐기며 농담도 잘하고 인심이 좋다. 타인의 기분을 잘 맞추는 기분파이며 의리를 중요시 여기고 나보다 상대방이 우선적으로 생각한다.

장사 수완이 뛰어나고 사교적이라 때로는 이익을 위하여 타인을 속이기도 잘한다. 허영심이 강하며 특히 여자한테 잘하며 신약사주이면 주색에 빠져서 주정뱅이처럼 패인이 될 수도 있다. 또한 투기나 한탕주의를 노려보다가 망(亡)하는 경우가 자주 있다.

통이 크기 때문에 독립심이 강하여 구속이나 명령계통에 적응하기 힘들고 사소한데는 관심이 없다. 베짱이 좋아서 경쟁력에 승부를 잘 한다. 독재성이 강하며 지배욕도 강하고 재물에 욕심이 많아서 돈벌이도 잘 하며 시야도 넓다.

인간사에는 아버지/ 부인/ 첩/ 형수/ 처제/ 처남/ 외삼촌/ 시어머니/ 손자 등… 사회성으로는 회장단/ 무역/ 통제/ 관리/ 통솔능력/ 풍류/ 얼렁뚱땅/ 즉흥적/ 큰기술/ 물욕/ 디자인/ 설계/ 미결재/ 독재/ 결단성/ 속전속결/ 과정무시/ 결과를 중요시/ 손아랫사람을 통제 잘한다./ 먼 곳/ 마무리/ 큰 것/ 사치스런 생활/ 내 멋대로/ 급속/ 감독/ 건축/ 감리/ 거친 기술/ 소비성/ 과다욕심/ 허영심/ 노전장사/ 고리대금/ 밀수/ 도박/ 투기/ 모험심/ 민첩성/ 가무유흥/ 대형사업장/ 게으름/ 횡 재수/ 실직/ 파면/ 부도 등…

공간적으로는 허공, 학력으로는 경제 경영 재무계통으로 3류 정도이며 위로는 기업 총수(總帥)다.

편재는 천간(天干) 있으면 일확천금의 투기성이며 지지(地支)에 있으면 수완이 좋아서 많은 재물로 보며 이것을 보관하는 창고(倉庫)가 있으면 더욱 좋다. 일단은 큰손으로 무엇이든 쉽게 취하려고 하는 행동과 투기성이 강하여 한 번에 어떻게 하려고 하는 것이 실수가 되어서 일생을 힘들고 고생스럽게 살아가는 사람도 많이 있다. 천간(天干)에 있으면 항상 놀고먹는 한탕주의를 생각하며 지지(地支)에 있으면 크게 한번 사업이나 장사를 하여 많은 이익으로 잘 살 것이며 호탕하게 살아 갈 것이다. 실패한 후에는 옛날이야기를 위로삼아 자주하면서 추억만 되새긴다.

일주가 약(弱)하면 도박과 주색 그리고 낭비가 심하며 남성은 여자를 좋아하여 망신당하는 사람이 많으며 패인의 길을 자초한다. 편재는 활동성이 있고 봉사정신이 투철하고 타인의 비위를 잘 맞추며 수단 방법이 좋다.

편재를 투자나 투기로 생각하고 오행으로 분석하여보자.
- 木은 인적자원이나 스포츠이다.
- 火는 소비성이나 신문 방송 광고
- 土는 부동산이나 고 문서 그림 골통 품
- 金은 유가증권 귀 금속 광물
- 水는 연구 개발에 투자나 투기로 본다.
- 편재는 비견을 싫어하고 관성을 좋아한다.

8) 정재(正財)

정재는 정인(正印)을 극(剋)한다. 남자 정인은 모친(母親) 장인(丈人) 학문(學文)이며, 여자는 사위 학문 예술 등이다. 정재가 약(弱)하면 무사하지만 정재가 강하면 인수가 극(克)을 당하게 된다는 것이다.

정재는 내가 상대를 극(克)하는 관계로서 음양(陰陽)이 다른 것이다. 긍정적(肯定的)이며 임수(壬水)가 오화(午火)를 만나면 정재가 된다. 상대적으로 정인을 극(克)하므로 재물(財物)과 인격(人格)은 묘(妙)한 관계를 가진다. 성실과 신용을 중요시하며 총명하다. 얼굴도 야무지게 생겼으며 정이 많아 보인다.

오행으로 분석하여 보자.

- 甲木은 교육이나 인적자원 관리며, 乙木은 서점이나 소규모 상업이다.
- 丙火는 문화 예술분야이며, 丁火는 전기 전자상가이다.
- 戊土는 부동산 임대관리며, 己土는 부동산소개업이다.
- 庚金은 금융관리이며, 辛金은 소규모 대부(금전) 업이다.
- 壬水는 해양 항만 관리이며, 癸水는 법무 대서업이다.

경제적이라서 매사에 자신감이 있고 명량하여 빈틈이 없다. 현실적으로 자기의 이익을 중요시 여기며 검소하다. 상당히 보수적이며 분수대로 행동하며 타인으로부터 신임을 얻어서 대인관계가 원만하여 건전한 생활상의 표본처럼 보이나 때로는 이성관계로 가정에 부담을 주기도 하며 자신도 고통 받는다.

재성이 많고 주위로부터 힘을 받으면 재물에 어려움이 없고 자기직업이 천직으로 알고 꾸준하게 노력하며 정확하고 꼼꼼하여 경제 관리에 능통하다. 때로는 재물 욕이 많아서 인간미가 없거나 인격이 떨어지는 사람도 있다.

신약사주는 안으로 어려움이 많아서 재물에 인색하고 어려운 인생사가 될 것이다.

인간사에서 처/ 아버지/ 삼촌/ 고모/ 처형/ 처제/ 형수/ 처남/ 시어머니/등 사회에서는 정보수집/ 기획/ 재정관리/ 위탁 관리업/ 경리/ 은행/ 금융관리/ 소규모 대부업/ 세무회계/ 창고/ 물품관리/ 정찰제/ 소규모상가/ 도매업/ 마무리/ 결실/ 단거리/ 월급/ 소탈하면서 철저하다./ 정밀기계/ 기술/ 첨단과학/ 섬세한 디자인/ 보수적/ 고지식하다./ 감정적/ 신용도/ 명예/ 근면/ 성실/ 수리학/ 자기관리/ 느린 행동/ 결단성결여/ 이해타산/ 상업중개/ 구두쇠/ 실속/ 이익/ 수집가/ 정리정돈/ 결과/ 탐욕/ 대출계/ 체인대리점/ 완제품 사업/ 결재결론/ 절약/ 세밀하고 느리다/ 많은 생각/ 살림꾼 등등.

행동적으로는 정밀하고 아담하나. 정신세계로 보면 꼼꼼하고 계산에 밝으며 철저하다. 천간(天干)에서 정재는 정밀이나 미세(微細)분야 또는 재산관리인 금융 감사(監査) 쪽으로 보며 지지(地支)에 있으면 행동적으로 일선에서 금융이나 정밀기계 관리 계통으로 할 것이다. 기초적 인면에 충실하며 철저한 자기 관리에 꼼꼼한 생활로 근면 성실을 몸소 실천하며 말과 행동이 하나로 이루어진다.

정재를 관리 정밀분야로 분석하여보자.
- 木은 인적자원이나 유전공학이다
- 火는 예술이나 예능 전자공학
- 土는 지질 고고경제학 국토 농림 개발
- 金은 금융이나 기계공학 정보 작전이며

- 水는 물리화학 수질연구 해양 개발 또는 관리로 등으로 본다.
- 정재는 겁재를 싫어하고 관성을 좋아한다.

9) 편관(偏官)

편관은 비견(比肩)을 극(剋)한다. 남자 비견은 형제 친구 자매이며, 여자는 형제자매 친구 등이다. 편관이 약(弱)하면 무사하지만 편관이 강(强)하면 비견이 극(克)을 당하게 되므로 건강이나 불구(不具) 단명(短命) 또는 항상 몸이 아픈 것 같다.

편관은 일명 칠살(七殺) 이라고 하며 7번째 가서 충(沖)을 하므로 칠살 이라고 한다. 또한 철저한 명령계통으로서 계급(階級)으로 이루어진 곳이나 아니면 철저히 나 홀로 살아가면 관계 없다. 사주 속에 오직 편관 하나만 있으면 총명하고 영리하다고 본다.

영웅호걸의 기질로 급(急)하고 진취적(進取的)이며 의협심(義俠心)이 강하다. 또한 의리를 중요시 여기며 자존심이 강하고 야성적(野性的)으로 생겼으며 귀족타입이나 부모형제 덕(德)이 별로 없고 고향과 인연이 없으며 친구가 별로 없다.

년의 편관은 어린 시절에 힘들었다고 보며, 월에 있으면 직업이 불확실하다고 보며, 일에 있으면 자존심이 강하다. 시에 있으면 노후가 불안하다. 신강 한 일주에 시주(時柱) 천간에 편관이 있으면 귀한 사주다. 편관은 내가 극(克)을 받으며 음양(陰陽)이 같은 것이다. 임(壬)수(水)가 진(辰)토(土)를 보면 편관이 된다.

오행으로 분석하여 보자.
- 甲木은 최고의 권력자이며, 乙木은 참모진이다.

- 丙火 인기 연예인이며, 丁火는 야간업소 출연진이다.?
- 戊土는 악산이며, 己土는 불모지다.
- 庚金은 야당성이 강하며, 辛金은 음성적인 직업이다.
- 壬水는 독극물이고 癸水는 브로커다.

주거가 불안하며 항상 피로하다. 불구 장애등 알 수 없는 잔병이 있는 것 같으며 재물 손실이 많아서 벌어도 지출을 따르지 못하고 재화(災禍)가 많다.

강자를 이용하여 약자를 도우나 조급한 성격이 편굴(偏屈) 되어 주위에서 싫어하는 사람이 많다. 인격과 권위는 있으나 타인과 투쟁이 심(甚)하고 권모술수가 뛰어나 상대방을 잘 이용한다. 모험심이 강하여 어떤 일에도 도전적이며 기회포착과 과단성(果斷性)이 정확하며 타인과 논쟁에서도 지기 싫어한다. 품위가 준수하고 문무(文武)에 이름이 자주난다.

신약이면 의타심이 강하고 대담하고 난폭하여 문제를 일으키나 반성하는 마음보다는 반발과 적개심(敵愾心)이 불타고 성격이 조급하여 시기질투와 시비로 관재수(官災數)가 항상 따르고 몸에 흉터가 있으며 자식이 많다. 여자는 재가(再嫁) 팔자이며 구박(毆縛) 속에 살아간다. 결혼 후 병이 들며 소실(小室)이나 첩으로 또는 정부(情婦)를 두기도 한다.

사주가 강하고 청(淸)하면 권력가의 아내로 살지만 때로는 의사/ 군인/ 기생/ 비구니도 많으며 신(神)병처럼 고생도 한다. 인간사는 자식/ 남편/ 정부/ 외할머니/ 매형/ 형부/ 며느리/ 시누이 등이다.

사회성으로는 명예직이며/ 최고의 권력/ 최고의 고통/ 군 검경찰/ 권력/ 권위/ 높은 자리/ 봉사/ 복종/ 명령계통/ 희생정신/

어려운 일/ 모방성/ 모험/ 인내심/ 신용과 직업/ 급진적 속단/ 의 협심/ 자존심/ 고집/ 의리/ 명예/ 상신(傷神)/ 병액/ 환자/ 고집/ 형액(刑厄)/ 투쟁/ 고독/ 야성적/ 투쟁심/ 영리함/ 권력의 중심/ 감사관/ 강제성/ 폭력단/ 시체/ 귀신/ 강직파직/ 충성/ 용감/ 침착함/ 야성적/ 우두머리/ 막노동/ 3D업종/ 빈곤/ 반발/ 적개/ 구박구타/ 구속/ 경쟁/ 피지배/ 억압/ 통제/ 감정적 경계/ 위험한곳/ 천재지변/ 기억력/ 여필종부/ 종점/ 앞장서기/ 체면/ 반항/ 스트레스/ 법 계통/ 야당/ 정치인 등 부정성(否定性)이 강하며 폭력적이다.

행동에 절도가 있으며 굴곡(屈曲)이 심하다. 정신적 인내력은 강하지만 과감한 모험심이나 지나친 투기심으로 낭패를 본다. 학력 적으로 보면 2류이며 정치나 권력 법조 윤리(倫理) 등으로 본다.

천간(天干)의 편관이 있으면 자기 억제나 참을성으로 보며 또는 감투에 애착을 가진다고 보며 지지(地支)는 극(克)과 극(克)의 관계로 행위를 한다. 야성적이며 무뢰한 타입에 인정과 의리가 있고 눈물이 많으며 기본적으로 인간적인 따뜻함을 속에 간직하고 또 그것을 바라고 있다. 의지가 강하며 모험에 나설 수도 있고 투쟁심이 왕성하며 보통 수단이 넘는다. 두뇌 회전은 빨라도 인정에 약하여 가난한 자를 보면 가만있지 못한다. 남자는 강하고 늠름하지만 눈물이 많은 타입이며 여자는 우두머리 기질이 있다.

편관이 강력한 단체로 분석하여보자.
- 木이면 인권계통
- 火는 방송 언론계통

- 土는 기업이나 금융계통
- 金은 군부나 권력계통
- 水는 학생이나 지식단체 등으로 분석하여본다.
- 편관은 인성을 좋아하며 식신을 싫어한다.

10) 정관(正官)

정관은 겁재(劫財)를 극(剋)한다. 남자 겁재는 이복(異腹) 형제 자매 친구 등이며, 여자 이복(異腹) 형제 자매 친구 등이 있다. 약(弱)하면 무사하지만 정관이 강하면 겁재가 극(克)을 당하게 된다는 것이다.

정관은 나를 극(克)하는 관계로 음양(陰陽)이 다르다. 긍정적(肯定的)이며 경(庚)일주가 오(午)을 보면 정관이다. 상대적으로 겁재를 극(克)한다. 어떻게 상대를 교화(敎化)시키는지 오행(五行)을 보고 통변(通辯)한다.

오행으로 분석하여 보자.
- 甲木은 고위 공직자이며, 乙木은 일반 공직이다.
- 丙火는 문화 예술 체육장이며, 丁火는 일반적인 문화 체육 예술 등의 활동 인이다.
- 戊土는 국립공원이며, 己土는 도립공원이다.
- 庚金은 여당 정치인이며, 辛金은 긍정적인 관련단체이다.
- 壬水는 국가 연구소이며, 癸水는 이익단체 연구소이다.

준법정신이 뛰어나고 품행이 단정하며 예의가 바르고 착실하며 온화하다. 보수적이며 청렴결백하고 남의 눈치나 체면을 많이 본다. 좋은 가문의 출신이며 원만한 가정에서 착하게 자랐다. 행동이 바르고 인내심도 있고 규칙적인 생활이 습관화 되어있다.

누구에게나 인정받고 책임감이 강하여 판단력이 빨라서 윗사람으로 부터 인정받아 승진이 빠르다.

명분을 중요시하며 한 방향으로 고지식하게 밀고 나가는 스타일이며 명랑 온후하다. 자존심이 강하고 사치를 하지 않고 근면 검소하며 성실 섬세하다. 신용과 경우가 바르고 타인에게 신세지지 않는 성격이며, 책임감이 투철하다. 실속보다는 명예를 따르고 계획적인 행동을 하며 교제도 비교적 원만하다. 가정이 편안하고 건강과 학업성취도가 높으며 사회진출에 장애가 없이 순조롭다. 매사에 합리적이며 점잖게 행동하며 형식과 체면위주의 봉사정신도 있다.

신약 일 때는 인격이 떨어지고 성취 하고자 하는 것이 부족하다. 관살이 혼잡하면 비천(卑賤)하게 살아가며 색난에 패가망신이 뒤따른다. 특히 여자 사주에 관살혼잡은 자기 수행을 철저하게 하여야된다. 항상 불안 초조하니까. 짜임새가 좋으면 매너가 좋고 권위의식이 강하다.

인간사는 자식/ 남편/ 정부/ 며느리/ 외할아버지 등… 사회적으로는 직장/ 명예/ 표창/ 공직중책/ 체면/ 품위/ 형식적/ 양반기질/ 계급승진/ 통제기관/ 용모/ 인격/ 책임감/ 신의/ 결백/ 보수적/ 소심 옹졸/ 배려심/ 관공서/ 질서/ 정법모범/ 내근직/ 군경검/ 행정관료/ 입찰/ 지배인/ 원리원칙/ 신사/ 정찰제/ 인내심/ 타협/ 통합/ 전문적행정인/ 장기적/ 합법적/ 명력계통/ 저장/ 암기/ 잔소리/ 옳고 그름/ 평범/ 자원봉사/ 세밀/ 트집/ 상식적/ 감사/ 정도/ 기본양심/ 검사원등…

정관은 행동이 바르며 인사성이 바르다. 생각하는 것은 상당히 긍정적으로 예의와 예절, 그리고 매사에 정확하다. 학력으로 보면 2류 이상의 실력으로 교육목적을 제외한 최고의 직업인으로 성장하려고 한다.
- 木 : 인격과 덕망
- 火 : 성급하며 불의에 대항
- 土 : 인품과 정직 약속
- 金 : 정직 의리
- 水 : 지혜공정 인정이 많으면서 냉정하다.

정관은 인성을 좋아하며 상관을 싫어한다. 정관도 많으면 법을 교묘하게 이용한다. 결과는 실패로 끝난다.

11) 편인(偏印)

편인은 식신(食神)을 극(剋)한다. 남자 식신은 장모(丈母) 수명(壽命) 사위이며, 여자는 자식(子息) 자궁(子宮) 수명(壽命) 등이다. 편인이 약(弱)하면 무사하지만 편인이 강(强)하면 식신이 극(克)을 당하며 참혹하게 당한다.

편인이란 나를 생(生)하여 주는데 음양(陰陽)이 같으며 부정적(否定的)이다. 병(丙)일주가 인(寅)을 보면 편인이다. 상대적으로 식신을 극(克)하며 건강상 문제가 있다.

오행으로 분석하여보자.
- 甲木은 최고의 전문 교육인 이며, 乙木은 연구원이다.
- 丙火는 전문 창작 예술인이며, 丁火는 미 확인정보이다.
- 戊土는 무기명 채권이며, 己土는 주식정보다.
- 庚金은 작전문서며, 辛金은 비공개 정치문서이다.
- 壬水는 연구논문이며, 癸水는 발표되지 못한 논문이다.

두뇌 회전이 빠르며 눈치와 임기응변이 대단하며 성격이 조금

급한 편이고 외모가 씩씩하고 군자같이 보이나 말과 행동이 일치하지 않으며 비상한 생각으로 시작은 잘하나 과정에서 나태(懶怠)하여 결과가 없다. 싫증을 잘 내고 태만(怠慢)한 성격이 있다.

자존심이 강하고 요령(要領)과 몸단장에 신경을 많이 쓰며 칭찬을 좋아하는 반면 잔소리는 싫어한다. 정신적 학문과 예술에 뛰어나며 끝맺기가 힘들며 대충 대충 일을 처리하여 성공률이 아주 낮다. 심신이 나태하여 안과 밖이 다르기 때문에 심(深)히 측량하기가 힘들며 변덕과 경솔한 행동이 자주 드려낸다.

식신을 극(克)하기 때문에 수명(壽命)이 짧고 복이 부족하다. 사주에 편인이 많으면 만사가 잘 안되며 다양한 직업과 기술 그리고 기행(奇行)을 잘한다. 고독에 익숙하여 깊은 정신수련이나 철학 쪽으로 잘 발달된다. 특이한 재능이나 취미가 있고 자기 멋대로 행동하며 자유업이나 전문적인 것에 소질이 있다.

즉흥적 위기 모면이나 거짓말 기만성은 타의 추종을 불허한다. 자식 복이 없고 본인이 싫어하는 것은 여하한 경우라도 하지 않으며 의견 충돌이 자주 일으킨다. 비현실적이며 종교나 철학과 역학에 관심이 많으며 참선(參禪)이나 기도 수행 수도(修道)같은 것이나 무속(巫俗)적 신비와 무형(無形)의 정신세계에 잘 빠져 든다.

부정인 것을 잘 찾아내며 의심이 많고 불평불만이 심(甚)하다. 변덕과 색난 그리고 변태적(變態的) 기질 시기 질투와 게으르다. 변호사보다 더 뛰어난 언어 구사로 상대를 이해시킨다. 구속되는 것을 싫어하고 싫증을 잘 낸다. 한번 좌절하면 극한상황까지 생각하며 깊은 수면(睡眠) 유지가 안 되어 신경과민으로 건강이 나쁘다. 성격이 까다롭고 분석적이며 주도면밀하다, 한편으로는 인자하고 가정적이며 학자의 기질이다.

인간사는 계모/ 서모/ 할머니/ 조부/ 사위/ 손자/ 어머니 등등… 사회성은 교수/ 가문서/ 전문학/ 외국어/ 각종계약서/ 각종금융증권/ 보험과 대행문서/ 신비주의/ 정신세계/ 침실/ 섹스/ 공상/ 여행가이드/ 잡지, 소설가/ 환자/ 변덕/ 의심/ 임기능변/ 부도/ 도둑/ 사기/ 놀부/ 파재/ 단명/ 이별/ 고독/ 실패/ 실직/ 욕심/ 가난/ 천재성/ 불구/ 참모/ 비서/ 예술성/ 기인/ 기술/ 전문요리/ 창작/ 종교학/ 발명가/ 연구원/ 판결문/ 송사/ 소개서/ 보증서/ 변호사/ 검사/ 감별사/ 분석가/ 정보과/ 약사/ 약물/ 중독자/ 대인관계/ 수용성/ 인내심/ 식당/ 활인 업/ 법무/ 서사/ 대서/ 대필/ 공증/ 집요성/ 하자/ 문제점/ 비평/ 비판/ 전문, 기술서적/ 세관원/ 잔소리/ 중도하차/ 정류장/ 거짓말/ 많은 생각/ 거지근성/ 게으름 등등

편인은 행동적으로는 열심히 하는 것 같으나 싫증을 잘 내며 게으른 사람이 많다. 마무리가 힘들고 본인 스스로 참고 노력 여하에 따라서 성패가 좌우된다. 전문적인 한 방향으로 연구나 공부 또는 수도(修道)를 하면 좋은 결과가 있으나 지속성이 없어서 힘이 든다. 학력 적으로 보면 초1류 이면 학문이나 전문 연구 개발. 언어. 논문 등으로 본다.

편인이 전문적인 학문으로 분석하여보자.
- 木이면 교육연구나 유전 공학
- 火는 창작예술이나 전자공학 계통
- 土는 금융이나 지질학 계통
- 金은 정보작전이나 금속공학 계통

- 水 법학이나 물리 화학 등으로 분석하여본다.

　두뇌회전은 빠르지만 마무리 하려는 근성이 약(弱)하다 정신세계에서는 특이한 능력을 발휘 할 수도 있으며 종교에 관련되는 것은 관심이 많다. 무엇보다도 공상(空想)과 상상력이 뛰어나서 창작/ 창조/ 개발 등 다양한 방면으로 관심이 많으나 전문적이지 못하다.

　천간(天干)에 편인이 있으면 언어가 뛰어나며 정신세계에 관심이 많아서 꿈의 세계로 살아간다. 지지(地支)에 편인이 있으면 게으르며 그로인하여 병마(病魔)에 시달릴 수 있다. 편인은 비견을 좋아하며 편재를 싫어한다.

12) 정인(正印)

　정인을 인수(印綬)라고도 한다.

　인수는 상관(傷官)을 극(剋)한다. 남자 상관은 조모(祖母) 사위 예술(藝術) 선생(先生) 등이며, 여자는 자식(子息) 조모(祖母) 교사(敎師) 등으로 인수가 약(弱)하면 무사하지만 인수가 강(强)하면 상관이 극(克)을 당하여 몰락(沒落)하게 된다. 인수는 일간을 생(生)하여 주는데 음양(陰陽)이 다른 것이다. 갑목(甲木)이 자수(子水)를 보면 인수이다.

　총명하고 지혜가 많다. 눈빛이 맑고 빛이 나며 점잖은 성품의 인격자다. 건강하며 병이 없고 해(害)가 없으며 음식을 잘한다. 반면에 재물에 인색하여 이기적인 면이 강하며 수행(修行)이나 수양(修養)으로 자신을 잘 다스리면 재물에 여유가 있으며 또한 의리를 생각하게 되니 자연히 군자의 기풍으로 집착력을 버리고 사심없이 마음이 여유로워 많은 사람이 따른다.

서정적(抒情的)이고 정서적(情緖的)이라 자기위주에 사람도 있으며 이해심과 아량이 넓고 긍정적인 사고로 품위와 자존심 명예를 중요시하며 깨끗한 환경을 좋아하고 앞에 나서는 것을 싫어 하지만 지혜와 언어구사력(驅使力)이 뛰어나며 종교적이다.

오행으로 분석하여보자.
- 甲木은 교육 책이나 교사이며, 乙木은 학습지나 보모이다.
- 丙火 그림이나 서예이며, 丁火는 사진이나 영상이다.
- 戊土는 논문 소설이며, 己土는 번역이나 통역이다.
- 庚金은 계약서나 활자이며, 辛金은 문서나 인쇄이다.
- 壬水는 판결문이나 계획서이며, 癸水는 연설문이나 비밀문서이다.

모성애가 강하여 순수하고 진실하나 인성이 많으면 망상이 많고 게으르며 자식인연과 남편인연이 없다.

인간사는 어머니 장인 사위 계모 등 사회성으로는 교육/ 문서/ 수양/ 예술/ 학문/ 정신/ 윤리/ 추진력/ 집중력/ 직관력/ 영감/ 예언/ 예감/ 지혜/ 총명/ 논리적/ 음덕/ 수명/ 학자/ 교육자/ 언론인/ 저자/ 대필자/ 종교계/ 도장/ 모성애/ 도덕성/ 눈치/ 글/ 자격증/ 덕망/ 얼굴/ 머리/ 의무와 책임감/ 고 지식/ 문학기획/ 의학/ 정치/ 국문학/ 생산 학/ 예 복습/ 국어/ 언어/ 부모덕/ 윗사람/ 귀인/ 생각뿐/ 바른말 등등

정인은 행동이 어질고 보호정신이 강하며 실천하여 보여주는 식의 가르침이다. 또한 정인은 생각이 깊으며 교육자에 적합하며 언어가 차분하며 생각이 깊다. 학력적으로 보면 초일류이면 학문이나 전문적인 교육자, 언어, 논문 등으로 본다.

인수를 어머니로 정하여 분석하여보자.
- 木이면 어질고 교육자이시다.
- 火는 팔방미인이시며 자랑을 많이 하신다.
- 土는 언어가 적으며 믿음이 강하고 알뜰 하시다.
- 金은 건강하며 강하고 도전적인 어머니이시다.
- 水의 어머니 상은 차분하고 논리적이며 자식을 위해서 희생적이지만 건강이 안 좋다고 본다.

천간(天干)에 있으면 가르치고자하는 생각과 보육(保育) 적으로 바라보며, 지지(地支)에 있으면 어머니의 특성이 알게 모르게 드러낸다. 정인은 정재를 싫어하며 비겁을 좋아한다.

17.통변(通辯)

사주의 꽃은 통변에 있다.
사주(四柱)를 통변(通辯)하는 법은 먼저 오행(五行)으로 간단하게 통변하는 방법과 그 다음은 장간(藏干)과 음양(陰陽) 오행(五行)을 비교 분석하는 것이다.
자연으로 통변하는 것은 사주를 정하고 크게는 우주로 보고 적게는 내 몸속을 그러보면서 계절의 변화와 주위환경의 변화에 따라서 통변하는 것이다. 이때 대운과 세운도 역시 기후와 환경의 변화를 적은 것으로 보고 통변하는 것이다.
일정한 중심이나 격국(格局) 같은 것은 자연 속에서 없다.
대자연의 주인은 어느 누구도 아니고 그냥 잠시 머물면서 쉬어 가는 곳이다. 좋은 환경에서 내가 확실하게 무엇인가 하고 드려

내는가, 아니면 좋지 못한 환경이나 또 다른 주변의 환경으로 인하여 내가 빛을 보지 못하고 평범하게 살아갈 것인가를 알아보는 것이다. 대운과 세운에서 많은 영향을 차지하고 있으니 어떠한 고정관념에 사로 잡히지 말고 변화되는 환경을 잘 연구하여 보자.

명학은 구성 원리로 설명하여 누구나 학문으로 공부하는 것이라서 응용을 잘하고 중심이 되는 격 국과 용신을 정확하게 정하면 되지만 각자의 공부와 방식이 다르기 때문에 많은 실수가 있다.

운명을 감정 할 때는 오행을 먼저 관찰한 다음 육신(六神)을 살피면서 감정(鑑定)을 하면 된다.

인생의 운명도 허명(虛命)과 실명(實命)이 두 가지가 있다. 그것이 허실(虛實)이라는 것이다. 감정의 예를 들어본다면 사주의 여덟자 중에 오행의 목성(木星)이 없든지 약(弱)하면 간장(肝腸) 담낭(膽囊) 근육신경 두통 얼굴 기미의 질환에 모든 발병이 생기고 겁이 많고 밤길을 싫어한다. 목성(木星)이 너무 많아도 비만(肥滿)이 되어 간경변증(肝硬變症)이나 담석증(膽石症) 지방간(脂肪肝) 간암(肝癌)이 발생한다고 볼 수 있다.

하지만 너무 많아도 문제가 많이 있으며 특히 신경계나 신경성으로 많은 질병을 가질 수 있다. 눈으로 문제를 일으킨다.

화성(火星)이 없든지 약(弱)하면 심장질환(心臟疾患) 정신(精神) 소장(小腸) 눈병질환 편두통(偏頭痛) 고혈압(高血壓) 혈관병(血管病) 혈액순환(血液循環) 질병에 모든 병이 발생한다.

깜짝깜짝 잘 놀라면서 어지러움 증이 발생한다. 하지만 너무 많으면 고, 저혈압(高低血壓) 심장비대(心臟肥大)가 발생한다고 볼 수 있다. 이 외에도 정신분열증(精神分裂症)등 여러 가지 정신질환이 발병한다.

 토성(土星)이 없든지 너무 약(弱)하면 비장질환(脾臟疾患) 위장질환(胃腸疾患) 복부질환(腹部疾患) 피부질환(皮膚疾患) 당뇨질환(糖尿疾患) 등이 발생 할 수 있고 많으면 흉터가 많다든가 위확장(胃擴張) 당뇨병(糖尿病)등 여러 위장질환에 발생하여서 고생하는 예가 많이 볼 수 있다.

 土가 너무 많으면 피부에 많은 질병을 일으킬 수 있으며 입안으로 문제가 있다고 본다.

 금성(金星)이 너무 약(弱)하든지 없든지 하면 폐장질환(肺臟疾患) 호흡기질환(呼吸器疾患) 대장질환(大腸疾患) 근골질환(筋骨疾患) 사지질환(四肢疾患)이 발병하고 폐암(肺癌)과 같은 종류나 폐장질환(肺臟疾患)과 대장(大腸)의 질병이 발생한다고 보는 것이다.

 金이 너무 많으면 뼈가 약하고 코에 많은 문제를 일으킨다.

 수성(水星)이 없든지 너무 약(弱)하면 신장질환(腎臟疾患) 방광질환(膀胱疾患) 혈액(血液)이상 자궁질환(子宮疾患) 생식기질환(生殖期疾患) 신장결석 증(腎臟結石症)이 발생하여 고생하며, 많으면 역시 신장(腎臟)이나 방광(膀胱)이나 생식기(生殖期) 질병이 발생한다고 볼 수 있다.

 이외 귀는 어느 오행과도 연결되어 있으며 木은 신경계의 이상으로 듣는데 문제가 있으며, 火는 열로 인하여 문제가 발생하며, 土는 구조상 문제가 있으며, 金은 코와 연결되어 압(壓)이 차서 문제이며, 水는 중이염으로 문제다.

천간(天干)은 정신(精神)이며 생각(生角)이며 무형적(無形的)이고 발명이며 이상을 꿈꾸며 교육으로 성취하며 희망사항이다.

지지(地支)는 현실적(現實的)이며 행동(行動)으로 움직이며 유형(有形)으로 개발이며 도전적이며 경험으로 익혀가는 육신(肉身)이다. 또한 몇 가지 원칙이 있는데 사주란 태어날 때 본인이 무엇으로 살아가야 하는가를 알아야 하며 이를 어기면 운을 따지고 행복과 불행이 교차한다.

하지만 타고난 사주대로 살아가면 운도 불행도 없다. 즉 욕심 없이 타고난 팔자대로 살아가는 것이다. 사주에 재물이 없는데 찾는다거나 육체적으로 살아가야 할 사람이 학문을 익혀서 살아가려고 한다면 쉽게 안 된다는 것이다. 다만, 건강상 약간의 문제만 있을 뿐이라고 생각한다. 이는 알게 모르게 외부의 기운이 오장(五臟)과 연결되어 있기 때문이다.

장생(長生)지가 많으면 무엇이든 시작하려는 성격이 강하고, 제왕(帝王)지가 많으면 명령적(命令的)이며 지배당하는 것을 싫어한다. 또한 묘지(墓地)가 많이 명조에 있으면 움직임이 더디고 마무리 형(形)으로서 적합하다.

오행으로 병을 찾아보고 일주와 월주의 묘한 관계를 알아야 하며, 무엇을 바라보는지 알고 전체적으로 흐름이 어느 방향으로 가는지 알고 길(吉)한가 흉(凶)한가를 판단한다.

물론 용신과 격 국으로 감 하지만 자연으로 바라보면 더욱 정확하게 알 수 있다. 중요한 것은 묻는 말에 답하고 묻지 않으면 답할 필요가 없다. 또한 상담이므로 서로 문답(問答)식으로 상담하면서 길흉을 판단하고 원인과 결과를 답하는 것이 유능한 상담가이다.

　상담을 받으려고 내방한 사람의 약점이나 말하고 금전적으로 부담을 주는 것은 자신의 업보(業報)로 차후에 본인이나 자식 또는 후손(後孫)에 많은 영향을 미친고 생각한다.

　양(陽)과 음(陰)의 차이는 미세(微細) 하지만 하늘과 땅 처럼 멀어 보인다.

통변(通辯)은 자연(自然)의 노래다.
- 양간(陽干)은 남성적이며, 음간(陰干)은 여성적이다.
- 양간은 높고 넓지만, 음간은 깊고 복잡하다.
- 양간은 드러내면서도 감추려고 하고, 음간은 숨기려고 하면서도 드러낸다.
- 양간은 현실적이며, 음간은 감상적이다.
- 양간은 실천 보다 말이 우선이고, 음간은 실천하면서 말한다.
- 양간은 자랑하지만, 음간은 부끄러워한다.
- 양간은 공격적이며, 음간은 방어적이다.
- 양간은 미래 지향적이며, 음간은 과거 안주 형이다.
- 양간은 형식적이며, 음간은 계산적이다.

◆ 십신 도표

(천간)	甲	乙	丙	丁	戊	己	庚	辛	壬	癸
寅(甲)	비견	겁재	편인	정인	편관	정관	편재	정재	식신	상관
卯(乙)	겁재	비견	정인	편인	정관	편관	정재	편재	상관	식신
辰(戊)	편재	정재	식신	상관	비견	겁재	편인	정인	편관	정관
巳(丙)	식신	상관	비견	겁재	편인	상관	편관	정관	편재	정재
午(丁)	상관	식신	겁재	비견	상관	편인	정관	편관	정재	편재
未(己)	정재	편재	상관	식신	겁재	비견	정인	편인	정관	편관
申(庚)	편관	정관	편재	정재	식신	상관	비견	겁재	편인	정인
酉(辛)	정관	편관	정재	편재	상관	식신	겁재	비견	정인	편인
戌(戊)	편재	정재	식신	상관	비견	겁재	편인	정인	편관	정관
亥(壬)	편인	정인	편관	정관	편재	정재	식신	상관	비견	겁재
子(癸)	정인	편인	정관	편관	정재	편재	상관	식신	겁재	비견
丑(己)	정재	편재	상관	식신	겁재	비견	정인	편인	정관	편관

제2장
신(神)의 세계(世界)

1. 신(神)의 세계란?
2. 천간(天干)에 부여된 신(神)
3. 천간 합(合)으로 이루어진 신(神)
4. 지지(地支)에 부여된 신(神)
5. 지지 합(合)으로 이루어진 신(神)
6. 장생(長生)지의 신(神)
7. 제왕(帝王)지의 신(神)
8. 묘지(墓地)의 신(神)
9. 십신(十神)에 부여된 신(神)
10. 오행(五行)에 부여된 신(神)
11. 불교(佛敎)에서 바라본 신(神)
12. 무속(巫俗)에서 바라보는 신(神)
13. 많이 알고 부르는 신(神)
14. 신(神)은 어떻게 정(定)하여 부르는가
15. 오방기(五方旗)
16. 천신계(天神界)의 신령(神靈)
17. 불교계의 신령
18. 도교계의 신령
19. 기독교에서 바라보는 신(神)

20. 자연신
21. 화신(火神)
22. 풍신(風神)
23. 목신(木神)
24. 석신(石神)
25. 방위신
26. 신장(神將)
27. 군웅신
28. 사귀와 명부신
29. 산신
30. 지하신
31. 인간신
32. 기타신
33. 신명의 모습이나 의상
34. 세존
35. 우리가 알고 있는 대신
36. 신명제자의 다양한 직업
37. 통변
38. 신의 등급
39. 60화 갑자속의 신명

제 2 장
신(神)의 세계(世界)

1. 신(神)의 세계란?

 신이란 사람이 죽어서 육신(肉身)과 영혼(靈魂)이 분리된 상태에서부터 신이 존재한다. 즉 혼과 넋이 나누어져서 혼이란 것이 하늘로 올라가면 신(神)이 되는 것이고 4대 봉청(奉請)하는 유교사상에서 제사를 받으며 지내다가 영(靈)으로 또는 선(仙)으로 분리되며 넋은 흙으로 돌아가서 역시 4대까지 후손으로부터 묘지를 관리 받다가 귀(鬼)가 된다고 한다.
 어떻게 신(神)으로 화(化)할 수 있는가는 누구도 정확한 경로를 모른다. 단지 과학적으로나 조상의 유래로 보면 육신을 떠난 영혼이 자신의 파장(波長)에 따라서 신명(神命)세계에서 다시 태어난다고 알고 있다.
 일정하게 신명의 세계에서 살다가 죽으면 다시 인간으로 인연되면 태어난다. 이를 우리는 윤회(輪回)라고 하는데 자신의 종교나 사상에 따라서 믿는 이도 있고 부정하는 이도 많이 있다. 사람으로 태어나면 축하잔치하면서 친인척으로부터 환영을 받지만 신명세계에서 보면 서글픈 일이다. 역시 사람으로 살다가 죽으면 돌아갔다고 울고 슬퍼하는 것과 같은 뜻이다. 이때 돌아갔다 또는 구천(九天)을 헤맨다고 하고 황천(荒天)길이라고도 하는데 정말로 구천이라는 세계가 있을까?

구천이란 1천에서부터 순서대로 9천까지 단계적으로 이어져 있다고 하는 것이다. 1~2천(天)은 인간세계에 가까이 있으며 떠나지 못하는 영혼들이나 축생(畜生)으로 화(化)한 것들이라고 생각한다. 즉, 지옥(地獄) 아귀(餓鬼) 축생(畜生)이라고 하는 것이다. 허주나 잡귀로 취급되며 과보에 따라 연속적으로 윤회한다. 3~4천(天)은 지옥 아귀 축생계를 벗어나 중간계 정도가 아니면 어느 정도 진화된 영혼계라고 생각한다. 조상신(祖上神)으로 들어오며 인연 따라 윤회한다.

5~6천(天)은 상당히 영적으로 진화한 세계라고 생각한다. 영급으로 자연신(自然神)으로 이어지며 필요에 의하여 윤회한다. 7~8천(天)은 나름대로 수행하여 성숙된 영혼을 가지고 죽은 사람들이 가는 세계이며 고급 영들이 모여 있다고 생각한다. 천상(天上)의 신(神)으로 오고 감이 자유롭다. 9천(天)은 육신을 가지고 있어도 성인(聖人)의 경지에 올라있는 분들이 죽어서 최고의 성숙되고 맑은 영혼의 세계라고 생각한다. 최고의 신으로 윤회하지 않으며 불멸(不滅)의 신(神)으로 가려고 한다.

2. 천간(天干)에 부여된 신(神)

- 갑(甲) : 옥황상제. 천신. 벼락신장. 천상삼귀
- 을(乙) : 약명줄. 약초. 천신전령. 풍력신장
- 병(丙) : 일광보살. 광과천황. 벽력신장. 천상신장
- 정(丁) : 월광보살. 칠성줄. 별상신. 천관도인. 칠성노인
- 무(戊) : 산신. 수미산신. 천상삼귀

- 기(己) : 조상신. 산신. 허공장보살.
- 경(庚) : 불교에 인연된 신. 천상작두신장. 금강역사. 천상삼귀
- 신(辛) : 불사줄. 천상 의술신장. 천상 신침. 별상대신.
- 임(壬) : 용신. 대범천황. 제석
- 계(癸) : 수신. 하늘역마. 천상 풍류 한량신

3. 천간(天干) 합(合)으로 이루어진 신명(神命)

- 甲己合土 : 당산에서 산신으로 합하여 산신으로 전환.
- 乙庚合金 : 당산에서 불사로 전환.
- 丙申合水 : 일광과 불사가 합하여 제석으로 전환.
- 丁壬合木 : 월광과 용궁이 합하여 당산으로 전환.
- 戊癸合火 : 산신과 수신이 합하여 일월광으로 전환.

4. 지지(地支)에 부여된 신(神)

- 자(子) : 수신. 수살 고. 수자 령. 수륙신장. 수륙장군
  1과 6대조이며 충(沖)이 되면 이루어지지 않는다.
- 축(丑) : 조상신. 산바람. 노중동사(路中凍死) 객
  5와 10대조이며 통상적으로 묘(墓) 터이므로 산바람으로 본다.
- 인(寅) : 자연신. 산왕대신. 산 신장. 신신장군. 천황 잡이. 산신걸립
  3과 8대조이며 시작하는 지점이다.
- 묘(卯) : 약사 줄. 약명 줄. 신 침. 손재주. 약초. 부적(천관도인)

3과 8대조이며 천간(天干) 따라 변한다.
- 진(辰) : 용왕대신. 용궁신장. 용궁장군. 대범천황. 산중용신. 산 반 물 반

  5와 10대조이며 별진자로 하늘용궁으로 본다.
- 사(巳) : 노중객사고. 반 보살. 산중기도. 터주신. 지신걸립

  2와 7대조이며 앉은 거리며 이제 시작한다.
- 오(午) : 대보살. 기도 성취. 무당 줄. 신 침

  2와 7대조이며 자통(自通)이다.
- 미(未) : 세존. 조상 줄. 산소 탈. 노중객사고. 신 침. 부적

  5와 10대조이며 천간(天干) 따라 세존의 모습이 다르다.
- 신(申) : 천신. 천신 걸립. 천상신장. 신침. 작두장군. 독성

  4와 9대조이며 영급으로 본다.
- 유(酉) : 불사 줄. 법당. 대사 줄. 출가 객

  4와 9대조이며 불교로 보며 불(佛) 법당이다.
- 술(戌) : 천문. 문수 통. 말문도인. 글문도인. 산소문제. 산바람. 도술(道術)

  5와 10대조이며 형충(刑沖)이 되면 파묘(破墓)나 보수한다.
- 해(亥) : 천문. 용군 걸립. 탕제. 바다건너 들어오는 신

  1과 6대조이며 하늘의 수궁(水宮)으로 본다.

5. 지지 합(合)으로 이루어진 신명(神名)

1) 육합(六合)
- 子丑合土 : 수살에 죽은 사람이나 조상 (춥다)

  산신으로 전환 또는 부여된 십신으로 읽는다.

- 寅亥合木 : 나무에 목을 메이거나 독극물로 죽은 사람이나 조상 (원한)
  당산이나 서낭당으로 전환되며 부여된 십신으로 읽는다.
- 卯戌合火 : 약(藥)이나 술(酒)로 죽은 사람이나 조상 (천도)
  일월광이나 부여된 십신으로 읽는다.
- 辰酉合金 : 저수지나 떨어져서 죽은 사람이나 조상 (해원)
  불사나 제석이며 부여된 십신으로 읽는다.
- 巳申合水 : 역마(役馬)로 죽은 사람이나 조상 (수행)
  반 보살에서 불사나 제석으로 부여된 십신.
- 午未合火 : 화재로 죽은 사람이나 조상 (행위)
  천신제자나 일월광 또는 부여된 십신

2) 삼합(三合)

육친에 의하여 구별하고 십신의 뜻으로 통변한다.
- 亥卯未 : 바닷가의 당산이나 성황당으로 본다.
- 寅午戌 : 산신이나 수도하여 천상으로 화(化) 하였다고 본다.
- 巳酉丑 : 불사에서 시작한다.
- 申子辰 : 용왕이나 제석으로 풀이한다.

6. 장생(長生)지의 신(神)

걸립이나 신장으로 역마성이 강하여 천왕잡이로 많이 본다.
- 비견이면 무장.
- 식상이면 여(女)신장.
- 재성이면 천왕잡이.

- 관성이면 문무겸한 신장.
- 寅 : 대를 잡고 뛴다.
- 申 : 작두나 칼을 쥐고 뛴다.
- 巳 : 불을 가지고 뛰거나 붉은 가사나 장삼 입고 염불한다.
- 亥 : 물동이 위에서 뛴다.

7. 제왕(帝王)지의 신(神)

확실하게 자리를 잡고 있다고 본다.
- 子 : 수륙 장군이나 군웅.
- 午 : 천상대신이나 보살.
- 卯 : 약사(藥師)로 약사불이나 약명이다.
- 酉 : 불사이며 대사 줄이나 법당.

8. 묘지(墓地)의 신(神)

마무리이므로 묘(墓)터로 많이 보며 무속으로 본다.
- 辰 : 산반 물반의 용신(龍神)
- 戌 : 천문으로 산신(山神)이나 천신(天神)
- 丑 : 조상으로 원한(怨恨)
- 未 : 조상 세존이며 다양하다.

9. 십신(十神)에 부여된 신(神)

- 비견(比肩) : 5대조 할아버지. 신장. 장군. 걸립. 군웅. 국사

- 겁재(劫財) : 객사일신. 선녀. 장군. 걸립. 일반적인 신(神)
- 식신(食神) : 친가. 본가. 제석. 대신 할머니. 동자. 말문도인
- 상관(傷官) : 외가. 어머니 일신. 예술이나 행위에 능함. 불치병
- 정재(正財) : 할아버지. 할머니. 업 대감. 조상신. 공부중인 어른으로 본다. 앉는 거리. 아버지. 시가
- 편재(偏財) : 큰 할아버지. 한량대신. 업 대신. 천상신. 선거리. 아버지
- 정관(正官) : 대감 할아버지. 국사. 조상신. 군웅. 조상장군. 일반적
- 편관(偏官) : 대신 할아버지. 천상신. 천상장군. 높은 관직
- 정인(正印) : 조상의 글문대감. 글문도사. 할머니. 문장가.
- 편인(偏印) : 천상 글문도인. 대신보살. 천관도사. 전문성.

10. 오행(五行)에 부여된 신(神)

- 목(木) : 성황당. 당산신. 목신 (약초) (3.8대)
- 화(火) : 일월성신. 칠성신. 화경(畵警). 화신. 벼락신장. 별상.(뜸) (2.7대)
- 토(土) : 무속신. 산신. 토속신. 지신. 하늘용궁 (찜질 발효 염장) (5,10대)
- 금(金) : 불사. 천상. 별상. 석신. (침) (4.9대)
- 수(水) : 수신. 용신. 제석. 수살고 (약탕) (1.6대)

11. 불교(佛敎)에서 바라본 신(神)

1) 대범천(大梵天)

대범천왕은 대범왕(大梵王)이라고도 하는데, 일반적으로는 색계 초선천 가운데 세 번째 하늘인 대범천 중앙의 화려한 고루거각에 있으면서 초선천 전체와 그 아래 사바세계를 주재하는 것으로 알려져 있다.

2) 제석천(帝釋天)

제석천왕이 주재하는 곳으로 제석궁이라고 한다. 나 자신, 내 영혼, 내 주변, 내 나라, 우주, 블랙홀까지 영향력을 미치게 하는 일반적인 관념에서는 상상할 수조차 없는 신명이다. 바른 심성과 마음의 눈으로 세상을 보게 하는 신명이다.

3) 대천(大天)왕 소천(小天)왕

하늘에 있는 승려로서 인간 중생을 구제한다.

4) 아수라

아수라는 아소라 아소락 아수륜 등으로 절대령, 생명 있는 자 등을 의미하며, 악신(惡神)이다. 불교에서는 천룡팔부 중의 하나가 되어 6도 가운데 아수라도의 주인공이 되었다. 4대 아수라를 비롯한 수라 세계의 많은 귀신의 총칭이다. 팔부(八部)란 천(天), 용(龍), 야차(夜叉), 건달바, 아수라(阿修羅), 가루라(迦樓羅), 긴나라(緊那羅), 마호라가(摩呼羅迦)이다. 아수라는 미녀는 있으나 맛좋은 음식이 없으므로 제석천과 싸움을 벌이는데 제석천에게는 맛좋은 음식은 있으나 미녀가 없기 때문에 서로 부족한 것을 채우기 위해 싸운다. 싸움이 치열하여 하늘이 무너지고 땅이 꺼질 듯이 엄청나다고 한다. 참혹한 전쟁터를 수라장(修羅場)이라고 한다. 아수라는 눈이 세 개, 해, 달, 칼, 갈고리, 금강저, 견삭 등을 지닌다.

12. 무속(巫俗)에서 바라보는 신(神)

옥황상제
- 백마신장/ 둔갑신장/ 검무신장/ 작두신장

칠성 = 일광보살/ 월광보살
- 팔만사천/ 제대신장

삼태성 = 삼태육성제대신장
산신 = 산신신장/ 산신군웅
- 서낭신/ 당산/ 지신/ 성주신
- 조왕신/ 외양간신/ 안당불사

용왕 = 사해 용궁신장/ 사해조정
삼신 = 삼신할머니, 산신(産神)
영등할머니 = 풍우신장
창부대신/ 천왕대신/ 천하대신/ 지하대신/ 선관도사/ 천복대감/ 호구별상

천상 도인세계
- 글문도인 = 지혜
- 약명도인 = 병
- 용뇌도인 = 불
- 수뇌도인 = 물
- 금괴도인 = 재물
- 우레도인 = 비
- 풍뢰도인 = 바람
- 천계도인 = 하늘

- 지계도인 = 지하
- 산신도인 = 산
- 용신도인 = 바다를 관장한다.

13. 많이 알고 부르는 신(神)

천상옥황/ 일월성신/ 북두대성/ 칠원성군/ 삼불제석/ 사해용왕/ 호구별상/ 천지도사/ 일월도사/ 천관도사/약명도사/ 지리도사/ 산신도사/제종도사/제대신장/ 소거백마장군/ 천지조화 풍우장군/ 우뢰벽락신장/ 이십팔숙 제후신장/ 육갑육정 둔갑신장/ 사해용궁신장/ 오방신장/ 군웅신장/ 산 신장/ 팔도명산 산왕대신/ 양위본향 산왕대신/ 천하장군/ 지하장군/ 벼락장군/ 각 나라 열두 장군/ 천하명장 관우장군/ 덕물산 최영장군/ 사해 용장군/ 한라산 여장군/ 제종장군/ 불사대신/ 글문대신/ 말문대신/ 창부대신/ 제종대신/ 국사서낭대신/ 삼불제자/ 일불제자/ 천상동자/ 선녀동자/ 일월동자/ 산신동자/ 용궁동자/ 제종동자/ 별상동자/ 장군동자/ 글문동자/ 불사동자 등

14. 신(神)은 어떻게 정(定)하여 부르는가

팔만사천 신명의 명호(名號)는 일일이 나열하기가 힘들고 간단하게 익히는 것은 천상신명에 나누어진 신명을 붙이고 다음에 등급으로 따라지으면 되는 것이다.
예) 옥황상제 백마도신장/ 천상선녀/ 글문도사/ 칠성 약사여래 약명도인도사/ 일월 천신/ 제석 대신보살/ 옥황선녀/ 장군동

자/ 제석 불사대신/ 대범천 천신 설녀/ 당신대신/ 천신 천왕/ 산신 동자/ 호구 별상동자 등등…

   천신, 칠성, 제석
   칠성대신보살, 일광보살, 월광보살
   불사제석, 칠성제석, 용궁제석
   불사대신보살, 삼불제자, 일불제자
   산왕대신, 용왕대신
   당산대신보살, 서낭당대신보살, 산왕대신보살
   신장, 장군, 군웅
   대신, 대감, 도사
   동자, 선녀, 설녀

15. 오방기(五方旗)

1) 청색

장군신(將軍神). 액귀. 청춘에 죽은 노중 객사. 동쪽이며 수리는 3.8이며 청제신이나 청룡신으로 본다. 청춘에 음독이나 물에 빠진 수살고 또는 노중객사고로 해석한다. 하고자 하는 일이 안 된다거나 자식이나 후손으로 근심 걱정이 많으며 매사가 답답하다. 사고수가 있을 수가 있으니 길조심하고 운전자는 안전 운행이 우선이다. 노중 객사고나 수살 고에 시달리는 사자들을 달래고 청춘 귀는 영혼 결혼으로 한을 풀어주면 좋다.

2) 백색

제석신(帝釋神). 대신보살. 서쪽이며 수리는 4.9이며 백제신이나 백호신으로 본다. 조상이 칠성전에 공을 닦아서 찾아왔다고 본다. 이는 조상을 대접하고 모셔야 한다고 하며 세존으로 모시기도 한다. 백색기는 일명 칠성기라고 하는데 무속 인이나 종교인으로 가야한다고 하며 자손들의 수명과 복을 관장한다.

3) 붉은색

산신(山神). 남쪽으로 수리는 2.7이며 적제신이나 주작신으로 본다. 명산에 공들인 조상의 도움으로 만사가 형통한다고 한다. 또는 도를 통한 조상이 있다고 보며 우리나라는 산신 줄이 강하므로 산신의 도움을 받는다고 한다. 때문에 산신에 공을 많이 들이면 모든 것이 이루어진다고 한다. 재수기라고 하는데 사업자나 상업 등 재물을 관장한다.

4) 남색

용신(龍神). 수신. 북쪽이며 수리는 1.6이며 흑제신이나 현무신으로 본다. 부모나 형제 일신들이 신이 되어 접하는데 신장이나 장군으로 들어오지만 후손이 이를 알 수가 없으니 답답하다. 때문에 일이 잘 풀리지 않는다고 한다. 이럴 때는 혼을 해원하여 해탈시켜주면 많은 도움을 준다고 한다. 자신을 알아주고 해탈시켜주는 이에게는 확실하게 도와주고 간다는 것으로 풀이한다.

※ 참고 : 오방기에는 남색이 흑색을 대신한다.

5) 노란색

조상신(祖上神). 방위는 중앙이며 수리는 5.10이며 황제신으로 본다. 원한이 많으며 한을 풀어주길 바란다고 한다. 조상을 가르치는 깃발로 고통받는 조상이 있으니 해원해주길 바란다고 한다. 또는 대신 할머니가 후손을 도와주려고 하니 모시라는 뜻도 있다.

무(巫)속에는 수많은 신(神)들이 등장하는데 우리 민족의 역사와 함께처럼 오래되었다고 생각한다. 물론 외국의 문화나 종교가 들어오면서 같이 들어온 신들도 많이 있다. 또한 지역에 따라 이름을 달리 부르는 것이 많으나 알고 보면 같은 신들인 것 같다. 하지만 신이란 것이 천신(天神) 지신(地神) 인신(人神)으로 나누어지며 여기에서 자연신(自然神)으로 수신(水神) 목신(木神) 석신(石神) 이나 질병신(疾病神) 명부신(冥府神) 이외 잡귀신(雜鬼神)들로 나누어져 있다.

16. 천신계(天神界)의 신령(神靈)

1) 옥황상제(玉皇上帝)
다양한 이름으로 불리어지고 있으며 우주 만물을 지배하며 천신 지신과 수신으로 하여금 우주 자연계를 다스린다.

2) 일월성신(日月聖神)
해와 달 그리고 별을 다스리는 신으로 알고 있다.

3) 제석천왕(帝釋天王)
하늘위의 제일 높은 세계인 제석천신으로 부처님 다음으로 제석 신들이 있다. 삼계(三界)를 주관하시는 부처와 4대보살로 지혜를 관장하는 문수보살, 활인공덕을 주관하는 보현보살, 복록을 주관하는 관음보살, 지옥중생을 관장하는 지장보살이 있으며, 해를 만들고 만물의 생육을 관장하는 일광제석과 달을 만들고 소원을 들어주는 월광제석이 있다.

4) 삼불제석(三佛齊釋)

일명 삼신(三神)이라고도 하는데 제석천에 계시는 세분의 부처님을 이야기 하는 것으로 아기를 점지하는 것으로 알고 있다.

태를 만드는 태신(胎神)과 아기를 순조롭게 낳게 하는 산신(産神) 그리고 아기를 잘 기르도록 하는 육신(育神)이다.

5) 칠성신(七星神)

하늘에 7개의 칠성이 있는데 이별을 신으로 모시는 것이며 인간의 복과 수명을 주관하신다.

탐랑성군/ 거문성군/ 록존성군/ 문곡성군/ 염정성군/ 무곡성군/ 파군성군 이며 순서대로 있다.

6) 삼태성(三台星)

세 개의 별은 문창성이며 문장과 벼슬을 주관하며 재앙을 막아 준다. 옥황상제를 받들며 상태 중태 하태로 구별한다.

7) 육성(六星)

하늘의 사방(四方)과 상하(上下)에 있다고 하여 육성이라고 하며 자미궁(紫微宮)을 지키는 장군성(將軍星)이다.

8) 일월용왕(日月龍王)

해와 달 그리고 용궁을 뜻하며 비를 관장하고 풍년을 주관한다.

9) 선관도사(仙官道士)

하늘에서 벼슬을 하는 신령으로 글을 즐기며 부적을 주관한다.

10) 천상 선녀(仙女)

하늘의 시녀이며 옥황상제를 시중드는 것이 주 임무이다. 선녀가 실리면 박수들도 여자처럼 행세한다.

11) 천복대감(天福大監)

하늘에서 벼슬하는 대감신령이다.

12) 천왕대신(天王大神)

하늘에 계시면서 점사를 주관하는 여 신령이다.

13) 천왕승(天王僧)

하늘에 있는 승으로 제석천에서 수행하면서 인간중생을 위하여 많이 노력한다.

14) 천궁불사(天宮佛師)

하늘의 불보승인 삼보를 통칭하는 말이며, 일월 불사도 있다.

15) 강림도령(降臨道令)

하늘의 동자들을 통칭하는 말. 즉 천상 동자다.

16) 천신(天神)

하늘에 주제하는 수많은 신(神)을 총칭하는 말이다.

17) 천신대감(天神大監)

하늘세계에서 각각의 임무를 수행하는 신.

18) 도당천신(都堂天神)

하늘 세계에서 어느 무리를 담당하는 신(중국 오제(五帝)의 한 사람으로서 처음에 당후(唐侯)에 봉해졌다가 나중에 천자(天子)가 되었다고 유래한다).

19) 삼성신(三聖神)

천상계의 세분의 성인

20) 단군(檀君)신

우리 민족의 시조로 받드는 태초의 임금. 단군 신화에 따르면, 환웅과 웅녀 사이에 태어나 기원전 2333년 아사달에 도읍을 정하고 고조선을 세워 약 2천 년 동안 나라를 다스렸다고 한다.

21) 성주신(星主神)

삼계(三界)의 욕계 육천(六天), 색계 십팔천(十八天), 무색계 사천(四天)을 통털어 28개별을 주관하는 신 이십팔수라고도 한다.

천구(天球)를 황도(黃道)에 따라 동쪽에는 각(角)·항(亢)·저(氐)·방(房)·심(心)·미(尾)·기(箕), 북쪽에는 두(斗)·우(牛)·여(女)·허(虛)·위(危)·실(室)·벽(壁), 서쪽에는 규(奎)·누(婁)·위(胃)·묘(昴)·필(畢)·자(觜)·삼(參), 남쪽에는 정(井)·귀(鬼)·유(柳)·성(星)·장(張)·익(翼)·진(軫)이 있다.

22) 천신대신(天神大神)

천상계에서 점사를 주관하는 남 신령

23) 일월성군(日月星群)

해와 달을 지키는 무리들

17. 불교계의 신령

1) 세존(世尊)

여래십호의 명호이며 석가모니를 뜻한다.

2) 불사(佛事)

불교에 귀의하여 중생을 교화하려고 불가에뜻을 둔 보살 및 승려 또는 대사라고도 한다.

3) 불신(佛神)

불교에서 등장하는 여러 신

4) 동진보살(童眞菩薩)

동진보살은 위태천신이라고도 하고 동진보안대보살이라고도 한다. 유리광불이 출현하셨을 때 도(道)를 이루어 보안보살이라 하였으며 그 후 석가여래회상에서 도를 이루어 팔만 사천 근이 나 되는 금강보저를 손에 들고 불법을 수호한다.

얼굴이 동자(童子)를 닮았다 하며 사미(沙彌)나 삭발을 하지 않은 동자(童子)를 가리키기도 한다. 색계(色界) 대범천(大梵天)에 살며 신앙의 대상이 되기도 한다. 제석천(帝釋天)과 더불어 불법의 수호하며 언제나 부처의 오른편에 있다. 십이지신상(十二支神像)과 팔부신장(八部神將) 등이 있다.

5) 관세음보살(觀世音菩薩)

살아 있는 세상의 소리를 듣고 중생의 고통을 해결해주는 보살이다.

6) 지장보살(地藏菩薩)

육도 중생(六道衆生)을 교화하는 보살이지만 특히 지옥중생 교화를 한다고 하며 고리가 6개 달린 육환장 지팡이를 가지고 계신다. 때로는 왼손에는 연꽃을 오른손에는 보주(寶珠)를 들고 있는 모습도 있다.

7) 약사여래불(藥師如來佛)

열두 가지 서원을 세워 중생의 질병 구제, 수명 연장, 재화 소멸, 의식(衣食) 만족을 이루어 주며, 중생을 바른길로 인도하여 깨달음을 얻게 하는 부처. 큰 연꽃 위에 앉아서, 왼손에는 약병을 오른손은 시무외인(오른손이나 왼손을 어깨 높이까지 올려 다섯 손가락을 모으고 앞을 향하게 하여 중생의 두려움을 제거하기 위한 수인)의 수인을 하고 있다.

8) 대범천신(大梵天)

색계(色界) 초선천(初禪天)의 셋째 하늘. 대범천왕이 다스리는 중생들이 사는 곳이다.

9) 제석천신(帝釋天)

십이천의 하나. 수미산 꼭대기에 있는 도리천의 임금으로, 사천왕과 삼십이천을 통솔하면서 불법과 불법에 귀의하는 사람을 보호하고 아수라의 군대를 정벌하며 팔방천의 하나로 동쪽 하늘이다.

10) 팔대금강(八大金剛)

부동명왕(不動明王)의 사자(使者)인 여덟 동자.

팔대 명왕(八大明王)의 하나. 중앙을 지키며 일체의 악마를 굴복시키는 왕으로, 보리심이 흔들리지 않는다 하여 이렇게 이른다. 오른손에 칼, 왼손에 오라를 잡고 불꽃을 등진 채 돌로 된 대좌에 앉아 성난 모양을 하고 있다.

때로는 의술 신장으로도 불리어진다.

11) 문수동자(文殊童子)

사대보살의 한분이신 문수보살의 곁에서 시중을 드는 동자로 똑똑하다는 뜻으로 붙여진 이름이다. 일반적으로는 글문 동자라고 한다.

12) 팔보살(八菩薩)

정법(正法)을 지키고 중생을 옹호하는 여덟 보살. 경전(經典)에 따라 다르다. 약사경에서는 문수사리보살, 관세음보살, 대세지보살, 무진의보살, 보단화보살, 약왕보살, 약상보살, 미륵보살을 이르며, 만다라 경전에는 관세음보살, 미륵보살, 허공장보살, 보현보살, 금강수보살, 문수보살, 제게장보살, 지장보살이다. 때로는 팔대 보살로 불리어진다.

13) 삼불제자

법신 화신 보신불의 법을 배우는 보살이나 승려. 고깔모자를 쓰고 하얀 의상에 염주를 가지고 나란히 세분이 계신다.

14) 일불제자

불법을 배우고 수호하는 보살이나 승려이며 고깔모자를 쓰고 하얀 의상을 입고 목에 염주를 걸고 계신다.

18. 도교계의 신령

신선 신(神) 이외에 우리가 알고 있는 천신(天神)이나 불교(佛敎)나 자연(自然)에서 등장하는 신(神)들이 많이 있다.

이는 옛날부터 전해오는 도교와 불교의 영향이 우리 민족 종교에 접목되어서 그런 것 같다.

19. 기독교(基督敎)에서 바라보는 신(神)

기독교에서는 일반적으로 생각하는 신들이 없으며 자신의 교리에 맞추어진 신들이 등장한다.

1) 하나님

유일신(唯一神)으로 모든 신들이 하나님의 권속 안에 들어 있다고 한다. 영원하다고 한다.

2) 성신(聖神)

하나님의 진실한 자녀로 살다가 죽은 순수한 영혼들을 말한다. 영원히 순수한 신으로 살아간다고 한다.

3) 마신(魔神)

근본적인 악을 주관한다. 불안전한 신으로 살아간다.

4) 악신(惡神)

악인으로 살다가 죽은 영혼이며 타 종교를 믿거나 하나님을 비방하며 살다가 죽은 사람들의 영혼을 말한다. 상당히 불안전한 상태로 살아간다. 마신과 악신은 현세에 주관하면서 사람의 속에 들어가서 비방과 유일신을 제외한 나머지 잡신을 믿는 분류이다. 하지만 차세대에 영혼이 바뀐다고 한다. 다만 일반적으로 알고 있는 신들이 9종으로 나누어지는데 이를 은사라고 하며 지혜와 지식 통역 방언 등으로 타인의 병을 치료하는 신우들도 있다. 일반적으로 12대신이라고 하는데 유일신에서는 12진주 문으로 들어가면 천국이라고 한다. 즉 만신을 이야기 하는 것 같으며 12제자가 있다.

성경의 어느 곳에는 이런 단어가 있다. "모든 것은 종(머슴)이다. 함부로 판단하지 말라."

20. 자연신

자연신에는 천신(天神)을 제외한 신으로 산이나 물 또는 짐승들과 땅속을 관장하는 여러 신들로 이루어져 있다. 산이나 들에도 명당이 있고 명산이 있듯이 자연 속에는 모든 것이 신(神)이다.

1) 산신(山神)

주변의 모든 산에는 그 산을 관장하는 신을 산신(山神)이라고 한다.

2) 상산신(上山神)

수많은 산들이 있는데 그중에도 제일 높고 이름 있는 산을 관장하는 산신으로 특유의 술법을 지녔다고 한다.

3) 명산신(名山神)

이름난 산으로 천하의 경치와 좋은 지기를 가지고 있는 산을 관장하는 산신.

4) 당산신(堂山神)

고을마다 토지나 마을을 수호하는 신목(神木)과 당(堂)이 마을 근처의 산이나 언덕에 있다. 마을 사람들이 가족의 건강과 복을 빌며 풍년을 기원하면서 예를 올리는 곳으로 이곳을 관장하는 신.

5) 도당산신(都堂山神)

동네 사람들이 마을의 수호신에게 복을 비는 굿하는 자리. 서낭당, 산신당, 당산(堂山) 등의 관장하는 신(神)

6) 산대감(山大監)

산신이 관장하는 곳에서 일정한 부분을 관리하는 신(神)

7) 백산신(白山神)

지명으로는 백산이라는 곳을 관장하는 산신(山神)이며, 때로는 많은 산(山)을 동시에 관장한다는 산신(山神)중의 으뜸 신(神)을 이야기 하는 곳도 있다.

8) 여산신(女山神)

여자가 관장하는 산의 산신(山神)으로 우리나라에는 많이 있다. 특히 지리산 여산신이 유명하다.

9) 서낭신(神)

토지와 마을을 지켜 준다는 신(神).

10) 서낭부인신(婦人神)

서낭신의 마누라를 지칭하는 신이다.

11) 주산신(主山神)

도읍, 집터, 무덤 따위의 뒤쪽에 있는 산. 풍수지리에서 묏자리나 집터 따위의 운수 기운이 매였다는 산의 신(神).

12) 산천신(山川神)

산과 내를 아울러 이르는 말이며 자연신(自然神) 이다.

13) 산천장군신

산과 물을 지키는 무신(武神).

14) 국사신(國師神)

법계 가운데 가장 높은 등급으로 지덕(智德)이 높아 나라의 스승이 될 만한 승려에게 조정(朝廷)에서 내리던 칭호이다. 또는 나라를 위하여 목숨을 바친 인물이며 자연신(自然神)이라기보다는 인간신(人間神)으로 보는 것이 정확하다.

15) 화산신(火散神)

죽은 사람의 넋을 위로하고 극락으로 인도하는 신(神). 지노귀굿이나 오구굿 할 때 신단(神壇)을 꾸몄던 조화(造花), 등(燈), 죽은 이의 옷 따위를 태운다.

16) 도성황신(都城皇神)

지역의 최고 높은 신(神)

17) 마고(麻姑)할머니신(神)

전설에 나오는 신선 할미. 새의 발톱같이 긴 손톱을 가지고 있다고 한다.

18) 성황후토신(城后土夫人神)

토지를 맡아 다스린다는 여신(女神).

19) 수신(水神)

우리가 사용하는 우물이나 주변에 흐르는 하천이나 강을 수호하는 신을 수신이라고 한다. 또는 물을 맡아 다스리는 신(神).

20) 해신(海神)
바다를 다스리는 신(神).

21) 수영신(水泳神)
물 위를 떠다니는 것을 관장하는 신(神).

22) 수부신(水府神)
물을 맡아 다스린다는 궁전 신(神), 용궁.

23) 수구신
물이 들고 나가는 것을 다스리는 신(神)

24) 정신(井神)
우물을 맡은 신(神)

25) 천수신(泉水神)
맑은 샘물을 관장하는 신(神)

26) 대천신(大川神)
큰 강을 관장하는 수신(水神)

27) 령산대천명신(靈山大川命神)
이름난 령 산과 명산 사이로 흐르는 장강을 관장하는 신(神)

28) 용신(龍神)
천신으로 바다나 큰 강에 살고 있는 신령스런 동물을 신격화한 것이다. 또는 바다에 살며 비와 물을 맡고 불법을 수호하는 용을 신격화된 신.

29) 물국용왕신
물의 나라에서 최고의 신이다.

30) 사해용왕신(四海龍王神)

동서남북의 네 바다를 관장하는 용왕.

31) 용궁제석신
부처님을 옹호하는 곳이 천상(天上)에만 있는 것이 아니고 바다 깊은 곳에도 있다고 상상하여 만들어진 제석천의 불법을 수호하는 신(神) 또는 은하수가 흐르는 곳에도 분명 불법이 있다고 상상하여 만들어진 세계.

32) 용궁칠성신
천상이 아닌 바다의 용궁에도 칠성이 있다고 생각하여 만들어진 별의 세계.

33) 용궁대신
용궁에서 어느 한 부분을 관리하는 큰 신(神)

34) 용자신
용의 자녀들이며 용궁동자라고 한다.

35) 사해용왕부인신
동서남북 사해의 바다를 지키는 용왕의 마누라를 신(神)격화 한 것.

36) 사해용왕대감신
사해 바다에서 용왕을 보좌하는 신(神)

37) 용궁부인신
용궁에서 살고 있으면서 법을 가지고 있는 여자 신(神)

38) 천용신(天龍)
불법을 지키는 여덟 신장 가운데 제천과 용신. 성수(星宿)의 이름. 북두와 직녀의 중간에 있다.

21. 화신(火神)

우리 조상들은 불에 대하여 상당한 믿음을 가지고 있었다. 특히 벼락치는 날에는 하늘의 신(神)이 노(怒)하였다고 믿었으니까 불에 대한 경계심이 많은 것은 사실인 것 같다.

1) 화덕벼락장군신(火德)
불을 낸다고 하는 신(神). 무엇이든 한번 눈에 띄는 것은 모두 다 타 버린다고 한다. 불전에 모시고 재앙이 없어지기를 빈다.

2) 벼락대신
벼락을 관장하는 큰 신(神)

3) 화신(火神)
불을 관장하는 신(神). 가정의 조왕신에 해당한다.

4) 조왕신(조王神)
부엌을 관장하며 음식물의 부정을 소멸하고 병마를 물리친다고 한다.

22. 풍신(風神)

바람을 맡은 신(神). 비렴(飛廉)이라고 하여 바람을 잘 일으킨다고 함.

1) 풍신(風神)
바닷가나 제주도 해안지방에서는 영동할매 또는 영등할멈이라고 하는데 바람과 비를 주관한다고 한다.

2) 풍뢰지신
비바람을 주관하면서 동시에 우레도 주관한다고 하는 신(神)

23. 목신(木神)

오래된 고목이나 큰 나무에는 신(神)이 있다고 우리 조상들은 믿고 있다. 당산나무도 목신에 해당된다.

24. 석신(石神)

큰 바위나 기암괴석들에도 신(神)들이 있다고 한다. 그래서 우리 조상들은 큰 바위에 기도를 올린다. 자손을 위해서 치성을 많이 드리는 곳이다.

25. 방위신(方位神)

사방팔방과 중앙을 관장하고 방향을 나타내는 신(神)

26. 신장(神將)

신장은 각 신들에게 예속되어 그 신들을 보호하는 역할을 한다. 신장들의 영역을 보면 대략 이런 것이구나 하는 것이지 정확하게 이것이다. 라고 하지는 않는다. 몸 주를 지키는 몸 주 신장이 있으며 이들은 천상의 부대를 이끌고 있는 장군들이다.

옥황상제 근위대인 소거백마신장, 칠성을 관장하시는 팔만사천 제대신장, 삼태육성을 관장하시는 삼태육성제대신장, 독립적으로 움직이면서 활동하는 천상천하 뇌 공 신장, 천둥과 번개를 관장하는 벽력신장, 천지조화를 관장하는 풍우신장, 악귀잡귀요귀를 물리치는 검무신장, 자신의 위력을 과시하며 잡귀를 물리치는 작두신장, 술수와 둔갑을 잘하는 육갑육정신장, 하늘과 땅의 오방을 지키는 오방신장, 사해 용궁을 지키는 용궁신장, 대산소산을 지키는 산신 군웅신장, 홍건역사 야차신장, 이십 팔숙 제후신장, 이매망향 휘치신장 등이 있으며 하늘의 신장들은 처음부터 신이고 인간사에 간섭하는 것은 아니다.

천신들을 다스리는데 관여하며 신들의 세계에서 질서를 어지럽게 하는마귀들을 잡아서 정리는 것으로 때로는 인간세계에 침범하여 어지럽히는 잡신들을 잡아가는 경우도 있다. 이렇게 신장들의 신분은 높으며 조직도 크고 위세도 당당하다. 인간사로 보면 군웅신이라고 하여 영웅적으로 죽은 장군들의 신령을 칭하며 관운장이나 임경업장군 김유신장군이 있은 것으로 알고 있다.

또한 불교에서 바라보는 신장들은 다르다. 불법을 수호하며 팔만사천 불보살과 불교에 관련된 모든 것을 수호하는 것으로 호법선신으로 표현한다. 수미산 꼭대기에 도리천이라고 하는 곳에서 아수라의 군대를 징벌하는 것이 주 임무이며 다른 이야기로는 제석천 신장이라고도 한다. 때로는 인간사를 옹호는 12지 신장으로 표현 할 때도 있다. 신령이 계시는 곳이면 꼭 신장이 있다.

무신(武神)으로 최고의 강신이다. 천상(天上)이나 지하(地下)에서 많이 불러지며 자연(自然)에도 신장이 많이 등장하며 인간사에서는 국사당에 모셔진 장수들이 있으며 장군으로 표현한다.

1) 천하신장
하늘과 땅의 마귀들을 다스리고 제거하는 무신(武神)

2) 신장신
문무(文武)가 겸비된 무신이라고 생각한다.

3) 작두신장

작두를 타면서 자신의 강한 면을 보여주는 신장

4) 오방신장신(五方神將神)

동서남북과 중앙을 지키는 다섯 장수들로서 무신(武神)

5) 장군신

위로는 신장을 보필하면서 아래로는 무신을 다스리는 무신

6) 오방장군신(五方將軍神)

오방 신장을 보필하면서 신장 다음가는 무신(武神)

7) 산신군웅신장(山神軍雄神將)

산신을 호위하는 신장이다.

27. 군웅신

무(武)신장(神將)은 신병(神兵)을 거느리는 장수인데, 이들은 요사한 귀신이나 악귀들을 물리쳐 준다.

군웅(軍雄)이라는 신령은 대체로 죽은 무장(武將) 용사의 영혼으로 믿어지고 있으며 일종의 군신(軍神)이다. 군웅은 주신(主神)이 아닌 잡신(雜神) 계열에 속한다. 신화들을 보면 군웅은 전투의 신이며 왕을 돕는 장군급의 신임을 알 수 있다. 즉, 신들의 서열로 보았을 때 어떤 직능을 차지하는 주신이 아닌 2차 신령을 말하는 것으로 보인다. 인간 세계에서 적용되는 벼슬의 개념이 신령에게도 적용된 것이다. 마을의 수호신으로 모셔지는데, 부락 사람들에게 안과태평(安過太平)을 가져준다고 믿어진다. 또한 군웅은 많은 경우 조상신을 의미하는 '일월(日月)'과 혼용되어 집터를 모시는 대감신으로 모셔지기도 한다.

무속제자들이 문제를 해결하려고 할 때 신의 도움을 청하는 무

리이다.

1) 상산별군웅(上山別軍雄)

이것은 모든 살귀(殺鬼)를 퇴치하는 특유한 기술을 지니고 있지만, 본래는 산신에게 종속된 강한 군신이다.

2) 사살군웅(射殺軍雄)

악귀나 요귀를 물리치는 군웅으로서 가택이나 부군 도당을 지키는 군웅신들이다. 인간에게 유해한 살(殺=惡靈)을 없애는 역할을 지니고 있다.

3) 사신군웅(使臣軍雄)

외국에 드나드는 국사(國使) 일행을 특별히 호위하는 것이며, 본래는 국사를 따르던 호위무관의 죽은 영혼이다.

4) 성주군웅

인간과 가옥을 수호하는 신령이다.

5) 산신군웅

산신군웅신장은 산신을 호위하는 호법신이다. 산신군웅신장은 산상별군웅과 같이 산신에게 종속되어 산신을 호위하는 신장으로서, 주로 맹호 등의 모습을 하고 살귀를 퇴치하는 역할을 한다.

6) 문신(門神)

문을 지키는 신. 수문장이라고도 하며 들고 나는 입구를 지키는 신이다.

7) 수문장신

일반적인 지상에서 사용하는 출입구를 관장하는 신으로 일체 부정이나 재액을 막아준다.

8) 수문신

우물이나 샘물이 나는 곳을 지키는 신

28. 사귀와 명부신

요사스런 귀신이나 인간사에 이로움이 없거나 잘 알려지지 않는 신이다.

1) 정귀
정신병자로 만드는 신으로 정신귀 라고도 한다.

2) 도깨비
우화 속에 등장하는 신으로 머리에 뿔이 난 것으로 계급을 알 수가 있으며 인간사에 가까이 접근하여 지내고 싶어한다.

3) 수배신
마구니들로서 마왕의 휘하에 있다. 물이 합류하는 곳이나 갈라지는 부분을 일켜서 하는 말인 것 같다. 강원도 인제에서는 지금도 산제(山祭)를 올린 뒤에 이 음식으로 수배제를 올린다고 한다.

4) 호귀신(胡鬼神)
도교에서 들어온 중국의 신 산기도중 알 수 없는 말로 하는 신이다.

5) 명부(冥府)신
죽어서 가는 사후세계이며 지장보살이 주장하며 십시왕이 있다. 유명(幽冥)계 라고도 한다.

6) 십시왕
죽어서 유명계에 가면 그곳에서 심판을 받는데 10명의 심판관이 있다. 이를 십시왕이라고 한다.
1전에 진광대왕, 제2전에 초강대왕, 제3전에 송제대왕, 제4전에 오관대왕, 제5전에 염라대왕, 제6전에 변성대왕, 제7전에 태산대왕, 제8전에 평등대왕, 제9전에 도시대왕, 제10전에 전륜대왕이다.

7) 염라대왕(閻羅大王)

지옥세계를 관장하는 주신(主神). 죽은 사람을 심판하는 일을 한다. 염라대왕이 그 중 우두머리. 아홉 왕은 복의 신 노가단풍자지명왕의 아들 초공 삼형제, 동정국 범을 임금의 삼형제, 오구신의 아들 삼형제이다.

8) 오구대신

죽은 사람을 저승길로 이끌어주는 신(神). 삼나라 오구대왕의 일곱째 딸 바리데기가 그 주인공이다. 언월도와 삼지창, 방울과 부채를 들고 앞장서서 죽은 사람의 영혼을 인도하므로 무당의 시조로 떠받들리기도 한다. 옥황궁 문지기 동수자 사이에서 난 아들 삼형제는 저승 삼시왕이 되었다.

9.) 사제삼성신

명부전의 신으로 자리하고 있다.

10) 넋대신

저승길을 인도하는 저승사자 등을 총칭하는 말이다.

11) 역신(疫神)

전염병으로 죽은 사람들의 원한 귀라고 한다.

12) 호구별상신

돌림병을 주관하는 신(神)

13) 별상신

전염병으로 죽은 원한귀로서 도법을 가지고 점사에 관여하는 신(神)

14) 손님신

손님도 다양하다. 마마신의 분노로 곰보가 되거나 죽은 원한 신(神)

15) 동물(動物)신

집 안의 뱀, 족제비, 두꺼비 등을 말한다. 인간의 눈엔 보이지 않는다고 한다. 혹 보이더라도 죽이지 않는 것이 좋다고 판단한 것이 우리 조상들의 경험이다. 업으로 모시는 곳도 있다.

16) 농신(農神)

농신 자청비와 문도령으로서 한날한시에 태어난 옥황궁 문곡성의 아들 문도령과 주년국 오로대감의 딸 자청비 세 사람은 나중에 농신과 목축신이 되어 인간세상 농사짓는 법과 온갖 집짐승 기르는 일을 다스리게 되었다.

농신(農神), 전횡신(田橫神), 오곡대신(五穀大神) 등으로 나누어진다.

17) 노중신(路中神)계통

객사 즉 돌아다니다가 길에서 죽는 것을 뜻하는 말이다. 노신 또는 노중지신이라고도 하며 이외에도 많은 이름으로 불러지고 있다. 즉 도신, 거리신, 지대군행신, 사신군행신 등.

29. 산신

아이의 양육과 출산을 맡은 신이다. 삼신(三神)이라고도 한다.
삼신의 고유한 기능은 아기를 점지해 주는 일이지만 그에 머무르지 않고 자식의 성별과 자녀 수, 순산, 그리고 돌을 넘기기 전 건강과 수명을 담당한다고 믿어진다.

전염병 등으로 어린아이들을 보호하고 아기가 커서 어느 정도 성장할 때까지도 삼신의 배려는 절대적이었다. 아기의 포태, 출산뿐 아니라 15세 정도까지는 삼신이 양육을 도맡아준다고 믿었기 때문이다. 종족 보존에 대한 인간의 본능적 욕구이기도 했으므로 사람들은 중대한 영력이 있는 삼신 모시기에 많은 정성을 쏟게 되었다.

1) 삼신할매

아기 낳을 때 삼신할매 삼신(三神). 자연과 생명, 창조의 원리를 담은 삼신은 우리를 세상에 태어나게 하는 포태신앙

2) 세존 할머니신

시주단지라고 하는데 신주단지나 세존단지라고 한다. 신 내림을 대신으로 업 신으로 모시는데 여러 가지 뜻이 담겨있다. 여기의 주신은 할매라고 한다.

30. 지하신

땅 속을 주관하는 신.

1) 지신(地神)

터줏대감의 처이고 앞마당 내당 뜰을 관리한다. 주부들의 수호신이다. 혹 가출하고 싶은 주부들께선 이 지신에게 지극정성으로 빌면 좋다.

2) 터주신

집터를 관장하는 지신(地神)이다. 터를 관장하는 지신인 터주신이 깃들어 있다고 믿는다. 터주신은 터를 관장하여 땅 속으로부터 올라오는 사악한 기운을 누르고 악한 귀신들을 다스려 그

곳에서 살고 있는 사람들을 보호한다. 그리고 땅의 신이므로 경작하는 논밭의 땅까지 비옥하게 하여 농사가 잘 되도록 하는 영력을 가졌다고 한다.

터주신의 생김새는 대체적으로 키는 50척이 넘고 귀는 장승귀에 눈은 빽재기 눈이며 코는 빈대코, 입은 주리치 입이며 되빡이마에 실래끼 모가지, 장구통 배때기에 조막손, 마당발로 생겼다고 한다. 재액과 풍농에 영향력을 행사할 수 있기에 사람들은 지극정성으로 터주 신을 받든다.

3) 터대감(大監)신

터줏대감으로도 불린다. 집 뒷마당이나 제사가 있으면 그 장소에 모시기도 한다. 가족들의 재복(財)을 담당한다. 사업대감으로 모시는 분이 바로 이 분이다.

4) 성주(城主)신

가택의 모든 문제의 주장이 되는 신. 처는 안아부인(성주부인)이고 성주신 부부는 성주 대 도감을 거느린다. 성주대도감은 대직장과 대별감, 성주군웅을 거느리고 이들이 합심하여 가택사를 다스린다.

5) 골메기신

한 고울 이나 골짜기를 관장하는 신

6) 토지신

농경사회에서 풍년을 기원하면서 토지 신

7) 본향신

무당들의 입을 통해 구전되어 오는 신으로 신과 인간 사이를 중개하여 신에게 인간의 수복장수를 빌어주는 신

8) 오토지신(五土地神)

마을의 안녕 기원하고 잡귀를 막아주는 신(神)
  9) 제방신
하천의 제방을 관장하는 신(神) 이외에도 많은 신들이 있다.

31. 인간신

사람으로 살아가면서 높은 벼슬이나 이름난 장군 그리고 백성들로부터 추앙(推仰)을 받거나 성인으로 많은 사람들의 귀감이 되었다고 죽으므로 모셔진 것이다.
  1) 군왕(君王)신
처음으로 나라를 세운 인물을 신으로 모시는 것을 군왕신이라고 하는데 일부는 왕족으로 살다가 얼울하게 한을 품고 죽었거나 아니면 백성들로부터 공경의 대상으로 죽어서 모시는 것이 신으로 변화된 것이다.
  2) 대왕(大王)신
백성들로부터 많은 베품으로 덕을 쌓은 임금을 대왕이라고 하며 이를 신으로 모시는 것이다.
  3) 왕신(王神)
나라를 처음 세운 왕건 · 이성계 또는 이와는 대조적으로 불우하게 생을 마감했거나 억울하게 죽은 공민왕 · 뒤주대왕(사도세자) 등이 있다.
  4) 태조대왕(太祖大王)신
태조 이성계 조선태조. 재위 기간은 1392~1398년이다. 호는 송헌, 자는 중결이며, 성은 이, 이름은 성계이다. 왕위에 오른 뒤 이름을 단이라 고쳤다.

5) 공민왕(恭愍王)신

고려의 제31대 군주이다. 초명은 기(祺), 휘는 전(顓), 호는 이재(怡齋)와 익당(益堂), 시호는 공민인문의무용지명열경효 대왕을 신으로 모시는 것이다.

6) 뒤주대왕신(莊獻世子)

장헌 세자, 사도세자, 장조, 이선, 윤관, 의재, 사도.

사도 세자라고도 한다. 이름은 선이고, 자는 윤관이며, 호는 의재이다. 부인은 영의정 홍봉한의 딸 혜경궁 홍씨이다. 죽은 뒤 사도라는 시호가 내려졌으며, 아들 정조가 왕위에 오르자 장헌 세자로 높이 받들었다고 한다. 이분을 신으로 모시는 것을 말한다.

7) 천자(天子)신

천제(天帝)의 아들로서 천제를 대신하여 세계를 통치하는 자를 말한다. 주공 단(旦)에서 발전한 천명사상(天命思想)에서 시작된 칭호로, 진(秦)나라 때는 신격화 되었다고 한다.

8) 왕비(王妃)신

왕실에서 왕비로 살다가 억울한 죽음이나 폐비 되어서 한을 품고 죽어 신으로 모셔진 것이다. 다양하게 불리어지며 지방따라 달리 이름하는 곳도 있다. 중전마마, 신강씨마마, 신송씨부인신(단종폐비), 정전부인신, 등

9) 왕녀(王女)신

왕녀의 경우도 적서차별이 있어서 왕비 소생의 딸은 공주 후궁의 몸에서 태어난 딸은 옹주 라고 한다. 이들이 병으로 일찍 죽거나 한을 가슴에 안고 죽어서 신으로 화한 것으로 공주신 또는 칠공주신(바리데기) 등으로 많이 불리어진다.

10) 바리공주신(公主神)(바리데기)

무당이 색동옷을 입고 모시는 젊은 여신. 제 몸으로 낳은 자식을 그렇게 무참히 내버리고 만 아버지. 그가 일곱째 공주 바리는 자물쇠마저 덜컥 채워진 채 옥함에 갇혀 물결치는 열두 바다에 두둥실 띄워졌다. 바리를 담은 옥함은 여울여울 물결에 휩쓸리며 망망한 서해바다를 향해 하염없이 흘러만 갔다.

무조전설, 바리공주, 칠공주, 오구풀 이라고도 한다. 죽은 사람의 영혼을 위로하고 저승으로 인도하기 위해 베풀어지는 사령제(死靈祭)로서 무속의식에서 구연되는 것을 볼 수 있다. 지노귀굿, 오구굿, 씻김굿, 망묵이굿 등에 많이 등장한다.

11) 장군신(將軍神)

무신으로 무력을 가지고 인간을 수호한다. 우리나라에는 많은 장군 신을 모시고 계시는데 대략 이러하다. 나라를 걱정하시는 최영장군은 이미 무속에서는 많이 알려져 있으며 또한 바다의 임경업 장군도 많이 알려져 있다. 그리고 용맹을 과시하는 녹두장군, 남이장군, 이외에도 많은 장군들이 있으리라 믿으며 마을과 마을사람들을 지키는 본당이나 본산장군도 있다. 잘 알려지지 않는 화덕벼락장군도 있다. 이외 백마신장(白馬神將), 홍경래 장군, 김유신 장군, 중국의 관우(關羽)도 장군신으로 모셔진다.

■ **임경업(林慶業)장군**

잡귀를 쫓고 병을 낫게 하는 신이자, 무당들의 수호신이기도 하다.

친명반청(親明反淸)에 투철한 무장으로서 정묘호란과 병자호란 때 활약했으며, 청나라와 화의가 성립된 이후에도 명나라와 협력하여 청을 공격하려다 뜻을 이루지 못하고 죽음을 당했다. 본관은 평택(平澤). 자는 영백(英伯), 호는 고송(孤松).

토속신앙의 대상으로 신격화되었다. 조선의 민중들 사이에선 충의, 지조, 용기의 상징으로 영웅이 됐다. 연평도를 비롯한 서해안에서 풍어(豊漁)를 관장하는 어업 신(神)으로 모셔진다. 충남 당진군 안섬마을의 조기잡이 어선들은 과거 어로철이 되면 연평도의 임경업장군사당에서 풍어굿을 지냈다.

■ 최영(崔瑩)장군

무속에서 '최영장군'은 수명장수, 안과태평의 신으로, 무에서 가장 많이 모셔지는 신령 가운데 하나이다.

최영(1316년 ~ 1388년)은 고려 말기의 장군이다. 시호는 무민(武愍), 최원직(崔元直)의 아들이다. 요동정벌군 총사령관에 임명되었으나 위화도 회군 이후 이성계의 반군에 의해 살해되었다. 최영이 1374년(공민왕 23년)에 제주도에 있는 몽고인 목장을 토벌할 목적으로 음력 8월 24일부터 음력 8월 28일까지, 또 토벌 종료 후인 음력 9월 23일부터 음력 10월 10일까지 추자도에 머물렀는데, 이 사당은 이때 주민을 많이 도와준 최영을 기념하기 위해 세워졌다는 설이 유력하다.

■ 김유신(金庾信)장군

김유신(595년~673년)은 신라의 삼국 통일에 큰 역할을 한 화랑 출신의 신라의 장군이며 정치가이다. 835년 흥무대왕(興武大王)으로 추존되었다.

민간의 영웅으로 받들었던 것으로 보인다. 김유신은 삼국통일을 이룬 영웅적인 업적과 신이(神異)한 행적으로 인해 지금까지도 민간과 무속에서 산신이나 서낭신으로 받들어지고 있다.

■ 득제장군 본명 (하즙河楫)

본관은 진주. 자는 득제(得濟). 호는 송헌(松軒), 시호는 원정(元正). 충숙왕 때 문과에 급제한 후 좌리공신(佐理功臣)에 녹훈되었으며, 진천부원군(晉川府院君)에 봉해졌다. 관직은 찬성(贊成)까지 올랐다. 일찍이 정치도감(整治都監)의 관원으로 있을 때 황후의 동생인 기삼만(奇三萬)을 장살하였다. 후에 강회백(姜淮伯)이 그의 초상화에 대하여 평하기를 "도량이 존엄하며 성품이 화순하고 관대하였다. 그의 호연함은 가을 달과 같고 온화함은 봄바람과 같았다." 라고 하였다.

■ 백마장군 (기삼연奇參衍)

전남 장성~1908(융희 2).한말의 의병장. 위정척사론(衛正斥邪論)에 근거한 의병활동으로 백마장군(白馬將軍)이라고 불렸다. 본관은 행주. 자는 경로(景魯), 호는 성재(省齋). 이다.

수백 명의 의병을 이끌고 고창 문수사(文殊寺)의 적진을 야습하여 크게 무찔렀다. 이어 영광·고창·부안·정읍 등지에서 이기고, 최상진(崔相鎭) 등 관리들의 내응으로 광주까지 영역을 넓혔다. 그뒤 군량을 마련하기 위해 법성포를 습격하기도 하는 등 유격전을 전개했다. 이해 12월 설을 지내려고 담양의 추월산성(秋月山城)에 들어갔다가 적의 습격을 받아 부상을 입었다. 순창의 복흥산(福興山)에 숨어 재기를 꾀했으나 체포되어 광주에서 총살당했다. 1962년 건국훈장 국민장이 추서되었다.

■ 남이장군(南怡將軍)신

민간에서 남이 장군은 잡귀를 쫓아 질병을 치료해주는 신이다. 남이 장군은 조선 전기 무신으로 여진족 토벌에 큰 공을 세웠지만 예종 때 훈구대신들의 시기와 모함으로 역모의 누명을 쓰고 억울하게 죽었다. '원한 깊은 신을 모셔야 살아 있는 자에게 탈이 생기지 않는다' 는 금기의식이 장군의 신격화에 반영된 대표적 사례. 구비설화에서 남이 장군은 지네의 원혼이 환생해 마을 사람들에게 인신공희(人身供犧)를 요구하는 부정적이며 불완전한 존재로 묘사된다. 민중들은 남이 장군을 죽을 수밖에 없는 인물로 묘사하는 동시에 그를 숭배하는 것이다.

■ 홍경래(洪景來)장군신

1771~1812(영조47~순조12) 조선 후기의 민란 지도자. 본관은 남양. 몰락한 양반가문 출신으로 1798년(정조 22) 사마시에 실패한 후 각종 병서·술서를 익히고 풍수를 배워 전국을 유랑하였다. 유랑생활 동안 안동김씨의 세도정치, 삼정의 문란 등 사회의 모순을 파악하고 1811년 우군칙(禹君則) 등과 함께 난을 일으켰다. 그러나 반란군은 관군의 초토화 작전에 밀려 참패하고 정주성에서 저항하다 총에 맞아 죽었다.

■ 녹두장군

전봉준(全琫準, 1854년~1895년) 조선 동학 농민 운동의 지도자. 초명은 명숙(明淑), 별명은 녹두 장군이다. 태인(泰仁) 출생으로 오늘날의 정읍시 이평면 장내리로 추정한다.

12) 영웅(英雄)신

영웅신은 가정의 영역에 국한되지 않고 한 마을이나 지역단위로 모셔지며, 신으로 모셔지기 위해서는 평범하지 않은 특별한 생애가 요청된다. 평범한 삶을 보낸 사람이 아니라 역사적으로 민중들에게 공감될 수 있는 생애를 보낸 인물만이 영웅신으로 모셔지는 것이며, 이러한 역사적 존재들에 대한 신앙.

13) 군웅신(群雄神)

군웅이란 무신으로 무예와 병서에 능통하며 신장이나 장군을 보좌하는 신이다. 가까운 주변으로부터 들어오는 액(厄)을 막아준다.

14) 상산별군웅(上山別群雄)

덕물산 최영장군을 보좌하는 장군들이며 억사별(億士別)군웅이라고도 한다.

15) 충열신(忠列神)

나라에 충신으로 살다가 죽어서 신(神)으로 받들어지는 것이다. 대감신이라고 하며 일반인의 삶에 영향을 줄 수 있는 높은 벼슬자리에 있었던 인물 등이 신격화된 것이다.

이외에도 제(濟)장군, 마(馬)장군, 용(龍)장군 등이 있다.

한국의 신(神)에는 일반적으로 가정에서 숭상하는 가택신(家宅神)이 있고, 부락에서 숭상하는 부락신(部落神)이 있으며, 무속에서 숭상하는 무신(巫神)과 그 밖의 잡신이 수없이 있다.

동제(洞祭)의 대상이 되는 영웅신(英雄神)은 한 마을이나 지역의 역사적 배경과 밀접한 관련을 맺고 있어서 다양하게 나타나며, 지역에 따라서는 무속의 신과 겹치기도 한다. 경순왕, 공민왕, 이성계, 남이장군, 임경업장군, 김유신장군, 장보고 등이 동제에서 대표적으로 모셔지는 영웅신이다. 이러한 영웅신들은 인간 삶을 파괴할 수 있는 여러가지 재액(災厄)을 막아주고 재복(財福)을 가져다줄 수 있는 힘과 권능을 가지고 인간 삶을 보호해주는 존재로서 숭배되었다.

32. 기타 신

1) 지관(地官) 선생신
풍수지리에 밝아서 집터나 묏자리 따위의 좋고 나쁨을 가려내는 신명으로 일명 지리도사 라고 한다.

2) 성인(聖人)신
지혜와 덕이 매우 뛰어나 신(神)으로 우러러 받는 신명

3) 와룡 선생신
촉한의 승상으로 삼국지에서 유명한 제갈량이시다.

4) 걸립(乞粒)신
동네에 경비를 쓸 일이 있을 때, 여러 사람들이 패를 짜서 각처로 다니면서 풍물을 치고 재주를 부리며 돈이나 곡식을 구하는 것을 걸립이라고 하지만 지금은 무속인의 대청 처마나 어귀에 급(級)이 낮은 신(神)으로 모시는데 들어오는 악귀를 막아주고 지나가는 손님을 잡아준다고 한다.

남자 무신이면 남 걸립이라고 하며 여자는 여 걸립이라고 한다.

5) 부정(不正)신
나쁜 액신을 처리하는 신

6) 가신(家臣)

집을 지키며 집안의 운수를 좌우하는 신으로성주대감, 터주신, 조상신, 삼신, 조왕신(竈王神), 문신, 업신, 측신(廁神) 따위가 있다.

7) 측신

뒷간을 맡아 지킨다는 여신.

33. 신명의 모습이나 의상

1) 칠성

칠성은 일곱 분이 청, 홍, 황, 초록 등 각색 복장에 여섯 분은 홀을 들고 계시며 한분은 합장을 하고 있다.

2) 삼불

삼불제석은 세 분의 모습이 똑 같으며 흰 도포에 흰 고깔을 쓰고 손에 염주를 들고 합장하고 있다.

3) 일불제자

하얀 고깔모를 머리에 쓰고 흰 도포를 입고 목에는 108염주를 걸고 있다.

4) 독성

민 둥 머리에 흰 도포를 걸치고 깊은 산중의 큰 소나무나 바위 위에 앉자 있으며 오른손에 알이 큰 염주를 들고 있다.

5) 산신

산신님은 붉은 도포에 흉배를 달고 곁에는 시중드는 동자와 호랑이가 상징적으로 있으며 오른손에는 지팡이를 짚고 있으며 약초나 깃털부채를 들고 있다.

6) 용신
사각의 구슬 모자를 쓰고 의자에 안자 있으며 용과 바다가 상징적으로 그려져 있다.

7) 대감
대감님은 붉은 도포에 모자를 쓰고 계신다.

8) 신장. 장군
장군님은 갑옷입고 투구를 쓰고 칼을 세워서 짚고 있다.

9) 국사
말을 타고 갓처럼 생긴 모자를 쓰고 활을 등에 메고 있다.

10) 대신, 도인, 도사
대동할아버지는 수염이 길게 나 있고 흰색도포에 갓을 쓰고 서 있다. 부군할아버지는 의자에 앉아 오른손으로 수염을 매만지고 있으며 머리에는 두광 형태의 둥근 원이 표현되어 있다.

글문은 붓을 들고 있으며 글을 쓰는 모습으로 있다. 약명은 약초를 오른 손에 들고 있다.

11) 대신보살
대신 할머니는 만신으로, 노랑저고리 홍치마에 청색 쾌자를 입고 머리에는 벙거지를 쓰고 계시며 오른 손에는 모란꽃 그림의 부채나 방울을 손에 쥐고 있다.

12) 각시
각시님은 노랑저고리에 붉은 치마를 입은 젊은 여인상이다.

13) 선녀
어여쁜 여인으로 머리에 화관을 쓰고 하얀 복장에 띠를 허리에 두루고 손에는 큰 부채를 들고 서 있다.

14) 동자

어린 남아와 여아로 고운 옥을 입고 손에는 여러 가지의 상징적인 것을 들고 있으며 주로 함께 그려져 있다.

34. 세존

일명 신주(神主)단지라고 하는데 가정집이나 상가에 가면 단지에 쌀이나 물을 담아서 모신 것이다.

1) 단지의 종류
- 칠성단지

업 단지 조상단지 사람의 수명을 관장하는 칠성신으로 장독대에 정화수를 올리고 가족의 건강과 안녕을 기원한다.

- 성주단지

집의 구조물을 지키는 신을 옹기에 담아 지붕이나 대들보에 올려둔다.

- 용 단지

한해의 농사를 짓는데 물 걱정 없이 풍년을 기원하는 단지.

- 조왕단지

이른 새벽에 샘물을 길어서 부엌에 올리는 단지이며 부엌을 지키는 신단지이다. 옥수동 또는 청수동이라고도 한다.

- 철룡 단지

보통 집안의 신으로 단지 안에 쌀이나 한지를 넣고 짚으로 덮거나 감싸둔다.

2) 명조에 나타나는 여섯 가지 세존의 모양
- 을미(乙未)

단지에 쌀을 8부까지 채우고 고깔에 실을 올려놓는다.(업 세존)
목주를 둔다. 선남선녀. 당산.

- 정미(丁未)

그릇에 쌀을 가득 담고 그 위에 향과 초를 켠다.(향) (불사) (별상)
꽃을 올린다. 별상대신보살.

- 기미(己未)

일반적인 세존으로 쌀을 절반정도 채운다.(산신) (제석)
의술이다. 문무신장

- 신미(辛未)

흰 단지에 쌀을 9부 정도 채운다.(공부하는제자) (작두신)
약명. 신침. 글문

- 계미(癸未)

단지에 쌀이 아니고 물을 채운다.(소금으로도 한다.)
조왕에 많이 모신다.

35. 우리가 알고 있는 대신

신명(神命)의 제자가 부리고 불리는 몸 주를 대신이라고 하는데 대신마다 원력이 다르며 다양한 조화를 준다. 무속 인들은 열두 대신이라고 하는데 실제로 나열하면 수도 없이 많이 있지만 탱화나 무속 인들이 주로 부리거나 모시는 것으로 대신은 12대신이라고 한다. 무속 인들이 자기의 특성이나 내림으로 받은 대신을 주로 모시며 열두 대신을 다 모시면 주로 만신이라고 한다.

1) 산왕대신(山王大神)

산을 지키고 관장하는 신(神)으로 남(男)산신과 여(女)산신으로 나누어져 있다. 농경사회의 우리민족은 산신에 많은 것을 의지하면서 만사형통과 재물 수복 풍년 다산을 기원하면서 모시는 신(神)이다.

2) 용왕대신(龍王大神)

물을 지배하고 관장하는 신(神)으로 사해수부의 용궁 신을 가리킨다. 풍어와 복록을 주관하시는 신이며, 바다의 해신뿐만 아니라 강이나 연못, 우물, 계곡 등에 물이 있으면 용신으로 본다. 용신기도를 올리면 집안을 물과 같이 깨끗하게 맑혀주시고 돌봐주신다.

3) 작도(斫刀)대신

작도라는 것은 중국씩 발음이며 우리나라 말로 하면 작두대신이라고 한다. 작두라는 것은 옛날 시골에 가면 여물을 발로 자르는 농기구이며 여기위에 올라가서 굿을 하는 강신무를 작두대신이라고 한다. 보통 절구통 위에 작두를 올려놓고 타는 것이며 쌀이나 물동이 위에 놓고 타면서 굿을 하기도 한다.

4) 천하(天下)대신

천하대신은 박수에게는 조부이며 무녀에게는 자신이 부리는 최고의 신이며 시집을 갔으면 시댁의 최고 조상신이다. 이는 점사를 주로 보며 천신주력을 말하는 것으로 여기에는 우리가 알고 있는 글문 약명 풍수지리 천관 등이 포함되어 있다.

5) 지하(地下)대신

이는 주로 외가 대신들이 점사를 보는 것으로 박수나 무녀나 자기의 본성 조상이 아니고 타성의 조상으로 보며 부부간의 성씨가 다른 것은 외가의 주력이다. 라고 생각하면 된다.

6) 창부(倡夫)대신

주로 가무(歌舞)를 하는 신으로 연극이나 판소리 또는 악사나 기생으로 죽은 망령이 신으로 들어오는데 굿판에서는 소리하는 신명이다. 주로 박수가 많으며 지금은 법사로 통한다.

7) 벼락대신

구름과 구름이 마주칠 때 일어나는 낙뢰를 벼락이라고 한다. 이처럼 처음부터 강하게 내리므로 잡귀신을 정리하는 데는 많은 도움이 되지만 제자에게도 바른길을 행하여야 돌봐준다고 한다.

8) 천룡(天龍)대신

주로 장독대나 가정에 업으로 많이 모시는 신으로 높은 대감신으로 대우한다. 물질적인 재물이나 복록을 다스린다.

9) 군웅대신(軍雄大神)

무(巫)가 숭배하는 12대신 중 하나. 문무를 겸한 장수나 관료가 죽은 망령이 신명으로 들어오는 신이다. 신당의 여러 신들을 지키거나 주변을 관리하며 잡귀나 악신들로 부터의 액을 막아주는 역할을 한다.

10) 장군(將軍)대신

용감하고 이름난 장군이 전사해서 죽은 망령이 들어오는 것이며 신장이라고 할 수 있다. 제자의 몸 주로 들어오는 이도 많으며 점사를 보거나 걸립에 많이 모신다. 신당내의 잡귀나 악신을 처리하며 굿 할 때는 당가 집의 악신을 처리한다고 한다.

11) 명도(明圖)대신

명도란 둥근 청동거울을 말하는데 앞이 볼록하고 해와 달 그리고 별 그림이 그려져 있는 것을 말한다. 남자 어린아이가 죽어서 들어오면 태주 또는 동자라고 하며, 여자 아이가 죽어서 들어오면 명두 또는 선녀라고도 한다. 혈연관계로 죽은 어린 아이의 혼령으로 와서 점사를 보는 것이다.

조상의 말씀을 듣고 전해주는 정도로 알고 있으면 된다. 어리다고 함부로 부르는 것은 좋지 못하며 동자씨 또는 애기씨로 예우하는 것이 좋다.

12) 호귀(胡鬼)대신

호귀는 도교에서 사용하는 명칭인데 고려 말경부터 중국에서 들어와서 사용하는 것으로 알고 있다. 도교에서 오랜 수련으로 심신을 단련하고 장생을 목적으로 수련하다 죽은 망령이 신선이 되었다고 믿으며 모신 신들이다.

최상의 대우를 받는데 현재 우리나라에서 명분을 유지하는 신명들은 유비 관우 장비 조자룡 등을 많이 모신다.

13) 별상(別相)대신

호구(戶口)별상이라고도 한다. 하늘의 별이 아니고 병으로 또는 전염병을 앓다가 죽은 친인척의 망령들이며 특히 어린아이들이 많아서 별상 동자라고도 불린다. 별상으로 죽은 어린애기지만 오래되어서 제자의 입장에서 돌아보면 조상자리에 계시는 분들이다. 특징은 온몸이 가려워지는 것이다.

신명의 제자들은 자신들과 함께하는 신들에게 경칭(敬稱)으로 대하는 것이 바른 제자다.

14) 대감(大監)

대감신명은 탐욕심이 많고 심술궂다. 하지만 우주현상을 지배하고 운수와 재화를 담당한다. 사해 바다를 다스리는 용신대감, 하늘과 인간의 복록과 재화를 담당하는 천신대감, 재앙과 집터를 보호하는 성주대감 등이 있다. 또한 박수무당인 남자의 무속

인이나 법사들을 박사 대신이라고도 한다.

36. 신명제자의 다양한 직업

　타인의 길잡이이며 활인 업이라서 보여주고 일러주고 몸으로 전해주는 직업이면 신의 제자다. 유명배우, 의사, 약사, 선생, 강사, 역학, 무속, 주점, 화류계, 창녀 등등…
　죽은 조상이 자신의 한을 풀어보려고 인연 되는 후손에게 접신(接神)하여 해원(解寃)하려고 하는 것이다. 하지만 조상의 뜻을 받아들이지 않으면 고통과 후환으로 갚는다. 이를 신병이라고 하는 것이며 이를 통하여 자신의 위력을 알리는 것이다.
　이럴 때 받아들이면 무속인으로 살아가며 조상과 상부상조하면서 살아가는데 주권은 신명인 조상이 쥐고 있다. 이 조상은 후손이 자신이 바라는 직업으로 가거나 더 고귀한 직업으로 가면 좋아하고 바라지 않는 미천한 직업으로 살아가면 신명은 자신의 실력을 자랑하고자 또는 알리려고 고통을 주어 무속 인으로 살아가길 바라는 것이다.
　이럴 때 12신명이 있는데 3분하여 위로 4등급은 좋으며 다음 4등급은 중(中)급이며 아래4등급은 하(下)급으로 아는 것이 없으며 신이라도 미천(微賤)하여 인간사에 도움이 되지 않는다.
　일반적으로 사주가 같은 사람이 약 30~50명 정도 된다고 하는데 동일한 사주는 모두가 같은 모양으로 살아가지는 않는다. 환경이나 인연 따라서 무속인도 있고 배우도 있고 모델도 있고 선생이나 의사 등 상류의 직업도 있지만 무속이이나 화류계로 흐르는 사람도 많이 있다. 사주가 강하면 신을 방어 할 수 있지만

약하면 타협이나 복종하여야 한다.

선대의 업(業)을 받거나 복(福)으로 살아가는 사람도 많이 있는 것은 조상의 음덕이며 조상의 한풀이이다. 어떤 인연으로 무엇이 되는가는 전생 업이나 조상의 선업으로 결정 되는 것 같으며 이로 인하여 환경이 조성되고 인연이 만들어지는 것 같다.

37. 통변

1) 사주속의 신명 감정(勘定)

신(神)의 제자는 일정하게 정해진 것이 아니고 타고난 사주가 극히 약(弱)하여 타력(他力)의 지배를 받기 쉬운 사주일 때 신의 제자가 된다. 사주를 강(强)하게 타고나서 자력(自力)이 강한사람은 신의 기운이 있어도 신을 거부하고 신을 부정 하면서 살아간다.

사람이 두 눈으로 바라보는 시각은 75~130도 이내이다. 나머지는 볼 수가 없으며 이는 신의 영역이라고 하여도 틀리지 않다. 자력이 강한 사람들은 신이 없다고 주장하지만 그것은 잘못된 생각이다. 보이지 않는다고 없는 것은 아니기 때문이다.

신과 사람의 차이는 간단하게 무형(無形)과 유형(有形)이라고 생각하면 된다. 육신(肉身)이 있으면 사람이고 육신이 없으면 신이다. 그 외에는 사람과 별반 차이가 없다. 사람도 주거공간이 필요하고 조상과 후손이 있듯이 신도 몸 주가 필요하고 조상과 후손이 있으므로 내림이 되는 것이다. 또한 사람이 신을 거부하듯이 신도 사람을 거부하고 신이 가고자하는 자리를 선택하기도 한다.

신의 영역이 약하거나 점사가 맞지 않고 재물에만 뜻을 두고 있는 제자들은 허주일 가능성이 높다. 이런 분들은 대략 일시적으로 신의 영역에서 신병(神病)으로 고생하다가 견디지 못하고 신 내림으로 신당(神堂)을 차려놓고 모시는 분들이다. 이런 분들은 한때는 잘 나가지만 허주가 자신을 믿고 모신다고 확신하게 되면 그때부터 허주의 농간에서 벗어나지 못하고 이리저리 끌려 다니면서 산천(山川)을 헤매게 된다.

함부로 신 내림을 하는 것도 위험한데 신을 내리는 신어미는 언제 어느 때에 어떤 신이 내리고 제자의 몸 주가 누구인가도 모르고 재물에 눈이 어두워 때 없이 내림굿을 한다. 선생이 어리석으면 제자도 그것을 보고 답습하는 것은 당연하다. 이런 분들이 점집을 차려놓고 아쉬워서 찾아오는 손님에게 조상 탈, 산소 탈, 자식과 신랑 그리고 부모에게 부정 탔다고 하고 이사 잘못하여 액(厄)이 따라왔다고 하면서 많은 금액으로 굿하라. 신 받아라. 세존 모셔라. 부적 써라. 하면서 현혹하고 싫다고 하면 공갈 협박과 신의 벌(罰)을 받는다고 위협한다. 이런 무속인은 허주가 많으며 명신(明神)이라면 이유와 방법을 설명하고 언제쯤에 어떤 일이 일어난다고 어느 정도까지는 설명할 수 있어야한다.

이제는 점(点)보는 사람의 질문에 대답할 수 있어야하고 그렇지 못한 무속인은 퇴출되는 것이 당연하다. 이를 거부하는 신의 제자는 허주라고 판단하여도 된다.

일주(日柱)가 자신이며 가장 중요하다. 년(年)에서 월주(月柱)로 합(合)하여 일주로 이어지면 부모형제에 이어서 자신이 받는 인연이고 년에서 일주로 합(合)이 되면 조상의 인연으로 자신이 받는 것이고 시주(時柱)로 이어지면 자손에게 이어진다고 본다.

년 월 일시의 어느 자리에서 나와 합(合)하는가? 또는 지장간(地藏干)에서 합(合)하는가를 보고 명조에 드러난 것이 제일 중요하고 일주에서 지장간에 감추어진 것과 합(合)하는 것이 두 번째이며 지장간 끼리 합(合)하는 것이 세 번째이고 타주에서 지장간에 합(合)하는 것은 명도(明道)로 보기 어렵다.

신약 사주에 木火가 명조에 있으면 제일이고 火만 있으면 둘째이며 다음은 신약사주에 辰戌丑未가 좋고 단순 신약사주는 느낌으로 알지만 이를 보이는 것으로 착각하여 알고 있다. 보고 들으면 최고이며 보는 것은 차선이고 다음이 듣는 것이다. 느낌이 강하여 보는 것으로 착각하는 예가 많이 있으며 잠시 잠깐 보이는 것은 누구에게나 있을 수 있으며 종교인이나 정신 수련자는 의식(意識)이 맑아서 보이기도 하고 영적(靈的)으로 느낌도 받는다.

사주가 강하고 의식이 맑으면서 戌 亥 천문(天門)이 있으면 영적 능력이 뛰어나다. 木 火가 강하여 강한 사주는 신의 영역이라도 신이 두려워한다. 辰 戌 丑 未가 식상(食傷)이나 인성(人性)일 때 영적인 감(感)이 강하고 조상의 인연으로 본다.

신약사주에 수기(水氣)가 강하면 몸이 차갑기 때문에 음기(陰氣)인 신(神)이 잘 들어온다. 하지만 부리는 것은 어렵다.

2) 몸 주 구별하는 법

명조에 드러난 신명(神命)이 최우선이며 火 오행이면 좋다.
- 일주에서 火가 투간 되면 좋다.
- 일주 후면에서 합(合)하는 자가 火이면 차선이다.

- 火가 없으면 장간의 火를 지목한다. 일간과 일지 장간의 合이 우선이다.
- 일간이 타 천간이나 지지에 火가 있거나 合하여 火로 변한 것을 지목한다.
- 일간과 타주의 合이다.
- 일지와 타지의 合이다.
- 장간끼리의 合이다.
- 木은 당산이며 火는 천상이며 土는 산신이며 金은 불사 줄이며 水는 용신이다.
- 비견은 신장이며 겁재는 선녀나 법사다.
- 식신은 친가, 동자, 대신보살이며 상관은 외가, 동자, 상해당한 사람 할머니다.
- 편재는 천황, 부친, 대신이며 정재는 대감이나 부친이다.
- 편관은 문무 겸하신 대신이며 정관은 문과의 행정대감이다.
- 편인은 도사이며 글문이다. 정인은 글문이며 할머니 할아버지다.

38. 신의 등급

천신(天神)이 제일이며 천상에는 종교적인 신들이 있으며, 다음이 자연신(自然神)인데 여기에는 지신(地神)과 산신(山神) 용신(龍神) 수신(水神)으로 흔히 하는 이야기로 지(地) 수(水) 화(火) 풍(風)신이 있으며 나무나 바위 그리고 아이를 점지하는 신도 있으며 정말로 자연은 하나하나가 신이다. 다음에는 인간신(人間神)인데 왕이나 왕비 또는 왕족으로 한을 안고 죽은 이며, 장군이나 대신과 군신들도 있다. 이외에도 일반적으로 잘 알려진 인물들이나 인간사에 영향을 미친 인물들로 이루어져 있다.

　대신(大神)은 신명의 제자들을 부리고 또는 불리는 조상을 가리키는 말이며 남자들이다. 즉 윗대로 할아버지부터 원력을 가지고 계시는 분이다.

1) 대신보살(大神菩薩)

대신과 같은 뜻으로 여자들이다. 즉 윗대의 할머니들이며 원력을 가지고 계시면서 제자의 몸 주로 점사나 여러 가지 행위로 자신을 드러낸다.

2) 신장(神將)

신장과 군웅은 확실하게 다르다. 신장은 어느 무리들을 통솔하는 최고의 무신이다. 많은 장군들을 거느리고 있다.

3) 장군(將軍)

신장을 보필하면서 어느 한 부분을 관장하는 무장들이다. 야전 사령관으로 생각하면 좋을 듯하다. 휘하에는 많은 군웅 신들이 있다.

4) 군웅(群雄)

군웅신은 지금의 이야기로 한다면 참모 격이다. 장군 신을 곁에서 도우며 권속들을 관리 감독하는 무신이다.

5) 선녀(仙女)

선녀는 신령을 곁에서 모시는 여자들이다. 즉 하늘의 옥황선녀는 옥황상제의 시중드는 여자들이며 도법을 가지고 점사 보면 천상 선녀라고 한다. 산신선녀도 있으며 다양하게 등장한다.

6) 설녀

설녀라고 하는 것은 나이가 어린 여자 아이들이며 도법을 가지고 있으면 명신 설녀라고 하며 일반적으로 도법을 가지고 있는 신명 곁에서 시중드는 여아들이라고 본다.

7) 동자(童子)

동자라고 하는 것은 사내아이로서 음욕이 없으며 공부를 하여 도법을 가지고 있으면 명신 동자라고 하며 그냥 신명의 곁에서 시중드는 동자도 있다.

39. 60화 갑자속의 신명

갑(甲)순으로 이루어짐
- 갑(甲) : 당산 나무에 정한 수 올리고 기도한다.
- 자(子) : (壬)편인=대범천 글문도인. 수자 령
  (癸)정인=수륙대감(쓰지 못한다)군웅

- 갑(甲) : 형제일신이 천하의 천황잡이며 산신장으로 오신다.
- 인(寅) : (戊)편재=한량할아버지=천황잡이=창부대신
  (丙)식신=장군동자=삼불제자=대신보살
  (甲)비견=형제=신장=걸립

- 갑(甲) : 대범천황. 백호살. 아버지신. 창부대신(앉는 거리)
- 진(辰) : (乙)겁재=신장=형제일신
  (癸)인수=글문=꽃피면 숨는다.=보살
  (戊)편재=아버지=한량할아버지=戊癸 合火로 상관으로 바라춤 창(唱) 서화(부적)로 볼 수 있다.

- 갑(甲) : 무당집 깃대에 오색 천 걸려있다. (대보살)
- 오(午) : (丙)식신=재석 대신보살=동자=친가
  (己)정재=설판제자=(甲己 合土 정재=산신제자)
  (丁)상관=말이 거칠다. 나무에 작은 꽃이 피었다.
  이모(姨母)일 수도 있다.

- 갑(甲) : 기예에 능하시고 문무도 겸한 높으신 대감.
- 신(申) : (戊)편재=한량. 기예
  (壬)편인=말과 글문
  (庚)편관=문무대감

- 갑(甲) : 의술과 그림. 글에 능하신 외가의 한량대감.
- 술(戌) : (辛)정관=대감(의술)
  (丁)상관=외가. 기예. 이모. 득도
  (戊)편재=한량. 업으로 하는 의술. 그림. 서예. 창작시

을(乙)순으로 이루어짐

- 을(乙) : 조상묘지가 습하고 냉하다. 조상이 오랫동안
  병액(兵厄)으로 고생하다 죽었다.
- 축(丑) : (癸)편인=글문-병환
  (辛)편관=무장-힘들게. 작두장군. 약명도사(신침)
  (己)편재=어른-할아버지. 아버지 일신 산신 줄

- 을(乙) : 3.8대조에서 약명 줄이다. 형제일신의 약사줄(약초)
- 묘(卯) : (甲)겁재=형제=조상(3.8대)=약초채취(연구)

(乙)비견=의술신장=약초제조 지압 뜸(지압)

- 을(乙) : 외줄도움으로 벼슬하신 대감. 소원을 풀려고 왔다.
- 사(巳) : (戊)정재=대감(庚)정관=대감
  =(乙庚 合金편관=무장 관직에 계신 조상)
  (丙)상관=외줄 전사자

- 을(乙) : 백호 세존이라 무서운 할머니.(쌀 넣고 실 올린다.)
- 미(未) : (丁)식신=칠성줄 제석할머니=동자(똑똑하다.)
  (乙)비견=형제=신장
  (己)편재=고장 할아버지

- 을(乙) : 불법에 귀의하여 수행한 조상
- 유(酉) : (庚)정관=수행자
  =(乙庚合金=8대 금강신장 대사)
  (辛)편관=고통. 수행자

- 을(乙) : 형제 일신에 공부하려고 길 떠난 수살고.
  묵서에 능하다. 검은 부적
- 해(亥) : (戊)정재=대감. 배움
  (甲)겁재=신장. 선녀. 가지려간다.
  (壬)인수=글문. 용신대감

병(丙)순으로 이루어짐
- 병(丙) : 수자령. 자신과 자식애고

　　　　자(子) (壬)편관=건달바. 장애. 용신장군
　　　　　　(癸)정관=대감. 모든 일에 장애

- 병(丙) : 친가 할아버지가 문무 도인이시다. 산신장과 산신 동자.
- 인(寅) : (戊)식신=친가. 대신 할머니. 동자 산왕대신
　　　　　(丙)비견=벼락신장. 일광장군. 천황잡이
　　　　　(甲)편인=글문도인

- 병(丙) : 제석보살님 붉은 여의주 가지고 오셨다.
　　　　　(용이 붉은 여의주를 잡았다.)
- 진(辰) : (乙)인수=대신보살=글문
　　　　　(癸)정관=국사=대감=도움이 안 된다.
　　　　　(戊)식신=친가=제석=대신
　　　　　=戊癸 合火로 대신 보살이 무지개 타고 내려오신다.
　　　　　=친가 할아버지가 장군으로 오신다.

- 병(丙) : 벼락신장인가? 너무 강하여 쓸데가 없다.
- 오(午) : (丙)비견=형제=신장=보살이나 법사
　　　　　(己)상관=외줄=할머니=선녀=외동자
　　　　　(丁)겁재=선녀=월광보살

- 병(丙) : 천신(天神) 만신(萬神)이다.(영급)
- 신(申) : (戊)식신=친가=할머니=말씀이 점잖다.
　　　　　(壬)편관=무관할아버지=냉정하다.
　　　　　(庚)편재=작두신장=벼락신장=천하장사 화엄신장

- 병(丙) : 친가 천상(天上) 대신 보살이시다.
  힘들게 살다가 허기져 죽은 조상
- 술(戌) : (辛)정재=한 많은 할아버지
  =(丙辛 合水 정관=광과천에서 벼슬)
  (丁)겁재=먼저 간 형제. 신장. 선녀
  (戊)식신=먼저가신 할머니가 설판. 제석 (묘지라서 먹을 것이 없다)

정(丁)순으로 이루어짐
- 정(丁) : 자식위해 장독 위에 촛불 켜고 공들인 할머니. 제석보살
- 축(丑) : (癸)편관=조상어른
  =丁癸 沖으로 들어오지 않는다.
  (辛)편재=재물. 조상할아버지
  (己)식신=건강. 토지신. 친가 할머니. 산신제석
- 정(丁) : 칠성전에 촛불 켜고 공들인다. 붉은 글. 약재.
  약명도사(뜸. 침)화재
- 묘(卯) : (甲)인수=공부 약명(약초선생)
  (乙)편인=약초(약명이나, 천관도인)

- 정(丁) : 외가의 노중 객사한 형제일신이 걸립신장으로
  들어온다.
- 사(巳) : (戊)상관=외줄=산 공부(촛불 켜고 공들임)
  =산바람
  (庚)정재=할아버지=업 대감(공부중)
  (丙)겁재=걸립으로 들어선 선녀법사

- 정(丁) : 친가 세존 할머니 천신보살 되었다.
  (쌀에 향과 초 공양 올린다.)
- 미(未) : (丁)비견=월광=천신 장군=5대 봉청 칠성대감
  (乙)편인=약명도인(뜸)=천신 글문=세존할머니
  (己)식신=친가=대신=별상동자(熱病)

- 정(丁) : 법당에 촛불 켜고 수도하신 윗대조상
- 유(酉) : (庚)정재=수도승
  (辛)편재=할아버지=도법=신침

- 정(丁) : 외줄 또는 수자령 동자선녀가 공부하여 글문 동자선녀 대감 손잡고 설판제자 되었다. 수살고. 과거 보러 떠난 뒤 건강으로 죽은 조상.
- 해(亥) : (戊)상관=외줄.
  (甲)인수=공부. 어머니가 당산에 공들인다.
  (壬)정관=칠성전 대감. 용궁대감
  =(丁壬 合木인수=글문)

무(戊)순으로 이루어짐

- 무(戊) : 자식이 없는 조상. 한량으로 지내다가 수살고로 죽은 할아버지.
- 자(子) : (壬)편재=음주 가무를 즐기시는 어른
  (계)정재=인정이 많다
  =(戊癸 合火 인수=풍류가)

- 무(戊) : 사냥하는 먼 조상 할아버지가 산신장이며. 천황잡이로 점사도 본다.
- 인(寅) : (戊)비견=걸립신장.
  (丙)편인=설판제자. 글문.
  (甲)편관=천황 줄 할아버지. 선거리. 천황잡이.

- 무(戊) : 형제일신에 산 공부하는사람. 산반 물 반 산신장이나 용왕신장이다.
- 진(辰) : (乙)정관=벼슬. 대감
  (癸)정재=연마. 업 대감
  =(戊癸 合火 인수=학자. 일광대신보살)
  (戊)비견=신장. 5대조
- 무(戊) : 자식 없는 할머니 대보살되어 형제 일신들 손잡고 점사 보려고 오셨다.
- 오(午) : (丙)편인=글문=대보살=제석
  (己)겁재=잃어버린 형제(앞서 죽은 형제)
  (丁)인수=대신보살=글문=공줄

- 무(戊) : 장군의 아들인가 힘도 세고 잘 논다. 작두장군이다.
- 신(申) : (戊)비견=형제=무장=산신장
  (壬)편재=천황잡이=한량 할아버지=춤
  (庚)식신=친가=동자=대신보살(산기도)

- 무(戊) : 외줄 형제일신에 입산수도하다 글을 깨친 신장
- 술(戌) : (辛)상관=신침 도법=외줄에서 도우다.

(丁)인수=천문도인=주술
(戊)비견=신장=퇴마(백호살)

기(己)순으로 이루어짐

- 기(己) : 조상이 모여 있는 산소에 냉기가 흐르고 습하다.(공동묘지)
- 축(丑) : (癸)편재=시골 영감=한량=하늘역마
  (辛)식신=할머니=별상제석=신침=윗대조상
  (己)비견=형제일신=신장=노중객사고=윗대조상

- 기(己) : 의약을 담당하시는 할아버지. 약명줄
- 묘(卯) : (甲)정관=관직에 종사하신 대감.
  의술과 약초 담당관이다.
  =(甲己 合土 비견=야전 의료진)
  (乙)편관=높은 관직. 대감. 의술교관

- 기(己) : 외가줄에서 객지로 나가 공부하다가 죽은 노중객사고.
- 사(巳) : (戊)겁재=형제. 신장. 선녀
  (庚)상관=외가. 이모
  (丙)인수=글문. 대감

- 기(己) : 형제 중에 세존을 모신다. (신장이 걸립)
- 미(未) : (丁)편인=글문도인=칠성줄=약명(뜸) 중탕 찜질
  (乙)편관=약명도사(약초)
  (己)비견=5대 조부=걸립신장=약탕기

- 기(己) : 작은 법당에서 새로운 인생살이
- 유(酉) : (庚)상관=외줄=할머니=절에서 공들이다.
  (辛)식신=문수동자=공양주보살=일불제자=법문

- 기(己) : 잃어버린 형제 객사고 인연으로 천문(하늘공부)
- 해(亥) : (戊)겁재=형제=잃어버림=인연 없어 낙태=선녀
  (甲)정관=접신=(甲己 合土비견=신장. 산신국사)
  (壬)정재=가는 길 막는다=할아버지

경(庚)순으로 이루어짐

- 경(庚) : 친가 외가 모두 걸려서 어렵다.(건강이 좋지 못하여 죽은 할머니)
- 자(子) : (壬)식신=친가=할머니=수자령=곱다
  (癸)상관=외줄=이모=처가=꼴사납다.
- 경(庚) : 대사 줄이며 역마 편재는 범패나 어산 하는 승려이다. 작두신장(寅이 역마라서 庚金이 뛴다.)
- 인(寅) : (戊)편인=글문
  (丙)편관=무관 할아버지
  (甲)편재=한량대감. 방랑객. 범패

- 경(庚) : 외갓집 어른이 별상 글문 대감이시다.
  (하늘 용궁이다.)
- 진(辰) : (乙)정재=외가 할아버지.
  =(乙庚 合金 비견=신장. 별상 장군)
  (癸)상관=외가. 이모 형제아파서 별상이 되었다.

(戊)편인=별상대감. 전문 약명. 환자.
=(戊癸 合火 탕재원 벼슬)

- 경(庚) : 백마장군
- 오(午) : (丙)편관=문무겸한 할아버지
  (己)인수=글문. 감사관
  (丁)정관=국사. 대감

- 경(庚) : 문무겸한 높으신 할아버지 영(靈)으로 강림하신다.
- 신(申) : (戊)편인=글문도인=천신제자
  (壬)식신=친가=별상장군동자=대신보살
  (庚)비견=걸립신장=천황잡이=별상신장(천상 용궁신장)

- 경(庚) : 건강상 죽은 형제일신이 별상에서 글공부하고 찾아왔다.
- 술(戌) : (辛)겁재=형제=잃어버림(죽음)
  (丁)정관=월광대감
  (戊)편인=글문=환자

신(辛)순으로 이루어짐
- 신(辛): 윗대 할머니 글공부한 신장과 같이 온다.
- 축(丑): (癸)식신=친가=할머니=제석
  (辛)비견=형제=신장
  (己)편인=할아버지=글문

- 신(辛) : 조상에 약초나 의술하신 할아버지 약명 줄이다.
- 묘(卯) : (甲)정재=할아버지=약제
  (乙)편재=할아버지=약초 상=침이나 만지는 약손(氣)

- 신(辛) : 형제 중에 산에서 기도하다 돌아가신 원혼. 보살 공부 하려한다.
- 사(巳) : (戊)인성=산 공부.
  (庚)겁재=형제 설녀 또는 신장
  (丙)정관=대신=(丙辛 合水 식신=말문. 명신동자)

- 신(辛) : 세존. 약명도인(신침). 세필(하얀 단지에 모신다)
  ※세필: 가는 글씨체
- 미(未) : (丁)편관=칠성 대신
  (乙)편재=업(業)대신. 약초
  (己)편인=침술대가 도인. 약탕기.

- 신(辛) : 출가한 형제일신. 4.9대 조부님이 대사로 오신다.
- 유(酉) : (庚)겁재=형제=출가
  (辛)비견=조부=대사=8대 금강 신장(의술신장)

- 신(辛) : 외줄에 오랜 병환으로 고생하다 음독이나 투신자살 한 어머니 형제
- 해(亥) : (戊)인수=글. 서당 훈장
  (甲)정재=재물 애착. 원 한
  (壬)상관=외가=건강=후회

임(壬)순으로 이루어짐

- 임(壬) : 용궁 신장이 걸립이다.
- 자(子) : (壬)비견=신장=걸립
  (癸)겁재=설녀(용궁)

- 임(壬) : 용궁 천황잡이. 입에 물동이 물고 돈다.
- 인(寅) : (戊)편관=용소장군=무관 할아버지=물동이
  (丙)편재=한량대신 취객이 심하다.
  (甲)식신=친가=제석=동자=바른말

- 임(壬) : 외줄에 약이나 물에 빠져죽은 형제일신이나 어머니 형제 많은 장애
- 진(辰) : (乙)상관=외줄=이모=건강상
  (癸)겁재=선녀 신장=죽는다. 잃어버리다.
  (戊)편관=할아버지=대감=힘들었다. 고통스럽다.
  =(戊癸 合火 정재로 벼락같은 성격)

- 임(壬) : 용궁 말 타고 노닐던 무서운 보살. 거북타고 성황당신으로 오신다.
- 오(午) : (丙)편재=한량 할머니. 업신
  =丙壬 沖으로 건달바
  (己)정관=도움 안 되는 조상. 죽을 고생
  (丁)정재=용왕당 앞 당산할머니
  =(丁壬 合木 상관=득도)

- 임(壬) : 형제일신에 수살 고. 수도승
- 신(申) : (戊)편관=고생. 대감
    (壬)비견=건강. 용궁신장. 천황. 물위에서 뛴다.
    (庚)편인=환자. 글문도인. 친가할머니

- 임(壬) : 산(山)중에서 독성으로 수도하신 할아버지
- 술(戌) : (辛)인수=글문=약명(인체혈도공부)
    (丁)정재=업 대감=약명(뜸. 기도)=법사(천도)
    =(丁壬 合木 식신=대신보살. 산신동자)
    (戊)편관=독성각=천문성

계(癸)순으로 이루어짐

- 계(癸) : 병으로 죽은 형제가 불만이 많아서 찾아왔다. (편관 백호 살이다.)
- 축(丑) : (癸)비견=형제=한 빙 신장=냉기가 강하다.
    (辛)편인=환자=노약자=의술신장
    (己)편관=흉폭성=모진대감=억압

- 계(癸) : 뛰어난 약명 줄이다. 새벽이슬로 약초 발효한다.
- 묘(卯) : (甲)상관=손기술=외줄=명의=득도
    (乙)식신=탕약=친가=비법=할머니

- 계(癸) : 윗대에 공부하던 분. 아버지
- 사(巳) : (戊)정관=설판제자
    =(戊癸 合火 편재=고장 치는 법사)

(庚)인수=글문 대감
(丙)정재=할아버지=돈 안 되고 도움 안 된다.

- 계(癸) : 업 세존. 가계에서 정한수 올린다.(검은 단지에 모신다.)
- 미(未) : (丁)편재=업신(주당). 유흥
- (乙)식신=제석(식당) 친가=먹는장사에 모셔놓고 영업하면 꽃이 핀다.
  =조왕단에 정한수 올린다.
  (己)편관=신장(손님)
- 계(癸) : 절에서 수도하신 대사할아버지
- 유(酉) : (庚)인수=수도승. 대감
  (辛)편인=스님. 수행자. 글문도인. 대사

- 계(癸) : 외가 형제나 어머니 일신에 수살로 가신분이 슴으로 오신다.(춥다)
- 해(亥) : (戊)정관=대감=바른 자리
  =(戊癸 合火 편재=탕제하신 분)
  (甲)상관=외줄=득도=약명기술
  (壬)겁재=용궁 설녀=걸립=천문성 하늘 역마다.
  (은하계)

"사람도 신을 거부하듯이 신들도 사람을 거부한다."

산신에 기도 갈 때는 돼지고기는 좋으나 닭고기는 안 된다. 이는 인해(寅亥)는 합(合)을 하지만 인유(寅酉)는 원진살(怨嗔殺)이라서 그렇다. 용왕에 기도 갈 때는 닭고기는 가능하지만 돼지고기는 안 된다. 이는 진유(辰酉)가 합(合)을 하나 진해(辰亥)는 원진살(怨嗔殺)이라서 그렇다. 불사에 기도갈 때는 비린 것을 삼가야 한다.

제 3 장
예문

- 어릴 때 부모가 산소를 파묘(破墓)하여 이장(移葬)한 사주
- 술만 마시면 본성(本性)이 아닌 타성(他性)
- 미혼(未婚)으로 신(神) 내림하여 현재 활동 중인 무속인
- 당무의 농간에 재물(財物)과 가정(家庭)이 파괴된 인생
- 처제(妻弟)가 접신(接神)된 사주
- 술만 마시면 아버지의 행동을 하는 아들
- 글 문 도인이 몸 주인 사주
- 약명대감이 몸 주인 사주
- 사이비 승려에게 당한 젊은 여인
- 허주가 아닐까하고 의심되는 사주
- 산신(山神) 할아버지라고 주장하는 법사
- 재물(財物)인연이 없는 무속인
- 고집(固執)으로 신(神)과의 충돌
- 편인(偏印)이 강한 무속인
- 부적(符籍) 전문법사(法師)
- 신(神)이 거부하는 사주
- 범음(梵音)범패(梵唄)하시는 승려
- 신(神)이 내려도 부리지 못하는 노 보살
- 무녀보다는 역학(易學)인으로
- 신(神)과의 싸움에서 지지 않은 여인
- 세존이시여
- 천문(天文)이 열린 마음씨고운 무녀
- 잘못된 신(神) 내림으로 몸 주가 뒤바뀐 사주
- 이럴 때 세존은 명호로 모신다

- 신(神)의 연결고리
- 의식(儀式)을 전문으로 하는 암자주지
- 신(神)의 가래
- 신장(神將)이 강한 유발 비구니
- 몸 주도 모르고 간판도 없다
- 신(神)의 제자가 아닌데 내림받은 제자
- 가래 잘못으로 시달리는 무속(巫俗)인
- 조상 묘지(墓地)가 문제라서 안 풀리는 사주
- 내 인생(人生) 어디서 보상(報償) 받나
- 어느 날 굿당에서
- 재물은 몸 주가 재성(財星)일 때
- 역학(易學)하는 노(老)스님
- 신장(神將)의 설음
- 명신선녀(明神仙女)가 아니다
- 다음은 재복(財福)이다
- 대무당(大巫堂)의 사연(事緣)
- 원진살(怨嗔煞)이 강한 무녀
- 자매(姉妹)가 무속 인이다
- 누나 둘이 무녀(巫女)
- 아버지의 법당(法堂)을 물려받겠다고 하는 아들
- 삼사관(三士官)에서 법사로
- 사사(巳巳)의 자존심이 강한 초보무녀
- 몸 주도 모르는 무당(巫堂)
- 세존을 모시는 날
- 신(神)이 거부하는 자리에 허주가
- 장군동자(將軍童子)의 시 건방
- 몸 주가 선녀인 박수
- 돌팔이라고 한다
- 조상(祖上) 인연이 이렇게
- 죽은 4촌동생의 훼방과 산소 탈
- 성령(聖靈)이 외국 신(神)으로 들어온 여인
- 천신(天神)제자의 착각

- 천궁불사(天宮佛師)
- 전사(戰死)한 오빠가 신장(神將)으로
- 장군동자(將軍童子)의 설음
- 오기(傲氣)로 기다린 무녀의 판단
- 포철에서 지리산으로
- 타고난 끼가 무녀로
- 내림을 기다리는 미혼(未婚)의 애기엄마
- 신(神)이 바뀌는 시기
- 카톨릭 신자에서 무녀로
- 전국구 법사
- 양장기술이 우선이라고 하는 무녀
- 신명(神命)법당에서 불(佛) 법당으로
- 선녀 법사와 재물운
- 양인살(羊刃煞)의 무녀
- 작두신장이라고 하는데…
- 가정도 없는 주점(酒店)주인 여자
- 어머니가 천상대신보살(天上大神菩薩)이라고 주장하는 무녀
- 무녀의 딸
- 천신(天神)제자 만신(滿身)제자
- 파묘(破墓)로 장자(長子)의 결혼이 막힌 사주
- 이름 고치면 대성(大成)한다
- 수석연구원에서 법사지망
- 순간의 선택이 신(神)의 길인가?
- 신(神)의 길은 선택이다
- 타고난 선 거리 제자
- 형제(兄弟)와 자식(子息)이 신명(神命)제자다
- 언니와 조카가 신명의 자식으로…
- 어머니와 이모님에 이어서 자신도 신(神)의 길을 선택한 무녀
- 일본에서 들어온다는 신명(神命)
- 자형살(自刑煞)은 스스로법당(法堂)을 엎는다
- 체육관 관장이 법사(法師)지망생으로…
- 당대를 주름잡던 대 무당

- 어머니의 대를 이어서 무녀로…
- 신(神)이 없는데 세존이라
- 허주로 큰소리치는 선무당
- 자신도 모르고 이상한 기운(氣運) 때문에…
- 신명(神命)의 제자에서 일반인으로…
- 퇴마(退魔)를 전문으로 하는 여(女) 법사
- 시집의 신(神)이라고 한다
- 과연 신(神)의 벌(罰)인가?
- 역학자인가? 신(神)의 제자인가?
- 깨어진 세존(世尊) 단지
- 건강하고 멋진 만신의 노(老)보살
- 타고난 운명(運命)
- 신명(神命)의 재물은 사라지고 후회하는 일만…
- 신명(神命)이 바라는 길
- 누가 신명(神命)이라고 하였나
- 서낭당(城隍堂)을 무시하였다는 법사
- 기(氣)수련과 신당(神堂) 그리고 일반인으로…
- 처녀가 신(神) 내림을 기다리며…
- 월수 3천만 원이 적다
- 몸 주가 불사(佛師)이면 주색(酒色), 재물(財物), 비린 것은 싫어한다
- 용궁(龍宮)에서 빌어라
- 법사의 장래
- 술만 마시면 잡신(雜神)이 칼을…
- 아버지 공사가…
- 주님의 자식에서 나 홀로 천국(天國)으로
- 고집(固執)으로 신(神)의 길을 포기하니 재산이…
- 한 때는 유명세로…
- 큰아버지의 약손이 내게로
- 여군(女軍)에서 신명(神命)제자로
- 공양주(供養主)에서 작은 절까지
- 무엇이 될까?
- 어디서 약사(藥師)줄이…

※ 어릴 때 부모가 산소를 파묘(破墓)하여 이장(移葬)한 사주

시	일	월	년	(여자)
己	己	癸	壬	
巳	巳	丑	辰	

甲	乙	丙	丁	戊	己	庚	辛	壬	대운: 역행
辰	巳	午	未	申	酉	戌	亥	子	
84	74	64	54	44	34	24	14	4.3	

친분이 있는 보살님이 이 사주를 들고 와서 건강을 감정해 달라고 한다. 감정을 해보니 문제는 엉뚱한 곳에 있었다. 丑辰土가 年과 月에 자리하면서 파(破)가 된 것은 아마도 부모님이 조상의 산소를 파묘(破墓)하여 巳酉丑 합(合)으로 합장한 것 같으며 그로 인하여 명조의 주인이 무거운 업장을 짊어진 것 같았다.

土가 파(破)하면서 合으로 이어진 것은 대장(大腸)이나 위장(胃臟)으로 인하여 고통 받으며 丑辰土의 지장간에는 癸水와 辛金 그리고 乙木이 있는데 辛金이 강하므로 관절과 신경통으로 어려움이 많을 것 같다.

"이 언니는 신경통이 심한 것 같습니다."

"다리가 아파서 걷지도 못하고 엉덩이로 밀고 다닙니다. 그리고 봄에 대장암이라고 해서 서울병원에 가서 검사를 했는데 암이 아니라고 하는데도 마음이 놓이지 않습니다."

"사주로 봐서는 위장이나 대장 그리고 신경과 관절이 아픈 것 같습니다. 그런데 그보다 다른 문제가 있어요."
"뭔데요. 선생님."
"혹시 집안에 산소에 손 댄 적이 있어요?"
"오래 됐어요. 할아버지 할머니 산소를 합장했어요. 그게 내가 어릴 때 했는데요."
"그런데 그 산소에 손을 대서 언니가 힘들게 된 것 같아요."
"그래요. 그러면 어떻게 해야 됩니까?"
"그리고 형제 중에 어릴 때 죽은 형제가 있을 것 같은데요?"
"있어요. 나한테는 언니가 되고 이 언니한테는 동생이 돼요."
"그 형제가 己丑년에 巳酉丑 합(合)을 하고 들어와서 언니에게도 보살님한테도 자기를 좀 알아 달라고 합니다. 그러니 이 동생도 달래고 조상님도 달래고 하려면 어렵더라도 언니랑 상의해서 천도재를 한 번 지내주는 것이 좋겠습니다."
"그래요…"
"그런데 이 동생이 특별히 굿당이 아닌 절에서 재를 지내달라고 요구합니다."
"절에서요?"
"예, 절에서 음식도 차리고 법문도 들려달라고 하고 자신이 절에 있을 수 있게 이야기를 잘 해달라고 하네요."
"그럼 재를 지내고 절에 명패를 올리고 와야겠네요."
"재를 지내고 나면 조상님의 응답이 있을 거라고 하는데 내년에 계획하는 일이 있어요?"
"언니가 시골집을 팔려고 하는데 제값을 받으려고 하니 잘 안 팔린대요."

"재를 지내고 내년에 다시 부동산에 내 놓으라고 해보세요. 내년이나 늦어도 후년이 되면 좋은 값에 팔릴 겁니다."

巳酉丑 合金으로 이루어지는데 酉가 없는 것은 찾아가라는 뜻이다. 酉라는 것은 서방이며 서방은 극락세계이므로 사찰에서 조상과 부모 형제들을 위하여 극락왕생 발원하여주길 바라는 것이다. 그리고 巳酉丑 合金이 되는 것은 이 부모형제가 좋은 법문 듣기를 청하는 것이다. 비용은 최저 290만 원이며 여법하게 천도 의식을 하려면 520만원을 들여야 한다.

이 명조를 자세히 살펴보자.

축(丑)월 己土가 巳시에 편관을 바라보는 형상이라서 두개의 가마터나 부엌에서 밥하는 모양인데 정작 자신은 먹을 것이 없다. 癸水는 戊土를 합하여 수증기로 오르며, 壬水는 丁火를 합하므로 굴뚝에 불씨가 날린다. 이는 연속적이지 못하며 글이 없으나 의도에 따르는 것이다. 부모님이 15세경에 丑辰파(破)로 인하여 부모님의 덕이 없으며 부모와의 인연이 짧다.

년주 壬辰은 집안이 어려워 어릴 때부터 돈을 벌려고 직장에 나갔다고 하며 일주의 己巳는 배우지 못한 것이 한이 되어 늦게 공부를 한다고 한다.

형제는 4~5형제 이상이지만 丑土비견과 辰土겁재의 파(破)가 형성된 관계로 운명을 달리한 형제도 있을 것 같다. 재물 壬癸水는 천간에 투출되어 재물과의 인연은 없고 자식들은 장간에 辛金이므로 3명 정도다. 자랑할 만한 자식은 없고 평범한 인생으로 살아갈 갈 것으로 보인다.

辰土의 지장간에는 乙癸戊가 있는데 이는 남편과 조상 형제 일신으로 본다. 丑土의 지장간에는 癸辛己가 있는데 아버지와 형제이며 인연되는 조상님이다.
 시간이 지나 뒷이야기를 들으니 인연 닿는 절을 찾아가서 천도의식을 했는데 여러 가지 기이한 행동이 있었다고 한다.
 "절에서 한 참 재를 지내다가 언니가 이상하게 나를 보고 '언니야 나 차비 좀 줘' 하는 거예요."
 "보살님이 동생이잖아요."
 "맞아요. 제가 동생이에요."
 분명 자신이 동생인데 언니가 자신을 보고 언니라고 부르면서 돈을 달라고 하더란다.
 "그래서 돈을 줬어요?"
 "이상하게 생각하면서 얼떨결에 돈을 한 장 줬더니 '고맙다 언니야 나 인제 간다.' 그러잖아요."
 "그럼 언니에게 죽은 동생이 들어 온 건가요?"
 "그런가 봐요."
 "에이, 무당도 아닌 멀쩡한 사람이 재 지내다가 접신이 되다니요. 그것도 절에서요."
 "선생님도 참, 나 혼자 본 게 아니에요. 언니가 며칠 있다가 자기 발로 인사하러 온다니까 그 때 한 번 물어 보세요."
 재 지내던 사람들이 모두 어리둥절해서 보고 있는데 언니가 일어나서 돈을 불상 앞에 올려놓고 절을 하기 시작하더란다.
 "절에 가면 누구나 절을 하는 거잖아요."
 "절에 갈 때는 서있지를 못해서 업어서 차에 태우고 내리고 했거든요. 좀 전까지 걷지도 못하던 사람이 절을 하니까 너무 신기했어요."
 한두 번도 아니고 계속해서 절을 하는데 좀 전까지 다리가 아프던 사람이라고는 도저히 믿어지지 않더란다. 듣고 있는 나도 믿기가 어려웠다.

"그리고 또 있어요. 재를 지내고 와서 며칠 있다가 꿈을 꾸었대요."

꿈에 키가 장대같이 크고 검은 옷을 입은 저승사자 같이 생긴 남자가 와서 같이 가자고 해서 따라 갔는데 한 참 가다가 막다른 길이 나와서 돌아왔다고 한다.

몸을 움직이기 힘들 정도로 아픈 사람이 재를 지내고나서 멀쩡해 진다는 사실이 선뜻 믿기 어렵지만 우리주변에는 상식적으로 해명(解明)이 되지 않는 일들이 많은 것 또한 사실이다. 아무튼 본인이 자기발로 걸어서 직접 인사를 온다고 하니 잔뜩 기대가 된다.

▧ 술만 마시면 본성(本性)이 아닌 타성(他性)

시	일	월	년	(남자)
○	戊	壬	癸	
○	辰	戌	未	

癸	甲	乙	丙	丁	戊	己	庚	辛	대운: 역행
丑	寅	卯	辰	巳	午	未	申	酉	
89	79	69	59	49	39	29	19	9.4	

젊은 여인이 찾아와서 하소연을 한다. 사주를 감명하러 오는

사람들은 저마다 하나씩 사연을 갖고 상담하러오는데 이 보살은 사연이 하나 둘이 아니란다. 그런데 가만히 연결해 보면 시어른이 문제였다. 집안일은 며느리에게 맡겨두고 치장하고 밖으로만 도는 시어머니는 그래도 애교로 봐 줄 만한데 시아버지가 문제였다. 언제 터질지 모르는 시한폭탄이란다.

"우리 아버지 왜 그러는지 선생님이 한 번 봐주세요."

"봐서 어쩌려고요?"

"봐서 안 되면 안 살려고요."

작심을 단단히 하고 온 눈치다. 너무 쉽게 이혼을 생각한다고 나무라기 전에 '얼마나 심하면 그럴까' 안쓰러운 마음이 든다. 요즘 시어른 모시고 사는 며느리도 흔치 않는데 어지간히 하시지……

명조를 적어 놓고 보니 안쓰러운 마음이 더하다. 이 분은 戊월 戊辰土일에 태어났다. 시간은 알 수가 없으며 己丑年에는 겁재가 강하게 들어오는 해이므로 자신을 다스리기 힘든 한 해이다. 형제는 5명 정도인데 辰戌未의 묘지(墓地)가 비겁인데 충(沖)과 형(刑)으로 대기 중이다.

"올 한해 넘어가기가 많이 고단하겠습니다."

"누가요? 제가요 아니면 아버님이요?"

"두 분이 다요."

"아버님은 자기 하고 싶은 대로 다 하고 사시는데요?"

"그 분도 자신을 주체할 수 없어서 그래요. 올해 형제분한테 무슨 일이 있었다고 합니다."

"여름에 큰아버님이 돌아가셨어요. 전에도 그랬지만 그때부터 더 심해졌어요. 하루도 안 빠지고 술 먹고 식구들을 괴롭혀요.

아버님 마음은 알겠는데 어지간해야 참죠. 벌써 몇 달을 살얼음
판위에서 삽니다."

　己丑년에 丑戌未 삼형살(三刑殺)로 형(兄)이 사망하였고 자
신도 힘이든 해이다. 壬癸水의 재(財)는 허공에 띄우고 살아가
는 형상이라서 처의 인물은 좋으나 첫 번째 여자와는 인연이 없
고 두 번째 여자가 인연인데 유(酉)생이면 천생연분이다.

　"어머님하고는 잘 지내십니까?"

　"어머님은 아침 일찍 나가시면 저녁에 들어오세요. 치장하고
멋 부리고 놀러 다니는 것 말고는 아무 관심도 없어요. 우리 아들
둘에 시누이 아이들까지 내가 봐줘야 하는데 시아버지 주정(酒
酊)까지 받아 내려니 속이 남아나지를 않아요."

　"아버님은 밖에 나가서 다른 사람들하고는 잘 지내시고 집에
만 오면 그러시는 것 같은데요."

　"제가 하고 싶은 말이에요. 나가면 다 좋은 사람이라고 해요.
아무도 그런 줄 몰라요."

　"아버님의 명조를 보면 윗대 조상 묘(墓)에 문제가 있다고 말
하고 있어요. 묘지에 잘 못 손을 대서 조상님이 화가 나 있는데
지금은 어쩔 수가 없고 시간이 많이 지난 뒤에 아마 파묘(破墓)
를 해야 할 것 같아요."

　그랬더니 이 보살이 '너도 빤한 산소 타령이냐' 하는 눈초리
로 쳐다본다. 명조에 산소이야기가 드러나 있는데 지금은 하지
않을 것 같고 이 보살이 나이가 많이 들어서 아들들이 장성하면
화장해서 물에 뿌리라고 이야기 하고 있다.

　"아버님 형제 중에 일찍 돌아가신 형제가 또 있나요?"

　"애기만 들었어요."

"그 분이 시아버님한테 접신이 되어오는데 주당(酒黨) 귀신으로 들어오니 술을 즐기고 과음하면 행패도 부리고 비견이라서 막말도 서슴없이 할 것입니다."

"매일 술을 드시고 욕을 하고 심하면 집어던지고 폭행도 해요."

"이 형제분은 결혼을 못하고 가신 것 같아요. 젊어서 가셔서 여자한테 원한이 졌다고 하는데 아버님이 술을 드시면 이 분이 접신이 되어서 아버님 눈에 보살님이 여자로 보여요. 그래서 자기도 모르게 보살님께 접근하고 이상한 행동을 할 겁니다. 보살님은 그게 싫어서 강하게 반발하면 자기도 모르게 욕을 하고 폭행을 하는 겁니다."

"아니 그게 정말이에요?"

"그런 것 못 느꼈어요?"

"창피해서 말을 못 했는데 그것 때문에 죽겠어요. 난 아버님이 술 드시고 실수하는 것이라고 생각했어요. 술 깨면 잘못했다고 사과하고 그럼 할 수 없이 웃고 넘어가고 그게 하루 이틀이 아니에요."

"이 명조에서 일주 戊辰이 년주 癸未와 합을 하는데 戊癸합은 남녀의 합으로 황홀경을 표현한 것이고 未는 겁재라 며느리라고 봅니다. 평소에는 그런 마음이 없는데 술을 드시면 접신이 되어서 귀접(鬼接)을 하려고 드는 겁니다. 그리고 未중의 乙이 보살님 남편인데 이 형제분이 조카에게도 접신을 해 옵니다. 남편도 술 드시고 오면 그런 요구가 과해질 것 같은데요."

"그야 남편이니까 그러려니 했어요. 그러면 이제 어떻게 해야 됩니까?"

"이 조상을 해원(解寃)을 해주는 것이 제일 좋아요. 그건 보살님이 혼자서 결정 할 수 있는 일이 아니고 어른들이 이해하고 허락을 해야 하는 것이니까 우선은 그런 상황을 될 수 있으면 피하고 현명하게 대처하세요."

이 명조의 주인은 고집이 세고 믿음이 부족하고 진취적이지 못하고 항상 정체 된 것처럼 보이는 갑갑한 사람이다. 이런 사람과 같이 생활하려니 주변의 사람들이 괴롭다. 이것은 辰중 乙이 할아버지인데 이 할아버지가 한(恨)을 품고 있는 것 같다.

戌土속의 지장간에는 辛金의 상관은 외가 쪽이며, 丁火 인수는 어머니 형제 같으며, 년주 乙木의 조상과 丁火편인은 정성들이는 할머니 공 줄이다. 己丑년은 영(靈)적인 기운이 한 곳으로 모여서 세력 싸움이 일어나는 해이다. 과음 후에는 강한 접신으로 특히 자부(子婦)에게 폭언과 폭행을 일삼아 한집에서 생활하기가 힘들고 주변사람들을 괴롭히는 모습이 제정신이 아닌 것 같다고 한다. 본인이 참고 살아가면 좋으나 잡신(雜神)이 접신되면 이성을 잃고 포악한 성격을 그대로 드러내며 폭언, 폭행을 행사한다고 한다.

❈ 미혼(未婚)으로 신(神) 내림하여 현재 활동 중인 무속인

시	일	월	년	(여)
辛	庚	壬	辛	
巳	午	辰	丑	

辛	庚	己	戊	丁	丙	乙	甲	癸	대운: 순행
丑	子	亥	戌	酉	申	未	午	巳	
89	79	69	59	49	39	29	19	9.9	

이 분은 지금 달콤한 신혼이다. 늦은 나이에 짝을 만나 사는 재미가 여간 아니란다. 몸짓에도 말소리에도 행복이 뚝뚝 떨어진다. 방안이 온통 행복의 비늘들로 반짝이는 것 같다. 흐르는 세월에 줄을 그어 만든 나이가 무슨 상관있으랴. 오히려 늦게 만난 사람들이라 더 귀하고 소중하지 않겠는가? 그런데 신혼의 깨가 쏟아지는 사람들이 무슨 궁금한 것이 있어 찾아왔을까? 설마 궁합을 봐 달라는 것은 아니겠지?

명조를 적어 놓고 보니 재미있다. 이 명조에 庚金을 씨앗으로 보면 巳午火불에 볶아서 丙辛合水하니 참기름을 짜고 있는 형상이다. 그야말로 깨를 볶는 고소한 사주가 된다.

"두 분은 무엇이 궁금하신가요?"

"선생님께서 사주를 보고 신명을 안다고 해서 이 사람 몸주가 누구며 어떤 신명(神命)이 있는지 알고 싶어서 왔어요."

"보살님이 신을 받으셨어요?"

"신을 받기는 했는데 기도도 안하고 신명을 안 불러서 정확하게 모르겠다고 하네요."

남편 되는 이가 계면쩍어 하면서 이야기 한다.

부부가 같은 일을 하면 서로 이해할 수 있고 도움을 주고받을 수 있어서 좋을 것 같다. 두 분은 우연히 알게 되었는데 같은 처지의 서로를 위로하다가 이제 삶을 같이 꾸려가기로 했단다. 두 사람이 잘 어울린다.

"보살님은 庚午일주라 정관의 대감이 몸주로 들어섰습니다."

"그럼 점사는 누가 봅니까?"

"점사는 년주의 辛丑의 글문 할아버지가 보십니다. 때로는 辛巳중의 丙辛合水한 일광 대신보살이 보기도 합니다."

辰월 庚金이 巳시에 겁재를 따라 태어났다. 주변은 강해 보이나 본주가 약하므로 辛巳시에 태어나 42때 신과의 접신이 가능하고 丑辰파로 인하여 20세 전에 선대 조상의 묘(墓)터를 파묘(破墓)한 것으로 보인다.

"보살님은 몇 살에 신을 받았습니까?"

"마흔 둘에 받았습니다."

"예, 제 때 받으셨네요. 보살님의 신장은 시주辛巳의 丙火일광과 庚金월광신장이 庚午백말의 본주대감뒤에 줄을 이어서 함께 들어오십니다."

"할머니가 들어오는데 누군지 잘 모르겠습니다."

"이 할머니는 壬辰속의 乙木으로 작은 당산에 공들이던 할머니인데 외가 줄인 것 같으며 용신(龍神)줄에서 대감 뒤에 따라 들어오십니다."

"꿈에 어떤 아이가 와서 공부하러 간다고 승복에 고무신을 사달라고 해요 그건 왜 그래요?"

"불사동자가 들어오면 그렇습니다."

"불사동자는 누군지 모르겠습니다."

"년주辛丑과 시주辛巳가 巳酉丑합을 하는데 이 酉가 불사동자입니다. 이 동자는 巳중 丙火일광대감 줄잡고 온다고 합니다. 그리고 이 동자는 보살님 5살 때에 죽은 형제라고 합니다."

년주의 辛金선녀도 있지만 丑午 탕화(湯火)에 丑辰파(破)로 인하여 외면당하고 좀더 공부를 해야 될 것 같으며 선뜻 들어서지 못하고 멀리서 서성거리며 망설이고 있다.

"보살님은 이 동자 말고도 선녀 동자가 많이 있는 것 같습니다."

"용궁 동자도 있고 산신 동자도 있는 것 같아요."

42세에 신(神)을 모시고 무녀로 머리를 올리기는 했지만 제대로 활동을 하지 않았다고 한다. 이제 결혼도 하고 남편도 이 일을 하니 부부가 같이 무속(巫俗)을 직업으로 살아가겠다고 한다.

壬癸상관이 강하니 동자와 선녀가 상주하고 있어서 어린아이 같이 어리광스런 음성으로 점사를 볼 것이다. 몸주에 실리는 선남선녀의 동자는 외줄에서 들어오는 동자 같으며 친가는 아직 공부를 좀 더 해야 될 것 같다. 일월신장이 건립으로 들어왔으며 대감 줄에서 모든 행위를 통재하는 것 같다.

❈ 무당의 농간에 재물(財物)과 가정(家庭)이 파괴된 인생

시	일	월	년	(여)
戊	丙	辛	庚	
戌	午	巳	戌	

壬	癸	甲	乙	丙	丁	戊	己	庚	대운: 역행
申	酉	戌	亥	子	丑	寅	卯	辰	
86	76	66	56	46	36	26	16	6.12	

이 여인에게 신(神)이 내리는지 봐달라고 한다. 남편 손에 이끌려서 온 젊은 여인은 핏기 없이 연약해 보이는 몸짓에 잔뜩 주눅이 들어있다.

"누가 신이 내린다고 하던가요?"

"무당도 법사도 다 그렇게 이야기 합니다."

"굿을 하라고 하던가요?"

"굿을 했어요. 내림을 해서 신을 모시고 그 일로 먹고 살아야 한다고 해서 굿도 하고 법당도 모셨는데 결국은 아무것도 안 되고 잡신(雜神)만 받았습니다."

일단 사주명조를 적어놓고 보니 그렇다. 이 여인은 무당들의 먹잇감이 되기에 충분한 조건을 갖추고 있었다.

"이 사주를 보면 무당이 아니라 주유소나 가스충전소를 하는 것이 더 좋을 것 같습니다."

"아니 그걸 어떻게 아십니까?"

"사주 형국이 열기를 가득 품고 있는데 차가운 기체가 액체로 변한다고 하니 그렇게 보는 것 입니다."

"집사람하고 제가 얼마 전까지 작은 주유소를 했었습니다."

"계속 하시지 왜 그만 두셨습니까? 잘 안 되던가요?"

"장사는 잘 됐습니다. 주유소로 돈도 좀 벌었어요. 그런데 무당이 신을 안 받으면 큰일 난다고 해서 팔았습니다."

"그래서 그 돈으로 굿을 하고 신도 모셨어요?"

"예 한 번도 아니고 세 번이나 굿을 하고 법당도 차리고 산소가 탈이 났다고 해서 재도 지내고 하느라 일 년 사이에 거의 전 재산을 다 날렸습니다."

당해도 크게 당했다. 어리석다고 해야 되는지, 안 됐다고 위로를 해야 되는지 판단이 서지를 않는다. 왜 이들은 신 내림이 지상 최대의 마지막 과제인양 기(氣)를 쓰고 내림을 하려고 했을까? 명조를 보면 이 명조는 巳월 丙午가 양쪽의 戌과 합하여 열기가 가득 차있다. 강한 열기가 亥子丑으로 흐르는 水운에 부딪혀서 일시적으로 우울증이 온 것 같은데 무당들이 이것을 신이라고 이용한 것이다. 그래서 보살에게 물었다.

"혹시 가슴이 답답하거나 우울증 같은 증세는 없던가요?"

"있었어요. 그런데 보살들이 그게 신이 가득차서 그렇다고 받아서 풀어야한다고 했어요."

그랬다, 무당들이 이것을 미끼로 이용한 것이다.

"무당이 그런다고 그 말을 다 믿었어요?"

"그것이 아니라 기분이 자꾸 가라앉고 잠도 못자고 사는 것이 다 싫고 재미없다고 하니까 친구가 놀러 오라고 해서 갔는데 그 친구 엄마가 무당이에요. 그 엄마가 내가 이상하다고 점을 쳐보더니 신이 와서 그렇다고 안 받으면 집안이 풍비박산(風飛雹散)되고 심하면 죽는다고 했어요. 그리고 아들하나가 몸이 성치 않는데 그 아이에게 넘어 간다고 했어요."

"그래서 덥석 굿을 했어요?"

"친구의 엄마고 어릴 때부터 잘 알고 하니까 믿었어요."

"그런데 왜 굿을 한 번도 아니고 세 번씩이나 했어요?"

"굿을 해도 아무것도 모르겠다고 했더니 다른 보살을 소개시켜 줬어요. 그 보살이 나이가 많았는데 자기가 제대로 신을 받게 해주겠다고 법사를 데려와서 다시 굿을 했어요. 그리고 집에다 신당을 차리고 세존을 모시고 해도 아무런 감(感)이 안 오는 거예요. 그러니까 법사가 내림굿은 자기가 전문이라고 하면서 자기한테 굿을 하면 확실히 받아 주겠다고 해서 또 했어요."

"돈도 많이 나갔겠네요."

"돈이 엄청 나갔어요. 나중에는 이때까지 들어 간 돈이 있으니까 끊지를 못하고 자꾸 말려들었어요. 조상해원을 해야 된다. 천도를 해야 된다 하면서 자꾸만 굿을 하라고 시켜요. 시키는 대로 해도 되는 것은 하나도 없고 결국 주유소 팔아서 굿하느라고 거의 다 들어갔어요."

친구 엄마가 문제였고 어리석은 여인이 문제였다. 자신의 욕심 앞에서는 딸의 친구도 한 날 작업의 대상일 뿐이었을까? 어떻게 이렇게 무지막지하게 이용할 수가 있을까.

"보살님 사주를 역학으로 풀어보면 巳월 丙午 양인이 戌시에 천문(天門)을 열어놓고 식신을 뿌리깊이 두고 태어난 사주로서 사주 속에는 남편이 없으나 丙辛 合水로 결혼해서 庚戌과 戊戌이라는 아들을 낳았다고 봅니다. 그리고 아까 말씀드린 대로 주유소나 가스 사업을 하면 잘 살아갈 사주입니다."

"그럼 신을 받는 이야기는 왜 나옵니까?"

"그게 무식한 무속인들의 횡포라는 겁니다. 조금만 이상한 기운이 있으면 무조건 걸고 들어와서 겁주고 위협해서 굿을 하라 신을 받으라 하는 겁니다. 그게 그네들의 일종의 밥벌이 수단이지요."

옆에서 묵묵히 듣고 있던 남편이 입을 열었다.

"그래도 어느 정도 기운이 있으니까 그랬겠지요. 전혀 신기(神氣)가 없는데 그랬겠습니까?"

"우리가 태어나면 누구나 조상이 있지 않습니까? 그것처럼 누구나 신명은 있습니다. 신명(神命)이 결국은 조상이니까요. 그런데 꼭 신명을 모시고 살아야 되는 사람이 있고 안 모시고 신명이 요구하는 대로 살면 괜찮은 사람이 있습니다."

"그럼 이 사람은 안 모셔도 되고 모셔도 되는 사람인가요?"

"신을 모시고 싶은 사람이 누가 있겠습니까. 어쩔 수 없으면 모시는 거지요. 그런데 보살님사주를 보면 신을 모시지 않아도 주어진 일을 하고 살면 신명이 해원을 하고 간다고 합니다. 이 사주 속에 있는 신명을 한번 살펴볼까요?"

"저는 이제 신이고 무당이고 이야기만 들어도 욕지기(辱志氣)가 올라옵니다."

단호하게 말하는 보살의 얼굴에 분함이 서려있다. 그만큼 그들에게 당한 상처가 컸으리라. 그것도 다 무지몽매해서 당한 것 아니겠는가. 알아야 당하지 않고 불의의 상황이 닥쳐도 대처 할 수 있는 것이다.

"우선 이 명조에서 몸주는 신장인데 丙午 양인이라 벼락신장이 되어서 아주 힘이 셉니다. 그리고 년주의 庚戌은 불사대신보살인데 일주와 합(合)을 하는 34세경부터 우울증이 왔다고 합니다."

"그 때부터 잠도 잘 못자고 사는 것이 다 싫다고 하고 이상한 소리를 많이 했어요."

"그걸 무당들이 신의 기운이라고 착각한 겁니다. 고의적인 착각이지요."

두 사람 다 묵묵히 그러나 진지하게 듣고 있다.

"이 명조대로 하면 丙午는 양인이라 신에서 들어오지 못하고 일시적으로 이상한 기운이 들어오는 겁니다. 월주의 辛巳는 합해서 水관이 되는데 이 분은 시댁 어른으로 합을 하고 싶어 하지만 원진이라서 들어오지 못합니다. 그러다가 신이 내린다면 戊戌의 50세쯤에 대신보살이 내리는데 이때는 제대로 신을 받아서 활동 할 수 있습니다."

"그럼 지금 받아 놓은 세존단지랑 몸에 들어 와있는 잡신은 어떻게 해야 됩니까?"

"세존단지는 함부로 손대면 분란이 일어나니까 그냥 두시고 몸에 들어와 있는 잡스런 기운은 제거 해야지요."

"그것은 어떻게 제거 합니까?"

"그냥 두면 많이 시달리니까 내보내야 됩니다. 그러려면 자성이 강해야 되는데 우선 보살님의 의지가 가장 중요하고 그 다음에는 역학공부와 호흡을 병행해서 해 보십시오. 하위(下位)의 신들은 자기보다 어렵고 높은 영역에는 들어오지 못해요. 그래서 역학을 배우면 그 신보다 내가 더 똑똑해 지니까 그들이 침범을 못하는 겁니다."

우리는 보이지 않는 세계를 이야기하면 단호하게 아니라고 이야기 하지 못한다. 보이지 않기 때문에, 알 수 없기 때문에, 단호하게 아니라고 말 할 용기가 없기 때문에, 그들을 뿌리치지 못한다. 그런 심리를 그들은 역이용한다. 멀쩡한 주유소를 작당을 해서 들어먹은 이 간 큰 보살들을 이집 신명에서 가만히 보고만 있을까?

그들은 후환이 두렵지 않을까? 심지어 남자법사는 보살의 신장이 약해서 안 된다고 합궁을 하면 자신의 신장이 지켜준다고 합궁까지 요구하는 파렴치한 무속인 들이다. 이보살에게 신 굿을 한 사람들은 모두가 화액을 입었다고 한다. 자식들이 가출하여 사고로 많은 돈을 변상하여 주고 전과자로 전락하고 법사는 이혼과 동시에 신기가 떨어져서 막노동으로 살아간다고 하며 친구 어머니는 쓰러져서 지금까지도 일어나지 못하고 있다고 한다. 어리석은 무속인들이다. 자신이 감당 할 수 없는 강신을 건드려서 당한 것이다.

⚛ 처제(妻弟)가 접신(接神)된 사주

시	일	월	년	(남)
庚	辛	戊	甲	
寅	酉	辰	申	

丁	丙	乙	甲	癸	壬	辛	庚	己	대운: 순행
丑	子	亥	戌	酉	申	未	午	巳	
82	72	62	52	42	32	22	12.2		

사람들은 누구나 가슴에 하나씩 꿈을 품고 산다. 어떤 이는 대륙을 횡단하는 꿈을 꾸고 어떤 이는 유명한 스타가 되는 꿈을 꾸고 또 어떤 이는 아름다운 사랑을 꿈꾸기도 한다. 여기 또 다른 꿈을 꾸는 사람들이 있다. 환상의 배를 타고 시간을 거슬러 황금을 찾아 섬으로 떠나는 사람들이 있다.

중년도 넘긴 초로(初老)의 신사가 사주를 들고 와서 황금을 찾는다고 한다. 처음엔 재미있는 이야기로 들어 넘기려고 했다. 그런데 듣다보니 그냥 재미로 하는 이야기가 아니었다. 오랫동안 황금을 찾아서 정글을 헤맸다고 한다. 푸르른 청춘도 알토란 같은 재산도 모두 보물찾기에 쏟아 부었다고 한다. 그런데 이 황금이 사주속에 들어있었다. 가자. 사주속에 있는 그들의 황금을 찾아 닻을 올려보자.

"이 명조는 辰월 辛金이 寅시에 겁재를 바라보고 태어났습니다. 다시 말하면 辰삼월 辛金씨앗이 庚金바위밑에서 寅木싹을 틔우고 자라고 있으니 힘들고 어려운 형상입니다. 辛金이 酉에 뿌리가 되어서 당대의 내성고집으로 寅木정재를 庚金에 잃어버리는 형국이라서 까다로운 사주가 되었습니다."

"선생님은 어떤 일을 하고 있습니까?"

"조그만 사업체를 하나 운영하고 있습니다."

"정재가 원진이라 남 밑에서 일하기는 싫다고 하며 34세경에 직업에 변동이 있었다고 봅니다."

"젊어서 교직에 몸담고 있었는데 적성에 맞지 않고 사정도 있고 해서 그만 두고 사업을 하고 있습니다. 그때 그만 둘 당시가 서른 네다섯 되었습니다."

"여담이지만 선생님은 정밀하고 꼼꼼하게 파헤치는 인체공학이나 범죄심리학 같은 학문을 공부하셨으면 좋았겠다 싶어요."

"지금 하는 일도 연구하고 개발하는 일입니다. 앞으로는 어떻겠습니까?"

"辰酉가 合을 하고 있고 申金과 辰土가 子水를 감추고 合을 하는 것이 무엇인가를 감추는 것 같이 보이고 辛酉는 칼 같이 단호한 성격으로 타인과 소통과 융화가 어렵고 庚金의 겁재는 말년에 사업이나 희망했던 일이 실패할 수 있다고 봅니다."

"사업이나 희망하던 일이 안 된단 말이죠?"

"좀 어려움을 겪으실 것 같습니다."

"말씀드리기가 좀 뭣한데 제가 사실 외국에다가 투자를 좀 했습니다."

"어떤 투자를요?"

"오래전부터 2차 대전 때 잃어버린 금괴를 찾고 있습니다. 그것이 될 듯 될듯해서 많은 돈을 투자했는데 어떻게 가망이 좀 있겠습니까?"

금괴를 찾는다니 영화에서, 소설에서, 꿈에서나 있을 법한 이야기가 눈앞에 펼쳐진다. 애꾸눈 선장 실버와 해적선을 타고 보물을 찾으러 떠나는 신나는 이야기도 생각난다.

"결론부터 이야기하면 자금이 부족해서 찾을 수가 없습니다."

"자금이 부족하다면 금괴는 분명히 있는데 자금이 부족해서 안 된다는 것입니까?"

"명조에 보면 辰酉가 합(合)하여 金이 나옵니다. 이것이 있기는 한데 발견하기가 어렵고 경쟁자가 많아서 내 것이 되기 어렵다고 합니다."

"자세하게, 좀 더 자세하게 말씀 좀 해보세요. 금괴가 어디에 있는지. 내게는 생사가 걸린 문젭니다."

점잖고 인품이 있어 보이는 초로(初老)의 신사가 갑자기 조갑증이 난 어린아이가 되어서 보챈다. 보물이야기는 어린이나 어른이나 다 같이 흥분시키는 마력이 있는가보다.

"금괴가 있다면 나무가 자라지 않고 풀만 무성한 깊은 산에 동굴이 있고 그곳에 물이 흐르는데 그 속에 잠겨 있다고 합니다. 자세한 장소는 그 근방에 있는 마을에 가서 나이가 많은 촌장에게 물어 보면 답이 나온다고 합니다."

"있어요, 있어. 그런 산이 있고 그런 노인이 있어요. 그 노인이 말한 동굴도 그대로 있어요. 아주 딱 들어맞아요. 그 동굴을 파다가 중단하고 나왔어요."

이게 다 무슨 말인가? 내가 말하고도 도저히 모르겠다. 사주명조를 그냥 읽어서 그림을 그렸을 뿐인데 진짜 그런 지형에 그런 동굴에 또한 그런 촌장이 있다는 말이다. 그래서 사주는 못 속인다고 하지 않는가.

"그런데 선생님은 그 주인공이 될 수 없다고 합니다."

"아니 어째서요. 내가 얼마 전까지 그곳에 있었다니까요. 자금만 마련되면 다시 들어가서 작업하면 되요. 얼마 안 남았어요."

"일단 마음을 가라앉히세요. 금괴를 찾는 일이나 복권에 당첨되는 일이나 어떤 큰 행운이 있으려면 흔히 말하는 복(福) 즉 조상의 음덕*(조상의 보이지 않는 덕)이 있어야 가능합니다. 하늘의 가피(加被)가 안 따라주면 안 되는 일이지요."

"그럼 나는 조상의 음덕이 없다는 이야깁니까?"

"몇 가지 이유가 있는데 우선 본인의 성격 탓입니다. 자신의 의도를 숨기고 의심을 많이 합니다. 다음은 시지의 寅木속에 戊土와 丙火와 甲木이 있는데 丙辛 합水해서 자신이 水로 변하기 때문에 착각을 많이 일으킨다고 합니다. 그 다음이 조상의 음덕입니다."

"그럼 어떻게 하면 찾을 수 있겠습니까?"

"선생님, 그 곳에 금이 있다고 해도 그것은 선생님 것이 아닙니다. 그만 마음을 접으십시오. 그 금괴를 찾는다고 벌써 많은 돈을 없앴다고 하네요. 이제 그만 하시고 금괴를 찾을 돈으로 여행도 하시고 남은여생을 즐겁고 행복하게 사십시오."

아무리 말을 해도 이 양반 쉽게 포기하지 못 한다. 자세하게 그 지형을 설명하면서 어떻게 본 듯이 아느냐고 한다. 혹시 접신(接神)이 되어서 알려주는 것은 아니냐고도 한다. 지금도 많은 사람들이 그 일대를 뒤지고 다닌다고 한다. 나한테 금괴를 찾으러 그 곳에 같이 가서 콕 하고 찍어 달라고 한다. 마지막 갈림길에서 헤매고 있는데 어느 쪽인지 방향만 알려주면 한 몫 크게 떼어 주겠노라고 한다. 한참을 보물섬을 헤매고 다니다가 은근히 다른 질문을 해온다.

"선생님 귀신 이야기도 잘 하신다면서요?"

귀신 이야기라니 이것은 또 무슨 소린가?

"어디가면 자꾸 나한테 신(神)이 하나 따라 다닌다는데 그게 어떤 신인지 알 수 있나 해서요."

"그래요? 선생님한테 신이라… 어디보자. 있다면 寅중에 丙火가 들어오는데 이 신명은 원앙신(鴛鴦神)인 것 같아요."

"원앙신은 잘 모르겠는데요?"

"원앙신이란 생전에 마음에 두고 있던 사람을 죽어서도 따라 다니는 것입니다. 그런데 이상하네요. 이 신명은 처(妻)의 형제라고 합니다."

"그래요? 젊어서 죽은 처제가 있기는 한데……"

그럴만한 사연이 있노라고 그걸 어떻게 아느냐고 하며 말끝을 흐린다. 오랫동안 품고 가꾸어 온 꿈이 실현되면 좋겠지만 꿈은 꿈으로 남아있어 더 아름다운 것이 아닐까 오래 전 내 가슴을 설레게 하던 고운 꿈들은 지금은 누구의 가슴에서 자라고 있을까? 이런 날에는 묻고 싶어진다. 내 잃어버린 꿈들의 안부(安否)가……

❀ 술만 마시면 아버지의 행동을 하는 아들

```
시  일  월  년  (총각)
壬  辛  辛  丙
辰  卯  丑  辰


庚  己  戊  丁  丙  乙  甲  癸  壬   대운: 순행
戌  酉  申  未  午  巳  辰  卯  寅
81 71 61 51 41 31 21 11 1.6
```

누나가 사주를 들고 찾아왔다. 내 동생이 이상하다고 한다. 어떻게 이상하냐고 하니까 술만 먹으면 여자를 찾아서 돌아다니고 주변사람들에게 시비를 걸어 행패를 부린다고 한다. 평소에 안 그런 사람이 어느 날 부터 변했다고 한다. 그 어느 날이 언제일까?

누나에게 받아 적은 명조를 들여다보니 여러 가지 그림이 그려진다. 섣달 들판에 폭설이 하얗게 내려서 온통 눈 천지가 되었는데 붉은 해가 떠올라 눈이 똑똑 녹아내리고 있는 것 같다. 또 한편으로는 섣달 논에 물을 가두고 파란 미나리를 심어 놓은 것 같다. 비닐하우스(辛)에서 야채(卯)를 재배하니 이것이 돈이 된다고 한다. 그림이 이러하니 이 사람은 시골에서 하우스를 짓고 농사일을 하면 격에 맞는다고 하겠다. 그럼 명조를 하나씩 풀어보자.

"이 명조는 丑月 辛金이 辰시에 壬水 상관을 바라보고 태어난 사주입니다. 辛卯일주가 인성이 강해서 신강하게 보이지만 월지

丑土어머니 자리에서 년지와 시지의 辰土가 자형(自刑)이라서 인성이 파괴되는 명조가 되니 신약한 사주로 변하고 일주 辛卯가 년주 丙辰과 합이 되므로 辰土가 水의 묘지이며 丙辛이 合水가 되어서 막걸리가 되는 것이에요."

"무슨 말씀인지 잘 모르겠어요. 선생님."

"쉽게 이야기 해줄게요. 이 아이는 평소에는 온순하고 좋은 아이인데 술만 먹으면 행동이 거칠어지고 여자를 찾아가고 아무에게나 시비를 거는 것입니다."

일지 卯木이 아버지인데 丙辛과 합하는 것은 술만 먹으면 월지의 辛丑이 파(破)를 일으키는 것처럼 행동이 거칠어지고 월지 辛金은 아버지 자리인데 여기에서 바라보면 일지 卯木이 財, 즉 여자가 되기 때문에 술만 먹으면 여자를 찾아가거나 주변과 시비가 붙고 언행이 거칠어진다고 한다. 寅卯辰 삼합(三合)의 寅 정재가 없는 것은 평소에는 행동하지 않으나 어떠한 동기가 되면 행동으로 실행한다고 한다.

"술 안 먹으면 싹싹하고 참 좋은 동생인데 술만 먹으면 포악해져요."

"아버지가 살아 계신가요?"

"아니요 돌아가신지 몇 년 됐어요."

"아버지께서 막걸리를 즐겨 마시나 봐요."

"예"

"아무래도 돌아가신 아버지하고 연관이 있는 것 같고 조상 산소(山所)도 문제가 있어 보여요."

"그렇잖아도 우리가 그랬어요. 아버지 생전에 하던 그대로 한다고요. 아버지가 술 드시면 시비 걸고 좀 그랬어요."

"말은 안 하지만 형제 중에 특히 누나를 미워하고 심하면 구타도 한다고 하는데요."
"아이고 선생님 그래서 이렇게 온 것 아닙니까. 남부끄러워서 어디다 말도 못하고 창피해서 죽겠습니다. 덩치가 커서 내 덩치 세배도 넘으니 대항하지도 못하고 그냥 맞고 있습니다."
"술이 깨면 뭐라고 해요?"
"모른대요. 하나도 기억이 안 난대요."
"그러면 안 되는데… 아버지 생전에 가족들과 잘 지냈어요?"
"술 드시고 행동이 거칠고 하니까 엄마가 오래전에 이혼을 하고 아버지 혼자 사셨는데 자식들도 잘 안 찾아가고 서먹서먹하게 지냈어요."
"아버지를 좀 달래드려야 할 것 같아요."
"어떻게요? 제사를 지내드릴까요?"
"제사도 지내주면 좋지만 우선 급하니까 아는 절에 가서서 재라도 한 번 지내드리면 동생이 차츰 나아질 겁니다."
생전에 소원하게 지냈던 아버지에 대한 미안함 때문인지 젊은 보살이 말없이 고개를 끄덕인다.
"조상님 산소에는 한 번 가보셨어요?"
"시골에 있는데 멀기도 하고 바쁘기도 하고 해서 잘 안 가지네요."
"산소가 무너진 것 같기도 하고 밑으로 물이 축축하게 흐르고 차갑다고 합니다. 돌보는 사람이 없는지 잡초(雜草)도 무성하다고 하고요. 문제가 많다고 합니다."
"집안 어른들 소관이라서 어떻게 해야 될지 모르겠어요."
"산소는 함부로 손대는 것이 아니니까 어른들과 잘 상의해서 하세요."

丑辰이 파살(破殺)이니 아마도 어릴 때 조상의 묘(墓)터가 무너진 것으로 보이는데 후손(後孫)의 손길이 없으므로 조상(祖上)의 화(禍)가 후손에게 미치는 것 같다. 이 조상님의 묘 터도 적당 한 때에 파묘(破墓)해서 화장(火葬)해서 물에 뿌리는 것이 좋을 듯하다.

❋ 글문 도인이 몸 주인 사주

시	일	월	년	(여)
○	庚	丁	辛	
○	辰	酉	巳	

丙	乙	甲	癸	壬	辛	庚	己	戊	대운: 순행
午	巳	辰	卯	寅	丑	子	亥	戌	
83	73	63	53	43	33	23	13	3.6	

그곳이 가면 아직도 그 보살이 살고 있다. 벌써 그 자리에서만 20년을 무속 인으로 살며 이웃과 함께 애환을 나누고 있다. 개인적으로 친분을 갖고 살다가 먼 곳으로 옮겨오면서 자연히 소원(疏遠)해졌는데 오랜 만에 찾아간 동네에 처음 모습 그대로 변함없이 살고 있었다.

문을 열고 들어서니 어제 본 사람처럼 반겨준다. 호들갑스러운 인사도 없고 오랜 공백을 나무람도 없이 그저 묵묵히 편안한 웃음으로 손을 잡고 등을 두드린다. 오랜만에 만난 고향 아주머니 같이 편안하다. 이런 편안함이 오랫동안 보살님을 이웃하고 살게 하는 것이리라. 서로의 안부를 묻고 살아온 이야기를 하고 변해버린 모습에는 놀라워하며 이야기가 익어갔다. 잘 하던 사업을 그만두고 오랜 만에 나타나서 역학을 한다며 신명이 어쩌고 연구가 어쩌고 늘어놓는 모습이 낯설 법도한데 노 보살님은 덤덤하게 받아들인다. 오래전부터 예상을 했노라고 한다.

"내가 아무리 봐도 사장은 사업해서 돈 벌고 평범하게 살 사람이 아니었어."

"그러면 어떻게 살 것 같던가요?"

"글쎄 할아버지가 가르쳐 줬는지는 몰라도 절에 살든가 산에 살든가 할 사람이지 평범하게 살 사람은 아니라고 생각했어."

보살님의 편안함에 묻어서 사주속의 신명을 연구하는데 자료 제공 좀 해 주십사 부탁을 했다. 돌아오는 대답 역시 흔쾌하다. 자식 많은 집 여식이 흔히 그렇듯이 태어난 시간은 잘 모른다고 한다.

酉월 庚辰일주로 몸주는 제석의 글문대감이시다. 년주 辛巳는 겁재에 편관이라 7세경 죽음의 고비를 넘기고 丁酉의 칠성의 명줄을 받아 이어간다. 이것은 명(命)줄과 신(神)줄이 바뀌는 모습이며 9세부터 하경을 했다고 한다.

"그렇게 죽다 살아난 뒤로는 안 아팠어요?"

"왜 아팠지 아파서 밖에도 못나가고 집안에서만 살았지."

"어디가 제일 불편하셨어요?"

"숨이 가빠서 나가서 뛰놀지도 못하고 소화가 안 되서 제대로 먹지도 못하고 컸어. 지금 생각해보면 그게 신병(神病)이었던 것 같아"

사주에 金이 많아서 신병이 심장과 폐의 이상으로 나타난 것이다. 이분은 정상적 흐름으로 보면 丁酉의 24세에 신 내림으로 모셔야한다.

"보살님은 24세경에는 신을 받아야 한다고 하는데 그 때 받으셨어요?"

"그 때 신이 들어오는데 안 받았지. 나이도 어리고 시집살이를 하는데 신을 받는다는 것은 그 당시로는 안 될 일이었지."

"그럼 몸이 아프던지 집안에 우환이 들던지 안 하던가요?"
"별 우환은 없는데 몸이 말 할 수 없이 아팠어. 그래도 아무한테도 말 안하고 버티고 살았어."

"그럼 언제 받으셨어요?"
"그게 좀 우습게도 남의 집에서 굿하는데 구경 갔다가 거기서 신이 그냥 내려왔어."

"아니 굿 구경 하시다가요?"
"옆 동네에 집안사람이 살았는데 굿을 한다고 해서 여럿이 구경을 갔다가 나도 모르게 그 자리에서 대를 잡고 막 흔들어 버렸어."

"아, 그렇게 신이 내렸구나. 그때가 몇 살이었어요?"
"서른셋인가 넷인가 아마 그쯤 될 거야. 그때부터 지금까지 어쩔 수 없이 이 길을 가는 거야."

월주 丁酉는 辰酉合을 해서 천상 장군으로 24세에 내려왔지만 받아들이지 않으니 돌아갔다가 34세에 辰土속의 乙木이 庚金과 합해서 글문 도사가 다시 접하게 된 것이다. 신 내림도 때가 있는데 어느 때 받는가에 따라서 주신이 변한다. 33대운이 辛丑

이므로 巳酉丑合이 완성되어 내림이 성공할 수 있다고 봐도 무난할 것 같다.

월주의 丁酉는 천상의 월광선녀가 불사줄을 잡고 오는 것이다. 辰酉合은 제석의 8대 금강신장의 모습이다. 巳酉丑 合金에서 丑이 빠진 명주가 된 것은 丑의 대신보살이 일지의 辰土와의 관계가 불편해서 들어오지 못하고 숨어서 들어오는 이다. 辰土 글문도인이 酉金의 장군과 합한 것으로 불편한 丑土를 묵과시키는 것이다.

"보살님은 45세부터 50세까지 모든 재물을 버리라고 합니다. 그리고 나서 50중반이 되면 어느 정도 기반을 만들어 준다고 하네요."

"남편이 병으로 몇 년을 병원에 있다가 죽었으니 병원비 대느라고 돈이 하나도 없었어. 그때가 마흔 일곱인가 여덟인가 됐을 거야."

"그리고 나서는 어떻게 사셨어요?"

"그 뒤로 몇 년 동안은 일이 술술 잘 풀렸어. 손님도 많았고 오는 손님마다 일을 하는데 일도 굵직한 일이 많이 들어오는 거야. 그러니 금방 돈이 모여서 집도 사고 자식들 결혼도 시키고 했는데 딱 그만큼이 전부였어. 그 뒤로는 그냥 밥이나 먹고살아."

이명조의 庚辰편인은 자신의 업장소멸이 목적이므로 45세부터 50세가 되기 전에 모든 걸 버리라고 하며 50중반전에 삶의 기반을 잡아주고 그 후로는 신명을 받들고 기도하며 살라고 한다. 시주를 모르므로 지금의 신명은 정확하게 확인 할 수 없다.

이 명조에서 유일한 재물은 辰중 乙木인데 乙木정재가 합을 하니 절대로 재물에 욕심을 내면 안 된다고 한다. 그렇지만 재물에 대한 아쉬움도 별로 없다. 재물에 아쉬움을 느끼면 어리석은 중생은 재물에 눈이 멀어 또 다시 무거운 업을 지을 것이 당연하니 신명에서 적당하게 재물을 가져다준다고 본다.

✣ 약명대감이 몸 주인 사주

시	일	월	년	(여)
辛	辛	庚	辛	
卯	巳	寅	卯	

己	戊	丁	丙	乙	甲	癸	壬	辛	대운: 순행
亥	戌	酉	申	未	午	巳	辰	卯	
88	78	68	58	48	38	28	18	8.4	

집안을 들어서는데 거실 한 쪽을 거의 차지하고 있는 커다란 항아리들이 눈에 띈다. 무엇에 쓰는 항아리 길래 집안으로 들여 놓았을까? 법당도 안보이고 걸립도 안 보이는 것이 여느 보살 집하고는 좀 다르다. 그러고 보니 들어오는 입구에 간판도 없고 흔한 만자도 하나 안 붙어있었다. 가만히 살펴보니까 주방 옆에 조그만 방이 하나 보인다. 살짝 열어보니 맞다. 거기에 신당이 모셔져있다. 단출하지만 정갈하게 꾸며 놓은 것이 주인 보살 이미지하고 닮았다. 차를 내오는 보살에게 말을 건넨다.

"보살님 집은 다른 보살 집하고는 좀 다릅니다."

"예, 우리 할아버지는 표내는 것을 싫어하십니다. 울긋불긋한 등도 못 달게 하시고요. 간판도 없습니다."

"그럼 손님들이 어떻게 찾아옵니까?"

"할아버지 말씀이 '그래도 인연 닿는 사람들은 다 찾아든다.' 고 하십니다."

"재물에 별 욕심이 없으신가봅니다."

"예, 할아버지 일을 해서 먹고 살지는 않습니다. 내 업장이 두 터워서 이렇게 살고 있는데 후생에는 지금처럼 살지 않으려고 절로, 산천으로 할아버지 모시고 기도 다니면서 내 업도 할아버지 업도 같이 닦고 있습니다."

"보살님은 혹시 절에 계셨습니까?"

"그런 것 같습니까? 예, 어릴 때 절에서 자랐습니다."

예상이 적중했다. 집이 풍기는 이미지나 보살의 말투에서 알게 모르게 불법의 냄새가 배어나고 있다.

"보살님 말씀이 맞습니다. 무업(巫業)은 직업이 아니라 활인 봉사하는 것이요, 구제 중생하는 일이지요."

"지금처럼 이렇게 살 줄 알았으면 차라리 옛날에 해인사로 따라가서 비구니가 될 걸 그랬습니다."

"그럴 기회가 있었습니까?"

"예, 열대여섯 살 먹었을 때 제가 있는 절에 해인사에서 오신 비구니스님이 잠시 머문 적이 있었는데 가실 때 같이 가자고 했어요. 좋은 은사스님 밑에서 공부도 할 수 있게 해준다고요. 그 때 저는 절에서 일하느라고 공부도 제대로 못 했거든요."

"가고 싶었습니까?"

"그러고 싶었어요. 젊은 스님인데 공부도 많이 하신 것 같고 참 맑고 깨끗했어요. 그 때 갔으면 지금보다는 더 나은 사람이 되었겠지요."

아니다. 그렇게 가서 스님이 되실 명조가 아니다. 스님이 되려면 사주명조에 재(財)가 없어야 하는데 이 보살님은 재(財)가 너무 많다. 스님이 된다고 해도 이판승이 아닌 사판승이 되었을 것이다. 절에 앉아 수행하지 않고 재물만 탐하는 것보다 이렇게 중생들의 삶속에 질펀하게 녹아들어서 그들과 같이 울고 웃으며 그들의 아픔을 보듬어 주는 것이 더 많은 공덕을 쌓는 길일게다.

"보살님은 寅월 辛巳일주인데 辛卯시에 태어났습니다. 그래서 몸주는 일지에 있는 巳火 로 정관의 대감 할아버지입니다. 이 巳火는 보살은 보살인데 완전한 보살이 아니고 반 보살로서 금생에서도 계속 공부를 하여야 하는 보살입니다."

"예, 대감 할아버지를 모시고 있는데 항상 기도해라 공부해라 하십니다."

"점사는 동자가 보는데 월주의 庚寅속에 있는 戊丙甲중에 丙火와 辛金이 합을 하여 水식신이되어서 이 동자는 아주 똑똑하고 재주도 많고 놀기도 잘 놀고 인물도 아주 좋다고 합니다."

"동자가 아주 똑똑 합니다. 제 위의 오빠가 죽었는데 그 오빠가 동자로 들어 왔습니다."

맞다, 형제일신의 오빠일 것이다.

"보살님 동자가 또 하나 있는데 일지 巳火의 戊庚丙의 丙火와 辛金이 합한 水식신 동자로 이 동자는 겁이 많고 공부가 부족해서 점사를 보면 확률이 많이 떨어진답니다."

"예, 동자가 둘입니다. 이 동자는 아직 어려서 그런지 잘 나서지 않고 부끄러워서 자꾸 등 뒤로 숨습니다."

"지지에 寅卯辰이 합을 하는데 있어서 辰土인성이 빠진 것은

木草를 발효하는 것 같이 보이며, 감각적이고 학문적인 공부를 뜻하는 것입니다. 木이 강한데 이것은 약재나 화재의 신명인 약명대감이십니다."

"제가 산야초 발효에 관심이 많습니다."

"저기 저 항아리들이 다 산야초발효 하는 것입니까?"

"산야초 발효효소도 만들고 있고, 또 전통식품에도 부쩍 관심이 생겨서 여러 가지 장아찌도 만들고 있습니다."

"전문적으로 만들어서 판매도 하십니까?"

"나중에는 어쩔지 모르겠지만 지금은 우리 식구들이랑 아는 사람들이랑 나눠먹으려고 만듭니다."

"혹시 의술신장이 내리는 것은 알고 계십니까? 시지의 辛卯는 丙戌을 불러들이는데 戌중에 辛丁戊 가 있고 辛卯와 合하므로 의술 신장이 됩니다. 이 신장은 뼈를 교정하는 신장이고, 열매를 발효시켜 약재를 만드는 약명대감이십니다."

"의술신장이 가끔 들어오는데 의술신장이 접신할 때에 아픈 사람을 만지면 어디가 아픈지 알게 되고 만져주면 효과가 있습니다."

"여기 시지의 辛卯를 현침살(懸針殺)이라고 하는데 보살님 손에 이 현침살이 있어서 침을 놓게 되면 그야말로 신통방통하게 듣습니다."

"할아버지께서도 해보라고 하는데 못 하겠습니다. 제대로 의술 공부도 안 했는데 아무데나 찔러서 사고가 나면 어쩌나 겁이 나서요."

"이 명조의 일주 辛巳 옆에 庚金 이라는 겁재가 있어 이 겁재 때문에 매사에 자신이 없고 위축이 되는데 이때는 스스로 자신감을 갖고 극복 하셔야 합니다. 또 월지와 일지가 형살(刑殺)을 만들고 있는데 이렇게 형살이 있으면 내가 하는 일에 자신이 없고 불안하니 공부를 해서 이겨내야 합니다."

"보살님은 金이 강해서 신병도 金으로 오는데 뼈마디 특히 관절이 이유 없이 아프며 木이 극을 받으니 신경계통에도 이상이 왔을 것입니다."

"어릴 때부터 이상한 조짐이 있었는데 그 때는 그것이 무엇인지도 모르고 지냈고, 몸이 늘 아프고 해도 병원에서 이상이 없다고 하니까 그냥 참고 살았는데 결혼하고 아이를 낳고나서부터 심하게 치고 들어왔어요. 뼈마디마디가 끊어지는 것 같고 관절이 퉁퉁 붓고 물이차서 일어서지도 못하고 기어서 다녔어요."

"어릴 때는 어떤 조짐이 있던가요?"

"절에서 살 때는 가끔 누가 '기도해라, 기도해라' 그러는 것 같아서 법당에 가서 기도하고 '오늘은 산에 가지마라' 하면 마을에 볼 일을 만들어서 내려갔다오니 산에 불이 나고 그랬어요. 절에서 나와서 회사를 다닐 때 이상한 일이 많았어요. 명절이 돼서 다들 집에 가는데 섬으로 가는 아이들이 바람이 불어서 배가 안 뜬다고 웅성거리는데 나도 모르게 '지금 빨리 나가봐라 배 있다' 그러면 진짜 배가 있고 '너 오늘 월급 받아 가지 말고 내일 받아가라' 그랬는데 받아 가다가 소매치기 당하고 그러니까 주변에 소문이 나는 거예요. 그래서 입을 딱 봉해버렸어요. 알아도 속으로만 알고 있고 내색을 안 했지요."

"그러다가 몇 살에 신을 받으셨어요? 38세가 아니면 47세에 받았겠는데요."

"서른여덟에 받았습니다. 그 때는 너무너무 아파서 그냥 죽는 것이 낫겠다 싶을 때였어요. 그런데 시어른이 보다 못해서 당골네에게 가서 물어 보셨대요. 굿을 해서 괜찮을 것 같으면 굿이라도 할 요량으로 갔는데, 신병이니 신을 받아야 된다고 그랬대요."

"시댁에서 반대는 안 했어요?"

"너무 힘들어 하니까 받으라고 했어요. 그런데 내가 안한다고 했지요. 죽어도 안한다고 그냥 죽게 내버려두라고 했어요. 그런데 내가 아픈 것이 문제가 아니고 집안에 풍파가 일기 시작하는데 다 나 때문이다 싶으니까 버티기가 힘들데요."

"어떤 풍파가 있던가요?"

"그 때까지 잘 해주던 남편이 하루아침에 변하는 거예요. 못 먹는 술을 먹고 와서 난동을 부리는데 눈을 보니까 이상해요. 뒤집혀서 정상이 아니에요. 그리고 차를 몰고나가서 사고를 내고 오고, 돈을 저지르고 다니고, 형제간에 다툼을 하고, 아이들이 아프고, 하루도 조용히 넘어가는 날이 없었어요. 그래서 결심을 했지요. 그리고 제법 한다는 무당을 정해서 날을 받았어요. 날을 받고 나니까 웬걸요 날아다니는 거예요. 대, 소변 받아내던 사람이 아니에요. 신기했어요. 내 손으로 장봐다가 나물하고 상 차리고 다 했다니까요."

신병이라는 것이 그렇다. 남들이 보면 꼭 꾀병을 앓는 것 같다. 병원에 가면 아무런 병명도 안 나오고, 약을 먹어도 낫지 않는다. 육신이 고장 나서 든 병이 아니라 신의 조화로 생긴 병이니까 신의 요구를 들어주겠다고 약속을 하면 그 날로 씻은 듯이 낫는다. 아무리 몸을 괴롭혀도 굴복하지 않고 버티고 이겨내면 그 다음에는 집안을 뒤집어 놓는다. 갖은 우환으로 그야말로 쑥대밭을 만들어 놓는다. 이 쯤 되면 대부분 두 손을 들고 항복한다.

왜? 신이 인간을 선택 할 때 사주가 신약하고 의지가 적당히 약해서 자신의 뜻대로 하기 쉬운 사람을 고르기 때문이다. 사주가 신약하더라도 관살이 강한 사람은 신의 선택에서 배제된다. 사람도 신을 거부하듯이 신들도 사람을 거부한다. 끝으로 한 마디 당부를 하고 일어섰다.

"보살님은 신명에서 돈을 많이 내려 주는데 자신이 움켜쥐지를 못합니다. 신의 법을 적극적으로 활용하면 좋은데 자신감이 부족해서 부리지 못하니 포기하지 말고 자신감을 갖고 도전하십시오. 보살님의 돈은 전부 손안에 있습니다."

"손에요······"

많은 재물이 손에 있음에도 불구하고 자신감이 없어 포기하고 손쉬운 약초발효와 전통식품에 관심을 보이는 것이다. 재다 신약사주라서 신의 재물이 많지만 재물을 관리할 능력이 없다.

✺ 사이비 승려에게 당한 젊은 여인

시	일	월	년	(여)
辛	己	壬	甲	
未	亥	申	寅	

癸	甲	乙	丙	丁	戊	己	庚	辛	대운: 역행
亥	子	丑	寅	卯	辰	巳	午	未	
86	76	66	56	46	36	26	16	6.3	

신문을 보니 빙의를 치료하고 퇴마를 하는 스님이 최면을 가르친다는 광고가 나와 있다. 호기심 많은 나는 이내 전화기를 찾아 들었다. 전화를 하고 예약을 해서 오라는 날짜에 찾아가니 도심 변두리의 작은 암자였다. 주로 빙의된 사람들이 찾아와서 치료를 받는 곳 이라고 했다. 상담을 받고 있는데 젊은 보살이 들어오면서 인사를 한다. 무척 건강해 보이는 얼굴에 신병은 없어 보이고 정신적인 고통으로 힘들어 하는 것 같은데 여기는 왜 왔을까 나처럼 최면을 배우려고 왔을까? 잠시 궁금하였지만 처음 대면하는 보살이라 그냥 무심하였는데 잠시 뒤에 보살과 스님이 대화하던 옆방에서 큰소리가 터져 나온다.

목청껏 소리치는 승려와 별 효과가 없다는 보살과의 다툼이 격해지면서 승려의 한마디가 보살의 가슴에 비수가 되어 날아간다. 승려로서는 해서는 안 될 막말을 하고 보살은 억울하다고 울면서 하소연하니 돌아가라. 그리고 다시는 나오지 말라고 한다. 승려에 대한 믿음이 사라지니 최면이고 뭐고 배울 생각이 싹 달아나 버린다. 상담을 건성으로 대충 마치고 나오는데 문 입구에서 그 젊은 보살이 녹차를 마시며 앉아있다. 흥분된 감정을 차 한 잔으로 달래는가 보다. 내 호기심의 안테나가 이쪽으로 작동한다. 휴대폰을 건네주면서 '무슨 억울한 사연이 있는지는 모르겠지만 내가 도울 수 있으면 도와주겠다' 고 했다.

보살은 망설임 없이 자신의 휴대용 전화번호를 입력해서 돌려주면서 '도와주세요.' 한다. 번호를 확인하고 돌아서면서 의향이 있으면 먼저 연락하라고 했다. 연락이 온 것은 달 포 쯤 지나서 그 일이 거의 잊혀져갈 무렵이었다.

"왜 이제야 연락을 했습니까?"

"무당이나 중은 꼴도 보기 싫어요."
"아니 그럼 여긴 왜?"
"정말로 빙의가 되었는지만 알려주세요." 한다.
당돌하기 그지없다.
"사주를 풀어보니 빙의가 아니고 심각한 스트레스성 우울증같이 보입니다."
"네, 맞아요. 그런 것도 있어요. 시집에서 시부모랑 같이 사는데 너무 힘들어서 이혼 하려고 해요."
"그 절에는 어떻게 가게 되었습니까?"
"원래는 하나님을 믿고 절에 다니지 않는데 집에 있으면 스트레스가 쌓이고 숨이 막혀서 혼자서 집 근처의 절을 찾아갔어요. 기도는 할 줄 모르고 하루 종일 그냥 앉아 있다가 저녁이 되면 집에 왔어요. 집에 있기가 싫어서 그랬는데 그러는 내가 이상하다고 시어머니가 잘 아는 무당한테 데리고 가데요."
"무속인이 뭐라고 하던가요?"
"귀신 씌어서 그런다고 했어요. 교회 다니던 사람이 절에 가는 것도 그렇고, 집에만 들어오면 갑갑하다고 짜증내는 것도 그렇고, 신랑이랑 자꾸 다투는 것도 전부 귀신 씌어서 그렇대요."
"굿하라고 안 하던가요?"
"구명시식을 해야 된다고 해서 삼백만원을 주고 했는데 별로 효과는 없고 오히려 더 힘들기만 했어요."
"효과가 없다고 다시 해달라고 하지 그랬어요?"
"그 뒤로 거기는 안 가고 누가 비구니스님을 소개해줘서 스님한테 갔는데 최면치유라는 것이 있다면서 그 절을 소개 해줬어요."

"그래, 거기서는 뭐라고 하던가요?"

"그 스님은 빙의라고 하면서 퇴마를 해야 된다고 했어요."

"빙의라고 할 때 어떤 령이 빙의 됐다고 안하던가요?"

"자세한 얘기는 안하고 '최면을 걸어 알아보니 빙의된 것이 맞다' 고만 했어요."

"그 스님은 퇴마하는데 얼마를 요구하던가요?"

"거기서도 삼백이라고 했어요. 액수가 문제가 아니라 치료를 하면 뭔가 좀 나아지는 것이 있어야 하잖아요. 그런데 퇴마를 하고 치료를 해도 나아지는 것이 아니라 점점 더 심해지는 거예요."

"퇴마가 안됐으니 돈을 돌려달라고 하지 그랬어요."

"매일 아침마다 절에 가는데 별로 나아지는 것이 없다고 하면 스님은 자기가 하라는 대로 안 해서 그렇다고 하면서 최면을 배우면 좋아진다고 다시 거금을 들여서 최면을 배우라는 거예요. 그날도 그래서 싸운 거예요."

"무속의 세계는 무형이라서 눈에 보이지 않으며 인간은 누구나 보이지 않는 것에 대한 두려움을 갖고 있는데 이 점을 교묘하게 이용하여 협박하면 보통사람들은 어쩔 수 없이 당하지요."

우리는 누구나 눈에 보이지 않는 것에 대한 두려움을 가지고 있다. 그리고 이 두려움을 이용하는 사람들도 있다. 볼 수도 없고 느껴지지도 않는 무형의 세계, 그것을 부정하지도 인정하지도 못하는 묘(妙)한 심리를 이용해서 위협을 가하면 불안하고 나약한 사람들은 말려들게 된다.

"이 명조를 살펴보면 申월 己亥일주는 辛未시에 태어나서 甲己合土와 寅亥 합으로 가고 싶어도 월주의 부모궁인 壬申이 가로 막고 서 있어서 많은 스트레스로 정신적 장애와 우울증이 옵니다. 즉 남편과 보살사이를 시부모가 가로막고 있는 형상입니다."

"맞아요. 시부모 때문에 하루도 맘 편할 날이 없어요."

"申월 己土가 壬水의 영향으로 신약한 명조이며 甲木 정관의 도움을 청하려고 하지만 甲木입장에서는 壬水의 生을 받고 있으니 壬水를 배신할 수 없어 己土의 청을 거절하고 있습니다. 그래서 己土는 더욱 고립되고 未土에게 도움의 손길을 내밀어 보지만 未土는 별로 도움이 안 됩니다. 외롭고 힘드니 시집이 싫어지고 亥와 未가 합하여 관으로 바뀌어 극 신약으로 변하니 재성 壬水의 세력 앞에 기(氣)가 죽어지내게 되고 심각한 스트레스에 시달려서 가슴이 답답하고 집에 있기 싫어 집 밖을 배회하니 빙의된 것처럼 착각한 것입니다."

"여기 己土가 내고 甲木이 남편이고 壬水가 시댁이라는 거죠? 신기하네요. 제가 사는 모양하고 똑같아 보여요."

"그 己土라는 글자는 옆에 있는 壬水라는 글자와 명조에 나란히 있으면 서로가 힘들어집니다. 그리고 또 한 가지 신약한 사주는 접신이 잘 되지만 보살님처럼 관살이 강해서 신약한 사주는 신(神)이 거부합니다. 그러니 앞으로도 빙의는 걱정 안하셔도 됩니다."

이제 우울증을 치료하고 자신감을 회복하는 일만 남았다.

"보살님, 마음의 병을 치유하려면 그 병이 생긴 근원(根源)부터 치료를 해야 합니다. 보살님의 병은 시부모님으로부터 시작된 일이니 시부모님을 모시고 같이 오십시오."

그리고 며칠 후 보살이 시어머니와 함께 왔다. 시어머니에게 그동안 상담한 결과를 자세히 알려드렸다. 그리고 젊은 보살에

게 시어머니에게 하고 싶은 말이 있으면 이 자리에서 다 하라고 했더니 첫마디가

"어머니, 꼴도 보기 싫어요." 한다.

"이 집에서는 도저히 인간으로 살 수가 없으니 이혼 할 거예요."

"이혼하고 친정에 돌아가서 형제들이랑 같이 살겠어요."

"어머니도 여자면서 어떻게 그럴 수 있어요? 제가 며느리가 아니고 딸이라면 그렇게 했겠어요?"

하며 봇물이 터진 듯 하고 싶은 말들을 거침없이 쏟아 놓는다. 시어머니는 잠시 당황한듯하더니 이내 수긍한다.

"다 내가 잘못했다. 용서해라. 힘들게 해서 정말 미안하다. 이제는 네가 하고 싶은 대로 하고 살아라. 그러나 이혼만은 하지마라. 애기들을 봐서라도 이혼은 안 된다. 부탁이다."

그렇게 응어리진 감정을 풀어내고 자신감을 심어 주고 긴장을 해소하는 방법으로 숨 쉬는 방법을 가르쳐 주었다. 일주일 정도 매일 와서 호흡을 연습하고 돌아가서 이제는 정상적으로 생활한다. 자신의 주장을 확실하게 표현하고 시댁이라는 강박관념에서 벗어나 이혼하지 않고 잘 살아간다. 다만 시아버지가 과음을 하면 말 못할 행패와 막말을 일삼아 사이가 많이 불편하다고 한다. 이것은 시아버지에게 형제일신이 빙의되어서 나타나는 현상이다. 이 보살의 명조에 시아버지의 빙의가 드러나 있다.

년주 甲寅의 장간에 戊丙甲이 있는데 여기서 戊土는 남편의 형제이며 丙火는 성(性)적으로 甲木이 己土와의 합(合)을 하려고 나타낸다. 亥중에는 戊甲壬이 있는데 壬水를 놀이로 보면 戊土의 잠자리에서 혼탁한 관계가 성립된다고 볼 수 있다. 즉 甲己

합과 寅亥합은 접신되어 성행위하는 모습으로 표현 할 수 있다. 戊土는 조카인 보살의 남편과 형제인 시아버지의 몸에 접신되어 번갈아가면서 보살을 괴롭힌다.

❈ 허주가 아닐까 하고 의심되는 사주

```
시  일  월  년  (여)
癸  己  庚  丙
酉  亥  寅  午


辛  壬  癸  甲  乙  丙  丁  戊  己   대운: 역행
巳  午  未  申  酉  戌  亥  子  丑
81  71  61  51  41  31  21  11  1.10
```

다리위에서 서 있는 사람들이 있다. 이쪽 세상에도 저쪽 세상에도 속하지 못하고 난민처럼 떠돌며 사는 사람들.

다리를 건너가지 못하고 경계선 위에서 위태롭게 외줄을 타고 있다. 그녀를 처음 만났을 때 내림을 하고 신을 받았다고 했다. 역학을 배운다고 열심히 공부하는 모습도 봤다. 그리고 우연한 자리에서 손금을 배우고 있는 그녀를 봤다. 내림을 해도 생활이 어려워서 방편으로 배운다고 했다. 그리고 그녀를 다시 만났을 때 그녀는 정수기를 팔고 있었다. 왜 이 여인은 한 곳에 안주하지 못하고 자꾸 흘러 다니고 있을까? 그녀의 사주명조가 그녀의 할 말을 대신하고 있다.

寅月 癸酉시에 태어난 己土는 의지할 곳이 없다. 신약 사주는 타력이 잘 접신(接神)되며 자력으로는 힘들고 명조에 명신(明神)이 없다.

"이제 신(神)의 일은 안 하고 있는가요?"

"하지요. 가끔 일이 들어오면 하기는 하는데 일이 별로 없어요."

"보살님은 신이 약해서 안 받아도 되는데 받으셨어요."

"약한 것이 아니라 아직 때가 안 돼서 그런 것 아닌가요?"

"글쎄요……"

"선생님 나는 언제 풀리는지 한 번 봐주세요."

"보살님은 아무리 봐도 신을 받을 사람이 아닙니다. 신이 약하니 내림을 해도 힘든 겁니다."

"그래도 점사를 보면 똑 떨어집니다. 우리 할아버지가 정말 영험이 있어요."

"보살님이 말하는 할아버지는 누굽니까?"

"약사 할아버지예요. 저는 약사주령에 장군님을 주신으로 모시고 있어요."

"보살님 명조대로 신을 받는다고 하면 己亥가 몸주라 아버지인데 월주의 庚寅과 합을 해서 당산 대감할아버지로 들어오십니다."

"아버지가 장군으로 들어왔어요."

이 보살님은 자신의 몸에 실린 신명(神名)을 모르고 있다. 그저 신을 내린 어미가 누가 왔다고 받으라고 하니 받아서 그렇다고 믿고 있는 것 같다. 신명이 약하고 자신이 확신이 없는 경우 대부분 이렇게 남의 말에 의지하거나 허주의 놀음에 꼭두각시가 되어 놀아난다.

"어디서 장군이 들어오는지는 모르겠는데 제가 보기에 이 명조에는 장군이 없어요."

"그리고 년주의 丙午는 글문 대감이신데 이 신명이 너무 약합니다."

"저는 약사할아버지가 오시는데요."

"약사줄이 내리면 의료행위를 하거나 약에 관한 일을 훤하게 알 수 있습니다. 그런 능력이 있습니까?"

"침을 놓거나 하지는 않지만 처음에 신을 받을 때 '내가 약사 할아버지다' 하고 들어섰어요."

글쎄 아무리 찾아봐도 약사 할아버지는 어디에 꼭꼭 숨으셨는지 보이지를 않는다.

"시주에 있는 癸酉는 법당인데 寅酉가 원진이라 모셨다가 엎었다가 한다고 하네요."

"신을 모셔도 살기가 어려우니까 엎어버렸다가 안 모시면 몸이 괴로우니까 또 모시고 하는 거지요."

"보살님은 누구에게 내림을 받았나요?"

"그 때 같이 일하던 법사님한테 받았어요."

그 법사는 왜 신을 부리지도 못할 보살에게 내림을 받으라고 했을까? 혹시 그 법사는 다른 곳에 목적을 두지는 않았을까? 보살의 몸매가 훤칠하고 어디에서도 눈에 띄는 인물로 어지간한 남자들 마음을 사로잡기에 충분하다. 우연히 내림을 해준 법사를 본 적이 있는데 예사 사이는 아닌 듯 보였다.

멀리 있는 亥卯未의 未土를 내림으로 받아서 세존으로 모시고 활동하려하지만 신이 약해서 잘 되지 않는다. 손금을 배워서 신과의 접목을 시도 하였지만 이 또한 뜻대로 되지 않았다. 손금을 배워도 안 되고 철학을 배워도 쓰지 못하는 것은 丙午의 인수가 너무 멀리 있어 힘이 되지못하기 때문이다. 알고 지내는 법사와 함께 굿하는 것을 구경한 적이 있는데 정통적인 무녀와는 많은 차이가 있었다. 신을 모르는 일반인의 눈으로 봐도 신명이 실리지 않은 어설픈 몸짓이었다. 어쩌다가 점사가 맞아떨어지면 우리 선관의 할아버지가 최고라고 주장하고 자기의 주장을 강하게 밀어붙이며 많은 말로써 위장하려고 하는 것이 몸주가 허주임을 알 수 있다.

  천신이나 만신을 받아 모시는 제자들은 우선 언행과 몸가짐이 점잖고 자신의 주장을 강하게 내세우지 않으며 많은 재물을 바라지도 않으며 점사든 굿이든 걸림이 없이 무슨 일이든 척척 해낸다. 허주가 실리면 자신의 주장을 강하게 내세우고 자신이 모시는 신이 최고라고 하면서 재물에 강한 욕심을 보이고 일관되지 않은 주장으로 횡설수설한다.

  허주는 올바른 신명(神命)이 아니고 잡신(雜神)이므로 종국(終局)에는 타락하여 남녀모두 음주가무에 빠지는데 남자는 음주 후에 난폭성이 드러나며 여자는 음주 후에 색(色)을 밝히고 음탕(淫蕩)해진다. 어떻게 보면 광적(狂的)이며 정신착란(精神錯亂) 같이 보인다.

❈ 산신(山神) 할아버지라고 주장하는 법사

시	일	월	년	(남)
庚	乙	乙	壬	
辰	丑	巳	寅	

甲	癸	壬	辛	庚	己	戊	丁	丙	대운: 순행
寅	丑	子	亥	戌	酉	申	未	午	
83	73	63	53	43	33	23	13	3.7	

오랜 동안 산에서 공부를 했다고 했다. 산에 살면서 버섯을 재배해서 많은 돈을 벌었다고 하는데 지금은 법사로 왕성하게 활동하고 있다고 한다.

"산에는 언제 들어갔습니까?"

"열일곱에 들어갔어요."

"일찍 갔네요. 어떤 계기가 있어서 갔습니까?"

"어머니가 약간 남다른 능력이 있는데 산 공부를 해보라고 권해서 가게 됐습니다."

"법사님 명조에 어머니가 기도하고 공부했다고 나와 있네요."

"그래요?"

"네, 월지는 어머니 궁인데 乙巳라고 하니 당산에서 기도하던 반 보살이라고 하네요. 그리고 년주 壬寅은 18세부터 새로운 공부를 하라고 하는데 巳丑合이 되어서 산이나 절에서 공부하는 겁니다. 그 공부는 34세가 되어야 끝난다고 합니다."

"그런 것이 다 명조에 나와 있단 말이죠?"

"내가 하는 모든 일들이 나 스스로 하는 것 같지만 우리가 모를 뿐이지 알 수 없는 기운(氣運)이 나에게 작용해서 그런 일들이 일어나게 만든다고 생각합니다."

"그렇지요. 보이지 않는 기운이 분명히 작용하지요."

"그것을 타고난 운명(運命)이다, 신의 섭리(攝理)다, 내가 지은 업(業)이다 등등 여러 가지로 표현 하지요. 나는 그것을 사주 속에서 찾아서 읽어내는 것이고요."

"그렇게 보면 사주나 역학이 아주 과학적이네요."

"사람들은 자연(自然)을 규명하고 정리해서 입증이 되면 과학이라고 하고 입증하지 못하면 미신(迷信)이라고 해요. 자연의 입장에서 바라보면 아주 한심하겠지요. 입증되지는 않지만 실재하는 것이 무수히 많은데 인간들이 자신의 한계는 모르고 증명할 수 없는 것은 몽땅 아니라고 부정(不正)해 버리는 겁니다."

"그래요. 인간의 능력이란 것이 아주 미약한데 우리는 착각을 많이 하지요. 신명(神命)을 모시고 살다보면 그런 것을 많이 느낍니다."

"무속도 입증할 수 없으니 미신이라고 하는 겁니다."

"그래도 사주 속에서 알 수 있다니 많이 위안이 됩니다."

"법사님은 일주가 乙丑인데 월주의 乙巳와 합을 하여 외할아버지가 대감으로 들어오십니다. 丑土와 巳火의 지장간속에서 戊癸가 합해서 동자인데 丙辛이 합하여 글이 되므로 글문 동자가 설판을 보고 재물은 대신 할머니가 주신다고 합니다."

"저는 산에서 공부해서 산신을 받았습니다."

"외할아버지가 산신줄을 잡고 들어오신 겁니다."

"우리 동자가 점사를 잘 뽑는데 요즘 들어서 왜 손님이 없을까요?"

"점사는 동자가 보지만 손님을 끌어당기는 것은 신장이 하는 일인데 법사님은 신장이 약해서 그런 것 같습니다."

"그렇지요 신장이 많이 약하지요. 사람이 살아가면서 돈을 떠나서는 살기 힘든 가 봅니다. 이 길을 가면서도 돈 생각을 놓지 못하는 것을 보면요."

하며 자신의 속된 생각이 부끄러운지 어색한 웃음을 웃는다.

"법사님은 사주에 木이 강하니까 약초재배를 해도 좋을 것 같습니다."

"그렇잖아도 산에서 상황버섯을 재배해서 돈을 꽤 많이 벌었어요. 그런데 지금은 워낙 재배를 많이 하니까 재미가 없어요."

"년주의 壬寅과 월주의 乙巳를 보면 나무를 잘라서 균사를 키우는 모습이네요. 壬寅속의 재물은 약초를 중탕하는 것으로도 보입니다. 하지만 寅巳형(刑)이 일어나서 내 것이 되기는 어렵다고 합니다."

"그래서 그렇게 많이 벌어도 내 손에는 하나도 없는 가 봅니다."

신명의 세계로 보면 완전한 공부는 되지 못하여 명신(明神)이라고 보기는 어렵다. 丑辰의 재물선이 할아버지 돈인데 두 분이 서로 파(破)하는 모습이라서 돈과는 인연이 없다고 생각된다.

◪ 재물(財物)인연이 없는 무속인

```
시   일   월   년   (여)
戊   己   丙   甲
辰   未   寅   午


丁   戊   己   庚   辛   壬   癸   甲   乙   대운: 역행
巳   午   未   申   酉   戌   亥   子   丑
89   79   69   59   49   39   29   19   9.4
```

 이 분의 명조를 보면 비겁이 많다. 이런 명조의 주인은 남들에게 봉사하며 살아야하는 임무를 타고났다. 공직에 있어도 남을 도우며 일하는 업무가 제격이요, 사회활동을 해도 남을 돕는 일에 앞장서고 나서게 된다. 종교인도 타인의 삶을 이끌고 어려움을 덜어준다는 측면에서는 봉사하고 나누는 것이니 이 사람이 무속으로 가는 것도 타고난 사명인 것 같다. 신명에서도 업장소멸을 우선으로 원하신다.
 "보살님은 태어날 때부터 신명을 감고 나왔다고 합니다."
 "어릴 때부터 열이 많이 나서 경기를 하고 크면서도 계속 두통에 시달리고 했는데 그것이 신병인 줄 몰랐어요."
 "여기 년주 甲午는 일찍부터 신병으로 열이 많이 난다고 하고 甲午는 조상에서부터 내려오는 보살의 길인데 어머니를 건너서 본인에게 넘어오는 것이라고 합니다."
 "안 받을 수 있으면 안 받고 살았지요."
 "아무리 안 받으려고 해도 37세쯤 되면 항복을 한다고 하네

요."

"아이고 귀신이시네. 그 때 항복하고 받았어요."

"보살님은 己未의 세존을 모시고 몸주는 신장이며 午火 글문대감과 未土 신장이 合하여 오시고 뒤에 천상의 용궁선녀가 무지개타고 꽃을 뿌리며 내린다고 합니다."

"선생님 눈에 보여요?"

"보살님은 안 보이세요? 선녀가 무지개 타고 내려오는 것이"

"나는 당연히 보지만 선생님은 신을 안 받으신 것 같은데 본 듯이 얘기를 하시니 기가 차네요."

기가 찬 이야기는 다 명조 속에서 나온다. 시주의 戊辰土의 지장간속에 乙癸戊가 있는데 戊土는 선녀이고 戊癸가 合해서 火로 변하니 무지개. 꽃이 되어 천상용궁 선녀가 무지개타고 꽃으로 내린다고 하는 것이다. 이 명조의 월주가 丙寅이라 37세경에는 확실한 신(神)의 제자가 되는 것이다. 그리고 월주는 직업 궁으로 이 분은 신명을 모셔서 직업으로 삼으라고 한다.

"년주의 甲午는 당산나무아래에서 공들인 할머니가 丙寅의 꽃이 되어서 천상 대신보살이 되어서 세존으로 오셨답니다."

"예 대신 보살을 모시고 있어요."

"그런데 이 분이 바라는 것이 있다는데 뭐라고 안 하시던가요?"

"기도 중에 공수를 내리시는데 '신당에 꽃을 꽂아라.' 하시던데요."

"예. 이 할머니가 요구 하시는 것이 염주와 향을 올리고 생화를 사다가 꽂아 두라고 하십니다."

"진짜 귀신같네. 어떻게 그걸 다 알아요?"

"자꾸 귀신이라고 하니까 진짜 귀신같은 이야기를 한 번 해 볼까요? 보살님 처음에 신을 받아서 돈 많이 벌었죠?"

"못 벌었다고 못 하지요. 많이 벌었지요."

"그런데 요즘 손님도 없고 돈도 안 되지요?"

"쪽 집게네요 그래서 물어보러 왔잖아요. 왜 손님이 없는지"

"두 가지 이유가 있는데 첫째는 신명이 공부하러 가셨어요. 그래서 점사도 잘 안 나오고 손님이 없는 거예요. 그리고 신명에서 업장을 소멸하려고 재물 욕심은 버리고 공부하라고 하십니다."

"그래요? 그러면 이제 돈은 안 되겠네요."

"아마 그럴 겁니다. 신명은 살았을 때 자기가 못다 한 한을 후손에게 기대어 푸는데 이 신명은 공부해서 업장을 소멸하려고 오셨답니다."

신명을 받들어 모신다는 보살들은 어쩐 일인지 한결같이 신명에서 무엇을 요구하는지 왜 자신에게 왔는지는 알려고 하지 않는다. 신명은 후손에게 재물을 주는 대신 후손의 몸을 빌어서 자신들의 못 다한 한(恨)을 풀자고 하는 것이다. 신을 받으면 그 순간부터 모종(某種)의 거래가 성립되는 것이다. 신의 제자라고 자칭하는 보살들이 자신의 처지를 망각하고 무사안일하게 먹고 놀다가 때 늦은 후회를 하는 것이다.

"큰일이네 이제 뭐 먹고 사나"

"그래도 먹고 살 만큼은 주시겠지요. 재물이 아쉬우면 공부 안 할까봐 초장에 재물을 많이 불려 주는 것입니다."

명조에 비겁이 가득하고 재물이 없는데 초반에는 신명에서 재물을 내려 준다. 이 돈은 기반을 잡고 앉아서 기도하고 공부하라고 내려주는 돈이다. 그리고 55세 이후에는 욕심을 버리고 기도

하고 봉사하며 업장소멸에 힘쓰라고 한다.
 제자들이여 명심(銘心)하시라.
 신명(神命)은 후손이 예뻐서 혹은 안쓰러워서 도와주러 오시는 것만은 아니라는 사실을 말이다.

❈ 고집(固執)으로 신(神)과의 충돌

시	일	월	년	(여)
甲	丙	乙	庚	
午	午	酉	戌	

丙	丁	戊	己	庚	辛	壬	癸	甲	대운: 역행
子	丑	寅	卯	辰	巳	午	未	申	
85	75	65	55	45	35	25	15	5.2	

 오래 전부터 알고 지내는 지인한테서 소식이 왔다.
 봄이 강 건너 왔는데 집에만 있는 것은 봄에 대한 실례라고, 봄마중도 하고 자신도 볼 겸 길을 나서지 않겠느냐고 한다. 안될 것도 없다. 평소차림 그대로 길에 올랐다. 체면과 허례허식, 남의 이목 따위는 아랑곳하지 않은지 오래다. 입은 옷차림 그대로 전국 어디라도 못 갈 곳이 없고 세상 누구 앞이라고 눈치 볼 일도 없다. 가식하고 포장하지 않고 있는 그대로 사는 삶이 이렇게 편안하다.
 두 시간여를 차를 움직여 도착하니 여기는 그야말로 봄 천지다. 매화꽃이 온통 산자락을 점령하고 서서 지금은 나의 시절이라고 고고한 기품을 과시하고 있다. 산모퉁이를 돌아 낯익은 모습들을 더듬어 찾아드니 낡은 스냅사진처럼 작은 기와집이 대나무 숲을 배경으로 그 모습 그대로 앉아있다.

삽짝 밖에 오랜 벗이 마중을 나와 서성인다. 산에 사는 사람이나 도시에 사는 사람이나 그리운 사람 기다리는 마음은 한가진가 보다. 어두운 방으로 들 것도 없이 마루에 앉아 그간 살아 온 이야기가 급하다. 댓잎을 스치고 가는 바람도 대숲에서 재잘대는 새들도 들려 줄 이야기가 많다고 한다. 뜻하는 것이 있어 번잡한 도시를 벗어나 산자락에 자리 잡고 약초도 캐고 벌도 치면서 사는 동안 매화꽃이 열 번째 피고 있다고 한다. 남새밭에서 직접 키운 채소를 뜯어다 만든 반찬으로 점심을 하고 산길을 나선다. 처음 들어오는 해에 심어 둔 매화들이 지금은 삶에 많은 보탬이 된다고 한다.

이른 봄 다른 꽃들보다 먼저 피어 아가 벌들의 먹이도 되고 달빛아래 고요히 생각에 잠기면 그윽한 향기로 찾아와 벗이 되어주고 꽃잎을 띄워 차를 마시면 정인이 되어 마음속에 스며든다고 한다. 또 열매는 쌀을 바꿔 양식으로 쓰는데 아주 유용하다고 말하고는 해맑게 웃는다.

매화향기에 취하고 산 내음에 취해 산길을 걷다가 내려오니 집에 손님이 와있다. 직접 담근 야채효소나 벌꿀을 사러 오는 사람들이 매화를 보러 왔다가 들렀다고 한다. 울긋불긋한 옷자락에 짙은 향수가 비위에 맞지 않는지 주인도 썩 반기는 눈치가 아니다. 가지고 온 과일을 깎고 차를 우려 내면서 부산을 떨던 여인이 나를 유심히 본다.

"선생님은 무슨 일을 하시는 분이세요?"
"그냥 아무 일도 안 합니다."
내 대답이 싱거웠던지 그 여인이 피식 웃더니
"평범한 사람은 아닌 것 같은데요." 한다.
"그럼요. 보통사람은 아니지요. 보살님은 감히 쳐다보지도 못하는 사람이에요."
하고 집주인이 민망한 설명을 한다.
모든 시선이 내게로 집중되고 저마다 한마디씩 말을 보탠다. 나는 이런 사람이라고 언제나처럼 덤덤하게 자신을 밝히니 그 여인이 얼른 말끝을 잡아챈다.
"역학이 뭐 대단하다고 난 또 대단한 분이신 줄 알았네."
하며 빈정거린다.
생긴 모습 그대로 얄팍함을 드러낸다. 온 몸으로 풍기는 인상이나 자태가 봄날 담 밖으로 흐드러지게 피어난 요염하다 못해 천박해 보이는 도화를 닮았다.
"이해하세요. 선생님. 이 사람이 신(神)을 받아서 자기가 최고 인줄 알고 그래요."
일행 중 나이가 좀 더 많아 보이는 보살이 대신 사과한다. 그래 자신의 신명을 믿고 기고만장 하다면 나도 할 말이 많다. 체면 따위는 잊어버리고 산지 오래지만 이집주인의 낯이라도 세워주고 가야겠다.
"보살님 선관에 한 번 물어보세요. 제가 어떤 사람인지."
"역학을 하신다면서요. 물어 볼 것도 없지요."
"그럼 제가 보살님 신명이 누군지 어디서 내리셨는지 얘기 해 볼까요?"

이 사람이 지금 무슨 소리를 하느냐고 모든 시선이 일시에 돌아본다. 그러거나 말거나 생년일시를 물어보니 당신이 알기는 뭘 알겠느냐고 의기양양하게 대답한다. 명조를 적어놓고 보니 성격이 손바닥위에 고스란히 드러난다.

"보살님은 丙午일주의 선녀 법사로서 양인이 되어 고집이 강하므로 신명의 말씀에 잘 따르지 않으려고 합니다. 甲午 37에 신내림을 한 것으로 보이며 점사는 외가의 선녀줄에서 봅니다. 신은 명신이건만 양인의 선녀법사와 自沖이있어 눈치 보느라 제대로 활동을 못 한다고 합니다."

다른 사람들은 호기심에 눈이 반짝이고 이 보살은 남모를 의미로 눈이 반짝인다.

"庚戌과 乙酉가 합하여 불사대신으로 내리시지만 본인의 丙午의 선녀 법사와 甲午 외줄의 글문 선생이 自沖을 하여 명신도 겁을 내는 것입니다. 양인 고집이 강해서 자신의 하는 이야기에는 책임을 져야한다는 강박관념 때문에 점사 보는 것이 많이 망설여진다고 합니다."

"아니 선생님 신이 아니고 정말 사주를 보고 그런 이야기를 다 아는 거예요?"

"사주로 보는지 신으로 보는지 보살님 선관에 물어 보면 알 것 아닙니까. 신명보다는 역학이 훨씬 정확하고 우세합니다. 우리가 읽어 낼 줄을 모를 뿐이지."

"할아버지가 선생님 하시는 얘기가 다 맞다 하네요. 제가 경솔했어요. 죄송합니다."

그래도 신명이 올바른 신명이라 바로 시인하고 사과를 한다. 올바른 신명이 아닌 허주가 실렸더라면 끝끝내 자기가 최고라고 우기며 안하무인으로 행세 할 것이다.

"그런데 선생님 저는 언제쯤 돈 벌어서 목에 힘주고 살까요?"

"글쎄요. 자신을 낮추고 신명의 뜻을 따르면 재물을 준다고 합니다. 酉월 木에 단풍이 붉게 물들고 열매는 수확하여 경술의 대궐 같은 창고에 가득 쌓아두니 배부른 사주인데 丙午의 염상에 재물인 금이 녹아내리고 창고에 도둑이 들어 돈이 모이지 않는다고 합니다."

"먼저 도둑을 잡아야겠네요."

"도둑이 누군지 아십니까? 누군지 알아야 잡을 것 아닙니까?"

"맞아요. 선생님 그 도둑이 누굽니까?"

"그 잘난 보살님 마음입니다. 내가 최고인 줄 착각하고 자신을 낮출 줄 모르는 아상(我想)이 바로 도둑입니다. 신명에서도 고집을 꺾고 따르면 많은 돈을 준다고 합니다. 세상에는 나보다 못난 사람은 아무도 없어요. 그런데 사람들은 자신만 잘난 줄 착각하는 거예요."

젊은 보살이 아무 말 없이 찻잔만 만지작거리고 있다. 다른 사람들 앞에서 듣기가 좀 민망한가 보다.

"보살님은 글문 할아버지가 공부 안하고 딴 곳에 정신 팔면 혼쭐을 낸다고 합니다."

"공부를 하라고요?"

"보살님에게 글문이 계시는데 이 분은 제자에게 공부 할 것을 요구합니다. 그런데 제자는 공부 안 하고 노느라 정신이 없다고 하네요. 계속 그러면 할아버지한테 혼난다고 합니다."

시주의 甲午는 편인 글문이 공부는 뒷전이고 년주 庚戌과 합하여 놀이에 빠져 있으므로 노년에는 잘못하면 신벌(神罰)이 있을 수 있다고 경고 하고 있다. 남편과 사이가 안 좋아서 자꾸 밖으로 나도는 것이라고 궁색한 변명을 한다. 사주 속에서도 인연 없는 남편과 함께 가는 길이 무척이나 힘들다고 한다. 서로 다투어 자신의 사주도 봐달라고 하는 것을 신의 제자들만 봐준다고 잡아떼고 돌려보냈다.

힘든 걸음인데 며칠 쉬어가라는 벗에게 하룻밤 묵으면서 달빛 아래 향기로 찾아온다는 그 여인을 품어 보고 싶다고 하니 맘껏 품으라고 하며 웃는다. 자연 속에 묻혀 살면서 자연을 닮아가는 사람, 참 편안하고 좋다.

✣ 편인(偏印)이 강한 무속인

시	일	월	년	(여)
庚	庚	戊	辛	
辰	戌	戌	卯	

丁	丙	乙	甲	癸	壬	辛	庚	己	대운: 순행
未	午	巳	辰	卯	寅	丑	子	亥	
81	71	61	51	41	31	21	11	1.11	

어느 동네를 지나다가 보면 유난히 보살집이 몰려있는 경우가 있다. 대나무가 얼마나 촘촘히 꽂혀있는지 농담 삼아 대밭이라고 부른다. 이유야 다양하겠지만 일반인들은 그런 것에는 관심 없고 제일 먼저 이 많은 보살들은 무얼 먹고 사는지가 궁금하다.

신명을 감명하다가 보면 신명이 잘 불려주어서 엄청난 부를 축적하는 보살도 있고 끼니 걱정을 하다가 돈 벌러 나가는 보살도 많다. 신명에서 돈을 많이 불려주어도 안 불려주어도 모시는 제자 입장에서는 받드는 신이 다 같이 소중하고 또한 어려운 존재이다.

식당을 하시는 보살님이 신명을 감정 받고자 찾아왔다. 이 보살님의 경우 신명을 받고 처음에는 재물을 많이 불려주었다고 한다. 그런데 몇 년 전 부터는 생계도 해결 되지 않는다고 한다. 왜 그런지 어떻게 해야 되는지 알아보러 오셨단다.

"보살님은 어떤 식당을 하세요?"

"작은 국밥집을 합니다."

"잘 선택하셨네요. 土가 편인이라 전문 식당을 하면 좋다고 합니다. 庚辰은 뼈다귀를 삶아서 뽀얀 국물을 낸다고 하니 국밥이나 설렁탕이 제격이지요. 그런데 손님은 많아도 돈이 안 된다고 하네요."

"맞아요. 손님이 없는 것은 아닌데 별로 남는 것이 없어요."

"이 명조에 보면 재물을 욕심내면 안 된다고 합니다."

"남들은 신명에서 돈도 많이 불려주는데 나는 어떤 신명이기에 돈하고 인연이 없는지 궁금하네요."

"보살님은 戊戌월 庚戌이 양 천문을 열어서 천상의 글문도사가 내리시네요. 戊戌이 바라보면 辛卯 34세에 외줄에서 약명대감이 내리선 것으로 보입니다. 년주의 辛卯는 약명인데 戊戌과 합해서 팔대 의술신장이시며 卯의 약초와 戌의 염장이 서로 합하여 火로 변하니 약재 건재 탕약으로 보이며 戌土 편인은 약초 발효라고 합니다."

"저는 의술신장이 계시는데 8대가 아니고 9대조에서 오셨다고 알고 있어요."

"팔대 의술신장이라고 하는 것은 8명의 의술 금강신장을 말하는 것이고 이 신장이 9대조 할아버지가 맞습니다. 그리고 시주 辰土 속의 乙木과 합한 金은 선녀이며 庚金이 쌍으로 있으니 쌍둥이 형제같이 보입니다."

"저도 신을 받고나서 알았어요. 선녀가 둘이 동시에 들어오는데 둘이 똑같이 생겼어요. 그리고 자기가 언니라고해서 엄마한테 물었더니 쌍둥이를 가졌다가 잘못된 적이 있다고 해요."

"보살님 할머니도 두 분 이셨습니까?"

"윗대에 자손을 못 낳은 할머니가 계신데 대신으로 들어 오셨습니다."

"辰戌의 대신 할머니 두 분이 설판을 보시는데 庚戌이라는 도솔천에서 생각하면 재석 대신보살 같습니다. 신병은 土성이 강하므로 속 쓰림과 위장병으로 온다고 합니다."

"속도 쓰리고 아팠지만 온 몸에 기운이 없어서 움직이기도 힘들었어요. 그래서 할 수 없이 내림을 하고 받았어요."

그것도 土가 많아서 생기는 현상이다.

"보살님은 庚戌 45세부터 卯재(財)가 합을 해서 많은 재물을 모우지만 55세 이후부터 戊戌의 방해로 재물은 버리고 공부나 기도하면서 종교인으로 돌아서라고 합니다. 이는 庚辰속의 乙木과 합하니 정당한 재물이며 욕심을 내면 만사불여의하다고 합니다."

"종교인이라면 스님이 되라는 건가요?"

"무속도 종교입니다. 목적을 어디에 두느냐에 따라 달라지는 것이지요. 재물을 탐하고 자신을 위해서 살면 천한(賤漢) 무속인이 되는 것이고 신명을 받들고 기도하면서 중생구제에 힘쓰면 종교인이 되는 것이지요."

"그리고 辰중 乙癸戊는 癸水상관이 외줄이며 강한 土성으로 풍수(風水)지리도사가 오셨답니다. 또 辰戌土는 묘(墓)터이며 충(沖)을 하는 것은 파묘(破墓)하여 이장(移葬)한 모습 같습니다."

"몇 년 전에 친정 산소를 이장했는데 묘를 파보니 내가 생각했던 대로였어요. 산소에 돌이 많고 물도 있고 나무뿌리도 뻗어있겠다고 생각했는데 땅이 질퍽하고 나무뿌리가 관을 뚫고 들어가서 칭칭 감고 있었어요. 평소에도 집터나 묘 터를 보면 그 터가 어떤지 그냥 느껴져요."

이 명조를 보면 신명이 제자를 찾아 내린 목적이 못 다한 공부를 하기 위해서라고 한다. 그저 공부하고 기도해서 업을 닦아 해원을 하자고 하신다. 그러나 제자 입장에서는 참으로 갑갑하다. 가족이 있어 생계를 해결해야하는데 신명이 바라는 대로 기도만 하고 있을 수는 없지 않은가. 그래서 궁여지책으로 식당을 운영하면서 신명을 받들고 있다고 한다. 지금은 포항에서 국밥집도 하면서 무속인으로 활동하고 있는데 편인이 강해서 처음에는 잘하지만 뒤에는 흐지부지하므로 항상 생활고에 시달린다.

❌ 부적(符籍) 전문 법사(法師)

시	일	월	년	(남)
己	壬	乙	乙	
酉	申	酉	巳	

丙	丁	戊	己	庚	辛	壬	癸	甲	대운: 역행
子	丑	寅	卯	辰	巳	午	未	申	
82	72	62	52	42	32	22	12	2.8	

천년의 비밀을 품고 있는 도시 경주에 가면 이 사람을 만날 수 있다. 작은 몸집에 꾸미지 않은 외모, 거기다가 어눌한 말솜씨까지 순박한 그대로 진솔함이 묻어난다.

"부적을 귀신같이 쓰신다고 해서 뵈러 왔어요."

"부적은 제가 쓰는 것이 아니고 할아버지가 쓰지요."

그럼 귀신 같이 쓴다는 것이 맞는 말인가, 틀린 말인가? 하여튼 이 사람이 쓰는 부적은 효험이 대단하다는 소문이다. 그야 말로 백발백중 이란다. 그런데 이 사람은 포장해서 말 할 줄도 비싸게 받을 줄도 모른다고 한다. 좁은 계단을 지나 들어선 신당이 너무 비좁고 초라하다. 그만큼 욕심 없이 산다는 것이리라. 낡은 상에 시골다방에서나 볼 수 있는 찻잔을 마주하고 앉아 이런 저런 이야기를 하는데

"나는 학교를 안 나와서 글도 잘 몰라요." 한다.

이게 무슨 말인가? 부적을 쓰려면 한글도 아닌 한문으로 써야 하는데 학교를 안다녔다니… 혹시 학교에 안가고 한학(漢學)을

공부했을지 모른다.

"그럼 한문을 공부했어요?"

"아니요 공부를 안 해서 글은 모르고요. 할아버지한테 기도하고 쓰면 그냥 써져요."

신당위에는 언제 썼는지 몇 장의 부적이 올려져있다. 언뜻 봐도 예사 필체가 아니다. 벽면에 반야심경이나 법구경의 구절을 적은 종이가 드문드문 붙어있는데 글씨가 비뚤 비뚤한 것이 초등학교 저학년 아이수준이다. 글을 배우려고 연습 삼아 적은 것이라고 했다. 이런 실력으로 저렇게 부적을 쓴다는 것이 도저히 믿어지지 않는다.

"부적을 한 번 봐도 되겠습니까?"

"저 부적은 오늘 아침에 썼는데 기도한다고 올려놨어요. 만지면 안 되고요 보기만 하세요."

보고나니 더 믿어지지 않는다. 어떤 분이 내리셔서 부적을 쓰는지 신명을 한번 살펴보자.

"乙巳29세에 천황할아버지 신명이 내렸네요. 천상 천관도사 명을 받아 글문 도사 내리시고 巳酉 合으로 천상신장도 따라 내리십니다. 이는 지지가 金으로 이루어져있으니 4대 봉청이라고 합니다."

"신(神)을 안 받으면 죽을 것 같이 너무 너무 아파서 아버지한테 울면서 살려달라고 했어요."

"아버지한테요?"

"아버지가 무당이 될 바에야 죽으라고 했거든요."

자신은 어릴 때부터 공부도 안하고 학교도 안다녔지만 다른 형제들은 대학을 나오고 공부를 많이 해서 다들 번듯하게 살고 있다고 한다. 그렇게 집안의 수치가 되어버린 못난 아들이 부끄러운데 더군다나 박수가 되겠다고 하니 아버지가 허락할 리가 없다. 金이 강하므로 신병도 뼈마디인 관절이나 폐, 호흡기 쪽으로 온다.

"몸이 어떻게 아프던가요?"

"무릎이랑 허리, 손가락 마디마디 관절이 아프고 나중에는 신경마비까지 와서 그대로 있으면 죽을 것 같았어요."

"그 때가 몇 살이었어요?"

"28살부터 아팠는데 29살에 할아버지를 받았어요."

강한 金의 기운이 乙木을 치니 신경에 이상이 온 것이다.

"乙木상관은 외줄동자라고 하는데 상관은 어머니형제이므로 외가일신에 장애인이 있다고 하는데 있습니까?"

"나는 잘 모르는데 외삼촌이 그렇다는 얘기만 들었어요."

"조상할머니가 절에 공들인 분인데 이분이 불사대신보살로 오셨어요. 乙巳는 글문 동자이며 乙酉는 불사 동자입니다. 巳申 合 水해서 대사줄에서 5대 한량대신이 내려오시는데 巳酉丑合에 丑이 빠져있는 것은 불법공부중이라고 합니다."

일주의 申金은 신명(神命)중에서도 아주 높은 영급의 신명이시다. 조상에서부터 불법 공부를 하였는데 壬申의 몸주까지 내려오면서 영신으로 변한 것은 金으로 이루어진 대단한 인내력이다. 시주의 己酉는 아무런 도움이 안 된다. 壬水가 己土를 만나면 혼탁하여 판단력이 떨어진다. 노후에 56세쯤 己土壬濁(탁)하여 재물의 유혹으로 잠시 어려울 것이다.

"己酉는 45세에 신당에서 불법을 모신 법당으로 바꿔야 한다고 합니다."

"나는 할아버지를 모시고 있는데 자꾸 부처님이 보여요."
"己酉가 乙巳를 불러서 신당으로 드러나는데 이것은 착각이라 때가 되었으니 법당으로 바꾸라고 하십니다. 그러면 甲辰이 백호라서 한마디씩 내뱉는 말이 무섭게 맞아 떨어진다고 합니다."

그런데 올해는 형편이 여의치 않아서 못 한다고 한다. 庚寅년에는 원진이 들어서 하지 않을 것이고, 辛卯년에는 卯酉가 충(沖)을 해서 안 할 것이고, 壬辰년에는 己土壬濁(탁)이라 더더욱 하지 않을 것이니 어렵고 힘들어도 올해가 가기 전에 하시라고 전하고 돌아왔다. 여태 숱한 무속 인을 만나왔지만 이처럼 소박하고 진솔하게 사는 사람도 드물었다.

아빠를 빼 닮은 예쁜 딸과 둘이서 오래도록 행복하게 사는 것이 소원이란다. 일자무식이지만 천관할아버지가 실리면 한문과 부적은 명필이 울고 가는 솜씨를 보인다. 부적 책 펼쳐놓고 베껴서 그리는 어정쩡한 도사들은 그 앞에 가면 명함도 못 내민다.

◈ 신(神)이 거부하는 사주

시	일	월	년	(여)
戊	己	甲	癸	
辰	卯	寅	卯	

癸	壬	辛	庚	己	戊	丁	丙	乙	대운: 순행
亥	戌	酉	申	未	午	巳	辰	卯	
89	79	69	59	49	39	29	19	9.11	

그녀는 항상 몸이 아프다고 한다.

병원에 가면 아무 이상이 없다고 신경성이라고 하고 무당집에 가면 무병(巫病)이라고 신을 받으라고 한다. 이렇게 힘들 바에야 차라리 내림을 받자고 생각했다고 한다. 그런데 정작 내림을 받으려고 해도 아무런 신(神)의 느낌이 없다고 한다. 그녀가 무병인지, 신을 받아야 되는지 물어왔다.

"아무런 신의 느낌이 없다면서 왜 신을 받으려고 하세요?"

"몸도 늘 아프고 무당들도 신가물이라고 해서요."

"남의 얘기도 중요하지만 내 생각이나 느낌이 더 중요하지요."

일단 사주명조를 띄워놓고 보자.

"이 사주는 신약하면서 寅月 己土가 辰시에 겁재를 바라보고 있습니다. 일간己土에서 바라보면 지지에 있는 木이 모두 관이 되는데 이 관살이 많으면 꼭 신기(神氣)처럼 느껴져요."

"그럼 신이 강하다는 얘긴가요?"

"느낌만 그렇지요. 무속 인들이 보살님을 보면 신기가 강한 것처럼 느끼는 거지요. 무슨 얘기냐 하면은 사주에 관살이 많이 있으면 본인은 못 느끼지만 무의식속에 피해의식이 강하게 작용해서 방어적인 동시에 아주 공격적인 면이 있습니다. 이것을 보살들이 보면 신기같이 보이는 겁니다."

"그럼 신이 없다는 겁니까?"

"정확하게 말하자면 관살이 강해서 신이 들어오지 못하는 것이다. 신이 잘 왕래할 것 같은데 신의 입장에서 바라보면 월지의 甲寅의 정관이 무서워서 들어가지 못한다고 합니다."

"무당 집에 가면 신기가 세서 안 받으면 몸도 생활도 어렵다고 하던데요."

"그런데 왜 이 때까지 안 받으셨어요?"

"무슨 느낌이나 징표가 있어야 되는데 그런 것이 없어요."

"신은 사주가 약한 사람에게 접신해서 내리는데 보살님처럼 사주가 약해도 관살이 강하면 신에서 거부를 합니다. 사람이 신명을 거부 하듯이 신명도 때로는 사람을 거부합니다."

"사실 신을 받으면 돈도 많이 번다고 해서 은근히 바라기도 했어요. 생활도 어렵고 일하기도 힘들고 해서요."

요즘 그런 사람들이 부쩍 많다고 한다. 이것저것 일을 해도 형편이 여의치 않으니까 신 내림이라도 해서 점사보고 굿하며 돈을 벌어 보겠다는데 참으로 위험천만한 발상이다. 몸뚱이 하나에 신(神)과 인간(人間)이 같이 공유해야하는 아픔 같은 것은 염두에도 없다. 오로지 힘들지 않고 편안하게 돈만 벌면 자신은 어떻게 되던 알 바가 아니란다. 그렇게 돈을 벌어서 무엇을 하려는지……

"신을 받는다고 다 돈을 버는 것이 아니고 돈 벌게 해주는 신명은 따로 있어요. 보살님처럼 올바른 신명이 없는데 내림을 하면 신명이 약해서 제대로 부리지도 못하고 없애지도 못하고 신명도 보살님도 다 같이 힘들게 되는 거예요."

"그러면 몸은 왜 이렇게 아픈 거예요?"

"이 명조에 木이 너무 많은데 木이 많으면 쉽게 피로를 느끼고 신경이 예민해져서 짜증도 많이 내고 그렇지요. 주로 어디가 아픈가요?"

"나는 항상 피곤하고 움직이기만 해도 아픈데 병원에 가면 별 이상이 없다고 하고 신경성이라고 해요. 특히 손목이 아파서 집안에 일이든 바깥 일이든 아무 일도 못하겠어요."

"견디셔야지 별 수 없어요. 특히 43세부터 48세까지가 많이 아플 겁니다. 하지만 내가 갈 길이 아니니 신은 받지 마십시오."

모든 무속 인들이 이 여인을 보고 신장(神將)이라고 한다는데 명조에 드러난 것을 보면 분명 卯의 편관 약명도사이며 천의술(天醫術)을 가지고 계시는 분이다. 천간의 甲己合土와 戊癸合火는 비온 뒤에 무지개가 떠 있는 형상으로 천상 도인이다. 하지만 지지(地支)가 合하여 木으로 이루어진 것은 천상에서 보면 木이 너무 울창하여 지상에 있는 땅이 보이지 않는 것이니 신이 내리지 못 하는 것이다.

일간 己土는 卯중 甲木과 合하여 土로 변하지만 이는 땅이 아니고 구름이며 乙木은 바람이라서 구름이 머물 수 없게 흩어버리는 형상이다. 이 명조의 주인도 이와 같이 머물지 못하고 항상 흘러 다니며 힘들게 살아야 한다. 己卯한 일주가 정말로 기묘(奇妙)하게 살아가야할 명조이다. 또 乙木은 庚金을 불러들여 단단한 목검(木劒)이 되어서 卯의 손목을 치니 손목이 아프고 힘을 많이 쓸 수가 없다. 이 시기는 乙庚合이라서 43세부터 48세까지 무지 힘들 것이고 허리통증과 두통도 심할 것이다.

이 처럼 사주명조에 관살이 많으면 몸도 고통스럽고 정신도 늘 불안하니 항상 자신을 돌아보고 수양하는데 힘 써야한다. 주어진 삶이 힘들고 고달프다고 스스로를 돌보지 않고 타력에 의지하려고만 하면 곱절로 고통스럽고 힘들게 살아야 할 것이다. 만약 타력에 의지하려고 신내림을 하면 허주나 다스리기 힘든 즉 흉폭한 잡신이 들어오며 이로 인한 고통이 더욱 심할 수가 있다.

❈ 범음(梵音)범패(梵唄)하시는 승려

시	일	월	년	(남)
甲	甲	壬	癸	
子	午	戌	卯	

癸	甲	乙	丙	丁	戊	己	庚	辛	대운: 역행
丑	寅	卯	辰	巳	午	未	申	酉	
82	72	62	52	42	32	22	12	2.12	

　이 분은 현재 무형문화재 범패 전수자로 활동하고 있는 스님이다. 역학에도 관심이 많아 가끔 자리를 같이해 이런저런 이야기를 나누는 사이다. 어떤 인연이 있어서 스님이 범패를 하시며 문화재 전수자가 되셨는지 스님의 명조를 한 번 살펴보자.

　이 명조 속에는 두 그루의 나무가 서있다. 甲午는 일주이니까 본인이고 시지의 甲子는 아마도 제자 일 것이다. 가을도 깊은 밤 들녘에 서 있는 두 그루의 나무가 따로 따로 변하고 있는 모습이 이채롭다. 甲午의 나무는 단풍으로 곱게 단장하여 보는 이로 하여금 즐거움을 주는데 반해 甲子의 나무는 때 이른 서리를 맞고 서 있는 꼴이 어색하고 안쓰럽다.

　卯戌이 合해서 火로변하니 이것은 분명 甲午의 꽃이로다. 戌土의 편재는 단풍놀이에 취해 즉석에서 멋있게 시조 한 수 읊어 내는 모습이다. 즉 선대의 한량대신 할아버지가 잔뜩 멋을 내고 甲木에 내리시어 기량을 유감없이 뽐내는 것이다. 이 한량 할아버지의 멋과 끼를 이어받아 맘껏 발휘하는 스님은 무형 문화재 전수자로 왕성하게 활동하시나 보다.
 子午의 다툼이 있으니 언제나 멈추지 않고 부단한 노력으로 더욱 발전할 것이다. 단풍으로 곱게 치장한 甲午의 앞길이 화려하다. 무리 속에서 언제나 혼자 돋보이는 독보적인 존재가 될 것이다. 戌중 辛丁戊는 기예가 아주 뛰어나신 분으로 친가의 인연이다. 아득한 옛날 가무에 능하신 국창으로 한 시대를 풍미하셨던 분인 것 같다. 甲子의 후학을 양성하는데 힘쓰지만 많은 고통이 따르며 잘못 맺은 인연의 사슬에 자신이 당할 수도 있다.

▨ 신(神)이 내려도 부리지 못하는 노 보살

시	일	월	년	(여)
壬	戊	壬	己	
子	子	申	巳	

辛	庚	己	戊	丁	丙	乙	甲	癸	대운: 순행
巳	辰	卯	寅	丑	子	亥	戌	酉	
89	79	69	59	49	39	29	19	9.8	

 노 보살님 앞에 가면 욕(辱)부터 한바탕 얻어먹을 각오를 해야 한다. 들어보면 말마다 다 옳은 소리지만 처음 듣는 사람들은 적잖이 언짢다. 욕을 섞지 않으면 말하는 맛이 없는지 말하는 사이사이 양념처럼 욕을 섞어서 하신다. 아니 어떤 때는 하고 싶은 말보다 욕이 더 많다. 어쩌면 살아온 세월 굽이굽이 서린 한을 그렇

게 욕설로 풀어내는지도 모른다. 욕을 먹고 싶은 것인지 보살님이 보고 싶은 것인지 가끔 발길이 보살님을 찾는다.

어느 비오는 오후 노 보살과 마주앉아 비처럼 흘러간 옛 이야기를 듣는다. 좀처럼 떠 올리지 않는 아픈 기억들이 빗물처럼 그녀의 늙어 메마른 가슴을 적시고 흘러내린다. 기억도 어슴푸레한 유년을 일본의 어느 마을에서 보냈다고 한다. 식민시절 남의 땅에서 살았던 이들이 다 그렇듯 즐거운 기억보다 배고프고 괄시받던 기억들이 더 많았다. 모든 동포들이 바라고 바라던 해방이 되어 내 나라로 돌아왔건만 가난은 천형(天刑)처럼 따라다니며 그들을 놓아주지 않았다.

산비탈의 버려진 땅 한 떼기도 차지하지 못했던 아버지는 서둘러 딸들을 시집보냈다. 논밭도 꽤 몇 마지기 있어서 부자는 아니라도 궁색하지는 않을 것이란 말에 얼굴도 안 보고 올린 혼례였다. 첫날밤 호롱불 아래서 신랑얼굴을 처음으로 보았다. 잘 생기지는 않았지만 평생을 의지 할 사람이라 그런지 정이 새록새록 생기더란다. 층층시하 시집도 남편의 품이 있어 서럽지 않고 하루 종일 종종걸음으로 부엌으로 논밭으로 달음질쳐도 남편의 그윽한 눈길 한 번에 피곤도 잊고 살았다. 세상 누구도 부럽지 않은 이들에게 한 가지 고민은 수태(受胎)가 되지 않는 것이었다. 남들은 시집가서 몇 년 만에 애를 낳아서 업고 걸리고 자랑스럽게 다니는데 자신은 곱절의 세월이 지나도 애기가 없어 시어른들 보기가 면목이 없었다. 그래도 남편을 바람막이삼아 그럭저럭 살다가 기다리던 애기가 들어서니 천하가 내 것 같더란다. 애지중지 불러오는 배를 감싸 안으면 세상 부러울 것이 아무것도 없이 흐뭇했었는데 어느 날 밤 불길한 꿈에 그 끈을 놓아버렸다.

제3장. 예문 239

자신이 산중턱에 서 있는데 어디서 '아가야 이거 받아라.' 하는 소리가 들려서 위를 보니 수염이 허연 할아버지가 손에 쥐고 있던 것을 던져주기에 엉겁결에 몸을 움직였는데 발이 미끄러지면서 까마득한 낭떠러지로 떨어졌단다. 깜짝 놀라 잠을 깨니 배가 아프기 시작하고 하혈을 해댄다. 놀란 남편이 산파를 불러오고 시어머니가 당골네를 불러오고 했지만 이미 늦었다. 그렇게 다 키운 자식을 뱃속에서 죽이고 두 번 다시 태기가 없었다.

해가 갈수록 점점 심해지는 시어머니 구박이 도를 넘어서고 남편의 싸늘한 눈길에 가슴이 베여 피가 흘러도 자신은 자식을 못 낳은 죄인이라 아무 할 말이 없었다. 그렇게 살얼음판 위를 걷듯이 사는데 시어머니가 야속한 소리를 한다. 조만간 여자를 하나 들이기로 했으니 아무소리 하지 말라고 한다.

올 것이 온 것이다. 아무리 자식을 못 낳아도 여자는 여자인지라 시앗을 보는 마음이 어찌 편하랴. 그러나 자신도 모르게 진행된 일은 며칠 뒤 그녀보다 한 참 어린 여자가 들어오면서 현실이 되어 버렸다. 젊은 시앗에게 안방도 남편도 내어주고 건넌방에서 혼자 한 숨으로 날을 세우기가 일쑤였다. 그 여자는 무슨 복이 그리도 많은지 들어오자마자 수태를 하고 아들을 낳아 온갖 유세를 다 한다. 아이들이 하나 둘 늘어갈수록 그 집에서 그녀의 존재는 점점 잊혀져갔다.

시어머니는 그녀를 볼 때마다 혀를 끌끌 차며 못마땅해 하고 남편은 아예 말도 섞지 않는다. 더 이상 여기 살아 무얼 하나 싶어 말없이 그집을 나섰다. 그때 그녀는 늙지도 젊지도 않은 나이, 서른다섯이었다. 먼 도회지에 사는 친척을 찾아가니 그 친척아저씨가 집짓는 일을 하고 있었다. 그 아저씨를 따라 막일을 몇 년

다니다가 공사현장에서 인부들 밥을 해주는 밥집을 하며 살았다.

"보살님 욕은 그때 배우셨구나."

"그랬지. 여자가 공사판에서 살아가려면 어리어리해서는 못살아. 거친 남자들 상대해서 안 지려면 더 거세고 강해져야지 악바리처럼 욕도 하고 드잡이도 하고 해야 함부로 덤비지를 않아. 나도 원래는 안 이랬어."

하신다. 그래 알 것 같다. 비바람 드센 골짜기에 풀들이 더 질기듯이 환경이 사람을 만드는 것이리라.

"보살님은 그 때부터는 계속 혼자 사셨어요?"

남자를 얻어 살림을 살아봐도 마음 붙이고 살 남자가 없더란다. 그저 몸이나 탐하고 돈이나 바라고 해서 다 그만두었다고 한다.

"조카를 내 아들이라 생각하고 뒷바라지 하면서 살았어. 여동생 아들인데 이놈 하나 잘 키워서 늘그막에 기대고 살려고 평생을 뒷바라지 했는데 그것도 뜻대로 안 되고 이제 몸도 늙고 병이 들어 내 입 하나도 귀찮아."

제 부모도 안 모시고 사는 요즘인데 이모라고 얼마나 살뜰히 보살피겠는가?

"보살님 저 번에 신기(神氣)가 세다고 하셨잖아요?"

"했지 그런데 왜?"

"그냥 얼마나 센지 궁금해서요."

얼마 전에 언뜻 지나가는 말로 신기가 강하다고 하던 말이 생각나서 여쭈어 본다.

"오다가다 생각나는 대로 지껄여도 본 듯이 맞을 때가 있고 무슨 일이 있으려면 꿈으로 다 알아. 무당들도 신기가 아주 세다고 나보고 신을 받으라고 했어"
"그래서 신(神)을 받으셨어요?"
"지리산에 가서 기도하고 신을 받았지."
"그럼 신당도 모셨어요?"
"처음에는 모시고 물도 올리고 했는데 이제는 안 한지 오래됐어."

왜 신을 받아도 안 되는지 한 번 봐드리겠다고 했다. 한사코 마다하는 보살님을 졸라서 명조를 풀어보니 신은 신이되 부리지 못하는 신이다. 용이 못된 이무기만 명조 가득 똬리를 틀고 앉아 있다.

"보살님은 신을 안 받을 것을 그랬어요."
"그래? 무당들이 신을 안 받아서 내 사는 꼴이 그렇고 정 안 받으면 신벌로 죽는다고 했는데"
"그 사람들이 잘 모르고 하는 소리예요. 신은 있는데 신을 받아도 쓸 수가 없는 신이예요."

예나 지금이나 욕심 많은 무당들이 하는 작태는 똑같은가보다.

"이무기가 승천해서 여의주를 얻어야 되는데 때를 못 만나서 승천하지 못한다고 해요."
"내가 용은 못되고 이무기라고?"
"그리고 내 자식은 없어도 조카랑 같이 산다고 하네요."
"그게 희한하지 어디 가서 물어보면 다 그렇게 이야기 하데."

申月 이무기가 승천을 하려고 때를 기다려 왔건만 아서라 장강은 있어도 용소가 없으니 어이 하늘에 오를 수 있겠는가. 기도하다 죽은 조상님이 부모 줄에 다리 놓고 인연되어 이 몸으로 왔건마는 戊子 일주 신약해서 용이 될 수 없는 몸이로다. 먹구름에

억수같이 퍼부은 비가 흙탕물이 되어 끝없이 흐르는 형상이라서 戊子 천황할아버지는 정처 없이 떠돌며 어디에도 머물 수가 없구나……

申月 장마가 어디에 도움이 될까? 巳申이 合水하고 子子에 넓은 강이라서 자신은 버리고 여동생의 아들과 합이 되어 평생을 수고롭게 뒷바라지 하였건만 돌아오는 것은 원망이요 남은 것은 병이로다.

巳申이 合하여 비견이 되는 것은 정관 할아버지이며 이분을 신으로 모시기는 어려울 듯하다. 하지만 조상으로부터 내려오는 신이라서 부리지도 못하고 자신이 약해서 쳐내지도 못하는 힘든 형국이 되었다. 남은 여생이라도 즐겁고 행복하셔야 할 텐데 어느 누가 있어 즐거움을 나누겠는가.

골목길로 나서니 낮부터 내린 비는 어느새 밤비가 되어 있다. 보살님 명조 속에 내리던 비가 그녀의 한(恨) 많은 세월을 적시고 내 발 아래로 흐르고 있다. 이 흐르는 물이 고이고 고여 검푸른 용소가 되면 이무기는 승천 할 수 있을까?

✡ 무녀보다는 역학(易學)인으로

시	일	월	년	(여)
丙	庚	甲	壬	
戌	戌	辰	辰	

乙	丙	丁	戊	己	庚	辛	壬	癸	대운: 역행
未	申	酉	戌	亥	子	丑	寅	卯	
89	79	69	59	49	39	29	19	9.12	

가난한 집 맏딸로 태어나서 한세월 살아내기가 왜 이리 힘든지 모르겠다고 감빛 고운 노을이 산마루에 너울너울 걸리었다. 산산이 깊은 산중에 석양빛 바라보며 갈 길 먼 나그네여!

그녀를 바라보는 내 마음도 덩달아 처연하다. 그녀는 사주 명조에 그려진 그대로 첩첩산중의 강원도 골짜기에서 태어났다. 손바닥 만 한 천수답은 여덟 식구가 목숨을 걸기에는 너무나 작았다. 그래서 그녀 나이 열여섯에 대처로 나왔단다. 너무 일찍 세상에 내동댕이쳐져서 혼자 발버둥 치며 사는 삶이 그렇게 외로웠노라고 사주 명조가 그녀 대신 조근 조근 이야기를 들려준다.

이 명조를 자연 속에 놓고 그림으로 그려보자. 춘삼월 깊고 깊은 첩첩산중에 해는 서산 넘어가는데 커다란 바위 하나 그림자 길게 드리우고 서있는 풍경이다. 사방을 둘러보니 외로운 소나무 한 그루 물기를 잔뜩 머금고 외로이 서 있다. 이 명조대로라면 이 사람은 산속에 사는 사람, 즉 산속 바위위에 앉아서 도 닦는 사람이다. 차라리 어릴 때 출가를 했더라면 이처럼 삶이 고달프지는 않았을 것이다.

16살에 혼자 도시에 나와 공장으로 일 다니면서 남자를 알았단다. 끈 붙일 곳 없는 외로움에 조그마한 정(情)에도 마음이 질정(質定) 없이 흔들렸다. 그렇게 시작된 인연이 자식으로 이어져 그녀의 발목을 잡는다. 막걸리 한 사발이 없어도, 구성진 노랫가락이 없어도, 그녀의 고단함에 나도 모르게 젖어든다. 마주앉아 늘어놓은 사설은 어느새 가락이 되어 넘어간다.

① 辰月 甲木에 丙火가 꽃피고 庚金 열매 일찍 맺어 힘든 명조 되었구나.

② 壬辰생 학문은 지식 아닌 산 공부라 16세에 출가(出家)할 팔자라네.
③ 甲辰월 38살에 역학을 하였으면 丙戌년에는 후학을 가르치며 사는 것을 庚戌일주 백구이며 조상에 글 잘하는 할아버지 몸주로 내리시니 천상의 글문 도사가 아니신가.
④ 한 많은 인생길에 꽃가마 늦게 타라 하였건만 서둘러 일찍 가니 이부(二夫)종사 팔자로다.
⑤ 戌중 辛丁戊의 내 남자는 나름대로 명(名)이 난다하지마는 저 혼자 똑똑하다. 아서라… 이내팔자 자식으로 넘어간다…?
⑥ 서러운 팔자에 삼자(三子)가 인연인데 여섯이면 두 인연은 떨어진 꽃이로다.
⑦ 壬辰 괴강 자식이 못났으며 丙戌이 묘지(墓地)라서 어리석은 짓만 골라서 하누나. 그러나 걱정 마소. 이 자식은 사주가 신약하여 자력 아닌 타력에 멍이 든다.
⑧ 甲戌庚 천상삼귀 戌戌 풀릴 이내 팔자 辰辰거리는 무속이 웬 말인가
⑨ 잘못 걸은 나그네 길, 한이 되어 어이 갈까. 지금이라도 산(山) 공부 좀 하여보소.
⑩ 조상님 누운 자리 왜 이리 춥고도 괴로운지, 조상자리 괴로우니 후손인들 편안할까? 두 할머니 등 돌리고 서로 서로 원망한다.
⑪ 이 조상님 부처님 전 모셔주면 불법공부 많이 하여 인연 따라 흘러 흘러 큰 인물 점지한다.
⑫ 어리석은 후손들아 이를 어이 모르는가.

✠ 신(神)과의 싸움에서 지지 않은 여인

시	일	월	년	(여)
壬	戊	庚	庚	
戌	辰	辰	子	

辛	壬	癸	甲	乙	丙	丁	戊	己	대운: 역행
未	申	酉	戌	亥	子	丑	寅	卯	
81	71	61	51	41	31	21	11	1.1	

오랜만에 보살님한테서 전화가 왔다. 일년에 서너 차례 일이 잘 풀리면 잘 풀리는 대로 안 풀리면 안 풀리는 대로 답답함을 토로하는 전화가 온다.

요즘 어떻게 지내시냐는 질문에 뜬금 없이 간병(看病)인으로 일을 한단다. 무슨 소리냐고 하니까 생계수단으로 간병인 자격증을 따서 활동이 불편한 노인들을 돌보고 있다고 한다. 연약하고 가냘픈 여자의 몸으로 환자들을 돌보는 일이 쉽지는 않을 것 같아 마음이 짠하다. 그러나 이 여인은 거대한 신(神)과의 싸움에서도 물러서지 않고 당당하게 맞서 싸우는 용기 있는 여인이지 않은가. 온갖 어려움을 다 겪고도 굴복(屈伏)하지 않고 꿋꿋하게 살아가는 보살님을 보면 나도 모르게 마음으로부터 진심어린 격려의 박수를 치게 된다. 많은 것을 잃고도 쓰러지지 않고 다시 털고 일어나는 그 끈기에 신도 이제 그만 포기하고 평탄한 삶을 살 수 있게 해 주시기를……

庚子생 戊辰일에 辰중 乙癸戊의 36세에 신장을 몸주로 내림하여 제자의 길로 들어섰다. 고집이 그야말로 戊辰장 강해서 신과의 대립에서 辰辰 자형과 辰戌 충(沖)으로 3번이나 신당을 파괴하니 신명(神命)에서 그냥 놔둘리가 없다. 신의 벌(罰)로 다 큰 자식을 가슴에 묻고 많은 재산은 허공에 다 흩어버리고 남편과도 이혼을 했다.

戊辰의 신장은 비견으로 남동생이다. 신내림에서 처음으로 들어오는 동자는 庚子인데 사지(死地)라서 부리지 못하고 두 번째 들어오는 동자는 庚辰이 乙庚合하고 戊癸合하여 글문 동자이다.

庚辰은 용궁 대신보살이며 친가의 인연이다. 일간 戊土는 辰 중 癸水와 합하면 日光동자로서 설판의 점사를 본다. 또 한편으로는 일광 대신보살로도 본다.

壬戌은 51세에 戌중 辛丁戊의 丁火와 合하여 木으로 변하니 약명(藥名)이 되며 辛金은 의술신장으로 신침(神針)이나 골격 교정이다. 戊土는 피부 마사지나 탕재원으로 보인다. 그래서 간병인으로 살아가려고 하는 것인가 보다. 辰辰은 두 마리의 이무기가 서로 견제하여 승천(昇天)하지 못하고 있는 형상이다. 이 이무기는 申金의 새로운 인연을 만나면 승천하는데 이때는 庚辰 월주의 용이 먼저 승천하게 된다.

2008년 마지막으로 가는 섣달부터 己丑년에 이르기까지 丑辰파(破)의 영향으로 아버지와 오빠가 일주일 간격으로 운명(運命)을 달리하면서 이 싸움은 신이 이기는 것으로 일단 종결되는듯하다.

신에게 많은 것을 빼앗기고 당하면서도 끝끝내 자신을 지켜낼 수 있었던 것은 조상의 가피력이 있었기 때문이다. 자신의 고집이 강해서 신에게 순응하지 않고 신과의 다툼을 벌여서 많은 것을 잃어버렸지만 미련은 없다고 한다. 지금은 일상으로 돌아가서 열심히 일하며 살아가는 모습이 아름답다. 신과의 싸움에서 벗어나 안정을 되찾고 모든 것을 털어버리니 자신도 편안하다고 한다. 그러나 가끔은 답답한 가슴을 누군가에게 보여주고 위로 받고 싶다고 하소연을 한다.

✠ 세존이시여

시	일	월	년	(여)
己	戊	己	乙	
未	戌	丑	未	

戊	丁	丙	乙	甲	癸	壬	辛	庚	대운: 순행
戌	酉	申	未	午	巳	辰	卯	寅	
81	71	61	51	41	31	21	11	1.4	

낯선 여인이 찾아와 하소연을 강물처럼 풀어놓는다. 왜 나는 이렇게 살아야 하느냐고, 남보다 더 열심히 사는데도 왜 나아지는 것이 없느냐고, 도대체 내가 뭘 잘못 했느냐고, 글쎄 이 작고 차돌처럼 단단해 보이는 여인이 뭘 잘못 했을까? 알면 친절하게 가르쳐 주고 싶다. 아니 가슴을 열고 같이 속울음을 나누고 싶다.

나도 모르는 죄목이 있어 이 지상에 나를 죄인으로 묶어 놓은 그 놈의 신(神)이 있다면 얼굴이라도 한 번 보고 싶다고 한다. 기억도 안 나는 자신의 죄 값이 얼마인지 언제까지 갚아야 하는지 알려달라고 한다.

"이 명조를 그대로 한 번 읽어볼게요. 섣달 추수가 다 끝나고 텅 빈 황량한 들판에 흙먼지만 뿌옇게 불어온다고 합니다. 참으로 살아가기 힘들다고 하네요."

"왜 나는 그렇게 타고 났을까요?"

"글쎄요. 그걸 아는 사람이 어디 있겠습니까? 그저 주어진 환경에 맞추어서 열심히 살뿐이지요."

명조는 온통 土로 이루어져 있는데 유일하게 년주에 乙木이 하나있어 가색 격으로 갈 수도 없는 아주 난감한 명조가 되었다.

"남편은 뭐하십니까?"

대충 짐작은 가지만 정확히 해두려고 짐짓 물었다.

"이혼하고 떠난 지 오래됐어요. 애기들 어릴 때 이혼했어요."

년간 未土위의 乙木는 이명조의 남편이며 섣달 오후 황무지 들판의 연약한 잡초 같은 사람이라서 견디지 못하고 살아남기 위하여 멀리 도망가고 戊戌주변에는 겁재가 많아서 인간의 덕이 없다.

"주변에도 도와주는 사람도 없이 혼자서 사시느라 힘드셨다고 하네요."

"전라도 산골에서 나와서 자식들 키우려고 안 해본 일이 없어요. 길바닥에서 장사도 하고 식당도 하고 남의 집일도 하고 이일 저일 안 가리고 다 했어요. 그래도 사는 것이 그냥 그래요."

"지금은 무슨 일을 하세요?"

"얼마 전까지 식당을 했는데 장사도 잘 안 되고 해서 그만두고 다단계 판매를 해요."

"그것도 쉽지 않은 일이지만 보살님한테는 더 좋을 수 있어요.

보살님은 주변에 경쟁자가 많은 곳에서 일을 하면 좋아요. 가만히 앉아서 손님을 기다리는 식당보다는 오히려 발로 뛰어다니는 판매가 더 났다고 해요. 다단계도 경쟁이 치열하잖아요."

"그럼 이 일을 하면 돈이 되겠습니까?"

"큰돈은 없습니다. 사실을 말한다면 보살님은 세존을 모시라고 했는데 모시지 않아서 힘이 든다고 해요."

"어디가면 그런 소리 많이 해요."

"윗대 조상에서 모시던 세존이 내려오는데 어머니가 丑未충(沖)으로 거부하고 안 모시니까 보살님에게로 넘어 왔어요. 그런데 보살님 역시 戌未파(破)로 거부하니까 丑戌未의 삼형(三刑)살이 조상에서부터 시작하여 보살님과 또 자식에게 까지 형(刑)을 일으켜서 모두가 어려운 것입니다."

"세존단지 그것이 뭐라고 이렇게 사람을 힘들게 합니까?"

"그러게요 아무것도 아닌 것을 우리는 왜 한사코 거부하는 것일까요?"

"자식까지 힘들어요?"

"보살님이 죄 값이 얼마냐고 물으셨는데 보살님 죄 값은 쌀 한 단지라고 해두고 싶네요."

"쌀 한단지요?"

"네 무조건 거부하지 마시고 아이들을 위해서 마음을 돌려 보세요. 신을 받는 것도 아니고 그냥 쌀 단지 하나 얹어두고 일 년에 한 번씩 갈아주면 된다고 가볍게 생각하세요."

"글쎄요 어떻게 해야 될지 모르겠네요."

"잘 생각해서 답을 얻으세요."

戌戌의 미련한 고집이 자신과 후손에게까지 영향이 미치므로 너무나 어렵고 힘든 인생살이다. 지금은 土성이 강하여 현미나 곡물을 이용하여 만든 건강보조식품을 다단계를 통해서 판매하고 있다고 한다. 하지만 이것도 쉽지 않다고 하소연을 한다.

※ 천문(天文)이 열린 마음씨 고운 무녀

시	일	월	년	(여)
甲	丁	甲	戊	
辰	丑	寅	子	

乙	丙	丁	戊	己	庚	辛	壬	癸	대운: 역행
巳	午	未	申	酉	戌	亥	子	丑	
85	75	65	55	45	35	25	15	5.10	

사전 약속도 없이 그녀를 만나러 갔다가 허탕을 치고 돌아왔다. 문을 열어준 딸이 봉사를 하러 가셨다고 한다. 아니 무슨 봉사를 하시기에 찾아오는 손님은 받지 않고 봉사를 가시나……

오래전에 손님으로 찾아간 적이 몇 번 있었다. 그때 본 점사가 그야말로 족집게 였었다. 그 이후에도 보살님이 예견한 대로 모든 일이 일어나고 처리되었다. 이번에 여러 신(神) 제자들을 감명하다가 보니 그녀의 안부가 궁금해진다.

그녀는 어떤 신명을 받들고 있는지, 그녀의 점사는 아직도 예전처럼 예리한지 궁금하다. 다시 약속을 정하고 먼 길을 달려 그녀를 찾았다. 문을 열고 인사를 하니 그녀가 알아본다. 놀랍다 아주 오랜 시간이 흘렀고 그 동안 많은 손님이 있었을 텐데 어제 일 같이 기억을 하고 그 뒷얘기도 물어온다. 손님과 주인이 아니고 오랜만에 만나는 친척아주머니 같다. 오랜 동안의 시간이 감쪽같이 증발해 버리고 옛날로 돌아가 한담(閑談)을 나누고 차를 같이 한다.

"아직도 활동하시네요."

"그럼요. 아마 내가 살아있는 날까지 모시고 살지 않을까 생각해요."

"봉사를 가셨다고 하던데요."

"내가 아직 건강하고 할아버지덕분에 먹고사는 걱정이 없으니 힘들고 어려운 사람들을 찾아서 조금씩 나누고 살아요."

"훌륭하십니다. 그렇게 하기가 쉽지 않은데요. 바쁘시겠네요."

"예, 아주 바빠요, 며칠 뒤에 새남굿 공연이 있어서 공연준비하느라 요즘은 더 바빠요. 사장님은 어떻게 사세요?"

"저는 그 후에 사업은 다 접고 지금은 자유롭게 살아요. 우연히 역학(易學)을 접했는데 산에서 수행을 하다가 이치를 터득하게 됐어요. 역학이 너무 재미있어서 손을 놓지 못하고 계속 공부하는데, 요즘은 사주 속에 신명(神命)이 내리는 길을 찾아내서 마지막 검증단계에 들었어요. 그래서 보살님께 한 번 감정을 받아보고 싶어서 왔어요."

"그 때도 제가 그랬잖아요. 속세를 떠나 수행을 하면 대성 하실 거라고요. 제 길을 잘 찾아가셨네요. 제가 뭘 해드리면 됩니까?"

"그냥 생년 일시만 알려주시고 제가 말씀드리는 것이 맞는지 안 맞는지 말씀해 주시면 됩니다. 그럼 시작할까요?"

생년일시를 불러주고 명조를 적어놓고 보니 역시 타고난 신의 제자였다. 여기서 한 가지 공통된 점을 발견 할 수 있다. 올바른 신명을 모신 제자들은 감명을 스스로 요구하기도 하고 감정을 부탁해도 선선히 응해 주신다. 그러나 올바르지 못한 신명, 즉 허주를 모신 제자는 한사코 신명이 드러나는 것을 꺼린다. 올바르지 못하니까 숨길 것이 많은 것이리라.

"보살님은 丁丑이라서 7살에 대신보살이 몸 주로 들어섰습니다."

"그래서 그런지 어려서부터 고난이 심하고 이상한 일도 많았는데 그 땐 모르고 그냥 살았어요."

"寅月 丁火가 辰時에 빛을 발하지만 부족함이 많으며 甲寅 거목에 작은 丁火꽃이라서 부모님의 기대에 미치지 못한다고 사주에서 말하고 있습니다. 아버지는 천하명도장군이며 丑중 癸辛己로 대신보살의 할머니의 인연으로 들어오십니다."

"예, 맞습니다. 아버지가 명도 장군으로 들어오셨습니다."

"戊子水중 壬癸는 수륙장군과 군웅이며, 丁丑속의 辛金은 작두신장이며, 寅木속의 丙火는 일광(日光)이며 천하대신입니다. 그리고 설판은 丁丑의 동자가 보고 있습니다. 丑辰파(破)로 죽었다고 하니 아파서 죽은 자식이 아닌가 합니다."

"말 할 것도 없이 정확하네요. 어떻게 신(神)을 사주로 찾아냅니까? 저처럼 제자도 아니신데요."

"신명이 없는 사람이 어디 있겠습니까? 하지만 저는 신명의 지배는 안 받고 살아요."

"그렇지요. 사람은 누구나 신명을 갖고 태어나는데 그 중에 무슨 이유인지 신명이 자기의 제자로 정해서 시련을 주고 거기에 굴복(屈伏)하면 어쩔 수 없이 그 분의 명을 받들고 사는 것이지요. 저도 이 길을 가라고 그러는지 세 살 때 어머니가 죽고 아버지가 집안을 안 돌보니 어린나이에 남의 집 애보기로도 가고 계모 밑에서 배다른 동생 셋이랑 마음고생, 몸 고생 무지하게 하면서 자랐어요."

신의 길을 걷는 사람들은 한결같이 자신의 삶에 한(恨)이 많았노라고 한다. 한이 많아서 그 길을 가는 것인지 그 길을 가려면 한이 많아야 하는 것인지 아리송해진다.

"보살님은 신이 그냥 내리는 자통(自通)하는 사주라서 따로 내림을 안 하셔도 됐을 것 같은데요."

"따로 내림은 안 받고 혼자서 할아버지 시키는 대로, 가르쳐 주시는 대로하며 살았어요."

"별다른 어려움은 없었습니까? 신병이라든지… "

"왜요 말 못할 일이 많았지요. 결혼해서도 형편이 펴지지 않아 어렵게 살았는데 한꺼번에 우환이 들이닥쳤어요. 아이들 네 명이 차례차례 병으로 입원을 하더니 저도 몸이 아파 진찰을 받으니 임파선 암이라는 거예요."

신이 상당히 세게 치고 들어온 것 같다.

"어디서부터 뭘 해야 좋을지 정신이 하나도 없었어요. 몸이 부숴질 것 같이 아픈 것을 참고 아이들 병구완을 하고 있는데 큰 아들이 병을 못 이기고 폐렴합병증으로 먼저 갔어요. 넋을 놓고 울고 있는데 옆집에 나이 많은 할머니가 와서 손을 잡고 그래요 '살리려면 물이라도 떠 놓고 빌어라'고 내가 죄가 많은 탓이라고도 했어요."

"그래서 물을 한 그릇 떠서 재봉틀위에 올려놓고 새벽마다 빌었어요."

"왜 하필 재봉틀입니까? 무슨 이유라도 있어서 그런 겁니까?"

"그게 아니라 살림이 하도 어려우니까 작은 상 하나도 살 여유가 없지 뭡니까. 밥 먹던 상에 올리기는 뭐하고 해서 놀고 있던 재봉틀 위에다가 물을 떠 놓고 혼자서 생각나는 대로 중얼거리며 빌었어요. 남은 자식들만이라도 살려주면 시키는 대로 다 하겠다고요. 그랬더니 꿈에 할머니가 오셔서 살려준다고 하데요."

"그러니까 괜찮던가요?"

"아이들이 하나씩 차도가 보이고 나도 몸이 덜 아팠어요. 그런데 남편이 물 떠놓고 비는 꼴을 못 보는 거예요. 물그릇을 내동댕이치고 살림을 엎어버리고 횡포가 날이 갈수록 심했었어요."

그렇게 방해하면 안 되는데……

"그렇게 일단은 환란을 잠재우고 암 수술을 받았어요. 그리고 신당(神堂)을 내 손으로 꾸미고 신명(神命)에서 시키는 대로 산천으로 찾아다니며 기도해서 한 분씩 받아 모셨어요."

"남편이 반대 안 하던가요?"

"술 먹고 와서 신당을 뒤집어 엎고 욕을 하고 하니까 천하장군으로 오신 아버지가 '저놈은 내가 데려간다.' 하시더니 얼마 안 있다가 진짜로 죽었어요. 그것도 신복(神服) 옷고름을 떼어다가 거기에 목을 매고 죽었어요."

신의 벌(罰)이라지만 정말 무섭다.

"그런데 내 입에서 '저놈 잘 죽었다, 저놈 잘 죽었어.' 하니 주변 사람들이 다 놀라는 거예요."

"보살님 명조에 보면 월주가 甲寅이라 33세에 대신 할머니한테 살려달라고 빌어서 위기를 면하시는 것이고 일주 丁丑은 칠성 줄이며 寅과子의 36세에 청수(淸水) 올리고 기도하면서 명산(名山)을 밟는 것입니다. 그리고 남편은 戊子편관인데 子丑合을 못하고 甲寅38에 정기를 빼앗기고 힘하게 가시는 겁니다."

"신의 벌이지요. 신당(新黨)을 파괴하는데 그걸 그냥 두고 보겠어요. 인간이 신에 대항해서 이길 수는 없어요. 그냥 신의 뜻에 따라 순응하며 사는 수밖에요."

"평생을 신과 싸워서 이긴다고 해도 대부분 많은 것을 잃어버리고 종내는 힘들게 살아갑니다."

"이것도 내 운명이려니 생각하고 맘 편하게 삽니다."

"그리고 보살님 己丑년에는 丑辰파(破)로 조상의 묘를 파묘(破墓)할 일이 있다고 하는데 이장을 하지 마시고 화장을 해서 물에다가 뿌려주면 좋다고 합니다."

했더니 벌써 그런 일이 벌어졌다고 한다.

"그렇잖아도 산소 앞으로 도로가 새로 나서 조상님께 고(告)하고 산소를 팠어요. 친척들이랑 의논해서 화장을 했는데 그 날 이상한 일이 있었어요."

"어떤 일이요?"

"유골을 화장해서 산에 뿌리고 내려오려고 하는데 멀쩡하던 하늘에 억수같은 소낙비가 내리더니 거짓말같이 개는 거예요. 맑은 하늘에 소나기가 오는 것이 신기하고 하늘이 조화를 부리는 것 같았어요. 그날 밤 꿈에 조상님이 오셔서 고맙다고 하면서 3일 후부터 돈 많이 준다고 하시고 가셨는데 정말 3일후부터 손님이 밀려들고 일이 많이 들어왔어요."

"조상님께서 고맙다고 내리시는 복(福)이지요. 이 명조에 보면 화장해서 물에 뿌리라고 하는데 소나기가 와서 실어갔으니 정말 신의 조화라고 생각되네요."

"저는 사주 속에 신이 나오는 것이 신기해요. 요즘은 아무에게나 신을 받으라고 해서 엉터리 무당들이 많이 나오는데 정말로 신의 제자로 갈 사람은 따로 정해져 있다고 생각해요. 이 법을 잘 만드셔서 제자들 갈 길을 잘 가려주십시오."

"예. 그러려고 열심히 노력하고 있습니다."

자(自) 천문이 열린 마음씨 고운 이 무녀는 힘들고 어려운 신의 제자로 살면서도 열심히 봉사하며 잘 살고 있다고 한다. 신의 제자라면 이 처럼 나보다 남을 먼저 생각하고 그들의 아픔을 어루만지며 살아야 하지 않을까 생각한다.

✖ 잘못된 신(神) 내림으로 몸 주가 뒤바뀐 사주

시	일	월	년	(여)
丁	甲	己	甲	
卯	子	巳	辰	

庚	辛	壬	癸	甲	乙	丙	丁	戊
申	酉	戌	亥	子	丑	寅	卯	辰
83	73	63	53	43	33	23	13	3.4

대운: 역행

신명 감정을 갔다가 그 집 주인의 부탁으로 만나게 된 보살이다. 알고 지내는 보살이 내림을 하고 신명을 받았지만 어찌된 영문인지 점사는 안 나오고 몸이 너무 아파서 고통을 받고 있다고 했다. 남의 고통이든 나의 고통이든 일단 고통이란 것은 해결하고 볼 일이다. 전화를 받고 한 달음에 달려온 보살을 보니 상태가 꽤나 심각해 보인다.

사람이 얼마나 시달리면 저 지경이 될 수 있을까 싶은 생각이 든다. 작지 않은 키에 살점이 하나도 없어 더 키가 커 보이는 보살은 서 있기도 위태로워 보인다.

"보살님은 신명을 받으셨어요?"

"네, 받았어요."

"언제 받으셨어요?"

"26세에 받았어요."

"그때는 받을 때가 아닌데… 그때 약명을 받으셨어요?"

"아니요 대신보살님하고 동자가 들어왔어요."

"보살님은 때를 잘못 알고 받으셨어요."

"몸이 너무 아프고 그 때 받아야 된다고 해서 그냥 받았어요."

"보살님은 몇 년 더 있다가 약명을 받으셔야 일이 잘 풀립니다."

"제 위에 오빠가 있는데 그 오빠가 먼저 신을 받았어요."

"오빠가 약명을 받으셨나요?"

"예, 그랬어요."

형제의 신이 뒤바뀐 것이다.

이 명조의 신은 己巳의 어머니 궁에서 시작된 인연이다. 그런데 26세 巳와 子에 신 내림은 실수였다. 이는 글문 동자인데 명도이지만 겁도 많고 甲子가 패지라서 몸주의 설판제자는 아니다. 甲辰 형제는 丁卯에 습하여 천황장군으로 들어오지만 백호

살에 걸려서 활동을 못한다.

"제가 보기에는 보살님이 때를 잘못알고 내림을 하고 또 오빠하고 신이 바뀐 것 같이 보여요."

"저도 뭐가 잘못된 것은 알겠는데 어디서 뭐가 잘못됐는지를 몰라서 난감해요. 그럼 언제 받았어야 되는 거예요."

"보살님은 巳와 辰의 25세에 신 내림을 했으면 천황의 글문이요. 巳와 卯의 28세에 신 내림을 하면 외가에서 약명 줄이 내린다고 합니다. 그런데 26세에 내린 이 동자는 명도이기는 한데 겁이 많아서 점사를 잘 보지 못합니다."

"그래서 그런지 점사도 제대로 안 나오고 몸은 몸대로 너무 아파서 살 수가 없어요."

때를 모르고 내림하여 점사는 안 보이고 子水가 巳火를 잡으니 몸이 편안하지 못하고 숨 쉬는 것조차 불편하다. 금년 己丑년에는 巳火 동자가 丑으로 合하여 목탁과 북을 배우려고 사주에는 없는 酉金의 암자(庵子)를 찾아들어가고 없다. 이렇게 설판 제자가 없으니 점사도 안 나오고 육신은 더욱 괴롭기만 하다.

"보살님 오빠는 잘 불리고 계세요?"

"지금은 모시고만 있고 활동은 안 하는 것 같아요."

자신의 신명이 아닌데 오빤들 제대로 활동을 할 수 있을까. 어쩌다가 신을 잘못 받아서 서로가 고생을 하고 있는지 모르겠다.

"보살님은 이 시주의 丁卯외가에서 내려오는 약명 줄을 잡아야 됩니다. 신명이 제자리를 잡으면 몸도 안 아프고 점사도 제대로 나올 겁니다."

"약명은 아무 때나 받아도 되는 건가요?"

"아니지요. 신명도 때가 되어야 들어오는 겁니다. 그리고 우선 약명이 내릴 수 있는 조건부터 갖추어야 합니다."

2010년 庚寅년에는 寅卯辰이 삼합(三合)하는 기회이므로 이 때를 잘 이용해야 한다. 이 寅卯辰이 합(合)을 하는데 걸림돌이 되는 子水를 먼저 묶어서 작용을 못하게 해야 한다.

"보살님 고향이 어딘가요?"

"경북 봉화에요."

"그럼 영양이 가깝고 좋겠네요. 영양에서 창수로 가는 길에 강이 있는데 강을 따라 내려가면 큰 바위가 서있는 곳이 있어요. 그곳에 가서 기도를 해보세요."

"그냥 기도만 하면 신이 제대로 자리 잡습니까?"

"보살님 명조 중에 제일 고약하고 쓸모없는 것이 甲子의 子水인데 이 子水를 묶어야 丁卯의 약명이 힘을 쓸 수 있는 겁니다. 물가에 가서 기도하면 뜻대로 이루어 질 겁니다."

"선생님 정말 감사합니다. 말씀만 들어도 이제 살 것 같습니다. 정말 고맙습니다."

이 보살님 그 동안 얼마나 고생이 심했던지 이야기만 듣고도 정말 얼굴이 활짝 피어난다.

"기도하고 丁卯의 약명 줄을 잡으면 법사가 내리는데 이 법사는 한 손에 붓을 쥐고 한 손에는 향을 쥐고 내린다고 합니다. 이 법사가 향을 손에 쥐고 두드리면서 접신된 원귀를 천도(天道)하고 부적을 쓰게 될 것입니다. 조금만 고생 하시면 좋은 날을 볼 것입니다."

庚寅년에 寅卯辰 삼합(三合)은 위기를 벗어날 절호의 기회이므로 이 기회를 놓치면 안 된다. 申子辰 합수(合水)에서 없는 申金의 거대한 암석아래 큰 강물이 흐르는 곳에 가서 기도하면 천하 대 신장을 접하게 되리라. 그러면 巳申合의 명도인 동자와 子水의 패 인수대감을 물이치고 丁卯의 약명 줄에 인연을 잡으면 양손에 향과 붓을 들고 법사가 내려선다.

　법사는 향을 손에 쥐고 두드리면서 접신된 원귀를 천도(天道)하리라. 신명의 제자가 때를 모르고 내림하면 묘(妙)한 일이 많이 일어나며 불리지도 못하고 몸도 불편하다. 고향 가는 길목에 申子辰 合으로 흐르는 강가에 어마어마한 기암괴석이 서있는 곳을 찾아라. 그곳에서 기도하여보라 뒤바뀐 형제의 신이 제자리로 돌아온다.

　"선생님이 은인입니다. 너무 감사해서 뭐라고 말씀을 드려야 할지 모르겠습니다."

　"감사인사는 내년에 기도 다녀와서 신명이 제자리를 잡으면 그때 하십시오."

　"그때 제가 대접한번 크게 하겠습니다."

　"대접은 그만 두시고 잘 지내신다고 전화나 한번 주십시오."

　신을 받고 불리는 것도 신명에만 의지할 것이 아니라 제자들이 스스로 알아서 준비하고 대처하면 좀 더 활동하기가 수월할 것이다.

▨ 이럴 때 세존(世尊)은 명호로 모신다

시	일	월	년	(여)
丙	庚	己	丁	
戌	子	酉	未	

戊	丁	丙	乙	甲	癸	壬	辛	庚	대운: 순행
午	巳	辰	卯	寅	丑	子	亥	戌	
81	71	61	51	41	31	21	11	1.12	

몇 년 전 알고지내는 지인이 데리고 온 여인이다. 지방도시에 사는데 삶이 여의치 않아서 상담을 의뢰해 왔는데 사채업을 해보겠느냐고 권했었다. 명조를 감명해 보니까 충분히 가능 할 것 같았다. 처음 찾아 온 것이 불과 몇 년 전인데 지금은 제법 돈이 많이 불어서 그 지역에서는 꽤 힘이 있다고 한다. 이 여인이 처음 왔을 때 세존을 모시는 문제를 상담해왔다.

"선생님 제가 세존을 모시고 있는데 괜찮습니까?"

"그 세존은 보살님 것이 아니라고 하는데요. 년주 丁未는 조상이 모신 세존인데 어머님이 己酉의 작은 절에 모셨다고 하네요."

"실은 엄마가 절에 갖다 올린 것을 제가 다시 모시고 왔어요."

"보살님이 다시 丁未세존을 己酉의 작은 법당을 조성해서 모시지만 子未 원진(元嗔)이라서 돌보지 않는 다고 합니다."

어머니가 절에다 모셔둔 세존을 굳이 자신이 모시고 있는 이유가 뭘까?

"丁未인수는 단지가 아니고 명호(名號)라서 현판을 벽에다 걸어두는 수준이며 보여주기 위해서 모신 것이라고 합니다."
"예, 맞아요. 나무에다가 글로 써서 걸어두었어요."
"보살님하고는 안 맞는데 왜 모시고 왔어요?"
"이야기하기 창피하지만 제가 살기가 너무 힘들어서 세존을 모시고 법당을 차려서 손님을 볼까 해서요."
"그래 모시니까 뜻대로 되던가요?"
"아니요. 생각만큼 쉽지가 않아요. 그래서 어떻게 할까 고민하다가 물어보려고 와어요."

월지 己酉는 일지의 子水와 파(破)하고 있으며 酉金겁재가 子水 상관을 곁에 두고 있으니 불법(不法)으로 재물을 모으는 직업으로 명조에 없는 亥와 卯를 불러와서 몰래 이용하니 이는 부적인 것 같다.

"혹시 부적도 쓰셨던가요?"
"예. 그런데 내 일이 아니라서 그런지 잘 안돼요."
"보살님 그 전에는 무슨 일을 하셨어요?"
"여기저기 일을 다니다가 너무 힘들어서 지금은 언니랑 같이 찻집을 하고있어요."

얼마나 힘들고 지치면 그런 엉뚱한 생각을 다 했을까? 가만히 앉아서 남의 앞일을 점쳐주고 사는 무녀가 부러웠던가보다. 그것이 얼마나 힘들고 험한 길인지 이 보살은 짐작이라도 할까? 세상일이 내가 원하는 대로 마음먹는 대로 척척 된다면 쓰러져 우는 사람이 누가 있겠는가. 그렇지만 신도 없는데 세존하나로 법당을 만들어 먹고 살겠다는 엉뚱한 생각에 살며시 웃음이 나온다. 아무튼 대단한 용기라 하지 않을 수 없다.

명조에 보면 丙丁火가 년과 시에 불을 밝히고 있는 것으로 보아 눈치가 상당히 뛰어난 것 같으며 이 분은 실제로 명조에서처럼 양쪽 눈의 모양이 다르게 생겼다. 무엇을 하면 좋을지 살펴보니 이 여인에게 맞는 일이 하나있다. 그런데 이 일이 좀 위험천만하다.

지지(地支)가 원진과 파살(破殺)로 이루어지면서도 酉戌이 子水 건너 합하는 것은 남 몰래 합하는 것이므로 괴변이나 거짓말로 겁재 하는 것이다. 다시 말하면 주변 사람들을 말로써 꾀어서 돈을 번다고 본다. 42세에는 甲寅의 편재 운을 인생길에서 만났으니 한동안 큰돈을 희롱할 수 있는 명조다.

"보살님 언니가 하고 있는 찻집이 어디에 있나요?"

"시내 중심가에 있는데 손님이 별로 없어서 한가해요."

"그럼 그 언니네 찻집에 있으면서 상가사람들을 모아서 사채업을 해보세요. 처음에는 작게 시작해도 금방 늘어날 거예요."

"그것도 자본이 있고 인맥이 있어야 하는데 저는 아무것도 없어요."

"상가에 돈이 필요한 사람들을 상대로 적은 돈부터 시작하세요. 절대 욕심내면 안 되고 처음에는 몇 명씩 조를 짜서 계를 만들어 운영하면서 차츰 늘려가세요."

그리고도 마음이 놓이지 않아서 신신당부를 한다.

"가게 한 쪽에 항상 명패를 걸어 두세요. 그리고 명심하세요. 절대로 욕심내거나 남을 울리면 안 됩니다. 아쉬운 사람들 끼리 나눠쓴다고 생각하고 순리에 어긋나지 않게 적당히 해야 합니다."

혹 무슨 좋은 일이라고 그런 직업을 권하느냐고 하는 사람도 있겠지만 사회란 것은 다양한 구성원들이 모여서 조직을 이루며 사는 곳이다. 조직 속에는 급하게 돈이 필요한 사람들도 있을 것이고 그들에게는 다소 높은 이자를 지불하더라도 감사하게 쓸 것이고 그렇게 돌려받은 돈을 다시 이용해서 필요한 사람에게 전해주고 그렇게 돌고 도는 것이 돈 아니겠는가. 그리고 이 여인의 사주 명조에 남을 이용해서 내가 살아간다고 하니 이 여인은 이 일이 아니더라도 누군가를 이용해서 삶을 영위하게 될 것이다.

몇 년간 지켜 본 결과 아직은 무리하지 않고 찻집도 사채업도 잘 꾸려 가는 것 같다. 가게에 한 쪽에 신당(神堂)의 징표인 명월을 걸어두고 있다. 노후 丙戌은 자식자리인데 묘지(墓地)에 앉아서 52세경에 문제가 발생하리라고 예측할 수 있다. 명월을 지극정성으로 모시고 기도하면 52세의 위기를 모면할 수도 있다.

❈ 신(神)의 연결고리

시	일	월	년	(여)
辛	甲	己	乙	
未	子	丑	丑	

戊	丁	丙	乙	甲	癸	壬	辛	庚	대운: 순행
戌	酉	申	未	午	巳	辰	卯	寅	
81	71	61	51	41	31	21	11	1.3	

지리산 자락에 볼 일이 있어서 갔다가 마을 어르신한테서 우연

히 이야기를 한자리 얻어들었다. 인근 마을에 예전에 유 의태 신(神)을 모신 할머니가 있었는데 한 때는 명성이 자자했지만 지금은 기구한 신세가 되어 어렵게 살고 있다고 한다. 많은 신의 이름을 들었지만 유 의태 신이 있다는 소리는 금시초문이다. 궁금한 마음에 어른신의 희미한 기억을 재촉해서 그 할머니를 찾아 나섰다.

산자락에 둘러싸인 정겨운 시골마을에 올망졸망하게 들어선 집들이 나지막이 정겹다. 누렇게 익은 가을을 수확하느라고 다른 집들은 분주한데 이 집만은 유난히 조용하다. 시골에서 흔하디흔한 빨간 고추도 한 멍석 널리지 않은 빈 마당을 조막만한 개 한 마리가 왕왕 거리며 지키고 있다. 대문 안에서 소리 내어 사람을 찾으니 한참 만에 허리가 굽은 팔십 노모가 뒤란에서 천천히 걸어 나온다. 우선 정중하게 인사를 하고 찾아온 용건을 말씀드렸다.

"할머니 옛날이야기 좀 해주세요."

"무슨 얘기를 해, 다 지나간 이야기인데"

"할머니가 유 의태 신을 모시고 침(針)을 잘 놓았다면서요."

"그때는 어떻게 알고 오는지 사람들이 삽짝 밖에까지 줄을 섰었지."

"신이 처음 올 때 뭐라고 하면서 내리던가요?"

"약사신명이 내리는데 유 의태 선생 명(命)을 받들고 왔다고 하니 그런가보다 했지 내가 뭘 알아."

명조를 살펴보니 아주 어린나이에 신의 기운이 있었던 것 같다.

"할머니 언제 신을 받았어요?"

"전쟁이 끝나고 얼마 안 있다가 받았어."
연세가 많은데도 비교적 옛날 기억이 또렷했다.
"그 때부터 계속 신을 모셨어요?"
"전쟁 통에 애기들을 잃고 반 미쳐서 살았어. 그런데 신이 와서 그렇다고 모시라고 해서 모셨는데 영감이 하도 못하게 하니 안했지."
기름기 없이 바짝 마른 얼굴에 잊혀져가던 기억들이 주름진 골을 따라 흘러내린다.
"할아버지가 못 하게 하셨어요?"
"말도 말아 어떻게 성화를 부리는지 할 수가 없었지. 그냥 뒀으면 자식들이라도 온전할 텐데. 원수야 원수"
"자식들이 없어요?"
"내가 자식을 일곱을 낳았는데 이래저래 셋을 죽이고 둘은 머리 깎고 절로 가서 이제 딸만 둘 남았어."
할머니 어깨가 축 내려 앉는 것 같다. 세상 어느 어미가 먼저 보낸 자식을 맘 편히 이야기하겠는가.
辛未세존이 15세에 내려오니 乙丑의 서낭당 할아버지 유의태 약사 선생으로 들어오셔서 약명으로 한때 명성을 날리고 수많은 재물을 벌었다고 한다. 전쟁이 나서 거제도로 피난을 갔는데 큰딸은 먹을 것이 없어서 전쟁 통에 허기(虛飢)져서 죽고 작은딸은 병으로 죽어서 辛未시주의 未중 丁火가 명도가 되어 왔단다. 자식의 애고로 인하여 辛未중 丁乙己는 32살에 신을 모시는 것이라고 생각한다.
명조에는 자식의 인연이 없으니 자식 덕이 없으며 未중 丁火가 자식이라 일곱 명이다. 위로 딸자식 둘과 큰아들을 앞세우고 현재는 딸 둘과 아들 둘이 생존하는데 아들 둘은 출가하여 승려의 길을 가고 있으니 이것 또한 神의 영역에서 벗어나지 못하고 신의 손길이 자식에게 미친 결과이다.

남 몰래 신당(神堂)을 모시고 명도로 소문이 나면서 아픈 사람들이 매일같이 몰려들었다고 한다. 그때는 아픈 사람을 보기만 해도 어디가 아픈지 알고 침을 놓으면 신기하게도 잘 나았다고 한다. 풍을 맞아 등짝에 업혀서 들어 온 사람이 몇 일만에 웃으며 걸어 나갈 만큼 신의 영험이 대단 했다고 한다. 그렇게 소문이 나서 재물이 끊이지 않았는데 할아버지 등살에 그만 두었다고 한다.

辛未의 세존은 丁火의 촛대2개와 양쪽에 乙木의 꽃으로 단장하고 辛金 흰 그릇에 金生水하는 청수를 올리는 모양이다. 하지만 子未가 원진이라서 노후에는 돌보지 않으니 일지子궁 남편이 싫어하는 까닭이다. 남편의 구박으로 신당을 손수 파괴하니 그 고통이 이루 말 할 수없이 컸다고 한다.

신의 벌로 남편은 일찍 세상을 떠나고 신당에 물을 올리지 않으니 자식농사는 실패로 끝나고 말았단다. 딸들은 시집가서 각자 살기도 바쁘고 아들들은 부처님 품으로 떠나보내고 혼자서 적적하게 사는 세월이 이제는 지겹다고 한다. 누가 가을이 풍요롭다고 하는가, 씨 뿌려 제대로 거두지 못한 가을은 더 없이 초라하고 빈곤한 것을……

할머니가 천천히 움직여 방으로 들어가신다. 할머니의 옷자락이 추수가 끝난 늦가을 들판에 버려진 마른 옥수수대궁이 마냥 버스럭 거린다.

◈ 의식(儀式)을 전문으로 하는 암자주지

시	일	월	년	(남)
癸	丁	癸	庚	
卯	未	未	子	

壬	辛	庚	己	戊	丁	丙	乙	甲	대운: 순행
辰	卯	寅	丑	子	亥	戌	酉	申	
86	76	66	56	46	36	26	16	6.12	

   부산에 사는 보살님들이 역학을 기가 막히게 하는 스님이 있다고 했다. 궁금한 마음에 길을 물어 찾아가니 부산인근의 소도시에 한적한 작은 암자가 나온다. 금당 부처님께 삼배를 올리고 보살님이 내주는 차를 마시며 스님을 기다렸다. 잠시 시간이 지나니 동글동글한 얼굴에 붙임성 좋아 보이는 스님이 나온다. 어린아이같이 천진한 몸짓에 무게를 잡지 않아 마주 앉은 사람이 마냥 편안하다. 궁금한 것이 있어 왔다고 사주 풀이를 부탁했다.

   기가 막힌 스님이 사주를 푸는데 정말 기가 막힌다. 자신의 실력은 하나도 없고 컴퓨터에 다운받아 입력된 것을 그냥 읽고 있는 것이 아닌가. 소승은 역학을 잘 모른다고 했던 말이 그냥 하는 소리가 아니었다. 그래서 사실을 이야기하니 스님이 선뜻 자신의 사주를 불러주면서 감정해 달라고 한다.

   외모만큼이나 성격이 시원시원하시다.

   "스님은 未월 丁火가 卯시에 꽃을 피우고 있지만 이를 자연속의 신(神)으로 읽어보면 未월 새벽에 어두운 집안에 촛불을 밝히고 정한수 올리고 기도하는 모습으로 양 세존을 모시고 있는 형상입니다."

"사주에 신도 나옵니까?"

"세상만사 모든 것이 다 나오는데 신이라고 왜 안 나오겠습니까?"

"신기하네요. 이런 경우는 처음입니다."

"사주팔자란 사방팔방으로 다 알 수가 있다고 하며 사돈의 팔촌까지 알수 있다고 하여 붙여진 이름 이지요"

"월주 癸未세존은 어머니 것이며 일주의 丁未 세존은 본인 것이라서 불 밝히고 살아갈 팔자라고 합니다. 그래서 승려가 되신 것 같습니다."

"제가 원래 공직에 있었는데 세상일이 싫어서 머리를 깎았어요. 그게 내 맘대로 한 것 같았는데 사주 속에 다 나오네요."

"예, 다 나옵니다. 몸주는 未土 편인의 두 분 글문 할머니라고 하며 친가할머니가 대신보살로 오셨다고 합니다. 未중 丁火는 형제일신이며 子未 원진으로 生을 달리하였을 것이며 비견이라서 건립신장으로 왔다고 합니다."

"아직까지 누구도 그렇게 애기 해주는 사람이 없어서 잘 모르고 있었습니다."

아직은 신이 내리지 않고 신을 이야기하는 사람이 아무도 없었다. 사주명조를 보고 신을 읽어낸다고 하면 모두가 처음에는 믿지 않는다. 어떤 무녀는 오히려 '제가 선생님께 한 수 가르쳐 드릴게요.' 하며 거만을 떨다가 자신의 선관에 확인을 해보고는 잘못 했다고 바짝 엎드리는 경우도 있었다.

"죽은 형제는 누군가요?"

"제 위의 형입니다."

"그 분이 어머니와 같이 다녀요. 어머니 제사 지낼 때 뫼만 한 그릇 더 떠서 올려주면 아주 좋아합니다."

"몰랐어요. 앞으로 그래야겠네요."

"未중 乙木 편인은 친가 할머니인데 당산에서 향과 초를 피우고 공들인 할머니로 대보살이라고 하고 己土 식신은 친가할머니 따라서 동자가 들어오는데 이는 글문동자요 丁火의 비견이 당산신장인데 아주 강합니다. 癸卯의 편인은 亥卯未 삼합(三合)으로 亥水가 보이지 않는데 亥水는 관살이라서 여기저기에서 염불 부탁을 하면 출장형식으로 염불하러 가는 것이라고 합니다."

"정말 말문이 막히네요. 작은 암자지만 새로 증축을 하면서 형편이 안 좋아서 다른 절에서 재가 들어와 부탁을 하면 몇 푼 받고 그야말로 출장을 나가고 합니다."

"스님이라고 절에 앉아서 수행만해서는 생활이 안 되니 어쩝니까, 할 수 없지요."

"제가 다른 재주는 없는데 목소리가 괜찮아요. 재를 지낼 때 영가들을 천도해서 보내려면 그냥 낭랑한 목소리보다는 구성지게 심금을 울리는 소리로 해야 천도가 잘 됩니다. 이상하게 그래요. 느낌으로도 가는지 안 가는지 알 수가 있어요."

하며 청하지도 않은 소리를 한 자리 쭉 뽑는데 정말 촉성이 좋다. 여기저기 불려 다닐 만도 하겠구나싶다.

"스님은 이 길을 들어오시길 잘 한 것 같습니다. 종교 일을 해야 돈이 된다고 하니 말입니다."

"그래요? 그런데 중이 돈을 밝혀서도 안 되는 것이지만 별로 들어오지도 않아요."

하며 그야말로 파안대소(破顔大笑)를 하며 웃는다.

"재물이 41세부터는 좀 들어오는데요?"

"그래서 작지만 땅을 장만해서 암자도 짓고 한 것 같습니다."

이 명조에서 특이한 것은 未土 대신 줄이 조상인데 조상 줄이 너무 강해서 水 용신 줄의 자연신이 힘을 쓰지 못하는 형상이다. 음(陰)으로 이루어진 명조에 丁火가 등불이 되어서 음기(陰氣)가 잘 모여든다. 어린이 같이 천진한 모습을 하고 작은 암자에서 기가 막히게 역학을 잘하지는 못하지만 기가 막힌 음성으로 영가를 천도하면서 진실하게 부처님을 받들며 살아가고 있다.

▨ 신(神)의 가래

시	일	월	년	(여)
辛	壬	甲	戊	
丑	辰	子	子	

乙	丙	丁	戊	己	庚	辛	壬	癸	대운: 역행
卯	辰	巳	午	未	申	酉	戌	亥	
88	78	68	58	48	38	28	18	8.8	

신(神)을 받을 사람과 신을 내릴 사람이 나란히 찾아 들었다. 이 명조에 있는 신의 가래를 잡아달라고 한다. 신의 가래란 내게 어떤 신이 내리고 어떤 신을 받아야 좋은지를 가늠하는 것을 말한다.

이 분은 멀리 계룡산으로 신 내림을 갔다가 신이 내리지 않아서 실패하고 돌아왔다고 한다. 신을 받을 때는 아무 때나 아무 곳에나 가서 받는 것이 아니다. 신이 내리는 때와 날, 시간, 장소까지도 다 정해져 있어서 세세하게 살펴봐야한다. 신은 아직 내려오지 않았는데 굿을 끝내고 돌아오는 경우도 있고 다른 신 즉 허주를 모시고는 신을 받았다고 오는 경우도 많이 있다.

이것은 모두 정확한 때와 장소를 모르고 주먹구구로 신을 내리기 때문에 빚어지는 일이다. 또 한편으로는 신 내림을 주관하는 법사나 무녀가 다 같이 신이 오는 것을 정확하게 모른다고 봐야 한다. 가끔 기공수련을 많이 해서 내공이 쌓인 사람들은 어떤 신인지는 몰라도 신이 오는 것을 기운으로 느낄 수 있다고 한다.

"보살님의 몸주는 용궁 할아버지입니다. 壬辰 묘(墓)궁이라서 점사는 볼 수 없고 군웅으로 계신다고 합니다."

"그 분은 물에 빠져 죽은 이 보살 아버지입니다."

신어미 될 사람이 대신 대답한다.

"두 번째 몸주는 칠성장군입니다. 丁壬 合木하여 들어오는 丁酉이지만 子酉 파(破)를 일으키기 때문에 어렵고 설판제자는 년월지의 子子가 선녀인데 이는 서로 사이가 좋지 못하여 가래를 잡아 주어야 합니다."

"아무래도 선녀 가래 잡는 것이 어렵겠어요."

신어미는 이 대목에서 풀이 죽는다. 년주의 戊子 선녀는 戊癸 合火 하여 천상선녀로서 무지개를 타고 꽃신을 신고 내린다. 그리고 월주의 甲子 선녀는 글을 모르는 선녀라서 설판을 볼 수가 없다. 이 선녀는 천상선녀를 시기하고 질투하여 들어오지 못하게 하므로 申子辰 삼합(三合)하는 날에 가래하면 다리와 허리가 많이 아프고 두통이 심할 것이다. 이것은 申金이 甲子가 합(合)을 하는데 甲木을 치려고 하니 甲木이 대항하기 때문이다.

"선생님 정말 용하네요. 어째 그리 본 듯이 알아내십니까?"

이왕에 가르쳐 주는 것 날까지 잡아 달라고 해서 적당한 날을 잡아 주었다.

"그럼 장소는 어디서 하면 좋겠습니까?"

"바닷가 바위가 있는 곳에 가서 하되 壬辰은 용궁이니 절대로 돼지고기와 닭고기는 절대로 올리면 안 됩니다."

"원래 용궁에 돼지고기는 안 올려도 닭은 올리는데요."

"辰亥가 원진이라 돼지는 당연히 안 되는 것이고 이 명조에는 子酉가 파(破)라서 닭을 올리면 들어오지 못하고 부정 탑니다."

"아이고 그러니 안 됐지."

신어미 되는 사람이 무릎을 친다.

"뭐가요?"

"닭이 원진이라 못 들어온다면서요. 그런데 계룡산으로 갔으니 당연히 안 들어오지요."

"그런가요?"

"그걸 모르고 멀리 계룡산까지 가래 잡으러 갔다가 허탕치고 그냥 왔네요. 진즉에 물어보고 갈 걸 그랬어요."

하며 아쉬워한다. 때와 장소를 모르고 가니 허주가 방해해서 그렇게 된 것이다.

❈ 신장(神將)이 강한 유발 비구니

시	일	월	년	(여)
壬	戊	壬	癸	
戌	戌	戌	巳	

辛	庚	己	戊	丁	丙	乙	甲	癸	대운: 순행
未	午	巳	辰	卯	寅	丑	子	亥	
88	78	68	58	48	38	28	18	8.3	

그녀 앞에 서면 어지간한 남자들도 주눅이 들 것이다. 당당하고 균형 잡힌 체격에 온 몸으로 뿜어져 나오는 기운이 남다르다. 한마디로 여걸이라고 표현 할 수 있을 것이다. 이런 여인에게는 어떤 신이 내릴까? 당당한 기풍을 봐서는 신장이나 아마도 대단한 장군이 내리지 않을까 싶은 생각이 든다. 명조를 적어놓고 제일 먼저 신장을 찾아봤다. 역시 신장이 아주 강하다.

"보살님 몸주는 戊戌일주로 산신장입니다."

이는 戊癸合火의 뿌리인 戌중 丁火이기 때문이다. 년주의 巳戌이 원진이라서 이루어 지지 않을 것 같지만 巳火가 申金을 불러서 친가 할머니가 해공(解空)해준다.

"년주 癸巳는 일광신장인데 이는 癸水라고 하니 아마도 아버지 일신인 것 같습니다."

"예, 맞아요. 아버지가 신장으로 들어오셨어요."

"월주 壬戌은 戌중 丁火와 합하여 별상장군이며 아버지인데 이 분은 몸이 아파서 죽었다고 합니다. 시주 壬戌 신장은 용궁신장으로 외할아버지이며 모두가 卯木을 불러들여서 火가 되어 손에 강한 열기가 난다고 하니 약손이 되고 戌중 辛丁戊는 병기(兵器) 담당하는 관리나 기술자라고 합니다."

"그렇습니다. 그런데 나는 다른 사람을 만져주면 시원하고 잘 낫는다는데 내 몸은 왜 이렇게 못 고치고 만날 아픕니까?"

하며 농담 섞인 하소연을 한다.

"그러게 중이 제 머리 못 깎고 무당이 자기 점사 못 본다고 하지 않습니까?"

"선생님은 농을 했는데 왜 욕을 하세요."

하면서 밉지 않게 눈을 흘긴다.

"보살님은 신장이 아주 강해서 대적 할 사람이 없어요. 그래서 제자를 많이 낼 것 같은데 어떠세요?"

"맞아요. 저는 제자 내는 것이 전문이에요."

"신장이 약하면 자기 방어를 못해서 허주나 잡신에게 당하는 수가 많아요. 그래서 제자는 커녕 자기 한 몸 방어하기도 힘들어요. 그런데 보살님은 신장이 아주 강한데 이 신장이 황소고집의 土신장이라서 움직이는 것을 아주 싫어한답니다."

"아주 용하십니다, 용해요. 제가 굿을 할 때는 어디서 그렇게 힘이 나는지 펄펄 날다가 집에만 들어오면 운신(運身)을 못하고 바로 드러누워야 돼요. 손끝도 까딱할 수가 없어요."

"그게 모두다 土가 너무 강해서 그래요. 土가 많으면 움직이는 것을 아주 싫어합니다. 신병도 속병으로 왔을 것 같은데요."

"신병이 위장하고 심장으로 치고 들어와서 말도 못하게 아팠어요. 아직까지도 위장약을 못 놓고 달고 살아요."

하며 하루에 먹는 약을 보여주는데 그야 말로 한 주먹이었다.

왕성한 무속인으로 제자를 많이 배출하며 활동하는데 집에 들어오면 기운이 없어서 손끝도 움직이기 싫은데 굿할 때는 거짓말같이 힘이 넘쳐나서 펄펄 날고뛴다고 하며 그것도 신의 조화라고 한다.

"보살님은 신명에서 재물을 많이 불려 줬다고 하네요."

"돈 벌기로 말하면 전국 무당대회에 나가도 안 빠지지요. 그런데 그렇게 벌면 뭐해요. 지금은 하나도 없어서 이러고 사는데요."

"그 많은 재산은 다 어쩌고요."

"이놈의 남편이 원수지요. 사업한다고 갖다가 허공에 뿌린 돈이 수십억은 될 거예요. 시댁이나 친정 형제들도 내 돈 안 먹고 산 사람 하나 없고요."

"원래 돈이란 것이 움켜쥔다고 다 내 것이 되지는 않잖아요. 그냥 나눠 쓰면 좋지요."

비견이 많은 사주라서 인덕도 없고 친한 이도 없다고 한다. 사주에 비견이 강하면 재물이 손가락사이로 모래 새듯이 새어 나가니 지키지 못한다. 신장의 재물은 허공에 있으므로 한때는 수없이 많은 재물을 모았지만 결국 다 털어먹는 것은 남편이라고 한다.

✡ 몸 주도 모르고 간판도 없다

시	일	월	년	(남)
己	壬	庚	甲	
酉	寅	午	午	

己	戊	丁	丙	乙	甲	癸	壬	辛	대운: 순행
卯	寅	丑	子	亥	戌	酉	申	未	
87	77	67	57	47	37	27	17	7.7	

이번에는 법사이야기다.

정확한 표현으로는 박수라고 해야 될 것이다. 이분은 자신의 몸주가 정확히 누군지 알고 싶다고 한다. 이렇게 신(神)의 길을 가는 제자들이 자신의 신명(神命)을 모르는 경우가 많다. 그냥 많은 것이 아니라 아주 많다. 거의 대부분의 제자들이 잘 모르고 그저 신이 '내가 누구다' 하면 그런 줄 알고 모신다고 한다.

신명을 감정하면서 물어보면 생김새는 아는데 누군지 호칭을 잘못 아는 경우도 있고, 친가인지 외가인지 모르는 경우, 조상인지 천신인지 구별하지 못하는 경우 등 자세하게 알고 있는 제자는 정말 얼마 안 되는 것 같았다. 신명을 모시는 제자들은 최소한 내 신명이 누구인지 내 몸주가 누구인지는 정확하게 알고 있어야 할 것이다.

"법사님의 몸주는 壬寅 일주의 당산 대신보살이십니다. 그리고 寅중의 甲木이 산신 동자이며 명도인데 이 동자가 점사를 볼 것입니다. 또 뒤에 들어오는 丁亥 월광과 칠성이 합(合)을 합니

다."

"그러려니 하고 짐작은 하고 있었는데 이제는 확실하게 알겠습니다."

년주 甲午는 당산에서 공들인 친가 할머니이며 월주 庚寅에서 잠시 망설이다가 일주 壬寅으로 이어져서 다시 시작하는 모습이다. 그런데 또 다시 시주로 가면서 원진이라 외면(外面)할 것이다. 당산에 정한수 올리고 공들인 할머니가 일지의 寅木이라서 천황 잡이이며 인물도 좋지만 체격도 좋고 힘이 장사 같은 여걸이다.

"그런데 선생님 저는 신장은 아주 없는 것입니까? 전혀 안 느껴집니다."

"명조에 비겁이 없어서 신장이 당연히 없어요."

"그럼 어떻게 해야 합니까?"

"천황 대에 신장이 없으면 굿을 하고나서 자신이 당하는 수가 많이 있습니다."

"신장을 모시고 오는 수는 없을까요?"

"있지요. 丁亥의 亥水의 칠성장군을 신장으로 모셔오면 됩니다."

"굿을 하고 모셔야 합니까?"

"신당에 검은 항아리를 올리고 거기에 물을 6부정도 채우고 나무를 하나 세워두세요. 그러면 신장이 들어섭니다."

"그러게 이상하게 항아리에 물을 담고는 뚜껑을 덮어 놨어요."

"항아리는 어떻게 갖다 놓았어요?"

"어느 날 기도를 하는데 항아리를 갖다 두라고 하시더라고요. 그런데 어떻게 할 줄 모르고 물을 가득 담아서 덮어 뒀지요."

이렇게 신의 제자라고 하여도 자신의 사주에 어떤 인연이 오는지 모르면 헤매게 된다.

"그리고 법사님 己酉는 59세경이니까 이때쯤에는 신당을 작은 법당으로 꾸미고 암자라고 명패를 다시면 편안 하실 겁니다."

"정말 감사합니다. 꼭 명심하겠습니다."

하며 두 손을 모아 진심으로 합장하신다.

❈ 신(神)의 제자가 아닌데 내림받은 제자

시	일	월	년	(여)				
庚	戊	辛	丙					
申	子	卯	申					
壬	癸	甲	乙	丙	丁	戊	己	庚	대운: 역행
午	未	申	酉	戌	亥	子	丑	寅	
85	75	65	55	45	35	25	15	5.9	

제자들의 신명(神命) 감정을 하다보면 안타까운 경우를 많이 본다. 신의 제자인 줄 모르고 살다가 신의 벌(罰)에 가족을 잃는 경우도 있고, 잘못된 판단으로 제자가 아닌데 신을 받아 고생하는 경우도 있고, 인연이 없는 신을 잘못 받아서 고생하는 경우도 있다. 그리고 신을 받을 때를 잘못 알고 때가 아닌 때에 받아서 고생하는 경우도 있다. 이 여인이 그렇다. 자신의 신명이 누구인지 때가 언제인지 모르고 신을 받아 고생하고 있었다.

"보살님은 무엇이 궁금하신가요?"

"내가 젊어서부터 신을 받아야 된다고 하는 것을 안 받고 있다가 마흔이 넘어서 신을 받았는데 점 궤도 안 나오고해서 뭐가 잘못됐는지 알아보려고요."
"보살님은 신을 받는다면 29세에 받아야 됩니다."
"그때는 젊으니까 안 받으려고 그냥 살았어요."
"그때 받으면 년주 丙申이 불사대신이며 일주 戊子와 슴하여 몸 주가 됩니다. 아마 丙辛 슴하는 19세경에 신의 기운이 드러났을 것이고 29세에 신을 받았으면 불사대신이 몸 주로 들어오고 작두신장으로 활약하는데 때를 놓쳐서 못 받으신 겁니다."
"마흔 하나엔가 받았어요."
"그 때 받았으면 아무런 느낌이 없었을 텐데요."
"그러니까 점사도 못보고 도통 신이 오지를 않아요."
"그것은 申子가 슴해서 水상관으로 변하려는데 이것을 중간에 卯木이 가로 막아서 되는 것이 없는 겁니다. 월주의 辛卯는 외가 줄에서 온 약명도사이며 이 분이 오시면 손에 치료할 수 있는 기운을 쥐어주는데 子卯가 형(刑)이라서 아마도 마사지나 침(針)일 것 같습니다. 또 이 자리는 남편자린데 남편이 상당히 견디기 힘드실 것 같습니다."
"남편하고는 뜻이 맞지 않아 이혼하고 혼자 살아요."
시주의 庚申은 재석 천신인데 이분은 절에서 공부를 많이 하신 불사대신 이다. 이 불사대신이 내려오실 때 목에 염주를 걸고 흰 저고리를 입고 불경을 들고 내려오신다. 이분은 41세에는 내리지 않고, 글을 배우면서 기다렸다가 44세에 내림을 하였으면 유명한 역학인이 될 수 있었을 것이다. 불사 대신은 子卯 형(刑)이라서 시끄럽게 노는 것은 싫어하고 단아하고 조용히 공부하는 분이다.

"이 불사대신은 점사를 글로 하는데 글을 모르면 점사를 볼 수 없지요."

"그럼 이제 어떻게 방법이 없습니까?"

"庚申이 乙巳와 合을 하는 관계로 흰 그릇에 청수(淸水)를 올리고 글공부하면 내리신다고 합니다."

"제가 얼마 전에 도자기 파는 가게에 갔는데 흰 도자기그릇을 보니 너무 마음에 들고 꼭 가지고 싶어서 사왔는데 어디에 써야 할지 몰라서 그냥 가지고 있어요."

"그 흰 그릇에 매일 청수 올리고 늦었지만 글공부를 시작해보세요. 엄밀히 말하면 보살님은 무속 인이 아니고 역술인입니다."

戊子 일주의 이 여인은 점사를 보는 무속 인이 아니고 글로 풀이하는 역술인이다. 사주에 식신이 많은 것은 공부가 잘 안 되고 망상과 바람으로 허송세월만 보낸다고 본다. 년주 丙申은 글자 그대로 지금도 할머니께서 절을 운영하고 계시다고 하였다.

✡ 가래 잘못으로 시달리는 무속(巫俗)인

시	일	월	년	(여)				
乙	己	戊	庚					
亥	卯	子	寅					
己	庚	辛	壬	癸	甲	乙	丙	丁	대운: 역행
卯	辰	巳	午	未	申	酉	戌	亥	
81	71	61	51	41	31	21	11	1.1	

잘 익은 가을날 맑은 바람을 벗 삼아 오랜만에 한가로이 마당을 거닐고 있는데 낯선 남녀가 차를 끌고 들어온다. 손님이 온다는 연락은 없었는데 누군지 궁금하다. 우선 안으로 모시고 찻잔을 사이에 놓고 인사를 하니 자신들은 포항에서 왔다고 한다. 사람이 없으면 어쩌려고 연락도 없이 왔느냐고 하니 미처 생각을 못했다고 한다. 무슨 급한 사정이 있어 연락 할 생각도 못하고 달려 왔을까.

요즈음은 신명(神命)을 감정하러 여기저기 불려 다니느라 집을 비울 때가 많다. 오래전에 역학을 접하고 산에 들어갔는데 산 속에서 우연히 자연의 이치를 터득하고 그것을 역학에 대입하니 절묘한 이야기가 나오는 것이다. 그것이 어찌나 재미있던지 물어오는 사람들에게 사주를 풀어 이야기를 해 주었다. 물어보는 사람도 풀어주는 사람도 신기하게 맞아들어 놀라기는 매일반이다. 그러던 중에 신(神)을 받은 보살들이 사주를 풀어달라고 오는데 이상한 것이 있었다. 일반인들과는 다른 통일된 법칙이 있는 듯했고 그 이야기를 더듬어 보니 좁다랗게 신이 내리는 오솔길이 나왔다. 그렇게 우연히 접한 사주 속 신명이야기에 매료되어 갖은 우여곡절을 겪고 일정한 법칙을 발견하였다.

그것이 얼마나 정확한지는 신을 받은 명조의 주인만이 알 수 있는 일인지라 일일이 그들을 찾아가며 감정을 부탁했는데 그것이 소문이 났다. 이제는 보살들이 앞을 다투어 자신의 신명을 감정 해 달라고 요청을 한다. 내가 아쉬워 감정을 부탁할 때는 고자세로 눈을 내리 깔던 보살들이 이제는 제발 와 주십사고 저자세로 나오니 사람의 마음이 이렇게 조화를 부린다.

아무튼 검증을 다녀 본 결과 90%가까운 적중률이 나온다. 좁다란 오솔길에서 이제는 넓은 신작로로 나온 것이다. 이 보살도 그렇게 소문을 듣고 문패도 없는 집을 물어물어 직접 찾아왔노라고 한다. 가늘디가는 팔다리에 왜소한 몸피가 뒤에서 보면 꼭 어린소녀 같다.

"보살님은 신을 받으려고 합니까 아니면 받으신 겁니까?"

"제가 몸이 많이 아파서 보살들한테 갔더니 신병(神病)이라고 해서 내림을 하고 신을 받았어요."

조리 있게 말하는 모양새나 몸가짐에 배움의 흔적들이 묻어난다. 넌지시 물어보니까 대학을 다니다가 중퇴 했다고 한다. 신을 받은 보살들이 못 배웠다고 무시하자는 것이 아니라 대부분의 보살들이 자신을 가꾸는 일에 소월하고 긴장감이 무너져 있는데 반해 이 분은 말과 행동이 많이 절제되어 있다.

"무엇이 궁금하신가요?"

"일단은 제가 신을 받은 것이 잘 한 것인지가 궁금하고 신을 받았는데도 돈도 안 되고 몸이 안 편한 것은 무엇 때문인지 궁금합니다."

"우선 보살님은 약명 줄이 강합니다. 그길로 가면 재물이 따라온다고 합니다. 그리고 굳이 신을 안 받아도 되는데 받으셨습니다."

"그래요? 여러 무속인 들이 하나같이 신병이라고 어쩔 수 없이 받아야 한다고 했어요."

"보살님 사주가 신약해서 신기(神氣)가 있는 것 같이 느끼지만 아픈 시기만 잘 견디면 굳이 안 받아도 되는 사주입니다."

어리석은 무속 인들이 재물에 눈이 멀어서 멀쩡한 사람을 내림을 하게 한 것이다.

"보살님 몸주는 己卯일주의 편관 할아버지이며 庚寅 외가 줄이라고 합니다. 木이 강하고 역마라서 산천을 다니며 약초 캐시던 할아버지가 약명으로 오시며 약재나 탕약이라고 합니다."

듣고 있는 눈빛이 무척 진지하다.

"뜸도 하지만 신당(神堂)에 항상 약초를 걸어두고 약초 냄새가 가득해야 재물을 준다고 하는데 초년의 戊子 재물은 내 것이 아니고 시주의 乙亥 재물이 庚寅과 合하니 약명으로 가면 재물은 저절로 따라온다고 합니다. 庚寅 34세에 신명이 접하고 43세에 약명이 내려오며 45세에 신 내림하여 대사신명이 들어섭니다. 대사신명이 들어오면 卯酉 沖하여 몸이 항상 아프고 몸주인 약명을 밀어내고 법당을 차지 하려고하며 여의치 않으면 몸을 치고 들어옵니다."

"그래서 항상 몸이 고달프고 피곤한 거군요."

약명이 많아서 그런지 학교도 간호대를 다니다가 집안 사정으로 그만 두었다고 한다. 지금도 법당을 모시고 힘들게 살아가면서 신을 받아도 이렇게 아플 바에야 차라리 신을 받지 말걸 그랬다고 후회를 한다.

"어떻게 하면 몸이라도 좀 편안할까요. 선생님"

"庚寅의 존자님을 모시면 안정을 취할 수도 있겠는데요. 보살님은 신장이 없어서 다른 신들의 침범을 받고 시달리는 것이에요."

"예 선생님 저는 신장이 없어요. 어떻게 하면 신장님을 모실 수 있을까요."

"탱화를 그리는 분에게 부탁을 해서 탱화를 하나 만들어 거세요."

"아무 신장 그림이나 그리면 될까요?"
"신장님을 꿈으로나 기도 중에 보신 적이 없습니까?"
"한 번도 못 뵈었어요."
"보살님의 신장은 여 신장으로 흰옷을 입고 머리를 상투처럼 위로 올려서 하얀 끈으로 묶고 그 끈을 양쪽으로 갈기처럼 길게 드리우고 손에는 칼을 들고 내린다고 합니다."

그랬더니 이 보살이 자신도 모르게 어느 날 불교 전시장에 가서 존자그림을 구해 와서 법당에 모시고부터 조금씩 안정이 되는 것 같다고 한다.

이제야 몸 주가 바로 모셔진 결과이다. 어쩔 수 없이 신의 제자로 살아야 하는 경우나 자신이 좋아서 스스로 신의 길을 선택한 경우가 아닌 무속 인들의 재물이 되어서 그야말로 억지 춘향으로 신을 받는 일은 이제 그만 없어져야 할 것이다. 제발 눈앞의 돈에만 관심을 갖지 말고 한 사람이 살아가면서 평생 받을 고통에도 관심을 좀 가졌으면 좋겠다. 부리지도 못하는 신을 내림받게 해놓고 같은 무속 인이 되어서 만나면 그네들은 무슨 말을 할까?

⊠ 조상 묘지(墓地)가 문제라서 안 풀리는 사주

```
시   일   월   년   (남)
丙   戊   甲   己
辰   寅   戌   丑

乙   丙   丁   戊   己   庚   辛   壬   癸   대운: 역행
丑   寅   卯   辰   巳   午   未   申   酉
82   72   62   52   42   32   22   12   2.3
```

이 분은 부인이 신을 받은 무속인(巫俗人)이라고 한다. 부인이 올해 산소를 파묘(破墓)해서 화장(火葬)을 해야 된다고 하는데 다른 무속인들이 하면 안 된다고 했다고 한다. 어떻게 해야 될지 갈피를 잡을 수 없다고 조언을 받으러 왔다고 한다.

"부인이 왜 파묘를 해야 된다고 합니까?"

"할아버지가 꿈으로 알려 줬대요. 그런데 다른 무속 인들은 올해 삼재가 들어서 손대면 안 된다고 해요."

"우선 사주를 한 번 보고 이야기 합시다. 꼭 해야 하는 경우도 있고 안 해도 되는 경우도 있으니까요."

사주를 감명하다가 보면 그 사람의 사주 속에 조상의 산소문제가 나오는 경우가 있는데 그 문제가 해결 되지 않으면 여러 가지 문제들이 풀리지 않고 힘든 경우가 많다. 조상님 산소에 문제가 생긴 경우 인연 닿는 후손의 명조 속에 산소에 어떤 이상이 생겼으니 언제 누가 그 문제를 해결하라고 자세하게 명시되어 있다. 그런데 일부 몰지각한 무속 인들이 조상의 산소를 자신들의 욕

심을 채우는 수단으로 이용하는 바람에 불신이 깊어 산소 이야기만 하면 세모눈을 하고 보는 사람들이 많이 있다. 그만큼 불신이 깊다는 이야기일 것이다. 하지만 문제를 제대로 인식하고 이 분처럼 스스로 해결 하고자 의논하러 오는 경우도 있다.

이 분의 명조를 살펴보니 조상님들의 요구사항이 엄청나다. 이 명조는 사주 전국이 토(土)로 이루어진 것 같다. 사주가 전부 토(土)로 이루어진 명조를 가색격 이라고 하는데 이 명조는 일지의 寅木이 가색으로 가지 못하게 가로막고 월간 甲木의 발목을 잡고 있는 형국이라서 명조가 파격(破格)이다.

"선생님은 태어나시면서 조상님을 잘 모시라는 사명을 타고 나신 것 같습니다."

"어떻게 모시라는 건가요?"

"이 사주를 흔히 하는 말로 종교인 사주라고 합니다. 돈이나 여자를 탐하면 안 되고 조상님을 받들고 기도 하면서 살라고 합니다."

"어릴 때 어머니가 그런 이야기 많이 하셨어요. 어디가면 스님이 돼야 한다고 절에 보내라고 했대요."

태어날 때 이미 조상의 안녕을 위하여 기도하는 종교인 팔자라고 못 박고 태어났는데 만약 사주에 없는 재(財)를 탐하고 받아들이면 만사가 뜻대로 되지 않고 힘들게 살아야 하는 것이다. 년월지의 丑 戌이 형(刑)으로 조상의 묘지를 잘 못 모신 것 같다. 년주 己丑이 월지 甲戌에 의하여 당하고 있는 모습이라서 조상의 원망이 가득하다. 이는 본인이 태어나면서 정해진 것이라서 본인이 하지 않으면 고스란히 당하게 된다.

"왜 하필 나한테 이런 문제가 생기는 겁니까?"

"대부분 이런 문제가 생기면 선생님처럼 이야기 하십니다. 왜 하필 나냐고, 그 이유를 설명하자면 복잡하고 방대한 이야기를 해야 하니까 그냥 인연이라고 해두지요. 조상님과 나의 파장이 맞아서 내가 그 숙제를 안고 태어난 것이라고 생각 하시고 숙제 하는 심정으로 해결 하시면 좋겠습니다."

때마침 己丑년에 조상의 묘(墓)를 파(破)하여 화장하라고 하는 운이 도래하였는지라 어떻게 알고 찾아왔다. 부인이 몸이 아파서 신을 받았다고 하는데 그 신기로 감지했던가보다.

"己丑년 甲戌월에 파묘하여 화장하는 것이 좋겠습니다."

"그럼 얼마 안 남았네요. 그렇게 급하게 해야 합니까?"

"산소는 아무 때나 손대는 것이 아니고 그 명조에 정해진 시기에 해야 되는 것인데 때가 되어도 후손들이 모르고 있으니 조상에서 일러 주신 것 같습니다."

"그런데 다른 보살들이 삼재에는 산소에 손대면 안 된다고 하던데요."

"원래 삼재에는 여러 가지 탈이 잘 생기니 조심을 해야 됩니다만 이렇게 명조에 확실하게 드러나 있는 경우에는 여하한 경우에라도 해야 합니다. 음력 甲戌월을 넘기면 안 된다고 합니다."

"그럼 유골은 어떻게 하는 것이 좋겠습니까?"

"이런 경우에는 산천에 뿌리는 것이 좋고 부인과 상의해서 조상님 해원을 한 번 해 드리시면 좋겠습니다."

"그렇잖아도 집사람하고 그 얘기를 했습니다. 감사합니다. 선생님"

이 명조는 火土운으로 가면 좋지만 木운이 오면 만사 불여의 하다. 丙戌52세에 편인 소송이 걸리고 인생 최대의 고비가 시작된다. 일지 寅木으로 인해서 많은 애로를 겪어야 한다. 사주 전국이 土로 이루어지고 명조에 재물이 없으니 모든 욕심 잠재우고 산이나 절에 들어가 살라고 하지만 속세에서 평범하게 살려고 하니 여러 가지로 힘들다고 한다.

❈ 내 인생(人生) 어디서 보상(報償) 받나

시	일	월	년	(남)
甲	丁	甲	辛	
辰	未	午	卯	

乙	丙	丁	戊	己	庚	辛	壬	癸	대운: 역행
酉	戌	亥	子	丑	寅	卯	辰	巳	
89	79	69	59	49	39	29	19	9.12	

우리는 흔히 말하기를 사주팔자는 못 속인다고 한다. 사주를 감명하면 할수록 그 말이 꼭 들어맞는다는 것을 실감하게 된다. 타고난 팔자는 여덟 글자 속에 정확하게 기록되어 있는데 우리가 미욱(未郁)하여 찾아내어 읽지 못할 뿐이다. 여기 이 명조에도 주인공의 인생행로가 고스란히 기록되어있다. 짧은 실력이나마 실력이 허락하는 대로 하나씩 짚어가며 풀어보기로 하자.

이 분은 젊은 시절 대구에서 몇 대의 중장비를 가진 차주로써의 부지런히 삶을 꾸려가고 있었다고 한다. 하루하루 열심히 일해서 중장비 임대업을 하다가 나중에는 중견 건설 회사사장이 되는 것을 인생최대의 목표로 삼고 그야말로 뒤도 돌아보지 않고 달렸다고 한다. 멋지게 펼쳐질 미래를 꿈꾸며 앞만 보고 달리는 길에 이게 웬 날벼락인가. 말 그대로 벼락을 맞은 것이다.

그날도 여느 날과 다름없이 장비를 운전하던 중에 그만 2만 볼트의 고압선을 건드리고 말았다. 일어나서는 안 될 끔찍한 사고가 일어난 것이다. 고압 전류가 심장으로 타고 들어가는 순간 몸뚱이 절반이 타버리고 심장이 멈춘 상태에서 얼마를 지냈는지 모른다. 심장이 멈추고 의식이 없는 상태에서 꿈과 비슷한 것을 경험 했다고 한다. 수염이 허연 도사 할아버지가 몸을 어루만져 주는 것을 느끼고 정신이 돌아왔다. 죽었던 몸속에 숨이 돌고 새로운 인생이 싹튼 것이다.

丁未일주의 몸주는 칠성이시며 대신 보살이다. 부모궁의 甲午와 未土가 슴하여 사주 전체가 火로 변하는 것 같으니 이는 화염신장이며 퇴마사의 전형적인 사주이다.

"법사님은 남다른 능력을 가지셨을 것 같습니다."

"특별한 능력은 없고 글을 풀어 해석하는 능력이 조금 있습니다."

"그것도 특별하지만 또 다른 능력도 있을 것으로 보이는데요."

"기도해서 얻은 것이 있기는 하지만 그런 것이야 누구나 노력하면 얻어지는 것이지요."

자신을 낮추어 겸손하게 이야기 하지만 기(氣)를 자유자재로 이용하고 퇴마를 하는 일련의 능력들을 아무나 쉽게 얻을 수 있는 것은 아니다. 그런데 이 명조에 흠이 보인다. 일주 丁未옆에 甲午와 甲辰이 나란히 서 있는데 두 그루 큰 나무에 가리어 丁未의 불빛이 잘 보이지 않는다고 한다.

"이 명조에서 보면 丁未가 죽도록 고생해서 노력하여도 甲午와 甲辰에 가리어 내게 돌아오는 것은 적고 午火의 부인과 辰土의 과부 때문에 丁未가 묻힌다고 합니다."

"거짓말은 못 하겠네요. 사실 그래서 고민이 많습니다."

"午卯가 파살(破殺) 이라서 辛卯 43세에 산중이 아닌 넓은 곳에서 午火의 불벼락을 맞는다고 합니다."

"미리 알았더라면 어떻게 됐겠습니까?"

"다른 일을 하셨겠지요. 하지만 일어나야 할 일은 아무리 기도해도 일어나고 일어나지 않을 일은 아무리 원해도 일어나지 않는다고 하지요. 더하고 덜하고의 차이는 있겠지만 완전히 피하지는 못했을 겁니다."

하니 눈을 감고 말없이 고개를 끄덕여 수긍을 한다. 午火라는 2만 볼트 고압이 卯木의 수족으로 타고 들어가니 심장과 신경계가 강한 충격을 받아 죽음에 처한 상황이지만 神의 도움으로 소생하게 된다. 정확하게 이야기하면 일주의 丁未와 년주의 辛卯가 合을 하는데 조상의 도움으로 살아났다는 것이다. 구사일생으로 살아나기는 했지만 신명의 표적은 전신에 화상의 흉터로 뚜렷하게 남겨졌다.

"사고 나신 뒤에는 무슨 일을 하셨습니까?"

"타고 난 운명이 그래서 그런지 산으로 들어갔어요. 아무것도 모르고 그냥 마음이라도 다스려 볼까하고 갔는데 이곳저곳 다니다가 단양의 수락산에 가게 됐어요. 거기서 기인(奇人)을 만났는데 그 분이 알려지지는 않았지만 주역의 대가였어요. 그 스승님 밑에서 기도하며 공부를 했지요."

"그럼 그 때 배우신 것이 영부작서 인가요?"

"그렇지요. 그리고 성명학도 같이 배웠는데 성명학은 지금 세상에 아는 사람이 몇 명 없어요. 말하자면 비전으로 내려온 것인데 스승님마저 돌아가시고 스승님께 전수 받은 몇 명이 겨우 맥을 이어가고 있지요."

"산에서는 오래 계셨습니까?"

"더 오래 있을 수 있었는데 제가 자꾸 아는 소리를 하는 바람에 일찍 내려오게 됐어요."

"아는 소리라면 어떤… "

"그 당시에 스승님의 암자에 손님이 오면 그 사람이 왜 왔는지 그냥 떠오르고 알게 되었는데 스승님한테 이야기 했더니 더 배울 것이 없다고 산을 내려가라고 하시더라고요."

"신명이 들어 온 것이었군요."

"그랬던가 봐요. 그때 안 내려오고 스승님 밑에 있으면서 공부를 더 했더라면 수월하게 공부 했을 텐데 혼자서 나머지를 깨치느라고 정말 애를 많이 먹었어요."

"고생은 하셨어도 그렇게 노력하셔서 더욱 발전할 수 있었겠지요."

그렇게 스승님을 떠나 산을 내려 온 후에 자신의 뿌리를 찾아서 김해 김수로 왕릉에 참배하고 전국 각지의 명산을 두루 다니면서 기도올리고 신(神)의 제자로 이름을 올렸다고 한다.

지금은 인연 따라 만난 보살과 함께 서울에서 점사를 보며 신내림과 천도, 퇴마를 전문으로 활동하고 있다. 인생의 허망함은 항상 가슴속에 남아 풀리지 않는 숙제처럼 따라 다니고 있다고 한다. 무엇이 문제인지 알 수는 없지만 아무리 열심히 노력을 하여도 재물과는 인연이 없는 듯하다. 인(因)이 있으면 연(緣)도 있듯이 결과가 있으니 분명히 원인도 있을 것이다. 사주 속에서 그 원인을 찾아보자.

월주의 甲午는 未土와 合하여 처로 인정하지만 저 멀리 산 넘어 辛卯자리라 별 의미 없이 보내고 뒤에 辛卯와 合하여 들어오는 甲辰 여인과 지내지만 돌아오는 이익이 없다. 甲辰의 여인이 어떤 인물인지 살펴보면 甲辰은 백호라서 욕심이 많고 辰중 乙木의 꽃이 丁火라서 떨어지지 않으려고 하며, 癸水가 편관이라 강한 성격을 가졌을 것이고 戊土는 상관이니 과부요 할머니 같은 여자라고 한다. 즉 戊癸가 合하여 火로 변하니 내 것이 내 것이요. 네 것도 내 것이라는 것이다.

丁未의 세존은 몸에 남긴 표적과 함께 항상 실려 있으며 친가 할머니의 설움이다. 丁未가 甲辰土에 매여 있으니까… (辛)신기하고 (卯)묘하구나 甲午 따라지 같은 내 인생은 (丁)정말로 알(未)수가 없으니 (甲甲)갑갑하고 (辰絶美)진 절미가 난다.

※ 어느 날 굿 당에서

시	일	월	년	(여)
己	丁	丙	己	
酉	丑	子	丑	

乙	甲	癸	壬	辛	庚	己	戊	丁	대운: 순행
酉	申	未	午	巳	辰	卯	寅	丑	
87	77	67	57	47	37	27	17	7.12	

오랜만에 집 밖을 나섰다. 멀리 사는 벗님이 어머님 기일(期日)인데 와서 밥이라도 같이 먹자고 한다. 혼자서 지내는 제사가 쓸쓸한 모양이다. 먼 길을 달려가는 수고로움보다 혼자 쓸쓸히 있을 벗이 마음에 걸린다. 혼자서 사는 삶이 여유롭고 편안하다고 하면서도 이렇게 제사나 명절이 돌아오면 어쩔 수 없이 외로움을 타는가 보다.

찾아 올 사람도 없는 제사를 둘이 지내고 상을 물려 늦은 저녁을 먹다가 이 집 주인이 넌지시 아는 분 이야기를 꺼낸다. 나이 드신 보살이 신(神)을 받으러 가까운 산에 갔는데 과연 신을 받을 수 있을지 궁금하다고 한다. 그냥 흘러들어도 좋을 이야기에 괜히 마음이 쓰인다. 잘 아는 분이냐고 물으니 절에서 오래 기도한 보살인데 환갑이 다 된 나이에 무슨 이유인지 신을 받는데 자신과 친분이 두텁다고 하면서 잘 되겠는지 물어온다. 이미 굿판은 벌어진 것이니 우리는 굿이나 보고 떡이나 먹자고 해도 이 집 주인은 자꾸 마음이 쓰이는 모양이다. 마침 그들이 올라간 산이 가까우니 아침을 먹고 운동 삼아 가보자고 하고 잠을 청했다.

아침을 대충 먹고 벗님이 이끄는 대로 산을 오르니 계곡에 옆에 지어진 굿 당이 나온다. 그런데 장고소리 징소리 하나 없이 온 산이 그대로 적막강산이다. 굿 당 안을 들어서니 아침을 먹다가 다들 웃는 얼굴로 반갑게 맞아준다.

"아니 연락도 없이 어떻게 왔어요."

"세상에서 제일 재미난 것이 굿 구경 불구경 아닙니까. 재미난 구경하러 왔지요."

"한 발 늦었네요. 새벽에 시작해서 조금 전에 다 끝나고 밥 먹고 내려가려던 참 이에요."

"굿을 무사히 잘 끝났습니까?"

"그럼요. 잘 받았습니다. 이제 기도만 갔다 오면 술술 풀릴 겁니다."

친구가 느닷없이 복채를 내 놓더니 농담 삼아 새내기 보살님께 점사를 청했다. 당황해서 눈치만 보는 애동 제자 대신(代身) 신어미가 나선다.

"이제 막 신을 받은 애동 제자가 점사 보는 법을 제대로 몰라서 그래요. 법당을 꾸미고 산천으로 기도 다녀서 신명(神命)이 제자리에 좌정(坐定)하시면 그 때는 여봐란 듯이 봐 들릴 테니 그 때 보시구려. 정 급하면 내가 대신 봐줄게요."

하며 눙치고 드는 폼이 역시 능구렁이답다. 벗님이 옆방에 자리를 만들어 신어미를 따로 불러서 나를 소개 시킨다.

"아이고 선생님 얘기를 진즉에 듣고 한 번 뵙고 싶었는데 이렇게 인사를 하네요."

"저는 초면 인 것 같은데 보살님은 저를 알고 계신 것 같습니다." 하니

"일전에 아는 보살이 사주를 귀신같이 보는 선생님이 있는데 사주만 갖고도 신명가리를 해 주신다고 하는데 믿기지가 않아서 한 번 만나보고 싶었어요."

하며 구수한 전라도 사투리를 섞어 술술 이야기를 풀어 놓는다.

"그럼 아주 잘 됐네요. 참말인지 거짓말인지 이 자리에서 오늘 내림받은 보살님 명조를 한 번 감정해 봅시다."

같이 온 친구가 말이 떨어지자마자 바로 낚아챈다. 능구렁이 보살은 자기가 뱉은 소리에 스스로 걸려서 할 수 없이 애동이 보

살님 사주를 내민다. 명조를 적어 놓고 보니 굳이 신을 받지 않아도 될 것 같다. 아마도 서로의 욕심과 욕심이 맞물려 내림을 하는 것 같았다.

"이 보살님은 신을 받지 않아도 조그마한 절을 하나 지어 조상님 위패를 모셔놓고 기도하면 조상님이 감응 한다고 합니다."

"신 줄이 강해서 안 받으면 안돼요. 신병(神病)이 심해서 얼마나 욕을 보는데……"

신어미가 마땅찮은 표정이다. 이유야 어찌 되었든 감정을 시작한 이상 거짓으로 봐 줄 수는 없다.

"동짓달 丁火가 酉시에 태어나서 이름은 그리 높이나지 않겠고 丁丑이 己酉와 습하려고 巳火를 찾으니 절에서 공들이는 불사대신이로구나… 명조에 丁火 곁에 丙火가 붙어있으니 항상 손해 보는 기분으로 살아가야 하며 년과 월지가 子丑으로 습하니 분명 산소 탈이 났습니다. 조상님 묘지에 물이 들어 시신이 얼어있을 것이며 신병은 속으로 들어온다 하니 위장병 같습니다."

"예, 조상님들이 춥고 한이 많아서 구천을 떠돈다고 하니 산천마다 다니면서 기도해서 많이 풀어 드려야 해요."

산소에 이상이 있으면 산소를 손보는 것이 우선일 터인데 기도를 해서 푼다고 한다. 기도를 하면 꽁꽁 얼어있는 시신이 저절로 녹는다 말인가.

명조에 土기운이 강해서 대신보살이 많으며 동자가 재물에 욕심을 많이 내는구나. 오호라 이 보살이 신을 받아서 재물을 불려 볼 심상인가보다. 아서라. 이 명조는 재물보다 건강이 문제로다. 명조를 보면 54세경에 절과 인연이 닿아 절을 찾아 기도를 다니는데 57세경에는 보살공부를 시작한다. 그러나 이것은 반 보살

제 3장. 예문　297

이니 못 다한 공부를 하며 조상님을 위해 기도하며 살아야 한다.

"이 명조에서 재물은 丙子가 벌어서 가져다준다는데 이 丙子가 己酉를 만나면 파살(破殺)되니 절에서 목탁을 두드리는 모습입니다. 그냥 작은 절이나 하나 마련하여 불사대신의 공덕으로 살아가면 좋을 것 같아요. 신을 받더라도 산천을 돌아다니는 것보다는 좌정하고 앉아서 경(經)을 읽고 기도하며 찾아오는 신도들에게 앞날을 알려주고 상담하며 그들을 이끌어 간다고 합니다."

이것은 작은 것에 만족하며 살아가는 것이 복을 만드는 법이라고 하는데 인간의 욕심은 한이 없는 것이라서 한 고비는 넘겨야 될 것 같고, 조상님께 공들이면 재물 복이 들어온다고 한다.

"그리고 각자의 명조에 신이 내리는 시간이 따로 있는데 몇 시에 신을 받으셨나요?"

"저녁에 들어와서 상을 차리고 신명님 모셔서 한바탕 놀고 좀 쉬었다가 새벽에 신을 받았어요."

밤새 굿을 해서 그런지 긴장을 해서 그런지 목소리가 바짝 메말라있다.

"아무런 문제없이 신이 잘 내리던가요?"

"그럼요. 신명에서도 기다리고 기다리던 일인데 무슨 문제가 있겠어요. 차례대로 선녀 동자 신장에 대신보살님까지 순조롭게 잘 내리셨어요. 아무 문제없었어요."

아니다. 지금 이 보살은 거짓말을 하고 있다. 아니면 자신도 모르고 있던지. 대신보살은 그 시간에 내리시지 않는다.

"이분이 신을 받아 점사를 보려면 대신보살을 받아야 하는데 아무시간에나 내리지 않고 亥子丑시에 받던지 아니면 辰시에 시작해서 巳午시에 일을 해야 제대로 받을 수 있다고 해요."

辰시에 시작하면 巳午시에는 신장과 선녀도 순조롭게 잘 내린다고 한다.

"亥시면 저녁 열시 아닙니까? 그 때 천문이 열릴 때 신명님을 받아서 좌정 시켜놓고 잠시 쉬었다가 다시 새벽에 몸으로 받았어요. 아무 문제없어요. 무슨 문제가 있어요."

하며 투박하게 대꾸 한다. 신을 받는 자세한 절차는 잘 모르나 내가 알기로는 그렇지 않은 것으로 안다. 신명이 뭐가 답답해서 인연 아닌 제자에게 내리면서 저녁에 내려와서 불러주기를 목 빠지게 기다렸다가 새벽에야 들어온단 말인가. 어리석은 인간들이 너무 자기본위로 계산하고 생각하는 것 같다.

신을 받은 제자에게 전달되기를 바라며 '신(神)을 잘 섬기는 것보다는 조상을 잘 섬기는 것이 좋으며 곁에 친분이 있는 사람들에게 많이 베풀어라.' 고 신어미에게 이야기해 주었다. 인연이 닿는다면 다시 보겠지만 지금은 이런 이야기가 본인에게 더 혼란만 줄 것 같아서 신어미에게 대신 한 것이다. 자신의 신명도 감정 받고 싶다고 청을 하는 보살에게 다음에 기회가 되면 해 드리겠다고 약속하고 산을 내려왔다.

벗님네에게 소식을 들으니 일 년이 다 되어가는 지금도 점사는 보지 못하고 이산 저산 다니며 여전히 기도만 한다고 한다. 하루 빨리 제자리로 돌아오셨으면 한다.

❈ 재물은 몸 주가 재성(財星)일 때

시	일	월	년	(여)
丙	戊	甲	戊	
辰	子	子	戌	

乙	丙	丁	戊	己	庚	辛	壬	癸	대운: 역행
卯	辰	巳	午	未	申	酉	戌	亥	
89	79	69	59	49	39	29	19	9.11	

이 여인은 오래전에 알게 되었으며 친구처럼 지내는 무속 인으로 서울에서 작은 암자를 운영하고 있다. 친한 승려와 함께 동거 동락하면서 왕성하게 활동하는데 본거지는 서울에 두고 전국의 명산과 유명한 기도처를 빠짐없이 찾아다니면서 허공(虛空)기도를 한다고 한다. 가끔 전화로 안부를 묻기도 하고 서로의 점사를 봐주는데 이 무녀는 몸 주가 아버지 같으며 점사는 대신보살이 보는 것 같았다.

젊어서는 미용기술로 많은 재물을 모았다고 하는데 어쩌다가 신명의 길에 들어오게 되었는지는 자세하게 이야기 하지 않는다. 이 무녀가 굿 하는 것을 몇 차례 본적이 있는데 子水가 정재라서 선 거리는 못하고 앉은 거리로 경문을 읽으며 선 거리 하는 것은 아직 보지 못했다. 상당한 재물이 있는데도 재물에 대한 집착이 강해서 많은 욕심을 부린다.

제자들의 신명을 감정해 보면 제자의 몸주로 아버지가 들어오면 특히 재물과 인연이 많은 것을 알 수 있다. 이것은 아버지의 못 다한 딸에 대한 사랑 때문이라고 본다. 내가 신명에 관한 책을 쓴다고 하니 자기 것부터 풀어보라고 하여 이렇게 마주 앉았다.

戊子 일주의 몸주는 아버지이며 군웅이다. 하지만 실질적인 점사는 戊癸가 합(合)하여 火가 된 일광대신보살이며 천상에서 법을 가지고 내리는 것 같다. 甲子의 편관는 合을 하려하지만 子子 형살(刑殺)이라서 원만하지 못하니 선거리는 하지 못하고 辰土에 合을 하여야 선거리를 한다.

"보살님은 일주의 子水 정재가 辰土에 合하여 편재로 변하는데 이때 辰土 비견 뒤에 숨어 있다가 톡 뛰어나오는 酉金의 동자가 불사 문수 동자이지만 강한 子水에 혼이 나면서 고개를 숙이는 꼴이다."

"무슨 소리야, 도사가 잘 몰라서 그렇지. 우리 문수 동자가 얼마나 똑똑하고 점사를 잘 보는데."

평소에 이 보살은 자신에게 문수동자가 있다고 주장하는데 그것은 시지의 丙辰이 불사와 合을 해서 문수가 되는데 戊子일주는 이 丙辰을 동자로 쓸 수가 없다.

"보살님은 친가 할머니가 주도권을 쥐고 있네요. 모든 神의 인연을 친가 할머니인 申金이 뒤에서 주도하고 이끌고 있어요."

"맞아 그건 도사 말이 맞아요."

이 보살은 언제부턴지 나를 도사라고 부르는데 말려도 듣지 않아서 이제는 귀에 익은 대로 그냥 편하게 호칭으로 듣는다. 년주에 있는 戊戌의 산신장군이 천문에 인연이 되어서 말문을 열어 준다. 지지에 子子의 재성이 있어서 아버지가 이리저리 인연을 맺어주고 재물도 불려 준다.

"보살님 올해 己丑년에 신명(神命)이 바뀐다고 하는데 알고 있어요?"

"기도 갔을 때 그런 소리 없었는데 신명이 왜 바뀐다고 그래, 그런 일은 없어."

丙戌의 52세경에는 辰土위에 丙火가 있어서 설판 제자를 교체하는 시기인 데 이 시기를 놓치면 점사가 떨어진다. 癸水가 丙火의 앞을 가리고 戊癸 合을 하여 자신을 드러내는 형상이다. 이 보살은 진심으로 애기 해 주어도 다른 사람의 이야기는 무시하고 자신의 주장을 강하게 내세운다.

문수 동자가 남들보다 뛰어나다고 하면서 왜 자신의 신명이 바뀌는 것을 모르는 것일까. 점사를 보는데 동자를 불러서 수맥을 탐사할 때 쓰는 엘로드를 가지고 애들이 장난하듯이 점사를 보는데 믿음이 가지 않는다. 그리고 연륜이 쌓여갈수록 동자를 무시하고 자신이 동자보다 더 똑똑하다고 자만하고 있다. 만나서 이야기를 하다보면 가끔 올바른 신명이 없는 것이 아닌지 의심스러울 때도 있다.

몸주는 명도가 아니고 재물 탐이 강한 아버지 신으로 일종의 허주일 가능이 높다. 친분이 두터워서 서로가 잘 알고 있는데 평소에 하는 말이나 행동을 보면 꼭 허주를 모신 제자처럼 보일 때가 많다. 자신의 주장을 터무니없이 강하게 내세우고 쓸데없이 말을 많이 하는 것이나 과장된 행동을 보고 있노라면 자신의 비밀이 탈로 날까봐 전전긍긍하는 허주의 모습처럼 보인다. 어떻게 보면 어린아이가 자신의 이야기가 통하지 않아서 두서없이 조잘대는 모습처럼 보일 때가 많다.

이것 또한 본정신이 아닌 허주의 전형적인 형태이며 자신을 합리화 시키려고 하는 것처럼 보인다. 전국 산천을 다니면서 기도

하는데 많은 돈을 사용하는 것도 허주가 가진 특징 중의 하나이다. 이 사주 명조에는 丙辰과 戊子가 합을 하고 있으니 자신처럼 일광대신을 몸 주로 모시고 있는 사람과 함께 재물을 취득하여 자기 것으로 만든다고 기록되어있다.

이 보살은 실제로 그렇게 살고 있다. 오래전에 알게 된 법사와 함께 활동하고 있는데 실질적인 행위는 법사가 다 하고 자신은 옛 명성을 이용해서 재물을 취하며 살고 있으며 법사와 단 둘이 상담하는 것을 무척이나 꺼려한다. 이보살의 명조에는 재성이 강하다. 이럴 때 재성은 시집이나 자신과 동거하는 남자의 신으로 볼 수도 있으며 이것은 신명(神命)의 합(合)으로 이루어지면 가능하다.

*子子는 형살(刑殺)은 아니지만 자연으로 바라보면 출렁이는 물결이 소리를 내면서 깨어진다. 이는 고요하면 상관없지만 사주에 편관 밑에 있으므로 그렇게 해석하는 것이다.

◈ 역학(易學)하는 노(老)스님

시	일	월	년	(남)
乙	壬	庚	丙	
巳	申	子	子	

己	戊	丁	丙	乙	甲	癸	壬	辛	대운: 순행
酉	申	未	午	巳	辰	卯	寅	丑	
86	76	66	56	46	36	26	16	6.1	

하루 종일 아니 며칠이 지나도 초라한 언덕배기 쪽방에는 아무도 찾아오는 사람이 없다.

하루 종일 햇살이 들어오지 않는 어두운 골방에 누워서 이제는 눈 감고도 외울 수 있는 손때 묻어 낡은 책을 뒤적이거나 골목을 지나는 발자국을 세는 것이 하루 일의 전부이다. 늙고 병든 몸을 움직여 직접 밥을 하지 않으면 한 끼의 식사도 해결 할 수가 없다. 자식들이 있지만 사는 것이 힘들고 어려워서 그런지 들여다 보는 자식이 아무도 없다. 자신의 노후가 이렇게 비참하게 되리라고는 자신은 물론 그 누구도 몰랐다.

젊어서는 재물의 아쉬움을 모르고 호화롭게 살았다. 직장에 몸 담고 있으면서 엄청난 축재(蓄財)를 했다고 한다. 젊은 나이에 상당한 재산을 모으고 본가 외에도 다른 곳에 살림을 차려서흥청거리며 살았다고 한다. 그러다 직장을 그만두고 어떻게 인연이 닿아 삭발을 하고 승복을 입고 살았다. 처음 스님을 만날 당시 스님은 조그만 절에서 사주를 봐 주고 절에 오는 신도들에게 부적을 팔아서 살고 있었다. 그 당시에 스님은 백호살(白虎殺)이라고 하는 흉살을 이용해서 부적을 팔았는데 그 수법이 교묘(巧妙)하다.

백호 살은 호랑이에게 물려 죽는다는 말 그대로 흉사를 당한다는 살인데 심장이나 혈관계통의 질병으로 고생하거나 비명횡사 할 수도 있으며 결혼생활도 원만하지 않다고 하며 누구나 두려워하고 꺼리는 살 중에서도 고약하고 흉한 살이다. 지금처럼 자동차가 파도처럼 밀려가고 오는 속에서 부딪치는 것이 백호 살이다. 교통사고로 피를 본다고 하는 것이다. 사주 속에 백호 살이 들어있으면 잔뜩 겁을 주고 그 사주의 육친에 연관되는 사람들을 다 끌어다 붙여서 그 사람 역시 흉 액을 당한다고 하며 부적을 강요하는데 칠 년 치 부적 값을 한 번에 받고 칠년 동안 절에 와서 기도하고 공들이면 피해 갈 수 있다고 끈을 이어 놓는다. 그 부적 값이 만만치 않고 칠년 동안 절에 다니며 올 때 마다 보시에 기도 비에 공양을 올리니 돈이 눈덩이처럼 굴러 들어왔다.

어리석은 중생을 제도해야 하는 본분을 팽개치고 어리석은 중생을 이용해서 재산을 모았건만 그렇게 모은 재산은 허망한 꿈이 되고 말았다. 누군가 찾아와서 같이 말을 섞고 웃음을 나누는 이가 없으니 많이 외로우실 것 같아 가끔 찾아가서 청소도 해드리고 말동무도 해드린다. 오늘은 스님의 옛날이야기가 궁금하다.

"스님 제 사주 좀 봐주세요."

"늙었다고 네놈이 나를 놀리는구나."

하시면서도 주름진 얼굴에 웃음이 번진다.

"스님은 역학을 언제 배우셨어요?"

"대학 다닐 때부터 책을 보고 배웠지."

학창시절부터 역학을 배웠다고 하지만 그리 뛰어난 실력은 아니다. 자신의 운명도 제대로 읽지 못하였다. 子月 壬水가 巳시에 乙木 상관을 보고 태어났으며 申子의 合으로 辰土 편관이 없으므로 산림계에서 몇 5년간 근무하셨다고 한다.

"스님은 젊은 시절에 돈을 많이 벌었다고 하셨는데 산림계에 다니면서 버셨어요?"

"월급 받아서 어떻게 돈을 모으나 다른 방법이 있지."

하신다. 년주가 丙子이니 돈을 탐한 것은 사실이겠고 시지의 乙巳이니 불법으로 재물을 모은 것으로 생각된다. 월간 庚金이

子水 패지에 앉아서 직장 생활이 그리 오래가지는 않았을 것이다.

"머리는 왜 깎으셨어요?"

"중(衆) 되려고 깎았지."

하시며 재치 있게 농담을 하신다.

"스님은 아니고 그냥 중이 되시려고요?"

직장을 그만두고 나니까 당장 할 것이 없더란다. 남자가 매일 집에만 있기도 그렇고 수완이 없어 장사를 하지도 못하겠고 나이가 애매해서 다시 직장을 나가기도 어렵고 해서 택한 것이 취미 삼아 배운 역학이란다. 이왕에 하는 것 제대로 하고 싶어서 작은 암자를 하나 지어 머리를 깎고 승려가 되었다고 한다. 그렇게 승려가 되어 절에 오는 신도들에게 사주를 봐주고 부적을 팔아서 재물을 모았지만 그렇게 모은 재산은 내 것이 될 수 없었다.

명조에 申金이 子水와 合하여 水가 되고 또한 巳火가 申金과 合하여 水로 변한 것은 자신의 재물이 申金의 자식으로 부터 당한다고 말하고 있다. 명조에 드러난 사실 그대로 본 부인 외에 늦게 만나 같이 살던 여인이 재물을 몽땅 자기 자식들에게 빼돌리고 스님을 배반 한 것이다. 명조에 확연하게 드러나 있건만 이것을 읽지 못한 것은 욕심에 눈이 어두워 자신의 심상을 읽지 못한 까닭이다.

잘못된 방법으로 모은 재산은 잘못된 인연이 모두 탕진하고 말았다. 또한 그 여인의 자식들도 잘 살지 못하고 병마에 시달리고 또 한 자식은 젊은 나이에 세상을 떠났으니 그에 합당한 과보가 내린 것이다.

우리 주변의 무속 인이나 역학인들이 대부분 말년에 고생을 많이 하고 그들의 자식들도 뜻대로 잘 안 되는 것을 많이 볼 수 있다. 정당하게 상담을 하고 상담료를 받으면 아무 문제가 없다. 그런데 욕심에 눈이 어두워 문점자의 약점을 이용해서 돈을 벌면 그것이 업이 되어 그 돈을 받은 사람도 갖고 가는 사람들도 잘 안 되는 것이다. 무속 인이나 역학인이 활인하고 봉사하는 마음으로 임(臨)하지 않고 재물욕심을 많이 내면 필경에는 과보를 받는다고 생각하자.

지금 스님은 아무도 찾지 않는 초라한 골방에서 정말 어렵게 병마와 싸우면서 화려했던 과거를 회상하고 옛 추억을 하얀 담배연기 속에 떠올리고 있다. 74세의 노구에도 누군가가 쪽방으로 들어가면 몇 권의 책을 들고 사주이야기를 하신다.

※ 신장(神將)의 설음

시	일	월	년	(여)
壬	甲	乙	壬	
申	寅	巳	子	

丙	丁	戊	己	庚	辛	壬	癸	甲	대운: 역행
申	酉	戌	亥	子	丑	寅	卯	辰	
85	75	65	55	45	35	25	15	5.1	

눈 먼 사람에게 밝은 등불을 들려주어도 그 사람은 깜깜한 암흑밖에 아무것도 볼 수가 없다. 눈을 뜨고 보면 일시에 모든 것이

확연해지는데 아무리 얘기를 해도 눈을 뜨지 않는다. 그리고는 왜 이리 어둡냐고 언제 아침이 오느냐고 묻는다. 나의 현실이 답답하고 미래가 불안해서 해답을 구하고자 사주를 묻는 것인데 그 답을 눈앞에 내 놓아도 눈을 감고 보려고 하지 않는다.

이 젊은 여인이 내게 묻는다. 너무 춥고 어두운데 언제 해가 뜨느냐고. 당신 품속에 안고 있는 해를 꺼내기만 하면 된다고 하는데도 이 어리석은 여인은 자신의 품속은 들여다보지 않고 자꾸만 해를 찾아 떠난다고 한다.

"보살님은 왜 신을 받았어요?"
"몸이 아픈데 신병(神病) 때문에 아프다고 해서 받았어요."

너무나 많이 듣는 이야기다. 이유 없이 몸이 아픈 경우가 얼마나 많이 있는가? 현대 의학으로도 원인을 모르는 병도 있고 검사를 해도 나타나지 않는 마음에 상처를 입어서 생기는 병도 있다. 그리고 명조를 풀어보면 내 일주가 약해서 일시적으로 타력(他力)의 지배를 받아 아픈 경우가 있다. 그럴 때는 그 기간 동안 잠시 참고 견디면 괜찮아진다. 그런데 견디기 힘들다고 병원에서 별 이상이 없다고 한다고 무속 인을 찾아가서 하소연을 하면 그들은 약속이나 한 듯이 신을 받으라고 한다. 그렇게 한 번 발을 들여 놓으면 되돌아 갈 수 없는 길이 신(神)의 길이다.

이 명조의 주인은 巳月 甲寅이 申시에 물에 빠져서 寅 巳 申 삼형(三刑)으로 춥고 한기가 들어 죽을 것만 같으니 신병으로 잘못 판단하고 乙巳의 32세에 내림을 하였다고 한다. 이때 친가 할머니가 당산 대신이 되어서 내리셨다.

"보살님이 신을 받을 때 몸주가 누구라고 하던가요?"
"당산 대신 보살이라고 하던데요."

"당산 대신 보살도 내리셨지만 몸주는 甲寅의 신장입니다. 이 신장이 당산 할머니와 습을 해야 되는데 습을 못하고 자리다툼을 하고 있으니 힘든 겁니다."

신명이 서로 습을 하지 못하면 제자는 고통 속에서 나날이 울음으로 살아가는데 년주 壬子水와 시주 壬申이 乙巳와 합하여 水가 되니 눈물로 세월을 보내는 것이다.

"그래도 보살님이 복(福)이 있으신지 올해가 문제를 해결 할 수 있는 기회인데 때를 맞춰 잘 찾아 오셨습니다."

"그래요?"

하며 같이 온 보살과 마주보며 회심의 미소를 짓는다.

"乙巳의 대신보살이 올해 己丑년에 巳酉丑 삼합(三合)이 되어 동자하고 절에 공부하러 떠났습니다. 이때를 틈타서 당산에 가서 당산 할머니께 잘못했다고 한 번 빌고 오세요."

甲寅이 습하는 亥月에 당산에 가서 당산 할머니께 잘못했다고 빌면서 寅중 丙火인 일월광명신장을 몸주로 좌정하여 주집사 하고 공을 들이면 일광동자가 인연되어 들어서고 이 동자가 명신이 되어 설판을 보게 된다.

"그런데 기도 가실 때는 꼭 혼자서 가셔야 합니다."

"기도갈 때 보살들 하고 같이 다니고 혼자서는 안 다녀 봤는데요."

"그래도 혼자서 가세요. 이 명조에는 혼자서 가라고 합니다."

방법을 일러주었건만 삼형(三刑)이라서 듣지 않고 기어이 다른 무속 인들과 함께 간다고 하는데 이것은 실수하는 것이다. 본인이 공들여 빌면 乙巳의 대신보살이 巳申으로 습하고 이면의 丁壬이 습을 하는데 이는 용군신장이며 문무를 겸한 칠성장군이시다.

"그리고 나중에 41세 이후에 작두신장이 들어오는데 이 작두신장을 받으면 배가 물위에서 미끄러지듯이 몸놀림도 가볍고 재물도 많이 들어온다고 합니다."

그런데 이 어리석은 무속인은 본주 본산에 다른 무속 인을 대동하여 간다고 고집을 꺾지 않는다. 그 무속 인들이 과연 이런 팔자를 알고 바로 잡아줄 수 있을까.

몸주는 팔자에 없는 월주에 이용당하여 부족한 공부를 하고자 한다. 신장은 무장(武將)이지 문장(文將)이 아니니 앉아서 글공부를 하는 것이 아니고 산에 기도가서 신의 공부를 하고 작두 타는 법도 배우는 것이다. 합(合)도 많고 형(刑)도 많아서 나날이 설음으로 울고 지낸다고 하니 안쓰럽고 불쌍하다. 때맞추어 己丑년에 나를 찾아와서 방법을 일러주었지만 甲寅신장의 어리석은 고집이 통하지 않으니 인연이 아닌 듯하다.

❈ 명신선녀(明神仙女)가 아니다

시	일	월	년	(여)
甲	甲	庚	庚	
戌	申	辰	戌	

辛	壬	癸	甲	乙	丙	丁	戊	己	대운: 역행
未	申	酉	戌	亥	子	丑	寅	卯	
89	79	69	59	49	39	29	19	9.11	

신의 길을 걸어가는 무녀들의 이야기를 들어보면 하나같이 설움 많고 눈물 많은 삶을 살았다고 한다. 아직 젊은 이 보살은 또 무슨 사연이 있을까? 평소 알고 지내는 스님에게서 소개를 받고 그녀를 찾아갔다. 호감이가는 미인형의 얼굴에 온몸에서 풍기는 푸근함이 사람을 편안하게 한다. 나는 이런 사람이라고 소개를 하고나서 신명감정을 부탁했더니 이 보살이 생긋 웃으며
"아마 제가 선생님보다 한 수 위일걸요?"
하며 자신만만한 얼굴을 한다. 한 수가 윈지 두 수가 아랜지는 감명을 해보면 알 것 아닌가? 명조를 적어놓고 보니 한 수가 아니라 많은 수가 아래인 것 같다.
"보살님은 몸주가 甲申의 편관 할아버지인데 甲申이 절지(絕地)라서 이 할아버지는 점사는 보지 못하는 것 같습니다. 글문이시며 丁壬이 合하여 기분나면 한 번씩 보는데 그 때는 점사가 정확하다고 합니다."
하니 그쯤이야 하는 표정으로 빙그레 웃고 있다.
"실제로 점사는 申中 壬水가 丁火를 안고 木으로 化하여 칠성대신보살이 보십니다. 壬水는 글문이며 戌中 丁火가 동자이고 庚金의 대감은 마음에 들지 않으면 허리를 감고 치며 두통으로 고통을 준다고 합니다."
그런데 제자의 간판을 명신선녀라고 달고 있으니 할머니의 원망을 듣고 있다. 그래서 申金의 도끼로 허리를 사정없이 쳐서 아픈 것이다.
"왜 간판을 명신선녀라고 걸었습니까?"
"그냥 명신이라고 하면 똑똑해 보이니까 단 것이에요."
하며 계면쩍게 웃는다.

"보살님의 선녀는 명신선녀가 아니고 시주 甲戌 속에 申金이 작두선녀예요. 이 선녀가 작두를 탈 때는 항아리에 물을 6부정도 채우고 항아리위에 작두를 놓고 타야 안전하고 흥이 나서 선녀가 내린다고 합니다."

이는 甲木이 亥水에 장생하고 申子辰 삼합(三合)에 子水가 빠지고 없기 때문이다.

"그리고 보살님은 일반 작두가 아니고 특이하게 생긴 작두를 탄다고 합니다. 작두를 타면 재물을 주는데 이 재물로 남편의 사업장을 마련하고 그 곳에 선녀를 위한 당을 지으라고 합니다. 아마도 작은 법당을 말하는 것 같습니다."

하니 자신도 그랬으면 하는데 공장과 법당을 같이 해도 되는지 잘 모르겠다고 한다.

"보살님 형제 중에 어릴 때 죽은 여자 형제가 있다고 하는데요. 여덟 살 정도 된 것 같아요."

"언니가 있었대요. 일곱 살에 물마마를 하다가 죽었다고 했어요."

이 언니가 辰戌 충(沖)하여 작두타고 재물을 모아주는데 이시기가 45세부터이다. 庚辰은 辰중 乙木이 庚金과 합하여 용궁선녀이며 머리위에 머리를 감아서 상투를 만들고 하얀 띠로 감아서 메고 흰 의상을 입고 내린다. 甲申이 절지인데 申辰이 합하니 이는 분명 7,8세에 죽은 여자 형제 인 것이다. 그제 서야 이 보살이 감탄을 한다.

"사주 속에 이런 이야기가 나올 줄은 몰랐어요. 신기하고 귀신 같네요. 제가 할아버지만 믿고 까불었어요. 용서하세요."

하며 애교 있게 사과한다.

"보살님은 신병(神病)이 관절이나 허리로 왔을 것이고 속도 많이 불편 했을 것입니다."

"신을 받은 지금도 조금만 잘못하면 허리를 치고 들어서 아주 쩔쩔매게 만들어요. 위장약은 지금도 못 끊고 먹고 있어요."

33세경에 甲甲하여 스스로 말문이 열리고 보였다고 하는데 이는 년 주 庚戌이 戌중 丁火이며 칠성대감이며 처음으로 표적을 두는데 뼈와 속병이다.

"선생님 제 속병은 신병도 있지만 또 다른 사연이 있어요."

하며 묻지도 않은 이야기를 들려준다. 신을 받기 전에 전 남편의 행패가 극심하여 이혼을 하고 돈을 벌려고 식당에 나갔는데 손님들과 자꾸 말썽이 일어나고 일을 하다가 갑자기 쓰러지고 하니 식당에서 일을 못하게 되었다고 한다. 떳떳한 직업은 아니지만 생활을 꾸려가야겠기에 반반한 인물을 앞세워 노래방 도우미로 일을 나갔는데 남자손님들이 다들 할머니라고 기피해서 그 일마저도 못하게 하더란다.

"얼굴을 아무리 뜯어봐도 할머니 같지 않고 곱기만 한데 왜 그랬을까요?"

"저도 이유를 모르겠어요. 그 때는 어의가 없었는데 지금 생각하면 신명에서 더 힘들고 어렵게 만들어서 제자로 삼으려고 했던 것 같아요."

어느 날 밥벌이도 못하고 몸은 아프고 해서 누워있는데 죽고 싶은 생각이 들더란다. 이렇게 사는 것은 사는 것이 아니라고 차라리 지옥이 더 낫겠다고 생각했단다.

"여기저기 약국에 돌아다니면서 약을 사 모았어요. 수면제랑 감기약이랑 잔뜩 사서 소주랑 같이 먹었어요."

약기운이 온 몸으로 퍼지면서 기운이 빠지는데 두고 온 아들이 보고 싶고 이렇게 죽어야 하는 자신의 신세가 서러워서 울었다고 한다. 그리고 한 참 뒤에 깨어보니 자신이 병원에 누워 있더란다.

그 뒷얘기는 주인아주머니한테서 들었다고 한다. 그날따라 주인아저씨가 안 들어와서 소파에 누워서 기다리다가 깜빡 잠이 들었는데 흰 옷을 입은 할머니가 나타나서 옆집에 불이 났다고 빨리 가보라고 하더란다. 꿈이 너무 생생하고 이상한 생각이 들어서 살며시 가보니 우는 소리 같기도 하고 신음소리 같기도 한 소리가 나서 문을 두드리다 비상키로 열고 들어가니 이 보살이 약을 먹고 사경을 헤매고 있더란다.

때마침 집에 들어오는 이층 총각이랑 차에 싣고 병원에 가서 위세척을 하고 살아난 것이라고 했다. 그렇게 자신을 싣고 병원으로 달려가서 살려내고 수시로 들여다보며 건강을 챙기던 이층 총각이 지금의 남편이라고 하면서 수줍게 웃는다. 그러니 빨리 돈 벌어서 남편 공장도 지어주고 자신의 신당도 짓고 싶다고 한다. 한 집에 세 들어 살면서 얼굴도 몰랐던 사람이 자신을 살려내고 남편이 되어 살고 있으니 인연이란 모를 일이라고 한다.

✄ 다음은 재복(財福)이다

```
시  일  월  년   (여)
庚  戊  丙  丁
申  辰  午  酉


乙  甲  癸  壬  辛  庚  己  戊  丁   대운: 순행
卯  寅  丑  子  亥  戌  酉  申  未
84  74  64  54  44  34  24  14  4.2
```

한참을 기다렸다.

아무도 없어야 된단다. 다른 사람이 있으면 싫단다. '되게 까다로운 분인가 보다' 했다. 하얀 피부에 깡마르고 뾰족 코에 눈매가 싸늘한… 하나 둘 돌아가고 자료를 정리하고 있는데 누가 살며시 문을 열고 들어온다. 얌전한 몸가짐에 편안한 얼굴이 그냥 소박한 이웃아낙네 같다.

"왜요. 누가 있으면 싫으세요?"

"그게 아니고요. 보살들이 모이면 남의 얘기를 함부로 하잖아요. 그게 싫어서요. 이 바닥이 좀 좁거든요."

하며 멋쩍어 한다. 내 삶이 소중하고, 내가 모신 신명이 소중하고, 내 아이들이 소중하고, 내가 만든 인연들이 다 소중한데 함부로 남의 입에 오르내리는 것이 싫단다. 그렇다. 이런 작은 동네에서는 얼마나 소문이 빠른가? 누가 방귀만 뀌어도 자고 일어나면 온 동네 사람이 다 알고 있다. 그래도 그것은 이런 옛 동네에서나 볼 수 있는 사람냄새 물씬 나는 훈훈한 광경이다.

빽빽한 아파트 숲에 가면 소문도 냄새도 없다. 그저 찬바람만 휑하다. 그곳에는 도무지 이름이란 것이 없다. 머리 위로 몇 동 몇 호 암호만 둥둥 떠다닌다. 현관에서도 '누구야' 하고 부를 필요가 없다. 삑삑삑삑 손가락으로 암호만 누르면 된다. 오직 '나'만 있고 '너'도 없고 '우리'도 없는 우리 동네. 이렇게 감나무에 감이 익는 소도시 변두리의 오랜 동네에 오면 우리의 잃어버린 이름들을 찾을 수 있지 않을까? 민들레, 질경이, 구절초, 쑥부쟁이 같이 친근한 철수형, 순이누나, 홍이삼촌 삼수아제 등등……

"그럼 소문 안 나게 살살 감정해 봅시다. 소곤소곤."

"아이참 선생님도, 짓궂으세요."

웃는 얼굴이 아이같이 순박하다.

"우선 보살님 몸주는 신장이신데 戊辰이라 천상에서 내려오신 용궁신장이십니다."

"예, 맞아요. 용궁신장인데 천상에서 줄을 잡고 오셨어요."

"丁酉의 29세에는 외가의 칠성 줄에서 별상선녀가 들어왔을 것이고 그 옆에 있는 丙午는 편인으로 글문 선생이십니다."

호기심 어린 눈빛으로 열심히 듣고 있다.

"일주 戊辰은 시주의 庚申과 合해서 친가 할머니가 들어오시는데 54세 때 라고 하니 바로 내년입니다. 이 할머니는 불사 대신보살이며 대범천 제석이신데 불법공부를 많이 하고 동자승을 앞세우고 설판 보러 들어오십니다. 이 분은 오실 때 머리에 하얀 댕기드리고 흰 도복을 착용하고 재물을 한 아름 안고 들어오십니다."

"진짜예요? 아이고 좋아라. 아이 좋아."

손뼉을 치며 정말 좋아한다.

"무슨 표적을 안 주시던가요?"

"기도 중에 뭘 받기는 받았는데 그게 뭔지 잘 몰라서 여쭤 보려고 왔어요."

"보살님 명조에 재미난 것이 하나 있습니다. 여기를 한 번 보세요."

"선생님 저는 이런 공부 안 해서 봐도 잘 몰라요."

하며 계면쩍어 한다.

"글문 도인이 계시는데 왜 공부를 안 하십니까? 어렵지만 공부를 해야지요. 선관이 공부를 하면 제자도 따라서 공부를 해야 됩니다. 글문 대감은 나중에 글로써 풀어주시는데 제자가 못 알아들으면 안 되잖아요"

짐짓 엄한 목소리로 나무란다.

"해야 되는 줄은 아는데 공부가 어려워서 차일피일 미루다가 그렇게 됐습니다. 그렇잖아도 내년부터는 시간을 내서 해보려고요."

이렇게 신명제자들은 공부하기를 꺼려한다. 어렵지만 공부를 해서 자신을 다지고 키워나가야 하는데 어렵다는 핑계로 손 놓고 있다가 나중에 후회하게 된다.

"몰라도 되니까 한 번 들어보세요. 역학을 공부하시면 제일 처음 배우게 되는 것이 오행(五行)입니다. 이 오행이 역학의 기초이자 가장 중요한 핵심입니다. 우리가 일반적으로 알고 있는 木, 火, 土, 金, 水가 오행인데 이 오행이 서로 영향을 주고받으면서 자연 속에서 공존하는 것입니다."

보라는 글은 보지 않고 내 얼굴만 열심히 들여다보고 있다.

"그럼 명조 속에서 오행을 찾아봅시다. 이 명조 속에서 월주의 인수 丙午는 火生土해서 일주 戊辰을 生하고 일주는 土生金해서 시주 庚申식신을 生해 주고 남은 것은 시주가 金生水하여 壬子를 生해 주는데 이 壬子가 보살님 명조에서는 재물이 됩니다. 그리고 申子辰의 재 창고를 가지고 있는데 이 창고에 재물이 가득 쌓이는 형상입니다. 이것은 불사 줄에서 넘어오는 재물인데 말년에 불사 줄에서 선업을 많이 닦았다고 내려주는 복입니다."

"제가 무슨 복 받을 일을 했다고… 아무튼 좋네요. 내년에는 집도 늘려서 가려고 생각했는데 계획대로 잘 되겠어요."

"보살님 무슨 복을 그렇게 몰래 지으셨어요? 소문도 없이"

"선생님 왜 자꾸만 놀리세요? 저는 복 지은 것이 하나도 없어요. 그냥 부모 없는 아이를 내 아이랑 같이 먹이고 입히고 키운 것 밖에요."

"거봐요. 밭에다가 복(福) 씨를 뿌렸잖아요. 그 복이 자라서 이제 열매를 맺으려고 하네요. 모든 일에는 이렇게 뿌리가 있는 법이에요. 뿌리 없이 피는 꽃은 없지요. 아이들은 몇 명을 거두셨어요?"

"능력이 없어서 두 명만요. 한 아이는 몸이 약간 불편한데 내가 아니면 누가 거둬주랴 싶어서 그냥 같이 데리고 살았어요. 이제는 다 분가해서 독립 시켜야지요."

"장하십니다."

"그리고요 선생님, 제가 처음 신이 내릴 때 잠시 미쳐서 지낸 적이 있어요. 왜 도로 한 복판에서 두 팔 벌리고 차를 못 가게 막고 서있는 사람 있죠? 제가 꼭 그랬어요. 그게 나였어요. 잘은 기억이 안 나는데 아무튼 굉장했어요. 아무개가 미쳤다고 소문도 무성했고요."

"그 때 왜 그랬는지는 기억이 안 나십니까?"

"희미하게 기억이 나는 것은 할아버지가 시키고 나는 시키는 대로 따라했던 것 같아요."

"참 재밌는 할아버지네요. 뭐라고 시키던가요?"

"잘 기억은 안 나는데 차 밑에 들어가 누우라고 하기도 하고, 길에서 오줌 누고, 골목에서 고래고래 소리 지르고, 그런데 나중에 사람들 이야기 들어보니까 그 때 소리 지르고 사람들에게 했던 말들이 다 맞더래요. 이런 얘기도 다른 사람들 앞에서는 하기가 그렇고 아이들 얘기도 있고 해서 혼자 보겠다고 했어요."

"할아버지가 왜 그랬을까요?"

"제가 나중에 생각해보니까 저를 신의 제자로 쓰려고 훈련시켰던 것이 아닌가 싶어요. 제가 부끄럼도 많이 타고 남 앞에 나서기 싫어하고 하니까 그렇게 창피한 일을 겪게 해서 남들 앞에서 점사보고 굿하는 일도 쉽게 할 수 있게 하려고 그랬나 싶어요."

"그러다가 신을 받고 괜찮아졌어요?"

"아니요. 잠시 그렇게 미쳐서 다니다가 그냥 괜찮아졌어요. 따로 신을 받지는 않았고요. 그냥 할아버지가 들어오시고, 공부하라고 해서 하고, 기도 하라고 해서 하고, 집 이름을 내려주셔서 달고 그렇게 시작했어요. 그리고 지금까지 아이들이랑 무탈하게 살게 해주시고 집도 장만하게 해주셔서 마냥 감사 할 뿐이에요. 더 바라는 것도 없는데 재물까지 주신다니 그저 황송하네요."

"보살님 내년에도 후년에도 오래도록 건강하고 행복하시기를 빌겠습니다."

"예 선생님도요."

그런데 이보살님이 인사를 하다말고 나를 빤히 쳐다본다. 이럴 때는 필시 뭔가 있다. 타이밍을 놓치면 안 된다.

"뭐 일러줄 말이라도 있습니까?"

"할아버지가 선생님은 왜 남들한테 다 주느냐고 하시네요."

"뭐를요?"

"뭐든지 다요. 어려운 공부도 해서는 남한테 주고, 돈도 있으면 다 주고, 이제 부터는 내주머니도 좀 챙기라고 하십니다."

"세상에 내 것이라고 할 것이 뭐 있나요. 나보다 더 필요로 하는 사람이 있으면 그 사람이 가지는 것이 옳다고 생각합니다. 내 것 네 것 없이 그냥 그렇게 살고 있습니다."

"내 년부터는 이름도 나고 재물도 들어온다고 하시네요."

"감사합니다. 할아버지"

서로 기분 좋게 한바탕 웃고 헤어졌다.

⚛ 대무당(大巫堂)의 사연(事緣)

시	일	월	년	(여)
丙	甲	壬	己	
寅	午	申	卯	

辛	庚	己	戊	丁	丙	乙	甲	癸	대운: 순행
巳	辰	卯	寅	丑	子	亥	戌	酉	
84	74	64	54	44	34	24	14	4.1	

불편한 몸을 이끌고 멀리 경주에서 오셨다고 한다. 이 분은 우

리 나이로 올해 딱 일흔이다. 그런데 아직도 무녀로 활동 중이시라고 한다. 사주를 적어놓고 보니 이거 예사 사주가 아니다.

"보살님 글을 아세요?"

"그럼 알지요."

자랑스럽게 대답한다.

"보살님은 글을 배우면 안 된다고 명조에 나와 있는데 글을 배우셨어요?"

"글을 배우면 안 된다고요?"

"예, 사주명조에 '너는 신(神)의 자식으로 태어났으니 글을 배우지 말고 오직 신명(神命)만 받들고 살아라.' 이렇게 씌어있어요."

"내가 어릴 때 꿈이 기자가 되는 거였어요. 글을 얼마나 잘 썼는데요. 똑똑하다고 근동(近洞)에 소문이 자자했었어요. 우리 아버지가 여식이라고 중학교를 안 보내줘서 기자도 못 되고 말았지만요."

하며 웃는다. 하지만 웃음이 따라 나오지 않는다. 같이 웃기에는 이 명조가 너무 심각하다.

"보살님 사주명조가 참 기묘(奇妙)한 인생이라고 말하고 있네요."

"기묘하지요. 세상 어디에 나 같이 산 사람이 또 있을까요. 기가 막혀서 말로는 다 못합니다."

"보살님은 아무리 늦어도 37세에는 신을 모시라고 했는데 그렇게 하셨어요?"

"아니요. 마흔일곱에 신을 받았어요."

늦었다 늦어도 너무 늦었다. 이미 그때쯤이면 많은 것을 잃었으리라. 이 명조에는 늦어도 서른일곱까지라고 명확하게 못을 박아 놓고 있다.

"그럼 신을 안 받고 있는 동안에 고난이 무척 많았겠어요."

"내가 그러잖아요. 나만큼 기구한 사람도 없다고."

"보살님 허리는 안 아프세요?"

"아유 왜 안 아파요. 이 허리가 아주 고질병 이예요. 조금만 움직이고 나면 꼼짝 못하고 누워야 돼요."

이 명조의 월주 壬申은 글을 알면 신명을 거부한다고 甲木의 허리를 사정없이 치고 다리와 팔을 못 쓰게 만들어 신명의 길로 들어오게 한다. 이것이 글을 배운 죄라니 보고서도 믿어지지 않는다.

"보살님은 신병(神病)으로 허리가 아프고 팔이랑 다리도 아픈 거예요."

"그런 것 같아요."

"보살님 명조를 보면 甲午의 외할머니가 당산대신보살로 오셨습니다. 이분이 재물에 합(合)을 하려고 하는데 壬申의 편관 대감이 가로 막고 서 있습니다. 이 할아버지는 아주 무서워서 말을 안 들으면 도끼로 사정없이 내리친다고 하십니다. 寅申충(沖)에 午卯가 파살(破殺)이라고 하고 있는데 이것은 甲午 37세까지 신명(神命)을 받들지 않으면 글문 도사께서 모든 걸 회수한다고 명조에서 분명하게 말하고 있습니다."

"아니 진짜로 그래요? 내가 글을 배워서 이렇게 산다고."

"예, 보살님은 아주 타고난 대 무당이세요. 태중에 들 때 벌써 신명에서 점을 탁 찍어서 보냈어요. '너는 신명의 자식이다. 그러니 절대 글을 배우지마라.' 글을 알면 신에 반항하고 거부하니 글도 배우지 말고 오직 신명만 받들고 살라고 해요."

"어째 그런 일이 다 있어요. 내 얘기 좀 들어봐요 선생님."

하고 싶은 이야기가 많으신가 보다.

"내가 열일곱 먹어서 시집을 갔는데 얼굴도 안 보고 시집을 갔지만 참 의가 좋았어요. 겉으로는 말도 없고 무뚝뚝했어도 맘을 많이 줬어요. 속으로는 많이 아끼고 위해주고 살았어요. 그런데 이 신랑이 애도 하나 없이 갑자기 죽어버렸어요."

"그때부터 혼자 사셨어요?"

"어디요. 호적에도 안 올랐고 애도 없으니 친정으로 돌려보내데요."

"난 의가 좋으셨다 하시기에 평생 수절하신 줄 알았지요."

"친정에서 그냥 두고 봅니까? 새파랗게 젊은 딸을. 남자를 구해서 다시 시집을 보냈지요. 이 남자는 별로 정이 없어도 그냥그냥 사는데 애기는 잘 생깁디다. 아홉이나 자식을 봤는데 그래도 그 중에 하나를 못 건졌어요. 이게 있을 법한 일이요. 그래"

"참 말로 힘드셨겠네요. 자식들이 어떻게 갔어요?"

"낳자마자 가기도 하고, 좀 커다가 마마로도 가고, 돌림병이 돌아서 시름시름 앓다가 둘이 가고, 물에도 가고, 아파서도 가고, 줄줄이 가는데 너무너무 기가 차서 나중에는 눈물도 안 나옵디다. 그 와중에 이 남자가 집을 나갔어요. 자식이 그렇게 되니 저도 속상했겠지요. 그래도 여자인 나도 견디고 있는데 남자가 집을 버리고 나가니 참 야속하데요."

"에고 속상해, 담배 한 대 피우고 합시다."

어찌 속이 안타시겠는가? 자식은 죽으면 산에다 안 묻고 부모 가슴에다 묻는다는데 아홉이나 되는 자식을 가슴에 묻었으니 그 가슴이 성할 리가 없지. 이것이 자신의 팔자를 모르고 살아온 신명제자의 운명이다. 담배를 다 피우시더니 물까지 한 컵 청해서 마시고 이야기를 마저 한다. 가슴 아픈 이야기를 듣고만 있기가 뭣해서 말릴까 하다가 그냥 뒀다. 이렇게라도 풀어내야지 그 속을 어찌 감당하겠는가.

"그 당시에는 남자가 집을 나가서 야속하기는 해도 남은 자식도 있고 부모형제도 있으니 돌아다니다가 오려니 생각했어요. 그런데 해가 바뀌고 또 바뀌고 해도 안 오는 거예요. 그 당시만 해도 살기가 참 힘들었어요. 여자 혼자서 먹고사느라 다랑이를 머리에 이고 별별 장사를 다 해봐도 겨우 밥이나 먹고 살았어요. 어느 날 집에를 오니 애들이 또 이상한 거예요. 축 늘어져서 열이 펄펄하고 정신을 못 차리는 거예요. 병원은 너무 멀고 약초를 삶아다 먹이고 했는데도 얼마 안가데요. 다 키운 놈을 그렇게 보내고 혼자서 사는데 화병이 치미는 거예요. 그래 그 시댁 근처에서 안 살고 나도 떠나왔어요."

"다시 결혼은 안 하셨어요?"

"해서 뭐하겠어요. 아시팔자 그른 년이 팔자를 고친다고 낫겠어요? 혼자 살면서 일을 댕기는데 몸도 너무 아프고 주변에서 하는 말들도 있고 해서 용하다는 무당을 찾아가서 물어봤어요. 그랬더니 이게 다 신의 벌이라고 왜 진즉 신을 안 모셨냐고 지금이라도 당장 받으라고 해요. 그 때는 모아둔 돈도 없고 해서 이삼년 더 있다가 신을 받았어요."

"그 후로도 영감님은 소식이 없었어요?"

"살았는지 죽었는지 소식을 몰라요. 죽었으면 혼이라도 찾아올 텐데 안 오는 것을 보면 아직 안 죽었나 봐요."

하며 허하게 웃으신다.

"보살님 지금은 누구랑 사세요?"

"그냥 혼자서 신령님 의지하고 살아요. 정부에서 혼자 산다고 쌀이랑 조금씩 주는 걸로 충분히 살아요."

"보살님 그저 아프지 마시고 오래오래 건강하세요."

"박복한 년이 오래 살아서 무슨 영광을 보겠어요."

많은 얘기를 듣고 나서 그런지 무심코 하는 얘기가 그냥 들리지 않는다. 고단하고 한 많은 삶이 그러했다고 마주잡은 손이 까칠하게 이야기하고 있다. 대무당의 길로 일찍 들어서서 글을 모르고 오직 신명의 글만 받들었으면 무탈 할 수도 있었을 텐데… 어리석은 己土壬濁이라고 평범한 사람으로 살아보려고 생각한 것이 잘못이다. 시주의 丙寅은 78까지 무속 인으로 살아야 한다. 아시는 경상도 사투리며 애당초라는 뜻이다.

⚛ 원진살(元嗔煞)이 강한 무녀

시	일	월	년	(여)
己	壬	丁	丙	
酉	寅	酉	戌	

戊	己	庚	辛	壬	癸	甲	乙	丙	대운: 역행
子	丑	寅	卯	辰	巳	午	未	申	
85	75	65	55	45	35	25	15	5.10	

세 남매가 같이 감명을 받으러 들어왔다. 그 중 제일 어려보이는 보살님이 먼저 다가와 앉는다. 생년일시를 불러주는데 웬걸 이 보살님이 제일 큰 누나였다.

"아니 환갑을 넘긴 나이에 어쩜 이렇게 고우세요? 제일 막내 동생 같으십니다."

하고 농담을 하니

"그럼 중매 좀 서세요."

하며 수줍게 웃는다.

"젊어지는 비법을 가지셨나 봅니다. 그게 뭡니까?"

"비법이라고 할 것이 뭐 있나요. 그저 기분이 나빠도 웃으며 이해하고, 고민하지 않고, 안 되는 일에 억지를 부리지 않는 것뿐입니다."

"예 훌륭하십니다. 모두가 알면서도 실천하기 어려우니 그게 바로 비법이지요. 그래 보살님은 무엇이 궁금하신가요?"

"사주를 보고 그 사람의 신명을 읽어내고 문제를 해결해 주시는 선생님이 계시다고 해서 어렵게 시간을 냈습니다. 저는 신을 받아서 법당을 차려놓고 있는데 점사도 잘 안 나오고 손님이 없으니 일도 안 들어오고 해서 답답해서 찾아 왔습니다."

오면서 미리 준비해 온 듯 듣기 좋은 말을 한다.

"신은 몇 살에 받으셨나요?"

"마흔 한 살에 받았습니다."

"그래요? 그 때 누구라 하고 내리던가요?"

"그 때 내림해준 스님께서 대감이라고 하던데요."

41세에 신 내림을 하여 받은 대감은 바른 신명이 아닌 허주이다.

"보살님은 당산 대신보살님이 몸주로 계시네요. 이 분은 친가에서 오신 할머니로 불사동자와 合을 해서 점사를 보려고 하는데 寅酉가 원진이라 合을 할 수 없습니다. 이 원진살이 강해서 점괘가 나오지 않는 것입니다."

"그럼 어떻게 해야 됩니까?"

"글공부를 하시면 좋은데 이 역시 寅酉가 원진이라서 하지 않습니다."

시간에 있는 己土와 일간의 壬水가 혼탁하고 월간 丁火와 壬水가 合하여 木으로 화(化)하니 자신의 주장이나 고집이 강하여 손님과의 상담도 원활하게 이루어지지 않을 것으로 보인다. 년주의 재물과 合을하고 싶으나 월주 丁酉가 가로막고 있어 합(合)할 수 없으니 재복이 약하다고 본다. 丁酉 42세에 불사대신이 칠성줄에 자리 잡으려고 내려오나 壬寅 당산대신보살이 원진이라 싫어한다.

"지금 있는 법당이 남의 집인데다가 손님도 없고 해서 옮겼으면 하는데 옮기면 어떻겠습니까?"

"壬寅은 63세이며 이때부터는 신의 법당을 己酉의 불 법당으로 바꾸고 원진이라 힘들지만 참고 견뎌내야 한다는데 바꾸셨습니까?"

"아직 안 바꿨습니다. 그렇잖아도 이사하면 법당에 부처님을 새로 모시려고 생각 하는데 돈도 좀 모자라고 옮겨도 괜찮을지 걱정도 되고 해서 망설이고 있습니다."

명조를 가만히 보니 재물이 딸이랑 합(合)하고 있다.

"보살님 따님은 사는 형편이 어떻습니까?"

"예 사위가 공장을 운영해서 살기가 수월합니다."

"딸에게 한 번 얘기해 보십시오. 많이는 아니더라도 한 삼천 정도는 해 줄 것 같습니다."

"어머나 선생님 제가 딱 삼천이 모자라서 딸에게 얘기를 할까 어쩔까 고민 중인데 어떻게 아셨어요?"

하니 모두 '혹시' 하는 눈초리로 쳐다본다. 오해하지 마시기를… 나는 '신빨'이라고는 전혀 없는 사람이다. 사주 명조 여덟 글자 속에는 어마어마한 비밀이 적혀 있는데 이 암호를 풀어서 읽어내는 것이 역학이다. 이 글자 속에 한 사람의 과거와 현재 그리고 미래, 전생과 후생까지 많은 이야기들이 들어 있는데 우리가 부족해서 읽어내지 못 할 뿐이다.

"명조에 보면 그 돈은 딸이 해준다고 나와 있고 따님이 잘산다고는 하지만 친정에 많은 돈을 보태주기는 부담스러우니 삼천이면 적당하다고 생각이 되네요. 그리고 힘드시면 이사는 굳이 안 하셔도 되고 법당만 부처님 법당으로 바꾸시면 되겠네요."

원진살이 강한 이 보살은 어느 승려의 꼬임에 속아서 신 내림을 받아 지금까지 법당을 꾸며놓고 신명을 모시고 있지만 손님이 없어 애를 먹고 있다고 한다.

명조 속에서 천간은 합(合)을 하지만 지지에 원진이 많아 신(神)에서 합을 할듯하면서도 합을 하지 못한다. 인간사나 신명(神明)의 일이나 원진이 많으면 뜻대로 흘러가기 어려운 것이다.

✺ 자매(姉妹)가 무속인이다

시	일	월	년	(여)
丙	己	丙	庚	
子	卯	戌	寅	

丁	戊	己	庚	辛	壬	癸	甲	乙	대운: 역행
丑	寅	卯	辰	巳	午	未	申	酉	
81	71	61	51	41	31	21	11	1.1	

戌월 늦가을 들판에 하얀 꽃이 두 송이 청초하게 피어있는 모습이다. 얼굴의 조화가 잘 이루어진 보기 드문 미인이다.

"얼굴이 균형이 잡혀서 아주 잘 생기셨네요."

했더니 옆에 앉은 언니가

"지금은 나이 들어서 그렇지 한 때는 알아주는 미인이었어요."

하며 맞장구를 친다. 명조를 보면 꼭 신을 받아야 할 분은 아닌 것 같다.

"보살님은 왜 신을 받으셨어요? 굳이 안 하셔도 될 것 같은데."
"자꾸 몸이 아프고 특히 귀가 들리지 않았어요. 그래서 아는 스님에게 갔더니 신을 받아야 낫는 다고해서 받았어요."
"그 때가 52세 때였습니까?"
"아프기는 그 몇 년 전부터 아팠고 신은 오십 둘에 받았습니다."

명조에 火가 강하게 있어 일시적으로 귀에 이상이 와서 들리지 않은 것이다. 화기(火氣)가 강하게 상승하면 귀가 멍해지는데 이것을 신병(神病)이라고 착각을 일으킨 것이다.

"스님에게 직접 신을 받았습니까?"
"예. 언니도 그 스님께 신 내림을 받았습니다."

욕심 많은 승려의 꾐에 두 자매가 넘어간 것이다. 자신의 이익을 챙기려고 신병을 거론하며 내림을 강요한 것 같았다.

"신을 받아서 잘 불리셨습니까?"
"아니요. 받기는 했는데 되는 일이 하나도 없어요. 사는 것이 너무 힘들고 어려워요. 그래서 왜 그런지, 안하면 안 되는지 여쭤보러 왔어요."

"보살님은 내림을 받는다면 丙戌월 52세에 내림을 받아야 됩니다. 몸주는 己卯의 약명대감이시며 己卯가 월지의 丙戌과 합해서 火가되고 寅午戌 삼합(三合)을 하려고 하는데 午火가 빠져있어 화력이 약한 형상입니다. 子卯는형(刑)이라고 하는데 이 사주에서는 약초를 잘게 절단하는 모습이며 화기(火氣)가 여기저기에 산재 한 것은 약탕기를 여러 개 걸어놓는 모습입니다. 월주의 丙戌과 시주의 丙子는 글문 대신이시며 점사는 월지의 卯戌이 합하여 역시 글문이 보십니다.

"처음 내림을 하고나서 한동안 약을 팔아서 생활 했어요."

"약을 직접 만들어 파셨습니까?"

"그게 아니고 내림을 해준 스님이 작은 암자에서 약초를 달여서 파셨는데 저보고 동업을 하자고 했어요."

"스님이 동업을 하자고 돈을 요구 하던가요?"

"돈은 아니고 저보고 기계를 하나 사라고 해서 얼마간 돈을 들여서 기계를 사드렸어요. 스님이 약초 달인 것을 기계에 돌려서 환으로 만들어 주시면 제가 받아다가 주변사람들에게 팔아서 그걸로 먹고 살았어요."

"어떤 약이었어요?"

"그냥 여기 저기 두루두루 몸에 좋은 약이라고 했어요."

하며 자매가 마주보며 쓰게 웃는다.

"얼마나 했습니까?"

"한 삼사년 그렇게 했어요. 지금 말씀을 듣고 보니까 제게 약명 줄이 있어서 그랬나 싶은데 그 때는 약을 먹어보라고 권하면 다들 거절하지 않고 잘 사줬어요."

"보살님께서 생활이 정말 어려우시면 작은 가게를 하나 얻어서 탕제원을 해보십시오."

"건강원 같은 거요?"

"예, 간판은 건강원이라고 하지마시고 탕제원이라고 하세요. 사주 형상이 토기(土器)에 약초 썰어놓고 불을 지펴서 달이는 형상이니 분명 돈이 될 것입니다. 그러면서 매일 법당에 기도 올리는 것도 잊지 마시고요."

"법당을 안 하면 안 됩니까?"

"한 번 받은 신명은 인연이 끝나기 전에는 없앨 수 없습니다."

"그럼 저는 언제까지 무당이라는 꼬리표를 달고 살아야 합니까?"

"丙子가 67세니까 그 때까지 하라고 하네요."

그러자 이 보살, 땅이 꺼져라 한 숨을 쉬면서

"선생님 내 팔자는 왜 이리도 己卯 할까요."

한다. 그 또한 사주에서 말하고 있지 않은가? 己卯한 일주라고… 한순간의 고통을 피하고자 선택한 길이 깊은 회한으로 남아버렸다. 눈앞의 몇 푼돈에 내림을 강요한 승려도 문제지만 잠시 힘들고 고통스럽다고 쉽게 자신을 포기하고 신에게 기대버린 보살이 너무 어리석다.

누나 둘이 무녀(巫女)

시	일	월	년	(남)				
乙	癸	丁	丁					
卯	卯	未	酉					

戊	己	庚	辛	壬	癸	甲	乙	丙	대운: 역행
戌	亥	子	丑	寅	卯	辰	巳	午	
87	77	67	57	47	37	27	17	7.8	

삼형제 중에 제일 막내 동생이다. 명조를 들여다보면 한 폭의 예쁜 그림이 그려진다.

未월 卯시에 丁酉의 온실에 조롱조롱한 꽃들이 살짝 물기를 머금고 있는 모양이 더 없이 예쁘고 고귀해 보인다. 꼭 잘 꾸며진 화원을 들여다보는 느낌이 든다.

"이 사주는 식신이 발달해 있어서 연구하는 것을 업으로 삼으면 좋은데 직업이 어떻게 되세요?"

"예 맞습니다. 평생을 연구소에서 연구만 하며 살았습니다. 대우실업에 입사해서 근무하다가 중국 지사장으로 나가서 회사가 중국지사를 철수 할 때까지 평생을 연구실에서 보냈습니다."

예상 적중이다. 이 명조로 연구를 하지 않으면 누가 연구를 한단 말인가?

"그랬군요. 연구 분야 중에서도 木과 火가 있으니 섬유나 종이, 의류를 화려하게 염색하는 것 같이 보입니다."

"섬유실험과 염색이 전공인데 제가 특허 받은 작품도 여러 개 있습니다."

"남들은 받기 어려운 특허를 하나도 아니고 여러 개 가지고 있다니 실력이 뛰어 나신가 봅니다."

"특허가 많으면 뭐합니까. 상품화 시켜야 가치가 있는 것이지요."

그건 그렇다. 그런데 이양반 말투에 불만이 잔뜩 묻어나온다.

"왜요? 상품으로 잘 안 만들어 지던가요?"

"그것이 아니고 그동안 연구한 것을 가지고 상품화할 단계에서 갑자기 회사가 중국지사를 철수 해버리니 일자리도 없어지고 연구한 것을 펼쳐 볼 무대도 없는 겁니다."

평생을 바쳐 얻어낸 기술과 노하우를 펼쳐 보이지 못하니 답답한가 보다.

"연구 하시는 분들에게는 자기 기술이 자식이나 다름없다는데 속상하시겠어요. 다른 기업에도 한 번 알아보시지 그랬어요."

"알아봤죠. 그런데 몇년 동안 시간과 열정을 바쳐서 얻어낸 기술을 다른 기업에서는 푼돈으로 그냥 먹겠답니다. 너 줄 돈 있으면 우리가 투자해서 만든다고 하는데 기가 막힙디다. 한마디로 그저 먹자는 심봅니다."

마음을 많이 다쳤는지 울분을 토해낸다.

"연구하고 개발하는 사람들을 제도적으로 보호해주고 뒷받침해 줘야하는데 그렇지 못하니까 아무리 좋은 기술을 개발해도 연구한 사람은 배를 곯고 대 기업만 배를 불리는 거예요. 우리나라는 그게 잘못되었어요."

울분을 토할 만도하다. 평생을 연구만 하며 시간과 돈과 열정을 다 쏟아 부어서 만든 것을 푼돈으로 사려고 했으니 얼마나 억울했겠는가. 어느새 커다란 공룡이 되어 버린 우리나라 대기업을 상대로 혼자서 아무리 화살을 쏘아본들 어찌 이기겠는가.

"그래서 어떻게 하셨어요."

"내가 푹푹 썩혀서 버리는 한이 있어도 그렇게는 못한다고 왔죠."

"직접 해보실 생각은 안 해보셨어요?"

"모든 것에 때가 있는 법인데 기술도 시기를 놓치면 무용지물이 되는 것이고 묵혀두기도 아깝고 해서 상품을 만들어 보려고 하니 엄청난 자본이 드는 일이라 자본력이 부족한 저로서는 엄두가 안 나고 동업자를 물색해 봤지만 조건도 안 맞고 잘못하면 오히려 제가 가진 기술만 노출시킬 것 같아서 지금은 포기 했습니다."

개인을 떠나서 이 얼마나 큰 국가적 손실인가? 그렇게 힘들고 어렵게 만든 기술을 장려는 못할망정 묵혀서 썩히게 하다니…
그랬다. 乙木에게 丁火는 꽃인데 卯酉충(沖)으로 48세에 떨어
지고 이후부터는 乙木에 꽃이 피지 않는다.

"그럼 무엇을 하시려고요."

"혹시 제게도 신명이 있습니까? 명확하지는 않지만 가끔 느낌
이 옵니다. 누나들처럼 저도 무속인이 되면 어떻겠습니까?"

하고 많은 직업 중에 왜 하필 무속인일까? 누나들이 하고 있으
니 별 거부감 없이 받아들이나 보다. 우선 신명이 있는지 있다면
누군지 부터 감명 해보자.

"선생님은 癸卯 일주로 대신보살이 몸주로 오게 되는데 이분
은 당산 대신보살이며 불법은 강하지만 절에 가는 것은 부담되
는 것으로 보입니다. 왜냐하면 丁未는 세존을 모실 팔자라 신당
에 향과 초를 밝히고 항상 공부하는 제자이기 때문에 그렇습니
다."

"그래서 그런지 큰 절은 왠지 부담스러워서 가기 싫고 답답할
때는 작은 암자에 들러서 며칠씩 기도하고 옵니다. 역학이나 민
중의술 쪽은 어떻겠습니까? 중국에서 근무할 때 나중에 쓸 수 있
을 것 같아서 틈틈이 민중의술을 좀 배워뒀습니다."

무엇이든 배우는 것이 즐겁고 재미있다고 한다.

"아시다시피 누나가 둘씩이나 신명을 받들고 사는 신의 제자
인데 누나들처럼 점사나 보고 굿이나 해주며 살기는 싫습니다.
그건 제 취향에 맞지도 않고요. 신명을 받들어 모시면서 역학이
나 제가 익힌 민중의술을 활용해서 봉사를 해보고 싶습니다."

"민중의술이라고 하면 침이나 뜸을 말하는 겁니까?"

"그렇지요. 침, 뜸, 경락, 그런 것이지요."

"좋은 일이지요. 신의 길에는 여러 종류가 있는데 총체적으로 보면 활인 구제하는 일은 모두 신의 길이라고 보면 됩니다. 고통받는 사람들을 위해서 봉사하시면서 약간의 수입으로 생계를 해결하신다면 신명의 숙업도 닦고 내 업도 닦는 일이라 아주 좋겠습니다."

 어쩌면 신의 길을 가는 사람들 모두가 그렇게 살아야 하지 않을까? 신의 제자란 신을 이용해서 능력껏 욕심껏 자신의 주머니를 채우는 사람들이 아니라 타인의 길잡이로서 보여주고 일러주고 이끌어 주어야 하는 사명을 가진 사람들이다. 자신의 명예와 욕심을 버리고 남을 위해 살다보면 부와 명예는 부수적으로 따라온다. 나름대로 봉사와 실리를 동시에 취하면서 또한 자신을 드러내어 알리고 싶어 하는 것은 화려하게 꽃피는 丁火를 그리워하는 까닭이다. 53세라는 나이에 어울리지 않게 제일 큰 오빠처럼 의젓하게 느껴진다.

※ 아버지의 법당(法堂)을 물려받겠다고 하는 아들

시	일	월	년	(남)				
丙	乙	戊	辛					
戌	亥	戌	亥					
己	庚	辛	壬	癸	甲	乙	丙	丁	대운: 역행
丑	寅	卯	辰	巳	午	未	申	酉
82	72	62	52	42	32	22	12	2.12

이 명조는 나이 많은 어머니가 들고 오셨다.

시집 올 때는 멀쩡하던 남편이 자식을 낳고 살다가 신(神)의 길로 가는데 창피하고 싫었지만 운명이라 생각하고 체념하며 참고 살았다고 한다. 그런데 지금은 그 때보다 몇 배나 더 속이 상한단다. 하나 밖에 없는 아들이 하는 짓이 이상하단다.

"아드님이 어떻게 이상한데요?"

"아 글쎄 일도 안가고 집에서 놀면서 일 안 나가냐고 하면 그 일은 자기가 할 일이 아니라고 해요."

"아드님이 무슨 일은 했는데요?"

"자동차 고치는 기술잔데 아주 기술이 좋아요."

"그런데 그 일이 자기 일이 아니면 어떤 일을 하겠답니까?"

"아휴 그게, 그래서 걱정이에요. 지 아버지처럼 될라나 봐요."

걱정이 될 만도 하겠다. 아들이 즐겨하는 말이 '아버지 법당 잘 모시고 관리 잘하세요. 다음에 내가 물려받아서 모실 거예요' 한다고 한다.

"정말로 우리 아들이 그런지 선생님한테 한 번 물어 보려고 왔어요."

"어디 봅시다. 어째서 그런 말을 하는지."

이걸 어쩌나… 명조를 적어놓고 보니 도리없이 신의 자식인 것을. 어미의 가슴속에는 벼락같은 소리로 들리겠지만 거짓으로 알려 줄 수는 없지 않은가.

"보살님 이 아들은 어쩔 수가 없겠네요. 그 길이 아들이 갈 길입니다."

"그냥 남들 마냥 평범하게 잘 살길 빌었는데……"

말을 잇지 못하는 늙은 어머니는 한 숨을 쉬며 천정만 바라본다. 자기 마음대로 무당이 되어버린 남편도 원망스럽고 어미의 바람을 져버리는 자식도 원망스럽다고 한다. 어디 무당이 지 마음대로 되고 안 되고 할까마는 '그래도 제발 내 자식 만은' 하는 것이 모든 어미의 마음 아니겠는가? 늙어 주름이 깊은 얼굴에 수심이 가득 흐른다.

"영감님이 신을 받드는 것이 싫었습니까?"

"자기가 좋아서 한다니까 할 말은 없지만 사람들이 달리 대하는 것도 싫고 아이들도 나가서 친구들한테 놀림을 당할까봐 속상하고 그랬어요."

"아들은 어떻든가요? 아버지가 창피하대요?"

"딸들은 새침하니 싫어하는데 아들은 안 그러데요. 어려서부터 친구들도 집으로 불러들이고 별로 탓을 안 했어요."

"별다른 일은 없었어요?"

"어릴 때부터 이상한 짓은 가끔 했어요. 그래도 지 아버지 하는 것 보고 흉내 내는 것이려니 하고 그냥 넘겨버린 것이 실수였어요."

아니다. 말린다고 되는 일이 아니다. 이것은 타고난 운명이었다.

"아마 열아홉 무렵부터는 신을 드러냈을 텐데요."

"예 그 무렵에 친구들을 집으로 불러놓고 노는데 내가 방으로 들어가니까 애들이 '어머니 상용이가 점을 보는데 전부 다 신기하게 맞아요.' 해서 못하게 혼을 내준 적이 있어요."

년주 辛亥는 정확하게 19세 때 신의 기운을 감지한다고 말하고 있다.

"이 아이 스물여덟에는 아무 일 없이 넘어갔어요?"

마주보는 보살님 눈빛이 약간 흔들린다.

"그 때에 교통사고가 났어요. 차를 몰고 가다가 사고가 났다고 경찰에서 연락이 왔는데 '차가 형체를 못 알아보게 망가졌으니 마음 단단히 먹고 병원에 가보라'고 합디다. 아이고, 죽었나보다 생각하고 허둥지둥 병원에 쫓아가니 입원실로 가라고해요. 그래서 간호사를 붙들고 아니라고 우리아들은 중환자실에나 있을 거라고 했더니 이름을 확인해 보고는 입원실이 맞대요. 그래서 입원실 문을 살짝 열어보니 아들이 아무렇지도 않게 침대에 앉아 있는 거예요. 믿어지지가 않아서 한참을 만져 봤어요."

"경찰에서 뭔가 착오가 있었던가보죠?"

"그게 아니고 어떻게 된 것이냐고 물었더니 아들이 '차가 가드레일을 받고 언덕 밑으로 떨어질 때 몸이 차 밖으로 튕겨져 나왔는데 우리 할머니가 받아서 안아줬어요.' 하고 꿈같은 소리를 하는데 감사하기도 하고 걱정되기도 하고 갈피를 잡을 수 가 없데요."

乙木이 시간의 丙火상관을 만나는 28세에 오신 이 할머니는 일광에서 오신 불사대신 보살이시다.

"이제는 결혼도하고 아들까지 있는데 잘 다니던 직장을 이유도 없이 안 나가고 놀고 있으니 걱정이 이만저만이 아니에요. 어쩔 수없이 이 길을 가야 된다면 누구를 모셔야 되는지요. 그리고 잘 할 수는 있을까요."

하고 묻는다.

"戊亥의 천문(天門)이 쌍으로 떠있고 乙亥 일주라서 몸주는 글문 대신이 내려서시며 戊戌의 산신 할아버지와 丙戌의 외가 할아버지는 乙亥를 양쪽에서 보호하며 많은 재물을 가져다준다고 하니 너무 걱정하지 마세요. 잘 할 거예요"
"그럼 아버지 신당을 아들한테 물려줘도 됩니까?"
"만약 물려준다면 주인이 바뀌니까 당주를 바꿔서 좌정 시켜야 될 겁니다."

천문이 열리고 신병(神病)은 사고로 땜하였으니 신의제자가 확실하다. 신의 길을 걷는 남편은 밀쳐두고 아들에게 의지해서 살려고 했는데 그 아들마저 어미의 바램을 져버리니 가슴이 시린가 보다. 아무 말씀도 없이 혼자 깊은 생각에 잠긴다.

▩ 삼사관(三士官)에서 법사로

시	일	월	년	(남)
辛	己	庚	乙	
未	酉	辰	酉	

辛	壬	癸	甲	乙	丙	丁	戊	己	대운: 역행
未	申	酉	戌	亥	子	丑	寅	卯	
81	71	61	51	41	31	21	11	1.10	

감정을 하고자 노 보살님이 다가와 앉는다.
"보살님은 무엇이 궁금하신가요?"
하고 물었더니 싱긋이 웃으면서
"나는 보살이 아니고 우리 주인양반이 신당을 모시고 있는데 궁금한 것이 있어서 왔어요."

한다. '아이고 잘 못 짚었다.' 우선 사주부터 적어놓고 보자.

"바깥어른은 몸주가 불사대신보살이며 신장과 동자가 많으니 자신의 주장이 강하고 고집이 아주 세신 것 같습니다."

했더니 그렇다고 한다. 그러면서

"고집이 센 것은 말 할 것도 없는데 나는 주인양반이 모신 신은 잘 모르고 그 동안에 손님이 많았는데 올해 들어서는 어쩐 일인지 손님이 하나도 없어요. 손님이 없으니 짜증이 심하고 밥 대신 술만 먹고 사니 답답해서 찾아왔어요."

얘기하는 보살님 얼굴에 어둡게 그늘이 앉는다.

"영감님과 같이 오시지 왜 보살님만 오셨어요?"

"성격이 어떻게 괴팍한지 세상에서 자기가 최고인 줄 알고 남의 말은 듣지도 않아요. 여기 온 줄 알면 야단나요."

하시며 손사래를 친다. 주변에 있던 보살님들이 한마디씩 거들고 나선다.

"그 양반 성격은 아무도 받아줄 사람이 없어요. 그 성화 받아주고 사느라 이 사람 맘고생이 이루 말 할 수가 없어요."

"어떻게 말로 다 하겠어요. 이 성님이나 되니까 살지. 아무도 못 살아요."

얼마나 성격이 괴팍하시기에 이렇게 인심을 잃었을까. 보살님은 또 얼마나 성화에 시달렸으면 이렇게 몰래 물어보러 왔을까.

"선생님 어째서 그렇습니까. 신명이 아주 떠난 겁니까?"

간곡하게 묻는 보살님께 약간의 농을 섞어

"무당이 자신의 신명에 누가 들어 왔는지도 모르면서 남의 점은 어떻게 본답니까?"

"누가 아니래요? 그래도 지가 최고라니 거기에다가 대고 무슨 말을 하겠습니까?"

하며 피식 웃는다. 이렇게 허주가 들어오면 아상(我想)이 높아지고 자신이 최고라고 하는 것이다. 왜 己丑년에 손님이 없는지 살펴보니 巳酉丑의 삼합(三合)에서 巳火가 인수이며 丑이 하나 더 들어오니 이는 필시 형제가 아닌 친구나 옛 동료가 들어와 있는 형상이다.

"보살님 혹시 영감님 친구 분이나 옛날 동료들 중에 죽은 사람이 있을 것 같은데 한 번 잘 생각해 보세요. 병이 나서 죽은 것 같지는 않고 뭘 잘못해서 죽은 것 같은데요."

하니 한참을 곰곰이 생각하시다가

"아! 있다. 그 때 군에 있을 때 부하가 운전하다가 본인의 과실로 죽었어요. 친하게 지내던 사이고 죽음이 하도 험해서 죽은 장소에서 천도제를 지내준 적이 있어요."

"이 귀신이 배가 고파서 찾아왔는데 아무도 알아주지 않으니까 길을 막고 서서 들어오는 손님을 쫓고 있어요. 사자(死者) 상을 차려서 놀아주고 대접해서 보내면 조금씩 좋아질 겁니다."

"그렇게 잘 해줬는데 왜 와서 방해를 한대요? 오히려 지가 도와줘야지."

"옛날 말에 밥도 얻어먹은데 가서 빌어먹는다잖아요. 잘 해주니까 찾아오는 거예요. 배고프고 힘들다고 알아달라고 하는데 몰라주니까 방해하는 거예요."

하고 말씀드렸다. 그리고 사주 속에 드러난 궁금한 점을 여쭤보았다.

"영감님이 군인이셨습니까?"

"직업군인으로 잘 살았는데 갑자기 그만두고 신을 받았어요.

"영감님은 일반 군인은 아닌 것 같고 군인들 훈련시키는 교관 같은데요."

"예 삼 사관에서 근무했어요."

"군에서 정년까지 계속 근무해도 되는데 왜 일찍 그만 두셨어요?"

"글쎄 어느 날 갑자기 신을 모신다고 군대를 그만둡디다. 그리고는 꿈속에 할아버지가 오셔서 그랬대요. '너는 도법도 있고 불법도 있으니 도법사라고 해라' 그래서 지금까지 도법사란 간판을 걸고 살아요."

보살님께 적당한 날도 잡아주고 상차림도 요모조모 알려주니 보살님 얼굴이 한결 밝아진다. 감사하다고 몇 번이고 인사하고 가시는 보살님 어깨가 가뿐해 보인다.

❈ 사사(巳巳)의 자존심이 강한 초보무녀

시	일	월	년	(여)
癸	辛	甲	癸	
巳	巳	寅	卯	

癸	壬	辛	庚	己	戊	丁	丙	乙	대운: 순행
亥	戌	酉	申	未	午	巳	辰	卯	
89	79	69	59	49	39	29	19	9.3	

약속시간에 맞춰 현관을 들어서는데 낮지만 단호하고 힘이 실

린 목소리로 누군가를 나무라는 소리가 들린다.

"점사를 볼 때 사람을 가려서 보면 안 되지. 답답해서 찾아 온 사람에게 아는 만큼 성의 있게 일러 주어야지. 마음에 드는 사람은 봐주고 안 들면 안 봐주는 것은 잘못된 거야. 그러면 할아버지께서 노하셔"

누가 이렇게 경우 바른 말씀을 하시나 했더니 연륜이 높은 보살님이 애동자를 앉혀 놓고 훈계를 하시는 중이다. 젊은 보살은 할 말은 많은데 참고 있는 눈치다. 이야기를 정리해 보면 젊은 보살에게 손님이 왔는데 묻는 말에 바르게 대답 안하고 아니라고 잡아떼기에 안 봐준다고 가라고 쫓아냈다고 자랑하다가 나이 많은 보살한테 혼나고 있는 것이었다.

보살들 이야기를 들어보면 그런 경우가 많다고 한다. 무당이라고 무시해서 그런다는데 그것은 아닌 것 같고 물어보러 와서 내 입으로 다 이야기 하면 손해 볼 것 같은 심리에서 그러는 것이 아닐까싶다. 그런 경우에 보통은 점사가 나오는 대로 다 봐주고 나중에 그러지 말라고 일러서 보내는데 이 보살은 그런 손님 필요 없다고 안 봐주고 쫓아냈다가 혼나고 있는 것이다.

"아상(我想)이 너무 높아서 그래 아상이. 지 혼자 똑똑하고 잘 났어."

노 보살님이 마지막 일침을 가하고 물러나 앉는다. 명조를 적어놓고 보니 명조와 보살님의 형상이 흡사하다. 명조 속에 辛巳와 癸巳의 양 대감이 있는데 甲寅의 당산 신장과 대립하는 모양이 무섭게 보인다. 실제로 이분의 인상이 무섭게 보이며 甲寅木처럼 체격도 상당히 크고 강하게 보인다. 하지만 일주인 辛金은 신약하니 자신의 속마음을 감추고 외형을 부풀려서 강한 척 하는 것이 지나쳐보였다.

"보살님은 약명 줄이 있으신데 친가의 할아버지가 약사 대감으로 오신 것 같습니다. 년 주의 癸卯가 약사 대감인데 산천으로 다니면서 약초 캐는 분이십니다."

"예 알고 있습니다. 아픈 사람을 만지면 어디가 아픈지 금방 느낌이 옵니다. 만져주면 잘 나아요."

"보살님의 木이 강해서 신병(神病)은 간을 치고 들어온 것 같습니다."

"간이 나쁜 것도 알고 있어요. 지금도 늘 피곤하고 눈이 아픈데 집안어른들도 모두 간이 나빠서 돌아가셨어요."

"지지에 있는 巳巳는 공부하다 그만두고 또 공부하다 그만두고 하신 할아버지이시며 보살님 또한 그렇게 할 수 있으니 인내심을 가지고 꾸준히 공부하셔야 합니다."

하고 일러 주었더니

"멀리 충청도 있는 절에 가서 스님께 역학도 배웠어요."

하며 자랑스럽게 이야기한다.

"얼마나 배우셨는데요?"

"49일 동안 배웠는데 잘 모르는 것은 책 한권 사와서 혼자서 읽고 터득했어요. 이제는 사주보면 웬만큼 알 수 있어요"

돌아오는 대답이 자신감 있고 시원시원하다. 그래서 아주 기초적인 것을 물어보니 허무맹랑한 소리를 한다. 이 공부가 그리 쉽게 이룰 수 있는 공부가 아닌데 본인은 모든 걸 익혔다고 생각하고 혼자서 다지는 것으로 대신할 수 있다고 자만하고 있다.

이는 巳巳의 반 보살이 가진 특징이다. 역학을 배움에 있어서 어려움을 참고 모든 수모를 견디며 자신을 낮추는 마음공부가 우선되어야한다. 자연(自然)을 이해하고 무형(無形)의 세계인 신의세계까지 이해하려면 수많은 세월과 고통이 따를 수 있는데 어쩌면 이렇게 쉽게 생각하는 것일까.

"보살님은 申金이 巳申 合水하여 식상이 되니 말문을 먼저 열어놓고 역학 공부를 하세요. 그러면 巳중 丙火와 辛金이 합하여 동자가 명신이 되어 아주 똑똑한 동자가 되겠네요. 시주의 癸巳는 戊癸가 합하여 천상 선녀인데 공부하면 이 선녀가 설판 제자로 들어옵니다."

명조를 자세히 풀어주니 가만히 듣고 있던 보살이 어젯밤 꿈 얘기를 한다.

"사실은 어제 꿈에 선생님을 봤어요. 들어오시는데 꿈에 본 분이랑 똑같이 생겨서 깜짝 놀랐어요."

"꿈에 보았으면 꿈에서 내가 뭐라고 했을 텐데요?"

처음에는 아무 말도 없었다고 잡아떼더니 한참 뜸을 들인 뒤 조심스럽게 얘기를 들려준다.

"꿈에 제가 어디를 찾아가는데 거의 다 와서 길을 잃어버리고 두리번거리고 있는데 선생님이 오셔서 '길을 가르쳐 줄 테니 나를 따라 오라' 고 했어요. 그리고는 제 팔을 잡고 마을이 있는 곳까지 데려다 주었어요."

"거 봐요. 꿈을 안 꾸었다면 모를까 꾸었으면 뭐라고 말을 했다고 이미 명조에 드러나 있는데 아니라고 합니까?"

방에 있던 보살들이 제각기 한마디씩 한다. 이것도 인연인가 보다 생각하고 마지막으로 간곡히 일러 주었다.

"보살님은 할아버지께서 공부를 마치지 못한 것이 한이 된다고 하니 스승을 찾아서 정식으로 공부를 해 보세요. 하다가 중단

할 소지가 많으니 마음을 단단히 먹고 꾸준히 하시면 보살님에게도 많은 복이 내릴 것입니다."

그런데 아상이 높은 이 보살이 과연 배움의 길로 들어올지 의문스럽다.

❈ 몸 주도 모르는 무당(巫堂)

시	일	월	년	(여)
丁	戊	戊	庚	
巳	辰	寅	子	

己	庚	辛	壬	癸	甲	乙	丙	丁	대운: 역행
巳	午	未	申	酉	戌	亥	子	丑	
81	71	61	51	41	31	21	11	1.11	

자리를 잡고 앉으니 이 보살님 생년일시도 물어보기 전에 "선생님 저는 아직 상호가 없는데 뭐라고 지어야 할까요?" 한다. 참 성미도 급하다.

상호는 대게 주장으로 계시는 신(神)의 명칭이나 신명(神命)의 소속이 드러나게 짓는 것이 일반적이다. 가령 몸주가 불사줄이면 불사대신, 약사줄 이면 약명도사, 선녀가 점사를 보면선녀의 소속을 앞에 붙여 무슨 선녀, 동자면 무슨 동자 이렇게 짓거나 불법을 받들고 있으면 암(庵)자를 넣어서 짓거나 절 사(寺)자를 넣어 짓는다. 신명에서 간판이름을 친히 글로 내려주시기도 한다. 그래서 점집을 찾아가는 손님들도 간판만 보고도 여기는 어떤 신이 있는지 대충 짐작 할 수 있다.

간판이 없던 예전에는 손님들이 무당집 앞에 내걸린 깃발의 색을 보고 이 무당은 어떤 신명이 주장으로 계시는지 점사를 보는지 아니면 내림을 전문으로 하는지 알 수 있었다. 즉 그 집 앞에 걸린 깃발이 그 집 신당에 모셔진 주장신의 얼굴인 것이다. 가령 흰색기가 걸린 집은 불사나 제석신이 주장으로 계신 집인데 제석은 불교에서 들어온 신으로 천상에 계시면서 깨끗하고 조용한 것을 좋아하고 흰색으로 표현된다. 제석을 주력 신으로 모신 제자는 굿이나 다른 행위는 하지 않고 점사만 본다.

빨간색 깃발이 걸린 집은 산신이나 신장 또는 장군을 주력으로 모셔진 집이다. 산신을 상징하는 붉은 깃발을 내 건 제자는 굿을 하고 치성을 전문으로 한다. 그리고 내가 산신을 주력으로 모셨다고 해도 아직 실력이 부족하여 선거리굿을 못하면 흰색깃발을 내걸고 점사를 봐주면서 선거리를 다 배우고 익힌 후에 붉은 깃발을 걸 수 있었다. 정통 열두거리 굿을 다 해내고 만신으로 그 지역의 으뜸이 되는 제자는 오방색 깃발을 내걸어 신명의 위력을 과시했다. 태극기는 태극신장을 가르치는 것으로 알고 있다. 그러나 요즈음은 깃발을 무분별하게 내걸면서 그 의미가 퇴색되어 깃발로는 어떤 신명이 주장으로 계시는지 알 수가 없게 되었다. 그 대신 내걸린 간판을 보고 어느 정도 신명의 구분을 해 볼 수 있는 것이다. 그러면 이 보살은 어떤 신명을 받아 지니셨을까?

"보살님은 일주가 戊辰이니 신장이 몸주이신데 용궁에서 오신 신장이시네요. 맞습니까?"

"몸주가 누구인지 잘 모르는데 그냥 '내가 용궁신장이다' 하고 들어오니 그런가 보다 해요."

"보살님 남편은 뭐하시는 분이세요?"

하고 조심스럽게 물으니

"남편하고는 헤어지고 어린 아들하고 둘이 살아요." 한다.

"월주 戊寅은 남편인데 시주의 칠성 줄에서 寅巳형(刑)을 일으키고 子水와 辰土가 합하여 寅木을 수장시키는 형상이라 남편이 견디지 못하고 떠난 것입니다."

"제게 칠성 줄도 있습니까?"

"여기 시주의 丁巳가 칠성 줄이고 巳중 丙火는 문무를 겸비한 일광신장이며 庚金은 명신동자입니다."

"월주 戊寅은 산왕대신인데 용신이 워낙 강하니까 힘을 쓰지 못하고 숨어 있는 모습이네요. 년주 庚子는 제석의 대신으로 일지 辰土와 합하여 점사를 보지만 명쾌하지 못하고 실제 점사는 庚金 동자가 보고 있네요. 어떻습니까. 그렇습니까?"

"예 동자가 점사를 보면 잘 맞아요. 산왕대신은 기도 갈 때만 가끔씩 보입니다."

"보살님의 신병은 土성이 강해서 속병으로 오는데 메스꺼움이나 속 쓰림이 심하실 겁니다."

"지금도 속이 쓰려서 죽겠습니다. 선생님 사실은 아이가 있어서 돈을 벌어야 되는데 손님이 너무 없어서 식당에 나가서 일하고 있어요. 몸도 고달프고 아이 때문에 오래 일 할 수도 없는데 이사를 하고 간판을 달면 손님이 좀 있을까요?"

근심 가득한 질문이 눈길을 따라 건너온다. 지금 사는 곳을 물으니 인연이 별로 없는 곳인 듯하다.

"지금 사는 곳은 보살님 하고 잘 안 맞으니 강줄기를 따라 올라와서 지명에 '섬도 (島)자' 가 들어간 동네를 찾아보세요. 간판은 자리를 좌정 하고나면 선관에서 알려 주실 겁니다. 만약 그때도 아무런 말씀이 없으시면 제가 지어드리지요."

"그럼 해도동이겠네요. 이사 해놓고 다시 연락드릴게요."

"보살님 점사를 잘 보시려면 丁巳가 인수인데 인수 글문 선생을 점사로 좌정시키면 좋습니다. 그러려면 우선 보살님이 역학 공부를 먼저 하셔야 됩니다."

"그렇잖아도 선관에서 자꾸 공부하라고 해서 저 혼자서 책을 사다 놓고 공부를 좀 했는데 어려워서 하나도 모르겠어요. 선생님이 좀 가르쳐 주시면 안돼요?"

"배우고 싶으면 언제든지 찾아오세요. 저는 배우려는 사람에게는 아는 만큼은 가르쳐 드립니다. 사사(私事)는 힘들고 다른 사람들과 더불어서 함께 배우시면 됩니다."

"그리고 보살님 오른쪽 팔을 한 번 들어보십시오. 여자 몸이라 내가 손대기가 그러니까 본인이 한번 겨드랑이 밑에서 가슴 쪽으로 손으로 살살 만져보세요."

손으로 가슴을 만지던 보살이 고개를 갸우뚱 하면서 옆에 앉은 보살에게 만져보라고 한다. 옆에 있던 보살도 고개를 갸웃거리더니 작은 몽우리 같은 것이 만져진다고 한다.

"그것이 지금은 괜찮은데 이삼년 있으면 틀림없이 문제를 일으킬 겁니다. 미리 검사도 받고 대비를 하세요. 보험이 없으면 하나 들어놓는 것도 괜찮아요."

"그걸 어떻게 알아요? 선생님도 줄이 있어요?"

내게 신기(神氣)가 있느냐고 묻는 것이다.

"저는 그런 줄은 없고 사주 명조를 보면 그 속에 다 나와 있어요. 역학을 하는 사람이면 누구나 다 알 수 있어요."

혼자서 신의 제자로 힘들게 살면서도 현실에 안주하지 않고 자신을 채찍질해서 한 계단 더 올라서려고 노력하는 모습이 대견해 보인다. 신의 제자가 글문으로 돌아서면 선관에서 처음에는 원망하고 여러 가지 상해를 주지만 이것을 극복할 수 있어야 신의 길에서 벗어나서 자신을 한결 고귀하게 만들 수 있는 것이다.

❋ 세존(世尊)을 모시는 날

시	일	월	년	(여)
丙	乙	庚	癸	
戌	未	申	巳	

己	戊	丁	丙	乙	甲	癸	壬	辛	대운: 순행
巳	辰	卯	寅	丑	子	亥	戌	酉	
88	78	68	58	48	38	28	18	8.12	

이 여인은 배우는 것이 참 많아 부지런하다. 역학도 배우고 침술과 부황도 배웠으며 다도에 차 만드는 제조법까지 다양하게 배웠다. 그렇게도 삶에 열심인데 어쩐 일인지 살아도, 살아도 길도 없는 산중을 헤매고 있는 기분이란다. 그냥 조용한 찻집을 하나 꾸려가면서 마음 닿는 사람들과 어울려 살고 싶다고 말하는 이 여인을 무엇이 왜 길바닥으로 내모는 것일까?

癸巳생 뱀띠가 월지 申金에 合하고 다시 일지 未土에 合을하고 있다. 하지만 시주의 戌土와는 원진살이다. 일찍 결혼하여 아들을 하나 두고 27살에 이혼하면서 인생길이 묘(妙)하게 흘러가기 시작한다.

병원에 검진을 받으러 갔는데 자궁암 초기라고 판명이 났다. 지친 심신을 끌고 위안을 받고자 찾아간 곳이 무속인의 집이라고 한다. 처녀시절 다니던 교회의 친구 언니가 무녀가 되어 손으로 병을 치료한다는 이야기를 듣고 찾아간 것이 무속의 세계로 들어가는 계기가 되었다고 한다. 치료를 받았는데 소문대로 순간적으로 묘(妙)한 기분이 들고 통증도 사라졌다고 한다. 그 때부터 그 무속 인을 따라 팔공산으로 기도를 다녔다고 한다. 그 당시에 자신에게 신장이 있다는 느낌이 강하게 들었으며 상대방을 읽어내는 예지능력 같은 것도 있었다고 한다.

"어떤 예지능력이 생기던가요?"

"주변사람들을 보면 저절로 말이 하고 싶어지고 한마디씩 하면 그 말들이 다 맞는다고 했어요. 그런데 아는 소리를 자꾸 하니까 점점 더 사람들이 싫어하고 하나씩 멀어지게 됐어요."

"그럼 신(神)은 언제 받았어요?"

"신은 안 받고 대신 세존을 모셨어요."

"그 치료 해준 무녀가 모셔줬나요?"

"아니요. 팔공산으로 기도 다니다가 우연히 어떤 여승을 만났는데 이 여승이 무당이 될 팔자라고 하면서 내가 안 받으면 자식한테로 넘어간다고 했어요."

자식에게 넘어간다는데 별 도리가 없더란다. 내 죄를 어떻게 귀한 자식에게 넘겨 줄 수가 있겠나 싶어서 여승과 상담 끝에 무당이 아닌 업(業) 세존을 모시기로 했다고 한다. 여승이 주선한 법사가 세존을 모시는데 태극신장이라고 하면서 태극기를 접어서 업 대신과 함께 모셨다고 한다.

이때 그녀의 나이가 35살이었다고 한다.

"죽기보다 싫었지만 자식을 들먹이니 어쩔 수가 없더라고요."

정말 무식하고 탐욕스러운 무당과 종교인들이다. 더욱 기가 막히는 것은 세존을 집으로 모시려고 가슴에 안고 돌아오는 길에 교통사고를 당했다고 한다.

"나는 분명 피해자인데 피의자로 몰려 상대방 차량 수리비 340만원과 내차 수리비 160만을 합해서 그 당시에는 거금이라고 할 수 있는 500만원을 지불하고 어렵게 집으로 세존을 모시고 온 그날부터 되는 일이 하나도 없었어요."

하며 세월이 흘러도 좀처럼 삭지 않은 오래된 감정을 토해낸다. 그럼 이 사주를 신의 세계로 풀어보자. 癸巳의 조상에서 시작한 공 줄은 친가가 아니고 외가 줄이다. 어머니에게서 시작된 인연이 본인에게 이어진 것은 巳午未가 슴으로 이어지기 때문이다. 그러나 년주의 癸巳는 자식지의 丙戌과 원진살이라서 갈수가 없고 일지 未土가 시지 戌土와 형(刑)을 일으키니 자식과는 정녕 무관하다.

"丙戌 52세 때 이세존단지는 비었으니 정리하라고 했는데 왜 정리 안 했습니까?"

"나도 아무것도 없다는 느낌은 들었지만 어떻게 해야 될지 몰라서 그냥 두었어요."

"이때 세존단지를 해원하여 정리하지 않으면 여러 가지 애로가 생기고 삶이 고달프다고 힘들어 진다고 합니다."

"그렇잖아도 죽을 지경인데 하나밖에 없는 아들마저도 속을 썩여서 살 수가 없습니다. 어떻게 좋은 방도가 없겠습니까?"

지금이 己丑년 마지막 섣달이다. 丑戌未 삼형(三刑)으로 기회는 이때이다.

"己丑년을 넘기지 말고 단지를 땅에 묻고 그 위에다가 향을 뿌려 두면 괜찮아질 겁니다. 아마도 금년에는 세존을 정리할 수 있는 기회이기도 하지만 자식도 형(刑)을 일으킬 것으로 봅니다."

"그렇잖아도 아들이 대출을 받아서 주식을 했는데 몽땅 날렸다고 합니다."

"얼마나 된답니까?"

주식으로 날아간 금액이 얼만지 한 번 맞추어 보라고 한다.

얼마일까요?

지금도 이 여인은 차에 가득 역학 책과 침술에 부항, 그리고 다구와 개량한복을 싣고 힘든 삶을 위해 길에 나서고 있다.

오늘은 어느 길로 가는 것일까?

세상의 길들은 끝이 없어서 한 번 엇갈리면 다시는 만날 수 없다고 하는데 우리는 얼마나 많은 길들을 지나쳐 여기에 서 있는 것일까?

* 여기서 무속인이 태극(太極) 신장이라고 하는 것은 역학적으로나 종교적으로 보면 음양(陰陽) 신장(神將)이다. 하지만 기독교적으로 이해하여 보면 유일신인 하나님이다. 즉 이집은 예전에 기독교인의 집안이라고 할 수 있다. 이는 성경 속에는 그들이 주장하는 궁창(穹蒼)이라는 것이 있는데 이것이 무극(無極)이다. 궁창에서 하나님의 영광의 형상이 바로 태극이라고 주장하

는데 이를 기독교인들은 자연의 주인이라고 그 주인이 바로 하나님이다.

이것이 무속으로 이해하려면 하나님도 태극 신장에 불과 하다는 이야기가 된다. 역학으로 이해하려면 무극에서 묘(妙)한 것이 생겨나니 이것이 음양(陰陽)이요 음과 양에서 만물이 생겨났다고 역학에서는 배운다. 이것이 자연이요. 창조인 것이다. 특정 종교단체가 주장하는 것은 자신들을 합리적으로 자연의 창조주가 되려고 하는 것이지 실체는 그러하지 않다고 본다.

이것은 나의 소견이지 절대 그렇다고 할 수는 없다. 다만 태극 신장이란 것이 자연으로 이해한다면 모든 생명체는 자신을 지키려는 힘이 있다고 생각하면 좋을 것 같다.

◈ 신(神)이 거부하는 자리에 허주가

시	일	월	년	(여)				
己	壬	己	戊					
酉	辰	未	戌					
庚	辛	壬	癸	甲	乙	丙	丁	戊	대운: 역행
戌	亥	子	丑	寅	卯	辰	巳	午	
82	72	62	52	42	32	22	12	2.5	

인생을 살아가면서 사람들은 저마다의 수단과 방법을 이용해서 살아간다.

공부를 많이 해서 자신이 배운 학문을 이용해서 살아가는 사람도 있고 타고난 체력과 기술을 연마해서 운동선수로 살아가기도 하고 온 몸으로 정직하게 일해서 사는 사람들도 있고 교묘한 수법으로 남의 주머니를 넘보며 사는 사람들도 있다. 그런데 하고 많은 방법 중에 하필이면 종교를 이용하고 종교인을 농락하며 사는 여인이 있다. 승려를 유혹해서 넘어오면 승려와 동거하면서 법당을 열어놓고 '우리 스님 용하다' 고 동네방네 소문내어 자신의 법당을 알리고 신도들을 끌어들인다.

여기에 속아서 들어온 신도들에게 '삼재다, 원진이다, 상문이다, 명이 짧다.' 가지가지 핑계로 등 달아라, 초 켜라, 쌀 올려라, 영가천도에 재 지내라 하고 그것도 부족하여 자식기도 남편기도에 줄줄이 이유 달아 주머니를 털어낸다. 그 방법이 얼마나 능수능란한지 혀를 내두를 지경이다. 그리고 이용가치가 끝나면 승려는 똥친 막대기신세가 되어서 떠나가야 한다. 그렇게 당한 승려가 내가 아는 것 만해도 하나둘이 아니다.

수년 전 도심 속에서 잠시 살 때 가까운 곳에서 보살이 절을 운영하고 있었고 마침 절에 있던 승려가 잘 아는 사람이라 왕래가 잦았었다. 어느 날 절에 와주십사고 특별히 청(請)을 하기에 올라갔더니 자신이 신을 받으려고 하는데 어떻게 하면 되겠는지 물어온다.

"보살님은 스님이 알아서 잘 하시는데 왜 신을 받으려고 하십니까?"

"스님은 신명이 아니라 철학을 하시니까 제가 신명을 받아서 같이 하면 더 좋잖아요?"

말은 그럴듯하지만 그 검은 속내를 나는 안다. 같이 사는 승려가 사주를 풀어주고 가끔 재를 잡아주어도 그것이 양에 차지 않는 것이다. 자기욕심대로 신도들을 휘두르고 싶은데 못하게 하니 자신이 직접 신을 받아 독단적으로 하고 싶은 모양이다. 사주 속에 신명이 없는데 신을 받으려고 산으로 계곡으로 기도 다니고 별의 별 짓을 다 하는 것이 보기 안타까울 지경이었는데 이제 체면 불구하고 직접 물어오는 것이다.

"보살님이 신을 받는 다면 일주가 壬辰이니까 몸주는 용왕대감이며 신장은 癸水의 천상의 일월장군인데 군웅이라고 합니다. 년주의 戊土와 合하려고 하나 未土가 승천하지 못하게 하게 가로 막아서있는 형상입니다. 년주 戊戌은 성급한 할아버지이며 己未는 대감인데 未중 乙木의 당산 할머니가 丁火처럼 예쁘고 己土처럼 작은 모습이네요."

그런데 이 명조는 신을 간절하게 희망하지만 올바른 신명(神命)이 내리지 않을 것 같다. 관살이 혼잡한 사주에 형살(刑殺)이 강하게 작용해서 깡패 같은 허주가 자리 잡고 있다.

"보살님은 올바른 신명이 내리기 어려우니 신을 안 받는 것이 좋겠어요."

"아니 왜요? 다른 보살들은 다 받으라고 하는데요."

"그럼 여기 저기 물을 볼 것 없이 그 보살들에게 가서 받으시면 되겠네요."

평소 내가 이 보살의 행실을 바르게 보지 않는 것을 알고 있는 승려가 보살을 나무라며 계속 감정해 주기를 부탁한다.

"이 명조를 일반적으로 풀어보면 壬辰일주 주변에 관살이 혼잡하고 壬水는 己土의 남자가 좋아서 결합하는데 합하고 나면 己土는 물탕이 되고 壬水자신은 판단이 흐려져서 돌아서야하는 형상이지요. 여기에 己酉의속에 庚金 글문이 乙木과 슴을 하니 만나는 승려들마다 역학이나 글문으로 연결되는 것 같습니다."

허주의 몸이라서 짜증을 많이 내며 눈빛이 이상하고 자신의 뜻에 거슬리면 쌍스러운 소리도 거침없이 내뱉는다. 홀로 살아가는 승려에게 몸을 무기삼아 접근해서 발목을 잡고 승려를 자신의 머슴으로 알고 이용하다가 승려의 약점이 잡히면 그때부터 모든 것을 앗아가는데 그 수법이 악랄하다.

수단과 방법을 가리지 않고 자신의 이익을 챙긴 것이 씻을 수 없는 업보로 남아 자식이 정신착란으로 고통 받으며 정상적인 생활을 못하고 있지만 이 보살은 더 많은 것을 가지고 싶은 욕심에 허덕인다. 아마도 辰酉가 슴하는 45세 무렵부터 이러한 현상이 두드러지게 나타난 것 같다. 그래도 시지의 己酉 덕분으로 54세경에는 작은 법당을 가지고 辰酉가 슴하니 좋은 사람과의 인연이 있을 듯하다.

土성이 강해서 생각으로는 神이 접할 것 같아 간절히 바라지만 여기는 방황하는 허주들만 가득하고 명신(明神)은 거부하는 자리이다. 명신은 辰酉슴을 거부하고 지극 정성으로 기도하면 내린다고 한다. 결국 그 승려도 보살에게 많은 것을 빼앗기고 떠나고 보살은 자리를 옮겨 다른 법사와 같이 용감한 욕심의 전사가 되어 돈을 쫓으며 살고 있다고 한다.

❈ 장군동자(將軍童子)의 시건방

```
시   일   월   년   (남)
壬   庚   庚   丙
午   申   子   午


己   戊   丁   丙   乙   甲   癸   壬   辛    대운: 순행
酉   申   未   午   巳   辰   卯   寅   丑
83   73   63   53   43   33   23   13   3.5
```

오랜 시간동안 편하고 허물없이 지내는 사람들이 온다고 연락이 왔다. 젊은 부부들이 열심히 살아가는 모습이 대견하고 꾸밈없이 검소한 모습들이 너무 예쁘다. 점심을 같이 지어서 먹고 이런저런 삶이 주는 고통과 기쁨을 이야기하고 지나간 시간들을 회상하고 추억들을 이야기 하다가 문득 이 사람 이야기가 나왔다. 모두가 공유하는 기억 속에서 이 사람은 허풍이 세다 못해서 너무 황당해서 같이 자리 하기가 거북한 사람이다. 이 사람이 처음부터 그런 것은 아니었는데 시간이 갈수록 점점 심해졌다는 것이 모두의 공통된 의견이다. 즐거운 사람들이 돌아가고 혼자된 시간에 이 사람이 궁금하다.

한 때는 산속에서 열심히 수행을 한다고 해서 각별히 생각하고 지도해준 적도 있다. 기(氣)수련을 하고 싶다고 해서 또 열심히 지도 해 주었지만 진득하게 하지 못하고 그만두었다. 그런데 들리는 이야기로는 자신이 기를 연마해서 상당한 경지에 올랐다고 하고 쿤달리니를 이루었다고 허풍을 떨고 다닌다고 한다. 민중

의술을 하시는 분 밑에서 몇 달 동안 조수로 일하면서 기술을 익힌 적이 있는데 자신이 마치 민중의술의 대가인양 행세하며 가게를 열어놓고 사람들의 몸을 만지고 교정하는 일을 했다고 한다.

오랜만에 얼굴이라도 보려고 여기저기 소식을 물으니 산중으로 기도하러 갔다는 대답이 돌아온다. 이번에는 진득하게 기도해서 무엇이든 하나를 이루어서 내려오기를 바란다. 생각이 난 김에 이 사람이 왜 이렇게 사람들의 지탄을 받으며 살아가는지 한 번 살펴보자.

남의 이야기를 남의 이야기로만 듣지 않고 내 삶을 비추는 거울로 삼는다면 나의 삶도 한 뼘쯤 더 자랄 수 있을 것이다. 이 사주명조를 보면 木이 없고 水와 火가 세력이 팽배해서 한 판 승부를 노린다. 우선 木은 이 사람에게는 재가 되니 여자와 재물이 없는 사주이다. 그러니 없는 여자를 찾아 헤매고 여러 가지 추문을 일으키고 다니게 된다. 차라리 여자나 재물의 욕심을 끊어 버리고 일찍 승려의 길을 갔더라면 훌륭한 승려가 될 수 있었을 것이다. 또 한 가지 水火가 상쟁(相爭)하니 성질이 급하고 항상 불안하다. 어느 곳에도 안주하지 못하고 항상 떠도는 것은 역마가 강한 때문이고 사주에 필요한 辰이 빠져있어서 배움이 오래가지 못하고 건성으로만 배워서 자기가 최고인양 행세를 하는 것이다. 더군다나 이 사주에 火가 많으니 명예를 추구하는데 이것이 지나쳐서 허풍선이가 된 것이다.

요 근래에는 그 정도가 과해서 자신이 도통했다고 하며 부처님과 같이 공부하고 수행했다고도 하며 하나님의 자식이라고 떠들고 다닌다고 한다. 어떻게 보면 정신이 살짝 이상한 것 같이 보인다. 그런데 이해 못할 것은 그런 사람을 따르는 사람들도 있다는 사실이다. 이번에는 신명으로 풀어보자.

庚申일주의 몸주는 신장이며 월주 庚子는 일주와 合해서 水로 화(化)하니 이는 동자(童子)이다. 그런데 이 동자가 문제이다. 申金과 합(合)하여 나온 동자이니 글자 그대로 장군의 아들이다. 년과 시지에 午火가 자리하고 있어서 申子의 자리가 불안하므로 동자가 유별나고 집중이 잘 안되며 뜨거운 丙午의 할아버지가 무서우니 반항적이며 공격적이다. 이것은 항상 상대를 경계하고 눈치 보는 형상이다. 장군의 동자는 변덕이 심하고 말이 많으며 자기 자랑과 자만심으로 자신을 감추고 시주 壬午의 대감처럼 행세한다.

월주의 庚子가 상관으로 자리한 것은 외줄이며 일주와 合해서 辰土로 마무리가 되지못하니 이것은 글공부가 부족하다는 이야기다. 시작은 잘하지만 마무리는 하지 못하고 중간에 싫증내고 짜증을 많이 내는 것도 이 동자의 작용이다. 조상 줄에서 공들인 할머니의 덕으로 神의 눈을 뜨고 있지만 子午 충(冲)하여 외면하고 강한 子水따라 기술을 익힌다. 金이 강한 명조에 合상관은 뼈 교정이어서 잠시지만 그것을 직업으로 살았나 보다.

명조의 구성으로 보면 초년에는 강한 丙午가 庚申을 치려고 하지만 월주 庚子의 도움으로 피할 수 있고 강한 庚申이 神의 영역으로 들어오면 특유의 자만심이 발동한다. 명조에 없는 재(財)를 탐하니 화양신이 허주가 되어 들어왔다. 신명제자에게 화양신이 들어오면 상상을 초월할 정도로 성(性)을 밝힌다. 이 명조의 주인 역시 주변사람들이 외면 할 정도로 성을 밝혀서 심하게 표현하면 정신착란에 성도착증세가 의심된다.

庚申일주는 자신을 낮추면 살 수 있지만 자만심이 강하고 주위사람들을 무시하면 외면당한다. 시주 壬午는 火운을 만나면 庚申이 힘들고 木운으로 흐를 때는 여자를 조심하면 많은 재물을 취할 수 있다. 이는 신명이 시험에 들게 하므로 잘 이겨내고 하심하면 인정받고 편안한 노후를 지낼 수 있다. 만약 자신을 통제하지 못하고 지금처럼 자만과 아집으로 살면 午火의 벌(罰)을 피할 수 없다.

❈ 몸 주가 선녀인 박수

시	일	월	년	(남)
辛	庚	癸	壬	
巳	午	丑	寅	

壬	辛	庚	己	戊	丁	丙	乙	甲	대운: 순행
戌	酉	申	未	午	巳	辰	卯	寅	
82	72	62	52	42	32	22	12	2.12	

몇 해 전부터 알고 지내는 남자분이며 일상적인 직장인으로 열심히 살아가면서 무속이나 역학 쪽으로 관심이 많이 가지고 있었으며 또한 처음 만날 때부터 기도이야기 역학이나 신(神)에 대한 관심으로 많은 이야기를 나누고 본인도 강원도 청옥산에서 강릉의 어느 보살의 지도하에 산 기도를 하였다고 하였다.

그 후 소식을 모르고 지내다가 법당을 꾸미고 점사를 본다는 이야기에 들러보니 제법 번듯한 모양의 신당(神堂)을 갖추고 있었다. 이른 저녁이라서 잠시 들러서 차와 함께 사담을 나누었다. 그동안 산에서 기도한 이야기며 공부한 이야기를 나누고 신을 받고 법당을 꾸민 이야기를 하다가 이 분이 법당에 누가 왔다 갔다 하는데 그것이 누구인지 어떻게 처리해야 하는지 모르겠다고 한다. 그래서 사주를 적어서 자세하게 감정해 보기로 했다.

"신(辛)법사의 몸 주는 대감이 실려 있고 시주의 辛巳는 또 다른 대감인데 별로 아는 것이 없다고 합니다. 이 분이 점사를 보는데 형제일신이라고 합니다."

"그러면 어릴 때 죽은 형인가 봐요."

"이 분이 대감으로 들어왔는데 시기와 질투가 강하고 庚午가 가는 길에 가끔씩 훼방을 놓습니다."

"예, 점사를 보는데 자꾸 방해를 하고 손님이 오면 손님들에게 지분거립니다. 물론 사람들 눈에는 그것이 안 보이지만요."

"겁재辛巳의 지장간 속에서 戊庚丙이 있으며 이중 丙辛이 합水하고 庚金의 뿌리가 있으므로 선녀인데 이 선녀는 외줄에서 들어 왔다고 합니다. 이 선녀를 형제 일신의 대감이 자기 여자라 생각하고 선녀가 점사 보는 것을 싫어하고 선녀가 辛巳를 외면하고 庚午에게 가는 것이 싫어서 훼방을 놓는 것 같습니다."

巳火가 丑土와 합을 하려고 하는데 庚午가 가로 막으니 서로에게 시비수가 생긴 것이다.

"해결 할 수 있는 방법은 없습니까?"

물론 있다. 문제가 있으면 반드시 답이 있고 시작이 있으면 끝이 있으며 모든 매듭은 언젠가는 풀어지는 법이다.

"巳와 丑이 巳酉丑으로 합할 수 있도록 도와주면 만사가 풀어집니다."

그러자 무슨 소리를 하느냐고 쳐다본다. 너무 어렵게 이야기를 했나보다.

"巳酉丑을 할 수 있게 하는 방법은 巳酉丑이 합금(合金)이므로 흰 그릇에 청수를 9부정도 채우고 그릇 위에다가 하얀 단검을 네 자루 올려놓으면 됩니다."

그랬더니 이 사람이 벌떡 일어나 방으로 들어가더니 신문에 싼 것을 들고 나온다.

"이게 뭡니까?"

"참 이상하지요. 나도 모르게 이것을 샀는데 어디다 쓸지 생각도 안하고 그냥 무턱대고 샀어요."

그러면서 신문에 싼 것을 풀어 보여주는데 작지만 날카롭게 생긴 단검이다. 자신이 사놓고도 왜 샀는지 영문을 모른다고 하니 이것도 신의 조화인가? 그것도 더도 덜도 아닌 정확하게 네 자루다. 이 단검을 법당에 올려놓으면 辛巳의 대감은 단검을 갖고 노는 재미에 선녀는 까맣게 잊어버린다. 참 복잡한 것 같으면서도 단순한 것이 신명의 세계이다.

"고맙습니다. 이제야 숙제가 풀린 것 같이 시원합니다."

"제가 때 마침 잘 왔네요. 언제든지 답답하면 연락주세요. 신명이 처음 모신 그대로 가만히 있는 것이 아니라 때에 따라서 자꾸 변하는 것이니 문제가 더러 생길 것입니다."

"나도 신을 받아 무속 인으로 살고 있지만 왜 무속 인들은 이런 것을 모르는지 알 수가 없네요."

무속 인들은 자신의 능력으로 아는 것이 아니라 신명에서 알려주는 것을 감으로 알아차리는 것이다. 그러니 일이 벌어지면 그 원인을 알지 못하고 해결방법을 알지 못하는 것이다. 분명 남자이면서도 여자처럼 여린 목소리에 부드러운 얼굴과 손길이 확실히 선녀가 실려 있는 것 같다.

"년주의 壬寅은 木이라서 약초인데 壬水는 심신계곡의 맑은 옥수이며 수기(水氣)가 맑고 영롱하므로 약명으로 보지만 실은 약초 채취 쪽입니다."

"제가 어려서부터 약초 쪽에 관심이 많았습니다. 저는 작은 아버지께서 한약방을 하시는 까닭이라고 생각했는데 사주에 그런 기운이 있어서 그런 것이군요. 참 사주는 못 속인다고 하더니 그런 것 같습니다."

"여담입니다만 신(辛)법사는 신의 제자보다는 역학이 더 어울리는 사람인데 신을 받았습니다."

"그래요? 선생님 아시다시피 역학을 배우기도 했는데 너무 어려워서 포기하고 신을 받았습니다."

사람들은 너무나 쉽게 포기해 버리는 습성이 있다. 힘들고 어려운 길을 참고 끝까지 가면 더 많은 성취감을 얻고 더 많은 수확이 있을 것이라는 것을 모른다. 어쩌면 잘 아는데도 당장 힘들고 어려운 것이 싫어서 포기하는지도 모른다.

돌팔이라고 한다

시	일	월	년	(남)
己	丙	戊	庚	
丑	子	寅	寅	

丁	丙	乙	甲	癸	壬	辛	庚	己	대운: 순행
亥	戌	酉	申	未	午	巳	辰	卯	
88	78	68	58	48	38	28	18	8.4	

조그마한 공장을 하는 중소 기업인으로서 힘들고 어려울 때는 산중으로 들어가서 수행을 하면서 무속과 깊은 인연을 맺었다고 한다.

강산이 한번 바뀌고 반 정도 변해가는 세월이 15년이다. 이렇게 긴 세월을 산과 인연으로 살아가면서 중소기업을 경영한다는 것은 대단한 인내가 필요하다고 생각한다. 무속인으로 기도로 하다가 이것도 부족하여 역학이라는 힘든 학문을 많은 돈과 시간을 들여서 또 배웠다고 하니 정말 대단한 열성이다. 역학으로 새로운 돌파구를 찾으려는 모습이 너무 힘차게 보이며 자신의 학문을 글로 남기고 싶어서 집필도 하시고 출판까지 계획하고 계신다고 하니 그 정성이 대단하다.

사주 명조를 한번 읽어보자.

丙子일주의 몸 주는 丙子 대감으로 점잖고 인격이 있어 보인다. 본인의 외모도 그러하다. 한 때 무속인으로 생활한 적이 있다고 하는데 아마 이때 점사는 월주의 寅중 丙火가 신장이며, 甲木

이 년 주의 庚寅에 이어서 들어오므로 인하여 대사 줄에서 산신 글문으로 들어오시는 분이시다. 년 주의 庚寅이라 43세경부터 불사인연이 되어서 만행을 시작 하였고 연속된 수행으로 53때 쯤 戊寅의 당산 대신보살의 줄을 잡고 산천으로 또는 승려로부 터 글을 사사(私事)받는다. 일지子水의 장간 癸水와 월간 戊土 가 合하여 자연신으로 하강하시는 산왕대신의 글문이 명신이다. 丑土는 子水와 合하여 외줄의 인연도 있으며 丑중 장간의 辛金 과 丙辛 合水하여 정관이 되므로 대감이다.

  얼마 전까지만 하여도 역학의 깊은 뜻을 알려고 상당히 열성적 으로 학문을 익히고 자연으로 관찰하는 방법을 알려고 노력하던 중 자신이 운영하는 공장 이전문제와 인간사에 힘든 일이 겹친 관계로 기업에 열중하고 있다고 하는데 형편이 좋아지면 꼭 무 속과 역학의 대가로 이름을 남기고 싶다고 한다. 하지만 이 분은 내가 풀이하는 것이 전혀 엉터리라고 주장하시는 한분이다. 이 는 己丑의 상관이 작용하므로 부정적인 기운이 강하다. 나를 보 고 돌팔이라고 주장하면서 신명 감정하는 것을 내게 배우고 있 고 내가 가르치는 학문은 어려워서 이해하는 사람이 아마도 없 을 것이라고 한다.

✵ 조상(祖上) 인연이 이렇게

시	일	월	년	(남)
戊	辛	庚	壬	
戌	未	戌	戌	

己	戊	丁	丙	乙	甲	癸	壬	辛	대운: 순행
未	午	巳	辰	卯	寅	丑	子	亥	
87	77	67	57	47	37	27	17	7.11	

　어느 화창한 가을 오후 집에서 멀리 떨어진 저수지까지 하이킹을 다녀왔다. 시원한 바람을 맞으며 한가로이 가을 호수를 거닐고 있는데 손님이 온다는 기별이 왔다. 바쁜 걸음을 재촉해서 집 앞에 다다르니 벌써 손님이 들어오신다. 땀과 먼지에 젖은 몸을 씻을 겨를도 없이 마주앉았다. 잘 차려 입은 차림에 사는 것이 아쉬울 것 같지 않은 중년의 부인들이 무슨 고달픈 사연이 있어 이 한적한 시골까지 납시었을까?

　나는 그런 그녀들이 궁금하고 그녀들은 멀쩡하게 생긴 사람이 이런 초라한 집에서 혼자 무슨 궁상이냐는 눈초리로 나를 탐색한다. 그렇게 잠시 서로에 대한 탐색전이 끝나고 이쪽에서 먼저 말문을 열었다. 새침하게 생긴 그녀들이 먼저 말을 걸어 올 것 같지도 않고 손님에 대한 예우도 아닐 것 같아서 먼저 차를 권하고 이야기를 꺼낸다.

　"가을이라 그런지 바람이 참 맑고 청명한 것 같지요."
　"네"

새침한 중에 더 새침해 보이는 부인이 간단하게 대답하고 얼른 말문을 닫아 버린다. 어색하다.

내가 손님들에게 먼저 말을 건네고 때로 농담을 던지고 하는 것은 긴장해 있는 그들을 풀어주기 위해서다. 이렇게 긴장된 분위기에서는 감정이 제대로 이루어지지 않는다. 서로에 대해서 많이는 아니더라도 그 사람이 처해 있는 현재의 환경을 조금이라도 알아야 제대로 된 감정이 나올 수 있는 것이다. 그런데 이렇게 눈을 내리깔고 입을 다물면 여간 어려운 것이 아니다. 그래도 어쩌랴 감정을 위한 감정을 하는 것이 아니라고 하더라도, 한 번도 그들이 내미는 봉투에 매여서 봐준 적이 없다고 하더라도, 내 집에 찾아온 손님이라는 이유 하나만으로도 그들을 외면 할 수는 없는 노릇이다.

"그래 보살님은 무엇이 궁금하세요?"

"선생님, 우리 형님이 이런 곳을 한 번도 다녀 본 적이 없어서 어색해서 그러니 선생님이 이해하시고 잘 좀 살펴봐주세요."

하고 덜 새침해 보이는 부인이 예를 갖춰서 이야기한다. 나도 모르게 인상을 썼나? 아니면 원래 생긴 인상이 무서워 보여서 지레 그러시나?

"살다보면 이런 뜻하지 않은 곳에도 다니게 되지요. 부담 갖지 마시고 물어보고 싶은 것이 있으면 다 물어 보세요. 저는 거기에 대답할 준비가 다 되었습니다."

우리 속담에 열손가락 깨물어 안 아픈 손가락이 없다는 말이 있다. 그런데 살면서 열손가락을 깨물어보니 다 아프기는 하지만 덜 아픈 손가락도 있고 유난히 아픈 손가락도 있다. 이 보살님에게 유난히 아픈 손가락이 하나 있는데 어떻게 해야 할지 모르겠다고 한다. 졸지에 팔자에 없는 의사가 되어 수술을 해야 될 것 같다. 수술을 하려면 우선 어느 손가락이 왜 아픈지 부터 찾아내야 한다.

이 보살에게 아들이 둘 있는데 큰 아들에게 문제가 생겼다고 한다. 국방의 의무를 다하고 복학해서 지금은 모 대학 졸업반이며 공학도라고 하는데 어머니의 걱정이 대단하다. 취업 할 생각은 하지 않고 엉뚱한 생각만 하고 아무 의욕 없어 보이는 행동에 부모의 속은 검게 타고 있다. 부모의 타는 심정을 모르는 아들은 아무런 꿈도 희망도 없이 하루 종일 좁은 방에 틀어박혀서 코빼기도 볼 수 없다고 한다. 몇 차례 취업시험을 봤는데 필기에는 합격하고 면접에서 떨어지는 불운이이어지자 아들은 취업을 포기하고 방문을 걸어 잠그고 사소한 말에 민감하게 반응하며 극단적인 행동과 언행으로 주위사람들을 불안하게 만든다고 한다.

그와는 대조적으로 뛰어난 동생은 유감없이 실력을 발휘하며 세상 끝이 어디냐고 활개를 치고 다닌다고 한다. 동생은 국내 무대가 좁아서 활동 할 수 없다고 세계를 향하여 뻗어 가는데 형으로서의 패배감에 공황 상태가 된 것 같다.

"보살님 이 아들의 명조를 보면 戌月 辛未일주가 戌시에 태어나서 신강하며 土인성이 강합니다. 인성이 많으면 그것도 土인성이 많으면 게으르고 움직이기 싫어하는 경향이 강합니다. 년간의 壬水가 일주속의 丁火와 合하여 乙木을 생해주면서 재성으로 변하니 윗대의 할머니가 두 분인 것 같습니다."

"저희 시 어머니가 아버님 후처로 들어오셨다고 들었습니다."

"그중 한분이 이 자식의 앞길을 가로막는데 戌未가 형(刑)으로 맞서고 있어서 정말 힘이 든다고 합니다. 壬戌이 큰할머니인데 상관이라서 정상적으로 생을 마감하지 못한 것으로 생각됩니다."
"그런데 선생님, 그 이야기가 아이랑 무슨 상관입니까?"
"무슨 상관이냐고요?"
"그 할머니는 제 남편을 낳지 않았고 그러니 아이하고도 아무 상관이 없다는 이야기지요."
"참 이상하지요? 그게 그렇지가 않아요. 묘(妙)하게도 인연이 되어 얽히면 어쩔 수 없이 작용을 합니다."
"잘 이해가 안가네요."
"인연이라는 것이 인간의 계산으로는 풀어지지 않는 문제인데 조상의 묘(墓) 터에 문제가 생기면 분명히 인연 닿는 후손의 명조에 그것이 드러나고 그 후손이 정리하지 않으면 당하는 것입니다. 辛未가 戌에 형(刑)을 받으므로 당할 수밖에 없다고 봅니다."

이것은 이손자의 인연이며 손자가 풀어야 할 문제이다.

"그 할머니 제사는 지내주시는 가요?"
"이 때까지는 안 지냈는데 절에 위패라도 올려 드려야 되겠네요."
"조상을 지극하게 모시고 조상을 위해 공을 들이면 좋은 일이 생긴다고 합니다. 특히 辛未는 己丑년 丑月에 조심하라고 합니다. 절대로 아들을 자극하지 말고 각별히 살피시고 절대 한 눈 팔지 마세요."

차마 어머니 되는 사람 앞이라 말을 못 했지만 이아들이 극도로 불안해 하다가 어느 계기가 생기면 자살이라는 극단적인 방법을 선택 할 가능성이 높다. 하지만 그 어머니는 사태의 심각성을 모르고 조상대접이라는 소리에 웃으며 절에서 기도한다고 한다.

"선생님 저는 부처님 법을 따르는 불자라서 다른 것은 모르고 오직 부처님께 기도하고 불법에 따라 살 뿐입니다. 조상을 위해서 하는 짓이라지만 다 어리석은 중생들의 놀음이라고 생각합니다."

그래 다 좋은 말씀이다. 부처님 말씀에 어디 틀린 말씀 하나 있던가? 구구절절이 다 옳은 말씀이다. 하지만 들을 귀가 없는 가엾은 중생에게는 아무리 훌륭한 말씀도 소용이 없다. 지금 당장 춥고 배고파 고통 받는 영가에게 부처님의 훌륭한 법문을 들려주면 그 소리가 얼마나 가슴에 와 닿겠는가. 우선은 한상 차려서 대접하고 허기를 달래게 한 뒤에 법문을 들려주는 것이 순서가 아니겠는가.

상처가 곪아 고름이 생기면 그 고름을 도려내는 것이 최선이다. 고름이 덧나지 말라고 소독을 하고 약을 발라 봐도 고름이 살 되는 법은 없다. 조상이 힘들고 고달프다고 후손에게 다가와서 말을 하고 안 들으면 가만두지 않겠다고 위협을 하는데 그 소원을 들어주고 달래서 보내는 것이 우선이겠는가. 아니면 제발 그 할머니 좀 말려달라고 부처님께 기도하는 것이 우선이겠는가.

기도란 간절한 마음에 일심으로 할 때 그 힘이 발휘된다. 살아가면서 힘들고 고달프면 매달려 기도하다가 그 고비를 넘기면 일상으로 돌아오는데 그렇게 하는 기도는 말짱 도루묵이다. 그러니 아들이 힘들다고 잠시 매달려 기도 할 것이 아니라 자신의 자성을 밝히기 위해 삶을 끝내는 날까지 열심히 기도해야 옳은 불자라 할 것이다.

❈ 죽은 4촌동생의 훼방과 산소 탈

```
시  일  월  년  (남)
壬  戊  庚  壬
子  戌  戌  辰


己  戊  丁  丙  乙  甲  癸  壬  辛   대운: 순행
未  午  巳  辰  卯  寅  丑  子  亥
86  76  66  56  46  36  26  16  6.9
```

 볼일이 있어 출타를 준비하는데 연락이 왔다. 찾아뵙고 싶은데 시간이 괜찮으시냐고 물어온다. 지금은 시간이 안 괜찮다고 다음에 연락을 주십사했더니 먼젓번에도 그래서 뵈올 수가 없었사오니 오늘은 제발 양보를 해 주십사고 정중하게 부탁을 한다. 어쩔 수가 없다. 그래서 적절히 타협을 봐서 시간을 조정했다.
 빨리 날아가서 볼일을 보고 들어오고 그 쪽에서는 오시는 길에 찻집이라도 들러서 차 한 잔 하시고 느긋하게 오시라고 했다. 그렇게 어렵사리 만나보니 초로의 부부다. 손을 꼭 잡고 마당을 걸어 들어오는 모습이 참 평화롭다. 무슨 사연이 있어 나를 찾는지는 모르나 겉으로 보기에는 멋지게 늙어가는 서로를 닮은 사람들이다. 그런데 자세히 살펴보니 남편 되는 분 안색이 좀 어둡다. 어디 편찮은 곳이라도 있는 듯이 보인다.
 "무슨 사연이 있어 이렇게 누추한 곳을 찾아 오셨습니까?"
 "제가 몸이 많이 아프고 하니 집사람이 무속 인을 찾아 갔던가 봅니다. 그랬더니 그 무당이 쓸데없는 소리를 해서 이 사람이 맘

고생을 하기에 선생님한테 데리고 왔어요."

"보살님 무속 인이 뭐라고 하던가요?"

"그냥 남편 몸이 많이 아프다고 하니까. 신병(神病)이라고 해요."

"그러면서 신을 받아야 낫는다고 하지요. 굿하는데 얼마나 달라고 하던가요?"

"신(神)을 받아야 한다는데 내가 가타부타 말을 안 하니까 돈 얘기는 안하던데요."

"신을 받으려고 굿을 하면 적어도 삼 사천만원은 드는데 제가 그 돈 벌어 드릴게요."

"돈은 관두고 이 양반 아픈 것이나 나았으면 좋겠어요."

"선생님이 아픈 것은 신하고는 아무 상관이 없어요. 다시 말하자면 선생님은 신이 오는 사주가 아닌데 무속 인들이 돈에 눈이 멀어서 신 타령을 하는 것입니다."

"어디 가서 물으니 산소 탈이 났다고 굿을 하라고 하는 곳도 있어요."

"예 산소 탈이 맞아요."

우선 이 명조를 샅샅이 풀어서 어느 산소가 탈이 났는지 한 번 봅시다. 이 명조는 戌월 戊戌이 子時에 태어나서 土와 水가 대치하는 형국이라서 월간 庚金이 유난히도 귀하게 보인다. 이렇게 사주의 흐름을 정확하게 조절하는 庚金(통관용신이라고한다.) 이 확실하게 자리하고 있어도 년지의 辰土와 시지의 子水가 合하여 水가 득세하는 형국이다. 운을 논하려고 하는 것이 아니고 辰戌土가 명조에 많이 있으면 조상의 인연이 깊은데 어느 인연이 나의 길에 걸림이 되는지 알아보고 이를 풀어주면 오히려 좋은 운으로 안내된다. 즉 조상의 음덕으로 성공하는 것이다.

"산소 탈이 여기서 났네요. 선생님은 戊戌일주로 년주의 壬辰과 붕충을 하는데 친형제가 아니고 사촌 정도라고 생각되며 아버지 형제가 묘(墓)궁에 빠졌다고 하니 이는 분명 삼촌이나 오촌 그 비슷한 인척이 물에 빠진 것 같습니다."

"맞습니다. 선생님 물에 빠져 돌아가신 삼촌이 있어요."

"어쩌다가 물에 빠지셨답니까?"

자살을 하신 경우도 있겠고 사고로 가신 경우도 있을 것이다. 만약 자살을 하셨다면 그 한이 더 사무칠 것이다.

"삼촌이 술을 드시고 배를 타려고 하다가 실족을 해서 바다에 빠져 죽었어요."

"삼촌이 바닷가에 사셨던가요?"

"예 영덕에서 고기잡이배를 타셨어요."

"바다에서 돌아가셨어도 산소를 쓰셨던가 봅니다."

"다행이 시신을 수습해서 그 당시에 바다에서 재를 지내고 바다가 보이는 산에 모셨다고 들었습니다."

옆에서 듣고 있던 부인이 궁금한지 물어온다.

"그 삼촌은 자기 자식도 있는데 왜 이 사람에게 오는 겁니까?"

"그러게요. 저도 그게 궁금합니다."

"그리고 그 삼촌이 이사람 어릴 때 돌아가셨는데 어떻게 사주에 나오지요? 이 사람이 태어날 때는 삼촌이 살아있었는데요."

"인연이란 것이 그렇게 무섭습니다. 태어나기도 전에 먼저 사주 명조에 이 사람이 태어나 몇 살에 죽을 것이고 몇 살에는 장가가고 몇 살에 돈을 벌고 부도나는지 다 적혀있어요. 우리가 눈이 어두워 못 읽을 뿐이지요. 그러니 삼촌이 언제 어디서 돌아가시고 언제가 되면 산소가 탈이 나서 제게 물어보러 오는지도 다 적혀 있다고 봐야겠지요."
"그렇게 자세하게 나옵니까?"
"이르다 뿐이겠습니까? 사돈의 팔촌 이야기까지 다 나옵니다. 그래서 사주팔자라고 하는 거지요 사돈의 팔촌까지 볼 수 있어서요. 그리고 왜 자기 자식을 제쳐두고 조카에게 왔는지는 아무도 몰라요. 그냥 편의상 인연이라고 해두죠. 아마도 전생에는 더 각별한 인연이었는지도 모르고 후생에 다시 인연의 고리로 이어질 지도 모르고요."
듣고 있는 부부가 아무 말이 없이 생각에 잠겨있다.
"이 산소는 辰戌이 충(沖)을 하니 파묘(破墓)하라고 하며 戌 중 丁火에 辛金은 화장(火葬)하여 유골을 산과 들에 뿌려주길 바라는데 후손이 하지 않으니 업보를 당하는 것입니다. 그래서 병으로 고생하는데 속병이 심할 것이고 냉기가 강하니 庚金의 종양이 생긴다고 봅니다."
"종양이라면 암이라는 건가요?"
"글쎄요 꼭 암이라고 말할 수는 없지만 암도 몸이 차가우면 생기는 것이고 종양이니 아니라고도 못하겠네요. 병원에 열심히 다니면서 잘 살피시고 이 산소도 정리 하시는 것이 좋겠습니다."
"그런데 저한테는 사촌형이 되는 삼촌의 자식도 있고 저 또한 집안의 장남이 아니라서 참으로 난감합니다. 그냥 재를 지내는 것이면 제가 하겠는데 산소는 어렵겠어요."
"제가 할 수 있는 이야기는 여기까지입니다. 다른 문제들은 형제들과 잘 상의해서 하십시오."
이렇게 조상의 묘터가 불편하면 인연되는 후손은 분명히 해

(害)를 입는 것은 사실이다. 명조대로 화장하고 조상을 해원(解寃)해 주면 노후에 좋은 일이 있다고 하는데 장남이 아니라서 그럴 권한이 없는 것이 아쉽다.

❈ 성령(聖靈)이 외국 신(神)으로 들어온 여인

시	일	월	년	(여)
庚	壬	戊	丙	
戌	申	戌	申	

己	庚	辛	壬	癸	甲	乙	丙	丁	대운: 역행
丑	寅	卯	辰	巳	午	未	申	酉	
88	78	68	58	48	38	28	18	8.3	

감정 의뢰가 들어와서 창원으로 찾아갔다. 분명 신(神)이 든 사람인데 신당은 차리지 않고 식당을 운영하며 사는데 혼자서 누군가와 끊임없이 대화를 주고받고 거리를 배회하기도 하는 등 이해되지 않는 행동을 많이 한다고 했다.

그날도 점심시간이 조금 지난 한가한 시간을 약속시간으로 정했는데 문을 닫아걸고 가게에 없었다. 연락이 온 것은 늦은 저녁시간이었다. 의뢰하신 분이 이끄는 대로 찾아드니 탁자가 다섯 개 뿐인 조그만 밥집이다. 키가 훤칠하게 크신 분이 어색한 얼굴로 우리를 맞는다. 저녁이 늦어 우선 밥부터 먹고 찻잔을 사이에 두고 마주 앉았다. 그런데 이 분은 무엇이 불안한지 가만히 앉아 있지를 못하고 연신 서성인다. 일단 명조를 적어놓고 긴장을 풀어 줄 요량으로 질문을 해 본다.

"언제 처음 신의 기운을 느끼셨어요?"

돌아오는 대답이 석연치 않다.

"저는 귀신같은 것은 잘 몰라요. 인정하지도 않고요. 젊어서부터 성당에 나갔는데 누군가가 귀에다 대고 자꾸 이야기를 하고, 상대방 얼굴만 봐도 그 사람이 생각하는 것이 떠오르고, 차를 타고 남의 가게 앞을 지나가는데 오늘 그 집 매상이 얼만지 그냥 알게 됐어요."

귀신은 인정하지 않는데 눈앞의 상황을 귀신같이 알아낸다고 하니 뭐라고 말해야하나

"그러다가 친구가 돈 벌이가 괜찮다고 해서 굿 당 주방에 일을 하러 갔는데 그때 처음으로 몸에 누가 들어왔어요."

"어떻게 생겼던가요?"

"모습은 안 보이고 느낌으로만 알았어요."

"그때가 마흔 일곱 무렵이었나요?"

"예 그 나이 쯤 되었어요."

"그 때 그 신이 자기가 누구라고 하던가요?"

"다른 말은 없었고 '나는 외국에서 온 신이다. 걱정하지마라. 너를 절대 무당으로 만들지 않겠다.' 그 말만 여러 번 되풀이해서 했어요."

외국에서 온 신이라니? 이 보살님 조상 중에 외국인이 있단 말인가? 그건 아니고 성당이나 교회에서 흔히 성령이 내린다고 하는데 이 때 허주가 성령의 모습으로 이 보살님에게 접신 한 것 같다. 성령이 내려서 마구 쏟아내는 말을 방언이라 하는데 무속에

서 신과 접신되어서 애기하는 공수와 같은 것이다. 이야기를 들어 줄 사람이 있어서 그런지 장사도 하지 않고 이야기를 풀어놓는다.

"그렇게 한 일년을 굿당에서 일을 했는데 자꾸 일을 못하게 방해하고, 여기저기 끌고 다니고, 자기 하고만 애기 하라고 하고 말을 안 들으면 몸을 아프게 해서 꼼짝 못하게 만드니 주변에서 굿을 해야 된다고 했어요. 그런데 이 신은 '굿하지 마라 내가 너를 무당 만들려고 온줄 아느냐' 하며 '내가 너를 무당보다 더 높은 사람 만들어 줄 테니 여기서 나가자' 고 해서 굿 당을 나왔어요."

"굿 당을 나오니 신이 어떻게 하든가요?"

"어떤 때는 얌전히 잘 있다가 한 번씩 찾아와서 말을 시키고 거리로 데리고 나가고 그래요. 어떤 때는 정신을 차려보면 차가 다니는 길바닥에 누워 있기도 했어요."

"아니 사고라도 나면 어쩌려고요?"

"아닌 게 아니라 돌아다니다가 교통사고가 나서 저승문턱까지 갔다가 왔어요. 그 때는 진짜 죽는 줄 알았는데 신에서 죽이지는 않는데요. 아직 후유증은 남아 있지만 지금은 많이 좋아졌어요. 가끔 혼자서 애기를 주고받고 할 일없이 길거리를 쏘다니기는 하지만요."

하며 먼 곳을 바라보며 쓸쓸히 웃는다.

"보살님이 외국신이라고 주장하는 신은 우리식으로 명조를 풀어보면 戌월 壬申일주이니 몸주는 분명 편인 용궁 글문입니다."

보살이 말없이 고개를 가로젓는다.

"24세의 丙申은 편인이라 종교를 접하는데 아마 이때부터 성당에 나갔을 것 같은데요."

이번에는 신기한 물건을 보듯이 나를 빤히 쳐다본다.

"이 丙申은 47세경에 성령을 가장한 신의 모습으로 자신을 드러냅니다. 자신을 감추고 외국에서 온 신이라고 주장하는 이 丙火는 분명하게 허주입니다. 戊戌이 丙火에서 보면 식신이라서 아마 동자행세도 가끔 하실 겁니다. 년주의 丙火는 壬水의 강한 기(氣)에 눌리어 활동을 잘 못하고 가끔씩 작용하며 申金은 역마라서 이리저리 거리로 끌고 다니는 겁니다. 실체는 丁壬이 合하여 木으로 변하니 동자이며 외줄에서 온 것입니다."

그런데 아니란다. 다 아니고 자기는 외국에서 온 신이란다. 성령에서 들어와서 외국신이라고 주장하는 허주는 정말 가관이었다.

土와 金이 많아서 일주가 신강하니 상담을 하는 중에도 자신의 아집을 드러내며 자신의 주장과 이야기만 늘어놓는다. 자기는 신을 부정한다면서 내뱉는 말이 '신(神)도 신(神) 같지 않은 것이' 한다. 흘겨보는 눈 꼬리가 야릇하다. 나를 비꼬아서 하는 말일 것이다. 불도를 닦는 스님은 허주의 입장에서 보면 앙숙(怏宿)이니 곱게 보이지 않는 것이 당연하다. 그래도 알려주어야 될 것 같아서 59세쯤 몸이 많이 아플 것이니 조심하라고 했다. 특히 다리 관절 쪽을 조심하라고, 신병은 절대 아니니 건강에 유의하시라고 하고 헤어졌다.

⊠ 천신(天神)제자의 착각

```
시  일  월  년  (남)
戊  丙  癸  甲
戌  戌  酉  午


壬  辛  庚  己  戊  丁  丙  乙  甲   대운: 순행
午  巳  辰  卯  寅  丑  子  亥  戌
83  73  63  53  43  33  23  13  3.11
```

가끔 안부를 전하고 사는 부부가 연락을 해왔다.

지금은 집이 아니고 멀리 포항까지 감정을 나왔다고 하니 그곳까지 찾아오겠다고 한다. 다음에 뵙겠다고 극구 사양을 해도 찾아오신단다. 미안한 마음에 저녁을 함께하고 마주앉았다.

"요즘 왜 그렇게 바쁘시오."

"진짜 요즘은 바쁘네요. 여기저기 불려 다니느라 정신이 다 없어요."

"뭐 좋은 일이면 같이 합시다."

옆에 있던 보살님도 끼어든다.

"사실은 사주 속에 신명이 내리는 길을 완성했는데 이것을 직접 보살들한테 감정을 받으러 다닌다고 바빠요."

"그러면 우리한테도 연락을 하지 그랬어요?"

아 그렇구나. 이 분들도 있었구나. 이 두 부부도 신을 받아 모시고 신명의 제자로 살고 있다.

"궁금하니까 말 나온 김에 우리 것도 좀 봐 주세요."

보살이 먼저 청을 한다.

"이 사람아 그래도 서방님이 먼저지, 나 먼저 보고 당신은 있다가 봐."

"네. 서방님"

언제 봐도 금실 좋은 부부다. 그럼 합의 된 대로 서방님 되시는 분의 명조부터 감정을 해 보자.

"법사님 몸주는 丙戌의 일광대신보살이랍니다. 癸酉는 일지 戌중 戊土와 슴하여 대사가 일월광 신장이 되어 들어오시는데 酉戌이 슴하여 재물을 준다고 하면서 숨어서 들어옵니다."

"아닌데 나는 불 줄에서 내린 대사가 계시는데."

"그 대사는 신장이 되어서 온다고 합니다. 그러니 대사는 착각입니다."

"맞지요. 선생님, 기도 해보니까 천상에서 신장님이 내리시던데 이 양반은 아니라고 자신은 천신제가가 아니고 불제자라고 부처님 전에 염불만 하고 있어요."

그래도 이 법사는 여전히 자신은 불사대신이 주장이라고 이야기를 한다. 그것도 아주 강력하게 주장을 한다.

"월지 酉는 자형(自刑)이라고 하니 아마 44세경에 사고가 있었을 것이라고 합니다. 酉金이 戌土를 보고 45에는 산속으로 들어간 것 같습니다."

"그래서 신을 받은 것이오. 마흔네 살에 교통사고가 났는데 온 몸의 뼈가 다 부서져서 죽는다고 했는데 죽지 않고 살아나니 다들 기적이라고 했어요."

그러나 왜 자신이 죽지 않고 살아 있는지를 본인은 알고 있었다. 그것은 신을 받아들이지 않은 벌이며 더 버티면 그 때는 진짜 목숨이 위태롭다는 사실도 알고 있었다. 그래서 몸이 어지간히 회복되고 움직이는 것이 자유로워졌을 때 모든 것을 버리고 산속으로 들어갔다고 한다. 산속에서 기도해서 신을 받고 자신은 불사 줄이니 잡스런 행위는 하지 않는다고 하며 오직 염불하고 기도만 하니 같이 사는 보살이 여간 힘든 것이 아니라고 한다.

일간이 戌중 辛金과 合하여 불사의 대사로 착각하는 것 같으며 이는 시지의 戌중에 또 辛金이 있으므로 두 양반이 대사 행세를 하는 것으로 보인다. 이것이 허주이며 이분은 여기에 속아서 자신이 승려처럼 착각하는 것이다.

"법사님은 시주 戌戌의 55세 이후에는 월간의 癸水와 合하여 천상대신이 장군이 되어 오시며 戌戌이 산왕대신이고 丙戌의 천상대신보살은 힘이 장사(壯士)라고 합니다. 이 분은 분명 친가의 할머니이며 년주 甲午와 合하고 있으니 조상의 인연이라고 합니다. 점사는 천상 선녀가 본다고 하네요."

"맞아요. 우리 할머니가 힘이 장사에 여걸이었다고 합디다."

"진짜 사주만 가지고 이렇게 신을 찾은 거요? 사주는 신수보고 운이나 맞추는 것인 줄 알았는데 신기하네."

"아직까지는 이런 이야기를 하는 사람이 없었어요. 그래서 검증이 되면 이것을 가지고 사례집을 만들어 책으로 낼까 해요. 그러면 나중에 배우는 후학들도 공부 할 수 있을 것이고 신을 받드는 제자들도 궁금한 것을 찾아 볼 수 있을 것입니다."

"그런데 다 맞는데 한 가지가 틀리네. 나는 천신제자가 아니고 불제자라니까요?"

이렇게 자신이 대사 줄이라고 믿고 있으며 수년간 재물과 인연이 없다고 생각하면서 여기저기 기도하러 다니고 보살이 점사를

제3장. 예문 383

보면서 조금씩 벌어서 힘들게 생활하고 있는 눈치다. 그래서 짐짓 큰소리로 호통을 쳤다.

"어허 그렇게 바로 일러주어도 그러네. 대사라고 헛소리 하면서 천신제자의 앞을 가로막는 그거 허주 아니요? 천신제자면 천신제자답게 하고 살아야지. 없는 대사는 어디서 찾아서 자꾸 대사라고 해."

그러자 돌아오는 대답이 걸작이다.

"그럼 이제부터는 염불 안 해도 되고 기도도 할 필요가 없어서 좋겠다."

이렇게 오랫동안 허주가 자리 잡고 있으면 곁에서 함께 생활하는 보살이 생활고를 다 떠안아서 힘들다. 그리고 이 처럼 허주가 앞을 가려서 자신의 업도 정리하지 못하는 제자가 너무 많이 있다. 천신제자 신명제자라고 큰소리치면서 자신이 허주라는 것을 생각하지 못하고 신명이 영원하다고 생각하는 멍텅구리도 있었다.

❈ 천궁불사(天宮佛師)

시	일	월	년	(여)
辛	壬	己	庚	
亥	寅	丑	子	

庚	辛	壬	癸	甲	乙	丙	丁	戊	대운: 역행
辰	巳	午	未	申	酉	戌	亥	子	
81	71	61	51	41	31	21	11	1.6	

이번에는 보살님의 사주를 살펴보자.

이 사주를 바라보면 어디서 신(神)이 들어 왔는지 궁금하다. 섣달 壬寅이 뒷면의 丁亥와 合해서 명신은 아니지만 후방에서 지원하는 데에는 좋은 조건이다.

"보살님은 어떻게 신이 들어오던가요?"

"사실은 나도 잘 모르겠어요."

"아니 본인이 모르면 누가 압니까?"

"제가 신을 받기 전에 식당에서 일을 했는데 그냥 어느 날 부터 손님을 보면 그 사람에게 무슨 일이 생길지 그냥 알겠고 내일 누가 오는지도 알겠고 같이 일하는 동료들한테 한마디씩 하면 그것이 다 맞고 그래서 신이 왔나보다 했어요."

"그 때가 36세쯤 되었나요?"

"예 그 나이쯤이에요."

"壬寅이니까 36세에 받는 것이 맞고 몸주는 용궁제석 할머니이며 寅중 丙火는 할아버지라고 하며 戊土는 대감이라고 합니다. 점사는 丁亥의 칠성선녀가보며 辛亥의 41살에 대사가 내리신 것으로 보입니다."

水氣가 강하니까 하경은 안 될 것이고 꿈이나 감각으로 알아차리는 것 같다.

"년주 庚子는 겁재라고 하니까 형제일신이며 시주에 合해서 들어오는 장군인데 공부를 많이 해서 대사로 승격되어서 들어오는 것 같아요. 그리고 辛金이 寅中丙火와 合을 해서 水로 화(化)한 것은 문무를 겸한 장군이요 군웅이라고 합니다."

"그 장군은 우리 아버지 같아요."

"이분은 庚寅년이 되면 확실하게 들어오셔서 공부하라고 하며 재물을 가져다준다고 하네요."

"맞아요. 아버지가 돌아가시고 3년 만에 제게 들어오셔서 공부시킨다고 했거든요."

"내년이 돌아가신지 3년입니까?"

"그렇습니다."

이분은 확실히 돌아가신 아버지 같으며 3년 만에 자식에게로 들어와서 재물을 보태주고 공부도 시킨다.

"己丑의 정관은 남편 같은데 壬水를 보면 서로가 별로 좋지 못하며 탕화(湯火)가 되어서 불길하니 서로 조심하시고 기도 많이 하세요."

"선생님 그 동안 말씀드릴 기회가 없었는데 사실은 우리 새로 만난 부부예요. 신을 받고 기도 다니고 하다가 만나서 알게 되었는데 아이들하고 이 사람하고 서로 너무 좋아해서 살림을 합쳤어요. 일부러 말씀 안 드린 것이 아니라 그럴 기회가 없었네요."

평소에 너무 금실이 좋아 보이더니 늦게 만난 부부란다. 어쨌든 처음의 남편은 서로가 힘든 상대이니 헤어지는 것이 오히려 났다. 늦게나마 좋은 사람 만나서 행복하시다니 다행이다.

"그래요? 몰랐어요. 늦었지만 축하합니다."

"예, 이제는 재미있고 행복하게 잘 살려고 합니다."

"보살님은 힘들고 어렵겠지만 내년에는 아버지도 도와주신다고 하니까 공부를 계속 해 보십시오."

"그래야 하는데 이렇게 형편이 안 풀리네요."

"보살님 41세에 들어온 대사님은 절에 앉아 공부하신 대사가 아니고 여기저기 다니면서 귀동냥으로 공부하신 대사라고 합니다. 그러니 보살님도 열심히 다니면서 인터넷도 뒤지고 아는 사람에게 물어서라도 열심히 해 보세요. 아마 좋은 결과가 있을 겁니다."

"항상 공부하라고 기도하면 이것저것 내려 주시는데 열심히 해야겠지요."

언제나 찾아와서 한가지라고 묻고 배우려고 하는 모습이 대견해 보인다. 아마도 장족의 발전이 있으리라 기대 해 본다.

나 역시 가진 돈이 많지 않아 도와주고 싶지만 언제나 마음뿐이다. 정신 차리시라고 연상임에도 불구하고 몇 마디 쓴 소리를 하였더니 보살은 웃고 가시고 법사는 자존심 상한 얼굴을 애써 감추고 가신다.

전사(戰死)한 오빠가 신장(神將)으로

시	일	월	년	(여)
庚	壬	丁	乙	
戌	辰	亥	未	

丙	乙	甲	癸	壬	辛	庚	己	戊	대운: 순행
申	未	午	巳	辰	卯	寅	丑	子	
83	73	63	53	43	33	23	13	3.7	

신(神)의 부름을 받은 제자들에게 물어보면 신을 받게 된 주된 동기는 거부 할 수 없는 운명 때문이라고 한다. 그리고 이왕에 신을 받아 무당이라는 천한 직업인으로 살아 갈 바에는 돈이라도

많이 벌어서 떨어진 위신을 바로세우고 남들 앞에 행세하며 살고 싶은 욕심이 생긴다고 한다. 하지만 욕심은 물거품과 같은 것이라서 사그라지기만 할 뿐 좀처럼 채워지지 않는다. 이름이 나고 영화를 누리는 제자들은 몇 안 되고 대부분의 재자들은 재물하고는 인연이 멀어 곤궁(困窮)한 삶을 이어간다.

오늘 감정 받으러 온 보살도 역시 신을 받아 제자로 살아가지만 삶이 뜻대로 되지 않고 생계마저 곤란하다고 한다. 언제쯤 되면 맘 편하게 살 수 있는지 물어온다.

우선 이 명조를 살펴보면 원진이 들어있다. 년에 있는 乙未세존은 조상에서부터 내려온 세존인데 일주가 壬辰이라 辰亥가 원진이 되어 신을 모시고 살면서도 내심 모시기 싫어한다. 乙未는 당산 대감이신데 이분은 외가에서 들어오는 대감이시다.

"이 명조에 丁亥는 칠성 줄이며 형제라고 하는데 누군지 아십니까?"

"전쟁 때 군인으로 나가서 죽은 오빠가 들어 왔습니다."

"丁亥는 형제일신의 칠성장군인데 壬辰과 합을 하려고 하지만 원진이라서 생각만 있을 뿐 합하기 어렵다고 합니다. 이 명조에는 원진을 해결하는 것이 제일 시급합니다."

"원진은 어떻게 풀어야 합니까?"

"인위적으로는 할 수 없고 때가 되어야 풀리는 것인데 寅木이 들어오는 년에 원진이 풀리고 합이 가능하니 그 때가 庚寅년입니다."

듣고 있던 보살이 무릎걸음으로 다가 앉으며 눈을 반짝인다.

"庚寅년에는 寅과 亥가 합하고 寅과 戌이 합하니 분명히 신장으로 들어오십니다. 불법(佛法)을 공부하고 들어오시는 대감님도 계시는데 이분은 대사 줄에서 오십니다."

"저는 불법인연이 깊은지 불사대신도 받았습니다."

"그 불사대신 할머니는 庚戌의 45세에 들어오셨을 것입니다."

"맞습니다. 그 때 받았습니다."

"54세부터 59세 사이에 壬水일간은 戌중 丁火와 合하여 木이 되므로 당산동자가 점사를 보게 되며 재물도 따라 들어온다고 합니다. 이제 고생 그만 하셔도 되겠습니다."

그러자 환한 얼굴로 벙어리 웃음을 웃는다. 이 명조의 약점은 辰亥원진이며 원진이 合을 하여 풀리는 년부터 좋아진다. 그리고 년의 乙未는 상관이 合을 하고 있으므로 54세 이후부터는 글을 배우면 깨친다고 한다. 역학이나 주역으로 들어가서 배우면 좋을 것 같은데 신명제자는 글에 약하고 배움에 근기(根氣)가 약하다. 측은지심으로 알려주어도 행하지 않으니 발전은 요원(遙遠)하고 간단(間斷)없는 신세한탄으로 세월만 보내는 경우가 많다.

이분도 공부를 하면 좋아진다는 말에 벌써부터 얼굴에 난감한 기색이 돈다. 귀한 보석이 숨겨져 있는 곳을 알려주어도 스스로 찾아가서 꺼내오는 수고로움이 없으면 어찌 내 것이 되겠는가. 이분은 신병으로 잠을 잘 수가 없었다고 하는데 아마 강한 木기운 때문인 것 같다.

❋ 장군동자(將軍童子)의 설음

```
시   일   월   년   (여)
癸   己   丁   丁
酉   丑   未   酉


丙   乙   甲   癸   壬   辛   庚   己   戊    대운: 순행
辰   卯   寅   丑   子   亥   戌   酉   申
87   77   67   57   47   37   27   17   7.8
```

지방에서 제자들 감명을 해주고 돌아온 며칠 후 연락이 왔다. 자신도 신명을 감명 받고 싶은데 다시 한 번 와주시면 안 되겠느냐고 한다. 왜 그때 안 받으시고 따로 부르는지 물어보니 남들이 있는 자리에서는 감명 받기 싫다고 한다. 사주나 신명을 감명할 때 아주 특수한 경우를 제외하고는 공개감명을 원칙으로 한다. 혼자서 남몰래 감명 받으려면 직접 오시라고 했더니 망설이다가 찾아왔다.

"얼굴이 낯설지 않고 어디서 뵌 듯합니다."

"지난번에 보살님 암자에 감명하러 오셨을 때 뵈었어요."

"무슨 비밀이 있어 남들 모르게 감명 받으시려고 하는지 모르지만 오늘 감명 받으신 이야기도 연구 자료로 활용할 텐데 허락하지 않으시면 저도 감명 해 드릴 수가 없습니다."

"선생님이 자료로 쓰시는 것은 괜찮은데 그 자리에 있는 사람들은 제가 아는 사람들이라서 싫습니다."

그 지역에서는 똑똑한 동자 덕분에 소문이 나서 나름대로 이름

이 나 있는데 감명도중에 문제가 있다고 알려지면 입방아에 오르내릴 것 같아 싫다고 한다.

"똑똑한 동자한테 무슨 문제가 있는지 어디 한 번 봅시다."

명조를 적고 보니 역시 동자가 명신(明神)은 명신이다. 己丑 일주의 신장이 년지 酉金의 천상 동자와 시주의 癸酉 제석동자와 合을 한다. 시주의 癸酉 제석 동자는 일지의 丑과 合을 해서 말썽 없이 조용히 지내고 있어 별 문제가 안 되는데 년에 있는 丁酉의 동자는 말썽의 소지가 다분하다.

丁酉의 동자는 월주丁未로 때문에 合이 안 될 것 같지만 丑未충(沖)이 되어 合이 되면서 명도가 되었다. 그야말로 장군의 아들이 되어서 사랑을 한 몸에 받으니 자못 건방지고 자신이 최고인줄 알고 있다. 그 까닭은 丁酉의 천상 장군동자가 丑중 辛金으로 자리하기 때문이다.

"보살님 동자가 둘인데 한 동자는 얌전하고 한 동자는 똑똑하기도 하지만 행세도 대단 할 것 같습니다."

"말도 마십시오. 자기가 최고라고 설치고 다니는데 그 동자 등쌀에 다른 동자나 선녀는 점상에 얼씬도 못하고 저도 비유 맞추기 힘듭니다."

"그런데 올해 己丑년 들어서는 기(氣)를 못 펴고 잔뜩 주눅이 들어 있다고 하는데요."

"글쎄 올 들어서는 잘 나서지도 않고 점사도 영 신통찮습니다."

己丑년은 복음(伏吟)이라서 어려우며 명도의 기질은 사라지고 불평과 불만이 가득하기 때문에 혼쭐이 나고 있는 것이다.

"신명(神命)이 교체될 시기가 온 것 같습니다. 庚寅년이 되면 선녀가 들어오는데 丁酉의 동자와 원진이라서 자리다툼이 심할 것 같습니다. 寅中 甲木이 丁火의 꽃을 가지고 일간과 합(合)하니 아주 예쁜 선녀라고 합니다."

"동자가 워낙 별나서 선녀가 견딜지 모르겠어요."

"신명이 교체될 것이니 처음에는 다툼이 심하지만 선녀가 자리 잡고나면 동자는 보내야 합니다."

庚寅년에 선녀가 들어오면 酉金의 유리잔에 붉은 생화를 꽂아 선녀를 맞이하고 동자는 새로운 학문을 배우러 떠나보내야 한다.

"동자가 점사도 잘보고 돈도 많이 불려 주었는데… 꼭 보내야 합니까?"

성격이 유별나고 힘들게 하는 동자라도 막상 보내려고 하니 아쉬움이 큰가보다. 그러나 신명이 오고 가는 것은 인력으로 어찌 조정하겠는가? 신의 제자는 말 그대로 신명에서 시키는 대로 받들고 따르는 수밖에 없다. 신명을 감정해주는 사람도 그 신명의 오고가는 길을 알려줄 뿐 그 길을 조작하지는 못하는 것이다. 신명은 때가 되면 스스로 떠나고 새로운 신명이 들어오기도 하고 공부 다 마치고 다시 들어오기도 한다.

"너무 걱정하지 마십시오. 丁酉의 동자는 공부하고나면 4년 후에 천상(天上) 동자가 되어 다시 들어온다고 합니다."

이 명조는 丁酉24세부터 신(神)의 기운을 느끼며 47세에 신을 받아 칠성신장을 몸주로 삼고 점사는 동자가 보는데 불사 대신이 많은 재물을 가져다준다고 한다.

"이제 문제가 풀리십니까?"

"네. 그런데 신을 모신 우리들보다 어떻게 신명에 대해 더 잘 아십니까?"

"보살님들이야 신명에서 시키는 대로 따르지만 저는 신명을 객관적으로 보고 연구해서 분석하니까 알 수 있지요. 보살님도 눈을 뜨고 공부를 하시면 신명을 잘 볼 수 있을 겁니다."

"공부는 아무나 합니까. 저는 어려워서 못 합니다. 모르면 선생님 찾아가면 되지요."

이 보살 역시 공부라는 소리만 들어도 손사래를 친다. 사주를 공부하고 신명을 감정하는 법을 익히면 손님들 상담하기도 훨씬 수월하고 자신의 신이 어떻게 내려오는지 또 언제 바뀌는지 알 수 있어 좋을 법한데도 어렵다는 이유로 무조건 회피한다. 그렇게 평생을 신의 그늘에서 벗어나지 못하고 신의 비유를 맞추며 고단한 삶을 살아간다.

오기(傲氣)로 기다린 무녀의 판단

시	일	월	년	(여)
戊	癸	丁	甲	
午	酉	丑	午	

戊	己	庚	辛	壬	癸	甲	乙	丙	대운: 역행
辰	巳	午	未	申	酉	戌	亥	子	
82	72	62	52	42	32	22	12	2.2	

이 보살님과 마주앉아 상담을 시작하는데 얼굴가득 자신감이 가득하고 당당해 보이는 것이 긴장해서 굳어있는 여느 보살님들

과 사뭇 달라보였다. 어찌 보면 괜한 오기가 발동한 것 같이 보이기도 해서 농담 삼아 물어봤다.
"왜 그렇게 잔뜩 오기를 부리고 계세요?"
그랬더니 웃으면서 그렇단다.
"많은 보살들이 너는 안 되니까 그만 접으라고 하는데 아무리 생각해도 접으면 안 될 것 같고 언젠가 한 번은 대단한 신명(神命)이 올 것 같아서 십년 세월을 하루같이 그 때만 기다리고 있습니다."
"선생님, 언제나 되면 제대로 된 신명이 들어와 돈을 벌어 볼까요?"
보통 이쯤이면 신당을 접고 다른 길을 선택할 법도 한데 대단한 고집이었다.
"잘 참고 견디셨어요. 오랫동안 기다린 보람이 있네요."
"언제요? 그게 언제냐고요"
이 보살님, 바짝 다가 앉으며 채근을 한다.
"그럼 어디 하나씩 풀어봅시다. 보살님 몸주는 친가의 제석불사할머니이신데 戊癸가 合을하여 천지신명대신보살로 들어오십니다."
"예 맞습니다."
"酉酉는 49세인데 丑土와 合하니 천상 글문대감이 점사를 보십니다. 戊午는 57세 이니 庚寅년에는 당산대신보살이 戊癸의 천황할아버지와 함께 들어오십니다."
"庚寅년이면 내년인데 내년 언제요?"
"보살님이 너무 급하시니까 설 쇠고 다음날 바로 하지요 뭐."
"농담하지 마시고 제대로 알려 주세요."

이 보살님 몸이 많이 달으셨다. 그만큼 애타게 기다리셨다는 몸짓이 아니겠는가?

"庚寅년 寅월에 좋은날 잡아서 좌정(坐定)시키면 됩니다. 년주에 있는 甲午는 상관이 편재라서 바람으로 보여 집니다. 그리고 보살님 사주에 酉酉자형(自刑)과 午午자형(自刑)이 있는데 이것은 스스로 파괴하는 것이니 보살님 손으로 신당을 엎은 적이 있을 것 같습니다. 그것도 한 번이 아니라 두 번이라고 하네요."

듣고 있던 보살님 고개를 숙이며 멋쩍게 웃는다.

"그런 것도 다 나옵니까?"

"보살님 좋으시겠습니다. 내년에는 대신보살님이 천황할아버지와 천황대 잡고 신나게 한 판 놀아보고 돈도 벌어보자고 들어서네요."

"몇 번 표적을 주시는데 그게 뭔지 잘 몰랐어요. 설명을 듣고 보니 이제 알겠네요. 이제야 소원을 푸네요."

"아이고 이런 소리 들으려고 그동안 지독하게 참고 살았나봐, 정말 잘 됐어."

"얼마나 좋을까? 그렇게 고생하더니, 정말 축하해"

"음력일월 달에 좋은날 가려서 크게 상 차려놓고 신명님 모셔다가 신나게 한 판 울려봅시다."

같은 길을 가는 동료 무녀들이 저마다 자기 일 인양 좋아하며 한마디씩 진심어린 축하인사를 건넨다. 얼마나 좋아하는지 옆에 있는 사람들도 덩달아 즐거워진다.

"선생님 말씀대로 되면 제가 크게 한 번 대접하겠습니다."

"제가 한 것이 뭐 있나요. 명조에 나와 있는 대로 읽어드렸을 뿐인데요. 참고 기다린 보살님 복이지요."
 한껏 기분이 좋아진 보살님이 그동안 살아온 이야기를 술술 풀어 놓는다.
 "제 나이 스물다섯 살에 우연히 이상한 기운이 몸에 실리는 것을 알았어요. 꿈을 꾸면 꿈에 본 그 일이 그대로 현실로 되고 저 집에 무슨 일 생기겠다하면 틀림없이 그 일이 생기는 거예요. 무섭기도 하고 남이 알까 두렵기도 했어요. 그 때는 나이가 젊어서 죽어도 이 길을 가지 않겠다고 이를 악물고 버텼는데 신이 내리는 벌(罰)을 더 이상 감당하지 못하고 항복을 했어요. 인간의 힘으로는 도저히 대항할 수 없다고 판단하고 '그럼 이왕에 하는 것 확실한 신명을 받아서 제대로 불려보자' 고 맹세를 단단히 했었어요."
 "그렇게 어렵게 신을 받았는데 왜 안 불리셨어요?"
 "난들 왜 안 불리고 싶었겠어요? 신당을 차려놔도 점괘는 제대로 안 나오고 손님은 없지 그러니 참 갑갑했었어요."
 "그래서 에이 하지 말자하고 신당을 엎었어요?"
 "그게 아니라 점사는 못 봐도 집안은 조용해야 되잖아요. 신을 모신 뒤로 집안은 풍비박산이 나고, 풍파가 가라앉을 날이 없는 거예요. 하루하루가 지옥 같았어요. 그래서 안 한다고, 신이고 뭐고 다 필요 없다고, 신당을 내 손으로 다 쓸어버리고 신에서 치고 들어오면 못 이겨서 차렸다가 또 엎고 선생님 말씀대로 그렇게 두 번을 엎었어요."
 오죽 답답했을까 충분히 이해가 된다.
 "보다 못한 다른 보살들이 너는 안 되겠다고 그만 하고 접으라고 해도 내 생각에는 언젠가 한 번은 분명히 큰 신명이 내릴 것 같아서 그 때만 기다리며 열심히 기도했어요. 어찌 보면 진짜 오기로 기다린 것 같아요. 이왕에 이렇게 남의 손가락질 받는 무녀로 사는데 무녀라면 제대로 된 신을 받아서 이름 한 번 떨쳐보고 돈 벌어서 큰소리치면서 당당하게 살자고요."

"이제 소원 푸시겠네요. 돈 많이 벌어서 큰소리 뻥뻥 치세요."

이야기에 열을 올려서 인지 보살님 얼굴이 발그레하다. 인심 좋은 친구 어머니같이 편안하고 후덕해 보이는 보살님 어디에 그런 깡이 숨어 있었을까? 아무튼 그 판단이 정확해서 이제는 제대로 된 신명을 받들게 되었다. 그 동안의 고생은 접어놓고 기다리던 신명을 받아서 점사도 잘 보고 재물도 많이 불리기를 빌어본다.

포철에서 지리산으로

시	일	월	년	(남)
乙	辛	丙	乙	
未	亥	戌	巳	

丁	戊	己	庚	辛	壬	癸	甲	乙	대운: 역행
丑	寅	卯	辰	巳	午	未	申	酉	
85	75	65	55	45	35	25	15	5.5	

포항으로부터 보살님들의 감정요청이 들어왔다.

아침부터 여러 보살님들 신명(神命)도 감정해 주고 잘못 자리

잡은 신명을 바로 좌정(坐定) 시키는 방법을 알려 드리고 하느라 점심시간을 훌쩍 넘겨서야 식당으로 향했다. 그 때 한 보살님이 선생님을 꼭 뵙고 싶어 하는 법사가 있는데 시간의 여의치 않아서 지금이 아니면 시간을 낼 수가 없다고 하는데 어떻게 했으면 좋겠느냐고 한다. 아무리 바빠도 점심은 먹어야 할 터이니 식당으로 오시라고 했다. 그렇게 만나서 식사가 끝난 식탁 한 모퉁이에서 감정이 이루어졌다.

"제가 찾아가 뵈어야 하는데 시간이 안 나서 이렇게 무례를 범합니다. 죄송합니다."

하며 예를 갖춰서 인사를 한다.

"장소야 어디면 어떻습니까. 그런데 왜 저를 보자고 하십니까?"

"제가 법사 일을 하며 전국을 돌아다니는데 아직까지 사주를 보고 신명을 알아내는 분을 보지 못해서 우선은 그게 신기하고 제가 언제 신명이 바뀌는지도 알고 싶어서요."

"아직은 사주를 보고 정확한 신명이야기를 하는 사람이 없을 겁니다. 저도 우연히 길을 알게 되고 오래 혼자 연구해서 정립을 시키고 마지막으로 제자 분들한테 하나하나 검증을 받고 있습니다."

이 법사는 전국을 무대로 활동하며 한 달 수입이 수 천 만원을 호가한다고 한다. 그렇게 실력이 좋은 법사도 자신의 신명을 알기는 하는데 정확하게 말 할 자신이 없다고 한다. 그럼 이 분의 신명을 한 번 읽어보자.

"법사님은 辛亥일주이니 丙辛이 合水하여 일광신장이 몸주로 계십니다. 그리고 년의 乙巳는 조상에 공들이다가 가신 분이라는데 당산 주령 같습니다."

하였더니

"글쎄요. 잘 모르겠습니다."

하고 어정쩡한 대답을 한다.

"이 명조에는 할머니가 두 분이 나오시는데 윗대에 자손이 없는 할머니가 당산에 가서 빌고 빌어 자신은 후손을 못 보지만 다른 할머니가 들어와서 후손을 봤다고 합니다. 그런 일이 없습니까?"

하니 그때서야 생각이 난 듯

"고조할아버지께 할머니가 두 분이었다는 이야기를 들은 것 같습니다."

하고 시인을 한다.

"할머니가 당산에 빌었는지는 잘 모르고 큰 할머니가 자손을 못 낳아 다시 할머니를 들어서 그 자손들이 번창 했다고 들은 것 같습니다."

그러고도 아직도 못 믿겠는지 시험문제를 제출한다.

"선생님 제가 모시고 있는 신장님이 몇 대조 같습니까?"

"7대조네요."

하고 서슴없이 대답하니 그 제서야 믿음이 가는 눈치다.

"년주가 乙巳인데 편재에 정관이라고 하니 어디 아주 큰 회사에 근무 하신 것 같습니다."

"포철에 있었습니다. 그런데 왜요? 그게 신명하고 연관이 있나요?"

"32세에서 35세 즈음에 회사에서 문제가 생겨서 그만두고 37세부터 신의 길을 걷기 시작 했을 것 같아요."

"아니 그게 사주에 나와요? 정말 신기하네요. 사주로만 푸는 것 맞아요?"

이제야 전적으로 믿는 눈치다. 이 법사를 보아하니 어디서 보살들이 내 이야기하는 것을 듣고는 자신의 신명만 믿고 무시하며 자신이 직접 만나서 알아보려고 찾아온 것 같아서 일부러 묻지 않은 말까지 세세하게 일러주었다.

"말씀 하신대로 35세에 회사에서 안 좋은 일이 있어서 책임지고 사표를 내고 지리산으로 들어갔어요. 그게 신을 받는 동기가 될 줄 몰랐어요."

"신을 받으려고 간 것이 아니었어요?"

"아는 형님내외가 지리산에서 기도도 하고 약초도 캐며 사시는데 머리도 식힐 겸 몇 달 있겠다고 갔는데 거기서 잠자고 있던 신기(神氣)가 발동을 한 것 같아요."

이 명조는 년주가 乙巳라서 37살 전에 巳亥 충(沖)으로 풍파(風波)를 당하고 이때부터 시작을 하는 것이다. 7대조부가 신장으로 몸을 지키면서 亥水가 역마라서 원행을 많이 하여야 일감이 많다.

그래서 전국이 좁다고 돌아다니는가 보다. 한차례 신경전을 펴더니 이제는 마음을 열고 편하게 대한다. 가만히 보니까 악의는 없고 장난기가 심하고 궁금한 것을 못 참는 성격 탓인 것 같았다. 신명이 언제 바뀌는 지를 물어 왔는데 53세가 되면 바뀐다.

"53세가 되면 바닷가나 물가의 당산 할머니가 인연이 되어 들어오시는데 乙木의 한량할아버지와 亥未가 合하여 재물을 준다고 하는데 이 때 벌어들이는 재물은 다른 곳에 써서 없애면 안 되고 작은 암자를 하나 지어서 기도 하라고 하십니다."

"암자를 지으면 어디에 지어야 합니까?"

"원래대로 돌아가라고 하니 고향으로 가라는 것 같네요. 혹시 고향이 바닷가 마을 입니까?"

"포항 호미곶 근처에 있는 작은 마을입니다."

"그 곳에 가면 당산나무가 나란히 서 있는 곳이 있을 겁니다. 한 쪽 당산에는 당집이 지어져 있다고 하네요. 그런 곳을 찾아가서 작은 작은 암자나 굿 당을 만들고 그곳에서 공부하면서 기도 드리라고 합니다."

그러자 이 법사가 멍한 얼굴로 쳐다본다.

"선생님 그 동네 잘 아세요?"

"호미곶 인근마을이 어디 하나 둘입니까. 그리고 그 곳은 연고가 없어서 가 본 적이 없는데요."

"우리 마을에 가면 당산이 두 개 서 있고 한 당산에는 옛날 성황당이 그대로 남아 있어요. 제가 거기서 기도도 하고 했어요. 어떻게 갖다 온 사람처럼 이야기를 합니까?"

"한 사람이 태어날 때 정해지는 사주 속에는 어마어마한 비밀이 들어있는데 우리는 그것을 읽을 능력이 없어서 읽어 내지를 못하는 거예요. 역학은 어려운 공부라 옛날에도 최고의 학문을 익힌 선비들만 배울 수 있었지요. 앞으로도 끊임없이 연구하고 찾아내서 현실에 맞도록 풀어내는 것이 제가 맡은 숙제이지요."

그리고 사주를 어리석은 인간이 학문으로 연구하고 푸니까 오차가 많이 생기는 것이지 자연에 대입해서 읽어보면 얼마나 정확한지 예를 들어 설명해 주었다. 바쁘다던 법사도 만사를 제쳐두고 열심히 청강한다.

"마지막으로 庚寅년에는 겁재가 合해 들어와서 재물이 나갈 수 있으니 멀리 가서 일해주고 돈 못 받을 수도 있겠습니다. 寅의 역마라 원행을 삼가는 것이 여러모로 도움이 될 것입니다."

"선생님이 편하고 강의가 너무 재미있습니다. 다음에 제가 정식으로 모실 테니 재미난 이야기 많이 들려주십시오."

다시 포항에 오실 기회가 있으면 꼭 연락을 달라고 당부하며 아쉬운 걸음을 돌렸다.

✺ 타고난 끼가 무녀로

시	일	월	년	(여)
庚	癸	壬	壬	
申	卯	寅	辰	

癸	甲	乙	丙	丁	戊	己	庚	辛	대운: 역행
巳	午	未	申	酉	戌	亥	子	丑	
87	77	67	57	47	37	27	17	7.8	

신명(神命)을 감정해달라는 요청이 들어와 다시 포항으로 달려갔다. 한번 봇물이 터지니 여기저기서 감정을 의뢰해 온다. 감정을 받아본 제자의 입을 통해서 소문이 불길처럼 빠르게 번지고 있었다. 자신의 신명이 최고라고 주장하고 서로 견제하며 마음을 다 열지 않고 겉돌며 살아가는 그네들의 속성에 비추어보면 감정을 받아보라고 권하고 적극적으로 소개하는 것은 놀랄 만한 일이다.

일반사람들은 자신들의 앞날이 궁금하고 풀리지 않는 문제가 있으면 무속 인을 찾아가 해결하는데 정작 이들은 찾아가 물을 곳이 없다. 다가올 일이나 신수(身數)야 신명에서 알려주지만 자신들을 지배하고 있는 신명을 가려주고 지도해 줄 사람이 없는 것이다. 그저 자신들이 감(感)으로 짐작하거나 서로 점괘를 뽑아서 봐주는데 정확도도 떨어지고 이유나 원인을 모르니 전적으로 믿고 따르기 어렵다고 한다.

처음 신명을 연구하고 사주 속에서 찾아 읽어나갈 때만해도 이 정도 호응이 있으리라고는 예상하지 못했다. 아무도 가지 않은 미지의 길을 개척한다는 설레임으로 시작한 신나는 모험이었는데 이렇게 호응이 뜨거우니 앞으로 이 학문이 세상에 나가면 많은 이들의 길잡이가 될 것이란 확신이 강하게 든다.

이번에 요청을 받고 찾아간 집은 제법 행세깨나 하는 보살집인 것 같았다. 소개 한 보살의 귀띔에 의하면 한해 수익이 웬만한 중소기업 수준이라고 한다. 차 한 잔과 함께 간단한 소개와 인사를 마치고 마주앉았다.

"보살님은 아무 걱정이 없어 보이시는데 무엇이 궁금하십니까?"

정말 이 보살님은 아무 걱정이 없어보였다. 남들 입에 회자(膾炙)되는 화려한 명성과 많은 수입에 덤으로 빼어난 미모까지 갖추어 남들의 부러움을 한 몸에 받을 것 같았다.

"사람 사는 일에 왜 걱정이 없겠어요. 그 동안은 할아버지 덕분에 잘 불리고 살았는데 근래에는 일도 없고 무엇보다 제자들하고 자꾸 불화가 생기니 뭐가 잘못됐는지 궁금하네요."

명조를 띄워놓고 눈을 크게 뜨고 보니 원인이 보인다.

"보살님은 점사 보는 것보다 제자를 내는 선생이 맞습니다."

"왜요?"

"이 사주 속에 연월일이 合하여 木이 되는데 이것은 癸水의 자식으로 내가 낳은 제자가 되는 것이니 선생이 확실합니다. 그리고 寅申이 충(沖)을 하는 것은 제자와의 충돌이라 제자를 많이 길렀어도 받들고 따르는 제자가 별로 없는 것입니다. 寅申이 沖하고 亥子丑의 水氣(氣)가 범람하니 木인 제자들이 견디지 못하고 떠나가는 것이며 손님도 식상에 관성이라서 노아의 방주로 정리하는 시기입니다."

"노아의 방주라……"

"壬辰생이라서 15세에 寅木과 合하여 끼를 발산하는데 이는 역마라서 머물지 못하고 밖으로 나돈다고 합니다. 그리고 壬寅 31세에는 무얼 하셨습니까?"

"대형 불고기 식당을 했습니다."

"癸水는 庚金 인수라서 壬水 겁재를 바라보니 41세에 인생전환의 시기가 온 것 같습니다."

"예. 식당을 잘하고 있었는데 남편이 사람을 못 믿고 의처증까지 생겨서 힘들게 하니 그만두고 이 길로 들어섰어요."

"남편하고 식당을 같이 운영 하셨어요?"

"그 사람은 최고의 건설회사에 간부로 일하고 있었어요. 건설회사라 여기저기 현장 따라 옮겨 다니며 일하는데 내가 집에 있지 않고 밖으로 돌아다니는 것이 영 불안했던가 봐요."

"壬辰 51세에 辰土 건물이 겁재로 넘어가고 자식도 남편도 버리라고 하니 고단한 인생이 되었습니다. 시주 庚申이 자식자리라서 자녀들은 건강할 것이고 모범생으로 보입니다."

"아이들은 둘 다 성공해서 잘 살고 있어요."

하지만 그렇게 말하는 보살의 얼굴에 어두운 그림자가 스치는 것은 신명의 제자로서 가정이 화목하지 못한 탓일 것이다.

일주가 기다리는 戊戌은 신장이요. 년지 속의 戊土와 合하니 천신대감이 확실하다. 월주 寅木이 戊戌과 合하니 외줄의 의술(醫術)신장이라고 하며 힘이 세다. 월지 寅중 丙火가 월간 壬水의 후면에 丁火의 뿌리가 되어 일월 천상이 되는 것이다. 지금은 신명이 교체되는 시기이다.

"보살님 고향에 바다가 있습니까?"

"전라도 해남이니까 바닷가지요."

"외가도 바닷가라고 하는데요."

"예 바닷가에 있습니다."

"庚寅년에는 지금 모시고 있는 신명이 가시고 새로운 신명을 받게 되는데 검은 물결이 넘실거리는 바닷가 당산에 가시면 불사대신보살이 들어오신다고 합니다. 壬寅의 외가 당산에서 시작하여 친가의 당산으로 가면 辰土의 집이 있는데 여기서 合을 하여 좌정하면 좋다고 합니다."

"그래서 처음에 노아의 방주 얘기를 하셨구나. 무슨 이야긴가 했어요."

하며 어둡고 굳었던 얼굴이 환하게 펴진다. 이제 숙제도 풀리고 오랜 동안 찾지 않았던 고향도 가보겠다며 좋아한다.

⚛ 내림을 기다리는 미혼(未婚)의 애기엄마

```
시  일  월  년  (여)
庚  壬  丁  戊
戌  辰  巳  午


戊  己  庚  辛  壬  癸  甲  乙  丙   대운: 역행
申  酉  戌  亥  子  丑  寅  卯  辰
88  78  68  58  48  38  28  18  8.4
```

꽤 여러 사람들이 미리 와서 기다리고 있었다. 그 중에 커피를 끓여오고 이것저것 잔심부름을 도맡아하는 젊은 보살이 있었다. 이 집 식구려니 생각하고 무심히 보아 넘겼다. 늦은 시간까지 여러 명의 보살들을 다 감명하고 신(神)의 가리도 해주고 그만 정리하고 일어서려는데 그 젊은 보살이 다가와 앉으며

"선생님, 저도 좀 봐주세요." 한다.

"미안해요 보살님. 저는 신명(神命)제자만 감정 해주고 있어요."

아침부터 줄곧 감명을 해주고 나니 온몸에 힘이 다 빠져나가 기운이 하나도 없다.

"저는 예비제잔데 봐주시면 안돼요?"

"그러면 당연히 봐드려야지요. 그런데 이 집 며느님 아니세요?"

"아니에요. 선생님이 오신다고 해서 일부러 보러왔어요. 내년에 내림하려고 준비하고 있는데 해도 되는지 알고 싶어서요."

"결혼은 하셨어요?"

"아직 결혼식은 안 하고 애기를 먼저 낳았어요. 방에 자고 있는 애기가 제 아들이에요."

"그럼 남편도 이 사실을 알고 있어요?"

"네 알아요."

"못하게 안 하던가요?"

"처음에는 반대하고 좀 그랬는데 신 받아가지고 돈 많이 벌어서 좋은 집에 좋은 차 사준다고 하니까 이제는 빨리 하라고 해요."

"좋은 신랑인가요. 나쁜 신랑인가요?"

"글쎄 모르겠네요."

다 같이 한바탕 웃었다. 한참 젊고 재미있게 살아야 할 나이에 무슨 사연이 있어 신의 길로 가려고 하는지 불쌍하고 안쓰럽다. 신의길이 얼마나 험하고 고통스러운 길인지 알고 가려는 것일까? 아니면 쉽게 돈을 벌수 있다는 잘못된 생각에서일까?

"젊은 사람이 무엇 때문에 이 길을 가려고 하세요. 한 번 발을 들이면 다시는 원래대로 돌아 올 수 없는데 꼭 가야겠어요?"

"저는 잘 모르고요. 여기 신 엄마 되실 분이 안 가면 안 된다고 했어요."

사주를 적고 보니 부모 조상대로부터 공 줄이 내려온다. 신명제자는 확실한 신명제자다.

"년주 戊午는 양인으로 조상에서 대감 명도가 들어와 있으며 부모 줄에도 천상 일월광 신장이 들어와 있고 일주와 월간이 合하여 제석에서 칠성대신과 별상동자도 들어와 있어요."

용궁대감이 몸 주로 자리하고 있는 신명제자는 확실한데 지금은 때가 아닌 것 같다.

"그럼 제가 제자가 맞긴 맞나요?"

"확실한 제자네요. 안 하시고는 안 되겠어요. 그런데 지금은 아니고 몇 년 더 있다가 하세요."

"신 엄마는 내년에 하라고 하시는데요."

무녀(巫女)의 욕심으로는 속히 내림을 해서 제자로 불리고 싶겠지만 월일지가 지망이라서 합(合)을 못하고 때가 庚寅년이라서 불사 줄로 이어지면 재물인연이 약하다.

"보살님은 남편한테 좋은 차 사주려면 돈 많이 벌어야 되잖아요."

"예 그래야지요."

"그런데 내년에 신을 받으시면 불사 줄에서 글문이랑 대신보살이 들어오십니다. 이 분들이 들어오시면 공부는 많이 하는데 재물하고는 인연이 멀어집니다. 그저 엎드려 기도하고 공부해서 내 업장 소멸하자고 하는데 어떻게 보면 그것이 더 좋은 일인데 돈은 안 되지요."

"그럼 언제 신을 받는 것이 좋겠습니까?"

"37세에 받으시는 것이 좋겠습니다."

"그 때 받으면 돈도 벌겠습니까?"

"예, 그때는 괜찮습니다. 이 명조에 보살님의 인연은 丁壬 合木이라 37세에 申생을 인연으로 내림을 하면 많은 재물을 희롱할 수 있다고 합니다."

이 젊은 보살이 아무런 말없이 신어미 될 보살을 힐끔 본다. 신어미 될 보살은 못 들은 척 딴 청을 피운다. 신 내림을 해줄 무녀가 戌생이라 인연이 없는 것이다. 이 명조의 인연은 丁壬이 合하는 37세에 申생을 인연으로 내림을 하면 巳申 合하여 제석 대신 보살이 신장을 잡아주고 글문 대감과 동자를 좌정시켜서 많은 재물을 희롱할 수 있는 것이다. 일반인이든 무속 인이든 타고난 사주속의 환경과 인연을 무시하면 일생동안 많은 시련을 겪으며 힘들게 살아야한다.

❈ 신(神)이 바뀌는 시기

시	일	월	년	(여)				
丙	癸	甲	戊					
辰	亥	寅	戌					

乙	丙	丁	戊	己	庚	辛	壬	癸	대운: 역행
巳	午	未	申	酉	戌	亥	子	丑	
83	73	63	53	43	33	23	13	3.8	

제자들은 자신이 모시고 있는 신명에 따라서 하는 일이 구분 지어진다. 대신보살을 모시고 있는 제자는 점사 보는 일을 주로 하고 불사대신을 모신제자는 기도하며 공부에 전념하고 천황대신을 모신제자는 주로 굿판에서 활동하고 신장을 모신제자들은 퇴마를 하고 제자를 양성하는 일을 주로 한다.

이 명조의 주인은 신장이 무척 많고 강하니 틀림없이 제자를 키워내는 신어미일 것이다. 그런데 특이한 것은 그토록 많은 신장들이 외줄인 甲寅이 중심이 되어 연합하고 있다는 것이다. 戊

戌의 산신장과 甲寅의 당산신장이 合하여 보이지 않는 午火의 공 줄을 단단히 쥐고 있다. 甲寅은 일주 癸亥와 합(合)하고 癸水가 년간의 戊土와 合하여 천상 장군이 되어 몸 주로 있으니 대단한 신장들이 단단히 옹호하고 있는 형상이다. 丙辰 25세에 신명(神命)의 눈으로 화경을 할 것이며 甲寅은 丙火의 뿌리가 되니 38세에 자통(自通)이 가능하다. 이렇게 신장이 강한 무속인은 제자들이 신을 받을 때 허주가 접신되지 않고 명신이 확실하게 좌정할 수 있도록 일을 잘 처리하는 능력이 있다.

"신장이, 기도를 해보니 신명이 바뀌는 것 같은데 어떤 신명을 받아야 되는지 모르겠습니다. 혹시 그런 것도 사주로 알 수 있습니까?"

"알 수 있지요. 사주 속에는 팔만사천가지 이야기가 숨어 있는데 그 이야기도 그 중에 들어있습니다."

"그럼 그 이야기 한 번 들려주세요."

"丙辰의 52살에는 신명이 교체되는데 이신명은 辛酉의 독성(獨聖)이며 대사라고 합니다. 寅亥 合으로 형제일신이나 삼촌 정도의 선에서 오시는 것 같습니다."

"누군지 잘 모르겠는데 기도하면 알 수 있겠지요."

"사주 속에 辰亥가 원진이라 자리가 없어서 들어오지 못하고 성황당 고개에서 공부를 하며 기다리다가 庚寅년에 寅亥가 合하고 寅과 辰土가 合하여 자리를 잡아주니 비로소 들어오시는데 이는 분명 대사이며 당산에서 공들인 외할머니가 불사대신으로 가시면서 그 인연공덕으로 들어오신다고 합니다."

"어릴 때 들은 이야기로는 외할머니가 절에 가서 불공을 많이 드리고 산천으로 기도도 많이 다니셨다고 들었어요."

"보살님, 이제부터는 공부를 좀 하셔야 할 것 같습니다."

"무슨 공부를요?"

"庚寅년이 되면 신명에서 글로 풀어준다고 하니 제자도 같이 공부를 해야 그 글을 풀어 읽어 줄 수가 있어요."

"이 나이에 새삼스럽게 무슨 공부를 합니까?"

"지금까지는 강한 신장의 도움으로 제자를 키워냈지만 신명이 독성의 대사로 바뀌고 庚寅의 인수가 식상을 달고 들어오면서 신명에서 학문을 새로 익히라고 하니 공부를 하셔야 할 것 같습니다."

"공부는 해도 모를 것 같고 그냥 산천으로 열심히 기도 다니면 안 되겠습니까?"

신명제자들은 글 쓰는 것을 무척 싫어한다. 오로지 신에게서 받은 것을 전달 해주는 것에 만족하고 스스로 발전하여 신을 부리려는 생각은 전혀 하지 않는다. 어리석게도 신에게 의지하여 손쉬운 재물만 바라는 것이다. 객관적인 시각으로 신명을 바라보면 신명은 생전의 한(恨)을 풀지 못하여 그 한을 풀고자 인연되는 후손에게 접신하여 재물을 불려주고 그 대신 자신의 요구사항을 들어 달라고 하는 것인데 이는 일시적인 현상이다. 자신이 죽으면 어디로 가며 오랫동안 접신하여 모신 신명은 어디로 갈 것인지 진지하게 생각해 본 적이 있는가? 신명제자로 살아가면서 공부하고 수행해서 자신을 갈고 닦아 마침내 신명과 자신이 함께 승화(昇華)하여 참된 인연으로 윤회(輪回)하는 것이 바람직할 것이다.

제자는 재물에 눈이 멀고 신명은 이것을 악용하고 그렇게 욕심으로 맞물린 바퀴에서 서로 벗어나지 못하여 후손은 저속한 직업인으로 삶을 마감하고 신명은 다른 후손으로 옮겨서 대를 이어간다. 몸 주가 죽으면 또 다시 적당한 후손의 몸을 물색하여 자신과 함께하길 강요하고 말을 듣지 않으면 갖은 고초(苦草)와 신병(神病)으로 굴복(屈伏) 시키는 악순환이 계속 이어지는 것이다. 이것은 올바른 신명의 길이 아니며 올바른 제자의 길도 아니다. 이렇게 해서 언제 업의 고리를 끊고 승천 할 수 있겠는가.

이 제자도 신명에서 글을 배우라고 하는데 본인이 자신이 없다고 포기하는 것은 이미 신의 길에 의지하는 것이 타성이 되어 벗어나기 싫다는 것이다. 하지만 어느 누가 대신 할 수 있겠는가 자신만이 가야 하는 길인 것을 …….

✶ 카톨릭 신자에서 무녀로

시	일	월	년	(여)
庚	乙	丁	丁	
辰	巳	未	酉	

丙	乙	甲	癸	壬	辛	庚	己	戊	대운: 순행
辰	卯	寅	丑	子	亥	戌	酉	申	
82	72	62	52	42	32	22	12	2.5	

오래고 오랜 옛날에 무당(巫堂)은 하늘의 계시를 사람들에게 전해주는 신성한 존재로서 존경과 경외의 대상이 되어 누구도 함부로 대하지 못했었다. 그러나 문명이 발달하고 과학이 발전

한 지금의 무당은 그 위상이 땅으로 떨어져 천한 직업인으로 추락해서 누구도 되기 꺼려하는 미천한 존재가 되고 말았다. 그러나 무당은 되고 싶다고 되는 것도 아니요 하기 싫다고 피할 수 있는 것도 아니다.

신(神)에게서 선택받음과 동시에 사람들에게서 버림받는 존재가 되어버린 무당들은 저마다 한 가지씩 뼈가 시린 사연들을 가슴에 묻고 산다. 어쩌다가 남들이 손가락질 하는 무녀로 태어나 원하지 않은 신을 모시고 살아가면서 당하는 편견과 설움이 어디 한 두 가지랴마는 그 중에서도 제일 서러운 것은 부모형제들에게 당하는 설움이리라.

이 여인은 독실한 카톨릭 집안에서 태어나 무녀로 활동하는 신명제자다. 기도원에서 방언을 시작하며 말문이 트였는데 교회에 몸담지 못하고 내몰려 신을 내림받고 힘겨운 제자의 길을 걸어가는 무녀이다. 교회에서 방언을 하는 것은 무속의 세계에서 공수를 하는 것과 같은 현상인데 어떤 경우는 교회에 남아 그들의 신앙의 증표가 되고 어떤 경우는 마귀가 씌었다고 수모를 당하고 쫓겨나게 된다.

방언을 하며 사람을 치유하는 능력이 있으면 부흥회에 초대받아 다니면서 많은 사람들 앞에서 기적을 행사하며 전지전능하신 하나님의 권세를 입증하는 선택 받은 종이 되고 그렇지 못한 경우에는 사탄의 자식이 되어 온갖 멸시와 수모를 당하고 물러 나와야 한다. 교회에서 신명이 내려 공수가 터진다면 부디 약명도인께서 함께 하시길… 그래야 사악한 마귀나 사탄의 자식이 되지 않고 전능하신 하나님의 종으로 귀하게 대접받으며 살아갈 수 있기 때문이다.

인간의 몸으로 신을 받아 모시고 살아가는 무녀들은 다른 가족들의 업을 대신 안고 살아가는데 부모 형제들마저 이를 이해하지 못하고 귀신 들었다고 무시하고 냉대한다. 더구나 남들이 알까 두려워 멀리 가서 살라고 하며 일체의 소식마저 단절하는 경우가 많이 있다. 자신이 희생함으로 다른 가족의 안녕을 보장하며 혼자서 무거운 짐을 지고 가는 제자들을 가족들만이라도 이해하고 보듬어주어야 하지 않을까.

사회에서 받는 냉대와 천시도 감당하기 어려운데 종교가 다르다고, 남 보기 창피하다고 가족들조차도 외면한다면 어디에 가서 그 가슴을 열어 놓을 수 있겠는가. 이런 사연을 접하면 그저 뭐라 위로해야 할지 가슴이 먹먹해진다.

"선생님 제가 선택하고 원하지 않은 이 길을 언제까지 가야 합니까?"

"사람들도 종교를 선택하고 자신의 신념에 따라 살듯이 신명에서도 후손을 선택하고 자신의 요구에 따라 살라고 하는 것인데 다른 점이 있다면 신명의 선택을 우리 마음대로 거부 할 수가 없다는 것이지요."

"이제 좀 편하게 놔 주시지······"

이제 그만 가족들에게로 돌아가서 평범하게 웃으며 살고 싶은 것이다. 윗대 조상 중에 절에서 공들이시고 공부 하신 분이 천상에 계시는데 몸 주 외할머니가 이를 부러워해서 巳酉 슴을 하려고 한다. 이때가 45세이며 신병의 고통으로 어쩔 수 없이 내림을 하는 것이다.

乙巳가 머물 곳은 庚申바위이며 여기서 기도하여 庚辰의 용궁 선녀로 들어왔건만 辰巳가 지망이라 무거운 업이 되고 말았다.

년주의 丁酉는 불사동자이며 巳酉合을 하여 대감동자가 점사를 볼 것이며 월주의 丁未는 천상대신 보살이며 어머니가 모셔야 하는데 자식이 대신 모시고 부모형제의 업을 지고 살아야한다.

사주명조에 이렇게 어머니의 몫이라고 드러나 있건만 강한 거부에 떠밀려 자식이 대신 하는 것이다. 부모든 자식이든 명조에 드러나 있는 이상 누가 해도 해야 한다면 자력이 더 강한 사람은 극복해서 이기게 되고 상대적으로 약한 사람은 굴복하고 받들게 된다. 보통 부모가 신을 받으면 자식에게 그대로 내려간다고 하는데 이것은 잘못 알려진 사실이며 사주 명조에 명확하게 드러나 있는 경우에는 부모와 상관없이 모셔야 하며 이처럼 부모가 모시지 않아 자식이 대신 하는 경우도 있다.

언제까지 신을 모셔야 하느냐고 그만둘 날만 기다리는 보살에게 어떻게 답을 해야 할지 말문이 막혀 답답하다. 54살 庚寅년에는 庚辰과 合하여 형제일신에서 당산의 인연 줄을 잡고 불사가 되어 내려온다고 신명에서는 받들 준비를 하라고 하는데 이를 어쩌나 그만둔다고 하는 보살과 준비하라는 신명의 간단없는 줄다리기를… 듣는 사람도 이야기하는 사람도 다 같이 침울해진다.

나는 무당이라고 당당하게 이야기하며 남의 눈을 의식하지 않고 사는 사람도 있는 반면 이렇게 하루 빨리 거두어 주시기를 간절하게 기도하는 사람도 있다.

✠ 전국구 법사

시	일	월	년	(남)
己	乙	丁	己	
卯	卯	丑	卯	

戊	己	庚	辛	壬	癸	甲	乙	丙	대운: 역행
辰	巳	午	未	申	酉	戌	亥	子	
82	72	62	52	42	32	22	12	2.4	

이 분은 신명을 감정하러 간 제자의 집에서 만난 분이다. 많은 연세에도 불구하고 아직도 왕성하게 활동하신다고 한다. 보살님들 신명 감정을 하고 있는데 이 분이 물끄러미 보더니 참견을 하신다.

"내가 삼십년 넘게 전국팔도를 누비며 법사로 살고 있지만 사주로 신(神)을 본다는 사람은 만나 본 적이 없는데 진짜 사주로 보는 것 맞아요?"

어디를 가나 한번 씩은 들어야 하는 이야기라 이제는 준비된 대답이 술술 나온다. 자신들도 잘 모르는 자신의 신명(神命)에 대해 이야기를 하고 잘못된 신명의 자리도 바로 잡아주고 신명이 가고 오는 때를 이야기하니 믿어지지 않는가보다. 다른 보살님들 감명이 끝나자 그 집 주인 보살님이 넌지시 청을 넣어온다.

"선생님 괜찮으시면 우리 사부님도 한번 봐주세요."

"법사님이 보살님 선생님이신가요?"

"내가 여기 살다가 지금은 대전에 있는데 제자들 키우는 재미로 전국을 다니면서 살아요. 그 덕분에 조선팔도 어디를 가나 이렇게 내 집이 있고요."

하며 나이 드신 법사님이 웃으신다.

"법사님 몸주는 당산장군인데 당산대감이 양쪽에서 마주보고 춤추는 모양이라서 선 거리를 잘하실 것 같습니다. 점사는 丁丑의 공들인 조상님이 천상대신으로 오셔서 보신다고 하는데 기묘(奇妙)한 인생살이 서낭당 넘나드는 대감신명이라고 하십니다. 신장이 강하니 신의 아버지로 전혀 손색이 없어 보입니다."

하니 허허 웃으시며 알듯 말듯 묘한 표정으로 고개를 끄덕인다. 남들 앞에 풀어 놓지 못하는 사연이 많은 가보다.

"그럼 신장이 강하지. 신장이 약하거나 없으면 제자를 못 내고 잡신한테 휘둘려서 아무 것도 안 돼요. 그냥 점사나 보고 앉아 있어야지 그것도 싫으면 굿판 뒷전에서 고장이나 치던가."

"그리고 선생님은 장고도 잘 치실 것 같은데요. 어떻습니까?"

"말도 마세요. 우리 선생님 그 장고 솜씨가 아주 기가 막힙니다."

"그 낭창하고 날렵한 솜씨는 천하의 황진이가 살아와도 울고 갈 겁니다."

"조선 팔도에는 이만한 솜씨가 없어요. 문화재 감이예요."

옆에 있던 제자들이 다들 한마디씩 칭찬을 아끼지 않는다.

"일주의 乙卯와 년주의 己卯가 월주 丁丑을 사이에 두고 양쪽에서 두드리는 모양새라서 장구를 잘 치겠다고 생각했어요. 乙卯는 바람결에 옷자락이 하느작거리는 것 같으니 아주 맵시 있게 잘 치실 것 같습니다. 어디서 따로 배우셨습니까?"

"그냥 신명이 내리면 하고 싶은 대로 하는 거지. 배우기는 어디서 배워요. 신을 내려준 선생이 없으니 물어 볼 곳도 없고 누가 가르쳐주는 사람도 하나 없이 혼자서 배웠어요. 여기저기 굿판에 따라 다니면서 기본을 익히고 그 다음부터는 신명에 맡기는 거지요. 그런데 요즘 보살들이나 법사들 하는 걸 보면 참 한심해요. 경문만 해도 책에서 배운 대로 그대로 앵무새 마냥 종알종알 거리니 어디 제대로 해원이 되겠습니까?"

하며 자신의 생각을 거침없이 이야기 한다.

"사람이 사는 모양이 제각각이듯이 살다가 가는 모양도 제각각인데 어찌된 노릇인지 법사라는 양반들이 하나같이 똑같은 경문을 책 읽듯이 하고 있으니 참으로 한심합니다. 요즘은 아주 학원가서 따로 배운다고 합디다."

"그럼 법사님은 해원을 할 때마다 그때그때 상황에 맞게 경문을 읽어 줍니까?"

"당연히 그래야지요. 물에서 불에서, 길에서 공장에서, 전쟁으로 병으로 죽어간 사연이 가지가지로 다르고 맺힌 한이 저마다 다 다른데 똑같은 경문을 읽어주면 영가가 한을 풀고 해원이 돼서 가겠어요?"

하며 자신의 소리를 한 번 들어 보라고 목청을 뽑으신다. 제자들이 하는 소리가 틀리지 않아 과연 그 소리가 일색이다. 지금이라도 국창으로 나가도 전혀 손색이 없을 것 같이 소리가 훌륭하다. 그리고 그 내용도 정말 처음 들어보는 소리다. 그 구성지고 한 서린 소리에 웬만한 영가들은 쌓이고 쌓인 한을 풀고 단박에 승천 할 것 같다.

"이런 소리 어디 가서 들어 봤어요? 이거 아무데서나 들어보기 힘들어요. 아는 사람이 없어요."

자신은 누구의 도움도 없이 스스로 신명의 길을 걸은 것이 41세 때라고 한다. 신을 내려준 스승이 없으니 가르쳐 주는 사람도 없어 모든 것을 독학으로 배웠다고 한다. 스승 없이 전국을 떠돌며 몸으로 익히며 공부를 하다가 우연히 구전되어 내려오는 경문을 하나 접하게 되었는데 이것이 소위 말하는 비전으로 걸작 중에 걸작이라고 한다.

"법사님, 제가 무속에 관심이 많아서 다방면으로 연구를 하고 있습니다. 지금 들려주신 경문은 처음 듣는데 좀 더 자세하게 들려 줄 수 없겠습니까?"

"여기서는 자세한 이야기를 하기가 그렇고 언제 조용할 때 대전으로 한 번 오시요. 내가 자세히 가르쳐 드리리다."

그러면서 신명이 아닌 다른 것을 물어봐도 되겠느냐고 한다.

"사실 오늘 여기에 온 것은 다른 일이 있어서 왔어요. 내가 몇 해 전에 여기에 원룸을 한 채 사서 임대를 놓고 있어요. 늙어서 밥벌이 못할 때를 대비해서 적금 들어 놓은 것이지. 그런데 그중에 유난히 한 집이 세가 안 나가서 머리가 아파 그냥 들어와 살라고 해도 아무도 그 집에는 안 들어오려고 하는데 왜 그런지 알 수 있을까요?"

"혹시 그 방이 2층입니까?"

"맞아요. 2층 중앙에 있는 방이요."

"법사님, 그 방은 할아버지 방입니다. 丁丑의 할아버지 방이니 신명제자가 들어와 살아야 한답니다."

"뭐요. 그게 정말이요? 할아버지 방이라면 신당을 모셔야 되는 건가"

"제자가 들어가서 신명을 모시고 살면 서로가 좋지요. 만약 그렇지 않고 일반인에게 세를 놓고 싶으시면 지금 가셔서 작은 항아리 같이 생긴 향로에 향을 피우고 할아버지에게 인사를 드리고 가십시오. 그럼 방이 나갈 것입니다."

옆에 있던 보살들이 목청을 높여 저마다 비법이라는 것을 한 가지씩 내 놓는다.

그러나 법사님은 이런저런 비법 다 해봐도 소용이 없었다며 향을 피우고 인사를 하겠다고 한다.

"신을 모신 나도 모르는 것을 사주만 보고 아시니 도사 할아버지가 계시는 게 분명하네요. 시간나면 연락하고 대전으로 꼭 한번 오시오. 오늘 신세진 빚은 대전에서 만나면 그 때 갚으리다."

"대전 근방에 갈 일이 있으면 연락드리고 가겠습니다."

남자가 사주명조가 음(陰)으로만 이루어져 있어서 몸가짐이 조신하고 꼼꼼하며 철저한 자기 관리로 무속인의 세계에서 나름대로 이름을 올리고 살아가는 법사이다.

❈ 양장기술이 우선이라고 하는 무녀

시	일	월	년	(여)
癸	丁	辛	丁	
卯	未	亥	亥	

庚	己	戊	丁	丙	乙	甲	癸	壬	대운: 순행
申	未	午	巳	辰	卯	寅	丑	子	
84	74	64	54	44	34	24	14	4.10	

방안 가득 모인 보살님들 신명 감정을 다 해주고 그만 정리하려고 하는데 주인 보살이 어디론가 전화를 하며 조금만 기다려 달라고 한다. 아직 감명 받을 사람이 한 사람 더 남았다고 한다. 하는 일이 있어 자리를 오래 비우지 못해서 그런다며 양해를 구한다.

얼마간 시간이 지나자 중년을 넘긴 여인이 들어서는데 어딘지 신명의 제자 같지가 않다. 제자를 감명하러 여기저기 다니다 보니 이제는 보기만 해도 제잔지 아닌지 대충 구분이 간다. 서당 개 삼년이면 풍월을 한다더니 그 말이 빈말은 아닌 것 같다.

"죄송합니다. 일이 밀려서 자리를 비울 수 없어서 기다리게 했습니다."

하며 상냥하게 사과한다.

"괜찮습니다. 그런데 무슨 일을 하시는데 그렇게 바쁘세요?"

"원래는 양장점을 했는데 요즘은 누가 옷을 맞춰 입나요? 그래서 옷 수선 가게를 하고 있어요."

"신을 받으신 것이 아니고요?"

"받았지요. 제가 신을 받아 법당을 모셔놓고 수선 일을 하는데 요즘 갈등이 심해서 선생님을 뵈러 왔어요. 법당을 접고 예전처럼 살아도 되는지 아니면 법당을 지키고 점사를 봐야 하는지 좀 알려주세요."

양장기술이 남달리 뛰어나 한 때는 서울에서 꽤 많은 재물을 지니고 살았지만 남편 때문에 바람결에 다 날려버리고 지금은 포항에서 옷 수선을 하면서 신당을 모시고 있다고 한다.

"보살님 명조를 보면 丁亥생 이라서 12살에 칠성제석으로부터 신 줄이 내리고 화경을 했다고 합니다. 월주의 辛亥는 제석에서 오신 불사대감으로 년과 월에 자리하고 있으니 직업이 두 가지가 되는 것입니다. 丁亥는 점사이고 辛亥는 바느질입니다."

"어릴 때부터 남다른 일들이 많았어도 그냥 그러려니 했어요."

집안이 다 천주교를 믿어서 성당에 다니면서 신앙의 힘으로 이겨내며 잘 견디며 살다가 결혼해서 자식 낳고 늦게 신(神)을 받았다고 한다.

"젊어서 작은 양장점을 해서 제법 이름도 내고 누구보다 열심히 살았는데 집도 가게도 다 날려 버리고 심한 신병(神病)과 무지막지한 남편의 폭행과 횡포를 피할 수 없어서 52살 되던 해에 신의 길을 가게 되었습니다."

亥卯未 木은 섬유계통이니 양장과 수선을 직업으로 삼고 사는 것이다.

"일주의 丁未는 세존인데 향과 초로 공양 올리고, 癸卯는 단지에 물 담아서 화초를 꽂으라고 합니다."

"그럼 법당을 계속 모시고 살아야 합니까?"

"왜 법당을 접으려고 합니까? 무슨 문제가 있습니까?"

"문제는 없는데 평생 해온 일이 바느질이라서 그런지 점사 보는 것보다 수선이 손쉬워 그것으로 생계를 꾸리면서 살까 하고요."

"신의 제자가 되어서 신을 등한시하고 다른 일로 생계를 삼는 것은 명백하게 신을 희롱하는 행위입니다. 자칫하면 신벌이 내릴 수도 있어요."

"그리고 선생님 제가 신을 모시고부터 아이들도 편해지고 좋은 직장에 취업도 했는데 혹시 내가 그만두면 자식들에게 넘어가는지도 정말 궁금합니다."

자식들만은 자신의 전철을 밟아 신의 길을 가지 않기를 바라는 어미의 바람이 간절하게 묻어난다.

"亥卯未가 삼합(三合)을 하고 있으니 분명 자식에게 업으로 전해집니다."

"아이고 그러면 안 되는데.."

"자녀들이 이 길을 안 가려면 신명에서 요구하는 직업을 선택해서 살면 신명은 그 일을 통해서 자신의 한을 풀 수 있어 자녀들은 무사하게 됩니다."

"신명에서 요구하는 일이 뭡니까?"

"보살님 명조에 있는 癸卯가 약명이므로 약에 관련된 직업을 갖거나 손으로 활인하는 업을 하면 신의 손길을 피할 수 있습니다."

"지금 우리 아이가 피부 마사지를 하는데 그것은 어떻습니까?"

"그것도 괜찮습니다. 사주에 맞게 직업을 잘 선택 했습니다."

"아이고 그 마사진가 뭔가 한다고 할 때 그렇게 말렸었는데 이제 오히려 그만 둔다면 말려야겠네요."

그렇게 자식은 자신의 운명에 맞는 일을 선택해서 신명의 손길에서 벗어나서 어미의 바람대로 평범하게 살고 있었다.

"하지만 보살님은 바느질을 그만두고 점사를 보시는 것이 맞습니다. 신명을 모시고 공을 많이 들이면 앞으로 점점 더 좋은 일들이 많이 일어날 것입니다."

"감사합니다. 선생님 그렇게 하겠습니다."

말은 그렇게 하고 있어도 못내 섭섭한 기색을 감추지 못한다.

✣ 신명(神命)법당에서 불(佛) 법당으로

시	일	월	년	(여)
己	壬	壬	辛	
酉	午	辰	卯	

辛	庚	己	戊	丁	丙	乙	甲	癸	대운: 순행
丑	子	亥	戌	酉	申	未	午	巳	
87	77	67	57	47	37	27	17	7.2	

작은 몸집에 야무진 인상을 풍기는 보살이 웃는 낯으로 들어선다. 멀리 울산의 바닷가 마을에서 신(神)을 받들며 제자로 살고 있는데 큰 맘 먹고 찾아왔다고 한다. 자신이 직접 신을 모시고 다른 사람들의 문제를 상담해주고 살지만 정작 자식문제만큼은 마음대로 되지 않는다며 속 썩히는 아들에게 무슨 문제가 있는지 봐 달라고 한다.

우선 아들의 명조를 보고 문제를 찾아내고 해결 방법을 알려주니 자신의 업장이 두터워서 자식이 그런 고통을 받는다며 안타까워한다. 얽히고설킨 인연에 묶여 부모와 자식으로 태어나 살다가 가지만 본시 인간이란 저마다 자신의 운명과 업을 지고 살아가는 별개의 존재일 뿐인데 유독 어미라는 존재는 자식이 겪는 고통을 살점을 베어내는 아픔으로 같이 겪는가보다.

"선생님 나는 무슨 죄를 많이 지어서 무당으로 살아야 하는지 한 번 봐 주세요."

아들 때문에 심란한 때문인지 신세 한탄이라도 한바탕 할 분위

기다.

"보살님은 죄를 지어 보살이 된 것이 아니라 일주가 壬午이니 신에게 선택받아서 신의 자식으로 태어났습니다."

이 명조의 주인은 어떤 신으로부터 선택 받았는지 살펴보기로 하자. 월주의 壬辰은 용궁대감이며 점사는 후면의 丁未가 보는데 이는 칠성대감이다. 년주 辛卯의 정관이 丁未와 합해서 들어오는 이 분은 엄마의 형제일신으로 보인다.

"어머니 형제 중에 한 분이 칠성장군으로 들어 왔다고 하는데 이 분이 누군지 아십니까?"

"우리 외삼촌이에요."

"외삼촌이 정상적으로 돌아가시지 못하고 험하게 돌아가신 것으로 보이는데요."

"외삼촌이 해병대에 계셨는데 군대에서 탈영하다가 총에 맞아 죽었습니다."

이 외삼촌이 辛卯하여 불법을 공부한 후에 일주의 후면에 合을 해서 칠성 장군으로 접신되는 것이다.

"어릴 때 외갓집에서 자랐는데 할머니가 치성 드리는 것을 좋아해서 산으로 절로 기도를 많이 다녔어요. 나도 아무것도 모를 때부터 할머니 따라서 당산에 가서 기도도 다니고 손잡고 절에도 따라 다녔어요."

그 때문인지 13세의 어린나이부터 神의 기운을 느꼈다고 한다. 그래도 신을 받지 않으려고 힘들게 눌리며 살다가 결혼을 했다고 한다. 결혼하고 나니 신병이 너무 강하게 치고 들어와서 정상적인 생활을 할 수 없어 더 이상 거역하지 못하고 壬午의 26세에 신 내림을 받았다고 한다. 그러나 사주 명조를 보면 남편이 신을 받고 법당을 모시는 것을 용납하지 않는다고 한다.

"모르기는 해도 보살님 손으로 신당을 세 번은 엎었을 것 같은데 어떠세요?"

하고 물으니 멋쩍게 웃으며

"맞아요. 안 한다고 내 손으로 부수고 차리고 한 번, 두 번, 세 번을 그랬어요."

손가락까지 꼽아가며 세심하게 센다.

"처음 한 번은 몰라도 자꾸 그러면 신에서 가만히 두지 않았을 텐데요."

"안 그래도 신의 벌로 사고가 났어요. 길을 건너가다가 달려오는 차를 못보고 부딪쳤는데 그 순간에 죽는구나 싶었어요. 희미하게 정신이 돌아오는데 내 귀에 '할아버지 잘못했습니다. 용서해주세요.' 하는 말이 들리는데 그게 내입으로 내가 하는 소리였어요."

이 명조에 午火와 酉金 그리고 辰土가 자형이라서 세 번씩이나 본인의 손으로 신당(神堂)을 파괴한다고 말하고 있다. 신의 벌은 辛金으로 卯木을 치는 형상이니 죽이지는 않고 뼈를 부러뜨린다고 하니 정확하게 교통사고로 발목뼈가 으스러져서 많은 고통을 당했고 지금도 그 후유증이 남아 있다고 한다. 하는 수 없이 다시 신을 모시니 지금은 잠잠해졌지만 여전히 재물의 궁색함은 피할 수가 없다고 한다.

처음부터 신당을 지독하게 싫어하던 남편은 신당을 모시지 말라며 갖은 훼방을 놓고 행패를 부리더니 제 스스로 다른 삶을 찾아 떠나고 지금은 뒤에 만난 사람과 잘 살고 있다고 하니 이 역시 타고난 명조를 거스르지 못하고 사주대로 살아가는 것이다. 시주의 己酉는 59세에 신당에서 부처님의 법당으로 전환하라고 이야기하고 있다.

"이제는 신명의 제자에서 부처님의 제자로 바꾸라고 합니다. 법당도 신당이 아닌 부처님 법당으로 바꾸시고요."

"그렇잖아도 꿈에 부처님이 내려오셔서 부처님을 모셔야 될 것 같은데 올해는 여러 가지 사정상 하기가 어렵고 내년에 하려고 해요."

역시나 酉酉는 자형이라서 올해 하지 않고 내년 庚寅년에 한다고 한다. 庚寅년에는 원진이라서 힘들 것 같지만 寅卯辰으로 木局合하고 寅午戌로 合해서 원진이 해소되어 모실 수 있다. 신명에서도 서로 합의가 되는 상태이며 자리 바꾸기를 원하고 있으니 원만하게 이루어질 것 같다.

"법당으로 바꾸면 간판도 새로 해서 달아야 됩니까?"

"그러면 좋지요. 찾아오시는 분들은 간판을 보고 제자가 무슨 신명을 모시고 있는지 가늠 할 수 있으니 불당에 맞는 상호를 내 걸어야 찾아오는 손님들도 쉽게 알 수 있겠지요."

"나는 뭐라고 지어야 좋을지 모르겠으니 선생님이 하나 지어 주세요."

"그러세요. 제가 보살님께 잘 맞는 이름을 몇 개 지어서 연락을 드릴 테니 그 중에서 하나를 골라서 쓰세요."

사주명조에 재물이 없지 않으나 스스로 흩어버리고 자식들 때문에 돈이 모이지 않는다고 하는데 이제 신명이 가고 부처님을 모시면 재물과는 더욱 거리가 멀어지게 되는 것이 안타까워 기꺼이 이름을 지어주겠다고 약속을 했다.

✡ 선녀 법사와 재물운

시	일	월	년	(여)
甲	丁	乙	戊	
辰	亥	卯	戌	

丙	丁	戊	己	庚	辛	壬	癸	甲	대운: 역행
午	未	申	酉	戌	亥	子	丑	寅	
81	71	61	51	41	31	21	11	1.9	

 감정을 받으러 오는 대부분의 사람들이 제일 궁금해 하는 것이 재물이다. 언제쯤이면 남들처럼 혹은 남들보다 더 많은 돈을 가지게 되는지 물어온다. 사주 명조에 재물이 쌓여 있으면 대답하기가 아주 쉽다. 언제 재물이 들어오는지 살펴서 그 때를 읽어주면 되니까. 그런데 사주에 재물이 없을 경우에는 대답하기가 여간 난감하지가 않다. 아무리 채워도 채워지지 않는 것이 욕심인지라 남들이 보기에는 적당한 것 같은데도 자신은 턱없이 부족하다고 생각한다. 언젠가 한번은 대박이 터질 것이라 믿고 그 때를 물어 오는데 거기에다가 대고 재물과 인연이 없다고 말하면 실망으로 충격을 받을 것이 빤한 일이다.

 이 분도 언제쯤 재물이 들어오는지 물어오는데 대답하기 곤란하다. 이 명조는 재물과의 인연이 희박하다.

 "보살님이 모시는 신명은 재물에 별로 관심이 없으십니다."

 "아니 다른 보살들은 보면 신명에서 재물을 많이도 가져다 주더만 나는 왜 그렇답니까?"

"타고난 사주명조가 재물과의 인연이 없으니 신명 또한 재물에는 관심 없는 신명이 내리시는 것이지요. 년주의 戊戌이 산신장군이요. 乙卯가 당산 글문 도사이신데 공부에 관심이 많은 신명이십니다. 33세 때에 乙卯의 당산할머니가 일주 丁亥의 칠성대신과 合을 해서 신장으로 들어오셨습니다."

"그 때는 신을 모르고 그냥 살았어요."

"신병이 왔을 텐데요. 보살님은 木이 강하니까 신경계통에 이상이 오거나 간에 이상이 왔을 것 같은데요."

"처음에는 그게 신병인줄 몰랐어요. 신경이 너무 예민해져서 가슴이 두근거리고 불안해서 잠을 잘 수가 없었어요. 며칠씩 잠을 못자면 신경이 날카로워져서 미쳐버릴 것 같았어요. 병원에 가도 치료가 안 되고 수면제를 받아다가 밤마다 먹고 잤는데 그렇게 자고나면 잠을 잔 것 같지가 않아요. 밤새도록 꿈을 꾸는데 온갖 이상한 것들이 보이고 산으로 들로 끝없이 헤매고 다니고 그랬어요."

"33세 때 안 받으셨으면 45세 때 받으셨어요?"

"예 그 때 받았어요."

"乙卯가 庚戌을 불러 백마장군과 合하는 45세에 내림을 받으신 겁니다. 처음에 신을 모시고 돈이 좀 들어오지 않던가요? 년지 戌중에 辛金이 있어서 잠시 재물을 준다고 하는데요."

"처음에는 일도 많이 떼고 돈도 꽤 벌었어요."

"그 돈을 신명에서 왜 줬는지 아세요?"

"그거야 제자니까 당연히 먹고 살라고 줬겠지요."

"아니요. 그 돈은 글공부하라고 주는 돈이었어요."

"신을 받았는데 무슨 공부를 또 합니까?"

이렇게 답답한 보살을 봤나. 대부분 보살들이 다 이렇다 신명을 받아서 잘 먹고 잘살면 그만이란다. 조상님들이 후손 살리려고 들어와서 재물을 불려주니 가만히 앉아서 받기만 하면 된다고 한다. 하지만 이것은 일방적인 착각이다.
　"보살님은 글문 도인이 내리시는데 이 분은 공부를 많이 하신 분이라 제자도 자신처럼 공부를 하라고 하십니다."
　"아무말씀도 없으니까 그냥 벌어주나 보다 하고는 먹고사느라고 다 썼지요. 쓰면 또 그렇게 채워 줄줄 알았어요. 다 그렇게 살지 않나요?"
　"보살님이 모르고 그냥 지나쳐서 그렇지 공부 하라고 일러줬을 텐데요. 癸未년에는 신명들이 공부하러 떠났다고 하네요."
　"예, 그 때부터 신발이 약해지고 점사가 안 나오고 손님이 끊겼어요."
　"신명들이 공부하러 가시고 신장이 없으니 손님이 안 들어오는 겁니다. 미리 글공부를 했더라면 이때는 글로 풀어서 점사를 볼 수 있었는데"
　"공부하러 가신 신명들은 언제 오십니까?"
　"庚寅년에 돌아오니 돌아오기 전에 글공부를 하면서 기다리라고 합니다. 그리고 이때부터는 공부를 안 하면 신명에서 일러주어도 무슨 말인지 잘 못 알아들어요,"
　"점사를 글로 풀어서 봐주려면 많이 배워야 하는데 공부를 하려면 돈이 있어야지요."
　"어쨌든 지금부터는 공부를 하셔야 합니다."
　명조에 재물이 약하지만 신명의 제자로서 살아가려면 신명이 공부하고 있을 때 제자도 같이 공부를 해야 하는데 대부분의 제자들은 쉬운 길을 선택하므로 이때 산천으로 기도 다닌다고 재물을 다 써버리고 나중에 알고 글공부를 하려고하나 돈이 없어서 애만 태운다.

　신명의 제자가 자신의 앞길도 점치지 못하고 신명의 뜻도 알지 못하면서 신명제자라고 칭하며 타인의 점사를 봐주는 행위는 위선적인 행위이며 언어도단이다. 분명히 공부해서 신명의 뜻을 알고 준비하라고 일러주어도 오래된 습관에서 벗어나지 못하고 글을 멀리하고 게으르게 지내다가 막상 신명이 돌아와 표적을 주어도 모르고 평소에 하던 습관대로 점사를 보니 감각에 의존하게 되고 적중률이 떨어져서 손님은 멀어지고 재물의 아쉬움은 커지는 것이다.

　죽어서 몸이 없는 신명은 자신이 풀지 못한 한을 인연 닿는 후손에게 접신하여 풀어보려고 한다. 이때 신명과 몸주는 서로 공생하는 관계가 형성되는데 신명에서 재물을 불려주면 제자는 신명을 위하여 신당을 모시고 기도와 공부를 계속하여 보답하고 차후에 함께 해원한다는 것을 알아야한다. 자신이 스스로 변하지 않으면 신명도 후회하고 자신의 선택이 잘못된 것임을 알고 몸주의 자식이나 후손으로 이어가려고 한다.

　시주의 甲辰은 庚寅년에 일주 丁亥와의 원진을 해소하고 좌정하려고 하는데 제자는 이를 무시하고 그냥 지내고 있으니 신명의 노여움과 벌을 어찌 다 감당할까.

⚔ 양인살(兩刃煞)의 무녀

```
시  일  월  년   (여)
甲  丙  癸  庚
午  午  未  子


甲  乙  丙  丁  戊  己  庚  辛  壬   대운: 역행
戌  亥  子  丑  寅  卯  辰  巳  午
83  73  63  53  43  33  23  13  3.6
```

사주 속에 신명(神命)이 강하게 자리 잡고 제자가 될 것을 요구하고 있어도 강하게 신명을 거부하는 사람들이 있다. 아니 대부분 신명을 거부하고 평범하게 살기를 바란다. 그런데 어떤 이는 신(神)의 협박에서 벗어나 자유롭게 살아가고 어떤 이는 신과 타협해서 신을 모시지 않고도 잘 살지만 대대수의 사람들은 수많은 고초를 겪다가 종내에는 항복해서 신의 제자가 되어 살아간다. 신과 타협하는 사람들은 신명이 요구하는 일을 하며 자유롭게 사는 사람들이며 신의 협박에서 벗어나는 사람들은 자신의 사주가 강해서 꿋꿋하게 신을 이기는 사람들이고 나머지 대다수의 사람들은 신명의 요구에 순응하며 신명이 불려주는 재물에 의지해서 삶을 꾸려간다.

이 명조의 주인은 왜 丙午의 강한 양인을 타고나서 신의 손길에서 벗어 날 수도 있었는데 왜 그러지 못하고 신에게 굴복했는지 살펴보자. 일찍이 22세에 결혼하여 아들 둘을 낳고 살다가 32살부터 부부 불화가 잦아지고 삶이 고단하여 친구 따라 찾아

간 무당집에서 신을 받아야 된다는 소리를 들었다고 한다.

"신을 받으라고 하는데 왜 안 받았어요?"

"나는 부처님 법을 따르는 불자이니 감히 신이 침범 못할 것이라고 생각하고 더 열심히 절에 다녔어요."

未月 丙午는 천상벼락신장으로 양인이 되어서 상당히 강하므로 충분히 신으로부터 견딜 수 있으며 스스로도 신을 무시하고 절에 다니면서 열심히 정법공부를 했다고 한다.

"庚子가 대사 줄이라 여기에 인연이 되어서 절에 다니시는 겁니다. 하지만 이렇게 신명이 강하게 들어오면 거부하기가 쉽지만은 않았을 것입니다."

"제가 범어사라는 큰 절에서 3년 동안 정말 열심히 수행하면서 정법을 공부하는데도 부부불화가 점점 심해지고 가정이 흔들리니 순간적으로 위기의식을 느끼고 거기에 휘말린 것 같습니다."

"휘말리다니요."

"굿을 하는 것이 아니었는데 굿을 했어요. 그대로 두면 가정이 깨질 것 같아서 신을 달래볼 요량으로 굿을 했는데 굿판에서 바로 신이 내려버렸어요."

그래서 신의 농간에 넘어갔다고 하는 것이다. 조금만 더 참았으면 부처님의 가피로 신의 손길에서 벗어날 수 있었는데 그 순간을 참지 못하고 굿을 하니 기회는 이 때다 하고 신명에서 차고 들어온 것이라고 한다. 하지만 신명을 이기는 제일 좋은 방법은 자신의 힘을 길러 자력으로 극복하는 것이다. 강한 신명을 부처님이나 다른 타력으로 잠시 누를 수는 있어도 자신의 힘이 약하면 방심하는 사이에 당하는 수가 있다. 이 보살도 굿을 하는 자리에서 자신이 천황 대를 뽑아들고 굿판을 휘어잡았다고 하는데 충분히 그럴 수 있다고 생각한다. 이제는 다 포기하고 신명에서 시키는 대로 순응하며 살고 있으니 여러모로 평온하다고 한다.

"이 명조의 년주 庚子는 대사이며, 癸未는 세존인데 子未가 원진이라서 처음에는 싫어서 하지 않으려고 합니다. 조왕신에게 물을 올리고 甲木에 丙火이니 물속에 생화(生花)를 꽂아두라고 하네요."

"기도할 때 공수를 주시는데 꽃을 올리라고 해요. 그것도 생화를 올리라고 해서 항상 생화를 사서 올리고 있습니다."

"이 명조에는 설녀가 둘인데 하나는 午중 己土의 천상 설녀이고 하나는 甲午중 己土가 甲己 合土하여 당산 산신 설녀인데 이 설녀가 점사를 보는데 아주 똑똑하다고 합니다."

"설녀가 똑똑하고 점사를 잘 봅니다. 너무 잘 맞히니까 어떤 때는 점사 보는 손님들이 무섭다고 합니다."

지금은 문수사라는 작은 포교원도 운영하면서 불교용품 판매점도 하여 사는 것에 아쉬움이 없으며 제법 많은 재물도 모았다고 한다. 신명에서 돌봐주신 덕분에 자식들도 열심히 일하며 착실하게 잘 살고 있다고 자랑한다. 화려한 명조가 이야기 하듯 인물도 설녀처럼 화려하고 고왔다.

❈ 작두신장이라고 하는데…

시	일	월	년	(여)
甲	壬	甲	壬	
辰	寅	辰	寅	

乙	丙	丁	戊	己	庚	辛	壬	癸	대운: 역행
未	申	酉	戌	亥	子	丑	寅	卯	
89	79	69	59	49	39	29	19	9.9	

신명(神命) 제자들을 감정하다보면 자신의 신(神)이 누구인지 확신이 없거나 잘못 알고 있는 경우가 많이 있다. 신명에서 자신이 누구라고 주장하면 제자들은 그대로 받아들이는데 이 과정에서 오류가 생기는 것 같다. 신을 내릴 때 내림을 주관하는 무녀나 법사가 능력이 뛰어나서 신명 가리를 잘 해주면 문제가 없으나 그렇지 못한 경우에 자신과 인연 없는 신을 모시기도 하고 신명의 성격을 잘못 파악 하고 있기도 한다.

이 여인은 자신의 몸주가 작두신장이라고 한다. 하지만 명조를 아무리 살펴보아도 자신의 이야기를 들어 보아도 작두신장은 몸주가 아닌듯한데 자신의 신어미가 하는 이야기만 믿고 작두신장이라고 주장하고 있다.

"이 명조를 살펴보면 辰월 壬寅일주의 몸주는 작두신장이 아니고 辰土가 合을 하고 있으니 용궁 제석으로 대신보살로 보이는데 왜 작두장군이라고 합니까?"

"그런데 신을 받을 때 분명히 작두신장이라고 했어요."

"보살님 명조에 있는 신장은 丁亥의 칠성장군으로서 작두신장은 아닌 것 같습니다."

"그리고 같이 일하는 보살들이 저를 보고 동자라고 하는데 그것도 잘 모르겠습니다."

"이 명조에 木식신이 많은데 이것을 보고 동자라고 하는 것 같은데 제가 볼 때는 동자가 아니고 산왕대신이며 친가의 당산대신보살도 계시고 또 당산 대감이 계신 것 같습니다."

칠성 장군이 合을 해서 내리려고 해도 甲辰의 백호살이 양쪽에서 동시에 강하게 작용하고 있어서 쉽게 내려설 수가 없으며 甲辰과 合해서 들어오는 己酉가 작두장군이지만 이 장군은 능력을 발휘 할 수가 없다. 당산 대감과 용궁의 군웅이 자리하고 있으므로 작두장군의 위용은 찾아보기 어려울듯한데 자신을 작두장군이라고 하고 간판도 작두신장이라고 달아놓고 있었다.

"신을 몇 살에 받으셨습니까? 제대로 받으시려면 31세에 받으셔야 됩니다."

"29세에 받았습니다."

"시기가 잘못 되었습니다. 31세에 壬寅을 받아야 하는데 29세에 받아 辰酉가 合하고 丁亥의 칠성장군이 들어서니 이것을 작두신장으로 착각 하시는 겁니다."

이 명조에서 특이한 것은 일주를 중심으로 양쪽에 있는 甲辰은 당산나무아래 호랑이가 웅크리고 있는 모습이다. 이 甲辰은 친가의 5대조와 8대조의 할아버지이며 산반 물 반의 산용궁의 군웅 신으로 계신다.

"보살님은 53세 甲午년이 되면 아버지가 神으로 들어오신다고 합니다. 아버지가 우리 자식 불쌍하고 고생한다고 집도 주고 돈도 준다고 하니 그 때까지만 참고 기다려 보세요."

"우리 집은 대대로 전통 있는 천주교 집안이라 친척들 중에 성직에 계시는 분이 많이 있어요. 저희 아버지도 성당의 문지기를 하시며 고아들을 키워서 두 분이나 신부님으로 만드셨는데 그 아버지가 정말 신으로 들어올까요?"

"사람들 사는 세상에서는 선을 그어놓고 내 것 네 것 구분하지만 영적인 세계에 들어서면 그런 구분자체가 무의미해집니다. 보살님도 천주교 신자였지만 지금은 신의 제자로 살고 있지 않습니까. 아버지가 천주교 신자였던 것도 사실이지만 내 아버지인 것도 사실이잖아요. 신명도 조상님이 신이 되어서 접신해 오는 것이니 한번 기다려 봅시다."

이 보살은 자신이 약해서 다른 사람들의 말에 의지하는 경향이 강한데 좀 더 기도해서 자신을 강하게 키워야 할 것 같았다. 53살이 될 때 까지는 누구의 말에도 속지 말고 기다리면서 당산에 자주 들러 공들이며 기다리라고 전해 주었다.

❈ 가정도 없는 주점(酒店)주인 여자

시	일	월	년	(여)
己	丙	丁	庚	
丑	辰	亥	寅	

戊	己	庚	辛	壬	癸	甲	乙	丙	대운: 역행
寅	卯	辰	巳	午	未	申	酉	戌	
82	72	62	52	42	32	22	12	2.1	

신명을 감명하러 간 보살 집에서 차례대로 한분씩 감명 해주고 거의 끝나갈 무렵이었다. 몸집이 자그마한 여인이 삶의 고단함이 고스란히 묻어나는 얼굴로 문을 열고 들어선다.

'지금은 일반인들 사주 감정은 하지 않는데' '그래도 일부러 찾아오신 분을 어떻게 그냥 보내나' '아침부터 달려와서 많은 감정을 하느라 몸이 너무 피곤한데' 마음속에 여러 생각들이 작은 전쟁을 하고 있다. 우물쭈물 하는 사이에 어느새 다가와 생년일시를 적은 쪽지를 슬그머니 내민다. 그래, 무슨 사연이 있는지 이야기라도 들어보자.

"보살님은 신(神)을 받으셨어요?"

"아니요. 그냥 요 앞에서 장사하는 사람이에요."

"어떤 장사를 하시는데요?"

"말하기가 좀 창피해서……"

"괜찮아요. 말씀 해 보세요. 보살님이 무슨 일을 하는 분인지 알아야 정확한 상담이 되지요."

"내 참 창피하게도 내 나이가 내년이면 환갑인데 아직도 술장사를 하고 있어요."

"그게 어때서요. 남에게 피해 안 주고 열심히 사시기만 하면 되지요. 그래 무엇이 궁금하세요?"

"그러게 내 나이 이렇게 먹도록 시장바닥에서 탁자 대여섯 개 놓고 술을 팔고 있으니 얼마나 답답해요. 어려서 집이 찢어지게 가난해서 먹고살기가 어려우니 남들 다 가는 학교 문턱을 한번 넘어봤나, 인물이 보다시피 이러니 어느 남자가 여자라고 쳐다보기를 하나, 배운 것도 없이 평생을 그저 내 한 몸 먹고 사느라 일만 하다 보니 이렇게 늙도록 아직까지 남들 다 쓰는 면사포도 한번 못 써봤어요. 흔한 말로 제대로 된 연애를 한 번 해 봤을까. 씨 도둑질이라도 해서 애라도 하나 낳아봤으면 싶었지만 그것도 못해보고 그냥 이 나이에 혼자 이러고 사니 얼마나 기가 막혀요."

들어 줄 귀가 있어서 그런 걸까 늘어놓는 하소연이 끝이 없다.

"보살님 지금 궁금한 것이 있을 것 아니에요. 일단 궁금한 것부터 얘기해 보세요."

"글쎄 내가 왜 이렇게 사는지 어째서 남들처럼… "

이 여인은 정말 매력이 없고 말귀가 어두워서 의사소통이 되지 않는다. 보다 못해서 옆에 있던 사람들이 거들고 나선다.

"보살님 그 사설 다 늘어놓으려면 며칠 걸리시겠네요. 장사도 하러 가셔야 되잖아요. 그러니까 제일 궁금한 것부터 물어 보세요."

그러니까 이제 알아들었다고 고개를 끄덕인다.

"손바닥 만 한 가게를 하는데 손님이 통 없고 기한도 다 되고 해서 옮겨야 되나 어쩌나 해서요."

자신의 표현대로 탁자 몇 개 놓고 하는 장사가 잘되면 얼마나 잘되겠는가. 이 손바닥에서 저 손바닥으로 옮긴다고 한들 손아귀에 쥐어지는 낱알 수는 별반 차이가 없을 것 같다.

"지금 하고 있는 가게도 괜찮아요. 요즘 장사가 안 되는 것은 경기가 어려워서 그럴 거예요. 옮겨도 마찬가지예요. 찾아오는 손님들한테 좀 신경 써서 친절하게 잘 해주면 점차로 나아질 거예요."

그런데 이분이 고만 고만한 질문을 자꾸만 한다. 그래서 한마디 툭 던진 것이 정답이었다.

"보살님이 점쟁이인데 뭐가 그리 궁금하세요? 정 알고 싶으면 점집으로 가보세요."

그랬더니 이분이 그걸 어찌 아느냐고 정색을 하며 바짝 다가앉는다.

"보살님 사주에 신의 영역이 있어서 남들보다 힘들고 고달프게 사시는 겁니다. 여기 이 글자는 丙辰이라고 읽는데 이분은 천상의 일광대신이시며 보살님 몸주가 되십니다. 그런데 이분이 월광에서 들어오는 대감님과 합의(合意)가 안 되어 만사가 힘이 듭니다."

"아니고 내가 예전부터 가게에 술 먹으러 오는 손님들한테 나도 모르게 불쑥 불쑥 한 마디씩 해주면 그게 다 맞대요. 그걸 어찌 아느냐고 해요. 그리고 가끔 집안에 비손하는 일이나 부정가시는 일 같은 것도 해달라고 부탁이 들어와요."

하며 자랑을 하며 수줍게 웃더니 물어온다.

"선생님 저도 여기 계신 보살님들처럼 점쟁이를 하면 안 되겠습니까?"

"안됩니다. 보살님은 辰亥 원진살 때문에 어렵다고 명조에 드러나 있습니다."

단호하게 잘라 말했건만

"어떻게 하면 됩니까? 선생님은 용하니까 방법을 알고 있을 것 아닙니까?"

하며 막무가내로 조른다. 이쯤 되면 괜한 얘기를 꺼내서 이분 마음만 어지럽히지 않았는지 슬며시 걱정이 된다. 여태까지도 모르고 살아 왔는데 그냥 묻어둘걸 하는 후회도 생긴다. 그러나 어쩌랴 이미 얘기를 꺼냈으니 책임을 져야 하지 않겠는가.

"꼭 하시고 싶으시면 庚寅의 당산 글문 도사나 불사대신 할머니를 청해서 하면 됩니다. 왜 그러느냐 하면 辰亥의 원진살은 寅木의 당산에서 합의를 해줘야 풀리기 때문에 그렇습니다. 그리고 보살님은 내림을 안 받으셔도 됩니다. 큰 돈 들여서 굿을 안 하셔도 그냥 고향 당산에 찾아가서 상 차려 놓고 합의를 붙여 달라고 청하시기만 하면 됩니다."

이분은 내림을 받을 필요도 없이 자신이 마음만 먹으면 자통(自通)하는 사주명조이다. 지금 본인은 세존을 모셔놓고 세존에 의지해 살아가며 나름대로 열심히 기도하고 있다고 한다. 얄팍한 무속인들이 못 배우고 어리석다고 순진한 여인에게 신의 기본인 세존을 모시도록 한 것 같았다. 그렇게 살아 온 세월을 후회하지는 않는다고 하는데 말씀하시는 얼굴 한편에는 말 못할 사연이 가득해 보였다. 부디 남은 여생 순탄하기를 두 손 모아 기원해본다.

◈ 어머니가 천상대신보살(天上大神菩薩)이라고 주장하는 무녀

시	일	월	년	(여)
甲	甲	癸	戊	
戌	辰	亥	戌	

甲	乙	丙	丁	戊	己	庚	辛	壬	대운: 역행
寅	卯	辰	巳	午	未	申	酉	戌	
85	75	65	55	45	35	25	15	5.4	

이 무녀는 앉자마자 한심한 소리부터 한다.
"선생님 우리 딸, 언제쯤 내림을 받으면 좋겠습니까?"
아니 이게 무슨 소리인가? 다른 사람들은 자식한테 전해 내려가는 것을 두려워하며 자신이 무거운 짐을 다 짊어지고 갈 테니까 자식만은 이런 험난한 길을 가지 않게 해달라고 애태우는데 어디에서 무슨 이야기를 들었는지 모르겠다.
"누가 그러던가요. 따님이 내림을 받아야 한다고요."
"어미인 내가 무당이니 당연히 딸도 그럴 것이고 다른 보살들한테 물어봐도 다들 그렇다고 하던데요."
"……"
"그래서 이왕에 받을 것이면 고생 안 하고 일찍 받아서 나랑 같이 기도 다니며 살면 좋잖아요. 결혼도 일찍 해서 자식 셋만 낳고 이혼하라고 했어요. 내가 너무 외로워서 아이들 키우면서 딸이랑 같이 살려고요."
기가 막혀도 너무 기가 막힌다. 딸 사주는 조금 있다가 감명하기로 하고 보살 사주부터 감명하기로 했다.
"보살님의 일주는 甲辰이니 몸주는 甲辰의 당산 한량 할아버지 이십니다."
"아니에요. 저는 불사대신보살님을 모시고 간판도 불사대신이라고 걸고 있는데요."
이건 또 무슨 소리인가? 이 사주 속에는 전혀 그러한 신명이 들어있지 않은데 불사대신이 어디에서 오셨나?
"그래요? 그 대신보살이 몇 대 할머니라고 하던가요?"
"할머니가 아니고 작년에 돌아가신 우리 어머니예요."
"보살님 엊그제 돌아가신 어머니는 불사대신이 될 수 없어요."

"아니 내 생각에 그냥 우리 어머니가 불사대신이 되었으면 좋겠다 싶어서요. 단지 내 마음이 그래요."

점입가경이라더니 점점 더 한다. 어떻게 돌아가신지 얼마 되지 않는 어머니가 대신보살이 될 수 있단 말인가? 신명에도 여러 단계가 있는데 조상신, 자연신, 천신 그리고 영급의 순으로 오랜 세월 기도하고 업을 닦아서 단계적으로 승천하는 것이다. 그리고 내가 되었으면 하고 바란다고 인연없는 어머니가 불사대신이 될 수 있단 말인가? 몰라도 너무 모르면서 신명제자라고 한다. 이어서 신명을 감정하는데 묻는 말에 무조건 아니라고만 하니 참으로 답답하다. 그 자리에서 여러 보살들이 앞서 감정을 받았고 모두 정확하다고 하는데 이분은 엉뚱한 소리만 한다. 그러다가 기어이 옆 사람에게 말귀를 못 알아듣는다고 지청구를 듣는다. 처음부터 다시 차근차근 풀어보기로 하자.

"보살님 몸주는 甲辰의 당산할아버지라서 굿이나 어떤 일을 할 때 주로 앉아서 하실 겁니다." 하니

"네, 저는 굿 할 때 앉아서 다 합니다."

맞다. 甲辰은 편재라 선 거리에 해당하나 土편재는 앉은 거리를 주로 한다.

"또 辰중에 있는 戊癸가 합하여 火가 되니 이는 천상대신이며 점사는 시주의 甲戌 속에 丁火가 있으므로 일월선녀가 보실 겁니다."

"예 선녀가 점사를 보는데 아주 똑 부러집니다." 한다.

"시주에 있는 甲戌도 당산 한량 할아버지로서 辰土과 戌土의 두 할아버지가 마주보고 앉아 바둑을 뜨고 있는 형상입니다."

"그 건 잘 모르겠습니다."

"보살님 고향에 가면 당산나무가 쌍으로 서 있을 것입니다."

"고향은 충청도 시골인데 어릴 때 나와서 전혀 기억에 없어요."

"년주 戊戌은 산 신장으로 조상에서 도와주려고 오신 것 같으며 월주의 癸亥는 용궁의 글문 도사이며 신장입니다. 년주와 戊癸 合火하여 천상의 일월광 장군이며 천상 선녀이고 천상 글문 도사님이시네요."

"그리고 일간과 여기 시간에 떠있는 이 甲이란 글자는 맏딸이나 맏며느리를 나타내며 맏이가 아니라도 맏이에 준하는 역할을 하며 산다고 합니다."

"아닌데요. 저는 맏이는 아닌데 평생 어머니를 모시고 같이 살았어요."

한다. 정말 甲甲(갑갑)하다. 옆에 있던 소개하신분의 설명을 듣더니

"아~그렇게 말씀을 해야 알지 제가 어떻게 알 수 있겠어요."

하며 오히려 나를 탓한다.

47세에 내림을 해서 신을 모셨으며 자신이 기도하면 딸이 받는다고 하는 이 철없는 무녀는 정말 갑갑하고 한심하다. 어렵고 힘든 무녀의 길을 가면서 서로 대화가 통하지 않고 무속 인으로써 기본적인 상식조차 갖추지 않고 과연 점사를 바로 볼 수 있을지 의심스럽다.

무속인은 단순히 신을 모시고 사는 존재가 아니라 신과 인간을 연결하는 중간 매개체로써 신의 영험을 빌어 인간들의 궁금함을 풀어주고 그들의 하소연도 들어주며 때로는 어두운 밤길을 비추는 등불과 같이 그들의 길잡이도 되어서 그들을 위해 봉사하며

살아야 하는 사람들이다. 그런데 이렇게 기본적인 소양조차 없다면 어떻게 자기를 따르는 사람들을 품어서 제도할 수 있겠는가. 이제부터라도 간절한 마음으로 기도 하고 모르면 신명에게 물어서라도 갈고 닦아 자신의 역량을 키워야 할 것이다.

❈ 무녀의 딸

시	일	월	년	(여)
庚	癸	庚	辛	
申	酉	寅	酉	

己	戊	丁	丙	乙	甲	癸	壬	辛	대운: 순행
亥	戌	酉	申	未	午	巳	辰	卯	
83	73	63	53	43	33	23	13	3.3	

어머니가 천상대신이라며 모시고 있는 어리석은 무녀의 딸이다. 이 어머니가 자기 딸이 언제 신을 받으면 좋을 지 봐달라고 한다. 아직 어린 딸을 예쁘게 키워서 앞길을 열어 줄 생각은 안하고 무당을 만들겠단다. 왜 그러냐고 하니까 일단 다른 보살들이 그렇게 말하고 무엇보다 자기가 외로워서 무당을 만들어서 데리고 살겠다고 한다. 무당이 되면 남편이 떠나갈 것이고 그러면 엄마인 자기랑 아이들 키우면서 같이 살 것이니 좋지 않으냐고 한다. 그것이 좋다고? 글쎄 정말 어이가 없다.

이 한심한 엄마야. 의뢰가 들어왔으니 우선 봐 줘야겠지만 도

대체 어떤 사주를 타고났기에 무당을 못 만들어서 안달인지 내가 더 궁금해진다. 이 사주를 가만히 들여다보면 寅月木이 하얀 서리를 가득 뒤집어쓰고 서있는 모습 같다. 너무 춥고 외로워 보인다.

"이 아이는 신을 받는다면 일간이 癸酉이니 불사대신 할머니가 몸주로 오시게 됩니다. 년 주의 辛酉는 화엄신장인데 서슬이 퍼란 칼을 들고 서 있고 월주의 庚寅은 상처를 입었다고 합니다. 조상 줄에 전투에서 부상당해 돌아가신 분이 있는 것처럼 보이는데 윗대 조상 중에 전쟁 중에 돌아가신 분은 혹시 모르세요?"

"지 아버지 쪽인지 나는 잘 몰라요."

"아버지 쪽이 아니라 외줄이라고 하는데요."

"모르겠는데요."

"시주의 庚申은 작두신장이며 글문 대감입니다. 요즘으로 말하면 수도를 하시며 절에 강백으로 계시는 분입니다."

"강백이 뭐예요."

"절에 가면 스님들이 공부하는 곳이 두 군데 있는데 한 곳은 선방이라고 해서 스님들이 참선수행 하는 곳이고 한곳은 강원이라고 하는데 스님들이 경전과 익혀야 될 학문을 공부하는 곳입니다. 그 강원에서 학승들을 가르치는 스님을 높여서 강백이라고 합니다."

일주 癸酉는 음간으로 주변의 양간으로부터 보호를 받은 형국이며 寅酉가 원진이라 조금은 불안하고 어머니와 원진이라서 어머니가 자식의 앞길을 혼란스럽게 한다.

찾았다. 명조가 말을 하고 있다. '우리 엄마 때문에 나는 내 길을 못가고 있다고.'

"보살님 여기에 나와 있네요."
"뭐라고요?"
"우리 엄마 때문에 내 앞길이 꼬인다고요."
"그럼 신을 받으면 안 되는 거예요?"
"받아도 되요. 받고 안 받고는 명조 주인의 선택이에요."
"다른 보살들은 다 이 아이가 무당 팔자라고 하는 데요."
아직도 미련을 버리지 못했나보다.
"보살님, 다음은 이 명조를 일반적으로 풀어볼게요. 잘 들어보세요. 맞는지 안 맞는지"
"이 명조를 보면 월지가 상관인데 상관은 기술을 말하는데 인성이 혼잡하니 이 명조는 요리전문가가 제격입니다."
"우리 딸이 요리에 관심이 많아서 평소에도 이런저런 음식을 잘 만들고 대학에 갈 때도 조리과에 간다는 것을 못 가게 말렸어요."
"이 아이는 요리가 천직이고 기술도 좋은데 왜 말렸어요."
"지저분하잖아요."
"보살님도 참, 남들은 못가서 야단인데요. 취업도 잘되고 돈도 잘 벌고 나중에 독립하기도 좋고 얼마나 좋은데요."
"그냥 아무거나 다른 것 하라고 했어요. 깨끗한 걸로"
"그래서 다른 대학을 갔어요?"
"그랬는데 재미없다고 통 공부를 안 해요."
그럴 수밖에. 누구나 자기가 하고 싶은 것, 잘 하는 것을 해야 재미있고 삶의 보람도 느끼는 것 아니겠는가?
"이 아이는 타고난 요리사예요. 보세요. 여기 이 辛酉는 예리한 칼입니다. 칼로 생선회를 얇게 뜨는 것이며 寅酉는 썰어서 붙여있는 것 같은 모양을 표현하고 있어요. 또 명조에 뼈와 작은 물 그리고 야채가 조금 들어있는데 생선탕인 것 같아요. 寅木은 살아있는 것이니 냉동 생선탕으로 보는 것이 좋을 것 같습니다."

"그럼 선생님 이 아이가 신을 받는다면 언제 받아야 좋습니까?"

이 쯤 되면 인내심도 바닥이 난다.

"보살님이 무당인데 딸이 언제 무당이 될지도 모르십니까?"

"그래도 선생님한테 확인 받고 싶어서요."

"다른 엄마들은 열이면 열 모두다 자식한테 갈까봐 노심초사하는데 어째 보살님은 따님이 무당이 안 되서 서운한 눈칩니다."

심사가 불편하니 내색을 않으려고 해도 말이 곱게 나가지 않는다.

"선생님도 참 무당이 어때서요? 자기만 잘하면 회사에 나가서 눈치 볼일 없지, 놀아가면서 돈도 벌지, 별로 힘들지도 않고, 나이 들어서도 할 수 있고 얼마나 좋아요."

무당예찬론자를 만났다. 무당이 어떻다고 폄하하려는 것은 절대 아니다. 다만 자식을 가진 부모입장에서 아이의 장래를 걱정함이다.

"듣고 보니 정말 좋은 직업이네요. 그래 따님도 무당이 되겠다고 하던가요?"

"우리 딸은 엄마가 하라고 하면 할 거예요. 어릴 때부터 내가 하는 것 보고 커서 거부감도 없고요. 소질도 있고요. 내가 기도하면 우리 딸이 다 받아요."

맙소사. 소질? 거기다가 한 술 더 뜬다.

"대학 마치면 바로 결혼 시켜서 아이를 셋만 낳으라고 할 거예요. 나는 애기들 키우고 딸은 손님보고 그렇게 벌어서 같이 살고, 기도도 같이 다니고 하면 좋잖아요."

"남편이 그러라고 한답디까?"

"안 그래도 아이들 낳고나면 남편은 보내려고요. 애기들 셋만 낳고 이혼하라고 했어요. 그리고 신을 받으면 남편이 가만히 보려고 하겠어요?"

에고, 이 아이 불쌍해서 어쩌나… 그러나 어쩌면 이것도 다 타고난 전생의 업보인지도 모른다. 사주명조에 드러나 있지 않은가? 엄마 때문에 내 인생이 혼란스럽다고 무속인은 타고난 팔자라서 대를 이어 내린다고 하는 말을 많이 하는데 이것은 한 마디로 미천한 무당들이 하는 무식한 소리이다. 자신이 타고난 업대로 살아가면 절대로 무속으로 가는 일이 없다. 업이란 자신이 타고난 명이다. 남을 가르치거나 활인 봉사하는 팔자라면 다 무속 팔자다.

❈ 천신(天神)제자 만신(滿身)제자

시	일	월	년	(여)
庚	丙	壬	壬	
子	戌	寅	辰	

癸	甲	乙	丙	丁	戊	己	庚	辛	대운: 역행
巳	午	未	申	酉	戌	亥	子	丑	
82	72	62	52	42	32	22	12	2.5	

이 보살님은 스스로 자신을 천신제자 만신제자라고 한다.

자신이 모시고 있는 신명(神命)에 대한 자부심이 남달리 강한 것 같다. 우리가 보통 천신제자 만신제자라고 하는데 여기서 천신(天神)이란 조상신이 회향신이 되어 오시거나 천상에 계신 상위의 신을 말하는 것이고 만신(滿神)이란 신이 다 찼다고 하는 것으로 12대신이 다 들어 찬 경우를 말한다.

丙戌은 스스로 자통(自通)하는 명조로 많은 신명이 사주 속에 등장한다. 壬辰은 용궁대감이며 壬寅은 당산대감 이다. 일주 丙戌은 寅과 합하여 천상대감이 오신 것 같다.

"보살님 명조에 보면 辛卯가 신침(神針)이며 약명(藥名)이라고 하는데 직접 침도 놓아주십니까?"

"우리 3대조부가 한의사셨는데 그 분이 들어왔어요. 요즘 세상에 어디 이런 곳에서 침을 맞으려고 합니까? 약명도사 기운으로 어디가 아프니 병원에 가봐라 하고 일러주지요."

"보살님은 어릴 때 신이 오신 것 같은데 몇 살 때부터 그런 조짐이 있던가요?"

"너무 어릴 때는 기억이 안 나서 모르고 일곱 살 여덟 살 그 무렵에 남들 하고 다른 것을 알았던 것 같아요. 그런 이야기를 하면 어른들한테 혼나니까 숨기고 모른 척 했지만 신명은 항상 같이 있었어요."

시주의 庚子는 년지의 辰土와 합하여 용궁불사로 들어오시는데 이때가 7세쯤으로 화경도 이때부터 했던 것으로 생각한다.

"그리고 보살님 신명중에 멀리 해외에 나가서 돌아가신 신명이 있나요?"

"그런 것도 다 나옵니까? 우리 할아버지가 일본에서 살다가 돌아가셨어요."

월주의 후면에는 丁亥라는 신명이 있는데 이 신명이 일본에서 돌아가신 조부이신데 글문이 되어 들어오신다. 점사는 戌중 丁壬 合木해서 글문이 보는데 이 설녀가 명신이다. 일찍 결혼을 했는데 25세부터는 많은 풍파가 생기고 31살에 부도나서 재물이 모두 흩어지고 신병(神病)으로 말 못할 고초를 겪었다고 한다. 만신제자라서 그런지 비린내 나는 생선이 유독 싫었단다.

"선생님 내가 궁금한 것은 불사주령으로 가야 한다는데 그게 언제쯤인가요?"

"나이 들어서 불사로 가시는 것이 아니고 이미 46세에 불사주령으로 들어가라고 했습니다."

년에 있는 壬辰이 할머니인데 시주에 合하고 있으므로 용궁제석의 불사 대신인데 외줄이 아니고 친가의 줄에서 강하게 들어온다.

"신명에서 庚寅년이 오기 전에 공부를 좀 하시라고 합니다."

"그러게 자꾸 할아버지가 공부하라고 하고 글을 일러주시고 해서 일주일에 한 번씩 여기 철학하시는 선생님한테 역학공부를 하러갑니다."

고령에도 불구하고 열심히 공부하며 신명을 모시고 신명의 뜻에 따라 살아가는 모습이 참 보기 좋았다. 보통의 신명제자가 아니라 천신만신을 모시는 제자라고 자부하시며 몸가짐도 언행도 항상 정갈하게 가지고 비리고 누린 것은 먹지 않는다고 하신다. 항상 배우는 자세로 한 발짝 앞서가는 모습은 모든 제자들의 귀감이 될 만하다.

❈ 파묘(破墓)로 장자(長子)의 결혼이 막힌 사주

시	일	월	년	(여)
戊	辛	乙	己	
戌	酉	亥	丑	

甲	癸	壬	辛	庚	己	戊	丁	丙	대운: 순행
申	未	午	巳	辰	卯	寅	丑	子	
83	73	63	53	43	33	23	13	3.5	

잘 모르는 분으로부터 사주를 감명 받고 싶은데 가도 되겠느냐는 연락이 왔다. 간판 하나 내걸지 않았고 나 여기에 산다고 광고 한번 하지 않았지만 소문이란 공기를 타고 번져가는 것인지 신기하게도 알고 찾아오는 사람들이 더러 있다.

한 나절쯤 지나니 적지 않은 나이의 보살님이 두 분 들어서신다. 시골의 한적한 동네라 찾아오는데 몇 시간씩 걸리지만 멀다 않고 찾아오시는 분들을 보면 오히려 내가 더 고맙고 감사한 마음이 든다.

"밖에서 보면 사람이 사는 집 같지가 않아서 들어서기가 망설여지는데 안에 들어오니까 편안하고 참 좋네요."

하며 누추한 집을 입에 올린다. 누추하면 어떠랴 어차피 삶이란 남들에게 보여주기 위해서 사는 것이 아니라 남에게 불편을 끼치지 않고 스스로 만족하며 사는 것이 최상의 삶이 아니던가. 그런데 대부분의 사람들은 그렇게 살지 못한다. 타인의 시선을 의식하고 사회적 체면에서 벗어나지 못하고 관습과 굴레에 얽매여 자신을 잃어버리고 산다. 습관적으로 눈을 뜨고 습관적으로 웃고 대화하고 무의식적으로 기계처럼 하루하루 살아간다. 타인을 의식하지 않고 사회적 가면을 벗어버리고 진정한 자신으로 살아가는 데는 아주 조금의 용기만 있으면 되는 것이다. 밖으로만 향하는 시선을 거두어 들여 자신의 내면으로 향한다면 더 많은 자기 발전이 있을 것이다.

"이 먼 곳까지 무슨 사연이 있어 찾아 오셨나요?"

"갑갑해서 바람도 쐬고 선생님한테 여쭤 볼 것도 있고 해서 왔어요."

그러면서 자신들을 소개하는데 두 분 다 무속 인으로 아직까지 현역에서 활동하고 계시다고 한다.

"아는 보살 이야기를 들으니 선생님이 사주를 보고 신명(神命)을 이야기 한다고 해서 어떤 이야기를 하시는지 궁금해서 왔어요."

"그럼 우선 보살님이 모시는 신명부터 이야기 해 봅시다. 이 명조의 몸 주는 辛酉는 대사이며 후면에 丙辰이 있어 辰酉와 합해서 천상장군 대감이 신장으로 들어오셨습니다."

하니 말없이 고개를 끄덕인다.

월주 乙亥는 년지 丑土와 합하여 산신 글문 도사가 되어 들어오시며 일주와 酉丑으로 삼합(三合)을 요구하는데 巳火가 빠지고 없다. 여기서 빠진 巳火는 대감인데 亥水에 충(沖)을 받아서 자리를 잡지 못한다. 그리고 시주의 戊戌은 산신 글문 도사인데 년과 시주가 형(刑)을 일으키는 것은 윗대의 선조께서 5대조의 산소를 파묘(破墓)하였고 이 때문에 亥水의 상관을 잡고 있으니 산바람으로 자식의 앞길에 장애가 생겼을 것이다. 아마 모르기는 해도 보살님의 가슴을 답답하게 하는 이유가 여기에 있는 것 같다.

"5대 조부 산소를 잘못 손대서 화(禍)가 아드님에게 미친다고 합니다. 아드님은 아무 문제가 없습니까?"

"어디라고 거짓말을 하겠습니까. 큰 아들이 결혼할 나이가 넘었는데도 결혼을 못하고 있다가 올해 들어 적당한 여자를 만나 결혼 시키려고 하는데 저쪽에서 혼사를 깨자고 하니 참으로 답답합니다."

자신이 신(神)을 모시고 살면서도 이런 사소한 문제 하나 해결하지 못하고 가슴앓이를 하는 것을 보면 보는 사람도 답답해진다.

"보살님은 언제 신을 받았습니까?"

"신기를 느끼기 시작 한 것은 스물여덟 아홉 무렵부터였고 받기는 31세에 받았습니다."

"31세에 받았으면 乙亥가 丑土와 합을 해서 산신에서 글문 도사가 들어오시는데 이 분이 5대 조부(祖父)라고 합니다."

"그 할아버지 고향이 울산인데 무룡산에서 기도하다가 돌아가셨다고 해요. 그래서 무룡산 산신 할아버지가 되어서 들어오십니다."

그런 할아버지의 산소에 손을 대서 화(禍)가 미쳤으니 무사히 넘어갈 리가 없다.

"선생님 그러면 어떻게 해결방법이 없겠습니까?"

"해결방법은 너무 싱겁고 간단합니다. 신을 받고 할아버지 산소에 인사 하러 가셨습니까?"

"신을 받고 처음에 한번 인사하러가고 그 뒤에는 안 갔습니

다."

"그러면 5대 할아버지 산소에 찾아가서 무조건 빌어야 됩니다. 그 할아버지 산소는 저수지가 보이는 나지막한 산중턱에 있다고 하니 제물을 마련해서 찾아가서 정성스럽게 빌어보세요 그러면 혼사가 이루어 질 겁니다."

"내일이라도 당장 가겠습니다. 그런데 선생님은 그 산소가 저수지위에 있는 것을 어떻게 아십니까?"

신을 모시고 살면서 자신의 신명이 무엇 때문에 화(禍)가 났는지 무엇을 요구하는지 알지도 못하고 다른 이들에게 물으러 다니는 것을 보니 마음이 착잡하다. 이 처럼 무속 인이라는 사람들이 자신의 갈 길도 모르고 남의 일을 감정해주는 것은 정말 잘못된 짓이다.

◈ 이름 고치면 대성(大成)한다

시	일	월	년	(여)
戊	庚	壬	戊	
寅	戌	戌	辰	

癸	甲	乙	丙	丁	戊	己	庚	辛	대운: 역행
丑	寅	卯	辰	巳	午	未	申	酉	
84	74	64	54	44	34	24	14	4.9	

신명을 감정 받은 보살님이 상호를 하나 지어 달라고 해서 지

어 준 적이 있는데 이것이 소문이 났나보다. 젊은 부인이 딸 이름을 개명하고 싶다고 하면서 작명을 부탁한다.

"왜 이 아이 이름을 개명 하려고 합니까?"

"제 딸아이가 친구랑 우연히 길가에 있는 사주카페를 들어갔더니 거기에서 이름이 안 좋다고 개명해야 된다고 했대요. 그래도 의심스러워서 작명소라고 쓰인 곳을 찾아가서 물어보니 거기서도 개명하라고 이름이 나빠서 성공할 수 없다고 했답니다. 그때부터 개명 해달라고 어찌나 떼를 쓰는지 아주 성가셔 죽겠어요. 그리고 한 편으로는 진짜 이름이 나빠서 성공하지 못하면 어찌나 걱정도 되고 해서 선생님한테 감명을 받아보려고 왔어요." 한다.

"작명소에서 이름 짓는데 얼마라고 했다던가요?"

"삼십 만원 이랬대요. 학생이라 금액도 부담되고 여러 가지 법적인 절차도 있고 하니까 혼자서 어쩌지는 못하고 매일 내게 졸라대네요."

아무리 재물이 궁색하다지만 어린학생들에게까지 많은 돈을 요구하면서 개명을 요구하는 작명소나 길 카페의 역학인들은 한 번쯤 돌이켜 생각해 보았으면 한다.

"자 그럼 따님 이름이 얼마나 나쁜지 한 번 볼까요? 이름이 뭐예요?"

"김 애림 이예요. 빛날 煥에 수풀 林자를 써요."

"이 아이는 전공이 뭔가요."

"전공은 음악이고 재즈 피아노를 합니다."

"정말 사주대로 길을 잘 선택했네요. 이 아이는 음악으로 성공할 수 있는 아이입니다. 피아노와 더불어 작사도 해보라고 하세요. 그 방면에도 소질이 뛰어납니다."
"그렇잖아도 작사공부도 같이 하고 있어요."
"그리고 이 아이 사주에 土가 아주 많은데 이름에 있는 수풀 林자가 이 과중한 토를 상호 조율해 주고 있어서 이 이름은 더 없이 좋은 이름입니다. 개명 할 필요가 전혀 없습니다."
"그런데 왜 작명소나 카페에서는 개명을 하라고 했을까요?"
"돈 때문이죠. 알량한 돈 몇 푼에 양심이고 뭐고 다 던져버린 것이지요."
"감사합니다. 이제 좀 숨통이 트이네요."
"자 이제 개명할 돈 삼십 만원으로 식구들끼리 나가서 맛있는 외식하고 이름 이야기는 싹 잊어버리세요."
올 때와 달리 웃으며 돌아가는 모습을 보니 정말 답답했던가보다.

가끔 개명을 의뢰해 오는 분들이 있는데 나와의 상담은 간단하다. 먼저 자신의 전공이나 직업이 무엇인가를 물어보고 본인의 사주에 과(過)하거나 허(虛)한 오행의 균형을 잡아주는 것이 주요 골자다. 엉터리 작명가들을 보면 사주에 드러난 오행만 보고 균형이 안 맞는다고 개명을 요구하는데 그 사람의 직업, 건강, 인연 등 주변 환경은 다 무시하고 사주 상에 드러나 있는 오행만 보고 개명을 한다면 대부분의 많은 사람들이 개명해야 할 것이다. 그럼 작명을 연구하시는 분들 전부가 엉터리인가? 아니다. 정말 심혈을 기울여 사주에 맞는 이름을 작명하여 그 사람의 삶에 보탬을 주고자 노력하시는 분들이 훨씬 더 많이 있다. 단지 돈에 눈이 멀어 마구잡이로 작명을 요구해서 부담을 주는 엉터리 작명가들을 지탄함이다.

선무당이 사람 잡는 식으로 아는 것 없는 무속 인이나 어설픈 철학관 작명가들이 성공이니 팔자니 운운하며 마음에 부담을 주어 주머니를 열게 하는 일은 없어야 한다. 이 학생의 경우에도 보면 전공이 음악이요 작사라고 한다. 정말 팔자대로 선택을 잘하였다. 이름이 애림이라고 하는데 수풀 림(林)자이며 과한 土를 상호 조율 하는 글자로서 좋다고 생각한다. 소리 내어 불렀을 때 이름이 부르기 쉽고 듣기도 좋으며 뜻이 아름다워서 개명 할 필요가 없는 좋은 이름이다.

그리고 이름이 좋다고 모두가 성공하는 것은 아니다. 아무리 재물이 욕심난다고 하지만 어린 학생을 자극하여 부모를 조르게 하면 부모들은 정말로 자식의 이름이 잘못되어 장래가 어두운지, 뜻대로 안되는지 쓸데없는 의문으로 마음에 그늘이 생긴다.

자신의 욕심에서 던진 말이 상대의 마음에 오랫동안 그림자로 남는다는 것을 한번쯤 생각해 봤으면 한다. 이름 때문에 삶에 장애가 많다고 하면서 개명을 요구하시는 역학인이나 작명가 또는 무속인 들이여 자신의 이름부터 개명하여보라. 그러면 지금의 직업을 면하고 부귀영화를 누리며 살 수 있는지.

수석연구원(首席硏究員)에서 법사지망

```
시  일  월  년  (남)
甲  癸  辛  丁
寅  卯  亥  酉


壬  癸  甲  乙  丙  丁  戊  己  庚   대운: 역행
寅  卯  辰  巳  午  未  申  酉  戌
86  76  66  56  46  36  26  16  6.6
```

　신(神)의 길을 걷는 제자들의 사주를 감명하러 수원, 안산, 성남을 거쳐서 내려오는 길에 대구에 잠시 들러서 이 분을 만났다. 일러주는 대로 찾아간 곳은 작은 아파트의 경비실이었다. 자리에 앉자 커피를 내오며 쑥스러워하시기에 분위를 바꿔보려고
　"여기는 조용해서 혼자 공부하기 딱 좋겠습니다." 하니
　"아니 뭐 꼭 그렇지는 않습니다."
　하며 멋쩍게 웃는다.
　"제가 원래는 대그룹의 연구실에서 연구원으로 근무했는데 어쩌다 보니 이렇게 아파트 경비가 되었습니다."
　하며 말문을 연다. 그렇다. 이 사람 훤칠한 키에 이목구비가 뚜렷하고 눈매가 그윽하니 학식(學識)이 있어 보이는 것이 아무리 봐도 아파트 경비나 할 인물이 아니다.
　"아니 연구실에 계시다가 어떻게 이렇게… "
　"제 꿈이 제가 연구한 것을 상품화 시키는 것이었습니다. 제가 특허 출원한 품목이 몇 가지 있는데 그 중에 하나가 빛을 받으면

제3장. 예문　459

색깔이 변하는 섬유인데 그 섬유로 옷을 만들어 입고 햇빛 속에 있으면 온도가 올라가는 정도에 따라 색깔이 여러 가지로 바뀌는 겁니다. 한 벌의 옷으로 여러 가지 옷의 효과를 낸다고나 할까요. 그 당시로써는 획기적인 것이었어요."

"그럼 회사에서 제품을 만들면 되지 않아요?"

"그건 또 여러 가지 이해관계가 얽혀있어서 쉽지 않아요. 그래서 회사를 그만두고 본격적으로 사업을 시작했지요."

"자본이 만만치 않게 들 텐데요."

"전 재산을 다 쏟고 붓고 모자라는 부분은 대출도 받고 할 수 있는 모든 방법을 다 동원해서 자금을 조달 했는데도 역부족이었어요. 그래서 생각한 방편이 동업이었어요, 동업(同業). 적당한 사람을 찾아서 자금을 지원받아 같이 사업을 했는데 그게 속임수였어요. 제가 어리석었지요. 결국 제품은 완성하지도 못한 단계에서 제 기술만 노출 시키고 저는 빚더미에 올라앉게 되었어요."

"많이 힘드셨겠네요. 잘 알아보고 하시지 그랬어요."

"알아봤지요. 몇 군데 철학관에 가서 물어보니 그 사람이 개띠라서 나랑 잘 맞는다고 같이 일하면 좋다고 해서 시작했어요."

한다. 아니 이게 무슨 소리인가? 개띠라서 잘 맞는다고? 그래서 무턱대고 믿었다고? 그래서 당했다고? 아니 이 양반 지금 제정신으로 하는 소린가? 그렇게 중요한 사업을 하는 마당에 철학관에서 한마디 한 것을 받들어 신봉하며 전혀 경계도 하지 않았다니 쯧쯧쯧……

"그래서 어떻게 되셨어요?"

"그래서 이렇게 되었지요. 전 재산이 다 날아가고 식구들은 뿔

뿔이 흩어져 살다가 어느 날 아내가 이혼을 해달라는데 붙잡을 면목이 없어서 도장 찍어주고 늙으신 노모는 시골집에 모셔두고 저는 여기서 살아요."

다분히 자조 섞인 대답이 돌아온다.

"제가 선생님 사주를 잠시 감명해 보니 선생님은 분명 개띠가 잘 맞는 인연입니다."

"아니에요. 다들 그렇게 말하는데 나는 개띠 때문에 망했습니다. 그건 절대 아니에요."

"잘 들어보십시오. 선생님은 개띠 때문에 망한 것이 아닙니다. 선생님은 사주를 볼 줄 아시니까 한 번 보세요. 시주의 甲寅 木은 생명체나 섬유 쪽이며 亥水에 합(合)하는 것은 염색으로 보여집니다. 여기 辛亥의 41세부터 어려움이 예견되고 46세에는 부도날 것이라고 이미 결론이 나와 있어요. 재물이 원진이라서 42살이 오기 전에 모든 것이 공수표로 돌아간다고도 하고요."

"그래도 다른 사람을 만났으면 성공할 수도 있었는데 그 사람 때문이에요."

"개띠는 모두가 다 똑 같습니까? 우리가 결혼 할 때 왜 여자, 남자를 고릅니까. 다 똑 같은데 아무나 하고 하지. 그렇잖아요. 겉은 다 똑같은 여잔데 속마음이나 생각은 전부 다릅니다. 그래서 내게 맞는 사람을 찾고 고르고 하는 것이지요. 개띠가 잘 맞는 다고 해도 이 일에 적합한지, 내게 해(害)가 되지는 않는지, 그 사람이 어떤 목적을 가지고 접근 하는지 잘 알아보고 하셨어야지요."

"아무튼 나는 개띠 때문에 망했습니다."

이 양반은 정말 벽창호다. 분위기를 바꾸려고 이야기 꼬리를 슬쩍 돌린다.

"신명과 종교에 대해서 궁금한 것이 많으시다 들었습니다."

"예 아무래도 제 팔자가 중 팔자라서 법사로 가려고요."

이건 또 무슨 소리인가?

"왜 그렇게 생각하십니까?"

"꿈을 몇 번 꾸었는데 꿈에 대사 할아버지가 오셨어요. 또 한 번은 제석 할머니랑 같이 오시기도 하고요. 시골 산소에 갔을 때 할아버지 비석위에 지장보살님이 서 계시는 것을 보고 확실하게 내 갈 길은 불법이며 법사라고 생각하게 되었어요."

"선생님 사주에 丁酉는 대사 할아버지이며 辛亥는 제석 할머니입니다. 그래서 꿈에 보이시는 겁니다. 신명이란 것도 따지고 보면 모두 조상입니다 그래서 인연 닿는 후손에게 자신의 존재를 알리려고 꿈으로 보여 주기도 합니다. 꿈에 몇 번 봤다고 누구나 신을 받는 것은 아니지요."

"제가 힘들면 가끔 찾아가는 무당이 있는데 그 곳에서도 신을 받아야 된다고 해서 세존을 모셨습니다."

"인간은 누구나 조상이 있어서 태어납니다. 그래서 사주 속에는 신명이 같이 들어 있습니다. 그렇지만 모두가 다 신의 길을 가지는 않습니다. 그럼 선생님이 정말 신의 제자인지 제가 한번 읽어보겠습니다."

"먼저 일주는 자기 자신이라 자신의 몸주를 나타냅니다. 선생님은 癸卯일주라서 몸주가 분명 당산 대신보살이며 이는 증조모인데 戊戌이 합(合)을 하니 천상의 천황장군으로 보입니다."

그래서 자신의 주장이 이토록 강한 것이리라……

"그리고 시주의 甲寅은 외줄이며 당산 신장입니다. 월주 亥水

에 뿌리를 두고 있는 것이 가지 못할 곳으로 가는 형국입니다. 사주가 합(合)으로 이루어지면 순조롭게 진행하기가 힘이 들듯이 신명(神命)에서도 합(合)으로 이어지면 세력은 좋은데 몸 주가 약할 때는 오히려 허주에게 놀림을 당하는 꼴이 됩니다. 잘 생각하셔서 결정 하십시오. 그냥 평범하게 사시는 것이 좋을 듯합니다."

"아무리 생각해도 앞으로 내가 갈 길은 불법(佛法)에 의지해서 사법이 아닌 정법의 길을 가며 중생을 구제하는 것입니다."

"선생님 사법과 정법은 구별 하실 줄 아십니까?"

"부처님 법을 토대로 옳은 것은 정법이고 옳지 않은 것은 사법이지요."

"옳다 그르다 하는 판단은 누가 하는 것입니까?"

"그야 각자가 생각해서 판단하겠지요."

"좋습니다. 그럼 만약 선생님이 사법을 한다고 생각하는 사람이 자신의 입장에서 생각해서 자신이 옳으니 정법이라고 하고 선생님이 틀렸다고 사법이라고 한다면 어쩌시렵니까?"

그렇다 모두가 나는 옳은데 네가 틀렸다고 한다. 그렇다면 이 세상에 사법은 어디 있는가? 모두가 옳은 정법만 행하고 있는데. 초보자의 순수함을 그대로 드러내면서 자신의 주장과 고집을 굽히지 않는 이 분이 불쌍할 지경이다. 아무리 삶이 어렵다지만 어떻게 꿈으로 몇 번 보았다고 세존을 받아 모시고 법사가 자신의 길이며 내 팔자는 중 팔자라고 장담하는지 모르겠다.

아무리 학식이 풍부하고 학력이 높다고 해도 의지가 나약한 인간은 힘들고 어려우면 어쩔 수 없이 신을 찾고 기대는 것 같다. 어리석은 무녀의 욕심 찬 이야기에 저항도 없이 넘어가는 이 사람은 학문과 연구에는 눈이 밝아도 신의 농간에는 어두운 것 같다. 헤어지면서 힘들거나 돈이 필요하면 찾아오라고 이야기하고 돌아왔다.

진정한 종교인의 팔자는 비견으로 이루어지거나 신약이나 신강에 재성이 없어야 되며 만약 명조에 재성이 있으며 흔히 말하는 사판승이 된다. 법사는 역마에 편재가 있으면 좋고 무속인은 명조에 火가 천간에 있어야 좋다.

✲ 순간의 선택이 신(神)의 길인가?

시	일	월	년	(여)
己	己	己	己	
巳	亥	巳	酉	

戊	丁	丙	乙	甲	癸	壬	辛	庚	대운: 순행
寅	丑	子	亥	戌	酉	申	未	午	
84	74	64	54	44	34	24	14	4.5	

신(神)의 길을 가는 사람들은 저마다 나름대로 사정과 이유가 다 있다. 이 보살님이 신을 받으려고 하는 이유가 좀 엉뚱하다.

이 사주는 천간에 己土가 도배를 하고 있다. 외톨이 己亥일주는 너무나도 쓸쓸하고 己巳의 배우지 못한 것이 한이 된듯하다. 마주 앉은 이 여인은 지금 막 시골에서 올라온 순박한 시골 아낙네 같다.

"보살님은 언제 신을 받으셨어요?"

"서른일곱에 받았어요."

"굳이 받으신다면 己巳의 37세가 맞네요. 그런데 신을 꼭 받으셔야 했어요?"

"사는 것이 너무 힘들고 몸도 자꾸 아프고 해서 무당집에 갔더니 신이 가득 차서 받아야 한다고 해서 받았어요."

"그래 신을 받고 나니 사는 것이 활짝 피던가요?"

"그게 아니고 무당집을 몇 군데 가 봐도 다 그렇게 얘기하고 그 때는 먹고 사는 것도 너무 막막하고 해서 직업으로 해 보려고 받았어요."

그렇게 털어 놓은 과거지사 이야기가 길어진다.

남편이 돈도 안 벌어다주고 속만 썩여서 서른 두살 젊은 나이에 이혼을 했다고 한다. 막상 이혼을 하고 혼자서 아이들 셋을 데리고 먹고살려고 하니 배운 것도 없고 자본도 없어 할 수 없이 식당으로 공사장으로 막일을 다녔다고 한다. 일이 너무 힘들고 몸도 아프고 해서 뭘 해서 먹고 살면 좋을지 물어보려고 무당집을 찾아갔는데 그 무당이 대뜸 '너는 신이 가득 찼으니 신을 받아야 한다.' 고 하더란다. 가만히 생각해 보니까 그것도 돈 벌이가 될 것 같더란다. 힘든 일을 안 해도 되고 신에서 알려주는 대로 말하고 굿하라고 해서 하면 돈이 많이 생길 것 같더란다.

"그래서 신을 받았어요?"

"바로 받은 것은 아니고 한 참 있다가 받았어요."

"그럼 그동안에는 어떻게 살았어요?"

"우선 돈을 벌어야 되는데 일자리가 없다고 하니까 그 보살이 자기 일을 도와 달라고 했어요. 그 때부터 그 집에서 살림을 살아

줬어요. 굿하는 곳에도 따라가서 온갖 잡다한 일을 다 해주고 몇 푼 쥐어 주면 그것으로 방세내고 과일이며 떡이며 걷어다가 아이들 먹이고 그렇게 살았어요."

그렇게 몇 년을 살다가 한 동네에 사는 지금의 신엄마를 우연히 길에서 만났다고 한다.

"엄마가 가만히 들여다보더니 '불쌍하다. 불쌍하다. 그렇게 해서 언제 제자가 되겠니?' 하는데 눈물이 막 쏟아지면서 감정이 복 바쳐서 한 참을 울었어요. 그러고 나서는 엄마를 따라 갔어요."

처음 보는 사람이 자신의 속을 드려다 보듯이 얘기하니 아무 생각도 없이 붙잡고 매달렸다고 한다. 나 좀 살려달라고, 어떻게 하면 되냐고, 막무가내로 떼를 썼다고 한다.

"지금 신엄마도 신을 받아야 한다고 했어요?"

"안 받으면 안 된다고 했어요."

"그래서 어떻게 했어요? 이번에는 엄마 집안일을 했나요?"

"아니요. 그렇게 해서 언제 돈 벌어서 신을 받느냐고 일단 신부터 받으라고 했어요."

"내림굿을 하자면 돈이 많이 들 텐데요?"

"엄마가 카드를 긁어서 돈을 만들어서 먼저 굿을 하고 신을 받은 뒤에 내가 일을 해서 갚아나가기로 했어요."

아하~ 그런 방법이 있었구나. 대단히 위험하기는 하지만 절묘한 방법이다.

"신을 받아서 일이 잘 되던가요? 빚도 다 갚고?"

"아니요. 신을 받았는데 통 점 궤가 안 나와요. 엄마는 떠오르는 대로 그냥 이야기 하라고 하는데 떠오르는 것이 하나도 없어요. 거기다가 집주인이 기독교인이라 집에 간판도 못 달게 하니 찾아오는 사람도 없고, 이사 갈 형편은 안 되고 해서 그냥 사는데 너무 답답해서 물어보려고 왔어요."

옆방에 신어미가 있으니 얘기하기가 조심스러운지 자꾸 문 쪽을 힐끔거린다.

"본격적으로 보살님 문제를 한 번 풀어 봅시다. 어째서 점사를 못 보는지"

"잘 좀 봐주세요."

목소리가 간절하다.

"이 명조는 己亥일주로 재성인 아버지가 몸 주로 오시는데 점사를 잘 부리지 못하는 것은 巳亥 충으로 일주가 巳火의 강한 충격으로 자신감을 상실해서 그렇습니다."

"아버지가 어릴 때 형제 중에서 유독 예뻐했어요."

"보통 아버지가 몸주로 오는 제자는 돈을 아주 많이 버는데 억울하게도 보살님은 그렇지 못하네요. 己亥일주는 壬水가 재물인데 壬水는 己土와 함께 할 수 없기 때문 덕을 볼 수가 없습니다."

돈 벌려고 시작한 일인데 이것마저도 여의치가 않다.

"년주의 己酉는 월주의 己巳와 합(合)하여 일주를 도와주는 것처럼 보이지만 이용만 할뿐 도와주지 않습니다. 이것은 인간사에서도 마찬가지입니다. 인덕은 없고 도와주는 것 같이 보이지만 자기들 실속만 챙깁니다."

"정말 그래요. 인덕이라고는 하나도 없어요."

"일지의 亥中 戊甲壬이 있는데 己土가 甲木과 합해서 土를 신장으로 삼으려고 하지만 壬水의 재성은 己土 壬濁으로 착각이라고 말하고 있어요. 년주의 己酉는 친가의 불사대신이며 월주

己巳는 어머니의 인연으로 시작한 공줄입니다. 어머니가 공을 들이셨다고 하네요."

"예, 절에도 가고 산기도도 가고 그랬습니다."

"이 명조에서 己土가 甲木을 애타게 기다리는 것은 당산 대감을 주신으로 모시고 싶어 하는 까닭입니다. 하지만 甲木은 巳亥가 沖을 해서 벼락을 맞고 쓰러진 모습 같이 보여요."

"그래서 점사를 못 보는 겁니까? 그럼 어째야 됩니까?"

"사주를 이렇게 타고 난 것은 누구의 잘못도 아니고 자신이 감당해야 할 운명입니다. 본인이 가야할 길을 가면 괜찮은데 가지 않으니까 문제가 되고 어려운 것입니다."

이렇게 자세히 일러주는데도 이 무녀는 보이지도 않는 점사타령이다. 이 명조를 일반적으로 감명해 보면 巳酉合과 巳亥沖이 있어 해물 철판구이 같다. 그 방면으로 찾아서 노력했더라면 신을 받지 않고도 아이들과 잘 살 수 있었을 텐데 생활이 어렵다고 무턱대고 신명의 길을 선택했다니 아무리 무식한 무당이라지만 몰라도 너무 모른다.

"보살님이 그래도 복이 있나 봅니다. 때마침 己丑년이라서 한 번의 기회는 남아있습니다. 형제 일신이 하나 있는데 이 사람은 누구입니까?"

"어릴 때 죽은 오빠가 하나 있습니다."

"이 오빠가 산신 명도가 되어서 동생의 몸에 들어오려고 하는데 어리석은 동생이 모른다고 합니다. 작년 섣달에 알고 찾아갔으면 지금쯤 집이라도 하나 지키고 있을 텐데. 마지막 기회입니다. 己丑년 섣달이 가기 전에 고향에 내려가서 저수지부근에 있는 당산나무에 가서 따지세요."

"뭐라고요?"

"이렇게요. '오빠요, 오빠요 내 오빠요. 이렇게 힘든 나를 어쩌자고 모른 척 버리시나요. 법을 가지고 왔으면 꿈으로라도 알려주고 그래도 모르면 이웃의 입을 빌려서라도 전해주시지 어찌 그냥 다녀간답니까? 이 동생도 먹고 살아야겠고 이름도 나고 싶으니 제발 좀 도와주소. 이제 믿을 곳은 오빠뿐이요' 하며 땅을 치며 한을 토하고 나면 분명히 들어옵니다."

하고 일러주니 말없이 한참을 굵은 눈물만 뚝뚝 흘리고 앉아있다. 그러더니 힘없는 목소리로

"저수지도 당산나무도 길이 만들어지면서 다 없어졌어요."

하며 한 숨을 내쉰다. 하지만 찾아가소. 예전에 오빠랑 같이 뛰놀던 당산나무 서있던 그곳으로 찾아가소. 그곳에는 오빠가 동생을 그리워하며 아직도 기다리고 있다오.

※ 신(神)의 길은 선택이다

시	일	월	년	(여)
庚	乙	丁	癸	
辰	卯	巳	酉	

丙	乙	甲	癸	壬	辛	庚	己	戊	대운: 순행
寅	丑	子	亥	戌	酉	申	未	午	
81	71	61	51	41	31	21	11	1.1	

제자들에게 왜 이 길을 가느냐고 물으면 하나같이 하는 대답이 어쩔 수 없어서 간다고 한다. 틀렸다 어쩔 수 없어서 가는 것이 아니라 벗어나는 방법을 몰라서 갈 수 밖에 없는 것이다. 결론부터 이야기 하자면 모든 갈림길들이 그렇듯이 신의 길도 선택이다. 신명(神命)에서 요구하는 것을 찾아내서 들어주면 굳이 신(神)을 모시고 살지 않아도 된다. 물론 자신이 이 길이 좋아서 간다면 이야기가 다르지만 말이다.

자신이 타고난 운명을 개척해서 삶의 질을 높이면 신명에서도 좋아하며 이끌고 도와주지만 노력하기를 포기하고 낮은 곳으로 흐르면 신명은 서러워서 신병(神病)이라는 고통과 함께 무녀로 살아갈 것을 요구한다. 즉 신이 주관하는 대로 따르며 신명의 제자로 살아야 하는 것이다.

이 명조의 주인은 학생인데 어머니의 손에 이끌려서 찾아왔다. 겉으로는 아이의 진로 상담이지만 목적은 다른 곳에 있었다. 전에 없이 아이가 너무 예민해지고 헛것이 보인다고 하며 이상한 소리를 하는 것이 아무래도 수상하니 신명을 감정 해달라고 한다.

"주미는 나중에 어떤 일을 하고 싶으니?"

"음악이 좋아요. 지금은 드럼을 배우고 있는데 나중에는 보컬도 해보고 싶어요."

"그래 재밌겠다. 너는 그 방면에 재능이 많아서 반드시 성공할 거야. 여기에 있는 글자들을 보면 피아노 연주나 다른 악기를 잘 다룬다고 하는데 특히 타악기가 좋다고 하니 드럼도 잘 칠 것 같네."

"그래요? 감사합니다."

"타고난 끼를 잘 살리면 유능한 예술인이 될 수 있겠다. 열심히 노력해봐."

"저는 지금까지 음악 말고 다른 것은 상상도 안 해봤어요. 꼭 세계적인 음악가가 되고 싶어요."

겉으로 보기에는 십대의 여느 소녀들과 다름이 없어 보이지만 사주를 들여다보니 신의 기운이 많이 서려 있다. 그 어머니 이런 사실을 직감하고 사전에 막으려고 한다. 다른 모든 어미들처럼 하나밖에 없는 딸을 신의 길에서 살게 하고 싶지 않은 것이다.

월주의 丁巳는 부모 궁으로 어머니가 반 보살이라고 이야기하고 있는데 이 아이는 어머니가 무녀인 것을 숨기려고 하지 않고 자랑스럽게 생각한다고 하니 예쁘고 대견하다.

일주의 乙卯는 자신의 주장이 강해서 하고자 하는 일은 반드시 해내며 자신이 좋아하는 것에 인생을 건다고 한다. 사춘기에는 丁癸충(沖)을 하여 정신적인 혼란을 겪지만 지지의 巳酉합이 있으니 어머니가 바로 잡아주는 형국이다.

이 아이의 나이가 열일곱으로 지금은 丁癸가 沖을 하는 혼란스러운 시기인데 슬기롭게 잘 넘기고 명조에 주어진 대로 음악으로 타고난 끼를 승화 시킨다면 신명은 걱정하지 않아도 된다. 부드럽고 한들거리는 乙木에 丁巳의 붉은 꽃이 만발하니 정말 보기가 좋고 자신의 끼를 마음껏 발산 시킬 수 있을 것이다.

시주에 庚辰이 합(合)을 하니 좋은 직장에 좋은 인연을 만날 것 같은데 辰土의 재에도 합(合)하고 있으니 앞날이 더욱 희망적이라고 본다. 그리고 멀리 辰酉가 합(合)하는 것은 몸으로 하는 직업을 뜻하니 자신이 원하는 보컬로도 성공 할 수 있을 것이다. 卯酉가 충(沖)하는 것은 피아노 연주나 타악기를 연주하는 형상이며 충분한 자질이 있다고 본다.

다음은 이 명조를 신으로 분석해 보자. 일주의 乙卯는 당산 신장이며 월주 丁巳는 외줄에서 들어오는 월광 신장인데 명신 동자가 된다. 년주의 癸酉는 巳酉합으로 득도한 대사이며 시주 庚辰에 합하는 모습은 금강신으로 보인다. 자신이 강하니 무녀의 길을 걸어도 성공할 것이며 상관의 끼를 살려서 신명을 예술로 승화시켜도 대단한 성공을 이룰 수 있을 것이다.

◈ 타고난 선 거리 제자

시	일	월	년	(여)
辛	丙	辛	己	
卯	申	未	酉	

庚	己	戊	丁	丙	乙	甲	癸	壬	대운: 순행
辰	卯	寅	丑	子	亥	戌	酉	申	
86	76	66	56	46	36	26	16	6.5	

감정을 하려고 안산으로 찾아갔다.

약속된 집으로 들어가니 온 몸으로 '나는 무녀예요' 하고 말하고 있는 사람이 있다. 신(神)어미와 똑같이 손수 지어 입은 빨간 무복(巫服)에 긴 머리 감아 올려 비녀를 꽂은 폼이 그렇게 잘 어울릴 수가 없다.

"어디서 일을 하고 오십니까?"

"예, 개업하는 곳에 고사가 들어와서 엄마 따라가서 수발들고 왔어요."
"무복이 특이하네요. 직접 만들어 입으셨나 봐요?"
"예. 엄마하고 같이 만들었어요."
"잘 어울리십니다."
"감사합니다."
입가에 웃음이 감돈다. 이제 좀 긴장이 풀리나보다.
감정을 하려고 마주 앉으면 일반인들도 신의 제자들도 자신도 모르게 긴장을 한다. 특히 이런 애동이 제자들은 더 심하다. 긴장을 풀어주려고 같이 차도 마시고 빤한 얘기도 주고받는다. 그리고 생년일시를 적어서 명조를 띄워놓고 본격적으로 감명에 들어가는 것이다.
명조를 적어 놓고 보니 특이한 것이 보인다.
"보살님 형제 중에 누가 세존을 모셨던가요?"
"예, 오빠가요. 왜요 선생님?"
"아직도 모시고 있나요?"
"아니요. 지금은 모시지 않고 제가 모시고 있어요."
"이세존은 오빠가 아니라 보살님이 모셔야 된다고 합니다."
"사실은 제가 신을 안 받으려고 죽을 힘을 다해서 버티고 있는데 오빠가 세존을 건드리는 바람에 저희 아이에게 이상이 생겼어요. 그래서 할 수 없이 제가 받아 모셨어요."
"어떻게 됐는데요?"
"우리 아이가 자꾸 머리가 아프다고 하더니 아무도 없는데 누가 보인다고 하고 학교에도 안가고 방에서 나오려고 하지도 않고 평소에 하지 않는 심한 욕을 해서 나중에 물어보면 기억이 안

난다고하고 이상해서 알아보니 신명이 아이를 치고 들어와서 그렇다고 하더라고요."

"그건 있다가 딸아이 명조를 한 번 보기로 하고 우선 보살님부터 봅시다."

"이 명조는 未月의 丙申일주라서 일광 한량 할아버지가 몸주로 들어오셨습니다."

"맞아요. 선생님 애 몸주가 한량 할아버지예요. 그래서 잘 놀아요."

옆을 지나가며 신어미가 확인을 해준다. 안 그런 척하고 있어도 신경이 쓰이나보다.

"그리고 작두장군도 같이 계십니다. 이 丙申이 양쪽에 있는 辛金과 合하여 대감이 내리시며 월주의 辛未의 지장간에 丁乙己가 있는데 丁火는 오빠이며 乙木은 글문 선생이시고 己土는 불법이며 월권행위를 한다고 말하고 있습니다. 그래서 누가 자기 것이 아닌 세존을 건드렸다고 본 것입니다."

"신기해요. 선생님."

"뭐가 신기하신가요?"

"우리는 할아버지가 알려줘서 아는데 선생님은 글자만 보고 그냥 아시잖아요."

"이 글자가 몇 자로 보이십니까?"

"여덟 글자요."

"제 눈에는 이 글자가 삼백 육십 글자로 보입니다."

"어떻게요? 그냥 여덟 개 뿐인데요."

"예, 맞아요. 그냥 보면 여덟 글자예요. 그런데 이 여덟 글자가 온갖 이야기를 다 하고 있습니다. 보살님의 전생과 후생을 이야기하고, 과거와 현재 미래를 이야기하고, 부모형제, 사돈의 팔촌까지 이야기하고, 성격, 직업, 친구, 취미, 그 사람 내면의 심리까지 어마어마한 이야기를 하고 있어요. 우리가 미처 못 읽어낼 뿐이지요."

"글자 여덟 개로 어떻게 다 읽어요?"

"예, 어려워요. 그래서 늘이고 늘려서 삼백 육십 글자로 읽지요. 그러면 더 잘 보이거든요."

"……?"

괜한 이야기를 했나보다. 이 보살 멍한 얼굴로 쳐다본다. 다시 본론으로 들어가서

"시주의 辛卯 입장에서 바라보면 월주 未土의 장간에 乙木을 극(克)하는데 이것은 강력한 메시지로 오빠가 계속 세존을 고집한다면 가만히 안둔다고 분명하게 경고하고 있어요."

"제가 그렇게 말렸거든요. 그런데 아는 법사가 받으라 한다고 덥석 받았어요."

"그런데 왜 중간에서 포기를 했나요."

"교통사고가 났어요. 세존을 모시고 얼마 안 있다가 사고가 났는데 그때 되게 많이 놀랐나 봐요."

"오빠한테 기회가 되면 얘기를 하세요. 오빠가 세존을 모신 것은 명백한 실수고 교통사고는 불법 월권행위에 대한 辛卯의 처벌이라고, 장손이라서 그나마 용서해 준 것이지 아니었다면 살아남기 힘들었을 것이라고, 하지만 용서는 한 번 뿐이라고 두 번의 용서는 없다고 하세요."

주인이 아닌데 함부로 세존을 손댔다가 혼이 난 것이다. 인간이 신을 선택하는 것이 아니라 신이 인간을 선택하는 것이다. 인

간들의 세계는 유정의 세계라서 정이 있고 경우에 따라 이해도 되고 용서가 되지만 신명들의 세계는 무정의 세계라서 그야말로 무정하고 용서가 없다 시퍼렇게 칼날이 서있다. 그 파장이 명조의 자식에게까지 영향을 미친것이다.

"년주의 己酉는 수도승이며 辛未는 외줄인데 건드리지 않고 그냥 두는 것이 좋을 것 같습니다. 시주의 辛卯는 약명선생이신데 이분이 요구 하는 것이 있답니다."

"뭐를요?"

"노란 한지를 적당하게 잘라서 약봉지를 만드세요. 여덟 개 정도 만들어서 시장에 가서 한약재를 여러 가지 사다가 넣어서 법당에 걸어두세요. 그것이 약명 선생이 요구 하시는 것입니다. 법당에 항상 약냄새를 풍기면 재물도 많이 불려주시고 좋아합니다."

"그냥 아무 약재를 넣어도 되나요?"

"이왕이면 냄새 좋고 몸에도 좋은 것으로 넣으면 더 좋지요."

"이 명조를 일반적으로 통변해보면 辛金의 마이크와 丙火의 비견이 어우러진 것이 보기가 아주 좋습니다. 옆에 土상관이 있으니 예능 쪽이며 金이 강하니 목청이 맑고 경쾌하다고 합니다. 노래를 잘 하시겠습니다."

"아유 명창이에요. 얼마나 잘 하는데요."

어느새 왔는지 신어미가 자리를 잡고 앉아서 본격적으로 거든다.

"신명으로 본다면 申金이 역마라서 천황 잡이며 전형적인 선거리 입니다. 시주의 辛卯는 己酉와 沖을 하니 양 손으로 장구채를 잡고 두드리는 모양같이 보입니다. 굿판에서 천황대 잡으면 잘 노시겠어요."

"잘 논다 뿐이겠어요? 타고난 천황 잡이에요. 애는 무당 안했으면 어쨌을까 싶어요."

"그렇게 잘 놀아요?"

"말도 마세요. 저 번에는 몸주 굿판에 불러서 놀리는데 갑자기 날라리를 찾아서 빌려다가 줬더니 날라리를 부는데 기가 차게 불어요. 언제 배웠냐니까 처음 분다고 그래요."

"날라리가 뭐예요?"

"거 왜 나팔처럼 생긴 태평소 있잖아요."

실물이 없으니 말로 몸짓으로 생김을 이야기한다.

"우리는 신명에서 가르쳐 줘도 처음에 불면 서툴러서 연습하고 해야 되는데 애는 그냥 막 해도 잘 해요. 아주 타고났어요."

신어미의 자식자랑이 끝도 없다. 이렇게 만나서 엄마니 딸이니 정하고 살아도 친 살붙이처럼 살갑다. 아니 어쩌면 살붙이보다도 더 가까운 사이가 서로의 아픔을 보듬고 같은 길을 가는 이들 사이가 아닐까? 생김새가 시원하고 훤칠한 키에 몸매가 버들가지마냥 낭창거리는 것이 국악인으로 나가도 손색이 없을 듯하다. 단지 월지 己土가 상관이라서 그런지 자식을 하나두고 이혼녀라는 꼬리표가 붙었다.

❎ 형제(兄弟)와 자식(子息)이 신명(神命)제자다

시	일	월	년	(여)
癸	壬	癸	壬	
卯	辰	卯	申	

甲	乙	丙	丁	戊	己	庚	辛	壬	대운: 역행
午	未	申	酉	戌	亥	子	丑	寅	
88	78	68	58	48	38	28	18	8.10	

자신을 버리고 신명(神命)에게 시집가는 사람들이 있다. 우리는 그녀들을 무당이라고 하고 왠지 모르게 경계한다. 하지만 정작 그네들 앞에 서면 함부로 하지 못하는 어려움이 있다. 그녀가 아니라 그녀의 뒤에 버티고 있는 신(神)이 어려운 것이다. 보이지는 않지만 분명히 존재하는 신, 나한테 이득이 되기는 어렵지만 자칫하면 해코지 할지도 모른다는 두려움을 주는 존재다.

신이란 홀로 가는 어두운 밤길에 왠지 뒤돌아보기 두려운, 그러나 돌아보면 없는 그런 어둠 같은 존재다. 신을 두려워하는 것은 우리들뿐만 아니라 신을 받들고 사는 그녀들도 마찬가지다. 자기의 뜻에서 벗어나면 사정없이 질타하고 자기를 거부하면 가혹한 벌을 내리는 무서운 존재가 그녀들의 신이다. 그런데 이런 무섭고 두려운 존재를 감히 거부하고 자신의 의지대로 살아가는 사람들이 있다.

그녀가 그랬다고 한다. 할머니가 무당이고 어머니가 무당이었으니 다음은 그녀 차례였다. 하지만 싫었다. 신에게 시집가지 않고 인간에게 시집가서 다른 사람들처럼 오순도순 살고 싶었다. 신의 뜻을 거부하고 무당이 되지 않는다고 죽이지는 않는다. 그 대신 모든 것을 잃어버리고 망신창이가 되어 힘겹게 살아야 한다. 무당이 되어 받는 고통과 신을 거부해서 받는 고통을 양팔 저울위에 올려놓으면 어느 쪽으로 기울어질까?

그녀는 신명으로부터 자신을 지켜 줄 남편을 찾아 열일곱에 시집을 갔단다. 무당 딸이니 좋은 혼처자리는 처음부터 엄감생심 꿈도 안 꾸었다. 층층시하 시집살이에 고된 농사일도 달갑게 생각하며 자식 둘을 낳고 내 몸이 부서져도 그저 열심히 살면 되려니 하고 살았다.

그런데 남편이란 작자가 따라주지 않는다. 바쁜 농사철에도 나 몰라라 하고 밖으로 돌고 가을걷이 끝나면 볏섬을 팔아서 투전(投錢)판에다 바쳤다. 돈을 잃으면 그 분풀이는 고스란히 마누라차지였다. 니가 무당 딸이라서 재수가 없고 니가 그래서 그렇다고 주먹질에 발길질에 온갖 욕설이 날아온다.

견디다, 견디다, 못 견디면 어미에게 가서 시퍼렇게 멍든 얼굴을 디밀고 얼마의 돈을 타다주면 며칠은 나타나지 않는다. 그런 날이 점점 늘어가니 어미도 돈주머니를 닫아버렸다. 그러니 돌아오는 것은 더 심해진 매질이요, 늘어난 것은 시어미 구박뿐이었다.

농사일에 지치고 시어미 구박이 서럽고 서방매질에 골병들어 사느니 죽자고 생각했단다. 죽자고 생각하니 멀리로 시집가서 사는 동기간같이 지내던 막내 이모가 보고 싶더란다. 차를 타다가 걷다가 동틀 무렵에 나선 길을 다 저녁에 찾아드니 이모가 울음으로 맞아준다. 그 집에서 며칠을 앓고 나니 돌아가기가 무섭고 싶더란다. 안 간다고 그 집구석으로는 죽어도 안 간다고 버티니 며칠 만에 엄마가 찾아왔다. 으레 어미로서 있을법한 나무람도 없이 하고 있는 몰골을 한참이나 물끄러미 보더니 가져온 고기를 지지고 볶아서 밥상을 차려주고 어미는 제부랑 둘이서 술을 마시는데 한 동이를 다 마시고도 끄떡도 않더란다.

밝은 날 어미를 따라 어미의 먼 친척집으로 갔다. 거기서 기별할 때까지 살고 있으라고 꽤 많은 돈을 지어주고 어미는 돌아갔다. 석 달쯤 살고 있으니 어미가 다시 찾아와서 묻는다. 어쩌겠냐고, 아직도 돌아갈 마음이 없느냐고, 자식들은 안 보고 싶으냐고 했다. 자식이야 보고 싶지만 안 가고 싶다고 했다. 시어미한테 머리끄댕이 잡히고 남편 발길질에 채이던 생각만 하면 자식 보고 싶은 생각이 싹 사라진다고 했다.

다시 어미 손에 이끌려 간곳은 대전 변두리에 있는 제법 큰 목재소였다. 애기가 다됐는지 거기서 살림도 해주고 일도 거들며 살고 있으라고 했다.

두 번째 남편을 거기서 만났다. 큰 집을 짓는 대목수 밑에서 일을 한다고 했다. 자식 둘 딸린 홀아비 같지 않게 인물이 훤하고 성격도 서글서글했다. 부쩍 자주 드나들면서 구리무도 쥐어주고 신식 구두에 핸드백도 사다주더니 어느 날 은근히 손목을 잡아끌더란다. 그렇게 그 남자를 따라가서 사는데 이것이 사람 사는 것이려니 했단다.

전처소생이 둘 있지만 내 자식이려니 생각하면 되고 힘든 농사일도 없고 곰살맞은 남편에 넉넉한 살림에 아들도 태어나고 그 시절이 그야말로 봄날이었다. 그렇게 깨가 쏟아지게 재미나게 사는 날도 그리 오래가지 않았다. 남편한테 새 여자가 생긴 것이다. 멀리로 일간다고 나가서는 한 참을 안 들어와도 그러려니 했고 일을 하고 돈을 안 들이밀어도 그러려니 하고 믿었는데 자신을 대하는 것이 다르더란다. 무식하다하고 하고 무당 딸년이라 하고 점점 말이 심해지더니 사소한 말대답에 손이 날아온다. 잊고 살았던 기억들이 다시 살아나서 몸서리가 쳐진다. 하지만 눈을 질끈 감았다. 그 여자가 좋으면 그 여자랑 살라고 했다. 나는 여기서 자식들이랑 살겠으니 먹고 살게 돈만 달라고 했다. 그렇게 버티며 사는 것도 쉽지가 않았다.

한 번 시작된 매질은 점점 횟수가 늘어가고 집을 비우는 횟수도 점점 늘어갔다. 그러다가 남산만한 배를 안고 여자가 집으로 찾아왔다. 남편이 아무 말을 안 해도 그 여자가 아무 말을 안 해도 안다. 그렇게 깊은 밤에 보따리를 샀다.

전처소생의 큰 아들이 자지 않고 돌아누워 자꾸만 눈물을 훔친다. 자신이 낳은 아들은 어쩐 일인지 남편이 데리고 가서 잔다. 홀몸으로 가야 어디 가서라도 살겠거니 하는 남편의 마지막 배려인지도 모른다. 그렇게 동틀 무렵 아이들 이불깃을 여며주고 길을 나섰다.

이번에는 갈 곳이 없다. 연락 할 곳도 없다. 무작정 다니다가 배를 채우러 들어간 장터 국밥집에서 주인여자가 유심히 살펴본다. 그래서 그랬단다. 여기서 일 좀 거들면 안 되겠느냐고. 그렇게 장터 국밥집에서 밥도 팔고 술도 팔고 같이 살았다. 그런데 아직 젊은 것이 화근 이었다 남자라면 이제 쳐다보기도 싫지만 의지기지가 없는 몸이라 자꾸 한 곳으로 마음이 쏠린다.

이번에는 나이가 지긋한 남자였다. 말하는 것이나 행동거지가 점잖고 무식하지가 않다. 다른 남자들처럼 실없는 농을 걸지도 않고 음탕한 소리도 할 줄 모른다. 주변 사람들 얘기로는 마누라 죽고 혼자 산지도 꽤 된다고 했다. 배운 것은 많아도 뜻대로 되지 않아 막노동으로 먹고산다고도 했다. 이번에는 자신이 먼저 따라가 살고 싶더란다.

할머니가 근동에서 이름난 무당이라고도 했다. 그러니 무당 딸이라고 서러운 구박은 안 받겠거니 했다. 그냥 밥도 해주고 살림도 살아주면 안되겠냐고 했더니 호강은 못 시켜 준다고 하더란다. 그래도 괜찮다고 보따리를 들고 따라 나섰다고 한다. 그렇게 시작한 살림이 궁색하기가 이루 말 할 수가 없더란다. 거기서 막내딸을 낳고 그럭저럭 살았단다.

막노동을 하는 남편을 따라 갖은 고생 다 하고 살았지만 그래도 돌아보면 그 이와 살던 때가 가장 행복했다고 한다. 호적에 올라보지도 못하고 가마타고 간 시집도 아니지만 그래도 사람대접, 여자대접 받으며 살았으니 여한이 없다고 한다. 단지 하나 가슴에 맺히는 것은 자식들이다.

신(神)의 손길을 거부하고 신의 그늘에서 벗어났다고 생각했지만 자식들이 무사하지 못했다. 고생하며 키운 예쁜 막내딸은 신명(神命)에게 내어 주고 어릴 때 두고 왔던 아들은 몸이 온전치 못해서 사람구실을 못한다고 하니 신명을 거역하고 살아가는 길에 신명으로부터 간섭을 받지 않는다고 말할 수가 없다.

卯월 壬辰일주의 몸 주는 언제 태어났는지는 모르고 비겁을 천간에 나란히 두고 년주의 壬申의 지원으로 水국을 이루었다. 월지 卯木은 자식으로 3명이다.

자식이 물위에 떠 있는 형상이라 항상 불안하고 물결 따라 흘러 다녀야하는 부평초 인생 같다. 본인의 명조에 壬申은 용궁 불사이며 癸卯는 외줄의 할머니인데 실제로 외할머니께서는 86살까지 점사를 보셨다고 한다. 壬辰은 丁酉와 合으로 몸 주는 당산 월광보살이다. 점사는 불사 문수동자가 보며 壬申은 제석의 월광 동자이다.

어떻게, 어떻게 버티다보니 신명으로부터는 피할 수 있었지만 한 곳에 뿌리 내리지 못하고 떠돌며 살아가는 힘난한 인생길에 뜻대로 되지 않는 자식과의 인연으로 기구한 삶을 살고 있다.

78세의 나이가 무색하리만큼 건강하고 당당하게 보인다. 동생도 무녀로 활동하고 딸도 무녀로 활동하는데 정작 본인은 사주가 신강하여 神에 굴복하지 않고 일반인으로 잘 살아가고 있다.

◼ 언니와 조카가 신명의 자식으로…

시	일	월	년	(여)				
戊	庚	戊	庚					
子	辰	寅	辰					
己	庚	辛	壬	癸	甲	乙	丙	丁	대운: 역행
巳	午	未	申	酉	戌	亥	子	丑	
81	71	61	51	41	31	21	11	1.12	

어머니가 무당이었다. 그것도 근동에서 소문이 짜르르한 이름난 무당이었다. 어릴 때부터 징소리 고장소리 지겹게 듣고 자랐다. 천황거리, 제석거리 열두거리 사설을 안보고도 줄줄 뀔 수 있

었다.

삽짝을 나서면 사람들이 등 뒤에서 숙덕거린다.

'쟤네 엄마가 무당이야'

'쟤도 무당 되겠네?'

돌아보면 빈 골목에 바람만 어지럽다. 아이들이 무당 딸이라고 놀아주지 않는다.

'쟤랑 놀지 마'

'쟤네 엄마가 무당인데 아이들 잡아다가 간을 빼 먹는대'

무당 딸이야, 무당 딸, 무당 딸…… 돌이 날아온다. 소스라쳐서 벌떡 일어나면 또 꿈이다. 어릴 때 기억은 많은 세월이 흘러도 여전히 아픔으로 상처로만 남았다.

세상근심 내게 무슨 상관이냐고 편안한 얼굴로 노 보살님이 들어선다. 몸놀림도 사뿐 사뿐 말소리도 조근 조근 천성이 여자다. 칠십년 세월을 어디다가 감추셨는지 아직도 새색시 같이 볼이 발그레하다.

"보살님은 세상에 아무런 근심도 걱정도 없어 보이십니다."

"걱정 없는 사람이 어디 있어요. 눈 떠서 감을 때까지 모두가 근심이요 걱정이지요. 그저 내 마음 내가 잘 다스리며 살 뿐이지요."

"옳으신 말씀입니다. 자기 마음 잘 다스리면 세상이 극락이요, 못 다스려서 지옥이 되지요. 제가 무슨 고민을 풀어 드릴까요?"

"제가 이 나이 되도록 손자가 없어요. 죽기 전에 손자 한 번 안아볼 수 있을까요?"

"아들이 몇인데요?"

"아들이 하난데 아직 장가도 안가고 저렇게 살아요."

"직장이 없습니까?"
"잘 다니던 직장 걷어치우고 시골에 내려와서 사슴 키우고 산에서 내려오지를 않아요."
"어디 한 번 찾아봅시다. 손자가 어디에 들어있나."
명조를 보니 그럴 만도 하다.
"보살님 이 명조를 역학에서는 土편인이 강하다고 하는데 특히 양(陽)편인이라 자식이 앞서가든가 자식이 안 된다고 합니다."
"그런 것이 있어요? 무슨 팔자가 이렇습니까. 장남은 나이가 오십이 다 되도록 저러고 있지, 딸은 잘 살다가 이혼하고 와서는 죽는다고 약을 먹고 한 번씩 난리를 치니 한 시도 맘을 놓을 수가 없어요."
"아드님은 왜 결혼을 안 한답니까?"
"한 번 마음에 상처를 입고 난 뒤로는 여자를 보지 않으려고 해요. 겨우겨우 달래서 선을 보게 해도 이런저런 트집을 잡아서 안한다니 아마도 눈이 이마위에 달렸나 봐요."
"보살님은 산중 절집 자식이라서 결혼해서 자식을 두면 안 되는 명조를 타고 나셨습니다."
"절집 자식이라… 내 어머니가 무당이었어요. 나도 무당으로 살고 있고요."
"예, 사주를 보고 짐작 했습니다. 보살님은 庚辰일주인데 戊子에 合해서 외줄의 글문 도인이 몸주로 오셨습니다. 또 戊子가 일주에 合하여 용군 장군도 들어오십니다."
"용군 장군은 남편이에요. 서른여섯 먹어서 물에 빠져서 죽었는데 내가 신을 받으니 장군으로 들어왔어요."

제 3장. 예문 485

"戊寅월의 寅 편재는 시어머니 같습니다. 또한 庚辰 뒤에는 乙卯가 숨어서 들어오니 이는 寅卯辰으로 삼합(三合)하여 약사 줄이며 庚辰은 불사제석으로써 앉은 거리를 하십니다."

"예전부터도 서서 뛰는 건 안 되더라고요."

"子水의 상관이 6수라 자식은 여섯이며 상관자리에 있으니 모두가 불편한 것 같습니다."

"그러게 어느 자식하나 맘 편하게 볼 수 있는 자식이 없어요."

"년주의 庚辰은 나와 같은 형제라고 하는데 현제 중에 이렇게 神기가 강한 사람이 누굽니까?"

"제일 위에 언니가 그렇게 神기가 강한데 신을 받지 않고도 스스로 잘 이기고 살아요. 대신 제가 하지요."

아니다 그게 아니다. 이 강한 神기는 고스란히 딸에게로 내려가서 딸이 대 무당으로 사는 것이다.

"월주의 戊寅은 한량대신인데 당산에 공을 들이면 좋은 일이 많이 생긴다고 합니다."

"할아버지께서 일러주셔서 일하러 가기 전에 먼저 인사하고 가고 치성도 드리고 합니다."

"일은 많이 하십니까?"

"이제는 늙어서 조카딸 뒤나 봐주고 오래된 단골들이 부르면 가서 일 해주고하지 힘에 부쳐서 남의 일은 잘 안 해요. 전에는 꽤 일이 많았어요. 벌어서 집도 하나 장만하고 굿 당도 하나 장만 했으니 아무 욕심 없어요."

"어떻게 신의 길로 오셨습니까?"

"제가 이 길로 안 들려고 얼마나 발버둥을 친 줄 아십니까? 무당 딸이란 소리가 서러워서 내 자식들에게는 절대로 안 들리려고 그 많은 세월을 이를 악물고 참았는데 선생님 말씀대로 절집 자식이라 그런지 무당집 자식이라 그런지 결국은 이렇게 살고 있습니다."

사연 없는 사람이 어디 있으랴마는 신의 길을 걸어가는 무녀들에게는 유난히 한도 사연도 많다. 그 절절한 사연 들어주는 것도 그들에게는 위안이 되는 일이라 웬만하면 그냥 다 들어준다.

"남편이 물에 빠져 험하게 죽고 나서 그것이 병이 되었는지 삼년 만에 시어머니마저 세상을 버리고나니 아이들이랑 살길이 막막하데요. 그래서 할 수 없이 보따리를 짊어지고 아이들 앞세워 친정으로 들어갔어요. 그런데 이번에는 친정 엄마가 누워버리네요. 풍을 맞은 거예요. 나가서는 일하고 집에 와서는 대, 소변 받아내고 그렇게 살다가 가만히 생각하니까 그게 아닌 거예요."

"뭔가 집히는 것이 있었습니까?"

"예 그전부터 신의 조짐이 있어도 그냥 무시하고 살았는데 가만히 보니까 옆에 있는 사람들을 괴롭히는 거예요. 남편에 시어머니에 친정엄마까지. 다음에는 자식들이구나 싶으니까 정신이 번쩍 나는 거예요. 그래 언니를 불러다가 상의해서 엄마는 언니한테 맡기고 아이들은 따로 방을 얻어 살게 하고 혼자서 나왔어요. 그 때가 마흔 두 살이었는데 식당으로 어디로 아무데나 가서 죽으라고 일을 했어요. 자식들 가르치려고요. 배워야 나처럼 안 살고 이런 고통 안 당한다 싶어서요. 그래 아이들 다 대학 보내고 선생도 만들고 큰 회사 취직도 시키고 시집도 보내고 했어요. 그런데도 이 신이 그때까지 안가고 계속 괴롭히는 거예요."

"어떻게 괴롭히던가요?"

"속병으로 괴롭혔어요. 병원에 가면 아무 이상도 없다는데 속이 아파서 밥도 먹을 수 없고 한 순갈 먹으면 뱃속에 돌덩이가 굴러다니는 것 같이 쓰리고 아파서 데굴데굴 굴렀어요. 밥을 못 먹으니 꼬챙이같이 말라서 볼 수가 없게 되었는데 어떻게 알았는지 사위가 와서 그럽디다. '어머니 이제 그만 고생하시고 받읍시다. 요즘은 무당도 직업으로 인정하는 세상인데 어떻습니까. 우리는 아무렇지도 않습니다.' 그 말을 들으니 마음이 놓이는 거예요. 사돈댁에서 어미가 무당이라고 우리 딸 구박하면 어쩌나 걱정이 많았거든요?"

"그럼 늦게 받으셨네요."

"내 나이 쉰하나에 내림을 받았어요. 내림을 받고나니 언제 아팠느냐 그래요. 펄펄 날아다녔어요. 이름도 제법 나고 돈도 벌었어요. 이제 저 아들만 끈을 이어놓으면 아무 걱정이 없겠는데 어째야 좋을지 모르겠습니다."

"아까 말씀드렸다시피 어머니 사주에 양도식(양간의 편인)이 있어서 할 수 없으니 죽은 자식이려니 생각하세요."

"어떻게 그럴 수 있겠습니까? 자식은 절대 그럴 수 없는 겁니다."

늙은 어미의 자식에 대한 사랑에 마음이 짠하다.

"굿 당은 지금 누가 관리하고 있습니까?"

"전처럼 영업을 하지는 않고 아는 보살들이 기도 하겠다고 하면 그러라고 하고 아들이 가끔 들여다보고 청소나 하고 있어요."

"아들한테 굿 당을 맡겨보세요. 사슴도 키우면서 굿 당도 운영하면서 기도 좀 해보라고 하세요."

"선생님이 우리 아들을 한 번 만나서 얘기 좀 해주시면 안 되겠습니까?"

"그 쪽으로 갈 일이 있으면 연락하겠습니다."
 자식 사랑이 유별난 이보살은 산중 절집자식의 명을 타고나서 인간으로 사람답게 살아가려면 많은 풍파를 겪어야하는 팔자다.

❈ 어머니와 이모님에 이어서 자신도 신(神)의 길을 선택한 무녀

시	일	월	년	(여)
甲	戊	庚	丙	
子	申	寅	午	

辛	壬	癸	甲	乙	丙	丁	戊	己	대운: 역행
巳	午	未	申	酉	戌	亥	子	丑	
84	74	64	54	44	34	24	14	4.11	

안산에서 제자를 여럿 거느리고 왕성하게 활동하고 있는 신(神)의 제자다. 감정을 하려고 찾아간 날도 일을 마치고 막 돌아왔는지 온 집이 떡이며 고기며 과일을 나누어 싸느라고 분주하다. 함께한 이웃들에게 나누어 주는 모양이었다. 넉넉한 인심이 흐뭇하다.

오래지 않은 옛날에는 우리 모두 이렇게 살았다. 집안에 우환이 들면 마당에다 차양을 치고 당골네를 불러다가 굿을 했다. 굿상을 푸짐하게 차려 올리고 나눠 먹을 떡도 술도 넉넉하게 빚어서 준비하고 오색 천에 치렁치렁 종이를 매달고 굿을 시작 한다. 신명나는 굿거리장단에 다 같이 어깨도 들썩이고 열두거리 구성진 가락에 마음도 적셔보고 그렇게 울고 웃으며 음식도 나눠먹고 그 집안의 우환도 같이 빌었었다. 그러나 오늘에는 과학이라는 미명아래 당골네는 무당이 되고 무속은 미신이 되어서 산속이나 으슥한 변두리 굿 당에 가서 남 몰래 치르는 자기들만의 잔치가 되어버렸다. 마당이 사라지니 마당 문화도 덩달아 사라져

버린 것 같다. 잃어버린 문화가 아쉽고 또 그립다.
　조용한 방으로 들어가 주인 보살과 마주 앉았다.
　"오늘 굿이 있었습니까?"
　"간단한 고사를 지내고 왔어요."
　"떡이랑 과일이랑 많이 장만 하셨던데요."
　"우리 할아버지는 돈은 얼마를 받던지 푸짐하게 해서 나눠주는 걸 좋아하세요. 어떤 때는 시장보고 법사들 일당주고 당비주고 나면 빈손으로 올 때도 있어요."
　"그럼 뭐 먹고 살아요?"
　"매 번 그런 건 아니고요. 일을 하기는 해야 되고 진짜 어려운 사람이 오면 할아버지가 터무니없는 돈으로 일을 하라고 할 때도 있어요. 안한다고 버티면 통장을 확 보여줘요. 그럼 잔고가 눈에 보여요. 별 수 있나요 그만큼만 받고 하는 수밖에요. 그래도 시장가면 이것사라 저것사라 다 사래요."
　"할아버지가 시장도 보시나요?"
　"주로 선녀가 따라와서 간섭을 하고 그 집 조상에서 이것저것 요구 할 때가 많아요. 시장을 보면 안 물어봐도 그 집 고향이 어딘지 대번에 알아요."
　하며 웃는 모습이 소탈해 보인다. 명조를 적어 놓고 보니 물어볼 것도 없이 신의 자식이다. 태중(胎中)에 들 때 벌써 신이 같이 자리하신 것이다.
　"보살님은 丙午생 寅월 戊申일주의 몸 주는 산신 불사대신이시네요."
　"네 맞아요. 불사대신이 몸주로 오셨어요."
　대답이 거침없이 시원시원하다.

"일주가 시주 甲子에 합을 이루어 水재(財)로 변하니 이는 용궁 한량 할아버지요. 대감이시네요. 또한 시주의 甲子는 戊辰과 합을 해서 들어오니 申子辰으로 연합하는 모습인데 세력이 대단해 보입니다."

"제가 용궁 줄이 아주 세요. 용궁선녀가 점사도 잘 뽑고요. 간판도 용궁선녀라고 했잖아요."

"子水는 재성으로 아버지인데 군웅이며 辰중 癸水와 子중 癸水가 일간 戊土에 합해서 火로 변하니 이는 천상의 법을 지니고 계시는 천상대감입니다. 아버지가 보살님을 도우려고 천상의 법을 가지고 할아버지와 함께 내린 것 같습니다. 보살님은 신장이 아주 강하니 전형적인 신어머니입니다. 戊辰의 신장과 丙午의 벼락신장 그리고 庚寅의 독성이 상호간에 합하여 戊申을 도와주니 두려울 것이 없겠습니다."

"그래서 그런지 우리 집에 점사 보러 오는 손님들은 하나같이 신기(神氣)가 가득한 손님들만 옵니다. 그리고 할아버지가 '너는 제자를 내는 제자다' 하시고 자지레한 일들은 못하게 하십니다."

"점사는 멀리 년주의 丙午로써 일광 대신보살이 보십니다."

"丙午의 대보살은 증조할머니인데 이름난 대 무당이었대요."

"월주의 庚寅은 작두 신장으로 산천을 다니면서 불법을 공부하다가 寅申이 충(沖)하여 객사 한 것 같이 보이고 또는 산천으로 공들이며 다니신 할머니같이도 보입니다."

"저는 할머니로 알고 있습니다."

"내년은 庚寅년이라 작두 신장이 들어옵니다. 아마 작두 타실 일이 있을 겁니다. 그리고 庚寅년에는 복음이라서 신명의 자리다툼도 있을 것입니다."

"이 번에 기도가서 공수를 받아 왔습니다. 내년에 작두를 타라고 하세요."

"작두 타실 때 조심해서 타라고 합니다. 잘못하면 다리를 다칩니다. 그리고 이 명조에서 丙午 곁에 辛未라는 상관의 장애인이 合水하여 들어오는데 혹시 누군지 아십니까?"

"모르겠는데요."

방 건너 거실에서 듣고 있던 보살의 어머니가 외삼촌이라고 대신 대답한다.

"보살님은 어릴 때부터 신의 기운이 있었지요?"

"엄마 애기로는 애기 때부터 다른 애들하고 좀 다르더래요. 그러다가 일곱 살 먹어서부터 아는 소리를 하는데 어떻게나 잘 맞는지 어른들이 기절초풍을 했대요."

"보살님은 태중에서부터 타고 나셨습니다."

"엄마하고 이모하고 어떻게든 신명을 잠재우려고 해마다 누름굿을 하고 천도해 올려도 소용이 없었어요. 나도 모르게 아는 소리가 나오고 누가 어떻게 될 것인지 훤히 다 보이는 거예요. 스물셋에 결혼을 하고 아들을 낳고 살았는데 그것도 잠시고 남편의 구타와 시어머니 구박에 살 수가 없어서 결국 이혼하고 돌아왔어요."

이런 사주를 가지고 어떻게 평범하게 살 수 있겠는가?

"처녀 때 배운 미용기술로 먹고 살려고 미용실을 차렸는데 그것도 못하게 신에서 훼방을 하는데 견디다가, 견디다가 결국 손을 들고 말았어요. 엄마하고 이모는 누름굿을 하러 가고 나는 혼자 몰래가서 내림굿을 받았지요."

얘기를 하는 사람도 듣는 사람도 다 같이 눈시울이 붉어진다.

태중에서 타고난 신명제자는 아무리 누르고 천도하여도 소용없고 결국에는 받아야 한다.

"내림은 누구한테 받으셨습니까? 이모님이 제자이시니 이모님한테 받지 그러셨습니까?"

"그랬으면 차라리 나았겠지요. 안산에서 지금의 남편을 만나서 받았어요. 엄마하고 이모한테는 알리지도 못하고 혼자서 신어미를 정해서 몰래 받았는데 이 신어미가 맘보가 나빠서 또 그렇게 많이 시달렸어요."

"어떻게요?"

"이제 신을 받은 애동이가 뭘 알겠습니까? 매일 밥만 먹으면 불러다가 기도는 시키지도 않고 온갖 집안일 다 시켜먹고 굿판에 불러다가 온갖 수발 다 들게 하고는 '이것도 공부다' 며 차비 한 푼주지도 않고 걸핏하면 부정 탔다며 굿해야 된다고 돈 가져오라고 하고 참 힘들게 공부했습니다."

"뭐라 하면서 부정 탔다고 하던가요?"

"말하기가 좀 그런데……"

"괜찮아요. 어느 정도는 다 아는 사실인데요. 뭘"

"뭐 집안 식구가 아파도 부정 탔다고 하고, 길에서 강도를 만나도 부정이 끼어서 그렇다고 하고, 아무 이상이 없는데도 '어젯밤 신랑이랑 같이 잤지' 해서 무심결에 그렇다고 하니까 신랑하고 잠자리를 해서 할아버지가 노했다고 굿해야 된다고 하고, 정말 가지가지 부정도 많았습니다."

"그럼 보살님도 딸들한테 그렇게 부정을 팔아먹습니까?"

"아이고 선생님 왜 이러십니까? 저 그런 사람 아닙니다. 그랬다간 우리 할아버지한테 저 진짜 혼납니다. 우리 할아버지는 돈 없으면 굿도 그냥 해주라고 하시고 애들 일시키면 '줄 세워놓고 차비 줘라' 하시는데요. 그랬다간 저 벼락 맞습니다."

아주 정색을 한다.

"아닙니다. 보살님 농담입니다. 화내지 마세요. 할아버지한테 물어 보세요. 진짜 농담입니다."

그렇게 마주보고 한바탕 웃었다.

"그 신어머니는 지금도 보십니까?"

"아니요 지금은 안 보고 살아요."

"그럼 기도하고 굿하는 것은 어디서 배웠어요?"

"그 때 신 엄마 밑에서 그러고 있는데 할아버지가 자꾸 '아가 아니다 가자, 가자' 하시는 거예요. 그래서 도저히 안 될 것 같아서 이모를 불러서 얘기를 했어요."

"혼 나셨겠네요. 이모는 못 받게 누름굿을 했다면서요."

"별로 안 혼났어요. 언젠가는 받을 줄 알았대요."

"보살님 사주를 보면 무진장(戊辰) 빚이 많고 갚자(甲子)에 습해서 비견이 되니 고아원이나 양로원을 운영하면서 신명의 업장과 내 업장을 동시에 소멸하려고 하는 것 같습니다."

"어미로써 책임을 다 못했으니 자식들이 필요하다면 조금씩 나누어주고 나머지는 시골에 넓은 집 지어서 갈 곳 없는 아이들 데려다가 같이 살려고 합니다."

한다. 그런데 이 보살 짐작이나 하는지 모르겠다. 아들하나가 엄마가 간 길을 그대로 밟아 갈 것이라는 것을. 지금도 어디를 가나 자신이 무당임을 당당히 밝히고 산다는 이 보살은 어려운 신명제자들을 조금씩 돌봐주며 살고 있다고 한다.

❈ 일본에서 들어온다는 신명(神命)

시	일	월	년	(여)
甲	戊	乙	丁	
寅	子	巳	未	

甲	癸	壬	辛	庚	己	戊	丁	丙	대운: 순행
寅	丑	子	亥	戌	酉	申	未	午	
84	74	64	54	44	34	24	14	4.8	

보살님 두 분이 동시에 들어와 앉는다.

"두 분은 어떤 사이입니까?"

"할아버지 길을 가면서 알게 되었는데 기도도 같이 다니고 공수도 서로 받아주면서 친자매같이 살아요."

"참 보기 좋네요. 서로 의지가 돼서 든든하시겠습니다."

하니 마주보며 웃는다. 보통 신의 길을 가는 제자들은 서로 자기 신명이 최고라고 생각하며 상대를 폄하하고 겉으로는 왕래를 하며 친하게 지내는 것 같아도 속 깊이까지 친하기는 쉽지 않다.

"자 그럼 언니부터 볼까요. 무엇이 궁금하십니까?"

"가끔 외국 할머니가 들어오시는데 이분이 누구이며 왜 저한테 오는지 궁금해서 왔어요."

"명조를 하나하나 읽으면서 찾아봅시다."

"巳월 戊子 일주에 년주가 丁未라서 보살님은 어릴 때부터 신(神)의 기운이 있었을 것 같은데요."

"돌 지나면서부터 경기를 하는데 보통 애들하고 달리 정말 미친것처럼 눈자위를 허옇게 뒤집으면서 하루에도 몇 번 씩 했대요."

이때쯤에 드러난 이것이 신의 조짐이었다.

"년지의 未土는 일지子水와 원진이라서 이세존은 위로 형제의 것이라고 합니다."

"예 오빠가 신을 받고 세존을 모시다가 지금은 하지 않아서 제가 모시게 되었어요."

"다른 형제들은 없어요?"

"왜요 있죠. 그런데 아무도 안 모시려고 해서 모두 모여서 제비뽑기를 했어요. 그런데 제가 당첨되어서 모시는 거예요."

하며 장난기 가득한 얼굴로 생글생글 웃는다.

"아니 제비뽑기로 신을 모셔요?"

"아이 선생님, 말이 제비뽑기지 아무도 안 모시려고 하니 여러 가지 정황을 봐서 언니가 모신거지요."

옆에 있던 동생보살의 부연설명이다.

"월주 乙巳는 할머니께서 당산에 공을 들였을 것이고 부모형제 궁에서 巳火와 未土가 合으로 자신의 길을 막고 있는데 이분은 누굽니까?"

"예 청춘에 죽은 우리 고몹니다."

"이 분이 법당에 꽃을 올려 달라고 합니다. 그것도 생화로"

"거 봐 내가 뭐라고 했어, 언니네 법당에 꽃 올리라고 했잖아?"

동생이 의기양양해서 끼어든다. 자기가 공수를 대신 받았다고 한다.

"그 때는 그냥 하는 소리려니 했지"

"보살님 몸 주는 子中 癸水와 일간이 合하여 火로 변하므로 천상대감이며 선녀이십니다. 점사는 당산의 할머니가 보고 계시고요. 시주의 甲寅은 당산 대감으로 신약한 일주 戊土에 뿌리 내리고 있고 년 주의 丁未와 합하는 亥卯와 연합하여 천관 도인으로 행세하며 부적을 쓰신다고 합니다. 그런데 쓰다가 때때로 막히는 수가 있어요. 이것은 이 도인이 확실한 천관도인이 아니라서 그렇습니다. 보살님은 부적을 쓰십니까?"

"선관에서 부적을 배우라고 해서 책을 사다가 따라 그려 봤는데 선생님 말씀처럼 잘 안됩니다."

"이 명조는 子未가 원진살이라서 형제간의 불화도 신의 조화로 생기는 것이라고 합니다. 寅巳가 刑이라서 당산 대감과 할머니가 서로 합을 못하고 투쟁하는 것을 신명제자가 가운데에서 가로 막고 중재하는 모습처럼 보입니다."

형제가 다섯인데 다들 제각각이라서 안 보고 산다고 한다.

"그리고 제일 궁금한 할머니가 나왔습니다. 명조속의 子水와 未土그리고 寅木이 제일 필요로 하는 亥水와 합하는 모습이라서 아마도 일본인 할머니 같은데 합하고 있어서 싫어도 받아야 합니다."

"기도중이나 점사를 보는 중에 나도 모르게 뭐라고 하는데 일본말 같은데 뜻도 모르고 그냥 합니다. 법당 청소를 할 때도 전혀 모르는 노래를 흥얼거리는데 가만히 보면 일본 노래 같기도 하고 잘 모르겠습니다."

"인연이 없는 신은 들어오지 않습니다. 혹시 일본 할머니에 대해서 들은 얘기가 없습니까?"

"있기는 있어요. 저희 집안이 살기가 괜찮고 그 고을에서는 소리깨나 하는 집안이었대요. 그런데 할머니가 시집와서 얼마 안 살다가 신이 내리신거예요. 그러니까 할아버지께서 창피하고 보기 싫다고 집을 나가서 딴 살림을 차렸는데 그 때 같이 살았던 할머니가 일본사람이라는 얘기가 있었어요. 한 번은 아버지한테 확인해볼 요량으로 말을 꺼냈는데 입을 봉하시고 아무런 얘기가 없는 거예요. 그래서 그냥 확인도 못하고 말았어요."

"그래요 그런 인연이 있어서 들어오는 거예요."

"그래도 그렇지. 그 할머니하고 나는 무슨 사이기에 내게 들어오시는지 말도 안통하고 미치겠어요."

"저 역시 외국에서 들어오는 신명을 구별해 본적은 없지만 이렇게 유추해 봅니다. 丁未는 乙木 정관의 꽃이므로 할아버지가 이 할머니의 인물에 반하였을 것이고 살면서 자식을 낳지 않았을까. 신이란 자궁이 열리면 신명에서 合하여 인연이 되어 오는 것입니다."

"언니 아무래도 언니네 아버지가 그 일본 할머니 아들 같다니까."

"그럴 수도 있는데 알 수가 없지. 아버지가 돌아가시고 삼년 뒤에 들어온다고 했으니까 내년에 들어오면 한 번 물어봐야겠다."

"아버지가 돌아가시고 삼년 뒤에 들어온다고 하던가요?"

"네, 돌아가실 때 그러던데요. 삼년 뒤에 온다고."

"……"

"그리고 선생님 제가 암자를 하나 지으려고 강원도에 땅을 좀 사려고 하는데 괜찮겠는지요?"

"암자를 왜 그렇게 멀리 가서 지으려고 하십니까?"

"지금 지으려는 것이 아니고 나중에 나이를 좀 더 먹으면 지어서 들어가려고요. 우리 제자들이 한 때는 잘 살다가도 말년에는 어렵고 힘들게 사는 제자들이 많아요. 어떤 보살님들은 정말 비참할 정도로 어렵게 살아요. 그래서 오갈 데 없는 보살님들 모시고 잘 먹지는 못해도 서로 의지하며 살려고요."

마음 씀이 참으로 곱다.

"보살님 재산은 남편의 자식에게 다 간다고 되어있는데 남편 자식이 또 있습니까?"

그러니까 예의 동생보살이 눈살을 찌푸린다.

"사실은 남편이 죽고 제가 재혼을 했어요. 혼자 살려고 했는데 이 남자가 우리 아이들에게 참 잘하고 아이들도 잘 따르고 해서 의지해서 살려고요. 그런데 이 남자에게 전처소생의 아들이 있는데 좀 그래요. 그러면 우리 딸 앞으로 명의를 해두면 괜찮겠습니까?"

"두 분이 혼인신고를 하셨나요?"

"네 작년에 했어요."

"그러면 딸 앞으로 사야겠네요. 그리고 올해가 가기 전에 사십시오. 여의치 않으면 계약금만 먼저주고 계약서라고 써 놓으십시오."

명조상 재물선이 약하므로 己亥의 51세 이후에나 재물이 들어오겠다.

※ 자형살(自刑煞)은 스스로 법당(法堂)을 엎는다.

시	일	월	년	(여)
甲	壬	甲	辛	
辰	申	午	亥	

癸	壬	辛	庚	己	戊	丁	丙	乙	대운: 순행
卯	寅	丑	子	亥	戌	酉	申	未	
87	77	67	57	47	37	27	17	7.5	

이번에는 동생보살님 차례다. 명조를 적어 놓고 보니 파란만장하다.

"보살님은 신(神)을 모시기 싫으시죠?"

"네 하기 싫어 죽겠어요. 선생님, 안 하면 안 돼요?"

"진작 공부해서 자기 갈 길을 갔어야지 지금은 때가 늦어서 안 되지요."

"보살님은 甲午의 23세 때부터 神의 기운이 있었던 것 같은데요?"

"예 그 때 신을 받았어요."

"년지의 亥亥가 자형(自刑)으로 한번 신당(神堂)을 스스로 파괴했을 것이고, 월지의 午午가 자형(自刑)이라서 또다시 한 번 파괴한 것으로 보이네요."

하니 모기만한소리로

"네. 하기 싫어서 그랬어요." 한다.

"왜 어릴 때부터 공부도 안하고 제 멋대로 돌아다니며 살다가 이제는 이렇게 자식까지 딸린 과부로 살아요?"

"공부는 죽기만큼 하기 싫고 멋이나 부리고 싸돌아다니면서 노는 것이 그때는 그렇게 재미있었어요. 왜 그렇게 철이 없었는지……."

"그건 일주의 申金 역마와 亥水 역마가 발동하고 식신이 발달하여 일찍부터 끼가 발동 한 것인데 잘 다스리지 못해서 보살님 인생에 장애가 된 것입니다."

"또 보살님은 壬申일주라서 몸 주는 불사대신이며 甲午는 할머니가 당산에서 공을 들였다고 하고 어머니께서도 그런 기운이 있다고 하네요. 점사는 甲午의 천상 선녀가 보고 있어요. 일간인 壬水 곁에는 양쪽으로 甲木이 자리하고 있으니 이것은 할머니가 두 분이라고 하며 37세에 천상대감이 재물을 안고 들어오는데 亥水의 참견으로 실수했다고 하는데 그때 무슨 일이 있었습니까?"

"네 두 번이나 대감님이 오시고 선몽도 하셨는데 못 받았어요."

"고향이 어딥니까?"

"전라도 광주인데 저는 살았던 적이 없고 아버지 고향입니다."

"甲午의 37세에 戊戌이라는 신장과 산왕대신이 午火와 合을 해서 천상의 대감이 오시는데 이신명은 戊중의 辛丁戊이며 이를 풀이하면 丁火의 달이 뜨는 곳이며 辛金의 바위산이라고 하니 이는 월출산(月出山)입니다."

"광주면 월출산이 아니라 무등산이 본 산 주령인데요."

옆에 있던 보살님이 참견을 한다.

"어찌된 영문인지는 몰라도 사주 속에서 얘기하는 산은 필시 월출산입니다. 이 대감님은 월출산에 가야 받을 수 있습니다."

"갔습니다. 월출산에 두 번이나 선몽을 받고 갔는데 어딘지 몰라서 못 받고 그냥 왔습니다."

"여기서 말하는 산은 필시 월출산이므로 월출산에 가서 저수지나 물이 보이는 쪽을 찾으십시오. 그 쪽을 보고 기도를 드리면 다시 한 번 감응 하실 것입니다."

"그래, 맞다. 그 때 왜 우리가 갔던 곳에서 위로 한참 더 올라가면 저수지가 있다고 했잖아. 우리는 그냥 밑에서 기도하고 왔고"

이번에는 언니 보살이 애가 탄다. 분명 월출산 같아서 찾아갔는데 코앞에서 놓쳤단다.

"이 명조의 신장은 년 주의 辛亥이며 여(女) 신장이십니다. 亥亥자형(自刑)이라고 하니 물에서 죽은 여자가 있습니까?"

"이모가 물에서 돌아가셨습니다."

"이모님이 흰 옷자락을 휘날리며 신장으로 들어서십니다."

"보살님 손 좀 보여 주십시오."

역시나 가느다란 손가락 마디가 휘어져 있다.

"이 손가락은 신병으로 인한 것입니다. 신병(神病)이 木에 壬水의 영향이 강하게 작용하여 신경계통에 이상이 오면서 金이 설기 되어 뼈가 뒤틀린 것입니다."

"그렇구나. 그냥 아픈 줄 알았지 신병인줄은 몰랐네."

"잘 들으십시오. 보살님. 이 명조의 주인은 남편이 없습니다. 시지의 辰土가 편관 남자인데 안방으로 들여놓으면 재물이 나갑니다. 申子辰 삼합(三合)으로 子水가 午火를 치려고 대기 중이므로 절대로 남자를 방 안으로 들이면 안 됩니다."

그러자 기다렸다는 듯이 언니 보살의 질타가 쏟아진다.

"이제 알겠냐? 이 철없는 지지배야. 힘들게 돈 벌어서 남자한테 홀라당 뺏기고, 지는 힘들어서 쩔쩔매고, 내가 그러지 말라고 몇 번을 얘기했어?"

"언니 창피하게 왜 그래?"

"창피해야 돼 그래야 다시는 안 그러지."

"내가 안방에 남자들이면 그게 도둑을 들이는 거라고 그렇게 말해도 안 듣고 집도 돈도 다 뺏기고 또 그래라 또 그래."

"인제 안 그래 그러니까 그만 해"

보다 못한 내가 나서서 뜯어 말린다.

"이제 안 그러겠지요. 나이도 있고 하니 잘 하고 살 겁니다."

"정신 차리려면 아직 멀었어요. 더 혼나야 되요. 지금도 남자한테 다 뺏기고 집도 절도 없어서 엄마 집에 얹혀살아요."

옆에서 얘기해줘도 자꾸만 당하는 동생이 안타까웠던가 보다. 그러나 어쩌랴 그런 사주를 타고 난 것을.

비오는 날에 우산도 없이 밖에 나가면 흠뻑 젖는 것은 당연하지 않은가. 우리가 사주를 배우고 묻는 것도 이렇게 내 사주가 어떤 모양인지 알고 비오면 우산 쓰고, 어두우면 등불 켜고, 추우면 불을 지펴서 모자라는 것은 보완하고 넘치는 것은 빼버리고 미리미리 준비해서 살아가는데 보탬이 되고자 함이 아니겠는가? 그런데 아무런 준비도 하지 않고 이제 와서야 후회를 하니……

"선생님 저는 이 길로 가는 것이 정말 힘들고 싫은데 어떻게 하면 벗어날 수 있어요?"

뭐라고 일러주어야 하나 참 난감하다. 열심히 공부하여 신명을 예술적으로 승화시켜서 춤을 추든가 아이들 가르치는 선생을 직업으로 택했으면 신의 길을 피할 수 있었는데 공부도 하지 않고 신명을 받아 모셔놓았으니 이제는 때가 지나서 안 된다. 아무리 싫어도 58세까지는 해야 한다. 그래도 안쓰러워서 방편을 하나 일러주었다.

"보살님 지금 점사를 안 보시면 무슨 일을 하십니까?"

"법원에 부동산 경매일을 조금씩 하고 있어요."

"그러면 법당을 없애면 안 되고, 매일 아침마다 청소하고 깨끗한 청수를 올리세요. 그리고 나서 경매일을 하는데 절대 욕심을 부리면 안 됩니다. 항상 내 욕심보다 적게 가지세요. 그러면 괜찮습니다."

그렇게 일러주어도 세상사가 내 뜻대로 흘러주는 것도 아니요. 내가 안간힘을 써서 노력해도 안 되는 일도 있는 법이다. 이 젊은 보살은 타고난 끼를 잘 다스리지 못하면 또다시 남자 때문에 울어야 하리라.

❈ 체육관 관장이 법사(法師)지망생으로…

시	일	월	년	(남)
己	壬	戊	癸	
酉	寅	午	丑	

己	庚	辛	壬	癸	甲	乙	丙	丁	대운: 역행
酉	戌	亥	子	丑	寅	卯	辰	巳	
89	79	69	59	49	39	29	19	9.12	

유명한 무속 인이 추천한 유망한 법사지망생이라고 한다.

명조를 살펴보니 午월 壬水가 나무위에 맺혀있는 모습이 시주의 己酉 보석처럼 영롱하고 빛이나 보인다. 그래서인지 인물이 아주 좋았다. 그런데 이 총각이 인물에 어울리지 않게 법사가 되어보겠다고 하니 헛웃음만 나온다. 법사의 길이 어떤 것인지 알고서 가겠다는 것일까?

"이 명조를 보면 일주는 壬寅의 식신이며 역마인데 몸으로 말을 한다고 하니 이는 필시 체육관 관장이 타고난 직업입니다."

"작년까지 태권도장을 운영했습니다."

"그런데 왜 갑자기 법사가 되려고 하십니까? 결코 쉽지 않은 길인데요."

"우연히 아는 보살님을 만났는데 올해가 날 삼재(三災)인데 되는 일이 하나도 없고 어려우니 피해 가려면 가만히 엎드려서 기도를 하라고 해서 체육관을 접고 기도하러 들어왔습니다. 그런데 여기 계시는 선생님이 법사가 될 팔자를 타고 났다고 그 길을 한번 가보라고 권해서 지금 열심히 기도하는 중입니다."

이유야 어찌됐든 인물 좋고 덩치도 좋은 총각이 그것도 경호원 출신으로 체육관을 운영하던 사람이 보살의 말 한마디에 순순히 법사가 되겠다고 하니 무속인의 말이 상당한 위력을 가진 것 같다.

"월지가 戊午는 양인에 편관이라서 체육관과 사설 경호업체를 같이 운영해도 좋았을 것 같고 戊午양인은 부모 형제 궁인데 어머니가 공을 많이 들이시던지 부모님이나 형제들 중에 누가 종교에 깊이 몸담고 있습니까?"

했더니 이 총각 하는 말이

"우리 집안은 대대로 내려오는 천주교집안입니다. 어머니는 독실한 천주교신자시고 누나는 수녀가 되었고, 삼촌은 목사님도 있고 신부님도 한 분 있습니다."

한다. 정말로 무속 인은 기독교에서 많이 나온다는 것을 다시 한 번 실감한다.

"자연에는 음양과 오행이라는 것이 있는데 이 오행이란 것은 우주 만물을 다섯 가지 자연에 비유하여 얘기하는 것으로 서로 상생(相生)하기도 하고 극(克)하기도 하면서 공존하는데 오행(五行)상으로 얘기하면 기독교는 火에 속하고 무속은 土에 속한다고 봅니다. 火는 土를 生하여 火生土가 되므로 기독교에서 무속 인이 많이 나온다고 봅니다. 오해는 하지 마십시오. 자연으로 설명하면 그렇다는 것입니다."

"이해합니다. 자연이나 오행은 잘 모르지만 교회에서 성령이 내려서 터지는 방언이 여기 와서 보니 신이 내려서 하는 말인 공수하고 흡사해서 놀랍기도 하고 신기하기도 했습니다."

하며 오히려 자신이 한 발 더 앞서 나간다.

"앞으로 법사로 살아가시려면 역학이나 무속에 대해서 공부를 많이 하셔야 할 겁니다."

"배워야겠다고 생각하고는 있는데 워낙 어렵고 기초가 없어서 어디서부터 시작해야 할지 잘 모르겠습니다. 선생님이 좀 가르쳐 주시면 안 되겠습니까."

"제가 있는 곳은 여기서 너무 멀고 저는 제자를 전문으로 양성하지 않아서 그건 좀 곤란합니다. 인연 닿는 선생이 나타나겠지요. 인터넷이나 공중파매체가 발달했으니 그 쪽을 찾아서 공부해도 괜찮을 겁니다. 좋은 책들도 많이 나와 있고요."

"그런데 선생님 제가 정말 법사로서 자질이 있기는 있는 겁니까?"

"인물과 체격이 뒷받침되고 타고난 神의 기운이 있고 유명한 무속인의 추천도 받았으니 이미 절반은 영글어 진 것 같습니다."

"자세하게 알고 싶습니다. 앞으로 어떻게 해야 되는지 자세히 좀 알려 주십시오."

"년주 癸丑이 월주와 合하면서 탕화살이 되어서 신명이 오른다고 합니다.

壬寅의 당산 대신이 숨어있는 丁亥의 칠성대신 보살과 合을 해서 당산 신장으로 변하니 체격에 어울리게 강력한 신장이 되어 능히 법사를 차고 나갈 것 입니다. 그리고 나중에 50대 중반쯤에는 조그마한 절의 주지가 될 것 같습니다. 절대 큰 절은 아닙니다. 재물도 寅午가 合해서 火가 되니 어느 정도 있어 보이는데 주의 할 점은 寅이 역마인데 돌아다니면서 午火의 여자를 만나는 것을 조심하여야 합니다. 그것만 조심하시면 무난할 것 같습니다."

아무리 봐도 늠름하고 잘생긴 인물이 아깝다.

❈ 당대를 주름잡던 대 무당

```
시   일   월   년   (여)
丙   甲   庚   壬
寅   辰   戌   辰


辛   壬   癸   甲   乙   丙   丁   戊   己    대운: 역행
丑   寅   卯   辰   巳   午   未   申   酉
85   75   65   55   45   35   25   15   5.8
```

아침 댓바람부터 분주하게 설쳤는데도 버스를 타고 수원에 도착하니 벌써 점심시간이다. 시간이 촉박해서 점심도 거른 채 그냥 종이에 적힌 주소로 달려갔다. 이 명조의 주인은 이름만 대면 웬만한 사람들은 다 아는 유명한 무속인의 명조다. 지인으로부터 소개받아서 상담을 청하여 수락을 받고 시간관계상 점심시간임에도 불구하고 찾아든 것이다.

찾아 간 곳은 담벼락을 사이에 두고 아파트랑 나란히 이웃해서 서있는 작은 선원이었다. 잠시 아래층 거실에서 기다리는데 벽면을 장식한 방송에 출연할 당시의 사진과 화보들 그리고 그동안 출판한 여러 권의 책으로 장식된 거실이 명성에 걸맞게 화려하다. 역시 유명인은 유명인인가보다. 이층으로 안내되어 올라가니 제법 큰 법당이 꾸며져 있다. 무속인의 법당이 아니라 절에 와있는 듯 착각이 든다. 차가 나오고 서로 인사가 오고가고 소개한 지인이 찾아온 이유를 다시 한 번 설명하고 검증을 허락해 주심을 치사하고 그렇게 이야기가 익어갔다.

중년의 고개를 넘어선 보살님의 말투에, 몸짓에, 표정에 살아온 세월의 무게가 고스란히 묻어나온다. 방송에 출연했던 이야기, 고향이야기, 재산이야기, 인연 맺어온 인맥이야기 그렇게 사담을 나누다가 문득 한 마디 하신다.

"약 한달 전에 선관에서 예지를 하셨는데, 아주 대단한 철학의 대가가 오셔서 저에 대해서 이야기를 해 줄 것이라고 하셨어요. 그래서 지난달에 올 줄 알고 누굴까 하고 기다렸는데 지금 오셨네요."

소개 차 따라온 지인이 마주 보며 의미 있는 눈짓으로 웃는다.

"사실은 지난달에 오려고 했습니다. 그런데 여러 지방에서 감정을 받은 보살들이 주변에 얘기를 해서 자꾸 감정의뢰가 들어오는 거예요. 그래서 그 쪽 일부터 하다보니까 생각보다 늦어졌습니다."

"저도 사주를 적어놓고 보면 대충은 알아요. 그런데 사주 속에 신(神)의 이야기가 있다는 건 좀 그래요."

조금씩 장벽을 허물고 마음의 문을 열기 시작하였다.

"저는 사주를 배우지 않고 저절로 알았어요. 남들은 역학이 어렵다고 하는데 전 그렇게 재미있을 수가 없습니다. 사주 속에는 엄청난 비밀이 암호화 되서 감춰져 있는 것 같은데 그 암호를 연구하고 찾아내는 것이 참 재미있어요."

"철학관을 하고 있습니까?"

"감명을 직업으로 하는 건 아닌데 봐달라고 오면 그냥 읽어서 봐줍니다."

"신을 받으시지는 않았고요?"

"그런 것은 아니고 재미로 사주를 봐주다가 무속 인들의 사주가 궁금해서 연구를 시작 했어요. 일부러 찾아가서 점사를 보는 척하면서 물어보다가 욕도 먹고 어떤 신이 어떻게 내려오는지 보려고 굿도 하고 별일이 다 많았습니다."

이 보살 '뭐 이런 사람이 다 있어?' 하는 눈으로 쳐다본다. 그럴 만도 할 것이다. 돈도 안 생기는 일에 생돈을 들여서 굿을 해가며 욕을 얻어먹고 쫓겨나면서 연구를 했다니 보통사람들이 보면 한참 한심해 보일 것이다.

"그렇게 연구해서 뭐하시려고요?"

"지금까지는 사주 속에서 신을 이야기 하는 사람이 없었어요. 하지만 분명하게 신이 내려오는 길이 드러나 있는데 누군가는 이것을 정립시켜야 된다고 봅니다. 그 동안 제가 연구한 것을 완성해서 후학들에게 넘겨주려고 문서화하는데 지금 어느 정도 맞는지 마지막으로 확인하려고 여행하는 중입니다."

"어느 정도 맞는 것 같습니까?"

"직접 확인 해 보시지요."

"보살님 명조를 읽어보면 壬辰生이 戌月 甲辰日 寅時에 태어났으며 시상에 丙火의 식신이 밝게 불을 밝히고 있는 모습이 어찌 보면 대로변의 높은 가로등에 전등을 밝게 켜 놓은 것 같습니다. 나를 태워서 어둠을 밝힌다고 하니 타고나신 보살입니다."

"처음부터 타고 났지요."

"사주를 감명해 보면 무속 인으로써의 기질도 강하지만 어느 방면으로 보면 사업가적인 기질이 더 강하다고 봅니다."

"저도 그렇게 생각합니다. 사업이 재미있어요. 아주 재미있어요. 소질도 있고요. 무속 인이 아니라면 말입니다. 사업을 멋지게 한번 해보고 싶어요."

사주가 전부 양으로 이루어져 있으므로 통이 크고, 편재가 발달해서 사업을 했다면 큰 사업가가 되었을 것 같다.

"일주인 甲辰은 당산 할아버지이며 시주가 丙寅이라서 동자는 형제일신인 것 같고 일곱, 여덟 살쯤인 것 같습니다. 년주 壬辰은 제석의 글문이시며 월주 庚戌은 대사 줄에서 오셨습니다. 때로는 불사대신이나 독성으로도 봅니다."

"아니 그게 사주 속에서 다 나와요? 신기하네요. 제가 고향이 강릉인데 열 살 때 범일국사라고 하면서 문수 동자를 앞세우고 신명이 들어 왔어요. 선생님이 말하는 대사가 범일국사예요. 범일국사 아시죠?"

"대관령 범일국사 말씀이십니까?"

"네, 그 분이 대사로 오셨어요. 그리고 문수 동자는 어릴 때 죽은 남동생이 들어왔어요. 그 아이가 여덟 살에 죽었는데 범일 국사가 문수동자랑 같이 들어오니까 제가 불법을 하는 거예요. 제 불명은 큰스님이 생전에 지어주셨어요. 그런데 선생님은 그걸 도대체 어떻게 알았어요? 제게 문수동자가 있는 것은 알아도 대사며 글문 선생이 있는 줄은 아무도 몰라요."

"말씀 드렸다시피 사주 속에 여덟 글자가 다 이야기 하고 있어요."

"사주 속에 그게 다 나온다 말이죠? 아직까지 그런 얘기를 한 사람이 아무도 없었어요. 역학이 신비한 줄은 알지만 이 정도인 줄은 정말 몰랐어요."

하며 놀랍다며 극찬을 아끼지 않는다.

"범일국사는 조상님이세요?"

"아니에요. 고향이 같은 강릉이에요."

"甲辰 일주는 당산대감이며 아마도 강릉 국사 성황당신으로 보입니다."

"제가 볼 때는 학을 타고 내려오시는 선학도인으로 보여요."

이는 甲木 위에 庚金이 백학으로 보이는 때문인 것 같다.

"신명의 세계에는 같은 신의 이름도 지방이나 경우에 따라서 다르게 부르는 경우가 많아요."

"그럼요. 이름이 얼마나 많은데요. 우리도 자기가 모신 신 정도만 알지 나머지는 잘 몰라요."

"지지의 辰중에 있는 戊癸가 합해서 火를 이루는데 이는 甲木의 또 다른 꽃이 됩니다. 이 甲辰에 피운 꽃은 庚戌에는 꺾인다고 합니다. 癸水가 戊土에 합하니 이는 천상이며 식신이라서 대신보살입니다."

"그 대신보살은 말이죠. 옥황 천존의 매화부인 휘하에 있는 저의 어머니입니다."

"어머니가 매화부인 이세요?"

"아니 매화부인이 아니고 매화부인 밑에 소속 되어있어요."

하고 정정해 준다. 매화부인은 옥황상제의 부인으로 신명의 세계에서는 높은 지위에 해당된다. 우리들 말로하면 옛날 중전마마인 셈이다.

"명조의 지지에 土재성이 자리를 잡고 있는 것은 재물을 나타내는 것입니다. 甲辰은 비재(比財)이므로 58세에 재물이 나누어지며 庚戌의 59세에 재물의 어려움을 겪게 된다고 나와 있습니다. 그리고 壬辰은 65세에 민사소송이나 부도가 예견됩니다."

잠시 아무 말 없이 무엇을 곰곰이 생각하더니 말을 꺼낸다.

"옛날에 백 운학 선생님께 사주 감명을 받은 적이 있어요. 그

때 백 운학 선생님이 '너는 어떤 어려움을 당해도 어려움이 너를 피해 나갈 것이다.' 그렇게 말씀하셨어요. 그러면서 58세부터 재물의 아쉬움을 느낄 것이고 60이 되면 힘들 것이다. 하지만 65세에 한 번은 예전처럼 일어날 것이다. 하시면서 종이에 적어 주셨어요. 다른 것은 다 정확한데 그 부분이 조금 틀린 것 같아요."

"그 감명지를 아직도 가지고 계십니까?"

"예, 서류를 정리하다가 우연히 찾았어요. 기록 중에 수술을 다섯 번 한다고 했는데 정확하게 다섯 번을 수술했어요. 또 수술할 일은 없겠어요?"

"네 번이면 된다고 했는데 다섯 번 했다고 하니 그럼 한 번 더 할 것입니다."

"수술을 한다면 어디가 될 것 같습니까?"

"그 때는 아마 관절이나 혈압에 문제가 발생할 것 같습니다."

庚戌의 편관 살(煞)에서 바라보면 수술을 네 번만 하면 된다고 한다. 辰戌土가 있어 비만이니 분명 관절과 혈압에 문제가 생길 것 같다. 신의 세계에서 편재는 아버지 신으로 보는데 신명제자의 명조 일지에 편재가 자리하면 재물에 인연이 많다. 특히 土가 편재이면 더욱 확실하고 부동산 쪽이다.

"선생님 제가 지금 불사를 하나 계획 중에 있는데 그게 이루어 질까요?"

"어떤 불사를 하시려고요."

"뭐라고 말하면 좋을까? 종합휴양타운 이라고 할까요. 부처님을 모신 절인데 거기서 기도도하고 요가나 수련도 하고 공부도 하고 휴양시설이 있어서 나이 드신 분들은 들어와 살기도 하고 온 가족이 찾아와서 쉬기도 하고 기도도 할 수 있는 그런 종합 휴양시설을 하나 만들고 싶은데 선생님 생각에는 어떻겠어요?"

"나는 조금 다른 견해를 가지고 있습니다. 절을 지으시는 것은 좋은데 규모를 축소하셔서 무리한 투자는 하지 않으시는 것이 좋을 것 같습니다."

"지금 준비가 잘 진행되고 있어요. 이것이 완성되면 제 이름으로 하지 않고 법인을 만들어서 아들, 딸, 손자 앞으로 하려고해요."

"어떻게 하시던지 규모를 줄여서 하십시오. 명조에 확실하게 드러나 있습니다."

"어떻게요?"

"甲辰에 피운 꽃은 庚戌에 꺾인다고요. 그리고 여기 년주의 壬辰에 드러나 있습니다. 자금이 부족하다고……"

감명이 끝나고 새로 지은 따뜻한 공양을 대접받는 자리에서 자신이 굿 당을 운영하고 있는데 굿 당에서 숙식을 제공해 줄 터이니 자리 잡고 며칠 머물면서 자신의 제자들을 감정하여 주길 청하였다. 안산과 성남, 김천, 대구, 포항, 경주로 선약이 되어 있어서 지금은 곤란하고 다음기회에 꼭 오겠다고 약속을 남기고 돌아왔다.

❈ 어머니의 대를 이어서 무녀로…

시	일	월	년	(여)
丁	丁	甲	戊	
未	未	子	午	

乙	丙	丁	戊	己	庚	辛	壬	癸	대운: 역행
卯	辰	巳	午	未	申	酉	戌	亥	
81	71	61	51	41	31	21	11	1.5	

이 분의 어머니는 전국적으로 이름난 유명한 무녀이다.

어머니가 일찍부터 신을 받아 무녀로 살아왔고 아버지는 자신이 태어난 직후에 떠나버려서 얼굴도 모른다고 하니 가정사만 놓고 본다면 불우하기 그지없는 환경에서 성장 했다고 한다. 다행인지 불행인지 어머니가 이름난 무당이라 돈 만큼은 재벌 자식들 부럽지 않게 쓰고 살았다고 하는데 어쩌면 그것이 그녀의 삶을 망가뜨리는 또 하나의 요인이 되었는지도 모른다.

"선생님 저는 어머니가 무당이라서 그냥 덤으로 신(神)을 받은 것 같아요."

하며 웃지만 어딘지 씁쓸한 기색을 지울 수가 없다.

"무당은 대물림 되는 것이 아닙니다. 동생을 보세요. 같은 어머니의 자식이지만 평범하게 잘 살고 있잖아요."

"하긴 그러네요. 힘들 때면 엄마를 미워하고 원망도 많이 했지만 이제는 그냥 체념하고 받아들이려고 해요."

그럼 무엇이 이 젊은 여인을 신의 제자가 되게 하는지 명조를 풀어보자.

"이 사주를 보면 丁未가 일주와 시주에 나란히 서서 중간에 亥水를 부르고 있어요. 이게 무슨 말이냐고 하면 그 사이에 丁亥와 丁卯를 숨겨두고 있는데 하나는 천상의 약명 동자이며 하나는 글문 동자라고 합니다."

"그런 것 같아요. 엄마가 나는 동자가 둘인데 약명도 있고 글문도 있어서 똑똑하게 잘 할 거라고 했어요."

"여기에 있는 이 未土는 양 대신인데 한쪽은 어머니 것이고 하나는 아버지 것이라고 합니다. 그러니 애초에 신의 손길을 벗어날 수 없는 것입니다."

"맞아요. 잘은 모르지만 아버지도 법사였다고 들었어요."

"戊午 양인은 12살에 神을 알았다고 하고 25살에 신 내림을 했다고 합니다."

"어릴 때부터 집에 오는 사람들이 다 무속인들 이니까 보고 듣는 소리가 다 그런 이야기라서 무엇이 보이거나 느껴져도 조금도 이상하게 생각하지 않았는데 사춘기가 되면서부터 심하게 갈등을 겪었어요."

이 사주에 원진이 있으니 심한 갈등은 당연한 것이고 식상이 강하니 부모에게서 받는 스트레스를 소비와 사치로 풀었으리라. 그리고 좀 더 자라서는 명품으로 도배를 하고 해외로 돌아다니며 도박과 향락에 빠져 돈을 그야말로 물 쓰듯이 했다고 한다. 결손가정에서 형성된 마음의 빈자리를 가장 손쉽게 채울 수 있는 것이 사치와 유흥 그리고 도박일 것이다. 무분별한 사치와 도박으로 없앤 돈이 강남의 웬만한 빌딩 한 채 값이라고 하니 그저 놀라울 뿐이다.

"한참을 정신없이 헤매고 살았는데 지금은 철이 들었는지 그 모든 것이 부질없다 싶고 그냥 순종하며 살자고 생각하고 있어요."

"빨리 철들어서 다행입니다. 이 사주는 항상 사치하지 말고 검소하게 살며 끊임없이 수양하며 자신을 다스려야 한다고 합니다."

"그럼요 철들었지요. 지금은 조용하게 엄마가 하는 일을 이어받아 계승하려고 열심히 기도하며 배우고 있어요."

그러나 甲子와 戊午의 상충(相沖)으로 36살까지는 어렵다고 생각되며 이후에도 子未 원진이 있어서 짜증을 많이 내고 심적 갈등이 심할 것 같아 보인다. 식상이 강하니 자신을 잘 다스리지 못하면 심한 소비와 사치 때문에 재물을 지키는 것도 어려울 것으로 생각한다. 하지만 세상의 어머니가 다 그렇듯 이 여인의 어머니도 자신의 딸을 믿고 자신이 일구어 놓은 모든 사업을 넘겨 주려고 작심하고 있었다. 명조에 이렇게 충이나 원진이 많이 있으면 인간사든 신명이든 원만하게 흘러갈 수가 없고 많은 파란과 우여곡절이 따른다고 본다.

초반에는 어머니의 재력으로 헤쳐가고 있겠지만 어머니의 재물이 丁未의 57세에 극(極)에 달하고 63세 즈음에 심한 어려움이 닥친다고 하는데 그 때를 잘 넘길 수 있을지⋯ 만약 잘 참고 견디면 52세에는 상당히 이름을 날리는 유명한 무속 인이 될 것이다. 그것은 丁未가 양쪽에서 바라보는 신명이기 때문이다. 또한 식신 생재의 원칙에 의해 많은 재물을 창출할 수도 있다고 생각한다. 그러나 과연 이러한 사주로 어머니의 뜻에 부합하는 대단한 성공을 이루어낼 수가 있을까? 未土의 자식이 분명 둘이라고 하니 역시 신명의 제자로 보이며 아마도 대를 이어갈 것 같다.
이것은 또한 양 세존으로 아버지 쪽과 어머니 쪽을 둘 다 모셔야
한다는 이야기도 된다.

⊠ 신(神)이 없는데 세존(世尊)이라

시	일	월	년	(여)
○	癸	丙	戊	
○	酉	辰	申	

丁	戊	己	庚	辛	壬	癸	甲	乙	대운: 역행
未	申	酉	戌	亥	子	丑	寅	卯	
89	79	69	59	49	39	29	19	9.6	

　신명(神命)을 감정하고 있는데 바로 옆 법당에서 누군가 한
참을 흐느껴 운다. 조금 있으니 누가 들어가서 달래는 것이 아니
라 또 우느냐고 나무라는 소리가 들린다. 다른 이들의 감명이 거
의 끝나갈 무렵 부스스한 얼굴로 들어오는 이 사람의 눈가가 촉
촉하다. 마음고생이 심한지 얼굴에는 기미가 잔뜩 내려앉아 있
다. 자꾸 다른 사람들 눈치를 살피는 것 같아서 다 내보내고 독대
를 했다.
　"무슨 사연이 있어 그렇게 우시나요?"
　분위기를 풀어 줄 요량으로 짐짓 웃으며 눙치고 들었다.
　"사연은 없어요. 그냥 답답할 때 울고 나면 속이 좀 후련해져

요."
"그래도 너무 자주 울면 남들이 울보라고 놀리잖아요."
"제가 우는 것도 있지만 신명에서 울리는 것도 있어요." "신을 받으셨어요?"
"지금은 세존만 모셔놓았는데 내년쯤에 신(神)을 받을까 해요."
내년쯤에 한번 받아 볼까요? 너무 수월하게 대답한다. 이 어리석은 보살님아 신명이 무슨 마트에서 파는 가전제품인 줄 아시나. 내년 쯤 해서 장만하시게……
"세존은 왜 모셨어요?"
"제가 장사를 하는데 업 대감으로 모셔서 장사를 하면 돈을 많이 번다고 해서요."
스토리 빤한 한편의 단막극이 펼쳐진다. 눈에 돈 딱지가 들러붙어서 다른 것은 아무것도 안 보이는 무녀랑 돈 사탕의 달콤함에 홀딱 넘어간 보살이 벌이는 환상의 드라마다.
"보살님 생년일시를 정확히 불러주세요."
"생일은 아는데 태어난 시를 몰라요."
"대충 얘기 해봐요. 첫 닭 울 때라든지 소여물 줄 때라든지"
"우리 엄마가 자식을 너무 많이 낳아서 시간을 모른대요."
"시간 없이 그냥 봐도 이 명조에는 신이 없어요. 신하고는 인연이 없는 사람입니다. 그런데 어째서 세존을 모셨을까요."
"여기 오기 전에 다른 법사한테 다녔는데 거기서는 신을 모시라는 얘기는 안 했어요. 그런데 여기 엄마한테 다니고 장사를 시작했는데 업 대감을 받아놓고 장사하면 돈 많이 번다고 해서 했어요."

"세존을 받들고 장사하니까 잘 되던가요?"

"그러게요. 왜 그렇죠? 세존을 받았는데 왜 장사가 안 되는 거예요? 손님도 없고 가게세도 석 달 씩이나 밀려서 미치겠어요. 장사고 세존이고 다 엎어버리고 싶어요."

목소리에 울분이 가득 차 있는 것이 여차하면 또 울겠다.

"내년에 신을 받는다면서요?"

"여기 엄마가 신명이 다 차서 받아야 한다고 해요. 안 받으면 우리 딸한테로 간다고 하니 어떻게 하겠어요. 내가 받아야지"

여기서 드라마에 스토리가 약하니까 딸이 등장한다. 단골메뉴다. 자식에게 신의 손길이 간다는데 누가 간 크게 거절하겠는가?

"다시 말하지만 보살님은 신의 길을 갈 사람이 아닙니다. 그리고 모시지 않아야 될 세존을 모셔서 보살님도 신명도 다 같이 고생하고 계십니다."

"세존 모신다고 굿하면서 돈도 많이 들었는데……."

"그게 다 욕심 때문에 생긴 일 아닙니까? 내가 이만큼 투자하면 신명에서 열 배, 스무 배, 갚아주겠거니 바라고 한 것이잖아요. 말하자면 투자 한 셈이지요. 투자해서 날렸다고 생각하고 돈 생각은 잊어버리세요. 안 그러면 마음만 더 상해요."

"꼭 돈 때문만은 아니었어요. 제가 신 줄이 세서 남편이 자꾸 등을 돌린다고 해서 남편도 돌려세우고 돈도 벌고 싶고 해서 한 거예요."

"신 줄이 없다는데 자꾸 찾으시네요. 법사나 무당 집에 자주 찾아가십니까?"

"서울에 살 때 한 동네에 법사가 있었어요. 우연히 식당에서 마주쳤는데 초면에 대뜸 그러는 거예요. '알맹이는 남 주고 껍데

기만 데리고 사는 구나' 깜짝 놀라서 쳐다보니 저 보다 어린 남자가 웃으며 그러는 거예요. 그게 맞는 말이거든요."

"보살님, 무당이나 법사가 하는 소리가 다 어디에서 나오는지 아십니까?"

"신명에서 가르쳐주겠지요."

"맞습니다. 신명이 실려서 알려줍니다. 그럼 그 신명은 어떻게 아는지 아십니까?"

"그거야 신이니까 당연히 알지 않겠어요."

"안 그래요. 우리는 항상 생각을 갖고 살아요. 그 생각이 기(氣)로 발산되는데 이렇게 발산하는 기를 神이라해요. 다른 신들이 이것을 감지해서 읽어 내는 거예요. 말하자면 내 머리 속을 해킹하는 거지요. 보살님이 머릿속에 남편생각을 하고 있을 때 그 법사가 보고 아는 거예요. 물론 신명에서 가르쳐 줬겠지요."

"그럼 내가 아무생각을 안하고 있을 때는요?"

"아무 생각 안하고 있기가 사실은 아주 어려워요. 가만히 앉아서 좌선을 해보면 알 수 있는데 그 많은 생각들이 어디에 들어 있었는지 끝도 없이 쏟아져 나와요. 생각하지 않으려고 하면 할수록 더 많은 생각들이 떠오르지요. 보살님은 왜 남편 생각을 그렇게 많이 했어요. 남편하고 잘 못 지내세요?"

"한 집에 사니 남편이지 방도 각자 쓰고 그냥 남남 이예요. 집에 와도 눈길 한 번 안주고 말 한마디 안 하는 사람이 무슨 남편이에요. 차라리 혼자 살면 속편하겠는데 죽어도 이혼은 안 해준대요. 아마 날 괴롭히려고 사는 것 같아요. 그래서 내 일을 가져서 돈을 벌면 내 맘대로 할 수도 있고 좋을 것 같아서 싸우고 싸워서 빚까지 얻어서 식당을 시작했어요. 그러니 잘 해보고 싶은 욕심이 생긴 거지요."

"신 줄이 세다고는 누가 그래요? 법사가요?"

"아니요. 그런 말은 안하고 기도 하라고 했어요. 그 법사는 남편이 저한테 마음이 없어서 그런다고 마음을 돌리게 하려면 법당에 와서 쌀 올리고 매일 기도 하라고 했어요."

"거기서는 금전적으로 크게 손해 본 것은 없었어요."

"글쎄 그걸 어떻게 말해야 되나?"

"왜 물어보느냐면 법사가 초면에 말을 건네는 걸 보니 작업을 걸었던 것이 아닌가 싶어서요. 그냥 순수한 맘에서 도움이 되라고 말해 주는 경우도 물론 많이 있어요. 그렇지만 굳이 남의 아픔을 헤집어 내서 말하는 것이 좀 그러네요."

"그 법사가 주식을 해요. 그래서 돈을 불려달라고 맡겼어요."

"자기한테 맡기라고 하던가요?"

"꼭 그렇게 말한 것은 아니지만 유도는 했다고 봐야겠죠. 우리는 돈 관리를 남편이 다 하고 난 생활비를 타서 쓴다고 하니까 여자들도 자기 돈이 있어야 한다고 꼬불쳐둔 돈이 있으면 자기가 가르쳐 줄 테니 주식을 해 보라고 했어요. 겁이 나서 못한다고 하니까 자기를 믿고 해보라고 해서 그냥 알아서 해달라고 맡겼어요."

"아니 그렇게 쉽게 돈을 맡겨요? 생활비 쪼개서 돈 모으느라고생 많이 했을 텐데"

"그 집에 드나들면서 가만히 보니까 사람들이 그 법사한테 맡겨서 돈을 불리고 고맙다고 인사도 하고 그랬어요. 그래서 안심하고 맡겼어요. 모르는 내가 하는 것보다 아는 법사가 하는 것이 낫겠다 싶어서요."

"그래 많이 벌었어요?"

"주가가 하락해서 그렇다고 절반에 절반도 못 건졌어요. 언니 돈도 빌려다 넣었는데 모자라서 보태서 갚았어요."

"주식통장은 확인 했나요?"

"법사가 다 관리했어요. 제가 주식을 몰라서요. 사실 좀 찜찜해요. 그래서 멀어지고 안 가게 됐어요. 왜 남들은 잘되는데 나는 안 될까요?"

"그게 인연이고 내 복인 것을 어쩝니까. 앞으로도 돈에 욕심내지마시고 남의 말에 혹하지 마세요. 사주명조에 없는 돈인데 세존 모시고 신 받아서 부자 된다면 어느 누구가 안하겠습니까? 생각을 달리 가지세요. 식당에 오는 손님들 하나하나 상냥하고 따뜻하게 대해주시고 음식도 정성껏 만들어서 대접하면 돈은 저절로 따라옵니다."

"세존단지는 어째야 될까요? 그냥 없애면 안 된다면서요."

"받아 모신 것이니 어쩔 수 없어요. 신 엄마하고 잘 상의해 보세요. 신은 인연에 없으니까 받지 마시고요."

"세존단지 때문에 머리가 아파서 죽겠어요. 일이 손에 안 잡혀요."

어리석고 미련한 중생의 욕심이 서로 맞물려서 선택한 것이 상처가 되어 가슴이 시리고 생각이 세존에 걸리다보니 만사가 엉클어져서 되는 것이 없다고 한다. 욕심이 앞선 미련하고 어리석은 생각을 버리고 주어진 현실 속에서 건실하게 살았으면 차라리 편안 할 것이다.

또한 무속 인들도 재물 욕심에 세존이다. 무당 팔자다. 네가 하지 않으면 자식으로 내려간다는 등 협박을 함부로 일삼는 것이 얼마나 무거운 업보인지 한번쯤은 깊이 생각해봤으면 좋겠다. 답답한 마음에 남의 신당을 찾아 흐느껴 우는 이분은 삶의 의욕을 대부분 상실한 것처럼 보였다.

✖ 허주로 큰소리치는 선무당

시	일	월	년	(여)				
丁	己	乙	戊					
卯	酉	卯	子					
丙	丁	戊	己	庚	辛	壬	癸	甲	대운: 역행
午	未	申	酉	戌	亥	子	丑	寅
86	76	66	56	46	36	26	16	6.7

이번에는 황당한 경우다. 웃기기도 하고 안 됐기도 하고 한편으로는 괘심하기도 하다. 잘 아는 분이 자신과 오랜 세월 친구처럼 지내는 보살이 있는데 아주 영험하다고 했다. 영험한 보살이 궁금해서 먼 길을 나섰다. 경기도 성남시에서 버스를 내리니 오랜만에 오는 이 동네가 옛날에 그 시골 동네가 아니다. 도로도 건물도 사람들도 아주 북적거린다. 신도시가 어쩌고 하더니 진짜 번쩍 거리는 새 도시로 변해 있었다. 그래도 아직 개발이 덜 된 변두리 동네를 부슬부슬 비를 맞으며 영험한 보살을 찾아 들어갔다. 자리를 잡고 앉는데 이 보살은 손님을 보고도 혼자 부산하다.

"안녕하세요. 보살님 처음 뵙겠습니다. 영험하시다는 소문 듣고 찾아왔습니다."

"안녕하세요."

얼굴도 보이지 않고 마른 가랑잎 구르듯 감정 없는 인사만 건너온다.

"저는 역학을 하는 사람입니다. 사주 속에 들어있는 신명 찾는 법을 오랫동안 연구해서 만들었는데 그것을 실제 활동하시는 제자들에게 검증을 받고 싶어서 이렇게 왔습니다."

사전에 지인을 통해 양해를 구하고 허락을 받고 올라왔지만 다시 한 번 정중하게 말씀드렸다.

"보살님 상호는 장군보살이시고 생년일시는 어떻게 되십니까?"

"그런 걸 왜 물어?"

대뜸 반말이다. 이 때 시작된 반말이 끝까지 이어진다.

"예, 말씀드렸듯이 사주명조 속에는 어떤 신명이 어떻게 내린다고 신명이 내려오는 길이 적혀 있는데 그걸 증명해 보려고요."

"사주로 어떻게 그런걸 알아? 척 보고 알아야지."

이번에는 냅다 소리를 지른다. 느닷없이 터진 고함에 일행들도 다 같이 어리둥절해서 보살만 쳐다본다. 왜 그러시나? 왜 화가 났는지 몰라 서로 눈치만 살핀다. 소개하신분이 입장이 난처하신지 중재를 나선다.

"아니 이 사람아 뭘 그렇게 화를 내나. 보살이 모신 神하고 명조에 있는 神하고 맞나 안 맞나 맞춰보는 건데. 난, 당신한테 꼭 필요하다고 생각해서 모시고 왔어. 내 신명(神命)이 정확하게 내렸는지 알아 볼 수도 있고 언제 어떤 神으로 바뀌는지도 알아

볼 수 있잖아. 다른 보살들은 찾아와서 봐달라고 사정을 하는데 뭐 그리 대단하다고 유세야."

지인의 얘기를 듣고 자기에게 필요하다고 생각했는지, 지인을 보기 미안해서 그런지 퉁명스럽게 생년일시를 불러준다. 명조를 적어두고 보니 지지에 형(刑), 충(沖), 파(破)로 이루어진 것이 상당히 불안해 보인다. 명조가 이렇게 구성이 되어 있으면 신명세계나 일반인이나 똑같이 파격명조가 되어 좋은 사주라고는 보기 어렵다.

"보살님 일주는 己酉이니 불사대신이 몸 주이시며, 설판점사는 시주에 있는 丁卯의 천상 글문 도인께서 보십니다."

하고 조심스럽게 설명을 하니

"아니야. 무슨 소리야 그런 신 아니야."

하며 눈을 부라려 뜬다. 당황스러워서 혹시 내가 틀렸는지 다시 봐도 틀림없다.

"그럼 몸 주 신명이 누구인가요?"

하고 물으니

"그런 걸 왜 물어, 그런 건 혼자만 알고 있는 거야."

하면서 또 버럭 소리를 지른다. 가만히 보니까 신명에 대해서 물어보면 필요이상으로 과민반응을 보이고 큰 소리를 지른다. 사실 丁卯는 천상의 천관 도인선생으로 부적을 쓰시는 분이다. 하지만 卯酉가 충(沖)을 해서 쓸 수가 없다. 그럼 이 보살은 어떤 근거로 자신이 장군이라고 하는지 알아보자.

명조의 장군은 월주의 乙卯이며 편관 칠살(殺)인데 형(刑)과 충(沖)을 받고 있으니 요즘 이야기로 하면 깡패나 불량배인데 이것을 자신은 장군으로 착각하는 것이다. 신명 얘기만 나오면 버럭, 버럭 소리를 지르니 할 수 없이 이야기를 살짝 돌려서 물었다.

"보살님은 언제 신명의 길로 들어섰습니까?"

했더니 금 새 말투가 달라진다.

"내가 아무것도 없이 고생만고생만 하다가 빈손으로 시댁에서 나와서 스물여덟 살부터 돈을 벌기 시작했는데 서른일곱 살까지 벌어서 빌딩을 네 개나 가지고 있었어."

배가 바람을 잘못타고 삼천포로 흘러간다.

"그렇게 잘 나가다가 한 순간에 무너졌어. 한 순간에"

"어쩌다가요?"

"다 신의 조화지 이 길로 가게 하려고, 그렇게 무너지고 神을 받았어."

"그 때가 몇 살이었습니까?"

"그 때가 마흔 다섯 이었어. 神이 오기는 일찍부터 왔지. 일곱 살 먹어서 아무나보고 아는 소리를 하는 거야. 그럼 동네 사람들이 깜짝 놀라서 영특하다고 자꾸 뭘 물어보고했었어."

일주 己酉는 45세에 神의 길을 걷는다고 말하고 7세부터 아는 소리를 하는 것은 시주의 丁卯가 있어서 그렇다.그렇게 시작한 자신의 자랑이 묻지도 않은 나의 점사로 이어지는데 기가 막히고 황당하다.

"당신은 그 앞장서서 다니는 여자를 없애야 돼."

여자라니 누구를 말하는 것인지……

"그 선녀가 손버릇이 아주 나빠. 남의 주머니를 뒤지고 칼로 찢고 그러는데. 소매치기야."

"선녀가 몇 살이나 돼 보이십니까?"

"뭐 열대여섯 돼 보이는데 아주 맹랑 하구만. 그리고 동자가 가로막고 서 있어 그것도 보내야 돼."

동자에 선녀라니 이게 다 무슨 소리인가. 선녀라면 어릴 때 돌아가신 얼굴도 모르는 누님이라고 치자. 그런데 이 누님이 소매치기라고? 내 고향이 경북청송의 주왕산 골짜기인데 거기에서 사람구경도 못하고 살다가 어린 나이에 돌아가신 누님이 어떻게 소매치기가 된단 말인가? 황당한 스토리는 여기서 그치지 않는다.

"고향이 어디라고?"

"경북 청송입니다."

"거기가면 당산이 있지? 가보면 알아 당산이 있어."

당산 없는 시골이 어디 있는가.

"당산에 가면 철조망에 꽁꽁 묶인 할머니가 있어, 그 할머니를 풀어줘야 돼. 그래야 일이 되지 안 그러면 아무것도 안 돼"

"그 할머니가 누군데 당산에 철조망으로 묶여 있어요?"

"그건 가서 일을 하고 고를 풀어보면 알 거 아니야."

그렇다. 작업을 걸고 있는 것이다.

"철학은 볼 줄도 모르면서 무슨 공부를 한다고 그래. 아직 한참 멀었어. 앞길을 가로막는 것들부터 쳐 없애고 당산에 걸린 철조망을 걷어내야 일이 풀리겠어."

지금까지 수없이 많은 신명제자를 감정하면서 신명(神命) 가리도 해주고 神의 고(孤)도 이야기 하였지만 앞길을 가로막는다는 동자 선녀 이야기는 처음 들어본다. 주로 듣는 이야기는 할머니 두 분이 손자를 감싸고 있다. 또는 대단한 신장들이 호위하고 있다.

등짝에 붓을 가득지고 있는 글문 도사가 있다. 등등 많은데 하필이면 동자, 선녀 그것도 소매치기 선녀일까? 납득하기 어려운 얘기들이다. 많은 제자들을 감명한 것을 정리해보면 어느 정도 중심이 잡히는데 그중 한 가지가 자신이 모신 신명(神命)의 수준에 걸맞게 상대방의 신명을 본다는 것이다. 즉 동자신명이면 동자까지만, 조상신명이면 조상까지만 본다는 것인데 자신의 신명보다 높은 단계에 있는 신명은 읽어내지 못하는 것이다. 보살의 이야기를 듣고 있던 일행들은 모두 이보살이 도무지 제 정신이 아니라고 생각했단다. 이쯤에서 결론이 나온다.

이 보살은 바른 神을 모신 것이 아니라 허주를 모시고 있다. 자신이 드러나는 것을 극도로 꺼리고 몸을 사리는 것이나 과장되게 큰소리치는 것이나 있지도 않은 사실을 들먹이며 겁을 주고 굿을 하라고 협박하는 것이 전형적인 허주의 모습이었다. 이 보살은 허주인 乙卯를 신으로 모시면서 손님들에게 거짓말과 협박 그리고 神의 벌(罰)을 들먹이며 많은 돈을 내고 굿을 하라고 강요한다. 헛 폼을 잡는 것이 우습고, 허주의 꼭두각시로 사는 것이 한 편으로는 불쌍하고, 또 한편으로는 이런 씩으로 여러 사람 울릴 것을 생각하니 괘심하기도 하다. 그래서 이 보살을 앓아눕지 않을 정도로 살짝만 꼬집어주기로 했다. 일행들을 먼저 식당으로 보내고 단 둘이 마주 앉았다.

"보살님, 보살님 말씀대로만 하면 모든 일이 잘 되겠습니까?"

"동자 선녀 처리하고 당산에 철조망 걷어내면 잘 풀린다고 했잖아."

"제가 일을 하나 벌여 놓았는데 잘 되겠는지 한 번 봐 주십시오."

"관재수가 있어서 잘 안 돼. 철조망부터 걷어야 돼"

"사실은 제가 지금 외국에 묻힌 금괴를 찾으려고 3억이라는 자금을 줬는데 금괴를 찾을 수 있을지 아니면 내가 사기를 당한 것인지 영험하신 신령님께 한 번 여쭤봐 주십시오."

"일을 하면 틀림없이 된다니까. 우리 신령님이 얼마나 영험하신데. 동자 선녀 처리하고 당산에 가서 고를 풀면 틀림없이 돼. 걱정 마."

"그럼 일을 하는데 얼마나 드려야 되겠습니까?"

"아무래도 좀 많이 들지. 시골 당산에도 가야되고… "

"좋습니다. 삼천. 삼천에 합시다."

"삼천 팔백은 받아야 하는데… 일이 복잡하고 많아서"

"우리는 자질구레한 것은 싫습니다. 딱 잘라서 삼천만원에 합시다. 싫으면 관두시고요."

했더니 잠시 뜸을 들이더니

"신령님이 그렇게 해 주라고 하시네."

하며 검은 속내를 드러낸다.

"그 대신 일은 확실하게 해주셔야 합니다."

"걱정마라. 우리 신령님이 어디 보통 신령님이시더냐"

그렇게 삼천팔백만원짜리 굿을 삼천만원에 하기로 하고 이야기를 매듭지었다. 현재까지 많은 신명제자와 상담을 하면서 느낀 것인데 허주를 모신 제자들은 한결 같이 큰소리치며 위협하고 신명이 드러나는 것을 극도로 꺼린다. 그러나 재물 앞에서는 힘없이 무너진다.

이날 늦은 점심값을 보살이 나서서 지불하려는데 우리 일행 중 한분이 웃으면서 지불했다. 어리석고 미련한 허주는 자신이 놀림당한 사실을 알고 있을까? 아니면 지금도 앉아서 삼천만원짜리 굿을 기다리고 있을까? 내가 더 궁금하다.

❈ 자신도 모르고 이상한 기운(氣運) 때문에…

시	일	월	년	(여)
丙	庚	辛	辛	
戌	午	丑	丑	

庚	己	戊	丁	丙	乙	甲	癸	壬	대운: 순행
戌	酉	申	未	午	巳	辰	卯	寅	
81	71	61	51	41	31	21	11	1.1	

평소에 친분이 있는 분이 자신이 아는 무속 인을 한 번 만나서 감명해주지 않겠느냐고 청을 해온다. 뭐 어려울 것이 있겠는가. 그 자리에서 수락하고 지인의 집을 약속장소로 정하고 찾아갔다. 거기서 만난 여인은 진한 화장과 화려한 옷으로 치장한 모습이 무녀라기보다는 무희에 더 가까워 보였다. 사주 명조를 적어 놓고 보니 확실하게 드러난다. 이 명조의 주인은 아무래도 길을 잘못 들은 것 같다.

"굳이 신(神)을 받지 않아도 되는데 받으신 것 같습니다."

"이것저것 해봐도 잘 안 되고 사는 것이 힘들어서 자주 가는 무속 인에게 갔더니 신을 받아야 풀린다고 해서 받았어요."

한다. 이렇게 또 억지 춘향으로 무녀가 한 명 탄생 한 것이다.

辛丑생 소띠는 섣달 庚金으로 戌시에 태어났다고 한다. 지지에 土인성이 많은 것은 무속으로도 발달 하지만 이렇게 인성이 많이 있으면 무속보다는 오히려 글문으로 가는 것이 더 적합하다.

"보살님은 신을 받지 말고 철학을 배우시는 것이 훨씬 더 좋을 뻔 했습니다. 이 명조는 무속보다는 역학이 더 적합합니다."

"철학은 어렵잖아요. 공부도 많이 해야 되고……"

그렇구나. 이 여인 역시 공부하기가 죽기보다 싫다고 하는구나. 아니지 무당 되기보다 싫다고 해야 되겠지. 아무튼 이 사주가 타고난 운명을 따지자면 방송 작가나 辛金과 丙火의 도움을 받아 작사가의 길을 갔으면 순탄하게 잘 살 수 있는 사주이다. 그러자면 학창시절부터 열심히 노력해야 하는데 재성 운에 밀려서 공부는 뒷전이고 놀고 즐기는 것이 우선이라 좋은 시절을 흥청망청 보냈으니 인생의 첫 출발부터가 잘못된 것이다.

그렇게 감각에 의지해 살다가 삶이 힘들고 어려워지니 신명의 길이 운명인 줄 알고 신 내림을 선택했지만 후회하는 것은 당연하다.

자신이 알고 선택해서 가는 것은 많은 도움이 되지만 무속인들이 흔히 하는 것처럼 신명(神命)에서 이야기 하는 대로 하다 보면 자신도 모르고 증명도 안 되는 일이 너무나 많다. 사람들은 자신의 생각을 기(氣)로 발산하는데 이렇게 발산하는 기를 神이라 하며 다른 신들도 이런 것을 읽을 수가 있다. 즉 내가 곁에 있는 친구에게 이야기 하면 다른 사람도 들을 수가 있는 것처럼 말이다.

신명에서 전해주는 것은 다른 사람의 생각을 읽어서 알려주는 것인데 요즘 말로 하면 해킹이라고 할 수 있다. 그렇게 생각을 읽어서 이야기 해주니 왜 그런 생각을 하게 되었는지 그 이유는 전혀 모를 수밖에 없지 않겠는가. 어려운 현실에 부딪혔는데 원인을 파악하고 헤쳐 나갈 생각은 하지 않고 그냥 뜻대로 하소서 하고 머리 숙이고 엎드려 버린 것이다.

"어렵지만 이기고 나가면 더 많은 성공이 보장되지요."

"역학도 잠시 배웠는데 너무 어려워서 그만 뒀어요."

옆에서 듣고 있던 지인이 안타까운지 어떻게 하면 되느냐고 물어온다.

"이 왕에 받은 신인데 지금 와서 물릴 수도 없으니 어떻게 하면 되는지 좀 알려주세요."

"庚午의 신기(神氣)는 타고난 보살이지만 비겁과 인성이 강해서 신명에게 순종하려고 하지 않을 것 같습니다."

했더니 어떻게 하면 되는지 방법을 알려달라고 한다.

이 명조 신으로 풀어보자. 년주와 월주의 辛丑은 조상대에 승려가 있거나 종교인이 있었다고 이야기 한다. 그리고 할머니나 어머니가 두 분 일수도 있다. 庚午는 흔히들 하는 이야기로 백말이며 멋쟁이라고 하는데 그래서 이 보살이 남달리 멋을 부리는가 보다. 庚午는 대사 줄이며 시주의 丙戌과 합하고 丙火의 뿌리가 되니 천상의 일월광 대신이시다. 명조에 土인성이 강하고 火를 드러내고 있어서 글문이 우선적이다. 이렇게 인성이 강한 글문 제자를 신명의 길을 가겠다고 한다고 무턱대고 내림을 해주는 무속인도 삶을 쉽게 살려고 하는 본인도 모두 잘못되었다.

"이 명조는 역학을 공부하면 대가의 길을 걸을 수 있어도 신명으로는 어렵습니다."

"사는 게 힘들어서 신을 받았는데 신을 받아도 이렇게 힘드니 어떻게 해야 될지 모르겠습니다."

신의 길에서 길을 잃고 헤매고 있는 이 여인은 무녀도 아니고 일반인도 아닌 어정쩡한 상태로 생계를 해결하기 위해 주점을 운영하면서 살고 있다고 한다. 차원 높은 역학(易學)을 팽개치고 손쉬운 무녀로 살아가려 했지만 그것마저도 힘든가보다. 신명도 몸 주를 잘 만나야지 그렇지 않고 고집 세고 건강한 후손을 만나면 신의 명령에 복종하지 않아서 신명에서도 상당한 고초를 겪는다.

"한 가지 해결 방법이 있는데 해 보시겠습니까?"

"해야지요. 죽지 못해 사는데 무슨 일인들 못 하겠습니까."

말이 청산에 흐르는 물같이 매끄럽다.

"조만간에 재운이 들어올 텐데 이것을 잘 관리해서 고향으로 내려가세요. 고향에 가서 동남간에 적당한 땅이 나오면 매입해서 그곳에서 굿 당을 운영하면 모든 액이 소멸 될 수 있습니다."

그렇게 일러주기는 했지만 재물이란 것은 벌어들이는 사람 따로 쓰는 사람 따로 있는 법인데 이보살의 재물의 임자는 아마도 자식이 될 것 같다. 丙戌의 편관이 하나만 있으면 좋은데 일지에 또 관이 있으니 안방에 남자나 자식을 들이면 재물이 사라진다고 한다. 하지만 아들이라는 태산 같은 인연을 넘어 갈 수 없으니 그 재물은 자식에게 가고 말 것 같다.

✡ 신명(神命)의 제자에서 일반인으로…

```
시  일  월  년   (여)
乙  癸  乙  辛
卯  亥  未  亥

甲  癸  壬  辛  庚  己  戊  丁  丙   대운: 순행
辰  卯  寅  丑  子  亥  戌  酉  申
81  71  61  51  41  31  21  11  1.11
```

평소 알고 지내는 법사에게 놀러갔다가 그 집에서 이 여인을 만났다. 법사의 제자 같은데 정확하게 이야기하지 못하고 엉거주춤하게 신(神)의 길을 가도 되는지 물어온다. 법사의 입장을 생각해서 극구 사양하니 법사까지 나서서 봐달라고 거든다. 명조를 적어놓고 아무리 찾아봐도 신을 찾을 수가 없다. 이런 사주는 신의 제자로 갈 수 없는 사주인데 무슨 인연으로 신을 받았단 말인가.

"보살님 아무리 살펴봐도 보살님이 신을 받은 이유를 모르겠습니다. 왜 신을 받았나요. 무슨 특별한 사연이 있나요?"

"어느 날부터 몸이 좀 이상했어요. 저는 잘 기억이 안 나는데 그 때부터 실성한 사람처럼 헤죽거리며 미쳐서 돌아다녔대요. 그래서 보다 못한 식구들이 무속 인을 찾아갔더니 신이 내려서 그러니 신을 받아야 한다고, 정신병원에 가면 진짜로 미친다고 했나 봐요."

"아무리 그래도 어떻게 잘 알아보지도 않고 무속인의 한마디

에 덜컥 신을 받아요. 이 사주로 신의 길을 선택한 것은 분명한 실수입니다."

"그 당시에 내가 하고 다니는 짓도 그렇고 여러 가지 정황들이 꼭 신이 발동한 것 같았대요."

"명조를 아무리 살펴봐도 신의 기운은 없습니다. 다시 한 번 말하지만 이 명조는 신의 길을 갈 수 없는 명조입니다. 이 명조는 癸亥일주라서 고집이 세고 주장이 강합니다. 일간 癸水가 충(沖)을 받으면 극 신약으로 변해서 잠시 정신장애나 타력의 침범을 받을 수는 있습니다."

"그럼…"

"제가 감정한 결과는 신을 받은 것은 명백한 실수이니 일반인으로 돌아가서 사는 방법을 찾아보십시오."

"저도 이렇게 어정쩡한 상태로 살기는 싫고 일반인으로 돌아가고 싶은데 그러면 이미 모셔둔 신명을 어떻게 해야 할지 모르겠습니다."

그러니 옆에서 듣고 있던 법사가 '업으로 돌려놓으면 된다.'고 한다. 글쎄 받들던 신명을 업으로 돌리고 필요하면 점사로 돌리고 해도 괜찮은 것일까. 이제까지 나는 이런 신명(神命)은 없는 것으로 알고 있다.

"월지에 未土의 세존이 있으므로 처음부터 세존을 모시면 되는데 내림을 해서 힘들어 졌네요."

"저는 그 당시 정신이 없어서 기억나는 것이 아무것도 없고 무녀의 말이 '신병(神病)이 정신병으로 왔으니 빨리 내림을 해서 신명을 좌정 시켜야 낫는다.' 고 했대요."

"또 궁금한 것은 없습니까?"

"궁금하고 걱정되는 것이 많아요. 앞으로 어떻게 살아야 하는지, 어떤 직업을 가져야 좋을지, 돈은 모을 수 있는지, 결혼은 할 수 있을지…… "

"이 명조는 일반인으로 살아가는 명조입니다. 직업은 乙卯가 식신이라서 애기들 돌보는 어린이 집이나 보육원이 천직입니다. 아니면 간병인도 좋습니다. 그 일을 하게 되면 재물도 모을 수 있습니다. 자신에게 맞는 길을 가면 순탄하며 재물은 저절로 따라옵니다. 亥卯未 삼합(三合)이 있어 정(情)이 많으니 정 때문에 울어야 할 일이 많이 있습니다. 癸亥 일주는 자기주장이 강하므로 앞장서는 것을 좋아하는데 조금 자제하는 것이 좋습니다. 남편복은 별로 없네요. 식신이 많이 있으니 한 번 실패하고 재혼하면 잘 살 수 있다고 하고 癸水 일주는 남자와 나이 차이가 많이 나면 좋은데 보살님은 연하보다는 연상이 좋습니다."

"예전에 병원 원무과에서 근무 했었는데 애기들이 좋아서 나중에 어린이 집을 운영해 보는 것이 꿈이었어요. 그리고 사실은 결혼 하고 싶은 남자가 있는데 이 사람도 병원에서 근무하고 있어요."

"아무쪼록 일반인으로 돌아가서 결혼도 하시고 행복하게 살기를 기원합니다."

"감사합니다. 열심히 살겠습니다."

이보살은 감명하는 내내 나를 하염없이 나를 바라본다. 넋을 놓고 있는 듯 보였다. 팔자에도 없는 신을, 본인이 원하지도 않았는데 덜컥 받아서 안겨놓고 그 무녀는 지금 찾아가면 뭐라고 애기할까? 궁금하다.

이번 사례 또한 무녀의 터무니없는 욕심으로 벌어진 일이다.

무엇으로 왔는지, 신인지, 세존인지도 모르면서 신의 제자라고 자칭하고 함부로 내림을 받게 하는 것은 위험천만한 일이다. 힘들고 어려운 사람들을 이용해서 자기 욕심을 채우는 비양심적인 행위는 사회를 병들게 하는 또 하나의 악으로 근절 되어야 할 것이다. 이렇게 무속 인들의 무지막지한 욕심 앞에 희생당하고 삶을 망치는 일반인들이 너무나 많이 있다. 이제는 무녀들도 각성하고 자신들의 수준을 올려야 할 것 같다.

❋ 퇴마(退魔)를 전문으로 하는 여(女) 법사

시	일	월	년	(여)
庚	辛	戊	己	
寅	未	辰	亥	

丁	丙	乙	甲	癸	壬	辛	庚	己	대운: 순행
丑	子	亥	戌	酉	申	未	午	巳	
85	75	65	55	45	35	25	15	5.11	

경북 대구로 자칭 퇴마 왕이라고 하는 보살을 만나러갔다. 소개하는 사람의 말에 의하면 퇴마를 전문으로 활동 하고 있으며 신(神)을 부리는 능력이 대단하다고 한다. 다른 사람의 몸에 실린 신명(神命)을 자기 마음대로 거두어 들여서 자신이 부리기도 하고 다른 신을 그 사람에게 붙여주기도 한단다. 신에 대해서 많은 이야기를 들었지만 그런 이야기는 또 금시초문이다.

눈에 보이지 않는 신을 잡아서 마음대로 죽이고 살리며 이리저리 옮긴다고 하니 마치 판타지 소설을 보는 것 같다. 사람을 해코지 하는 저급한 귀신이나 허주는 퇴마를 할 수 있다고 해도 올바른 신명을 마음대로 부릴 능력이 과연 있을까? 그런 사람이 전혀 없다고는 할 수 없겠지만 만약 그런 사람이 세상에서 활동하고 있다면 이 바닥에서 고수로, 귀인으로 소문이 떠르르 할 것이고 그렇다면 많은 무속 인을 접하고 있는 나도 한자락 바람으로라도 소식을 들을 수 있었을 것이다. 어쩌면 오늘 세상에 둘도 없는 숨은 귀인을 만나게 될지도 모르겠다.

나는 어떤 대단한 신명이 그녀에게 내려 퇴마를 하는지 무척 궁금하다. 한 참을 약속 장소에서 기다리니 그녀가 온다. 작은 몸피에 치렁치렁한 머리, 눈을 부라려 뜨면 울어버릴 것 같이 연약해 보이는 그녀가 퇴마사라니… 고개가 갸우뚱해 진다. 여태까지 내놓으라하는 퇴마사들을 만나봤지만 한 결 같이 카리스마 넘치고 신체가 건장한 법사나 보살들이었는데 그녀는 좀 의외다. 이렇게 연약해 가지고는 과연 잡귀들이 겁먹고 도망갈까 하는 생각이 든다. 하긴 퇴마는 사람이 하는 것이 아니라 뒤에 계시는 신명이 하는 것이니 그녀의 외모는 차치하고 그녀의 신명들을 한번 살펴보자.

"보살님은 辰월 辛未일주이며 몸 주는 불사 글문 대사이며 또한 할머니로도 보입니다. 년주의 己亥는 외줄에서 들어오는 글문인데 辰亥가 원진이 되어서 들지 못해요. 점사는 丙午의 할아버지께서 보시며 이 할아버지는 丙午의 천상 벼락신장입니다."

"정말 사주에도 신이 나오네요. 신기해요."

"보살님은 신장이 또 한 분 있네요. 월주의 戊辰은 산왕대신장인데 일주를 보호하고 죽은 동생들을 데려다가 당산에서 공부를 가르친다고 합니다."

"동생들도 나와요?"

"시주의 庚寅은 겹재로서 3살 때와 8살 때 죽은 동생들이라고 하며 이 동생들이 년지의 亥水에 合하고 있는 것으로 봐서 정상적으로 죽지 않았고 약물중독으로 죽었을 가능성이 많아요."

"약물 얘기는 모르고요. 어릴 때 동생이 둘 죽었어요."

"이 동자가 庚寅년이 오면 寅중 丙火가 일주 辛金에 合을 해서 명신 동자가 되어서 들어온다고 하네요. 어떻게 죽었는지 한 번 물어보세요. 똑똑한 동자는 자신이 어떻게 죽었는지 알고 있어요."

신을 다루려면 먼저 신에 대해서 비교적 소상하게 알고 있어야 하는데 이 보살은 어인 연유에선지 신에 대해서 잘 모른다. 그래도 퇴마하는 것에는 별 지장이 없는 것일까?

"보살님이 퇴마를 할 수 있는 것은 戊辰의 산신이 신장인데 보살을 옹호해주며 辰중 癸水가 월간의 戊土와 合해서 火로 변하니 이것이 힘이 되어 퇴마를 하며 재물도 들어오는 것입니다."

"신장이 주신이 되는 겁니까?"

"보살님의 주신은 글문 대사인데 천상의 글문이라서 천관도인이라고 하며 이 어른은 8대조부일 가능성이 큽니다."

신명을 감명한 사례를 통계적으로 살펴보면 내림을 많이 하는 제자나 퇴마를 하는 제자들은 공통적으로 신장이 아주 강한 것을 알 수 있다. 신장이 약하거나 없으면 잡귀의 침범에 대항할 수 없으며 자신조차도 지킬 수 없으니 퇴마는 더더구나 할 수 없다. 일반 제자들도 신장이 없으면 손님을 끌어들이지 못해서 별로 이름이 나지 않는다.

"언제부터 신의 기운을 느끼기 시작 했어요?"

"어릴 때부터 神의 기운이 발동했었어요. 초등학교 3학년 때 염라대왕은 울 아버지, 내손은 약손이라고 노래를 하고 다녔어요."

"무슨 뜻인지는 알고 하신 거예요."

"잘 모르고 그냥 그렇게 말이 나왔어요. 좀 더 커서는 친구들하고 놀면서 크면 뭐할 거냐고 물으면 무당 할 거라고 당당하게 이야기 했어요."

辛金은 원래 약한 金인데 이 명조에서는 土가 많아서 강해진 辛金이 주변에 있는 양의기운에 억눌려서 자신감을 상실한 상태로 보인다. 이렇게 주변이 강하면 자신을 감추고 포장하려고 거짓말도 하게 되는데 정확하게 증명할 수는 없다. 과거지사나 지극히 사적인 이야기는 자신만이 알 수 있으며 자신이 감추고자 하면 상대방은 알기 힘든 것이다.

인성이 강하면 거짓말이나 허풍이 심한데 변화무상한 인간의 마음을 어찌 다 알 수 있겠는가 아무튼 기대했던 숨은 귀인은 아닌 것 같다. 감정을 하면서 마주한 얼굴은 할머니 같았으며 이야기를 할 때도 할머니처럼 조근 조근하게 한다. 아마도 인성이 강한 탓이리라.

⊠ 시집의 신(神)이라고 한다

시	일	월	년	(여)
丙	己	丁	甲	
寅	酉	丑	戌	

戊	己	庚	辛	壬	癸	甲	乙	丙	대운: 역행
辰	巳	午	未	申	酉	戌	亥	子	
88	78	68	58	48	38	28	18	8.12	

신(神)을 받고 울긋불긋 신당(神堂)을 꾸미고 향냄새 풍기며 사는 것은 자신하고는 무관한 남의 이야기라 생각했다. 어린 시절에는 할머니가 머리에 쌀을 이고 절에 가면 쪼르르 대문 밖을 나서서 앞장을 섰다고 한다. 무게 잡고 앉아있는 부처님이나 힘든 절은 할 줄 모르고 곱디고운 비구니 스님들 무릎에 앉아서 재롱을 떠는 것이 더 없이 즐거웠다고 한다. 예쁜 스님들이 내미는 맛난 사탕을 얻어먹는 일도 절에 가는 재미를 더 해주었다. 그녀가 태어나서 살아온 곳이 부처님의 숨결 속에서 천년의 시간을 흘러온 경주가 아닌가. 그렇게 절에 대한기억은 아련한 향수가 되고 추억이 되어 남아있었다. 그런 그녀가 시집을 가서 신을 받았다고 한다.

신명(神命)이 내려와도 받을 수가 없어서 갖은 고생을 다하는 그녀를 구원해 준 것은 시 어머니였다. 시 어머니가 돌아가시면서 아들들에게 유언을 남겼다고 한다. 마지막 부탁이니 형수가 신을 받아서 점사를 볼 수 있게 해주라고 했다.

시집 식구들은 모두 천주교 신자들이다. 그녀도 시집와서는 성당에 다니면서 세례도 받고 천주교 신자로 열심히 활동하며 살았다고 한다. 그런 그녀에게 느닷없이 신의 기운이 들어왔다. 제일 많이 반대한 사람은 시동생들이었다. 천주교 집안에 무당이라니 있을 수 없는 일이라고 했다. 그녀도 자신이 무당이 된다는 것이 믿기지 않았고 시동생들 의견에 맞서지도 않았다. 당연히 안 되는 일이라고 무당이라니 그런 것은 꿈도 꾸어 본 적이 없다고 말했다.

그러나 신명이란 알 수 없는 이유로 그녀를 선택하고 놓아주지 않았다. 그녀는 양쪽 어디에도 속하지 못하고 양쪽으로부터 고통을 받으면서 오랜 세월을 견디어야 했다. 자꾸만 존재를 드러내며 위협하는 신을 달래기도 하고 어르기도 하면서 신이 발동하지 못하게 누르며 살았다. 그런 그녀가 보기 안쓰러워 시어머니는 마지막 가시는 길에 아들들을 불러놓고 부탁을 했다고 한다. 이제 제발 형수를 신의 고통에서 해방시켜 주라고. 죽어가는 어미의 마지막 소원이라고.

여자가 시집가서 시가의 神을 받으려면 정관에 合을 하고 있어야 한다. 이 사주는 시주 寅木이 일주와 원진이라서 젊은 나이에는 신이 오지 않는데 酉戌이 合하는 45세경부터 甲己가 合을 하여 시집의 인연이 들어왔다고 본다.

"할아버지 신이 들어 올 때 누구라고 하던가요?"

"그냥 '나는 정씨 집안의 대감 할아버지다' 하고 들어왔어요."

甲木이 己土에 合하여 土로 변하니 남편의 집안 조상인 정씨 집안의 할아버지가 들어오시는 것이다.

"몸주는 己酉의 대신보살이며 점사는 酉丑의 合이 있어 월광 글문 동자가 봅니다."

"첫 아들을 낳았는데 낳고 95일 만에 죽었는데 그 아이가 동자가 돼서 들어왔어요."

이명조의 년주 甲戌은 남편집안에서 오신 대감이며, 월주 丁丑은 일지에 合하니 나의 자식이 되며, 일주 己酉는 불사 대신보살이다. 시주 丙寅은 당산 글문 대감인데 寅酉가 원진이라서 들어서지 못하고 망설이고 있는 신명이다.

"할머니 연세도 있으신데 신을 모시고 있으면 힘들지 않으세요?"

"신을 모신다고 힘들게 뭐있어요. 그냥 항상 감사하고 즐거운 마음으로 청수 올리고 기도하고 그래요."

이제는 울긋불긋한 신당도 즐겁고 마음편한 자신의 아지트가 됐다고 한다.

"몸이 많이 불편해 보이시는데요."

"나이가 많으니 몸이 마음 같지 않아요. 산으로 바다로 기도를 가고 싶어도 마음뿐이에요. 근데 나는 몇 살까지 신을 모시는 거요?"

"시주 丙寅은 78세 까지라고 하며 늦어도82세에는 그만둔다고 봅니다."

일전에 성남에 갔을 때 허주를 모신 보살이 동자와 선녀 이야기를 한 것이 생각나서 여쭤보았다.

"할머니 저는 어떤 신명이 계신 것 같으세요?"

"그야 선생님이 더 잘 아시는데 뭘 물어요?"

"그래도 제가 아는 것하고 할머니가 아는 것하고는 다르잖아요."

하니 한참 방바닥을 뚫어져라 쳐다보더니 입을 여신다.

"7대 조부라고 하시는데요. 높은 관직에 계시는 할아버지신데 철학의 대가이시고 아주 똑똑하다고 하세요. '걱정마라 몇 년 안에 바라는 대로 이루어 질 것이다' 하시네요."

"동자나 선녀는 없어요?"

"누구나 동자도 있고 선녀도 있지만 어른들이 점잖고 어려우면 나서지를 못해요. 제대로 된 집안 아이들은 어른들 앞에서 버릇없이 안 굴어요. 나는 할아버지만 보이네요."

맞다. 이 보살님은 대감 줄을 잡고 글문이 오셨으니 철학을 하시는 글문 할아버지를 알아보시는 것이다. 신장이 강하게 들어오신 분이라면 내게서 강한 신장을 먼저 보게 될 것이다.

이렇게 신명도 자신의 한계 안에서 다른 신명을 알아보는 것이다. 우리 인간들도 아이는 아이들이랑 놀고 청년들은 저들끼리 노인은 노인들이랑 통하지 않는가. 실체를 가진 유형의 세계나 보이지 않는 무형의 세계나 별로 다른 것 같지 않다.

할아버지께서도 중풍으로 고생하시고 할머니도 불편한 몸으로 신명을 모시고 있는데 전혀 귀찮거나 힘들지 않다고 한다. 오히려 즐거운 마음으로 신당을 모신다고 하시니 정말 대단하시다. 하루 속히 완쾌하시여 마음먹은 대로 산으로 바다로 기도 다닐 수 있었으면 좋겠다.

✡ 과연 신(神)의 벌(罰)인가?

시	일	월	년	(남)
甲	丙	丙	庚	
午	午	戌	寅	

乙	甲	癸	壬	辛	庚	己	戊	丁	대운: 순행
未	午	巳	辰	卯	寅	丑	子	亥	
81	71	61	51	41	31	21	11	1.5	

   남들의 눈이 부끄러워 외출도 삼가고 있으며 밖으로 나가는 것이 힘들다고 찾아와서 감정해 달라는 의뢰가 들어와 갔더니 남편의 사주를 감명 해 달라고 한다.
   "알고 싶은 것이 무엇입니까? 궁금한 것을 물어보십시오."
   "지금 남편이 구속되어 있는데 올해 안에 나올 수 있을지가 제일 궁금합니다."
   "아마 금년 己丑년 마지막달에 丑戌 형(刑)을 깨트리고 나올 것 같습니다."
   "선생님은 사주만 보고도 귀신이 씌었는지 아신다면서요. 이 양반한데도 이상한 귀신이 씌었습니까?"
   "간단하게 이야기 하면 조상이 죽으면 신이 되어서 우리가 제사를 지내잖아요. 사람은 누구나 조상이 있어서 태어나니까 모든 사람에게는 신명(神命)이 있다고 보는 것이 맞겠지요. 그 신명의 영향을 많이 받으며 사는 사람이 있고 받지 않고 사는 사람이 있을 뿐이에요."

"저희 애들 아버지는 악(惡)의 없고 순진한 사람인데 어쩌다가 주변 사람들을 잘못 만나서 재산도 다 잃어버리고 전과자가 되어 갇혀 있으니 꼭 귀신의 농간만 같아요."

"이 명조를 보니 부모님, 특히 어머님의 자식 사랑이 지나쳐서 자식의 앞길에 방해가 되었다고 합니다."

戌월 丙火가 午시에 태어나서 寅木의 인수와 三合을 하는데 어머니궁의 戌土가 모든 것을 책임진다고 일주 丙午의 왕성함을 부추긴 것이 잘못이라고 지적하고 싶다. 어머니의 넉넉함 때문에 이 사주는 멍이든 것이다.

부모님은 신흥도시가 들어서게 된 곳의 큰 농장을 가진 지주였는데 이 농장의 일부가 택지 개발에 수용되면서 받은 보상금이 백억에 달했다고 한다. 부모들이 자식에게 손수 고기 잡는 법은 가르치지 않고 편안하게 고기를 먹는 방법만 가르친 결과가 아들이 전과자가 되고 말았다. 어린 시절부터 공부도 잘하고 정직한 아들을 건강하고 바르게만 키웠지 위기에 대처하는 능력은 전혀 가르치지 않았다.

"사업을 하신 것이 잘못 되었습니까?"

"사업이나 제대로 해봤으면 좋게요. 중소기업을 하는 친구가 자금만 대어주면 사장으로 모신다고 하는 말에 바지 사장노릇을 했어요. 토지 보상받은 것을 노리고 찾아와서 자본만 투자하면 자신들이 운영을 해서 이익금을 배당해 주겠다고 하니 이 순진한 양반이 꾐에 넘어간 거예요."

이런 방법으로 속아서 토지보상금으로 받은 돈을 몇 군데에 투자했다고 한다. 처음에는 이익금을 배당해주면서 안심시켜 놓고 얼마 안가서 공장이 어렵다는 핑계로 추가투자를 요구하고 이렇게 수차례 추가로 투자를 하다 보니까 그 많은 돈을 다 털어 넣고도 부족해서 결국에는 부도가 나서 사장이라는 직함 때문에 구속되고 말았다고 한다. 그때가 戊子년 마지막 날을 몇 칠 앞둔 추운 겨울이었다고 한다. 부인의 현명한 판단 아래 위장 이혼을 하고 택지 개발에 편입되지 않은 잔여 토지를 위자료명목으로 부인 앞으로 등기해둔 것이 그나마 재산으로 남아 있다고 한다.

"선생님, 남편이 나오면 무슨 일을 하는 것이 좋을까요."

"이 명조는 천직이 초대형 전문음식점이나 종교 사업입니다. 寅午戌이 合하고 있으니 조상의 음덕으로 종교에 귀의 하던가 아니면 종교를 직업으로 삼는 것이 좋습니다. 寅午戌이 合하는 것은 대중성이라고 보는데 寅木에서 시작한다고 하니 전문음식점이나 종교사업 또는 부동산 임대업이 적당하다고 봅니다."

寅午戌 火局에 甲寅木이 힘들게 버티고 있는 것은 오르지 庚金 조상의 음덕 때문이다. 선대 조상이 물려준 재물은 조상이 원하는 길을 가던지 조상이 원하는 것보다 더 높은 차원의 삶을 살면 지켜지는 것인데 그렇게 하지 않으니 공 줄이 강한 조상으로부터의 벌(罰)이 내린 것이다. 이렇게 신명 줄이 강하면 아무리 많은 재물도 한 순간의 물거품이 되고 마는 것이다.

丙寅의 28세경에 결혼하고 甲午의 32세에 아들을 낳았고 부모가 물려준 재물을 37세부터 재물을 불리는 기술을 배우다가 잃어버리고 48세에는 조상으로부터 물려받은 것도 날려버려야 하는 명조다.

"남편이 수년전부터 역학에 미쳐서 육임과 주역, 매화역수, 민중 의술 등등 이상한 공부를 많이 했는데 그것도 다 이유가 있어서 배운 것이군요."

"수년간 많은 공부를 했으면 선생들이 이 사람의 갈 길이나 운로를 알려주고 본인도 알 수가 있어야 하는데 여기까지 오게 된 것을 보면 본인의 탓도 크지만 선생으로부터 전수받은 명리나 육임이 오히려 독(毒)으로 변한 탓도 있다고 봅니다."

주인공은 명리와 육임 같은 공부를 많이 했지만 선생들이 이 사람의 재물에 눈이 멀어서 등쳐먹는 형국이 되고 말았다. 이 사주는 염상(炎上) 격으로 水운이 오면 불이 꺼져버리는 명조다. 때문에 亥子丑년에는 조심하여야 하는데 특히 戊子년에는 子午왕충(旺沖)으로 심한 고통이 올 것이라고 예견하였다. 이미 丁亥년부터 조심해야 하고 己丑년에는 탕화(湯火)殺로 안절부절 못한다고 하는데 선생들이 바로 가르쳐주어 대처할 수 있도록 해줘야 되는데 자신의 이익에 눈이 멀어 버린 것이다.

"남편이 나오시면 조상의 큰 뜻을 이해하시고 정신세계나 제대로 된 역학 공부를 하시면 이런 위기는 앞으로 없을 것입니다."

合이 많아서 정(情)도 많은 사주이며 丙火는 甲午의 꽃이라고 하니 자신보다는 곁에 있는 사람들을 위해서 살아야 하는 사주이다.

이것이 신명(神命)에서 요구하는 큰 뜻이다.

✡ 역학자인가 신(神)의 제자인가

```
시  일  월  년  (여)
戊  己  戊  戊
辰  巳  午  戌


己  庚  辛  壬  癸  甲  乙  丙  丁   대운: 역행
酉  戌  亥  子  丑  寅  卯  辰  巳
84  74  64  54  44  34  24  14  4.1
```

주변 사람들의 소개로 감명을 받으러 찾아오는 사람들이 더러 있다. 그 분들 얘기를 들어보면 무속 인들을 찾아가면 무턱대고 신(神)을 받으라고 한단다.

전부터 들어왔던 얘기지만 요즘 들어 부쩍 많이 듣는다. 그리고 신명감정을 하러다니면서 나이 드신 제자들에게 많이 듣는 우려의 말이 요즘 얼치기 무녀들이 너무 많다는 것이다. 신의 길을 가야 할 사람 안 가야 할 사람 구분도 없이 마구잡이로 신을 받게 해서 무녀(巫女)는 넘쳐나는데 점사는 안 되고 먹고살기 힘드니까 자기랑 똑같은 수순을 밟아서 얼치기 무녀들을 생산해 낸다고 한다.

그럼 그런 무속 인들에게 당한 무속인들 입장에서 한번 생각해 보자. 알 수 없는 신의 세계를 들먹이고 무시무시한 신의 벌(罰)로 겁을 주니 어지간한 강심장이 아닌 다음에는 그냥 걸려든다. 많은 돈을 들여 굿을 하고 신당(神堂)을 차려놓지만 그 다음이 문제다.

점사는 보이지 않고 이미 받은 신을 처리하지 못하고 아는 것이 없으니 신어미가 시키는 대로 자기와 똑같은 사례를 만들어 내는 것이다. 이렇게 욕심에 눈이 가려 꼬리에 꼬리를 물고 무녀는 계속 탄생하는 것이다.

이번에 찾아오신 분도 그 갈림길에서 갈등과 고민을 하다가 아는 분의 손에 이끌려서 왔다. 사주를 적어놓고 첫마디에

"사주구성이 묘(妙)하게 이루어졌네요. 명조를 보면 테니스 코트에 라이트를 밝혀놓은 것 같습니다."

라고 했더니

"저도 역학공부를 좀 했는데 무속 인들은 열에 열 명이 모두 다 한 결 같이 신의 제자라고 하고 신 내림을 하라고 하는데 정말 신의 제자가 맞는지 아니면 역학을 배워서 그길로 갈 수 있는지 궁금해서 왔어요."

한마디로 다른 것은 다 필요 없고 신명(神命)이 있는지, 그 길이 자기가 갈 길인지만 알려달라고 한다. 요구하는 대로 신명부터 감정해보자.

午月 己土가 戊辰시에 태어났다. 이것은 년 주의 戊戌 5대조의 공덕으로 점지되어 육신의 몸을 받아 태어났다고 한다. 이 戊戌은 힘이 아주 센 장사같이 보인다. 이조상이 못다 푼 한이 있어서 己巳의 후손에게 자신의 원을 풀어줄 것을 요구하지만 巳戌이 원진이라서 조부의 뜻을 저버린다. 조상의 요구는 것은 힘으로 하는 운동이나 이에 관련된 행위를 하라는 것이다.

巳午火의 인성은 몸으로 가르치는 선생이므로 무속인이나 스포츠 선생이 천직(天職)이다. 그러나 본인은 전혀 다른 생각을 하며 살아간다. 년주 戊戌은 죽은 형제이며 월지 午火에 합하면

좋으나 이 午火는 巳火에도 合을 하는데 戌土는 午火를 따라서 들어오고 싶어도 巳戌이 원진이라서 들어오지 못한다.

또한 巳중 丙火와 戌중 辛金이 合水하여 들어오는데 이는 불사대신이 점사를 보는 것이며 글문이므로 당연히 무속보다는 글문의 기운이 강하게 지배한다. 이런 신의 기운을 감지한 무속 인이 신을 받으라고 하는 것이다.

"선생님 정말 신을 받아야 합니까?"

"그것은 본인의 자유 입니다. 신의 제자나 역학인이나 종교인이나 중생구제의 큰 틀에서 놓고 보면 다 같은 직업입니다."

"……?"

"사주 속에 들어있는 신명을 감정해보면 신명에서 하는 이야기를 들을 수 있어요. 무슨 말인가 하면 조상이 죽어 승천하지 못하고 후손의 몸으로 인연되어 들어오는 이유는 자신이 생전에 못다 풀어 한으로 남은 것을 후손에게 기대어 같이 풀어서 해원해 주기를 바라는 것이라고 합니다."

다시 말해서 사주에 드러난 일을 하게 되면 굳이 신을 받지 않아도 얼마든지 평범하고 행복하게 살 수 있다는 이야기다. 그것은 일반인의 명조에서도 마찬가지여서 그 명조의 구성에 맞는 직업을 가지고 살면 무풍지대로써 바람의 영향을 받지 않는다는 이야기다.

"이 사주구성은 처음에 얘기 했듯이 테니스 코트에 라이트를 밝혀놓은 것 같습니다. 보살님이 일찍부터 이런 사실을 간파하고 테니스 코치와 같은 길을 갔더라면 남들보다 뛰어난 실력을 인정받아 순탄하고 행복하게 잘 살 수 있었을 것입니다."

"전 한 번도 운동선수가 될 생각은 안 해봤어요."

"사주 속에 드러난 길을 외면하고 살 때 문제가 되는 거지요. 신명에서는 자기의 요구가 외면당했다고 생각되면 용서하지 않습니다. 정이 없는 무정의 세계라서 칼 같이 냉정하게 쳐버립니다. 그럴 때 신의 벌이라고 할 수 있는 시련이 닥치는 겁니다."

"그럼 이제는 신을 안 받으면 벌을 받는 겁니까?"

"명조에도 불사대신이 글문으로 오시니까 역학을 공부하시면 됩니다. 지금처럼 취미로 하시는 것이 아니고 정확하게 배워서 직업으로 해 보십시오."

역학을 배웠다고 그 길은 어떻겠냐고 묻던 보살이 아무런 대답이 없다. 그 역시 직업으로 삼기에는 역부족인가보다. 잠시 생각에 잠겨있던 보살이 이번에는 꿈 이야기를 한다.

"남편하고는 이혼하고 혼자 살면서 연하의 남자를 알고 지내는데 꿈속에 이남자의 할머니가 살이 하나도 없는 백골의 몸으로 찾아왔어요."

"뭐라고 말을 하던가요?"

"아무 말도 안 한 것 같아요. 찜찜해서 무당에게 갔더니 신이 내리는 것이라고 굿을 하고 받으라고 하는데 아무 말 안하고 그냥 왔어요."

"제 생각에는 이 할머니가 己丑년에 파묘(破墓)하여 화장을 해달라고 하는 것 같아요. 巳火의 장생은 庚金이고 이는 할머니며 丑이 묘궁이라서 巳酉丑 合으로 이렇게 보여주는 것 입니다."

인연 없는 神은 오지 않는다. 더구나 결혼도 하지 않은 남자의 할머니가 어인일로 이 여인의 신으로 온단 말인가? 이는 고의적으로 잘못 해몽(解夢)한 것 같다. 무속인은 이야기할 때 재물 욕심이 앞서서 자기중심적으로 자기 이익만 계산하고 이야기하는 경우가 많다. 잘 가려서 듣는 귀가 필요하다.

하여간 이 사주는 무속으로 가나 철학으로 가나 살아가는 것은 비슷하지만 그래도 역학이 더욱 어울린다. 이 사주는 신강 하므로 신을 누르고 살수가 있다.

❈ 깨어진 세존(世尊) 단지

시	일	월	년	(여)
己	丙	癸	庚	
丑	辰	未	寅	

甲	乙	丙	丁	戊	己	庚	辛	壬	대운: 역행
戌	亥	子	丑	寅	卯	辰	巳	午	
84	74	64	54	44	34	24	14	4.2	

이 명조의 주인은 신명의 제자가 되어서 살아야 할 운명을 타고 났지만 슬기롭게 잘 극복하고 평범한 가정주부로 살아가고 있는 여인이다.

그 험하고 어려운 길을 헤쳐 나오려면 자신의 강한 의지가 제일 중요하겠지만 이 분의 경우 옆에서 이끌어주는 스님이 있어 훨씬 수월하게 그 고비를 넘어 온 것 같았다. 물론 보이지 않는 조상의 음덕도 한 몫 강하게 작용했으리라 생각한다. 그러나 이 분은 자신이 살아온 이야기를 다 숨기고 사주를 감명해 달라고 찾아왔다. 그러나 본인이 아무리 숨기고 싶어도 신명(神命)은 사주 속에서 꿈틀대며 자신의 존재를 드러내고 있었다.

이 명조는 未월 丙火가 丑시에 태어나서 극 신약이 되었다. 명조에 식상이 많아서 남편과의 인연도 약하고 丑辰未土는 자식인데 辰土의 아들이 남편 궁에 자리하고 있는 것으로 보아 남편과의 인연이 더욱 어렵다고 본다.

"보살님 남편은 무슨 일을 하시는 분이세요?"

"조그마한 공장을 하나 운영하고 있어요."

"혹시 서른 중반에 사업이 어렵지는 않았어요? 이 사주대로라면 서른 중반에 한 번 어려움을 겪고 쉰 두 살쯤 되어야 정상으로 돌아온다고 하는데요."

하니 빙그레 웃으며 그렇다고 한다. 26세에 결혼을 했는데 남편이 너무 마음이 좋아서 그런지 친구들이 나빠서 그런지 돈 관리를 못해서 34살에 부도가 났다고 한다. 그 빚을 다 정리한 것이 48세였으며 원래대로 회복한 시기가 52세쯤이었다고 한다.

"남편하고 저하고 사이는 어떻습니까? 우리는 인연이 아닌 것 같아요. 남편하고 살기가 너무 너무 힘이 듭니다."

"이 사주가 원래 남편과의 인연이 약하게 타고 났습니다. 여러 가지로 보아 형식적으로라도 이혼을 하고 떨어져 살면 서로가 더 좋을 것 같습니다."

"그보다 보살님 쉰다섯에 어떤 충격적인 일이 벌어졌다고 하는데 도대체 무슨 일이 있었습니까?"

갑작스런 질문에 당황했는지 잠시 아무 말 없이 손에 든 찻잔만 만지작거리고 있다. 사주를 감명하면서 묻지 않는 말에는 대답하지 않고 의뢰해온 사람에게 상처가 되거나 근심(謹審)이 될 이야기는 하지 않는 것을 원칙으로 하고 있지만 이 분의 경우는 많은 이야기를 감추고 있는데 그것이 정신적인 스트레스로 작용하는 것으로 보여 굳이 질문을 한 것이다. 잠시 망설이던 보살이 입을 연다.

"그때 큰일을 당했어요. 시어머니가 돌아가시고 저도 많이 힘들었어요."

"세존을 파괴해서서 그 일들을 겪으신 것 같은데요."

시주에 있는 己丑이 월주의 癸未와 충돌하는데 이 癸未는 시모가 모시던 세존으로 보이는데 아마도 물을 담아두는 업 세존이었을 것으로 보인다. 이 시기에 자신의 손으로 세존을 파괴하니 서로에게 충격이 왔으며 결국 시모는 돌아가시고 본인은 심한 정신착란을 일으켰다고 한다.

세존이라는 것은 조상이 모셔진 단지이며 사람으로 치면 집이나 같은 것인데 내가 보기 싫다고 귀찮다는 이유로 갑자기 살고 있는 집을 부숴버렸으니 조상님이 노여워하지 않겠는가. 인간들의 세상이나 신명들의 세상이나 별반 다를 것이 없다. 다만 한 가지 육신이 있고 없고의 차이가 있을 뿐이다. 남의 집을 부수면 거기에 해당하는 보상을 해주어야 하며 그러지 않을 경우 보복을 당할 수도 있다.

이것이 인과응보인 것이며 이렇게 쌓인 업을 소멸하려고 종교에 의지하는 것이 아니던가. 조상을 잘 모셔서 안 되는 집안 없으니 지금이라도 잘못을 뉘우치고 해원(解寃)해 드릴 것을 당부하였다. 세존단지를 파괴한 벌(罰)로 어마어마한 시련이 닥쳐왔지만 평소 자신이 믿고 따르던 스님의 조언으로 절에서 경전에 의지하고 기도 정진하여 자신의 위기를 슬기롭게 넘겼다고 한다.

"그때 스님께서 법당에는 인사만 하고 기도는 산신각에 가서 하라고 하셨어요. 산신각에서 몸을 움직일 수 없을 때까지 절을 하다가 엎드려서 참 많이 울었어요."

지금도 그 당시의 일이 떠오르는지 눈시울이 붉어진다.

"스님이 왜 산신각에서 기도하라고 하셨는지 얘기하시던가요?"

"직접적으로 말씀 하신 건 아니지만 스스로 알고는 있었어요."

산신각은 절에서 제일 높은 곳에 위치하고 있는데 이것은 불교가 처음 들어올 때 민족 종교인 산신신앙을 배척하지 않고 인정하고 포용한 결과이다. 그러나 산신신앙과 불교는 엄연히 다른 종교이다. 산신각에서 기도하라고 권유한 스님도 불교와 산신을 확실하게 구별하여 이런 사람은 불법의 보호아래 산신각에서 신명의 길을 달래는 현명한 방법을 선택한 것이다.

지금은 그토록 믿고 따르던 스님도 생(生)을 달리하고 이제는 자식들만 믿고살고 있는데 자식들에게 골고루 사랑을 나누어주지 못한 것이 한스럽고 미안해서 지금도 산신각에 들려 자식을 위해 기도한다고 한다. 힘들고 어려운 신명제자의 길에서 벗어나 이 만큼이라도 살 수 있었던 것은 자신의 끈질긴 노력과 스님의 인도도 있었지만 보이지 않는 조상의 음덕과 당산(堂山)의 위력이 있었기 때문이라고 생각하고 싶다.

조상의 음덕과 뜻을 잘 받들어서 자연의 이치를 공부하면 좋으련만 본인은 그럴 생각이 없다고 하며 그동안 자신이 해온 공부에 만족하는 것 같았다. 어느 누가 감히 장담 할 수 있겠는가 자신의 공부가 완벽하다는 것을······.

❈ 건강하고 멋진 만신의 노(老)보살

시	일	월	년	(여)
癸	己	辛	辛	
酉	巳	卯	巳	

庚	己	戊	丁	丙	乙	甲	癸	壬	대운: 순행
子	亥	戌	酉	申	未	午	巳	辰	
84	74	64	54	44	34	24	14	4.9	

오랜만에 멋진 무녀를 만났다.

칠순의 나이에도 흐트러짐이 없이 등을 꼿꼿이 세우며 걷는 모습이 당당하다. 시원시원한 생김의 겉모습만큼이나 생각하시는 것도 옹골차다. 많은 연세에도 불구하고 여전히 젊은 무녀(巫女)들의 부름에 자신 만만하게 나가고 그들에게 견주어 지지 않는다고 한다.

무녀들이 신명(神命)을 핑계로 술과 담배를 피우는 것이 싫어서 자신은 술과 담배를 하지 않는다고 한다. 또한 신명을 핑계 삼아 주색(酒色)을 즐기며 비뚤어진 욕망을 채우는데 이는 스스로를 속이는 것이라고 단호하게 말한다. 자통(自通)하여 천신(天神)을 모시는 제자는 음주가무를 삼가고 부부관계도 꺼릴 정도로 청결해야한다고 주장하는 모습이 만신(滿神)을 모신 무녀로서 너무나 당당하게 보인다.

작금(昨今)의 무녀들이 아는 것도 없이 신 내림을 하여 재물을 탐내고 신(神)을 부리며 신명을 핑계로 막말에 상식 없는 행동을 일삼는 것을 보면 예의라고는 찾아 볼 수 없는 지경이라며 부끄럽다고도 한다. 지금도 신을 모시는 것에는 조금의 불만도 없고 나름대로 청결하고 정성껏 모신다고 한다. 이 당당한 만신의 신명은 누구신지 감정해 보자.

"辛巳생 뱀띠가 신묘(神妙)한 卯월에 기사회생하는 己巳일 癸酉시에 태어났습니다. 辛巳는 불사대신이며 巳중 丙火와 合水해서 재물을 다스리며, 戊土는 악귀를 물리치는 장군이라고 하네요."

"불사 줄이 있어서 그런지 비린 것은 먹는 것도 만지는 것도 싫어요. 그 전에는 안 가리고 잘 먹었는데 신을 받고부터 그래요."

"년 월주의 辛巳 辛卯는 쌍 작두이며 별상동자로 보입니다."

"어릴 때 잃어버린 아들이 별상동자로 들어섰어요."

"일주의 己巳는 몸 주이며 산왕대신이고 점사도 직접 주장이 보시네요."

하니 그렇다고 한다.

"시주의 癸酉는 제석 불사대신보살이라고 하십니다. 집안에 혹시 불교 쪽 인연이 있으신가요?"

"어디요. 우리 집은 천주교 집안이라 전부다 세례 받은 천주교 신자들이예요."

글쎄 불사줄이 강하게 내려오는데 이는 윗대 조상이 불법을 공부한 인연이라고 한다.

"辛卯는 약명인데 신 침(針)으로도 보고 또는 약초(藥草)를 건조하는 모습으로도 보입니다. 卯酉가 충(沖)을 하는 것은 손으로 두드리는 것 같은데 마사지나 만져서 치병(治病)하는 모습으로 일종의 기(氣) 치료 같아 보입니다."

"약명 줄은 있는데 침이나 다른 것은 하지 않고 산으로 다니면서 약초를 캐다가 아픈 사람들에게 달여 먹이고 해요."

"신이 오신 것은 언제 처음 알았어요?"

"언제부턴지 정확하지는 않지만 뭔가 이상했어요. 내가 생각하는 것이 현실로 일어나고 두고 보자 하면 그 사람이 해(害)를 당하고해서 마귀가 들었나보다고 생각하고 더 열심히 성당에 나갔어요."

이 분은 명조대로하면 24살에 이미 신의 제자로 가야하는데 종교의 특성상 거부하고 지내다가 辛卯의 남편이 31살부터 속이 아파서 약으로 쓰려고 산에 약초를 캐러 다니다가 우연한 기회에 신이 내렸다고한다.

"그때가 음력 칠월 열하루였어요. 산으로 약초를 캐러갔다가 미쳐버린 거예요. 미쳐서 헤매고 다니는데 그 꼴을 하고 집집마다 다니면서 쌀을 걷었대요. 정신을 차리고 보니 꼬박 스무하루를 그러고 다녔다는데 나는 전혀 기억이 안 나는 거예요."

많지도 적지도 않게 한 주먹이나 될 만큼씩 백 집을 다니면서 쌀을 걷고 그 집의 점사를 봐 주었다고 한다. 혹시라도 빠트리는 집은 다음날에라도 찾아가서 그 일대의 집들을 빼 놓지 않고 다녔다고 하니 정신이 나간 사람의 짓이라고 보기 어려웠다.

"자통을 하신 것입니다."

"그렇게 신이 그냥 내렸어요. 따로 굿을 하거나 하지 않았고 열두 신명(神命)이 차례로 내려서 모두 부리고 있어요."

그냥 하는 말이 맞아들고 아는 소리를 하면 주변사람들이 정확하다고 하니 자신도 놀랐다는데 이것이 신의 조짐이었다. 이때가 37세경이라고 하는데 辛卯의 편관은 약명도사이시다. 이런 신명의 인연으로 산으로 약초를 캐고 다니다 스스로 천문을 열어 자통한다.

지금도 어디를가나 자신은 무당이라고 당당하게 말한다고 한다. 무당이 무슨 죄인이냐고 부끄럽지 않다고 말한다. 다만 무당이 천한 대접을 받는 것은 무녀들 스스로 품위를 잃어서 그렇다고 안타까워하신다. 멋진 무녀로 당당하게 살아가시는 보살님께 아낌없는 박수를 보낸다.

타고난 운명(運命)

시	일	월	년	(남)
辛	戊	己	己	
酉	寅	巳	丑	

아직 걸음도 떼지 못하는 아이를 업고 와서 감명을 해달라고 한다. 한 사람의 장래를 아이의 재능이나 역량을 고려하지 않은 채 역술인의 말 몇 마디에 미리 결정짓는 어리석음을 범 할 것 같아서 어린아이의 감명은 잘 해주지 않는다.

그러나 이 아이의 경우처럼 가끔 특별한 경우도 있다. 이 아이는 태어나서 살아갈 환경이 남달리 특이하다. 이렇게 타고난 인연은 어떻게 살아가야 좋은지 물어온다. 아이의 본가가 무속집안이고 부친도 현재 법사로 활동하고 있고 외가 역시 무속집안이다. 양가 모두 무속인들 세계에서는 꽤나 이름이 알려져서 왕성하게 활동하고 있고 재력도 상당해서 삶에 별 애로가 없을 것 같은데도 어린아이의 장래가 궁금하다고 물어온다.

이럴 때가 제일 난감하다. 의뢰를 해 온 사람들이 다른 사람의 앞날을 예견하는 것을 업으로 삼고 그 방면에서 자신들이 최고라고 생각하며 사는 사람들이지 않은가 그런데 왜 자기 자식의 일에는 자신 없어하는 것일까? 아니면 나를 떠보려는 의도인가? 아리송하다. 그러나 표정들을 살펴보니 사뭇 진지하다. 중이 제 머리는 못 깎는다고 자신들의 운명은 잘 안 보이나보다 생각하고 아이의 사주를 풀어본다.

"巳월 戊土가 辛酉시에 태어나서 合과 형(刑)으로 무장하고 천간(天干)에는 겁재로 도배를 하고 있네요. 이것은 배다른 형제도 있을 수 있으며 겁재가 강해서 아빠와는 같이 살기 힘들 것 같고 아장 아장 걸음마를 할 때쯤에는 개구쟁이에 사고뭉치로 자란다고 봅니다."

"아이를 낳고 애 아빠하고는 바로 헤어졌어요."

"그럼 보살님은 결혼을 한 번 더 하실 가능성이 많아요."

"이제 결혼은 안하고 싶어요."

"이 아이의 명조 속에 배다른 형제가 분명하게 드러나 있어서 그래요."

"있어요. 위로 누나하고 형이 있어요."

그런데 이 아이들이 보살과 합(合)을 하고 있지 않은가. 다시 결혼해서 아이를 낳지 않는다면 이 아이의 배다른 형제를 보살이 떠안아야 할 것이다.

"그럼 보살님, 언짢으시더라도 이해하고 들으세요. 나중에 이 아이들을 보살님이 품어줘야 할지도 몰라요."

"내 아이의 형젠데 상황이 그러면 어쩔 수 없겠지요."

아량이 넓은 것인지 아니면 어느 정도 예견하고 있었던 것인지 대답이 시원시원하다.

"선생님 제가 걱정 하는 것은 아시다시피 부모가 다 무당이니 아이에게도 그런 기운이 있지 않을까 싶어서 걱정이에요."

"무당이 생물학적 인자로 유전되는 것은 아니니까 너무 걱정 안 하셔도 됩니다. 다만 이 아이가 강하고 건전한 사고력과 자기 사주에 맞는 직업을 가지고 살면서 환경을 잘 극복하면 훌륭한 사람으로 잘살 수 있습니다. 그것은 저절로 되는 것이 아니고 부모의 노력이 많이 필요합니다."

무속을 업으로 삼고 사는 사람들도 자식문제 앞에서 만큼은 여느 부모와 한 치도 다를 것이 없다. 자식이 남들한테서 소외당하지 않고 건강한 사회인으로 그들 속에서 살아가기를 바라는 것이 그들의 바람이다. 자신은 남들의 눈총을 받는 이런 힘든 길을 가지만 자식들만은 평범하게 울고 웃으며 사람들 속에서 살아가기를 바란다.

"이 아이는 일주가 戊寅이라서 운동하는 사람이나 寅巳 형(刑)이 있으니 강력계 형사나 검사로 간다면 무난할 것이고 이 명조의 직업에 적당할 것 같습니다."

"저도 아이가 그렇게 되지 않을까 생각해요."

"부모들처럼 안 살게 하려면 어릴 때부터 운동으로 정신을 강하게 만들어 주십시오. 그리고 조금 커면 아이가 공부를 안 하려고 할 겁니다. 억지로 시키면 반발심에서 더 안하니까 승부욕을 자극해서 공부를 가르치세요. 제일 좋은 직업은 직업 군인으로 가는 것이고 다음은 강력한 경찰이나 검찰 쪽으로 가면 좋아요.

명조 속에 관운은 없지만 흐르는 세월에서 확실하게 만날 수가 있으니 충분히 가능하다고 생각됩니다."

"그렇게만 되면 더 바랄 것이 없겠어요."

이 사주명조가 하는 이야기를 나이별로 하나씩 살펴서 읽어보자. 년주 己丑은 5세 전에 건강에 심각한 문제가 있을 것이라고 드러내고 있다. 월주의 己巳는 20세까지는 방황하는 시기라고 이 시기를 잘 넘겨야 한다고 이야기를 하고 있다. 그리고 戊寅은 30세에 또 다른 삶으로 전환하는 시기라고 하며 辛酉는 사고를 당할 수도 있다고 한다. 시주의 辛酉는 종교의 세계에 입문해서 수행의 길을 걸었을 때는 50세 전에 도통한다고 한다.

아비의 안일한 생각과 어미의 순간적인 실수가 탄생시킨 무고한 생명체는 친가의 무관심속에 외면당하고 외가에서 어미와 함께 살아가는데 그 앞길이 순탄하지만은 않을 것 같다. 성장기의 아픔이 이 아이의 장래를 결정짓는다.

이 아이의 어미는 巳火로서 산중 선생이라서 굿 당을 하거나 무녀로 산에서 살아가는 팔자이다. 지금도 산속에서 굿 당을 운영하며 살고 있다. 이제 막 삶이라는 여행을 시작한 어린 아이의 먼 길이 즐겁고 순탄하기를 간절하게 빌어본다.

⊠ 신명(神命)의 재물은 사라지고 후회하는 일만…

시	일	월	년	(여)
癸	丙	庚	乙	
巳	午	辰	未	

己	戊	丁	丙	乙	甲	癸	壬	辛	대운: 순행
丑	子	亥	戌	酉	申	未	午	巳	
87	77	67	57	47	37	27	17	7.3	

중년의 나이에 서울에서 화성 땅 깊은 산골로 찾아올 때는 얼마나 가슴이 답답했을까? 나를 만난다고 해결되는 것은 아니지만 그래도 원인이라도 알 게 되었다고 하니 다행이다.

일찍이 신명(神命)의 자식이라는 명패(命牌)를 달고 태어났지만 자신이 누구인지 모르고 그냥 살았다고 한다. 그런 그녀를 신명에서 오냐 너 예쁘다고 그냥 넘어갈 리가 만무하다. 어김없이 매서운 신(神)의 질타가 따른다. 남편을, 재물을, 그리고 건강을, 그래도 응하지 않으면 더 무서운 대가를 치러야한다. 지금 이 분은 모든 것을 잃고 자식 걱정에 노심초사하고 있다.

辰월 丙午가 巳시에 癸水의 관(官)을 띄우고 있으나 癸水는 뜨거운 열기에 견디지 못하고 살기위해서 떠나간다. 40대 중반에 각자의 길을 찾아 웃으면서 돌아선 부부의 이별이 아픔으로 가슴에 자리 잡았다. 그 때는 남편이 떠나가도 이 많은 재산만 지키고 있으면 걱정 없이 살 수 있을 거라고 생각했단다. 일찍부터 신명의 자식으로 가야할 팔자인데 가지 못한 것은 재물의 욕심 때문일 것이다.

 그러나 그 재물은 자신의 것이 될 수 없었으니 자신도 모르는 은밀한 거래가 성립되어 있었다. 이 명조에 드러난 재물은 庚金 편재가 乙木과 合을 하고 乙木은 丙火를 자신의 꽃 인양 놓아주지 않는 모습인데 이것은 재물을 줄 테니 제자의 길로 가라고 유도한 것이다

 조상님이 이 명조에 세존의 모습을 하고 나타나 있는 것은 분명한 이유가 있는 까닭이다. 이것이 또한 巳午未 火국으로 合을 이루고 있으니 피할 수 없는 사연이다. 21세에 할아버지가 꿈으로 표적을 남기고 27세에 제자라고 알리고 35세에 신(神)의 길로 가라고 명시해 놓고 있다. 마지막 경고로 45세까지 신명(神命)의 길로 들어오지 않으면 모든 재물을 앗아간다고 하였는데도 몰랐단다.

 "내가 신의 길을 가야 할 사람이라곤 생각지도 못했어요."

 "전혀 느낌을 못 받았어요?"

 "전혀요. 그냥 남다른 것이 있다면 내가 만지는 것마다 다 돈이 된다는 거예요. 심지어는 택시를 타고 허름한 동네를 지나가는데 담벼락이 허물어진 집이 보이는 거예요. 택시를 세워 놓고 무작정 들어가서 주인하고 얘기해서 그 허름한 집을 이유도 없이 달라는 값을 다 주고 샀어요. 다들 미쳤다고 하지만 반년도 못 가서 새 길이 나면서 보상을 몇 배로 받았지요. 매번 그렇게 돈을 벌었어요."

 "그게 신에서 표시를 주는 거예요. 네 뒤에 내가 있다는 식으로요."

 "지금 생각해보면 이해가 가는데 그 당시에는 정말 몰랐어요.

내가 운이 좋아서 그런 줄 알았어요. 재산을 다 잃고 나서야 내 것이 아니었다는 것을 알았어요."

인간이란 그렇다. 내가 최고고 뭐든지 내가 다 이룬 것이라고 생각한다. 그러나 당하고 나면 안다. 인간이란 신 앞에서 얼마나 나약한 존재인지를.

"이 명조대로라면 신명을 무시한대가로 53세까지 모든 것을 가져가고 54세부터는 건강을 앗아간다고 하는데 건강은 괜찮으세요."

"관절이 붓고 아파서 걷기도 힘들어요. 신장도 나쁘고 혈압도 위험한 상태예요."

火기가 강하니 심장이며 혈압이고 좋은 리가 없고 火氣에 金이 녹으니 관절이 성할 수가 없다. 이토록 신명에서 재물을 주고 제자의 길로 가라고 하는데도 이를 모르고 욕심과 안일한 생각으로 신명을 무시하면 분명히 무서운 대가를 치른다고 보아야한다.

"그런데 선생님, 이제 나는 뭘 해서 먹고살아야 합니까?"

"신명에서 요구하는 일을 하면서 사는 것이 제일 편안하지요."

"이 나이에 신을 받고 굿을 해서 먹고살기는 좀 그렇고 타로를 배우면 어떻겠어요?"

"그것도 괜찮아요."

이제는 자신보다도 자식에게까지 이런 일이 생길까봐 근심이 가득하다. 하지만 인연 따라 신명도 움직이는데 신명이 원하는 직업을 선택해서 살아가면 무탈한 것으로 알고 있다.

신명이란 것이 자신의 한(恨)을 후손(後孫)의 몸을 빌어서 풀어보려고 하는 것인데 이를 무시하면 재물과 건강 그리고 남편이나 직장도 앗아가며 심하면 자식으로 이어진다. 이렇게 무서운 인연을 풀어보자 다음은 딸과 아들의 명조이다.

⊠ 신명(神命)이 바라는 길

시	일	월	년	(여)
庚	甲	丁	丙	
午	子	酉	寅	

戊	己	庚	辛	壬	癸	甲	乙	丙	대운: 역행
子	丑	寅	卯	辰	巳	午	未	申	
83	73	63	53	43	33	23	13	3.3	

인간이 눈으로 바라볼 수 있는 각도보다 보이지 않는 각도가 월등하게 크며 보이지 않는 공간은 신들의 영역이다.

인간은 얄팍한 지식으로 무장하고 만신(滿神)인양 착각하며 살아가지만 이 모습을 신명(神命)의 눈으로 보면 한없이 어리석고 미련하게 보인다. 보이는 세계보다 보이지 않는 세계의 지배를 더 많이 받는다는 것을 생각하고 스스로를 낮추는 자세가 필요하다.

이 명조의 어머니는 신(神)의 선택을 무시한 댓 가를 톡톡히 치루고 있다. 어미에 이어 이 명조의 주인도 신명의 제자로 태어났다. 하지만 신명의 제자라고해서 꼭 무당(巫堂)이 되어 살지 않아도 된다. 신명과 잘 타협해서 신의 한(恨)을 풀어주고 명조에 제시된 길을 가면 무사할 수 있다. 그러면 신명은 이 명조의 주인에게 무엇을 요구하는지 알아보자.

酉월 甲木은 꽃피고 열매가 맺어 익어가고 있으니 힘들어 죽을 맛이다. 피어나는 꽃을 子酉파(破)로 子水가 파(破)로 열매가 터지는 것처럼 보이는데 이것을 직업으로 보면 자기 직업(酉)에서 부적절한 상황(丁)을 문서(子)로 수습하는 모양 이다. 신명은 자신의 원(願)을 이렇게 풀고 싶다고 말하고 있는데 이것은 년주의 寅역마가 시주의 庚午를 보고 슴을 하려고 가는 모양이니 사고 현장에 출동하는 것으로도 보이고 子午충(沖)의 관계이므로 무언가 잘못된 문서를 바로 잡는 일로도 보인다.

년주 丙寅은 일반인들로부터 살아가는 이야기를 해서 시선을 끌어 모우는 것 같이 보인다. 월주 丁酉는 寅酉가 원진이라서 일어나면 안 되는 사고로 보이며 丙火가 丁火로 변화는 모습이 싫다고 하니 이것은 분명히 사고 수습이다. 참으로 특이한 신명이다. 그러나 자세히 살펴보면 자신을 드러내고 알아주길 바라는 신명의 특징을 그대로 보여주는 것이다.

일주인 몸주는 붉게 피어난 화기(火氣)로 무슨 일이든 열심히 할 것 같다. 욕 패지라 하니 이는 子水의 특성상 지친 몸으로 본다. 시주 庚午는 힘들고 지친 몸으로 자신을 통제하고 인내하여 높은 자리에 오르는 것이다. 이렇게 하지 않으면 이 아이 역시 어미와 같은 길을 걸어야 한다고 경고하고 있다.

이 신명의 욕심은 대단하다. 년주의 丙寅은 어릴 때 형제나 친구들 속에서 월등하게 뛰어난 것처럼 보이고 23세 때는 완전하게 꽃으로 피어나는 형상이다. 월주 丁酉는 24살에 우연히 행운이 찾아든다고 말하고 있다. 여기서 신명과의 거래가 시작되는데 빼어난 인물에 능력과 특혜까지 쥐어주고 그 방면에 최고로 키워 줄 테니 그 바탕위에서 자신의 한(恨)을 풀게 해달라고 한다. 이렇게 신명은 자신의 한을 풀려고 모든 일을 진행시키는데 인간은 고분고분하게 따르지만은 않는다. 인간에게는 욕망(慾望)이란 것이 있고 욕심(慾心)이 있고 의욕(意慾)이 있으며 꿈을 가지기 때문이다. 신명은 이런 것에는 관심이 없고 오직 자신의 뜻에 따르기만을 강요한다. 신명과의 거래에 응하지 않거나 신명을 외면하면 일주의 甲子는 그야말로 인생의 빚이 되어서 평생을 두고 힘들게 갚아야 한다.

신명과의 거래에 응하지 않았을 때 어떤 벌이 내릴지도 알아보자. 酉월 땡볕에 甲木의 뿌리는 충(沖)으로, 파(破)로 고통을 받으니 가는 곳마다 위험이 따라다닌다. 남자 복(福)은 사라지고 자식도 잃어버리고 힘겨운 삶을 살아가야한다. 酉金 어미의 건강은 악화되고 寅木의 형제는 午火에 合하여 정신적으로 나약할 것이라고 한다. 갈고 닦는 학문(學文)은 빛을 보기 어렵고 직장(職長)은 파격으로 변하면서 육신(肉身)은 엉망이 되고 만다.

이렇게 신명에서 정한 일방적인 약속이 무섭다. 눈에 보이지 않지만 분명히 존재하는 신명과 자신의 욕망을 잘 조율해서 슬기롭게 살아갈 수밖에 없다. 다음은 이 명조의 남동생이다.

❈ 누가 신명(神命)이라고 하였나

시	일	월	년	(남)
甲	壬	丁	戊	
辰	午	巳	辰	

丙	乙	甲	癸	壬	辛	庚	己	戊	대운: 순행
寅	丑	子	亥	戌	酉	申	未	午	
83	73	63	53	43	33	23	13	3.4	

이 명조의 어머니는 신(神)의 자식으로 태어났지만 신명(神命)을 무시한 죄로 많은 고통 속에 살고 있다. 신의 손길이 자식들에게도 뻗쳐올까 노심초사하고 있다. 누나에 이어 동생의 명조를 살펴보자.

丁巳월 壬午 일주는 甲辰시에 태어나서 큰 산에서 화산이 폭발한 것 같다. 또 한편으로는 엄청나게 큰 가마솥이 벌겋게 열에 달궈져 있는데 한 점의 물방울이 떨어진 형상으로도 보인다. 뜨거운 가마솥은 떨어진 한 점의 물방울에는 치명적이라서 조그마한 충격에도 아주 민감하게 반응 할 것이다.

"아이가 어떻게 안 좋습니까?"

"너무 예민하고 불안초조해서 사회활동은 전혀 못하고 집안에서만 생활을 해요."

사주가 한 치의 오차도 없이 그대로 들어맞는다. 아들을 부를 때도 큰 소리로 부르면 아이가 바로 불안해하며 반응하니 아기 달래듯이 항상 신경써야하고 얼굴표정 말투하나 여간 조심스럽지가 않다고 한다.

"아이가 하도 불안해서 무속 인에게 갔더니 신이 가득차서 그러니 속히 풀어서 받아야 된다고 해요."

"굿을 해서 될 일이라면 그렇게 하면 되지요. 왜 안 하셨어요?"

"그렇게 많은 돈도 당장 없고 내 눈에는 아무래도 신이 아니고 정신적인 문제 같아서요."

"병원에는 데리고 가보셨어요?"

"아직 안 가봤어요. 신이 왔는데 정신병원에 가면 안 된다고 해서 선생님 의견을 들어보고 결정하려고 왔어요."

이 명조를 풀어보면 신(神)의 영역이 아니고 정신분열(分裂) 증세같이 보인다. 壬水는 이 아이의 정신력인데 강한 화기(火氣)로 증발직전에 있으며 자신을 방어할 능력마저 상실한 상태로 보인다. 巳午火는 강한 열기인데 여기에 甲木의 지원이 더해져 열기가 최고조에 달해 있는 모습이다. 壬水가 巳午火의 공격에 견디지 못하고 정신 분열을 일으키는 것은 어쩌면 당연할 것이다.

년주 戊辰은 조상이 큰 산의 산왕대신이며 월주 丁巳는 부모궁인데 부모가 불화하고 어미가 丁壬 合木하여 신의 재물로 살아간다고 말한다. 일주 壬午는 午火가 자형(自刑)이라서 스스로 주저앉고 시주의 甲辰은 건강이 안 좋다고 하며 백호살(白虎殺)이라서 부친과의 인연 또한 약하다고 한다.

12세부터 이상한 증상들이 나타나며 17세부터 부모의 재물이 흩어지기 시작해서 22세에는 완전히 바닥이 날 것이라고 한다. 어미와의 인연이 약하고 일찍 27세경에 결혼하며 35세경에 한 번은 수술을 하거나 건강에 위험이 있을 것이다. 55세경에는 자살이라는 극단적인 선택을 하는 수도 있다.

　명조의 어미는 신명이 그렇게 강하고 무섭게 치고 들어올 줄은 몰랐다고 뒤늦게 후회한다. 신을 너무 가볍게 본 것이다. 다행히 명조의 누나는 자신의 뜻과 신명의 뜻이 일치하여 직업을 통해서 신명을 해원시키고 자신도 살아가는 방법을 택했다. 이 명조 역시 신명의 조짐이 드러나 보인다. 년지의 辰土 시지의 辰土속에 있는 癸水는 형제인데 힘들게 버티고 있는 壬水에게는 태산같이 크게 보인다. 하지만 년지의 辰土속의 癸水는 도움이 되지만 시지의 辰土중의 癸水는 백호의 먹이로 죽은 형제라서 도움이 안 된다.

　"아이의 명조를 감정한 결과 이 아이는 정신분열병적으로 보입니다. 병원치료를 받는 것이 우선입니다."

　"신명을 안 받아도 되겠습니까?"

　"신의 조짐은 있으나 아직은 괜찮습니다. 그리고 누나가 신명을 잘 달래고 해원(解冤)해 나가면 이 아이는 무사 할 겁니다."

　정신분열증은 어미의 강한 사랑과 이해심으로 따뜻하게 감싸주면 완치될 수있다. 신명이 문제인지 나약한 정신이 문제인지 구별하지 못하고 마구잡이로 굿을 처방하는 무속 인이 없었으면 좋겠다.

✻ 서낭당(城隍堂)을 무시하였다는 법사

```
시  일  월  년  (남)
乙  甲  丙  庚
亥  申  戌  子


乙  甲  癸  壬  辛  庚  己  戊  丁   대운: 순행
未  午  巳  辰  卯  寅  丑  子  亥
84  74  64  54  44  34  24  14  4.1
```

한복을 멋지게 차려 입은 법사가 문을 열고 들어선다. 어깨가 적당하게 벌어지고 잘 생긴 얼굴에 눈웃음이 감돌아 여자들 속깨나 썩혔겠다싶다. 이 법사가 옆에 와서 앉아 다른 보살 감명하는 것을 유심히 보더니 말을 걸어온다.

"나도 역학 공부 좀 했는데 선생님은 이상하네요."

"뭐가 이상합니까?"

"사주는 사람들 운명을 봐 주는 것인데 이상한 신(神)을 이야기하네요."

"이상한 신이 아니고 보살님이나 법사님이 모시는 신명(神命)을 이야기 하는 겁니다."

"그러게 그게 어떻게 사주 속에 나옵니까?"

"사주팔자로 타고 나지 않으면 어떻게 신의 제자로 살아갑니까?"

"그럼 나도 좀 봐주세요. 어떤 신이 왔는지."

"월주가 丙戌이니 법사님은 부부가 다 신의 길을 가시는 것 같

습니다."

"이 길을 가다가 만나서 결혼하고 삽니다."

"丙戌월 甲申일주는 절지에 있으며 亥시에 태어나서 비록 고목나무지만 그래도 꽃을 피우고 찾는 이는 없어도 할 일은 많은 사람이라고 합니다."

"몸주는 申金의 편관 할아버지인데 이 분은 강직하고 무서운 분이라고 합니다. 丙戌은 25살 경부터 신명(神命)의 눈을 뜨고 있으며 지지에 戌土를 가운데 두고 申子가 합을 하려고 무진(戊辰) 애를 쓰지만 합(合)하기는 어렵습니다. 戌중 丁火와 申중 壬水가 남몰래 합을 해서 신장으로 모시고 있네요."

"할아버지 성격도 나옵니까?"

이 법사가 적잖이 놀라운가보다. 그러나 벌써 놀라기는 이르다. 놀라운 이야기는 얼마든지 더 있다.

"성격뿐입니까. 법당에 뭘 올려라, 상을 어떻게 차려라 하는 것도 이야기 합니다."

"혹시 신을 받으신 것은 아닙니까?"

"할아버지한테 물어보세요."

했더니 잠시 뜸을 들인 후에

"제자는 아니고 도사라고 하시는데요." 한다.

"도사 이야기마저 할까요? 년주 庚子는 도인이며 월주 丙戌은 7대조 할아버지이며 이 할아버지는 한량이십니다. 일주 甲申은 년지의 子水와 합하는 辰土의 할아버지는 글문이라고 합니다. 이 글문 할아버지는 용궁 대감입니다."

"제가 글문이 있어서 역학 공부를 한 것 같습니다."

"언제 공부를 했습니까?"

"정식으로 한 것은 아니고 직장 다니다가 그만두고 서른일곱 살에 법사가 되었다가 어쩌다가 머리를 깎고 승복을 입게 되었는데 그 때 절에서 살면서 스님한테 조금 배웠습니다."

"그런데 왜 다시 법사를 하십니까?"

"중노릇도 팔자에 있어야 하는 것 같습니다. 마흔네 살에 머리 깎고 4년을 절에서 살았는데 아니다 싶어서 환속을 하니 먹고 살 방편이 없어서 다시 이 짓을 합니다."

파란만장한 드라마다. 이곳 기웃 저곳 기웃 자신의 길을 못 찾아 헤매고 다녔다고 한다.

"丙戌이 戌중 辛金과 합해서 인수가 되므로 말로 풀어내는 한량이라고 합니다. 戌土는 선 거리는 아니고 앉은 거리로 흥을 올리니 申子水에 亥子水는 황천 가는 뱃길이요. 甲木이 돛배이니 일엽편주 배를 띄우고 丙火로 꽃단장해서 영가(靈駕)를 천도하는 형상입니다. 아주 보기 좋습니다."

"그런데 왜 나는 돈이 안 되는 겁니까?"

"일 하러 가기 전에 성황당에 인사는 하고 갑니까?"

"성황당에는 안 가는데요."

"법사님은 일하기전에 항상 성황당에서 먼저 풀고 들어와서 일을 해야 됩니다."

"성황당은 아예 무시하고 쳐다보지도 않고 다닙니다."

"성황당을 무시하면 절대로 돈이 안돼요. 甲申이 절지에 앉아 있고 戌土의 재물은 丙火로부터 생을 받는데 甲木의 뿌리가 없어서 丙火가 戌土를 생해주지 못하기 때문에 성황당을 위해 주어야 합니다. 앞으로 여하한 일이 있어도 성황당에 먼저 인사를 하세요. 성황당을 피하면 재물이 약하고 신장이 약해서 일을 해도 마무리가 잘 안됩니다."

"뭐라고 인사를 합니까?"

"어물거리지 말고 당당하게 말하세요. 이렇게요. '서낭 장군은 들으시오. 아니면 서낭할아버지 내가 왔어요. 돈 좀 주세요. 먹고 살고 남으면 乙亥의 편인이라서 없는 사람 도와 드릴게요.' 하고 강력하게 말하세요."

이는 申金이 편관이므로 강하게 하는 것이다. 그렇게 하고 정한수 올리고 기도하면 거짓말처럼 재물이 모이는데 이 재물을 내게 왔으니 내 것 이라고 혼자만 배불리고 이웃에 베풀지 않으면 68세에 반드시 어려움을 맞이할 것이다.

신명에서 주는 재물은 내 것이 아니다. 어렵고 힘든 이들에게 베풀어 선근(善根)을 심어서 조상을 해원(解冤)하는데 써야한다. 그러지 않고 욕심 부리고 내 자식만 잘 되라고 키우면 반드시 후환(後患)이 따른다.

▨ 기(氣)수련과 신당(神堂) 그리고 일반인으로…

시	일	월	년	(남)			
己	乙	壬	壬				
卯	未	寅	辰				

辛	庚	己	戊	丁	丙	乙	甲	癸	대운: 순행
亥	戌	酉	申	未	午	巳	辰	卯	
85	75	65	55	45	35	25	15	5.5	

한 때 건강이 좋지 않아 건강기공을 배우러 다닌 적이 있는데 그때 함께 수련했던 사람이다. 지금까지 함께 수련한 사람들과 동호회를 만들어 매월 정기적으로 만나고 있으며 나와는 친분이 두터워서 나이 차이가 있음에도 불구하고 서슴없이 친구라고 부른다. 나 역시 형님이라고 부르며 경어를 쓰지만 친구처럼 편안하게 대화를 나눈다.

이 분은 기(氣)수련을 하다가 우연히 신(神)을 알게 되고 그 길에 매료되어 무속인의 삶을 살아보려고 산기도를 하고 신(神)을 내림받아 신당(神堂)을 차려놓았지만 뜻대로 되지 않아 스스로 신당을 접고 법사의 길은 포기하고 말았다. 그래도 법사에 대한 미련을 떨치지 못해서 악기를 배워서 굿판에서 활동해 보겠다고 많은 노력을 했지만 그 뜻마저 이루지 못했다. 그 뒤 오랜 시간과 열정을 들여서 무속인들이 사용하는 기물을 개발해서 특허를 받아 만들었지만 소모품이 아닌 반영구적인 상품이라 판매가 많지 않아 적지 않은 개발비만 날리고 실패하고 말았다.

그 밖에도 다양한 삶을 시도 했지만 타고난 근기(根氣)가 약해서 끝까지 밀어붙이지 못하고 항상 중도에서 포기해버린다. 적당히 큰 키에 깔끔한 외모 덕분에 여자들에게 인기가 많아 주변사람들의 주목을 받지만 정작 자신은 어렵게 살고 있다. 언젠가 모임에서 내 근황을 얘기 했더니 많은 관심을 보인다.

"친구야 나도 역학을 공부 했지만 사주 안에 신이 있다는 이야기는 처음 듣는다. 다른 사람이 그렇게 말하면 웃겠지만 친구가 하는 말은 믿는다."

식사와 함께 곁들인 반주 탓에 기분이 좋아진 이분은 자신의 사주도 감정 해 달라며 자신과 같이 살고 있는 여인의 생년일시를 그 자리에서 적어준다.

"형님이 하라는데 당연히 해야지요. 그런데 여기서는 좀 곤란하니까 조용할 때 만나서 합시다."

"내 것도 봐주고 형수 것도 좀 봐라. 내가 받아서 부려야 좋은지 형수가 받아야 좋은지 잘 좀 풀어봐라"

집으로 돌아와서 다음날 명조를 찾아서 살펴보니 寅월 乙未일주가 己卯시에 태어나서 기묘(奇妙)하게 살아가는 모습이 눈에 보인다. 혼자서 들여다보고 있으니 비겁과 재가 혼잡해서 재물도 없고 참된 여인을 만날 팔자도 아닌 것 같다. 일주 乙未가 세존을 모실 팔자라서 사무실에 세존단지를 모시고 있으니 사주는 못 속인다는 말이 다시 한 번 실감난다. 아무래도 전화로 이야기 하는 것 보다 만나서 마주보고 이야기 하는 것이 좋을 듯해서 전화를 걸었더니 첫마디에 결론부터 말하란다.

"그래 친구야 찾아보니까 어떤가. 신을 받아도 되겠던가?"

"형님 아무리 급해도 숨 좀 쉽시다. 전화로 다 이야기 하기는 무리고 내가 시간을 내서 형님 사무실 근처로 갈 테니까 시간을 정하세요."

"시간이고 뭐고 지금 당장 만나자."

"그럼 있다가 저녁 무렵에 만나서 밥 먹으면서 이야기 합시다."

자주 가는 식당에 자리를 잡고 앉아서 본격적인 감명에 들어갔다.

"형님은 寅월 乙未일주가 己卯시에 태어나서 인생살이가 기묘(奇妙)하답니다."

"그거야 세상이 다 아는 이야기고 그래서?"

"그래서 乙未의 세존을 모시고 살아야 한답니다."
"그래서?"
"차근차근 이야기 할 테니까 다그치지 말고 잘 들으세요."
마음이 급해서 조갑증이 나는지 자꾸 다그친다.
"乙未일주에 세존이 있어서 몸에 항상 한량대신이 실려 있다고 합니다. 무속인들 눈에는 신의 제자처럼 보이지만 그건 잘 못 본겁니다. 木월 乙未일주가 木시에 태어나서 자존심이 무지 강하고 壬水의 도움이 있어 자신이 잘났다고 생각하고 남에게 지지 않으려고 하지만 이렇게 단단하고 강한 나무에 꽃이 피지 않으니 내 뜻을 활짝 펼 질 수가 없다고 합니다."
"사주를 그렇게 읽어도 되나?"
"형님은 사주를 학문으로 배웠지만 나는 사주를 자연으로 배웠잖아요. 그러니까 사주를 자연으로 읽을 수 밖에요."
"그래 계속 해봐라."
"이 사주는 나무에 꽃이 피지 않은 사주라서 세존을 모셔두고 무속 인들을 도와주는 악사로 살아가면 원만하고 좋은데 자존심이 허락하지 않으니 힘들게 살아가야 할 팔자입니다."
"내가 장고를 배운 것은 내가 신을 받아서 무당들을 불러 일을 시키려고 배운 것이지 악사 노릇이나 하려고 배운 것은 아니다. 나는 그렇게 무당들 뒷전에 앉아서 고장이나 치고는 절대로 못 산다."
무슨 일을 하던 자신이 나서서 해야 하고 남의 지시를 받는 일은 절대 하지 않으려고 하는 자신의 성격이 이 한마디에 고스란히 들어난다.
"일지 未土는 乙木의 묘지(墓地)이며, 편재라서 한량대신이 몸 주로 계시는데 본인이 직접 주도권을 잡으려고 하는 것은 욕심이라고 합니다. 土재(財)가 비겁에 合을 하며 살아가는 것은 서로 상부상조하여 융화(融化)를 해야 편안하고 재물도 모으고 살 수 있다고 말하는 겁니다. 자신이 최고가 되고 싶은 욕심에 직접 점사보고 일을 잡아서 무속 인들을 부리려고 하면 될 것도 안 됩니다."

번듯하고 잘생긴 외모에 융화(融化)만 잘되면 금상첨화(錦上添花)인데 아쉽다. 지금도 외모만 보고 따르는 여인들의 도움을 받으며 살아가고 있는데 사주에 드러나 있듯이 재성이 강한 탓이니 어쩔 수가 없는 것 같다. 강한 자존심과 재다 신약 사주가 곡직(曲直)으로 가려고 하는 성향 때문에 겉으로는 바른 듯하지만 속내로는 재(財)를 간절히 기다리고 있는 것이다. 자신의 수고로움 없이 타인을 이용해서 편안하게 살려는 생각이 스스로를 포박하고 힘들게 하는 것을 모르고 있다.

"이제 형이 궁금한 것을 질문 해보소."

"나는 사주 속에 신이 보인다는 것이 제일 궁금하다."

"그것은 내가 이 작업 마치고나서 신명가리 하는 법을 책으로 엮어서 내게 되면 자연히 알게 될 것이고 형님 사주에서 궁금한 것을 물어 보시오."

"나는 몇 살에 신 내림을 해야 되는지도 나오는가?"

"글쎄요. 아마 신이 내린다면 35세쯤……"

"아니다. 다시 한 번 잘 생각해 봐라."

"그때가 아니면 43세에 또 기회가 오는데 이때 받으면 부리지 못해요."

"그래 그런 것 같다. 그런데 사주 속에서 나이를 찾는 것은 어떻게 하는 건가. 참 대단하네."

"대단하기는요. 별것 아니에요."

사실 사주팔자 속에는 많은 비밀이 있는데 특히 오행을 보고 많은 것을 알 수가 있다는 것이다.

"다음에 집에 와서 형수 것도 좀 봐주라. 언제쯤 신을 받아서 부려 먹을 수 있는지."

이분은 신명을 모신 적이 있는데도 기본적으로 신명을 잘 못 이해하고 있는 것 같다. 마음만 먹으면 아무나 신명을 받아서 부릴 수 있으며 자신이 신명을 주도 하고 신명은 자신의 요구를 들어주는 마음씨 좋은 할아버지 정도로 생각하는 것 같다.

"형님 우리는 육신을 가지고 있어서 보이지 않는 신을 내 뜻대로 할 수 있을 것 같지요? 그런데 그렇지가 않아요. 신을 받은 무녀들 이야기를 들어보면 자신을 받들라고 하는데도 말을 듣지 않으면 갖은 고초를 주고 신명을 받아서 잘 모시다가도 자신의 뜻에 어긋난다 싶으면 사정없이 치고 들어오고 정 아니다 싶으면 다른 후손을 찾아 떠나버리는 것이 신명이랍니다. 신명에서 재물을 불려주는 것은 신명이 나를 어여뻐서 주는 것이 아니라 신명과 제자의 일종의 거래라고 생각 하시면 됩니다. 신명의 길은 어렵고도 힘든 길입니다."

신의 길이 그렇게 쉽게 갈 수 있는 길이고 재물 또한 마음대로 취 할 수 있다면 어느 누가 이 길을 마다하겠는가. 신명(神命)의 길이란 고통과 좌절을 맛보고 신과의 타협해서 점사를 볼 것인지 원풀이로 갈 것인지 수행을 할 것인가를 정하여 선택하는 것이다. 그 선택에 따르는 대가로 신명에서 재물을 불려주는 것이다.

내가 살아있다고 신을 무시하고 내 뜻대로 하면 인연이 되어 내게 들어온 신명은 분명히 제동을 걸고 장애를 일으킨다. 자신이 강하여 신명이 들어오지 않는데도 신의 길을 가고 싶으면 자신을 최대한 낮추고 신명이 자리할 수 있도록 몸을 청결하게 하고 수행으로 자신을 갈고 닦아 이상을 없애야 신명과 함께 한다고 생각한다. 신명을 제대로 이해하고 신과 타협해서 신의 길을 가야 신도 약속을 지키는 것이다.

✱ 처녀가 신(神) 내림을 기다리며…

시	일	월	년	(여)
丁	乙	戊	丙	
丑	未	戌	辰	

己	庚	辛	壬	癸	甲	乙	丁	대운: 역행
丑	寅	卯	辰	巳	午	未	申	酉
81	71	61	51	41	31	21	11	1.8

지금까지 수 없이 많은 일반인과 무속 인들을 감정하며 별별 사람들을 다 겪었지만 이런 여인은 또 처음이다. 서로 대화가 되지 않는 사람으로 자신의 생각에서 조금만 벗어나도 강하게 거부하며 타인의 생각이나 의견은 전혀 인정하려고 들지 않는다. 심지어는 '그 정도의 실력을 갖고 감정하려 다니나요.' 하는 말도 서슴없이 한다.

그녀는 얼마나 대단한 실력을 갖추고 함부로 상대를 폄하하는 것일까? 지금 서울 홍대 앞에서 타로 점을 이용해서 상담을 해주고 있는데 손님이 끊이지 않아서 하루 수 십 만원의 수입을 올린다고 자랑하면서 '사주 봐서 얼마나 번다고' 하며 빈정거리는 것은 겉으로 보기에는 상대를 무시하는 것 같지만 한 꺼풀 벗기고 보면 약하고 보잘 것 없는 자신을 방어하기 위한 몸짓인 것 같다. 기흥의 어느 굿 당에서 만났는데 아직 결혼은 하지 않았고 앞으로 돈 많이 벌어서 성우가 되는 것이 꿈이라고 한다.

"이 명조를 가지고 성우가 되기는 힘들 것 같아요."

"어째서 그렇습니까?"

"아나운서가 되려면 여러 가지 자질을 갖추어야 되겠지만 우선 목청이 뛰어나야 하는데 아가씨 사주를 보면 그렇지 못하다고 나와 있어요."

"제게 역학을 가르쳐 주시는 선생님은 제 사주가 아나운서에 잘 맞는다고 하시던데요."

"사주로 논한다면 목청은 오행 중에서 金에 속하며 특히 辛金이 드러나 있으면 아주 좋아요. 이 辛金이라는 것은 물상으로는 마이크에 해당합니다. 그리고 텔레비전 화면에 얼굴이 나오려면 사주 속에 丙火가 있어야 합니다. 이두가지 오행이 잘 어우러져야 아나운서가 될 수 있는데 이 사주 속에는 丙火는 있지만 정작 중요한 辛金이 빠지고 없어요."

"아니에요 틀렸어요. 우리 선생님은 그렇게 안 보세요."

자기 선생님이 주장하는 의견과 다르다고 덮어놓고 틀렸다고 말한다.

"그럼 그 선생님은 뭐라고 하면서 성우가 된다고 하시던가요?"
　잠시 묘(妙)한 표정을 짓더니 한마디씩 또박또박하게
　"乙木에 丁火가 식상이니 이것은 나무에 새가 앉아서 울고 있는 모습이라서 틀림없이 성우가 된다고 하셨습니다."
　하고 의아한 대답을 하기에
　"아가씨 선생님이 누구십니까?" 했더니
　"우리 선생님은 이름이 알려지는 것을 꺼리시며 가르치시는 것이 다 비법이니 남에게 절대로 이야기하지 말라고 하셔서 말씀드릴 수가 없습니다."
　하고 대답한다. 그 선생님은 왜 자신을 드러내기를 꺼리시는 것일까? 무속 인들 중에도 자신의 신명을 감추고 거짓으로 행동하는 예가 더러 있는데 알고 보면 신명이 엉터리던가 부족한 실력을 감추기 위한 몸짓으로 밝혀진다. 하지만 역학을 가르치는 사람이 이렇게 비법 운운하며 베일 뒤에 숨는다는 것은 비겁한 행동이다. 당당하게 자신의 학문과 의견을 피력하고 평가받고 인정받는 것이 배우고 연구하는 사람의 자세일 것이다.
　"역학을 가르치는 선생님한테 오행을 배웠지요."
　"배웠어요."
　"선생님이 木이 뭐라고 하시던가요."
　"木은 나무지요."
　"그럼 乙木은 뭐라고 하시던가요."
　"초목이지요."
　"초목이란 것도 있나요."
　"초목은 풀이지요."
　"그럼 새가 풀잎에 앉아서 울던가요."

그러자 갑자기 얼굴에 불쾌한 기색을 드러내며 아무 말이 없다.

"보살님의 일주가 乙未이며 지지에 辰戌丑未가 있는데 이때의 乙木을 과연 나무라고 할 수가 있을까요?"

"乙木은 나무 맞아요."

"여기서 乙木은 묘(墓)궁에 앉아 있으니 가을걷이가 끝난 논밭에 때 늦게 피어난 풀입니다. 그것도 丑時라고 하니 야밤에 피어서 아무도 찾는 이가 없는 볼품없는 풀이지요."

丁火를 자신의 한을 토해내는 이야기로 보는데 이런 것을 성우라고 하면 안 되고 타인에게 이로운 이야기로 조언을 해주는 사람이라고 하는 것이 더 타당성 있는 이야기가 된다.

"그런데 젊은 아가씨가 이런 굿 당에는 무슨 일로 와 계십니까?"

"기도하러 왔어요."

이 아가씨는 다음 달에 내림을 하기 위해 기도하며 준비하고 있다고 한다.

"잘 선택했어요. 아가씨는 전형적인 신명의 제자예요."

"사주를 보신다면서 신명을 어떻게 아세요?"

"궁금하십니까? 내림을 해 줄 선생님한테 가서 물어보세요. 그 분의 부탁으로 여기 온 것이니까."

"역학은 놔두고 저도 신명을 한 번 봐 주세요."

자신의 의견과 맞지 않는 역학은 인정할 수 없으니 관두고 궁금한 신명이나 봐 달라고 한다.

이 명조는 戌월 乙木이라고 하니 메마른 산등성이에 한 송이 꽃이 바라보는 이도 없이 혼자서 쓸쓸히 피어있다. 戊戌은 마사

흙으로 이루어진 바위가 많은 산으로 가을이라 적막한데 丑시라고 하니 더욱 찾는 이가 없어 한적하다. 지지전국에 辰戌丑未로 이루어진 것은 모든 것을 마무리하며 산다고 하니 자청하여 무녀의 길로 들어가서 만 중생의 어려움을 들어주고 해결해 주려는 생각인가 보다. 그러면 성우는 언제 할 수가 있나??

"년주에 있는 丙火는 어린 시절에 귀여움을 많이 받고 자랐지만 공부는 잘 하지 못하고 건강에 문제도 있었다고 합니다. 그리고 아가씨가 태어나면서 산바람이 일어서 집안에 어려움이 닥쳤다고 하는데 몸이 아픈 것도 그 때문인 것 같습니다."

월주 戊戌은 백호 살이며 丙火가 있어 붉은 호랑이로 보는데 월주는 직업 궁으로 丙火의 힘이 약하니 戊戌은 뜻을 이루기가 힘들고 土성의 특징으로 글을 쓰는 작가나 무속이 천직이니 그 길로 가면 많은 재물을 가질 수 있다. 일주 乙未도 역시 백호 살이며 未土의 묘(墓)궁은 백호가 함정에 빠져있는 모습으로 자신의 자리를 마련하여 기다리고 있는 것이다. 시주도 丁丑의 백호 살로 한 여인의 사주에 이렇게 붉은 호랑이를 세 마리씩이나 웅크리고 있으니 어느 간 큰 남자가 들어와서 삶을 같이할 수가 있겠는가.

타고난 사주가 이러니 끊임없는 수행으로 자신을 낮추고 버리면 타고난 예리함으로 뛰어난 영적능력자가 될 것이며 그것을 직업으로 삼으면 성공한다고 이야기 해주었다. 지금 하고 있는 일도 이런 영적인 능력이 발휘되어서 남들보다 많은 손님으로 재물을 벌어들이는 것이다. 이것을 경험삼아 계속 발전시키면 무속으로도 대성 할 수 있을 것으로 본다.

신명으로는 백호가 강해서 대산, 소산, 산신령이 모두 강림하고 천상의 일월광대신보살님도 내려오신다. 뒤로는 불사대신도 계시니까 누리고 비린 음식물은 가려서 먹어야 하고 월지의 戌土중에 辛金이 丙火와 合하여 水로 변하는 것은 글문이다.

火와 土성이 강하여 신약한 사주로 자신의 방어능력이 떨어지니 자연히 경계심이 강하고 의심이 많으며 감추고자 하는 성격이 강할 것이다. 그러나 이런 성격은 자신의 발전에 방해가 되며 자신을 강하게 드러내려고 하는 것이 오히려 상대에게 자신의 약점을 노출시키는 결과가 될 것이다.

丑戌未 삼형(三刑)이 있어 재물로 인한 문제가 발생 할 수 있으므로 욕심을 버리고 자신이 더 많이 양보해야 삶이 편안 할 것이며 주변으로부터도 많은 사랑과 도움을 받을 수 있다. 명조 속에 백호살(白虎殺)가 많아서 항상 위험에 노출되어 있고 표적이 됨을 잊지 말고 자신을 잘 다스려야 한다. 자신을 잘 다스리고 타인과 타협하는 기술을 익히고 원만한 대인관계를 유지하면 큰 무녀로 이름이 날 것이다. 감명이 끝나고 나가더니 커피를 한잔 끓여서 들고 들어온다.

"저기요. 오늘 이야기는 여기 선생님께는 안 하셨으면 좋겠는데요.

그러나 어쩌랴 말 하지 말라고 하는 그 선생님이 직접 감명을 해달라고 부탁을 했는데……

"나는 여기에 제자들 신명을 감명해 달라는 부탁을 받고 왔어요. 아가씨도 그 중에 한 사람이지요. 그리고 여기 선생님이 신명이 영험하기로 치면 전국에서 둘째가라면 서러워 할 사람인데 내가 이야기 안 한다고 모르시겠어요? 걱정 마시고 가서 기도 잘 하고 오세요."

잠시 뒤 선생이 들어와서 감명 결과를 묻는데 역시나 훤히 꿰뚫고 앉아있다. 신을 받으려면 먼저 자신을 버려야 하는데 아상이 너무 세서 문제라며 상을 버리고 자신을 낮추게 하려고 이곳으로 불러 기도를 시키고 있다고 한다. 자신을 낮추고 잘 연마하면 훌륭한 무녀로 거듭날 수 있을 것이다.

✖ 월수 3천만 원이 적다

시	일	월	년	(여)
甲	乙	丁	癸	
申	巳	巳	丑	

丙	乙	甲	癸	壬	辛	庚	己	戊	대운: 순행
寅	丑	子	亥	戌	酉	申	未	午	
89	79	69	59	49	39	29	19	9.4	

이 여인은 정(情)이 너무 많다. 정이 많아서 나쁠 것이 뭐 있냐고? 있다. 정이 많아서 나쁜 것이 많이 있다. 정이 많아서 남의 마음 아플까봐 거절하지 못한다. 냉정하게 돌아서지 못하고 남의 사정 봐주다가 늘 자신이 손해를 본다. 이 보살이 그렇단다. 누가 아쉬운 소리하면 거절하지 못하고 빌려주어야 속이 후련하단다. 그래서 항상 손해보고 늘 빈손이란다.
"선생님 나는 어떻게 이렇게 생겨먹었을까요?"
"사주팔자가 그렇게 생겨먹었어요."

그렇게 말해놓고 마주보고 소리내어 웃는다.

"보살님은 신명(神命)이 궁금한 것이 아니고 돈 모으는 방법이 궁금한 것이군요."

"사주에 신명이 나오는 것도 궁금하고 다 궁금해요."

"보살님은 친정 신명과 시댁 신명이 다 들어와 있네요."

특이하다. 친정신명과 시댁신명이 한 몸에 같이 들어와 있으면 합의(合意)가 잘 되지 않아 서로 눈치보고 자기 뜻대로 하려고 싸우는데 이 보살은 습을 잘하고 편안하게 계시는 것 같다.

"예, 진짜로 그래요."

"자리다툼은 없었어요?"

"남들은 습이 잘 안되고 싸운다는데 저는 안 그래요. 잘 지내세요."

"보살님은 巳월 乙巳일주라 몸주는 외줄 할머니가 양대 보살로 계시며 丁巳월 이라서 친가의 천상의 7대조 할아버지께서 벼락신장으로 곁에서 지키는데 어찌된 일인지 년주의 癸丑으로 습해서 가고 乙巳에게는 별 도움이 안 된다고 합니다."

"신장이 계시기는 한데 자꾸 왔다 갔다 하는 것 같아요."

"그래도 언제든지 청하면 오십니다."

"불사 줄에서도 누가 들어오는 것 같아요."

"그 분은 9대조의 불사할아버지로 금강신장인데 巳火와 습하여 글공부 하시고 글문으로 오신 독성(獨聖)이십니다. 그런데 이분의 도움을 받기는 어렵고 다만 4대의 할아버지가 흰 도포(道袍)을 입으시고 내려오셔서 손녀인 제자를 감싸고 있네요. 乙巳인 32세에 신(神)의 길로 들어서라고 하는데 그랬어요?"

"그 때는 안 들어 왔고 서른다섯에 들어 왔어요."

"35세라면 巳酉丑 合으로 酉金의 편관살이 작용해서 당산에 공들이던 할머니가 들어오시는데 이 할머니는 성격이 급하고 과격하시다고 합니다."

"성격이 진짜로 급하세요. 손님이 오면 점상에 앉기도 전에 커피 마시고 있는데 벌써 줄줄 일러주세요."

"생년월일도 안 물어보고요?"

"그런 것 필요 없어요. 원래 안 물어보세요. 한번 척 보고 그냥 이래라 저래라 일러주세요."

"출가외인이 외줄의 할머니를 모시고 시집에서 점사를 보는 것도 그렇고 서로 合하는 것도 그렇고 참 묘(妙)하네요. 그리고 명조에 보면 어머니가 보살이라고 하는데요."

"엄마가 보살 맞아요."

월주 丁巳는 부모 궁으로 상관이라서 어머니가 보살인데 본인에게로 이어지는 모습이다. 시주가 甲申이라서 39세에는 시집 조상에서 글문 할아버지가 合해서 들어오며 丑이 있어 시집에서 점사를 보는 것이다. 癸水의 편인은 戊土와 合하여 火로 변하는데 이것이 붉은 글씨라고 하니 부적이다.

"보살님, 부적을 쓰라고 하는데요."

"어떻게 아셨어요? 한 번씩 부적을 내려주면서 쓰라고 하는데 잘 안 써져요."

"자꾸 연습을 해서 써 보세요. 그것이 돈이 됩니다. 그리고 굿을 할 때는 앉은 거리를 한다고 하네요."

"자랑이 아니라 남보다 일도 많고 돈도 많이 버는데 어찌된 것이 모이지를 않아요. 그건 왜 그럴까요?"

癸水 편재가 년간에 있으므로 재물이 강하지만 편인이라서 모

으기가 어렵다. 지지에 합(合)이 많아서 巳巳의 주변에서 돈 이야기 하면 매정하게 끊지 못하고 빌려주어야 속이 후련하니 돈이 모이지 않는다.

이럴 때는 재물관리를 이렇게 하면 된다. 戊癸가 合火로 변하서 투명하고 편재라고 하니 저축성 보험이나 국채로 본다. 이렇게 돈을 묶어놓으면 빌려주고 싶어도 마음대로 빌려줄 수가 없다. 丑은 巳酉로 合해서 편관이 되어 잠금장치가 잘되어 있는 것으로 보이니 분명 저축성 보험이다. 두 종목이나 많으면 일곱 종목까지 가입해 두라고 한다. 巳酉丑 合은 편관이 되므로 경매물건이 되며 이것을 경매 받아서 戊癸合 火 수리해서 되팔면 된다고 한다. 때가 되면 양대 보살님이 알려줄 것이다. 아마도 68세에 巳申이 合해서 재물에 문제가 발생하든가 아니면 신명에서 글로 풀어가라고 할 것이다.

작은 키에 예쁜 얼굴이 야무지고 당차게 보인다. 사소한 정에 얽히면 많은 것을 잃어버릴 수가 있으므로 냉정하게 판단하면서 무녀의 길을 가는 것이 좋을 듯하다.

※ 몸 주가 불사(佛師)이면 주색(酒色), 재물(財物), 비린 것은 싫어한다

```
시  일  월  년   (여)
癸  己  戊  庚
酉  巳  子  戌


己  庚  辛  壬  癸  甲  乙  丙  丁   대운: 역행
卯  辰  巳  午  未  申  酉  戌  亥
82  72  62  52  42  32  22  12  2.9
```

사주명조를 들여다보면 그 곳에는 길이 드러나 보인다.

우리가 원하든 원하지 않던 이 길을 따라 걸으며 때로는 웃고 때로는 울기도 하며 사는 것이다. 사주 속에 드러나 있는 길들은 사람들의 생김새만큼이나 다 다르다. 저마다 자신이 태어날 때 부여된 명조에 드러난 길을 따라 살아가는 것이다. 곧게 뻗어 평탄한 길도 있고 꼬불꼬불 힘들지만 정겨운 길도 있고 풀 한 포기 없이 삭막한 길도 있다. 그 많은 명조를 들여다봐도 똑같은 길은 하나도 없다.

내가 갈 길이 어렵고 힘든 길이라 하더라도 출발할 때 단단히 준비해서 가면 좀 더 낫지 않을까? 신발 끈 단단히 조여매고 지도라도 하나 구해서 간다면 좀 더 수월할 것이다. 그런데 여기 나침반도 없고 낙타도 없이 사막을 건너가는 여인이 있다. 너무 무모해 보인다. 이 여인이 찾아와서 하소연을 늘어놓는다. 왜 이렇게 뜨겁냐고. 목이 말라 죽겠는데 우물은 어디에 있느냐고.

"보살님은 길을 잘 못 들었습니다. 신명의 제자가 아닌데 어인 일로 이 길에 들었습니까?"

"다들 제가 신(神)가물이라고 신을 받으라고 했는데요."

"그럼 신을 받고 잘 부리고 계세요?"

"그게 잘 안 되서 죽겠어요. 손님이 없어요."

"이 명조대로 보면 신명(神命)제자가 아니고 절이나 산중으로 수행하고 기도하는 일반인으로 가는 것이 정상입니다. 만약 기도를 안 하고 주색을 밝히거나 비린 것을 탐(貪)하고 재물에 욕심을 내게 되면 앞이 막히는 명조입니다."

"그래도 돈이 없으면 어떻게 살아요? 돈 벌려고 신도 받았는데요."

여기서부터 어긋나기 시작한다. 자기는 초원(草原)인 줄 알고 가벼운 마음으로 들어선 길이 뜨거운 사막이더란다. 지나온 길을 몰라서 되돌아 갈 수도 없다.

"보살님은 己巳가 戊子월 癸酉시에 태어났습니다. 戊土와 戊土의 겁재를 곁에 두고 巳火인수를 몸 주로 하여 신을 모신다고 하는데 이것은 분명히 신의 제자가 아닌 것 같습니다. 어떤 연유로 신의 길을 가는지는 몰라도 만약 신명의 길을 선택했다면 년주의 戊土와 시지의 酉金이 合을 하니 형제일신인데 45세 이후에 죽은 형제가 동자로 들어오면서 약간의 재물이 생긴다고 봅니다."

"45세 이후에요?"

일반적으로 읽어보면 이 명조의 몸주는 산에서 수행하던 조상으로 글문 대감이다. 시주의 癸酉에 合해서 식신으로 변하는 것은 불사 주령이 강한 때문이다. 불사는 불법을 닦아서 내려오시는 대사인데 본인이 몸을 청결하게 하고 조상의 업을 닦아야 되며 신명을 부려서 재물을 탐하는 것은 실수라고 한다.

"그럼 저는 다른 보살들처럼 굿을 해서 돈 버는 것이 아니고 기도만 해야 되는 겁니까?"

"말하자면 그런 셈이지요. 그런데 보살님은 그렇게 안 하고 계십니다."

"선생님이 어떻게 아세요."

"명조에 다 씌어있어요. 재물을 탐하고 酉金의 술먹고 흥청거리기를 좋아하고 子酉破는 편재가 겁재와 合해서 火인수로 변하는 것은 색(色)을 밝힌다고 봅니다."

"……"

"시주 癸酉는 월주 戊子에 合하여 천상으로 들어가고자 하는데 수행이 부족해서 천상에 들지 못하고 子酉파(破)로 이어집니다. 그러니 기도하라고 할 밖에요."

생각은 빤한데 몸은 따르지 않으니… 몸 따로 생각 따로이다. 불사 줄에서 대사가 수행하고 대신보살이 보살피는데 주색(酒色)이 웬 말인가. 만약 신명의 제자로 간다면 주색과 재물 욕을 버리고 열심히 기도하고 자신의 업을 닦아 가면 큰 재물은 가질 수 없어도 생활 하는데 근심걱정을 털어 버릴 수는 있다. 하지만 본시 신명의 제자가 아니므로 점사에 자신감이 없고 잘 안 되는 것이다. 子酉가 파(破)로 가기 때문에 자신의 말에 호소력이 부족하고 점사 보러오는 분에게 믿음을 주지 못하여 한번 다녀간 손님은 다시 오지 않고 소문도 나지 않는다.

"보살님은 지금부터 45세 때까지 돈 벌 생각하지 말고 산이나 절을 찾아가서 열심히 기도하면 느지막하게 미약하지만 이름도 나고 재물도 약간 들어온다고 합니다."

그러나 이 재물은 자신의 돈이 아니다. 불사에서 작은 절을 하나 마련하려고 주는 시주금으로 절대로 낭비하면 안 된다. 관(官)이 없는 사주로 만약 주색과 비린음식으로 몸을 탁하게 하면 힘겨운 인생살이가 된다. 일반적으로 신명이 불사에서 내려오면 재물에는 관심이 없고 기도하고 수행해서 업장을 소멸하려고 한다. 그렇다고 재물을 아주 안 주는 것은 아니다. 너무 돈이 없어도 욕심을 내고 재를 탐하다가 업장을 두텁게 하므로 먹고 살만큼 꼭 그 만큼의 재물만 내려준다.

제자들은 이것을 간파하고 불사 줄이 내려오면 몸을 청결히 하고 비리고 누린 음식을 가려서 살생의 업을 멀리하고 기도에 정진하면 신명의 업도 자신의 업도 같이 닦여서 해탈 할 수 있을 것이다.

※ 용궁(龍宮)에서 빌어라

시	일	월	년	(여)
壬	辛	丙	丙	
辰	亥	申	申	

丁	戊	己	庚	辛	壬	癸	甲	乙	대운: 역행
亥	子	丑	寅	卯	辰	巳	午	未	
81	71	61	51	41	31	21	11	1.9	

일반인이나 신(神)의 제자나 할 것 없이 사주명조에 원진이 있으면 뜻하는 바가 잘 이루어지지 않고 삶에 애로가 많다. 이 보살도 원진 때문에 모든 일이 될듯하면서도 잘 되지 않는다. 한(恨)도 많고 원(怨)도 많은 인생길에 원진살까지 버티고 있으니 굽이굽이 눈물에 젖은 길을 밟고 살아가야한다.

이 시대를 살아가는 모든 이의 화두(話頭)는 재물인 것 같다. 돈 생각하는 마음으로 화두를 들고 앉으면 자타(自他)가 일시에 성불 할 수 있을지도 모른다. 이 보살님도 언제쯤 재물이 들어올지 궁금해서 왔다고 한다.

"보살님은 명조를 보면 재물이 없습니다."

"전혀 없습니까?"

얼굴에 간절함이 묻어난다. 남들처럼 돈을 많이 모아 축재를 하고 남에게 과시를 하자는 것이 아니고 먹고 살기 어려우니 돈이 필요하다고 한다.

"한 가지 방법이 있기는 합니다. 당산나무에 가서 한 번 빌어보십시오. 그러면 재물이 들어옵니다. 그전에 법당에서 합의를 보고가십시오."

"어떻게요?"

"보살님 사주에 원진이 있는데 이것 때문에 안 풀리고 돈도 안 들어온다고 합니다."

"그 원진을 푸는 방법이 뭡니까?"

아니 신명(神命)을 모신 제자라고 하면서 신에서 이런 사소한 것도 가르쳐 주지 않았단 말인가? 자신의 신명이 어디서 막혔는지도 모르고 남의 점사는 어찌 봐주는지 모를 일이다.

"명조에서 법당을 바라보니 丙申의 조화(造花)는 있건만 생목(生木)이 없다고 하는데 그래가지고는 辰亥 원진을 해소할 수가 없으니 辰土의 단지에 亥水 즉 물을 6부정도 받아두고 여기에 나무를 심어두면 당산의 대역(代役)으로 辰亥가 合을 할 것입니다. 그러고 나서 당산(堂山)에 가서 정한수 올리고 빌어보세요."

명조상에는 재물이 없지만 寅木 당산나무에 정한수 올리고 빌어봐라 말문 열고 글문 열어 재수 들어 재물주고 천상에서 내린 별상선녀 질투하고 샘 낼 적에 글문으로 풀어주면 만사가 형통이라. 이는 申金이 辰土에 合하는데 子水 식신이라 아마도 자식이 아닐까 한다.

"선생님 나는 어째서 사는 게 이렇게 힘들도 고달픈가요?"
"사는 것이 원래 그렇게 힘들고 고달픈 것이라고 합니다."
"안 그렇게 사는 사람도 많잖아요."
"우리가 보면 그렇게 보여도 그 사람한테 물어보면 그들 나름대로 힘들다고 합니다."
"그래도 이건 너무 심하잖아요."
"예 심합니다. 그래서 부처님도 세상을 고해(苦海)라고 했잖아요. 얼마나 힘들면 고통의 바다라고 했겠습니까? 고래가 아무리 힘이 세고 크다고 해도 바다를 떠나서는 살 수 없듯이 인간으로 태어난 이상 이 고통의 바다에서 살아가야 합니다. 그래도 보살님은 좀 났잖아요."
"더하면 더하지 나을 것이 하나도 없습니다."
"아니요. 일단은 보살의 길로 들어 왔잖아요. 조금만 더 참고 닦으면 끝이 보이는데 뭐가 걱정입니까?"
"아니 선생님 하시는 말씀은 다 맞지만 그래도 너무 힘이 듭니

다."

"그럼 뭣 때문에 힘든지 한 번 봅시다."

申月 辛亥가 壬辰시에 태어나서 원진을 만나니 시작부터 힘들고 어렵고 고달픈 길로 가는 것이다. 丙申이 육갑(六甲)을 짚는다고 하는데 이를 쌍으로 짚고 있으니 또 얼마나 힘들겠는가.

"계속 힘이 듭니까?"

"또 봅시다. 이 丙申은 천상 일월장군이 법사로 내리는 것 같습니다. 몸 주 亥水는 수신(水神)이며 외줄이지만 점사는 죽은 자식이 용궁동자로 들어와서 봅니다. 천상의 법을 가지고 와서 甲木에 꽃을 쌍으로 피우니 아주 똑똑하게 보입니다."

"이제 좀 나아졌네요."

"년주 丙申은 24세라고 하며 이때 신명의 제자가 되라고 명시하고 있는데 이를 무시하고 그냥 사니 남편이 辛金인 자신에 合해서 자식만 둘을 두고 떠나보내야 하는 팔자입니다."

"예 그렇게 됐습니다."

"월주의 丙申은 47세에 다시 한 번 기회를 주는데 이때 신 내림을 하여 壬辰에 合을 하려고하니 亥水의 반발이 강하여 되는 일이 없다고 합니다. 이것은 필경 서낭당에 가서 빌고 빌면 가피를 입을 수 있는데 보살님이 하지 않고 힘들게 살아간다고 하네요."

"저는 용궁에만 가려고 했어요."

"예 용궁 줄도 강합니다. 그리고 제석할머니께 기도해 보세요. 두 번 정도 대성통곡을 하며 울 것입니다. 그러고 나면 좀 나아질 거예요. 그리고 庚寅년이 오면 형제일신에서 合을 하려고 하는데 이때 꼭 표적을 두는데 이것을 받아야 원진이 해소되어 모든 것이 원만하게 이루어집니다."

그 때서야 보살님의 굳은 얼굴이 피어난다. 의미야 어떠하든 보살이라는 이름으로 불리어지면 거기에 걸맞게 내 욕심보다는 다른 사람들의 아픔을 먼저 돌아보며 살면 어떨까 싶다. 시지 壬辰괴강은 욕심이 많은지라 늦게 배운 도둑질에 날이 샌다고 재물욕심 그만내고 건강이나 잘 살펴보소.

✣ 법사의 장래

시	일	월	년	(남)
乙	己	甲	己	
丑	卯	戌	亥	

乙	丙	丁	戊	己	庚	辛	壬	癸	대운: 역행
丑	寅	卯	辰	巳	午	未	申	酉	
85	75	65	55	45	35	25	15	5.3	

굿 당을 운영하고 있는 무녀로부터 자신과 제자들의 신명을 감정 해달라는 부탁을 받고 굿 당을 찾아 산으로 갔다. 굿 당을 들어서니 한 쪽에서 굿이 한창 무르익어 있었다. 창으로 들여다보니 장군이 내리셨는지 무녀가 장군 복을 입고 칼을 들고 춤을 춘다. 한 옆으로 법사 둘이 북치고 장고에 징까지 한 참 신명(神命)이 올라있다. 세상에는 재미있는 구경이 많이 있지만 그중에 불과 굿은 빼놓을 수 없는 구경거리다.

시간이 아쉬워 굿 구경을 뒤로 하고 약속된 보살을 만나러 발길을 돌린다. 그렇게 한 참을 보살의 신명을 감정하고 밖으로 나가니 아까 그 방에서 굿을 하던 법사가 말을 걸어온다.

"선생님 시간이 괜찮으시면 저도 감정 좀 해 주시겠습니까?"

마다 할 이유가 없다. 일단 방으로 들어오시라고 하고 명조를 띄우는 동안 말을 건넨다.

"고장치는 솜씨가 상당하시던데 경력이 많으십니까?"

"한 십 오년 굿판을 따라 다녔는데 아직도 모르겠어요. 잘하는 짓인지 어떤지."

"적은 세월이 아닌데 이제 와서 어째 그런 말씀을 하십니까?"

"재주가 시원찮아서 그런지 요즘 일도 없고 돈도 안 되고 이 짓도 안 쉽네요."

명조를 보니 왜 그런 소리를 하는지 알 것 같다.

"戌月 己土가 乙丑시에 태어났는데 土가 많아서 험난한 인생을 예고하고 있습니다. 己亥생이라니 어릴 때 공부가 싫어서 친구랑 가출(家出)도 한번쯤은 해 봤겠는데요."

"가출만 했겠습니까? 일찍 살림도 차려보고 하지 말라는 짓은 다 해봤습니다."

하고 웃는다. 그랬다. 비견에 재성이 들었으니 공부는 안하고 여자들 꽁무니만 쫓아다녔을 것이다. 亥卯가 合을 하니 분명히 동거도 했을 거라고 생각했다.

"木의 관살이 혼잡하니 직장도 순탄하지 못했을 것이며 아마도 35세경에는 인생의 대 반전이 예상됩니다. 이 때 산으로 들어가라고 합니다."

"그 때쯤 직장을 그만뒀는데 산으로 간 것이 아니고 법사 공부를 시작했어요. 그런데 법사도 쉽지 않고 되는 것이 없네요."

얼마나 사는 것이 힘들었으며 남들 다 꺼려하는 법사 길을 들어갔을까 생각하니 안쓰러운 생각이 든다. 그러나 안 풀리는 인생이 법사를 한다고 풀리는 것은 아니다.

"왜 일도 없고 돈도 안 되는 겁니까?"

"명조를 하나씩 풀어 봅시다."

"먼저 년주의 己亥는 조상의 묘(墓) 터가 작은 저수지가 있는 개간지에 모셔진 것 같은데 습하고 풀뿌리가 들어가 있어요".

亥水의 재(財)가 흐르지 못하고 저수지에 갇힌 형상이다. 이는 앉는 거리로 묶여 있어서 활동력이 약하여 일이 많이 없고 돈이 안 된다.

"명조에 비겁이 많으므로 재물을 모으려면 상당한 실력과 강한 경쟁력을 가지고 있어야 하는데 이렇게 亥水가 묶이고 일지의 卯木에게 지원을 요구하지만 甲戌이 적극적으로 가로 막으니 원만하게 될 것 같지는 않습니다."

"戌中 丁火는 일지 卯에 합해서 火가 되는데 멀리 있는 인연을 잡아서 신명으로 모시니 뜻대로 잘 안 되는 것입니다."

"그럼 몸주는 누구입니까?"

"몸주는 대감인데 일주 己卯는 기묘(妙)한 인생으로 별로 도움이 되지 않는 몸 주대감입니다. 쉽게 말하면 먹고 놀면서 멋이나 부리고 돌아다니는 대신입니다."

하니 멋쩍게 웃는다.

"시주의 乙丑은 역시 일찍 죽은 형제 같아요. 이丑은 년지의 亥水와 합해서 亥子丑 水국(局)으로 가는데 내가 어릴 때 丑戌 형(刑)이며 卯戌이 합해서 열병(熱病)으로 잃어버린 형제라고 말하고 있어요."

"그리고 卯戌 合은 35살에 신명을 접한다고 하는데 이때는 신명이 아니고 글입니다."

"제 위의 형인데 해원(解寃)을 해줬는데도 아직 못가고 괴롭히네요."

"해탈(解脫)을 하지 못하니 인연이 닿는 형제에게 와서 몸부림치는 것이지요. 신명이란 것이 유정하지 못하고 무정해서 몸주 생각은 하지 않고 자신의 한풀이만 생각하고 괴롭히는 것입니다."

"명조를 풀어보면 돈이 안 되는 이유는 여러 가지가 있습니다. 우선 법사로 성공하려면 어느 정도의 신명(神命)이 있어야 하는데 신명 줄이 약합니다. 그리고 기묘(奇妙)한 일주는 손에 재주를 익혀서 부리는 것이라는데 이것이 어렵다고 합니다."

"맞습니다. 신명 없이 손재주로만 해서 안 되는 것이 법삽니다."

"다음으로 조상의 음덕입니다. 법사님의 재물은 조상에서 내려오는데 월주의 甲戌이 겁재라고 하니 이는 조상의 묘터를 돌보지 않아서 재물을 주지 않는다고 합니다. 己亥에서 말하기를 묘터 밑으로 물이 흐르고 나무뿌리가 있다고 합니다."

"그게 왜 저한테로 옵니까? 장남도 아닌데."

"장남하고는 상관없이 조상들이 이 명조에 인연을 걸고 있어서 그렇습니다. 흔히 사주팔자는 못 속인다고 하는데 그렇습니다. 못 속입니다. 조상님의 묘(墓)터를 정리하라고 합니다."

우리는 이상하게 묘터 이야기나 제사이야기를 하면 꼭 장남을 찾는다. 물론 장남이라고 부모로부터 넉넉한 재산을 물려받은 경우도 있고 남다른 특혜를 누리기도 하지만 신명의 세계에서 그런 서열은 무시 된다. 인연이 우선이다. 너와 내가 만나서 신명나게 살아보자는데 장남이 무슨 상관이냐고 한다. 그 반대의 경우도 마찬가지이다. 너와 내가 만나서 풀어야 할 숙제가 있는데 다른 사람은 끼워 넣지 말라고 한다.

"같이 일하는 무녀들은 이렇게 말 안 해요."

"글쎄요. 저는 보이는 대로 아는 대로 얘기 해드리는 겁니다."

"선생님이 틀렸다는 얘기가 아니고 조상이 막혔다. 형제가 고(苦)에 묶여있다고만 하지 어째서 그렇다고 말해주지 않아서 답답했는데 이제 좀 시원합니다."

"그리고 명조에 土가 많아서 움직이기 싫어한다고 하는데 스스로 잘 조절해서서 사람들하고 교류도 잘하고 신의(信義)도 지키시면 일은 들어올 겁니다."

흔히 일간이 약하면 타력의 지배를 많이 받는데 유정으로 받으면 직장에서 열심히 일만 하면 되는 것이고 무정으로 받으면 신의 제자로 가는데 극히 신약하면 정신착란과 같은 증세가 오며 인생길이 어려울 수도 있다.

법사로 살아가려면 동료들과 교류가 원만해야 하고 신의(信義)를 지키며 실력도 어느 정도 갖춰야 좋다. 이분은 친분 관계가 원만하지 못한 것 같다. 자신의 재주가 남달리 뛰어나지 못하고 재물이 친구의 손에 있으니 동료들이 불러 줄때까지 기다려야 하는 형편이다. 자신의 주장이나 고집으로 친분을 깨트리며 약속을 잘 이행하지 않으면 법사로서 살아남기가 힘들다. 이 명조의 법사는 비겁이 강하고 관살이 혼잡하니 끊임 없이 수행해서 자신을 닦아야 할 것 같다.

❂ 술만 마시면 잡신(雜神)이 칼을…

시	일	월	년	(남)
己	庚	辛	丙	
卯	子	卯	申	

庚	己	戊	丁	丙	乙	甲	癸	壬	대운: 순행
子	亥	戌	酉	申	未	午	巳	辰	
81	71	61	51	41	31	21	11	1.10	

집안에 어려운 문제가 있을 때마다 찾아와 의논하고 상담을 하며 친분이 두터운 보살이 친구가 문제가 있어서 찾아 올 것이니 잘 좀 봐달라고 청탁을 해온다. 물질로 하는 청탁은 거절하지만 정으로 하는 청탁은 언제든지 환영하니 부담갖지 말고 오시라고 했다.

"안녕하세요. 친구가 소개해서 찾아왔는데요."
"말씀 들었습니다. 들어오세요."

차를 끓이며 손님의 기색을 보니 스트레스를 많이 받는지 안색이 어둡고 지쳐있다. 하긴 사는데 아무런 문제가 없으면 이렇게 멀리까지 나를 찾아오지 않았을 것이다.

"무엇이 궁금해서 오셨습니까?"
"남편 때문에 상담을 받으려고 왔어요."

명조를 적어놓고 본격적인 상담에 들어갔다.

"남편이 무슨 문제가 있습니까."
"평소에는 안 그러는데 술만 먹으면 사람이 난폭해지고 심하면 칼을 들고 와서 행패를 부리고 위협을 하는데 사람이 아니라 마귀(魔鬼) 같아요. 저는 어른이니까 섬뜩하고 무서워도 견딜 수 있는데 아이들이 무서워서 바들바들 떨고 있는 것을 보면 너무 가여워서 볼 수가 없어요."

그동안 마음고생이 심했던지 얘기를 하는 도중에도 목소리가 떨리고 눈물이 그렁그렁 해진다.

"창피해서 말을 안 하고 살다가 너무 힘들어서 친구한테 이야기 했더니 선생님한테 가보라고 해서 왔어요. 정신병인지 귀신(鬼神)이 씌어서 그러는 것인지 알고 싶어요."

보살의 마음을 진정시키고 위로할 겸해서 우리 집 이야기를 들려줬다.

"제 위로 형이 둘 있는데 큰형이 좀 그랬어요. 술만 먹으면 온 집안을 아수라장으로 만들어 버리는 거예요. 형(兄)이 술을 좀 과하게 먹고 들어오면 식구들이 모두 줄행랑을 놓아 버리고 나만 혼자서 형을 상대하는데 말로 안 되면 몸으로 밀어 붙여서 제압해 놓고 집안을 대충 정리하고 있으면 식구들이 하나씩 눈치를 보면서 들어오곤 했어요. 그때 형이 하던 사업이 부도나고 어려울 때라 이해하고 감싸주려고 했지만 식구들이 마음 고생을 많이 겪었어요."

자신과 비슷한 처지의 이야기로 마음을 열어 편안하게 해주면 상처 받은 마음에 많은 위로가 된다.

"자존심 상하니까 말을 안 할 뿐이지 가장의 술주정 때문에 멍드는 가정이 많이 있어요."

"처음에는 그냥 술주정으로 생각하고 달래서 재우고 했는데 갈수록 도가 지나쳐서 이제는 사람도 아닌 것 같아요. 밖에 나가면 순하고 좋은 사람이라고들 하는데 술 먹고 집에만 오면 행패를 부리니 아이들이 불쌍해서…… ”

그동안의 서러움이 폭발하는지 말을 잊지 못하고 눈물을 쏟아낸다. 잠시 마음을 진정 시키기를 기다렸다가 문진(問診)을 시작한다.

"언제부터 그러던가요."

"시작은 언젠지 잘 모르겠어요."

"남편이 무슨 일을 하십니까?"

"중장비 기사로 일하다가 돈을 벌어서 한참 때는 기사를 다섯 명이나 두고 운영했어요. 중장비를 다섯 대 가지고 일하면 제법 크다고 해요. 차를 할부로 구입한 처음에는 정말 열심히 일했는데 어느 정도 할부를 갚고 돈이 모이기 시작하니까 사무실 경리하고 수상한 소문을 부리고 다니는 거예요."

겨우 마른 눈가에 또 눈물이 번져 내린다. 그 다음 이야기야 말하지 않아도 충분히 짐작이 가능하다.

사주 속에서 남자에게 돈과 여자는 같이 들어오고 같이 나간다고 한다. 남편이 경리랑 바람을 피우는 것을 알고 마음이 많이 상했다고 한다. 내가 여자가 아니라서 여자의 마음을 다 알 수는 없으나 남편에게 다른 여자가 생긴 것을 알고 부부불화가 심해지고 잠자리도 거부하게 되었을 것이다.

"남편이 자동차를 한대씩 정리하더니 지금은 2대만 가지고 영업을 하고 있는데 사무실도 없애고 집에서 내가 경리일을 본 뒤로 점점 술을 많이 마시고 들어오더니 폭력적으로 변했어요."

"그럼 하나만 더 물어봐도 될까요?"

"예 말씀하세요."

"혹시 부부간의 잠자리가 원만하지 못한 것은 아닌가요?"
"경리랑 그런 일이 있고부터 내가 많이 피하지요. 특히 술 먹고 새벽에 들어와서 강압적으로 요구하면 자존심이 상해서 안 하려고 하지요."

성욕(性慾)을 채우지 못한 남편은 밖으로 돌며 폭음(暴飮)을 하고 취하면 전화를 걸어 입에 담지도 못할 온갖 욕설을 퍼붓다가 집으로 오면 갖은 행포로 식구들을 공포에 떨게 한다고 한다. 자식들을 생각해서 처음에는 남편을 이해하려고 참았는데 지금 생각하면 그때 바로 잡지 못한 것이 후회가 된다면서 술 귀신이라도 붙었는지 알아봐 달라고 한다.

"아무래도 술 귀신은 아닌 것 같고 이 양반 사주에 원진살이 있어서 한 번 의심을 갖기 시작하면 좀체 의심을 멈출 수가 없다고 합니다. 의심이 심해지면 정신병자처럼 보이기도 한다고 해요."

"그런데 평소에는 안 그러다가 왜 술만 먹으면 그러는가요?"

글쎄 왜 술만 먹으면 사람이 변하는 것일까. 그 원인을 찾아 명조 속으로 한번 들어가 보자.

"丙申생 卯월의 남자는 卯월 庚金이 亥시에 재와 合을 하면서도 刑을 일으키고 있습니다. 卯木정재는 강한 비견 속에서 개울가 돌이 많이 있는 곳에 뿌리를 내리고 있으니 항상 불안하다고 합니다."

"그래서 의심을 하는 겁니까?"

"조금 더 봅시다. 庚金 일주가 자신의 처인 卯木과 合을 하려고 하는데 비견인 년주 申金속의 庚金이 자신보다 먼저 卯木과 合을 한다고 의심을 하는 겁니다. 평소에 이런 생각을 갖고 있다가 술이 들어가면 이성이 마비되니 감정이 폭발하여 그런 돌발 행동을 하는 것 같습니다. 그리고 몸이 차가워서 술을 자꾸 찾는 것 같아요."

일지 子水를 卯木이 양쪽에서 협공하여 다스리니 하나는 잔소리요, 다른 하나는 辛金의 칼이라고 한다. 일지의 子水는 처 궁인데 子水가 상관이라서 본인 눈에는 아내가 상당히 예쁘고 섹시하게 보이니 의심이 더욱 심하다고 보아야 한다. 이번에는 이 명조 속의 신명(神命)을 찾아서 읽어보자.

"년주의 丙申은 조상의 공 줄이며 아마도 어릴 적부터 아주 친했던 친구가 종교인이 되어 있는 것 같아 보입니다."

"제일 친한 친구가 스님이 되어서 역학을 하면서 재를 많이 지내는데 자주 놀러가서 그곳에서 술도 많이 마시고 와요."

일주 庚金이 월지 卯木장간의 乙木을 그리워하는데 이 명조의 아쉬운 亥水는 역마로서 丁亥가 된다. 즉 이야기를 하고 싶어서 亥子丑 합하려고 丑의 작은 암자에 있는 친구를 찾는 것이다.

"丁亥는 친가의 대감인데 술만 먹으면 亥역마로 헤매고 다니거나 亥卯의 합이 있어 辛金의 칼을 들고 卯木을 위협하는 것입니다. 48세 때부터 그런 현상이 생긴것 같으며 亥卯 합을 하려고 하는데 중간에 子水가 있어 뜻을 이루지 못하니 형(刑)을 일으키는 것은 당연하다고 봅니다."

"그러면 선생님 해결할 방법은 없습니까?"

"남편의 술주정은 丁亥의 외로운 대감을 달래주면 고칠 수가 있습니다. 본인도 느끼지 못하지만 亥역마의 작용으로 밖으로 돌며 술을 찾는 겁니다."

"전에 무속인을 찾아갔더니 그렇게 말하면서 굿을 해서 천도

하라고 하는데 속이는 것 같은 기분이 들어서 그냥 무시해 버린 적이 있어요."

"친분이 있다는 스님을 찾아가셔서 상의해 보세요. 이 대감님은 갈대가 우거진 강 하구나 바닷가에서 극진하게 대접하고 해원(解寃)해 드리면 가신다고 합니다."

평상시에는 점잖은 인품에 성실한 가장으로, 좋은 부모로 전혀 손색이 없는 사람인데 술만 들어가면 억누르고 있던 본성이 발동하는 것이다.

"술 귀신이 들었다고 타박하지 마시지 일찍 귀가시키는 방법을 강구해 보세요. 일찍 들어오면 저녁시간에 산책도 하고 대화도 나누고 때로는 같이 나가서 가볍게 맥주도 한잔씩 해보세요. 그러면 집에 들어오는 시간이 기다려지고 자연히 술도 점점 멀리할 겁니다."

"그런 생각도 해보기는 했는데 그동안 냉랭하게 지내는 것이 몸에 배어서 잘 못하겠더라고요. 기껏 마음내서 시도했는데 무시해 버리면 자존심도 상할 것 같고요."

"누군가는 먼저 손을 내밀어야 화해가 되지요. 부부간에 자존심이 다 뭐랍니까. 근본이 나쁜 사람은 아니니까 먼저 가슴을 열면 잠시 머뭇거리기는 해도 들어와 안길 겁니다. 아이들에게도 협조를 구하고 용기를 내서 시도해 보세요. 잠자리에서도 먼저 다가가서 찐하게 유혹도 해보시고요."

하니 이 보살님 부끄러운지 입가에 미소를 짓는다.

⊠ 아버지 공사가…

```
시  일  월  년  (남)
壬  戊  己  辛
戌  辰  亥  巳


庚  辛  壬  癸  甲  乙  丙  丁  戊    대운: 역행
寅  卯  辰  巳  午  未  申  酉  戌
82  72  62  52  42  32  22  12  2.12
```

우연한 기회에 만난 이 분들은 독특한 세계관을 가지고 사는 분들이다. 시골의 5일장을 다니면서 건어물 장사를 하고 있는데 요즘 일어나는 일들이 석연치 않다고 한다. 자신들을 독실한 하나님 아버지의 자식이라고 소개하는 이 분들은 기존의 기독교인과는 다른 하나님을 섬긴다고 한다.

이 분들이 말하는 하나님 아버지는 실존적인 인물로 기독교 신자였다고 하는데 그 아버지 하나님은 34살 때부터 이적을 남기시다가 37살에 죽었다고 한다. 그 분은 사람의 병을 치유하는 남다른 능력이 있어서 아픈 사람을 만지기만 해도 나아서 신비의 약손으로 불렸으며 병을 치료받은 사람들이 그 분을 재림예수라 부르며 추종했다고 한다.

이 노부부도 그 중의 한 사람인데 이적을 행한 기간이 짧아서 추종자가 그리 많지 않고 세월도 많이 지나서 지금은 그 열정이 식었지만 자신들은 틈나는 대로 사람들에게 하나님을 알리고 전도하며 일심으로 아버지 하나님이 오실 날을 기다리고 있다고

한다. 이것을 무속으로 표현 한다면 약명도사가 몸 주로 계시면서 사람들의 병을 치료하는 이적을 일으킨 것이다.

이런 현상은 무속뿐만 아니라 교회에서도 볼 수 있는데 교회에서 기도 하다가 신(神)이 내려 방언을 하고 더불어 치유의 능력을 가지게 되면 선택된 하나님의 종이 되어 부흥회에 나가서 신도들에게 전능하신 하나님의 능력을 입증해 보이고 신앙을 고취시키는 신의 도구로 쓰이기도 한다. 이 명조의 주인은 칠순의 나이가 무색할 만큼 건장해서 지금도 중소 도시의 5일 장터에서 장터로 열심히 건어물을 싣고 다니며 장사를 하고 계신다.

"회장님 안녕하세요."

"아이고 스님이 여긴 웬일로……"

"지나가다가 보고 싶기도 하고 하나님의 공사가 잘되시는지 궁금해서 들렀습니다."

오늘처럼 비가 오는 날은 장(場)이 제대로 서지 않아 집에서 쉬신다는 이야기를 듣고 지나다가 들른 것이다.

"아주 잘 오셨어요. 그렇잖아도 우리 아가씨가 뵙고 싶어 했는데."

두 분이 사시는 이집은 천국이며 할아버지는 회장으로 할머니는 아가씨로 통한다.

"건강은 어떠세요. 어디 불편하지는 않으세요?"

"다른 곳은 다 괜찮은데 무릎이 아파서 죽겠어."

"병원에는 가보셨어요?"

"아니, 아버지께서 분명히 괜찮다고 하셨으니 괜찮을 거야."

"참 회장님도. 그래도 병원에 가셔서 검사를 받아보세요."

아무리 훌륭한 의술이나 과학도 이 분들에게는 하나님 아버지의 말씀보다 못하다. 모든 것을 심지어 육신의 고통까지도 종교의 힘으로 믿으며 견디고 계시는 것이 대단하게 보인다.
"그나저나 우리 아가씨가 걱정이구먼."
"할머니가 왜요?"
"자꾸 아프고 가슴이 두근거린다고 해서 걱정이야. 오늘 우리 아가씨 사주 좀 봐주고 점심 먹고 놀다가 가시게."

이렇게 해서 할머니 사주를 보게 되고 내친김에 할아버지 사주까지 보게 되었다. 무엇보다도 이 분들은 왜 이런 종교를 믿으며 자신들을 희생하며 사는지 궁금하다. 이 명조를 신의 이야기로 풀어보면 亥월 戊辰일주는 壬戌시 태어나서 戌亥의 천문(天門)성이 있어서 정신세계나 종교에 심취한다고 본다.

일주 戊辰의 신장이 강해서 고집이 대단하다. 년, 월의 巳亥 충(沖)으로 일찍 종교에 귀의 했다고 보며 월, 일에 辰亥원진이 있어서 종교의 교리(敎理)를 깊이 있게 파고들어간다고 생각한다. 이런 사주를 가진 사람은 종교 분석가나 연구가로 나가면 대성한다. 비겁이 혼잡하니 가정이 불우하여 일찍 생업에 뛰어들어 장사를 하며 종교에 귀의 했을 것으로 생각되는데 재물과는 인연이 별로 없다가 50대에 들어서야 재물과 인연을 맺고 살아 갈 수 있다.

"아버지 하나님의 말씀대로 50대 초반부터 장사가 잘되고 매사가 순조롭게 이루어졌지. 때가 되면 가족들이 이곳에 모일 것이니 집을 지어놓고 가족들을 받아들일 준비를 하라고 하는 말씀에 따라 공사를 시작해서 65세에 이렇게 큰 집을 짓게 되었네."

두 분이 살기에는 집이 너무 큰데 왜 이렇게 크게 지으셨냐고 물었더니 할아버지께서 하신 말씀이다. 이것은 하나님 아버지의 공사가 아니라 이미 사주에 정해진 일이 일어나고 있는 것인데 할아버지는 모든 영광을 하나님 아버지께 돌린다. 이것이 종교의 힘이다.

시주의 壬戌는 재물이 허공에 뜨는 형상으로 재물 관리에 신경을 쓰는 것이 좋으며 비견이 강한 것은 나눔이니 베풀면서 사는 것이 좋다. 올해 己丑년 들어서 무릎이 아픈 것은 土가 강한 명조에 또 土운이 들어오니 건강에 많은 무리가 오는 것이고 더군다나 체중이 늘어나서 무릎에 무리가 오고 나이가 들어가면서 연골 조직이 닳아서 통증이 생기는 것은 흔히 퇴행성관절염이라고 하는 것으로 자연적인 노화 현상이다.

"회장님 우선 무릎이 너무 아프니까 병원에 가서 치료부터 받으시지요."

"아버지께서 약속을 하셨으니까 기다려야지."

己丑년 중반부터 무릎이 아파서 많은 고통을 받으면서도 과학에 의존하지 않고 신의 뜻에 따르고 계시는데 정말 종교가 무엇인지 신이 무엇인지 잘 모르지만 인간이 가진 신념이란 것이 무섭다는 생각이 든다.

"하루 속히 병원에 가서서 진찰을 받고 치료하셔서 건강해져야 아버지의 공사를 성공적으로 마무리 하시고 아버지 하나님을 영접 하실 거 아니에요."

"과학의 힘을 빌리려면 아버지께 먼저 물어봐야 되네."

하며 슬며시 꼬리를 내리신다.

"아버지 하나님께서 우리들이 70세까지 노화가 진행되다가 다시 젊음을 되찾는다고 말씀 하셨어. 그리고 형제들이 여기에

다 모여서 아버지 하나님을 영접할 거라고 하셨는데 스님이 보시기에 그 때가 언제일 것 같으신가"

아버지 하나님이 어떤 의미로 그렇게 말씀하셨는지 진의는 모르겠지만 내가 이해하기에는 젊어진다는 것이 육신의 젊음이 아닌 정신의 젊음을 이야기 하시는 것 같다. 그러나 오로지 하나님 아버지의 충실한 종으로 그 분이 오실 날만 기다리며 준비하고 있는 이 분에게 뭐라고 해 드려야 할지 난감하다. 하나의 사주를 앞에 놓고 서로 같은 언어로 이야기 하지만 해석은 각자가 알아서 하고 있다.

아버지 하나님이 근엄한 얼굴로 생각이 복잡한 나를 내려다보고 있다. 회장님이 모시는 아버지 하나님의 초상화는 거실 한 가운데에 걸려있는데 이 초대형 초상화를 걸기위해서 일부러 집의 천정을 높여서 지었다고 한다. 초상화 속의 저 분이 손으로 많은 사람들을 치료 했다고 하니 신명으로 본다면 저 분은 분명 약명 도인을 받아 모셨을 것이다. 무속 인이나 특이한 능력을 가진 사람들 중에 왕왕 '나는 재림 예수다.' 또는 '나는 약사여래불의 화신이다.' 라고 하면서 무지한 사람들을 희롱하는 사례가 있는데 이 하나님의 역사도 그 뿌리가 여기에 있지 않을까 조심스럽게 추측해 본다.

아마 이 할아버지도 그렇게 시작한 믿음에 타고난 명조의 기운이 더해져서 확고한 신앙으로 자리 잡은 것이 아닐까? 편안해 보이는 인상에 마음의 여유도 있고 종교적으로도 해박한 식견을 가지고 계신 분에게 무엇이라고 해드릴 이야기가 없다.

❈ 주님의 자식에서 나 홀로 천국(天國)으로

시	일	월	년	(여)
己	庚	丁	庚	
卯	午	亥	辰	

戊	己	庚	辛	壬	癸	甲	乙	丙	대운: 역행
寅	卯	辰	巳	午	未	申	酉	戌	
85	75	65	55	45	35	25	15	5.3	

앞에서 사주를 풀어본 할아버지의 부인되시는 분이다.

할아버지와 같이 아버지 하나님을 신봉하며 그 분의 말씀에 의지해서 살아가고 계신다. 아버지 하나님의 공사가 시작되어서 아버지의 뜻에 따라서 많은 식구들이 여기로 올 것이라고 믿고 준비하고 있는데 갑자기 몸이 아프고 삶의 터전인 장터에서도 계속 불화가 생긴다고 한다. 중소도시를 중심으로 인근 시골의 5일장을 돌며 건어물 장사를 하는데 아버지의 뜻에 따라 장사가 너무 잘 되니 주변으로부터 많은 시샘과 시기를 받는다고 한다.

할아버지께서 아버지 말씀으로는 노화가 멈추고 다시 젊어진다고 하는데 할머니가 자꾸 몸이 아프다고 한다고 사주를 한 번 봐 달라고 한다. 이 분들은 하나님 아버지가 허락하지 않으신다며 아무리 아파도 병원에도 가지 않는다고 한다.

"할머니 저를 기다리셨다면서요? 저도 할머니가 보고 싶었어요."

"한번 찾아보고 싶어도 장사 다니느라 그럴 짬이 있어야지요."

잘 오셨어요. 재미난 이야기 많이 해주시고 천천히 놀다가 가세요."
"회장님 말씀으로는 몸이 편찮으시다는데 어디가 불편하세요?"
"몸도 아프고 특히 가슴이 답답하고 두근거려서 죽겠어요."
이곳저곳 장을 찾아다니면서 장사하는 것도 힘들고 짜증스러우며 같이 장에서 장사하는 사람들이 자신들을 싫어해서 그만두고 싶은데 아버지께서 아무 말씀도 안 해주신다고 한다.
"벌써 아버지께서 그만두게 하시는 것은 아닐 텐데……"
"제가 할머니 나이와 생일만 가지고 왜 그런지 이야기 해드릴게요."
할아버지와 달리 할머니는 선뜻 대답을 못하시고 우물쭈물 하신다. 이 명조를 보면 할머니는 신명(神命)의 기운이 강하다. 슬쩍 넘겨짚어 다시 말을 걸었다.
"할머니 혹시 꿈을 꾸면 그것이 기차게 맞으시지요?"
"그날 일어날 일이나 장사가 잘되고 안 되는 것은 꿈으로 알아요."
하면서 하나님 아버지 전에 죄스럽다고 한다. 글쎄 무엇이 죄스럽다는 것일까? 꿈이 잘 맞아서? 아니다 하나님 아버지를 믿고 따르는 종으로서 아버지 말씀이 아닌 사주를 본다는 것에 죄의식을 가지시는 것이다.
"제가 수 없이 많은 사람들을 감정했는데 그 중에 제일 많은 사람들이 누군지 아십니까?"
"글쎄 난 잘 모르겠네요."
"기독교 신자들이예요. 저도 신명을 감정하러 다니면서 알았는데 무당집에 점 보러오는 기독교인들이 아주 많다고 해요. 어떤 무당들은 기독교인들만 전문으로 하는 곳도 있었어요. 그리고 무당들이 신을 받은 이야기를 들어보면 약 6~70%가 교회에서 시작했다고 해요. 놀랍죠? 저도 처음에는 많이 놀랐어요."

그래도 이 할머니는 부끄럽고 수줍어서 선뜻 입이 안 떨어지는 것 같다. 거친 장바닥을 돌며 장사하시는 분 같지 않게 수줍어서 고개를 들지 못하고 말까지 더듬는다.

"할머니 제 이야기를 들어보시고 맞는지 안 맞는지 얘기만 해 주세요."

하니 눈길을 피하고 고개만 끄덕인다.

"할머니는 10월 庚午 백마가 己卯시에 태어나서 정말 기묘(奇妙)하게 살아가고 있는 것 같습니다."

라고 하니 인정하신다는 의미로 고개를 끄덕이신다. 월간의 丁火가 남편인데 일지에 또 있어서 할아버지와 관계가 어떻게 되는지 알아야 상담이 제대로 되겠기에 조심스럽게 물어 보았다.

"할머니, 이 사주대로 하면 지금 같이 살고 계시는 회장님은 본래 남편이 아닌 것 같은데 제가 잘 못 봤습니까?"

"사실은 종교 활동 하면서 만난 아저씨 입니다."

결혼하여 살면서 늦게 가진 종교가 자신의 인생을 바꾸어버린 것이다. 첫 남편과의 사이에 자식 둘을 낳고 나름대로 열심히 살다가 무슨 이유인지 남편과의 갈등이 있어 헤어지고 같이 종교 활동하던 사람과 인연을 맺고 지금까지 살고 있는 것 같다.

"이 사주 속에서 할머니는 10월의 새벽하늘에 달과 별이 되어 반짝거리는데 젊은 시절에는 辰亥 원진 때문에 빛을 발하지 못하다가 40중반을 넘어서부터 잠시 반짝 거리는 운명(運命)입니

다."

"아버지 하나님께서 저희들을 구원하시어 70세까지 노화가 진행되다가 다시 젊어 질것이라고 말씀하셨는데 왜 이렇게 아픈 건가요? 그것을 한번 알아봐 주세요."

"할머니 이건 종교 이야기가 아니고 눈에 보이고 만져지는 세계가 아닌 보이지 않고 만져지지 않는 세계를 이야기 하는 것입니다. 즉 신의 세계를 말하는 것이지요."

"아니, 그런 것도 알 수가 있나요?"

"월주의 丁亥할아버지가 己丑년에 들어서 자신을 확실하게 드러내시겠다고 하니 戊子년 섣달부터 이상한 기운이 돌기 시작하고 子午 충(沖)으로 건강을 치면서 변화가 많이 있을 것입니다."

"맞아요. 그때부터 같이 장사하는 사람들하고 불편해지고 장사도 점점 줄어들어 지금은 세 곳 밖에 안 다녀요."

"마음고생이 많으시겠네요. 특히 2009년 봄을 지나면서 뭐가 잘 안되고 힘이 더 많이 들었지요?"

"그런 것 같아요. 왜 그런가요?"

"그것은 자연의 흐름 때문인데 아무리 아버지의 공사가 시작되었다고 해도 자연의 이치를 벗어 날수가 없으며 신앙(信仰)의 힘을 믿으면서 때로는 과학의 힘에 의존할 필요도 있지요."

"우리들은 그저 아침에 장사 나가면 저녁에 들어와서 아버지 하나님께 감사의 기도를 올리고 피곤에 지쳐서 잠자기가 바빠요. 이렇게 비가 오면 좀 쉬는 시간이 생기지요."

"그러면 건강은 어떻게 돌보고 계십니까?"

"그냥 홍삼 같은 것 사먹고 그래요."

"할머니 몸이 아프시면 병원에 가서 치료를 받아보세요"

아무리 권해도 막무가내다. 이분들의 아버지 하나님은 왜 이 분들에게 병원에 가라고 하지 않을까? 한마디만 해주시면 바로 달려 갈 텐데. 몸이 건강해야 아버지든 하나님이든 더 열심히 받들어 섬길 것이 아닌가? 하는 수 없이 2010년부터는 점차로 좋아지니까 마음 놓으시고 일정한 기간 동안 병을 치료받고 아버지의 뜻을 따라도 된다고 말씀드렸다.

"한사람이라도 더 구원의 손길이 미치도록 하나님의 공사를 계속해야 되요. 몸은 아프고 피곤하지만 힘을 내서 열심히 돈도 벌고 전도도 해서 찾아오는 하나님의 자식들을 맞이할 준비를 해야 되요"

하시는데 그야 말로 기가 찬다.

"할머니 그래도 치료를 받아서 건강하셔야 아버지의 자식들을 볼 수가 있지요." 라고 하니

"아버지 하나님이 모두 알아서 해주시니까 저희들은 그냥 따르기만 하면 되요."

상담은 이쯤해서 마쳐야 될 것 같다. 이 분들의 이야기를 듣고 있으면 종교가 얼마나 무서운 마약(痲藥)이지 실감이 난다. 삶을 송두리째 바쳐도 마냥 행복하다고 말하는 이 분들을 보면서 행복의 차이는 저마다의 생각의 차이라는 생각이 든다.

다음은 할머니에게 못다 해 준 신명의 이야기이다. 庚午의 몸주는 할아버지이며 점사를 본다면 丁火의 뿌리가 午火 에 있으니 칠성 줄의 인연으로 불사 대신보살이 본다. 년주의 庚辰은 조상이 하늘용궁인 제석천이나 대범천에 계시며 26세에 월주의 월광대신보살이 들어오고 싶어 하지만 辰亥 원진으로 반기지 않

으니 들어오지 못하다가 60이 넘어서 들어오신다고 본다. 일주 庚午는 흔히 백말이라고 하는데 이 庚午의 영향으로 할머니의 인물은 좋으나 午卯가 파(破)살이라서 키가 작은 것이 아쉬웠다. 시주의 己卯는 그냥 하는 소리로 기묘(奇妙)한 인생을 산다고 하며 약명도인이신데 아마 아버지께서 학자풍의 상당히 인품이 좋은 분이라고 생각한다. 58세에 하나님 아버지로 오시려나… 그것은 아니고 할머니의 부친이 약명으로 들어오시려고 하는데 午火의 반대로 어렵다고 본다.

 타고난 무녀의 팔자로 신명을 외면하고 다른 종교에 깊이 빠져서 사는 것을 신명의 뜻을 거역하는 것으로 볼 수 있으나 엄밀히 말하면 밖으로 드러난 양상만 다르지 기본적으로는 같다고 본다. 무속 인의 모습으로 사는 대신 남들에게 베풀고 봉사하며 전도하는 하나님 아버지의 자녀로 살고 있는 것이다. 이분들은 하나님 아버지를 이야기하지만 이 분들의 하나님과 기독교의 하나님은 전혀 별개의 하나님이다. 자신들은 기독교인이 아니라고 하고 교회와 목사를 강하게 부정하고 비판한다.

 내가 바라보는 종교란 스스로 선택해서 삶이 힘들고 어려울 때 기대고 의지하며 힘을 얻어 주어진 삶을 살아내는데 도움이 되어야 하는 것이지 전적으로 삶을 종교에 바쳐서 종교가 삶의 전부가 되어 버리는 것은 바람직하지 않다고 생각한다. 항상 건강하시고 아버지 하나님의 뜻이 이루어지길 빌어본다.

❈ 고집(固執)으로 신(神)의 길을 포기하니 재산이…

시	일	월	년	(여)
戊	癸	辛	乙	
午	酉	巳	未	

庚	己	戊	丁	丙	乙	甲	癸	壬	대운: 순행
寅	丑	子	亥	戌	酉	申	未	午	
88	78	68	58	48	38	28	18	8.7	

중년의 여인이 아들문제를 상의하러 찾아왔다. 아들이 취직도 못하고 놀고 있어 걱정이 이만저만이 아니라고 한다. 아들의 사주명조에서 원인을 찾다가보니 어머니사주까지 거슬러 올라오게 되었다. 아들의 앞길이 막히는 원인은 여기에 있었다.

"보살님은 신명(神命)의 길을 가야한다는데 어인일로 가지 않으십니까?"

"저는 죽어도 무당이 되기 싫고 무엇보다도 내가 신(神)을 받으면 아이들에게로 넘어갈까봐 못하겠어요."

우리는 흔히 신의 길이란 부모에게서 자식으로 연결된다고 생각하는데 이것은 잘못된 생각이다. 조상(祖上)의 신명들이나 천상(天上)의 신명들은 인연이 있어야 접신하는 것이지 인연이 없으면 하고 싶어도 하지 못한다. 부모가 한다고 자식이 받아 한다는 것은 무식한 무속 인들이 자신의 밥벌이를 위해서 하는 그야말로 무식한 소리이다. '어미의 죄가 커서 어미가 하지 않으면 자식이 한다.' 점집에 가면 이런 소리를 많이 듣는다. '재를 지내주고 천도시켜라 아니면 자식에게 간다.' 절집에 가면 이렇게 이야기 한다. '그냥 무시하고 넘어가라 괜히 손대면 자식에게 이어진다.'

또 다른 종교에서는 이렇게 이야기 하는 곳도 있다. 무시하고 하나님만 믿어라. 그러면 천국 간다는 종교도 있다. 이렇게 자기의 종교에 따라서 다른 처방이 나오는 것은 상대방 입장보다 자신의 이익을 우선으로 놓고 이야기하기 때문이다. 굿을 하든지 천도를 하든지 전혀 상관이 없는 나는 냉정한 시선으로 그들을 바라본다. 무수한 신명을 감정하면서 얻은 사례를 살펴보면 신의 길이란 것이 그렇게 쉽게 넘어가고 이어지는 것은 아닌 것 같다. 우선은 여하한 일이 있어도 인연이 있어야 신이 내린다. 그리고 신명이 요구하는 것을 잘 살펴서 그 요구를 들어주면 신을 받지 않아도 해결된다.

"그럼 제가 신을 받으면 아들이 내려 받는 건 아니네요."

"보살님이 신을 받들지 않아서 아들이 안 되는 겁니다. 보살님이 제일 귀하게 여기는 아들을 흔들어서 보살님에게 벌(罰)을 주는 것 같아요."

명조를 하나씩 살펴보자. 사(巳)월 양띠가 계유(癸酉)일 오시(午時)에 무계(戊癸) 합(合)을 하니 금(金)이 견디지 못하고 녹아내리는 사주가 되었다. 이렇게 금(金)이 화(火)의 기운(氣運)에 녹으면 종교를 무시하고 강성으로 변한다. 일주가 계유(癸酉)이니 주장은 분명 불사인데 사화(巳火)에 合하지 못하고 무오(戊午)의 양인살(羊刃殺)에 合을 하려고 하니 이것은 착각으로 신의 길을 포기하는 것이다. 47세 이후부터 모든 재물과 자신의 인생길에 많은 장애를 예고하고 있다. 40대 중반까지는 사화

(巳火)의 신명이 도와주어서 아쉬움을 모르고 살아갈 것이다. 이 때 신의 길을 선택해야 하는데 신을 포기하고 정관에 合을 한다고 하니 분명 신을 포기하고 스스로 힘든 길을 선택한 것이다.

"이 명조를 보면 자식에게도 신의 기운이 뻗치고 있어요. 이 명조속의 자식은 乙木인데 乙木이 戊午와 合을 이루고 있으니 이것은 메이크업이나 사진작가 또는 프로코디 같이 보입니다."

"딸아이가 방송국에서 분장 일을 하고 있어요."

"그럼 그 아이는 직업을 잘 선택했어요. 신명에서 그런 화려한 일을 요구하고 있어요. 그 일을 계속 하면 신을 받지 않아도 괜찮습니다."

"신명에서 왜 그런 일을 요구합니까?"

"내가 늘 하는 이야긴데 신명은 자신의 못다 한 한(恨)을 후손이 풀어주기를 바랍니다. 그러라고 돈도 주고 명예도 주는 것인데 신명을 거부하면 다 걷어가고 다른 후손을 찾는 거지요. 보살님은 명조를 보면 마흔 중반이후로는 많이 힘드실 것 같아요."

"47세부터 되는 것은 하나도 없고 나가는 것은 돈이요 죽어나는 것은 건강입니다. 딸은 직업으로 가면 된다고 하니까 걱정이 없고 아들은 어떻게 해야 됩니까?"

"해답은 간단합니다. 보살님이 신을 인정하고 받아들이면 됩니다. 그러면 딸에게 넘어가지도 않고 아들은 취직도 되고 결혼 문제도 풀립니다."

이렇게 말하니 이 보살이 믿기지 않는다는 표정으로 쳐다본다. 그러다가 무슨 영감이 더 올랐는지 뜬금없는 소리를 한다.

"선생님은 작은 암자를 하나 지어서 철학을 보시면 엄청난 돈을 번다고 하는데 왜 이렇게 사십니까?" 한다.

"누가 그럽디까?"

"그냥 얘기하는 도중에 그런 생각이 떠올랐어요."

이정도면 주객이 전도되어 누가 누구를 상담하는지 모르겠다. 이러니 이 보살에게 누가 신명이 없다고 하겠는가? 자신도 모르게 아는 소리를 하는 이 보살은 몸주가 대사이시다. 년주의 乙未는 조상대대로 내려오는 세존이며 분명 당산에서 후손들을 위해서 공을 들인 할머니다. 월주 辛巳는 불사 줄이며 일주 癸酉는 제석천 불사 할머니요. 시주의 戊午는 산왕대신이며 戊癸가 합하여 천궁 불사로 내려오신다. 그래서 만약 점사를 보게 되면 천궁도사가 볼 것이며 巳酉가 합을 하니 글문이 되신다. 신의 길을 거부한 죄로 많았던 재산을 허공에다 뿌리고 지금은 어느 작은 마을에서 아들과 같이 직장생활을 한다고 하였다.

❈ 한 때는 유명세로…

시	일	월	년	(여)
丙	甲	乙	癸	
子	子	卯	巳	

甲	癸	壬	辛	庚	己	戊	丁	丙	대운: 순행
子	亥	戌	酉	申	未	午	巳	辰	
87	77	67	57	47	37	27	17	7.4	

한 때는 용하다고 소문이 자자했다고 한다. 이 보살에게 점사

를 보려면 아침 일찍 와서 번호표를 들고 기다려야 했다고 한다. 그러나 그것도 한 시절의 추억으로 사라지고 지금은 점사가 흐려져서 잘 안 보이며 가끔 찾아오는 손님들만 보고계시다고 한다.

아는 분이 볼일이 있어 가는데 어쩌다가 동행하게 되었다. 보살 집을 찾아 들어가니 한 방 가득 손님이 앉아 있다. 모두다 점사를 보러 오셨나 했더니 아니란다. 이렇게 모여서 맛있는 점심도 해먹고 얘기도 하면서 논다고 한다. 온 동네 보살님이 다 모이고 모자라면 옆 동네 보살님들도 모인다고 웃는다. 인심이 좋다는 이야기다.

보살님들 틈에서 이런저런 이야기를 나누다가 점사 이야기가 나왔다. 이 보살님의 특징은 물위에 사진을 올려놓고 사진을 통해서 보이는 대로 이야기 해주는데 그것이 신기하게 맞는단다. 같이 가신 분이 옆에서 내 이야기를 한다.

"이 분은 사주를 공부 하셨는데 보살님한테 어떤 신명(神命)이 계시는지 다 알아요."

"사주로 어떻게 신(神)을 알아내요."

"거짓말 아니에요. 가만히 있으면 내가 거짓말쟁이가 되니 김형이 좀 봐주시오."

나도 보살님의 신명이 궁금하던 참이었다.

"보살님은 癸巳생이 卯월 甲木일 丙子시에 태어났다고 하니 그림으로 그려보면 동짓달 깊은 밤에 가로등이 외로이 서서 길을 밝게 비추는 형상이니 丙火의 등대가 더욱 빛이 납니다."

"내 사주에도 이렇게 살라고 나와 있어요?"

신명을 모시는 제자는 외롭고 힘든 길을 가면서 뭇사람들의 등

불이 되어야 한다는 것을 잘 이해하고 있었다. 모든 제자들의 마음가짐이 이래야 할 것이다.
"일주인 몸주는 당산 할머니며 대신입니다. 월주 乙卯木은 당산신장이며 8대조라고 합니다."
"예. 당산대신도 들어와 계시고 당산신장도 있어요."
"그렇지만 점사는 시주의 丙火가 점사를 보는데 물위에 丙火가 있으니 물위에 사진을 올려놓고 물 점을 보시는 것 같습니다."
"신기하네요. 사주를 보고 신을 알아맞히시는 것이."
"보살님은 당산에 정한수 올리고 공들여서 난 자식이라고 하네요."
"어머니가 애기만 가지면 유산이 되더래요. 그래서 자식하나 건지겠다고 당산에 가서 빌고 빌어서 낳은 것이 나라고 해요."
"보살님은 일찍부터 신의 기운이 있었을 거예요."
"어릴 때부터 들어왔어요."
"어릴 때 들어 온 것은 형제일신의 동자가 들어오는데 아마도 어머니의 자궁 동자인 것 같습니다. 그러니 수궁(水宮)동자이며 명신(明神)동자입니다. 왜 형제 같으냐면 일지 子水와 월지의 卯木이 子卯 형(刑)이라서 어머니 자궁에서 낙태한 것으로 생각됩니다. 그래도 신명이 확실하게 자리를 잡은 것은 열일곱 살부터 인 것 같은데요."
"그때부터 몸이 아프고 조금만 움직여도 피곤해서 누워야하고 몸이 차가워서 항상 춥고 여름에도 찬물에 손을 못 넣었어요. 그렇게 약하니 학교에 가서 앉아있기도 힘들어서 졸업도 못하고 그만두었어요. 왜 그렇게 몸이 찬지 몰라요."
"신병이 그렇게 오는 겁니다. 보살님 사주에도 몸이 차다고 나와 있고 水궁동자가 들어오니 더 그런 겁니다."

"그런가 봐요. 그렇게 아프다가 신을 받고 나니까 조금씩 괜찮아지고 몸이 나았어요."

卯月 甲木이 물위에서 허우적거리고 있으니 신 강하여 신과는 거리가 멀 것 같지만 형제일신이 해원(解冤)을 하려고 들어오는 것이라서 어쩔 수 없다. 이 신명을 완강하게 거부하면 험난한 인생을 살아야 되는 것이다. 장강에 흘러가는 뗏목처럼 부평초 인생이 되어서 어디에도 안주하지 못하고 고단하게 살아야 하지만 신의 길을 걸어가면 명신(明神)이 되는 것이다. 癸巳의 원한이 천상의 대신으로 인연잡고 당산에 정한수 올리고 공들여서 난 자식이니 이는 분명 巳火의 인연이라고 할 수 있다. 丙火가 甲木의 꽃이라고 하니 분명 한 시절은 이름이 난다고 한다.

그래서 한 때는 정말로 용하다고 소문이 나서 점사를 보려고 온 사람들이 집 앞에 장사진을 치고 번호표를 들고 대기 했다고 한다. 접시에 물을 떠놓고 사진을 띄워서 보는 방법이 신기해서 그랬는지 점사가 잘 맞아서 그랬는지는 모르지만 한 때는 유명했다고 한다.

"보살님 그렇게 유명하셨으니 돈도 많이 벌었겠어요."

"많이 벌었지요. 저녁 되면 신당에 돈이 수북하게 쌓여 있었어요."

"그 돈으로 절도 짓고 집도 짓고 하시지그랬어요?"

"난 신명을 모시고 살면서 그 돈 벌어서 잘 살 생각은 안 해봤어요. 그 돈은 욕심내고 쌓아놔도 내 것이 아니에요. 오히려 무거운 업이 되지요. 그저 답답해서 찾아오면 아는 대로 일러주고 몇 푼 놓고 가면 어려운 사람들하고 나눠서 쓰고 그랬어요. 신에서 돈을 줄때는 나 쓰라고 주는 것이 아니라 복지어서 신명도 나도 업장 소멸 시키라고 준다고 생각해요."
그 생각이 아름답고 마음 씀이 아름답다.
"어려서부터 자기보다 못사는 사람을 보면 도와주고 싶어서 가만히 있지를 못했어요."
"없는 사람은 돈도 안 받고 그냥 가라고 해요."
"지금도 장애시설에다가 쌀도 보내고 돈도 보내고 그래요."
옆에 있던 보살들이 다 한마디씩 보탠다. 이렇게 자신의 욕심을 채우는 것 보다 나눔으로서 신명을 해원하는 것도 공덕(功德)이요 자신의 복을 짓는 방법이다.

◈ 큰아버지의 약손이 내게로

시	일	월	년	(남)				
丙	乙	丙	壬					
戌	酉	午	辰					
乙	甲	癸	壬	辛	庚	己	戊	丁
卯	寅	丑	子	亥	戌	酉	申	未
89	79	69	59	49	39	29	19	9.9

대운: 순행

이 양반과는 오래전부터 인연을 맺어 온 사이다.
처음 역학을 깨쳤을 때 자연에 대입시켜서 보면 확연하게 보이는데 학문적 용어나 사전적 의미를 잘 몰라서 다른 사람들처럼 학문으로 배워볼 요량으로 학원을 찾아갔던 적이 있다. 그 곳에서 이 분을 처음 만났는데 별로 배울 것이 없어 나는 며칠만에 그만 두고 이 양반은 계속해서 역학을 배웠다. 이 분은 항상 자신을 낮추고 동생 같은 내게서도 모르는 것을 물어서 배우려고 하시는 모습이 참 보기 좋다. 그동안 소원하다가 오랜만에 이 양반을 찾아갔다.

"형님 그동안 잘 살았어요?"

"어! 도사 오래 만이네, 여기까지 웬일이요."

"형님 뵙고 싶어서 왔지요. 형수님은 안계시네요?"

"운동 간다고 나갔는데… 좀 있으면 올 거요."

이 분은 지금 과일 가게를 하고 있는데 부부간의 금실이 좋아서 항상 다정하게 웃는 모습이 옆에서 보기에도 흐뭇하고 좋다.

"정말 여기까지 날 보러 왔다고? 설마……"

"형님이 역학 공부를 얼마나 열심히 하셨는지 시험하러 왔어요."

"난 머리가 나빠서 안 돼. 지금도 누가 물어보면 머릿속이 하얀 백지로 변하고 기억이 나지 않아. 그렇게 책하고 씨름을 하고 공부를 했는데도 역학하고는 인연이 없는지 실력이 늘지를 않아요. 도사가 한 수 가르쳐 주면 안 될까?"

나 역시 아는 것이 별로 없고 그냥 자연으로 역학을 깨친 것을 나름대로 통변을 하는 수준이니 다른 곳에서 알아보길 권하였지만 이분은 많은 사람하고 상담도 하고 여러 선생에게서 배워도 봤지만 나처럼 통변하는 사람도 없고 신(神)의 세계를 정확하게 이야기 하는 사람들이 없다고 하신다.

"나도 남들만큼 학교 다니면서 교육을 받았는데 어찌된 노릇인지 이놈의 역학은 한쪽으로 들어가면 한쪽으로 나가기 바쁘니 잡아 둘 수가 있어야지."

"그럼 한쪽을 막아버리면 되잖아요."

"그럼 여기 오신 걸음에 말뚝이라도 콱 박아주고 가시오."

"그러기 전에 먼저 형님이 나 좀 만져줘 봐요."

"왜 어디가 불편하신가?"

"머리에 압(壓)이 차서 터질 것 같아요."

"이리 들어와서 누워 보소. 뭘 하는데 몸도 안 돌보고 하시나 그래."

"전에 사주 속에 신명을 공부 한다고 했잖아요. 그거 완성하느라고 여기저기 쫓아 다녔더니 힘에 부쳤나 봐요. 몸살기운이 있더니 압이 차고 올라가네요."

"그러면 몸은 내가 만져서 풀어 줄 테니까 대신 도사가 내 사주를 풀어서 무엇 때문에 역학이 안 되는지 좀 알아봐주시오."

이 분은 어디서 특별히 배운 적이 없는데도 기(氣)를 이용해서 손으로 사람을 치료하는 기술이 있다. 전에도 몇 번 와서 시술을 받았는데 처음에는 몹시 아프지만 정체되어 있던 기를 순환 시켜서 그런지 뭉치고 아픈 것이 시원하게 풀어진다. 이십 여분을 정성스레 치료를 하고 나더니 약속을 지키라며 사주 명조를 적어서 내민다. 약속은 약속인지라 명조를 받아들고 보니 장난기가 발동한다.

"어디보자, 어디보자. 어느 못된 귀신 붙어서 우리형님 눈 가리고 귀를 막아 공부를 방해하는지 어디 한번 찾아보자."

명조를 보니 午月 염천(炎天)에 乙木이 달맞이꽃으로 피어 있는 것 같다. 乙木은 바람 부는 저녁에 달맞이꽃으로 피어서 바람에 몸을 흔들며 자신을 바라봐 달라고 하는데 아무도 쳐다봐 주는 이가 없다고 한다. 사주에 자형(子刑)과 合이 묘(妙)하게 이루어져 있다.

"지지(地支)에 辰土 午火 酉金이 자형(子刑)으로 자리 잡고 있는데 辰酉가 午火를 건너서 合하고 午戌이 酉金을 녹이면서 合을 하니 그 모양이 특이 합니다"

"그러게 이상하게 생겼어. 그래서 공부가 안 되는 건가."

"그것 보다 일주 乙酉가 년지 辰土와 시지 戌土에 合을 하려고 하는데 중간에서 가로 막고 있는 월지의 午火는 누구요?"

"그걸 알면 내가 도사를 하지 이러고 있겠는가?"

대답하시는 얼굴을 쳐다보니 꼭 개구쟁이처럼 천진해 보인다.

"그럼 월주의 午火가 공부를 못하게 막는 거요?"

"예 이분은 분명 외줄 인연인 것 같은데 이런 공부하는 걸 싫어하는 것 같아요. 형님 집안에 혹시 종교인이 있습니까?"

"있지. 그게 누구 같으신가?"

"아버지 형제 일신 같은데… 명조를 보면 乙酉 일주의 몸 주는 년주 辰土에 合을 하고 있으니 내 아버지의 형제다 하고 말하고 있잖아요."

"역시 도사는 도사네. 큰 아버지가 스님인데 옛날에 부산의 어느 산동네에 작은 암자를 지어놓고 아픈 신도들이 찾아오면 기(氣)치료를 해주었지……."

아하! 그래서 이 양반이 배우지 않은 기를 알고 치료도 하는 구나.

"그런데 그 양반이 왜 나한데 合(合)하려고 하지?"

"난들 그걸 어떻게 알겠어요. 나는 약속대로 왜 공부를 못하는지 알려 줬으니 나머지는 형님이 알라서 푸시구려."

"역학도사가 그 정도도 모른다면 말도 안 되지. 한수 일러주시게 저녁은 내가 살게."

"그럼 국수 값은 형님이 내는 거요."

다짐을 받고 나서 설명을 해주었다.

"이 사주의 아버지는 午火의 장간 속에 己土이며 년의 辰土는 정재라서 아버지 형제 일신인데 이 辰土가 일찍 일주와 합을 하고 자신이 가진 癸水의 기(氣)를 전수해 주고 싶은데 午火가 가로 막고 있어서 안 되는 것입니다."

추측컨대 어머니께서 시집와서 보니 시댁이 묘한 집안으로 보였던가 보다. 남편 형제가 남다른 모습으로 수행을 하네, 기공을 하네 하면서 환자들을 치료해주며 가난하게 사는 모습이 썩 좋아 보이지 않은데 아들이 그런 것에 부쩍 관심을 가지니 내 자식은 그렇게 살면 안 된다고 가로 막고 서 있는 것 같다.

"그 어른이 대가가 되어서 불사 줄에 인연 걸어 몸 주로 오셨으니 절에 가서 공을 많이 드린 다음에 공부하라고 합니다."

"그렇게 하면 나도 공부가 되겠는가?"

"명조에 그렇게 적혀 있으니 일단 한번 해보세요. 손해 볼 건 없잖아요."

사실 역학 공부가 안 되는 것은 년주의 壬水가 乙木인 자신을 키우려고 하는데 중간에 丙午의 火氣가 가로 막고 있어서 안 되는 것이다. 또한 辰酉의 합을 이루려면 강한 인내력으로 뜨거운 丙午의 불기둥을 통과해야 되는데 乙木은 온실 속의 화초처럼 너무 여려서 쉽지 않아 보인다. 부인과 같이 과일 가게를 하시면서 모든 주권은 부인에게 넘겨주고 가정의 평화를 위해 노력하고 계신다.

시주의 丙戌은 55세경부터 辰戌이 충(沖)을 해서 큰아버지의 영역에 들어가게 되니 타인의 몸을 만져주는 일을 하는데 이는 자형(子刑)이 많으므로 자기만족이라고 하니 집에서 나처럼 아는 분들이 찾아오면 만져서 낫게 해주는 것이다.
　"이것은 본인이 좋아서 하는 행위이며 火가 강하니 소문이 나면 辰酉 合으로 관재를 당하는 수가 있다고 하니 소문 안 나게 살살 하세요."
　"그렇잖아도 누가 신고해서 경찰에 불려가서 조사 받았는데 다행히 잘 해결 되었소."
　"丙午가 강해서 역학 공부는 노력해도 잘 안 되고 어렵다고 합니다."
　"내가 그 동안 들인 세월이 얼만데 아까워서라도 못 그만 두겠네 무슨 방책이라도 없겠는가?"
　돌아오는 辛卯년에 망상이 사라지고 공부가 될 것 같으니 힘들겠지만 그때까지 손에서 책을 놓지 말고 최선을 다해 참고 견디면 신(神)의 경계를 넘어 서고 역학도 익히게 될 것이라고 이야기 해 주었다.
　"그러다 보면 느지막하게 작은 암자를 하나 마련할 기회가 올 것입니다."
　감정을 마치며 희망을 가지시라고 말씀드렸더니 그것이 본인이 바라던 오래된 꿈이라고 하면서 너털웃음을 짓는다. 약속대로 맛있는 국수를 시켜서 먹고 돌아왔다.

❈ 여군(女軍)에서 신명(神命)제자로

시	일	월	년	(여)
己	乙	丙	辛	
卯	未	申	亥	

乙	甲	癸	壬	辛	庚	己	戊	丁	대운: 순행
巳	辰	卯	寅	丑	子	亥	戌	酉	
81	71	61	51	41	31	21	11	1.8	

연일 내린 비로 시골집 마당이 뻘밭으로 변해서 출입하기가 힘이 든다. 점심을 먹고 쏟아지는 빗소리에 젖어 느긋한 오후를 즐기고 있는데 예고도 없이 손님이 찾아온다. 건장한 체구의 보살 네 분이 한꺼번에 들어서니 작은 집이 꽉 차서 비좁게 느껴진다. 하나 같이 체격이 좋아서 마치 운동선수들 같다.

"이렇게 비오는 날 어인 일로 이 먼 곳까지 오셨나요."

"커피나 한잔 얻어 마시려고 왔어요."

이렇게 비가 많이 오는 날 이 여인들이 단체로 커피 마시러 올리는 만무하고 싸들고 온 사연은 보따리를 풀어보면 알게 되리라. 왁자지껄 웃고 떠들며 커피를 마시고 나니 슬슬 본론이 나온다.

"저기요 선생님, 이 친구 사주 좀 봐 주실래요."

하며 보따리를 풀어 놓는데 뜻밖이다. 이 여인들이 무녀인지라 사주 보러 왔을 거라고는 생각지도 못했다.

"보살님이 봐주면 되지 뭘 나한테 보라고 그래요?"

"내가 보는 것하고 선생님이 보는 것 하고는 다르잖아요. 한번 봐주세요."

어느 누구라도 자신의 이야기가 궁금해서 찾아오면 그냥 돌려보내지는 않는 사람인데 이 궂은 날씨에 먼 길을 온 수고를 생각해서라도 그냥 넘길 수는 없는 일이다. 생년일시를 받아 컴퓨터에 입력을 하는데 한 여인이 어깨 너머로 보더니 말을 걸어온다.

"컴퓨터로 보시나 봐요."

"예"

"그냥 읽어주는 겁니까?"

"예, 읽어 줍니다."

"그럼 별로 안 어렵겠네요."

"자 여기 나왔으니까 한번 읽어보세요."

"어머! 글자가 몇 자 안되는데 이것 말고는 없어요?"

"거기 나와 있는 여덟 글자 속에서 많은 것을 읽어내는 거지요."

"선생님은 사주로 신명(神命)도 보신 다던데 그럼 신명도 이 글자로 읽는 겁니까?"

"글자도 몇 자 안되는데 한번 읽어보실래요? 보살님은 신명제자 같은데 보살님 신명이 얼마나 영험 하신지는 몰라도 이런 글자는 해독하기 힘들걸요."

신(神)을 받은 무녀들은 함부로 남을 비하하는 버릇이 있어 초반에 살짝 기를 죽여 놓는다.

"선생님 어때요? 이 친구도 신명을 부릴 수 있겠어요?"

"먼저 물어보고 싶은 것이 있는데요. 예전에 하던 직업 무엇이었어요?"

이 여인은 유도를 익혀서 상무대 소속 군인이었다고 한다. 여태까지는 자신의 사주에 맞는 일을 하며 살았는데 왜 지금은 길을 잃고 헤매고 있는 것일까. 결혼 후에 시집의 반대가 심해서 어쩔 수 없이 제대를 했다고 한다. 신명에서 원하는 길에서 벗어났으니 분명 많은 시련이 있었을 것이다.

"그럼 37세에 자식 둘을 낳고 이혼해야 된다고 하는데요."

"부끄럽지만 사실입니다."

언니가 신병(神病)으로 고생하다가 신을 받는데 자신이 시댁 몰래 돈을 들여 굿을 하게 해주고 신당을 꾸며 준 것이 들통 나서 쫓겨났다고 한다. 시댁은 독실한 기독교 집안이었는데 자신의 종교에 대해서 탐탁지 않게 생각 하고 있다가 이런 일이 벌어지니 마귀의 자식을 집안에 둘 수 없다며 강제로 밖으로 내 몰았다고 한다.

"언니가 있어요? 사주에서는 보살님이 맏이라고 하는데요."

"그게 좀 애매해요. 엄마가 낳은 딸은 나 혼잔데 위에 언니가 있어요. 아버지가 결혼 전에 낳은 딸인데 엄마가 호적에 올려 줬어요."

"그리고 이혼하고 돌아서서 다시 남자를 만난다고 하는데 그런 일은 없었던가요?"

"갑자기 쫓겨나서 돈도 없고 갈 곳도 없고 해서 친구 집에 있다가 조그만 소주방을 하나 하게 됐는데 거기서 그 원수 같은 인간을 만났어요."

"미안하지만 보살님 사주 속에 지금의 남편이 성질이 무지 별나다고 하네요. 丙申 같은 남편이 마치 폭탄 같다고 합니다."

"그래요. 성질이 고약하고 무서워요."

못되게 굴면 예전에 배운 실력으로 엎어치기 해버리라고 하니 그래도 남편인데 하며 말꼬리를 흘린다. 자 그럼 궁금한 신명을 이야기 해보자.

"지금의 남편 집안에 신명 줄이 아주 강하니 누가 그 길을 갔을 겁니다. 그리고 보살님 외가에도 누가 무당이었다고 합니다."

"외할머니가 옛날에 무당이었다고 들었어요."

"월주에 丙申이 있는데 丙火가 상관이라고 하는 것은 분명 외줄이고 여기에 合해서 오는 辛巳는 외가에서 무당을 하다가 말았다고 하네요."

옆에서 듣고 있던 무녀가 바람처럼 끼어든다.

"제가 점사를 봐줬는데 그대로 나왔어요. 참으로 용하십니다."

자신의 점사에 부합해서 용하다고 하는데 이것은 나를 칭찬함인가 아니면 자신을 추켜세우고자 함인가… 모르겠다.

"이 사주는 乙未일주라서 35세에 이미 신의 길에 들어서라고 합니다."

"선생님 사실은 말씀을 안 드렸는데 제가 작년에 신을 모셨어요."

"작년에 내림을 했으면 잘못 받으신 겁니다."

신을 받은 것을 숨기고 감명을 해 달라니 깜짝하다. 자신에 대해 알고 싶으면 진실하게 얘기하고 상담을 해야 제대로 알 수 잇는데 가끔 이렇게 시험해 보려는 사람들이 있다.

"남편 쪽의 신이 신당(神堂)을 차지하고 있으니 점사는 나올 수가 없을 것 같아요. 년주 辛亥는 자형살(自刑殺)이라서 41세에 분명히 신당을 辛金의 도끼로 내리찍는 다고 하는데 아마도 지금의 남편일 것 같습니다. 그리고 이 남편과는 인연이 없으니 헤어지는 것이 좋을 듯합니다. 신명의 길을 올바르게 가려면 절대로 남자와 동거하지 말고 혼자서 사십시오."

사람이라는 것이 습관성 동물이라서 몸으로 익힌 버릇을 쉽게 벗어 버릴 수 없다고 하지만 이 신명에서는 그것을 허락하지 않는다.

"乙未의 몸 주는 편재이니 앉은 거리이며 卯년에는 아버지가 들어와서 도와준다고 하니 이때부터는 돈이 될 것 같습니다. 아버지가 신장이 되어서 들어오면서 고장도 할 것 같습니다. 한 가지 당부가 있는데 신명에서 받은 재물을 자식한데 주면 흉(凶)한 일이 많이 생긴다고 하니 절대로 자식에게 주지 말고 남을 위해 쓰세요. 그래야 편안 합니다."

"시집이 부자라서 자식들 걱정은 안 해요. 그런데 이 남자가 성질이 고약해서 헤어지는 것도 안 쉬울 것 같은데 걱정이네요."

"조금 힘이 들겠네요. 안 보이는 곳으로 멀리 가버리면 주변사람들을 괴롭히니까 독립해서 가까운 곳에 있으면서 신당을 모시고 사세요."

"그러면 헤어지는 것이 아니잖아요."

"그게 헤어지기 위한 미끼예요. 성질을 다스리지 못하고 자신을 멀리 한다고 찾아와서 행패를 부릴 겁니다. 그 때 신당에서 싸우게 되면 남편이 화가 나서 막대기를 휘두를 텐데 운동선수답게, 알지요? 보살님이 살짝 피하면 신당이 박살 날 것이고 그 일을 구실로 삼아 벗어 날 수 있을 겁니다."

"그러면 그 다음에는 어디로 가야 됩니까. 갈 곳도 없는데요."

"양(陽)자가 들어가는 동네에 가서 자리를 잡으시는데 42세부터 자리를 잡아서 외할머니를 청(請)하시면 명신 글문 동자도 올 것이고… 이 명신 글문 동자는 寅亥合을 하니 어머니 뱃속에서 낙태된 수자 령이라고 하니 형제 같습니다."

"엄마가 내가 어릴 때 동생을 가졌는데 잘 못 된 적이 있다고 했어요."

"신명에 길을 가면서 양손에 쥔 떡을 다 먹지는 못합니다. 이제까지 말씀 드린 것을 잘 기억했다가 현명하게 대처 하세요."

같이 온 여인들이 앞을 다투어 자신들도 감명을 받겠다고 한다. 무녀들은 자신들의 신(神)이 최고라고 믿고 있으며 자신들 신명의 이야기가 아니면 누구의 이야기도 듣지 않는 것으로 알고 있는데 지금은 체면도 벗어버리고 순위 다툼을 한다.

❈ 공양주(供養主)에서 작은 절까지

시	일	월	년	(여)
丁	辛	戊	丁	
酉	酉	申	亥	

丁	丙	乙	甲	癸	壬	辛	庚	己	대운: 순행
巳	辰	卯	寅	丑	子	亥	戌	酉	
89	79	69	59	49	39	29	19	9.10	

오랜 만에 산행을 나섰다.

햇살이 좋고 바람도 선선하게 불어서 기분도 상쾌하고 산을 오르는 발걸음도 가볍다. 산길을 중간 쯤 올라가는데 나이 드신 보살님이 배낭 가득 짐을 지고 올라가신다. 꽤 무거워 보이는데 등에 매는 배낭이라서 들어 드리기가 곤란하다. 지나치면서 얼굴을 보니 오래전에 암자에서 만났던 보살님이다.
"안녕하셨어요? 어디 다녀오세요?"
반가워서 인사를 하는데 이 보살은 뚱한 얼굴로 쳐다본다.
"누구신지……"
"아이고 섭섭해라 그 때 꼭 다시 오라고 하시더니 그냥 하는 소리였구나."
그래도 모르겠다는 표정이다.
"예전에 암자에서 애기보살 사주를 봐 준적이 있잖아요."
"맞다 그렇구나. 그런데 산에는 웬일이시오."
그렇게 두런두런 이야기를 나누며 할머니 걸음에 맞추어 천천히 산길을 오르고 있었다.
"아이고 힘들다. 우리 여서 쪼매만 쉬어가자 이기 마지막 오르막이다."
할머니가 말씀을 하시는데 구수하고 편안하게 들린다.
"예 그렇게 하입시더."
할머니가 편안하게 말씀하시니 나도 모르게 사투리가 나온다. 할머니가 돌아보며 웃으신다.
"고향이 어디라요."
"경북 청송 입니더."
"언제 나왔는교."
"초등학교 4학년 때 부산으로 전학했어예."
"그래요. 내도 고향이 부산이라요."
이렇게 다리쉼을 하면서 할머니가 자신의 젊음시절을 들려준다. 잠시 앉아서 쉬는 짧은 시간이지만 많은 이야기를 하시는데 가슴에 맺힌 것이 있는 것 같다.

"스님인지 법사인지는 모르지만 절에 가서 맛있는 공양을 지어 드릴 테니까 내 사주나 한번 봐줘요. 언제쯤 이 짓을 그만 둘 수 있을 런지."

하시면서 대답도 듣지 않고 마지막 고개를 향해 걸음을 재촉하신다. 암자에 도착해서 법당에 참배를 하고 나오니 누군가 다가와서 인사를 하는데 그때 그 처녀 보살이었다.

"아이고 애기보살, 신랑감은 구했는가?"

장난기 섞인 인사를 건네고 커피를 마시러 공양 간에 가니 할머니가 장 봐 온 것을 풀어 놓고 기다린다.

"공양 준비하는 동안에 사주나 좀 봐주시오 스님."

"할머니 나는 머리 감기 귀찮아서 깎고 사는 완전히 땡 중 입니다."

"내가 여기에 살고 있는지가 14년 됐는데 자기 입으로 땡 중 이라고 하는 스님은 또 처음이네."

"근데 할머니, 저는 승복도 안 입고 사복에 모자를 쓰고 다니는데 왜 중이라고 합니까?"

"무슨 옷을 입었든지 간에 얼굴에 벌써 스님이라고 씌어 있어요."

"제 인상이 그렇게 보입니까?"

"스님은 머리를 안 깎고 길렀어도 관상이 딱 스님 상이에요. 눈썹도 달마스님 하고 똑같이 생겼고."

이야기가 오고가는 사이 애기 보살이 명조를 적어서 내민다.

"어디보자. 우리 노 보살님 인생살이가… 申月 辛酉가 丁酉시에 태어났으니 타고난 아미타 부처님 자식이네요."
하며 말문을 열었다.

"여자로 태어나서 년주가 丁亥라서 26세에 결혼 운이 있는데 성사되지 못하며 우여곡절 끝에 아마도 丁酉의 29세에 결혼을 했다고 생각 합니다."

"허허 참. 옛날에 선보러 나갔다가 그냥 도망갔어요."

"누구 마음에 둔 사람이 따로 있었습니까?"

"그러면 선을 왜 보러 갑니까. 그냥 시집가면 되지. 그게 아니라 갑자기 무섭고 겁이 나는 거예요. 그래서 화장실 가는 척하고 냅다 도망을 갔지요."

"뭐가 그렇게 겁이 나던가요."

"모르겠어요. 이상하게 이 사람하고 결혼하면 꼭 내가 죽을 것 같은 생각이 들었어요."

처음에 선 본 사람이 한 번 더 만나주기를 원했지만 쳐다보지도 않고 몇 년 후에 고르고 골라서 공무원하고 결혼을 했는데 말 그대로 술고래더라고 하시면서 한 숨을 내 쉰다. 어떻게 살았는지 자세하게 말하지 않아 모르겠지만 어린 자식 셋을 남겨두고 죽었다고 하니 혼자 살아오면서 가슴에 한이 많이 남은 것처럼 느껴진다.

명조에 보면 강한 金기운(氣運)에 亥水 상관이 힘을 많이 받으니 아마도 41세경에 남편과의 인연을 다한 것 같으며 44세에 절에 공양주로 들어가서 자신의 업을 닦으며 수행(修行)을 하며 살다가 49세에 작은 암자를 임대(賃貸)해서 부처님을 모시고 살라고 한다.

"인연타래에 묶여서 벗어나지 못한다고 하니 자식과의 인연을 정리하지 못하고 아직까지 목탁을 손에서 놓지 못하는 것 같습니다."

"그럼 저 아이들은 무얼 하면 될까요?"

"세 자녀 중에서 둘은 결혼을 하겠지만 하나는 혼자 살면서 보살님의 뒤를 이을 것 같으니 힘이 들어도 어쩔 수 없이 목탁을 치셔야 할 것 같습니다."

하니 대충은 짐작하고 있었던 듯 말없이 수긍 하신다.

"辛酉일주의 주장은 불사이시며 월주의 戊申은 형제인데 아마 종교인으로 살아가야 할 것 같습니다."

"남동생 하나가 머리를 깎았어요."

년주 丁亥는 외줄이며 칠성에 공들인 할머니다. 亥水 상관은 자식으로 모두가 칠성 줄의 인연으로 자란다. 어릴 때부터 신(神)의 기운이 강했다고 하며 21세경부터 부처님 전으로 들어가야 할 팔자인데 결혼하고 자식을 두니 남편은 술병으로 죽고 재물은 흩어지고 삶이 무척 고단했다고 한다. 하는 일마다 되는 것이 없어서 작은 암자를 찾아들어 엎드리고 기도하며 업장이 소멸되기를 빌었다고 한다.

亥水는 甲木의 장생(長生)이므로 자식들 중에서 맏이가 천신(天神) 제자다. 월주의 戊申은 산중에서 살아가는 형제인데 申중 壬水는 자식으로 丁火와 합을 하니 아마 결혼해서 자식을 하나 두고 절에 들어갔을 것 같다. 戊土 인수가 힘이 없으니 이름은 나지 않으며 평범한 종교인으로 살아간다. 일주 辛酉는 고집이 아주 세며 절대로 자존심을 꺾이지 않는다. 辛酉는 또한 불도이며 대사인데 숲이 부딪치면 소리가 많이 나는 것처럼 辛酉 일주는 목청이 크고 음성이 강하고 거칠다.

또한 년지의 亥 자형(自刑)과 일과시지의 酉酉 자형살(自刑殺) 이 있으므로 신을 모셔놓고도 시련을 이겨내지 못하니 스스로 팽개치고 절로 들어간다고 한다. 형제와 같이 있으면 이루어지는 것이 하나도 없다. 시주의 丁酉는 천궁불사이며 시지라서 자식이 절에서 파계하고 돌아온다고 본다.

사주 명조에 金이 강하면 스스로를 잘 다스리고 자신을 낮추는 것이 우선인데 이분은 화가 나면 높은 목청으로 돋우어 욕부터 한다. 그래도 악의(惡意)는 없는 것처럼 들린다. 산 중턱의 작은 암자에서 유발의 비구니로 살고 있으면서 삭발 승려가 오면 합당한 예를 갖추고 경칭을 쓴다.

※ 무엇이 될까?

시	일	월	년	(여)
乙	丙	丁	庚	
未	午	亥	戌	

戊	己	庚	辛	壬	癸	甲	乙	丙	대운: 역행
寅	卯	辰	巳	午	未	申	酉	戌	
84	74	64	54	44	34	24	14	4.11	

어느 산 중 암자에서 만난 이 아가씨는 나이는 사십이지만 결혼을 하지 않아 아직 처녀다. 눈에서 신(神)의 기운이 느껴지는 이 여인은 무슨 연유로 산중의 작은 암자에서 늙은 어미와 같이

세월을 보내고 있는지 궁금하다.

　산을 오르느라 허기진 배에는 산중 절간 음식이 최고인데 그야말로 꿀맛이다. 맛있는 점심공양을 마치고 커피를 마시는데 공연히 이 여인이 궁금해진다.

　"결혼 했어요?"
　"한번 알아 맞혀보세요."
　"난 그럴 능력이 없는데……"
　"에이~ 잘 알고 계시면서"
　"내가 그걸 어떻게 알아요. 몰라요."
　"머리위에 글문 도인 할아버지가 계시구먼."
　눈빛이 예사롭지 않더니 역시 신명(神命)이 있나보다.
　"아니 그럼 내가 신기(神氣)가 있다는 겁니까?"
　"당연하지요. 그것도 아주 똑똑하고 무서운 할아버지 신명이 계신데요."
　"그래도 나는 그런 것 잘 몰라요."
　"모르기는요 도인 할아버지가 사주를 기가 막히게 본다고 하시는데 그러지 마시고 내가 시집은 갈 수 있겠는지 한번 봐주세요."
　이쯤 되면 더 이상 피할 곳이 없다. 점심 밥값도 할 겸 해서 생년월일을 찾아서 사주를 본다. 丙午일주의 이 여인은 결혼을 할 수 없는 것이 아니고 결혼을 하게 되면 월지의 亥水는 말라서 죽을 것 같이 보인다. 내심 자신이 알고 스스로 시집을 안 가는 것이 아닐까 하는 생각이 들었다.

　"뭐하세요?"
　잠시 생각에 잠겨 있자 이 아가씨가 다그친다. 무어라고 말하기가 난처하여.

"자신이 더 잘 알고 있다고 하는데요."

하고 말하고는 다시 뜸을 들이니 이 아가씨가 더욱 애가 타는지 발끈 한다.

"아니 남의 사주를 적었으면 쓰다 달다 이야기를 해야지요."
"무엇이든 물어보세요."
"아저씨가 알고 있는 것만 말씀해 주세요."
"사주가 너무 강해서 수소 폭탄 같습니다."

라고 하니 곁에 계시던 이 아가씨의 어머니가

"거봐라. 니 성질이 사주에도 다 나온다." 하시면서
"이 아이가 결혼은 하겠습니까?"

하고 질문한다. 할 수는 있겠다고 대답하니 할머니가 또 물어본다.

"그런데 왜 아직까지 못가고 이런 산중에서 처녀로 늙고 있는지 모르겠습니다."
"26세경에 만난 남자가 있었다는데요. 그 사람 어디 갔어요? 그 사람 놓치면 기회는 없다고 하네요. 남쪽 바닷가에 살고 있을 것 같은데 찾아보세요."

할머니가 기가 차시는지 거친 경상도 사투리로 딸의 과거사를 거침없이 쏟아놓는다.

"저 가시나가 그때 회사 때려치우고 사업인가 지랄인가 한다고 일억도 넘는 돈을 사방에서 빌리갖고 그 놈하고 둘이서 전자 대리점인가 뭔가를 벌려놓고 무슨 접대를 하네 어쩌네 오만 지랄을 떨다가 일 년도 못가서 다 털어먹고 그놈하고 대판으로 싸우고 이 산중에 기어 들어와서 이때까지 저 지랄하고 있어요. 아이고 저 웬수 덩어리……"

하시면서 잘 좀 풀어달라는 눈짓을 한다. 처음에는 장난으로 시작했는데 이제는본격적으로 진지하게 감정하기로 하자.

"亥월 丙午가 未시에 태어났는데 사주에 火기운이 강해서 전형적인 천신제자이라고 봅니다. 월주 丁亥의 칠성 줄에 인연을 두고 년 주의 庚戌에서 기도 수행을 하며 시주의 乙未 세존을 모시고 살아가야 하는 팔자가 분명합니다."

하고 풀어주니 명조의 주인은 먼 곳에 시선을 두고 생각에 잠기고 그 어머니는 땅이 꺼져라 한숨을 쉰다. 신명제자가 분명하니 시집가는 것은 포기하고 어머니 뒤를 이어서 세존도 모시고 부처님도 모시면서 기도 하며 사는 것이 좋을 것 같다고 하니.

"왜요 가면 가는 거지 못 갈게 뭐 있어요?"

하면서 기분 나쁜 듯이 말한다.

"자신 있으면 시집가 보세요."

"시집이야 그냥 가면 되는 것이지 무슨 자신이 필요해요."

이 여인의 일주가 丙午라서 고집이 너무 세고 시주 乙木의 도움으로 아쉬움을 모르며 乙木은 년간의 庚金에 합을 하니 이것만 봐도 어머니가 불전에 공을 들이고 있다고 본다. 乙木에서 바라보면 丙火와 丁火 午火의 자식들을 위하여 재물인 戌土와 未土에 뿌리를 내려야 한다. 년주 庚戌은 불사 대신보살이며 월주 丁亥는 칠성 줄이며 천상의 월광대신이다.

"그리고 난 절에 살면서 부처님 법을 믿는 불제자이지 신을 모시는 제자는 아니에요."

"그래요? 사주 속에 '나는 천신제자입니다.' 하고 분명히 도장이 찍혀있고 그 사실은 아가씨도 알고 있잖아요."

"알기는 내가 뭘 알아요?"

"아까 나보고 도인이 어쩌고 할아버지가 어쩌고 했잖아요. 불제자는 그것이 뭔지 알지도 못해요. 그러니까 천신제자가 확실하지요."

자신의 길을 정확하게 정하지 못하고 어머니가 관리하고 있는 작은 암자에서 장래에 대한 별다른 계획 없이 세월만 보내고 있는 것 같았다. 그 어머니 말에 의하면 역학을 남달리 빠른 속도로 배웠다고 하며 신명(神命)의 눈도 맑은데 자신은 불법(佛法)의 제자라고 자칭하고 있는 것 같다 아마도 이것은 년주에 庚戌이 있는 까닭일 것이다.

이런 경우에 과연 천신제자가 될까? 아니면 절에서 부처님을 시봉하면서 절밥을 먹으려고 할까? 아마도 신명에서는 부처님을 시봉하며 살도록 허락하지 않을 것 같다. 다만 부처님을 모시고 살면서 한 쪽에 세존을 모셔놓고 신명의 뜻을 받들면 무사할 것이다. 土는 무속적인 종교이인데 이 사주에서는 절을 운영한다고 봐야한다.

이 명조에서 丙午는 양인 살이며 년지의 戌土와 합하여 편관인 월지 亥水를 증발시키는데 이亥水는 남자요 직업이다. 午未가 합하고 있으니 乙木의 어머니는 자신을 꽃으로 알고 있다고 한다. 더운 火기 때문에 년간의 庚金 재물도 녹아내리고 시간의 乙木도 속이 타지만 乙木은 亥水의 도움을 받기 어렵다고 한다. 그래서 丙午 양인의 자존심을 손끝으로 살짝 건드려 봤다.

"여기 乙木이 저 멀리 亥水의 도움을 받고 싶어도 못 받는 것은 공부하고는 인연이 없다는 이야기에요."

이 아가씨 얼굴이 붉어지는 것이 재미있어서 조금 더 건드려

봤다.

"머리가 완전 돌빡이구만."

하니, 이 아가씨가 지지 않고 공격한다.

"뭘 좀 아는 줄 알았더니 아저씨도 완전 돌팔이네요."

"내가 처음부터 그랬잖아요. 아무것도 모른다고."

일주 丙午는 벼락신장이라서 성질이 괴팍하다고 하니 부엌에서 밥 지으시는 노 보살님 왈.

"그건 딱 맞는 소리다"

서로 마주보고 한바탕 웃으면서 계속 이야기를 이어간다.

"시주의 乙未는 세존인데 염주를 두르고 있어야 합니다. 일주가 너무 강하고 화기(火氣) 또한 강해서 신을 무시하는데 그러면 신명이 노하시고 이산의 산신(山神) 할아버지가 노여워하시니 그러면 안 됩니다."

하니 이 아가씨 왈.

"이산의 산신은 할머니인데요. 그런 것도 모르면서……"

하고 핀잔을 준다. 자신은 그런 것도 다 알면서 신명이 없다고 잡아뗀다. 사주가 강해서 모든 것을 자기 위주로 생각하고 결정 짓는데 앞으로는 그렇게 하지 말고 마음에 안 들어도 참고 타협하면서 살면 좋은 인연을 만날 것이라고 하니 곁에 있던 그녀의 어머니가 연신 고맙다고 인사한다.

산행 끝에 즐거운 오후 한 때를 보내고 산을 내려왔다.

❈ 어디서 약사(藥師)줄이…

시	일	월	년	(여)
辛	庚	甲	丁	
巳	戌	辰	酉	

癸	壬	辛	庚	己	戊	丁	丙	乙	대운: 순행
丑	子	亥	戌	酉	申	未	午	巳	
89	79	69	59	49	39	29	19	9.5	

 스님을 만나러 간 날은 동지를 지낸 다음날이었다. 절이라고 해서 찾아갔는데 마을 안에 있는 제법 큰 이층 양옥으로 들어간다. 밖에서 보면 평범한 가정집인데 이층에 법당을 모셔놓았다. 동짓날 절에서는 신도들이 모여서 법회를 보고 행사 치르느라 피곤할 법도 한데 스님은 전혀 그런 기색이 없이 씩씩하고 건강해 보이신다. 작은 체구에 이목구비가 뚜렷하고 목소리가 맑고 청량해서 듣기가 좋다. 맛있는 팥죽을 한 그릇씩 대접받고 마주 앉아서 이런 저런 사는 얘기, 세상 이야기에 시간을 잊었다.
 "스님은 언제 출가하셨습니까?"
 "머리 깎은 지는 얼마 안 됐어요."
 "소문에 듣기로는 신침(神針)을 놓으신다고 하던데요?"
 "한 참 기도 다니고 할 때 그런 일이 있었어요. 그 때는 신기하게 침만 꽂으면 환자가 낫고 해서 관광차를 타고 사람들이 모여들었는데 지금은 안 해요"
 "침은 어디서 배우셨습니까?"

"배우기는요. 그게 배운다고 되는 겁니까? 나는 혈 자리니, 침 자리니 하나도 몰라요. 그냥 영감으로 아픈 곳을 찾고 그 자리에 침을 놓으면 틀림없이 나았어요. 지금은 그런 능력은 사라지고 없어요."

"스님이 되기까지 우여곡절이 많았겠습니다."

"누구나 그렇지 않습니까. 늦은 나이에 출가한다는 것이 내 의지만으로는 안 되는 일이지요."

"그럼요 스님도 인연이 없으면 될 수 없지요."

"역학을 하신다던데 내가 스님이 될 인연이 있는지 한 번 살펴 봐 주세요."

목소리만큼이나 말씀이 시원시원하고 격이 없어 마주한 사람들이 편안하다. 공양주도 없이 농사일, 공양간일을 손수하면서 생계수단으로 묘목(苗木)도 키우고 있었다. 사주명조를 적어놓고 들여다보니 예사 스님이 아니다.

"辰월 庚辰일주가 巳시에 태어나서 파란만장한 인생을 살아가는데 이는 년주의 丁酉의 영향으로 그렇습니다. 이 丁酉는 천궁불사인데 酉金이 辰土에 합하고 일지의 戌土에도 합을 해서 멀리 시주의 巳火와도 손을 잡고 있습니다. 이렇게 합이 많으면 정(情)도 많으며 겉으로는 강하고 씩씩하게 보이나 마음이 여린 면이 있다고 봅니다. 월주의 甲辰은 백호살(白虎殺)이므로 어느 날 갑자기 많은 재물이 사라지고 직업도 잃어버리는 일이 있을 수 있습니다."

"그렇습니까? 내가 남자처럼 걸걸하고 통이 큰 것 같아도 속으로는 세심하고 정이 많아요. 그래 스님 되라는 인연이 있긴 있네요."

"인연이 전혀 없으면 스님이 안 되지요. 그런데 스님은 신(神)줄이 내려오신 것 같아요."

"네, 잘 보셨어요. 제가 특별한 인연이 있어서 출가를 했어요."

"스님은 몸 주는 불사 대신으로 대사 줄이라고 보며 년주의 丁酉는 천궁불사이며 월주의 甲辰은 당산할머니 입니다. 辰酉가 合해서 金으로 변하니 이분은 윗대 조상인데 절로 출가하신 분인 듯합니다. 일주의 庚戌은 도사이며 대사라고 합니다."

"형편이 너무 어려워서 집을 팔려고 해도 잘 안 되서 애를 먹고 있는데 꿈에 부처님 세분이 집 마당에서 스스로 걸어서 이층으로 올라가시더니 자리를 잡고 앉으시는 거예요. 그래서 이집에 부처님을 모시라는 가보다 생각하고 그 자리에 부처님을 모시고 살게 되었어요."

부처님이 여염집을 찾아와서 자리를 잡고 앉으실 리가 있나. 그것은 신명이 부처님의 형상을 하고 들어 온 것이다.

"나이를 보면 辛巳인 42세 때부터 진심으로 믿고 작은 불상을 모시고 정한 수(水)를 올리고 기도하기 시작한다고 봅니다."

"맞습니다. 그때쯤에부터 혼자서 책도 보고 불교 방송도 보면서 불교 공부를 시작했습니다. 그 전에는 예불하는 법도 기도하는 법도 몰랐어요."

이 스님은 신명이 있지만 巳戌이 원진이라서 점사에는 관심이 별로 없는 것 같다. 약명은 일주의 뒷면에 약명도사가 있는데 이는 의술 신장이다. 지금 삼불을 모시고 있는데 이는 년주의 酉金과 일주 庚金 그리고 시주의 辛金이 불법 인연이다.

"내가 이렇게 머리 깎고 살줄은 정말 몰랐어요. 남부럽지 않은 집안에서 대학 나와서 학교선생으로 있다가 결혼하고 잘 살았어요. 대학에서 만난 첫사랑하고 결혼해서 남들도 다 부러워했고 시댁도 집안이 좋고 아쉬운 것이 하나도 없었어요. 그러다가 시어머니가 풍으로 쓰러져서 오래 앓다가 가시고 이제 좀 숨을 돌리려는데 남편이 아파서 병원에 갔더니 암이라고 해요. 그것도 믿기지 않게 몇 달밖에 못산다고 시한부 판정을 받았어요. 병원에서는 안 된다고 가망 없다고 해도 그냥 두고 볼 수가 없어서 절에 가서 재도 지내고 무속 인을 찾아가서 하라는 굿도 하고 별별 짓을 다 했어요. 그래도 환자는 점점 심해지고 남편이 하던 사업은 돌보는 사람이 없으니 엉망으로 부도 직전에 와 있었어요. 그 와중에 어느 스님이 산에 가서 지극정성으로 산왕대신을 찾으며 기도하면 응답이 있을 것이라고 하는데 참 난감하데요. 언제 기도를 해봤어야지."

"절이 아니라 산으로 가라고 하던가요?"

"그래서 더 난감한 거예요. 산으로 가면 어디로 가며 어디서 먹고 자고 기도하는지 그때는 아무것도 몰랐으니까요. 그래도 남편을 생각하면서 용기를 냈지요. 그 남자가 내게는 첫사랑이고 소중했으니까 그냥 보낼 수가 없어서 병원에 암 치료를 부탁하고 무작정 산 기도를 갔어요."

이야기가 점점 재미있어진다. 사랑의 힘이란 이렇게 위대한 것이라서 남편을 살릴 수 있다는 믿음하나로 젊은 여자가 혼자서 한겨울 산속으로 기도를 갔다고 한다. 그것도 아무것도 모르고 준비도 없이.

"그 때 갔던 산이 어디였어요?"

"이름은 잘 모르겠고 밀양으로 해서 산을 넘고 넘어서 들어갔어요. 누구 얘기만 듣고 찾아갔는데 무속 인이 산 기도하던 조그만 바위굴 같은 곳이었어요. 먹을 것이라고는 쌀하고 소금 김치 된장만 가지고 가고 기도하는 법도 몰라서 밥을 해서는 냄비채로 올려놓고 '산신할아버지 드세요.' 하고나서 내가 먹고 그냥 산왕대신만 하루 종일 찾았어요. 그런데 이상하게도 참 편안하고 한겨울 산속인데도 추운 줄을 모르고 지냈어요."

"얼마나 기도를 했어요?"

"한 이십일 기도를 하고 내려와 보니 혼수상태에 있던 남편이 깨어나서 움직이고 또 심해지면 산에 가서 기도하고 그런 날들이 반복됐어요. 어느 날 의사가 이제 마지막 같다고 식구들을 다 부르라고 해서 일가친척 친한 이들 모두 집합을 시켜놓고 차마 마지막을 볼 수가 없어서 울면서 산으로 도망을 갔어요. 거기서 일주일 기도를 하고 오니까 남편이 멀쩡해져 있는 거예요. 그러다가 또 마지막이라고 해서 형제들을 불러놓고 산에 피신 갔다가 오면 멀쩡하고 이렇게 몇 번 반복하니 내가 거짓말쟁이가 되는 거예요. 의사들도 이상하다고 하고 그런 와중에 기도를 하다가 이상한 기운을 느꼈어요."

"신이 오던가요?"

"처음에는 몰랐는데 아마 그런 것 같아요."

"내가 누구다 하며 들어오던가요?"

"그것이 아니고 한 밤중에 산등성이에서 이상한 불빛이 보이는 거예요. 저게 호랑인가 귀신인가 숨도 못 쉬고 웅크리고 보고 있는데 점점 다가오더니 저만치 앞에서 빙빙 돌더니 사라지는 거예요. 그리고 산을 내려왔는데 그 때부터 이상하게 꿈속에서 누가 거울을 보여주면 거울 속에서 봤던 사람을 실지로 만나고 또 거울 속에서 봤던 일이 현실에서 그대로 일어나는 거예요."

"어떤 일이 일어나던가요?"

"너무 많아서 다 말 할 수는 없고 한번은 거울 속을 보니 어떤 남자가 등에 업혀서 실려 가는데 어디서 '니가 저 남자를 살려야 한다.' 하는 소리가 들려요. 그리고 다음날 아파트 앞에서 어떤 남자가 업혀가고 부인이 울면서 쫓아가고 하는데 꿈에서 본 그 장면에 그 얼굴 이예요. 그래서 나도 같이 쫓아가면서 '아줌마 내가 살려줄게 우리 집으로 갑시다. 우리 집으로 갑시다.' 했어요. 그 때 이미 아파트에서 미친 여자라고 소문이 나 있던 때라 그 부인이 힐끔 보더니 상대도 안 하고 택시를 잡는 거예요. 급한 마음에 둘러보니 눈앞에 약국이 보이기에 들어가서 바늘을 사서 여기저기 따니까 환자가 움찔거리는 거예요. 이제 됐다 싶데요. 그렇게 그 사람들이 병원에 갔더니 누가 응급조치를 했냐고, 그 사람이 환자를 살렸다고 의사가 그러더래요."

그런 일이 반복되니 주변에 점점 소문이 나기 시작했다. 학교 선생하며 남부러울 것 없이 살던 여자가 산에 기도다니다가 미쳤다느니 신이 내려서 무당이 됐다느니 별별 소문이 다 났다고 했다. 한 번은 이웃사람이 무작정 자기랑 같이 어디를 가자고 잡아끌어서 차를 타고 따라 갔더니 대구더란다.

"그 사람을 따라서 어떤 집으로 들어가니 과일이랑 떡이랑 뭘 잔뜩 장을 봐다 놓고 방에 있는 애기를 한 번 봐 달라고 해요. 방에 들어가 보니 대여섯 살 먹은 여자아이가 있는데 어디가 많이 아픈지 기운을 못 차리기에 아이를 안고 여기저기 쓰다듬으면서 '이제 괜찮다. 아프지 말고 일어나라. 아가야 이제 다 나았다' 그렇게 하고 아이에게 찬물을 한 숟가락 먹이고 나와서 간다고 하니까 아이 할머니가 멱살을 잡으며 '저 시장 본 것은 어쩔 거나고' 소리를 치는 거예요."
 알고 보니 아픈 아이의 할머니가 무당인데 스님을 용한 무당인 줄 알고 데려와서 굿을 시키려고 했던 것이다. 시장을 봐서 모든 준비를 다 해놓고 불렀는데 그냥 간다고 하니 화가 난 것이다. 나는 무당이 아니라고 그런 것은 모른다고 한 참을 둘러대고 그 집을 나서는데 할머니가 등 뒤에서 아이가 안 나으면 가만 두지 않겠다고 으름장을 놓더란다. 그 소리가 자꾸 따라 다니고 아이가 안 나으면 어떻게 하나 불안해서 집에 있지를 못하겠더란다. 그래서 그 길로 산으로 피신을 했다가 보름 만에 집에 들어오니 아이 할머니랑 엄마가 벌써 와서 기다리고 있더란다.
 "할머니를 보는 순간 아이가 죽었구나 싶어서 신발도 안 신고 달아나는데 할머니가 뛰어나와서 붙들고는 고맙다고 당신이 애를 살렸다고 그 인사하러왔다고 하는 거예요. 얼마나 마음이 놓이던지. 그 때부터 나도 믿음이 생기기 시작했어요."
 그러다가 도사라고 소문이 나서 사람들이 찾아오기 시작했다고 한다. 신(神)이 무엇인지도 모르고 기도하고, 시키는 대로 보여주는 대로 하면 신기하게도 치료가 되더란다. 중풍으로 고생하는 분들은 손으로 만지고 마음이 가는 자리에 바늘로 침을 놓으면 80%이상이 완쾌 했다고 한다.
 "산에서 내려오고 남편을 떠나보내고 정신을 놓고 있을 때 그렇게 이상한 소문이 나를 만들어갔어요. 남편이 하던 사업을 정리해서 얼마간의 돈을 만들어서 작은 집을 하나 샀어요. 그 집에서 갈 곳 없는 할머니 몇 분을 모셔다가 같이 살았는데 날마다 사람들로 북적거렸어요. 어떻게 소문을 듣고 오는지 시골 할머니들이 관광버스를 대절해서 오는 거예요. 침을 놓아주고 돈을 안 받으니까 보리쌀 한 되, 감자 한 바가지, 단감 한 봉지, 그렇게 농사지으신 것을 놓고 가시면 그것으로 반찬해서 다 같이 밥을 해먹고 참 재미있었어요. 그러다가 경찰에 잡혀가는 일이 생겼어요."

"침을 잘 못 놓아서 사고가 생겼던가요?"

"불법의료행위를 한다고 고발이 들어왔대요. 그 당시 할머니들이 한 방 가득 있었는데 꼼짝 못 하게하고 사진을 찍고 할머니들 가방을 다 뒤지고 집안 수색을 하더니 나를 경찰서에 잡아가는 거예요. 은행통장을 압수하고 아이들 이름으로 된 통장까지 확인을 해도 치료비를 받은 증거가 안 나오니까 훈방을 시켜주면서 다시는 의료행위를 하지 않겠다고 각서를 쓰라고 하고는 풀어주데요."

"누가 고발을 했다던가요?"

"나중에 알고 보니까 그 당시에 중풍으로 수족마비가 오신 보살님이 치료를 받고 마비가 풀리니까 자랑을 했대요. 조카가 의사인데 거기다가 대고 내가 이렇게 침을 맞고 나았다고 하니 조카가 고발을 한 거래요. 그렇게 혼이 난 뒤에 주변정리를 하고 할머니들도 시설에서 모셔가고 그 때부터 혼자서 기도하면서 살았어요. 그러다가 꿈에 이 집주소가 보이더니 우연히 집을 사게 되었고 꿈에 부처님이 걸어 들어오신 뒤에 출가해서 부처님을 모시고 살아요."

"지금은 침 치료는 안 하세요?"

"부처님 제자가 된 이후로는 그런 능력이 없어졌어요."

자신의 길이 선생인데도 불구하고 이렇게 신명의 길을 선택하게 하는 것은 작은 암자를 지어서 해원(解冤)하길 바라는 조상의 뜻으로 어쩔 수 없이 그 뜻에 따라 살아야 한다. 행복한 가정에 풍파가 일어나면 한번쯤은 신명이나 조상의 묘(墓) 터에 이상이 생겼다고 생각해 보는 것이 좋다.

  지금도 자신의 뇌에 종양이 있어서 정기적으로 서울로 가서 치료를 받는다고 한다. 아무쪼록 건강하고 소탈하게 사시면서 불법을 널리 전파하셨으면 하는 바람으로 두 손 모아 기도한다.